地域政権の考古学的研究
―古墳成立期の北陸を舞台として―

堀　大介　著

雄山閣

序

　越は広大な歴史的地域である。地名は8世紀になると二字で表記するという流行がひろがり、越を「古(高)志」と書くこともある。古代史の学界では、ヤマトから日本海沿岸地域へ行くのに山を越していくから越だとする説がある。だがこの説はヤマトを中心におきすぎているようにおもう。

　越の西は福井県、東は青森県あたりまでの広大な土地で、歴史的地域としてはもっとも広い。和銅元(701)年に越の東部が越後国の出羽郡となり、さらに出羽国ができてからは今日の新潟県までが越という通念が生まれた。

　このように越の地域についての認識が変化するのは、この地域が海をへだてて北東アジアの諸国に接しているからでもある。そういう点では東アジア的な目配りが必要となる土地でもある。

　越の地域を北陸ということがある。律令体制下では越の地域は北陸道として把握されていたことによっている。ただ今日北陸というと福井県、石川県、富山県ぐらいの範囲が意識されるが、もとは越後、佐渡も北陸道に含まれていた。

　考古学から歴史をみる場合、二つの原則がある。一つはコンパスの軸をヤマトとか京都において、政治、経済、文化などの諸分野が中心から徐々に波及したとみる。

　それにたいしてもう一つの見方は、コンパスの軸をそれぞれの地域に据えて、その地域と他地域との交流関係をみようとする。例えば『古事記』におさめられた出雲神話にも、出雲の大国主命と高志の沼河比売の婚姻話がある。これなどは地域間の交流のあったことを物語っている。ぼく自身はこのうちの後者にたって、かなり多くの地域の解析に努めてきた。

　堀君の研究態度は、コンパスの軸を北陸に据えて考古学資料によってコシ政権ともいえる地域国家の成立をみようとしたものである。そのためには土器や墓制、さらには非日常的な高地性集落を徹底的に整理、研究した。

　本書は重点を古墳成立期においての研究であるけれども、コシといえば新王朝の始祖といわれるヲホド王政権、いわゆる継体王朝の成立の舞台でもある。そのことを念頭においてさらに時間をかけて、ヲホド王が北陸にいたころのコシと、ヲホド王が都を河内や山背においてからのコシの動向にも、いずれ研究が及んでいくことを期待する。

2009年3月18日

同志社大学名誉教授
森　浩一

● 目次 ●

序 ……………………………………………………………………………………… 森 浩一

序　章 ……………………………………………………………………………………… 1

第Ⅰ章　年代論 ……………………………………………………………………… 7

第1節　古墳成立期の土器編年 ―北陸南西部を中心に― ……………………… 7
はじめに／研究史／分類と編年／対応関係／併行関係／時代区分／おわりに

第2節　暦年代の再検討 ………………………………………………………… 101
はじめに／研究史／方法論／暦年代の比定／検証Ⅰ／検証Ⅱ／おわりに

補　論　古墳成立期の土器編年 ―大野盆地を中心に― ……………………… 135
はじめに／大野盆地の土器編年／大野盆地を介した土器交流

第Ⅱ章　墓制論・集落論 …………………………………………………………… 145

第1節　北陸における墳丘墓の特質 …………………………………………… 145
研究史と課題／事例の検討／若干の考察

第2節　北陸における古墳の出現 ……………………………………………… 165
はじめに／古墳出土土器の編年的位置づけ／古墳の分類／古墳の出現と展開／おわりに

第3節　高地性集落の歴史的展開 ……………………………………………… 184
研究史と課題／定義と分類／事例の検討／若干の考察

第Ⅲ章　土器論 ……………………………………………………………………… 207

第1節　墓出土祭式土器の検討 ………………………………………………… 207
はじめに／事例の検討／若干の考察

第2節　東海系土器受容の斉一性と地域性 …………………………………… 224
はじめに／東海系土器の分類／集落における様相／古墳出土の東海系土器／おわりに

第3節　外来系土器受容の歴史的背景 ………………………………………… 236
はじめに／事例の検討／若干の考察／おわりに

補論1　銅鐸形土器考 …………………………………………………………… 243
はじめに／時期的検討／銅鐸との比較／土坑1出土土器の組成とその意味
／使用形態と廃棄／おわりに

補論 2　装飾器台の成立 …………………………………………………………………… 250
　　　　はじめに／分類と類例／構造と発生／波及の背景／独自性と普及／おわりに

第Ⅳ章　国家形成史論 ……………………………………………………………………………… 257
　第 1 節　コシ政権の誕生 ……………………………………………………………………… 257
　　　　はじめに／形成史Ⅰ／形成史Ⅱ／形成史Ⅲ／結論
　第 2 節　国家から地域政権へ ―北陸を舞台として― ………………………………………… 270
　　　　はじめに／用語の整理／事例の検討／結論
　第 3 節　倭国の成立と展開 …………………………………………………………………… 277
　　　　はじめに／用語の整理／前提作業／倭国の形成史／結論

終　章 ……………………………………………………………………………………………… 289

　あとがきにかえて ……………………………………………………………………………… 295
　用 語 索 引 ……………………………………………………………………………………… 297
　遺跡名索引 ……………………………………………………………………………………… 303
　人 名 索 引 ……………………………………………………………………………………… 308

● 挿図目次 ●

第1図　塚崎遺跡第21号竪穴出土土器　10
第2図　甕A～Dの分類　14
第3図　高杯A～Dの分類　15
第4図　高杯・壺の分類　16
第5図　器台・装飾器台の分類　18
第6図　同一遺構内における細分類の方向性　20
第7図　遺構の切り合いによる細分類の方向性　21
第8図　共伴関係　26
第9図　越前・加賀の主要な遺跡　27
第10図　甑谷1・2式　猫橋1・2式　30
第11図　小羽山1式　法仏1式　31
第12図　小羽山2式　法仏2式　32
第13図　小羽山3式　法仏3式　33
第14図　小羽山4式　法仏4式　35
第15図　風巻1式　月影1式　36
第16図　風巻2式　月影2式　38
第17図　風巻3式　月影3式　40
第18図　風巻4式　月影4式　41
第19図　長泉寺1式　白江1式　43
第20図　長泉寺2式　白江2式　45
第21図　長泉寺3式　白江3式　47
第22図　長泉寺4式　古府クルビ1式　48
第23図　長泉寺5式　古府クルビ2式　49
第24図　木田1式　高畠1式　51
第25図　木田2式　高畠2式　52
第26図　木田3式　高畠3式　53
第27図　越前・加賀地域の土器編年（1）　54
第28図　越前・加賀地域の土器編年（2）　55
第29図　越前・加賀地域の土器編年（3）　56
第30図　越前・加賀地域の土器編年（4）　57
第31図　越前・加賀地域の土器編年（5）　58
第32図　越前・加賀地域の土器編年（6）　59
第33図　越前・加賀地域の土器編年（7）　60
第34図　越前・加賀地域の土器編年（8）　61
第35図　越前・加賀地域の土器編年（9）　62
第36図　越前・加賀地域の土器編年（10）　63
第37図　越前・加賀地域の土器編年（11）　64
第38図　越前・加賀地域の土器編年（12）　65
第39図　越前・加賀地域の土器編年（13）　66
第40図　越前・加賀地域の土器編年（14）　67
第41図　加賀地域の対応関係　69
第42図　漆町遺跡白江・ネンブツドウ7号溝出土土器　72
第43図　越前・越中地域の対応関係　74
第44図　併行関係　87
第45図　時代区分　90
第46図　暦年代の設定　111
第47図　暦年代と歴年代参考資料　118
第48図　北陸の年輪年代資料　124
第49図　大野盆地の遺跡　136
第50図　山ヶ鼻4号墓の東海系土器　136
第51図　大野盆地の土器編年（1）　137
第52図　大野盆地の土器編年（2）　138
第53図　大野盆地を介した交流　142
第54図　北陸の主要な墳丘墓　146
第55図　亀山1・2号墓　147
第56図　片山鳥越5号墓　147
第57図　塚越墳丘墓周辺出土土器　148
第58図　小羽山30・26号墓　148
第59図　太田山2号墓　149
第60図　原目山1・2号墓　150
第61図　南春日山1号墓　151
第62図　乃木山墳丘墓　152
第63図　一塚21号墓　153
第64図　富崎1・2・3号墓　154
第65図　鏡塚1・2号墓　155
第66図　六治古塚　155
第67図　北陸における主要墳丘墓の変遷　159
第68図　古墳出土壺の変遷　167
第69図　古墳の分類　169
第70図　各部名称　169
第71図　前方後方墳a類の分類　170
第72図　前方後方墳b類の分類　171
第73図　前方後方墳c類の分類　171
第74図　前方後円墳の分類　172
第75図　北陸における古墳の変遷（1）　174
第76図　北陸における古墳の変遷（2）　178
第77図　福井県の高地性集落　186

第78図	福井県の主要な高地性集落　189		第94図	古墳前期前葉〜中葉の祭式土器組成（2）　217
第79図	弥生後期前葉の高地性集落と小羽山30号墓　192		第95図	壺の出土状況図　219
第80図	弥生中期後葉の様相　193		第96図	北陸南西部の東海系土器　224
第81図	弥生後期前葉の様相　195		第97図	北加賀の様相　227
第82図	弥生後期中葉〜後葉の様相　197		第98図	能登・南加賀、越前・若狭の様相　229
第83図	吸坂丸山遺跡　197		第99図	墓出土の東海系土器　231
第84図	石川県の高地性集落　199		第100図	北加賀の東海系土器受容　237
第85図	古墳早期の様相　201		第101図	銅鐸形土器　243
第86図	弥生後期前葉の祭式土器組成　208		第102図	広口長頸壺　244
第87図	弥生後期後葉の祭式土器組成　209		第103図	福井県の突線鈕式銅鐸　245
第88図	古墳早期初頭の祭式土器組成　210		第104図	中丁遺跡Ⅰ区1号土坑出土土器　247
第89図	古墳早期前半の祭式土器組成　211		第105図	鳥取県稲吉遺跡出土壺　248
第90図	古墳早期後半の祭式土器組成［復元］（1）　212		第106図	装飾器台1類　250
第91図	古墳早期後半の祭式土器組成［復元］（2）　213		第107図	装飾器台の原理　251
第92図	古墳早期末の祭式土器組成　214		第108図	装飾器台の成立　253
第93図	古墳前期前葉〜中葉の祭式土器組成（1）　215		第109図	装飾器台1類の類例　253

● 表目次 ●

第1表　一括資料による各細分類の共伴関係　24・25

序　章

　本書では、古墳成立期の北陸を舞台として、一地域政権の実相と歴史的意義について明らかにする。北陸では、郡の領域規模で構成する小国家の段階から、広域的な支配領域を有する地域政権の段階に至り、倭国に王権が確立する動乱期にあって、どのような過程をたどって国家形成[1]を進め、王権と権力抗争の渦に飲み込まれていったのか。また、どういった経緯で地域政権の政治権力者は誕生し、独自の政策とイデオロギー装置を用いて内部に対する支配体制を強化し、拮抗する覇権争いのなかで外部発信していったのか。これらの問いに対して、考古学的手法にもとづいた事実関係を時系列に整理することで、部分的な情報をつなぎ合わせながら、1世紀から3世紀に東アジア世界のなかで生まれた、越[2]という一地域政権の歴史を総合的に論じ、他の地域政権ひいては列島の国家形成史のなかで位置づけてみたい。それは同時に、一地域政権の視点から、倭国の歴史の一端を描き出すという試みでもある。

　地域政権論に関しては、都出比呂志が重視して検討した二人の見解を取り上げる[3]。ひとつは門脇禎二が提唱した地域国家論で、3世紀以降にツクシ・イヅモ・キビ・ヤマト・タニハ・ヲハリ・ケノ・ヒュウガなどの地域国家が誕生し、6世紀中頃の国造制成立などによって統一国家が確立するという説である[4]。ひとつは田中琢が提唱した説で、前方後円墳のまつりを共有する範囲は精神的共通基盤にすぎず、キビ・ヤマトなどの大きな政治的単位としての国の形成は古墳出現以降の4世紀後半とする内容である[5]。同じ地域国家論に立つ両者の説は、地域政権の自立性や優位性を主張した点で傾聴すべきである。しかし、各地域政権が北部九州を嚆矢として、1世紀中葉から2世紀までに確立したとする私見とは異なる[6]。一地域の政権は、時代の潮流のなかで他と競合しながら、王権の成立期に独自の政策を展開し、ときに外来の権威・思想に依拠する反面、それらを内部消化することで、国家形成と安定性を保持してきたと考えている。

　地域政権が王権成立以前に誕生したとすれば、まさに1世紀から2世紀にかけては、日本列島最初の地域が力を有した時代といってよいだろう。地域政権の集合体が倭国最初の王権を意味し、これを萌芽的な国家形態ととらえるならば、その成立時期は従来の説から100年以上遡る2世紀初頭と考えている[7]。これらの結論に至るには、本書の大半を占める年代論の見直しに負うところが大きい。また、一地域を多面的に分析して社会全体を考える方法をとり、倭国全体を概観的でかつテーマ別ではなく、一地域の時系列にもとづいた形成史を重視する。仮に一地域の分析であっても、全体の社会と連なる歴史は浮き彫りとなり、東アジア規模で起こる衝撃は、国家権力の中枢から離れた地域社会にも影響を及ぼし、出土遺物や遺構の変化となってあらわれるからである。たとえば土器が一定の方向性を示し、劇的にあるいは緩やかに、ときに志向性や独自性をもって変化するように、一地域に注目すれば、社会全体を描き出すことができる。

　その対象地として、私は北陸を選んだ。それは、2000年以降に福井県で文化財行政に関わり、

序　章

遺跡発掘調査や県内の報告書作成に携わったことが大きい。その際に生じた多くの疑問は、論文を通して発表してきたが、けっして満足できるものではなかった。その反省点が本書の原動力となっている。継体天皇を生んだといわれる福井県の地には、いつから強固な政治権力が生まれ、どのような政治体制を確立させていったのか。また初期王権は、北陸という地域に対する支配体制をどのように強化させるとともに、両者の関係はいかなるものだったのか。これらは私が考古学をはじめた頃から抱いてきた素朴な疑問だった。ヤマト政権・キビ政権・イヅモ政権・ツクシ政権・ケノ政権・ヲハリ政権などのように、広範囲な支配に及ぶ政治体の総称を「地域政権」と呼ぶ。しかし、これまでの研究を振り返ると、北陸で生まれた地域政権には、どうしても脆弱なイメージがともなう。

　文献史学者の見解をみても、北陸については不透明な部分が多い。たとえば、山尾幸久の著書のなかでは、イヅモ・ヤマト・ヲハリ・ツクシなどの地域政権は強調されるが、コシは対象外となっている[8]。門脇禎二の著書においても、他の地域国家ほどには描かれていない[9]。考古学的にみても、隣接地の丹後・東海・近江・畿内にむけられる関心は高いが、北陸がそれに匹敵するとは思えない。こうした現状が、当時の政治権力を反映したような錯覚さえ起こしてしまう。しかし、北陸には政治体がたしかに存在していた。それは、弥生後期に北陸最古の四隅突出形墳丘墓である小羽山30号墓を最初として、古墳前期後葉以降、足羽山山頂古墳・手繰ヶ城山古墳・六呂瀬山1号墳などの前方後円墳が築造されたように、歴代の政治権力者は存在したからである。『日本書紀』にみる継体天皇の記述が象徴するように、真偽はともかく古墳後期の福井県には、ヤマト王権に対して正当性を主張できるほどの政治権力が備わっていた。

　こうした存在にもかかわらず、従来の研究を振り返ると、北陸のなかでも福井県は、他地域と比べて認識が薄いばかりか、歴史の片隅に追いやられた感がある。その原因の一端は、県内の考古資料の不透明さにあるようだ。とくに本県は、対象時期の発掘調査事例が少ないばかりか、未発表資料も多いことから、研究自体が難しい状況にある。これまで土器編年・集落・墓制といった各テーマからの検討、東日本における位置づけや、北陸全体のなかで論じられることはあるものの[10]、本県を対象とした研究は少なく、土器編年も充分に確立していない。なかでも、比較的資料の充実する墓制に関する研究、個別の事例研究や総括的な論考は目にするが、具体的な社会像を描いたものはないに等しい。こうした現状が、東西文化の接点にあたる本地と他地域との研究に齟齬をもたらす原因ともなっている。しかし、近年の資料増加と報告書の刊行によって、北陸全体の社会像を描き出す材料は揃ってきている。あとは、どう取り扱うかである。

　もう一度強調するが、本書で解明したいのは、北陸に誕生した政治権力の実態と、一地域から見た倭国の国家形成史である。さらに北陸には、他地域に劣らない政治体が存在したことを証明するものである。併せて、本書の地域政権論は、たんなる国家理論の適用ではなく、北陸という地域政権の形成史を通して、ひとつの国家形成モデルを提示することにある。なにより重要なのは、詳細な土器編年にもとづき、集落・墓制・祭祀などの諸要素を、時系列でかつ総合的に解釈することである。そこで第Ⅰ章では、年代論に関する基礎研究をおこない、本書における時間軸を構築する。第Ⅱ章では、墳丘墓・古墳と高地性集落に関する事実関係を押さえた基礎研究を積

み上げ、第Ⅲ章では、古墳時代前期における外来系土器受容に関する見解を整理する。これらの研究をもとに、第Ⅳ章では、北陸における国家形成史を抽象化し、東アジア的な視野から倭国の成立と展開について論じてみたい。最後に、本書における私見をまとめて終わりとする。

各節の経緯と概要については、以下で述べる。

第Ⅰ章　年　代　論

第1節は、古墳成立期の土器編年に関する基礎的研究である。本論を展開する上で第一の基礎作業となる。従来の研究では石川県の成果を基本とするが、研究者によって編年や時期区分に見解の相違が認められるため、遺構・遺物の時期比定には齟齬が生じていた。それは良好な資料の不足だけでなく、方法論にも問題点があった。だが、前者については、近年の資料増加とともに解消されつつあるし、後者については、独自の分類の採用と様式論の着実な適用によって解決可能である。本節では、北陸南西部における土器編年の再構築が最大の目的である。そして北陸内の外来系土器、外に発信した土器を通して近隣地域との併行関係を検討し、広域的な画期を重視した新たな時代区分案を提示する。

第2節は、弥生・古墳時代の暦年代に関する論考である。本書の論を展開する上での第二の基礎作業となる。社会全体を描くには相対年代だけではなく、遺構・遺物に対する絶対年代の比定が重要だからである。暦年代については、伝統的な考古学の方法論に加えて、近年では年輪年代測定法、加速器質量分析法（ＡＭＳ法）などの自然科学的な方法論の成果により、従来の見解が大きく揺らいでいる現状にある。土器編年の画期にもとづく時代区分には、東アジア規模で起こった歴史的な事件を反映し、暦年代と密接な関係にあるように思う。本節では、これまでの研究史を整理して、第1節で提示した土器編年・併行関係から導き出した時代区分にもとづいて、新たな暦年代観を提示する。

補論は、大野盆地における古墳成立期の土器編年に関する論考である。大野盆地は、福井平野や南越盆地から隔離された九頭竜川上流域に位置し、東海に最も近いという地理的条件をもつため、小様式圏を形成するに充分な要素を備えている。これまで遺構出土の良好な遺物が少なかったが、近年の発掘調査の増加によって、編年を構築できるまでの資料が揃いつつある。本論では、これまで提示した広域編年に対応させる形で、大野盆地内の土器編年を構築し、本地域の土器相の特徴を明らかにする。また、大野盆地の土器には色調や胎土に特徴があるため、それらに着目して大野盆地と他地域との交流の一端を探りたい。

第Ⅱ章　墓制論・集落論

第1節は、弥生中期から古墳早期にかけての墓制に関する基礎的な研究である。墓のなかでも区画性を意識した墳丘墓を対象とする。墳長20m超の墳丘墓に注目すれば、当時の政治権力者のあり方を知ることができる。とくに、福井県は旧来より学術調査地であり、各市町の範囲確認・発掘調査の進展から、北陸最古の四隅突出形墳丘墓や大型鉄製武器を保有する墳丘墓などの調査事例が多く、こと墓制に関しては、墳丘墓の内容と時期的変遷を追える地域である。本節では、

序章

福井県を中心に石川県・富山県の特徴的な墳丘墓を検討し、北陸における政治権力者の出現過程、所在地や埋葬施設・副葬品の内容などから政治体制について論じる。

　第2節は、北陸における古墳の出現に関する論考である。北陸の前期古墳をみると、東海系土器の波及と前方後方墳の登場、その後の畿内系土器の波及と前方後円墳の出現という図式がある。しかし、その過程となると単純ではないし、同じ墳形のなかにもさまざまな系統が入り組んでいる。しかも、古墳の時期を整理すると、研究者によって見解の相違が多分に認められる。それらを解消するために、古墳出土土器を抽出して、第Ⅰ章第1節で提示した土器編年をもとに古墳の時期を位置づけし直す。また、これらの検討で時期の確実視された古墳、とくに前方後方墳と前方後円墳の規格性に着目して分類をおこない、北陸における古墳展開の過程を時系列で追い、歴史的な背景について論じる。

　第3節は、福井県の高地性集落に関する基礎的な研究である。抗争や戦争は国家形成の際の一大要因であり、社会的な緊張状態を探る上で必要な作業となる。高地性集落は景観のよい場所への選地という特殊性をもち、防御あるいは監視・通信的機能の政治的な意味合いが強い点にあり、出現・展開・消滅の意味するところは大きい。とくに福井県は、全国集成表の空白地帯に相当し、高地性集落の様相が不透明な地域であった。しかし、近年の調査進展と墳丘墓・古墳下層資料の再検討によって、その存在が明らかになってきた。本節では、福井県の事例を集成し、遺跡の時期的な検討をおこない、高地性集落の出現と消長の歴史的背景について論じる。

第Ⅲ章　土器論

　第1節は、北陸における墳丘墓・古墳出土の祭式土器に関する論考である。墓の発掘調査を実施すると、埋葬施設上面、墳丘上、周溝などから土器が出土することが多い。これらの土器は、埋葬儀礼の際に使用されたものであり、当時の祭祀のあり方を探る上で重要な資料となる。祭式土器は弥生中期から存在するが、とくに弥生後期以降、大量に供献されるようになる。古墳早期には、装飾器台などの北陸独自の祭式土器が生み出されるが、古墳前期の幕開けとともに、壺などを中心とした祭式土器へと変化していく。本節では、祭式土器のセット関係の変遷を追うことが目的である。基本的に福井県の墳丘墓を中心とするが、古墳前期以降は石川県・富山県の資料も含めて検討する。

　第2節は、古墳前期を中心に北陸で拡散する東海系土器に関する論考である。北陸は歴史的あるいは地理的にみても、東海と密接な関係を有しており、東海・近江を発信源とする土器などが多く確認される地域である。北陸では、古墳早期に独自性の強い土器様式を形成するが、古墳前期には東海系をはじめとする外来系土器の波及により、在地の土器様式は完全に崩壊する。しかし、崩壊の過程は一様ではなく、土器受容のあり方について、地域別・器種別で斉一性と地域性という特徴が認められる。本節では、北陸南西部における東海系土器を集成して、北陸南西部における地域ごとの受容のあり方について検討し、土器の東海化現象の事実関係を積み上げる。

　第3節は、北陸南西部における古墳時代前期の外来系土器に関する論考である。北陸の土器様式は弥生時代前期以来、常に他地域の影響を受けて、内部消化を繰り返すことで自らの文化を形

成してきた。土器と墓制の関連性でいえば、弥生後期は山陰・丹後といった西部日本海志向と四隅突出形墳丘墓、古墳前期前葉は東海志向と前方後方墳、古墳前期中葉以降は畿内・山陰志向と前方後円墳というようにである。外来系土器はその地域の志向性を示すだけでなく、そのあり方から流通形態の解明が可能である。本節では、北陸南西部における外来系土器の受容について類型化し、時期的・地理的な分析から歴史的な背景を解明する。

補論1は、銅鐸形土器に関する論考である。福井県大野市中丁(なかようろ)遺跡土坑1出土の銅鐸形土器は、長頸壺の頸部に銅鐸特有の鰭や飾耳、鋸歯文・直線文などが施されており、明らかに銅鐸を意識したつくりである。福井県は日本海沿いの銅鐸分布の東限地であるが、大野盆地では空白地帯となっている。銅鐸形土器は、どのような経緯で製作され、何のために使用されたのか。また、土坑1出土の共伴土器は、2つの銅鐸形土器に対応するようにセット関係を有している。こうした土器群を用いて、どのような祭祀がおこなわれていたのか。本論では、銅鐸形土器と共伴土器を検討して、祭祀行為の復元とその意味について明らかにしたい。

補論2は、装飾器台の成立に関する論考である。装飾器台は、異なる2つの器種が合わさった結合器台といわれる。古墳早期の越前・加賀を中心に突如として出現し、集落・墓のなかでも全体の土器量に占める割合の少ないことが特徴である。涙滴形透かし孔や独特の形態を有すること、墓などの特殊な場所で発見されることから、祭器として考えられている。以前に土器編年を構築した際に、装飾器台の型式変化を追うことはできたが、初期のものについては不明な点が多く、成立事情までは検討することができなかった。本論では、装飾器台の結合原理を解明して、諸要素のもつ系譜を特定することで、その創出地と社会的な背景について論じる。

第Ⅳ章　国家形成史論

第1節では、北陸に出現した地域政権形成の歴史を、時系列でかつ総合的に論じる。第Ⅰ章で検討した北陸南西部を中心とした土器編年と併行関係、時代区分と暦年代観にもとづいて、第Ⅱ章で検討した墳丘墓・古墳、高地性集落などの事例をもとに、第Ⅲ章で検討した祭式土器や外来系土器受容などの土器の様相、集落のあり方などの諸要素を踏まえ、北部九州をはじめとする周辺地域の関係性のなかで論じる。本節は、これまでの成果を形成史として集約したものとなる。基本的な視点は、どのような経緯で政治権力者が誕生し、地域政権を形成していったのか。領域支配の問題、形成過程、その要因論などを中心に検討する。対象時期は弥生後期から古墳前期前葉までとする。

第2節では、国家から地域政権に至るまでの過程を、北陸の事例を通して検討する。北陸では国家と呼べる政治体がいつから出現し、地域政権段階にまで発展したのか。これまで混沌としていた国家像を研究史を通じて明確化し、小国家の歴史的な階梯として、領域支配という概念を加えて「地域政権」という概念を新たに定義する。本節では、これらの定義・概念により、北陸でクニが形成される弥生中期中葉から、地域政権が最も独自性を強める古墳早期までを振り返り、北陸における国家形成の視点で抽象化を試みる。また、一地域政権の政治体制の変遷についても抽象化し、地域政権の領域支配の問題、形成過程、その要因論などを時系列で概観していく。

第3節では、倭国の成立と展開について総合的に論じる。倭国のなかでの位置づけ、地域政権の独自性の検証もさることながら、日本列島における国家の形成史で地域政権段階から王権段階への歴史的行程を中心に一般化して結語とする。これまでの地域政権の使用例と諸研究者による日本国家論の整理をおこなうことで、従来の国家形成と成立に関する問題点を指摘する。私が最も妥当だと考えた国家理論に依拠し、自分なりに国家の定義をおこなう。また、重層性をもつ国と王の概念に着目して領域構造という視点を加味することで、国家・国家権力との関係を論じる。その他の社会学、文化人類学、地理学などの理論を参考とすることで、地域政権と王権の違いを明確にしたい。

注
（1）長山泰孝は、国家の「形成」と「成立」を区別して用いた。長山泰孝「国家形成史の一視角」『大阪大学教養部研究集録』人文・社会科学第31輯　1983年。私は、長山の見解にしたがい、「成立」は社会のなかから国家と呼ぶにたる政治権力組織が生みだされてくる場合、「形成」はそのような国家が発展して完成した支配組織を形成していく過程を意味するものとして、本書では区別したい。
（2）日本海を大きな内海ととらえた場合、玄界灘と対馬海峡は内海の南に位置する出入口、間宮海峡は北の出入口に相当し、日本海の中央に突き出た能登半島一帯は中の口となり、日本海を東と西にわける結節点の位置となる。広大な内海の南面に沿った日本海沿岸の中央部、列島のほぼ中心に北陸は位置し、東西500kmに及ぶ広大でかつ細長い地域にあたる。この一帯が古来、越（コシ）と呼ばれた地域である。越は7世紀後半以降、越前・越中・越後の三国に分割され、8世紀初頭に出羽国が越国の一部を分割して成立したため、領域は若狭を除いた福井県、石川県、富山県、新潟県の北陸四県と山形県、一部秋田県を含む広大な地域であった。分割以前、ひとつの広範な領域をもつ大国であり、『古事記』・『日本書紀』によると、大化以前は越、越国と記載される。高志・古志という二字表記が示すように、当時はコシと呼ばれていた。これは古代における呼称であるため、古墳成立期にも適用されていたかは分からないが、本書では便宜上、越の音を重視して、カタカナ表記の「コシ」を採用する。
（3）都出比呂志「前方後円墳体制と地域権力」『日本古代国家の展開』思文閣　1995年。
（4）門脇禎二『日本古代政治史論』塙書房　1981年。
（5）田中琢『日本の歴史 2 倭人争乱』集英社　1992年。
（6）堀大介「倭国の成立と展開」『王権と武器と信仰』同成社　2008年。
（7）前掲注（6）文献。
（8）a．山尾幸久『日本古代王権形成史論』岩波書店　1983年、b．同『古代王権の原像 東アジア史上の古墳時代』学生社　2003年。
（9）前掲注（4）文献。
（10）甘粕健「みちのくを目指して 日本海ルートにおける東日本の古墳出現期にいたる政治過程の予察」『シンポジウム 東日本における古墳出現過程の再検討』日本考古学協会新潟大会実行委員会　1993年。

第Ⅰ章　年　代　論

第1節　古墳成立期の土器編年 —北陸南西部を中心に—

はじめに

　日本考古学では、型式学と層位学にもとづく遺物の新古関係の概念と同時性の検討によって、相対的な土器編年を構築しており、戦後の発掘調査件数の増加にともない、豊富な遺物量をほこる地域では精緻さをきわめている。弥生土器や古式土師器の土器編年は、小林行雄が様式論を確立して以来、先学によって問題点の修正と補強という形で整備がなされ、現在では時期決定の有効な手段として確固たる地位を占めている[1]。都出比呂志は、小林様式論を受け継ぎ、様式論を道具としてとらえ、五様式の細分化や土器の移動形態などの類型化を進める[2]。また近畿では、寺沢薫[3]や森岡秀人[4]などが様式論の整備をおこない、北部九州では、橋口達也[5]、溝口孝司[6]、岩永省三[7]などが独自の方法論を採用する。これらの研究成果によって、様式論による土器編年研究は飛躍的に進むことになる。

　1990年代になると、『弥生土器の様式と編年』が続々と刊行された[8]。近畿、山陽、山陰、四国、東海の地域編年と地域間の併行関係の検討が試みられるとともに、それに触発された形で各地域の編年が提示される。また、古式土師器の編年も同様になされ、各地域独自のものだけでなく、庄内式土器研究会の研究成果や、大阪府文化財センター開催のシンポジウムなどによって、地域間の摺り合わせが進む[9]。これまでの実績と普及度を考えても、様式論について新たな理論構築の必要はなく、これまでに整備された体系的な理論を着実に消化して精緻化に徹するだけである。私の考える土器編年は、各様式に時間幅を与えることを前提とするため、様式論をもとに独自の方法論を採用し、1様式における変化率の均等性を意識したい。

　では、どのような方法を用いるべきか。まず、様式論の基本概念を寺沢薫の論考で整理する[10]。様式とは、「形式と型式との相互関連においてはじめて成立する概念としてとらえ、縦に系統化された形式の各型式組列を各形式相互間の時間性、つまりは同時代的認識を前提とした型式群によってまとめた横のつながり」と定義された。様式の把握には、「手段としての形式の認定と型式の抽出を前提とし、層位学的な新旧関係や遺構の前後の切り合い関係、型式相互の共存関係などによって型式の時間的・空間的同時性を繰り返し検証し、その精度を高めていく」必要がある。基本概念と把握の方法は単純で明快であるが、その着実な実践となると容易ではない。たとえ同じような理論や方法論を用いても、地域による資料の多寡と一括性の問題、各研究者の資料操作

によって、編年自体に違いが認められる。

　本稿では基本的に従来の様式論を踏襲する。ただ、独自性の点で以下を強化する。第一に土器分類の方法、第二に縦軸・横軸の検証方法、第三に時期区分と細分方法の徹底化である。第一は、従来の曖昧な分類基準に客観性をもたせることにある。分類は、形態差が最も反映する属性を数値化しておこない、できない場合は研究史と経験則にもとづいて設定する。資料は一括性が高いものだけでなく、包含層や溝・川出土資料も対象とする。第二は、様式論の基軸となる型式組列（縦軸）と、各型式の同時性（横軸）の詳細な検討をおこなう。型式組列の方向性は、遺構の層位と切り合い関係、同時性の検討は一括資料でおこない、一括性のレベル設定によって厳密を期する。第三は、同じ資料を用いても、研究者によって時期区分や細分のあり方に違いが認められるため、時期区分とその細分は、「型式の変化以上に大きな意味をもってくるのが形式の出現と消長」と理解し、「大形式の出現や消長は大きな様式的な画期」[11]を根拠とする。最終的に導き出された分類と、一括資料による同時性の検討にもとづき、大・小形式の出現と消長を根拠として様式を設定し、基準遺跡にちなんで様式名を決定する。

　本稿の土器編年は、弥生後期から古墳前期までを扱う。対象地域は、旧国単位の越前・加賀の範囲、現在の行政区分でいえば北陸南西部にあたる。旧国の若狭は丹後半島一帯の土器様相と近く、能登や越中は北陸南西部と比べれば地域色が強いため、ここでは分析の対象外とした[12]。本節では、第1～2項が編年に関する基礎的研究、第3～5項が本編年から生じた問題点について検討する。とくに第3項では、本編年と従来の編年との問題点や齟齬を指摘し、両者の対応関係を検討する。第4項では、本地域にみる外来系土器と他地域へ発信した北陸系土器の検討を通じて、近隣地域との併行関係を導き出す。第5項では、土器編年と併行関係から析出された画期をもとに、新たな時代区分案を提示する。

1　研究史

（1）研究の流れ

　北陸南西部における土器編年は、石川県内の研究者が中心となって進めてきており、1950年以降、浜岡賢太郎、吉岡康暢[13]、橋本澄夫[14]などが編年案を提示した。これらの編年は対象遺跡の少なさから、各遺跡出土土器の検討と相対的な前後関係の位置づけにとどまっている。しかし、谷内尾晋司は詳細な分析で明快な編年を提示した。谷内尾は、法仏遺跡出土の良好な資料などを用いて、従来の弥生後期を示す猫橋式を後期前半、法仏Ⅰ・Ⅱ式を後期後半、従来の月影式をⅠ式・Ⅱ式に細分化するとともに、古府クルビ式を古墳前期前半に位置づけ、北陸南西部を代表する様式名として定着させた[15]。また田嶋明人は、小松市漆町遺跡を中心に体系的な編年を完成させた[16]。とくに、谷内尾編年の月影Ⅱ式にみる外来系と在地系混在という矛盾点を指摘し、外来系が器種組成として加わる白江式（漆町5・6群）を設定し、外来系土器の波及と在来系の崩壊という新たな視点を組み入れた。こうして本地域の土器編年は、谷内尾・田嶋らの成果によって、猫橋式→法仏式→月影式（漆町3・4群）→白江式（漆町5・6群）→古府クルビ式（漆町7・8

群）→高畠式（漆町9～11群）という序列づけがなされた。

　これらを受けて、三者が編年案を提示した。吉岡康暢は弥生後期前半を第Ⅴ期、後半を第Ⅵ－1期、月影式を第Ⅵ－2・3期、白江式を古墳時代第Ⅰ期、古府クルビ式を第Ⅱ期として時期区分に特徴をもたせた[17]。南久和は、独特の様式論にもとづいて北加賀地域の編年を構築した。寺沢編年を念頭に置き、将来的な展望をもたせて弥生後期を6区分とし[18]、月影式期については、有段口縁高杯の開口率を数値化する分類と一括遺物の検討から3区分とした。楠正勝は、西念・南新保遺跡の資料を軸に編年をおこない、猫橋式4期、法仏式4期、月影式4期、白江式2期とした[19]。これは従来の編年を踏襲した上で細分化したものであり、一遺跡を軸として通時的な編年に仕上がっている。

　代表的な編年研究は以上である。本地域でベースとなる谷内尾編年、それを細分化した田嶋編年、型式組列を重視した南編年、最も細分化を進めた楠編年だといえる。それでは様式別に研究史を整理する。

（2）様式設定の経緯

1．猫橋式・法仏式

　猫橋式を最初に設定したのは橋本澄夫である。橋本は、山陰地方の凹線文系土器との強い関連のもとで成立した土器と位置づけ、猫橋式をⅠ式とⅡ式に細分化した[20]。猫橋Ⅰ式は内傾する傾向をもつ口縁帯に2、3条の凹線をめぐらす甕、猫橋Ⅱ式は外傾する口縁帯の幅が広くなり、櫛状施文具による比較的細く浅い凹線を施す甕を基準とした。そして、次場遺跡上層出土土器から、猫橋式の前段階に次場上層式を設定し、小松式に続く櫛目文系土器の退化型式ととらえた。次場上層式→猫橋Ⅰ・Ⅱ式という序列化が確立し、猫橋式は後期全体を代表する様式名として認識された。その後、谷内尾晋司は、法仏遺跡出土土器をもとに法仏Ⅰ・Ⅱ式を設定しており、橋本編年の猫橋式新相（Ⅱ式）と法仏Ⅰ式がほぼ対応する見解を示した[21]。谷内尾の研究成果により、猫橋Ⅰ式→猫橋Ⅱ式・法仏Ⅰ式→猫橋式Ⅱ・法仏Ⅱ式という序列が確立し、猫橋式は後期前半、法仏式は後期後半を示す土器様式として定着した。

　一方、木田清は、八田小鮒遺跡出土土器（近江色が強い）と猫橋遺跡出土土器（山陰色が強い）を時期差としてとらえたが、受口状口縁甕は近江Ⅴ様式前葉、擬凹線文甕は山陰の後期前葉のものに類似することから、両資料を同時期と判断し、猫橋式は後期3区分の最初を後期前葉とした[22]。その後、猫橋式の細分化が進む[23]。南編年では、従来の猫橋式との併行関係を明示しないが、基準資料から北加賀第Ⅴ様式の51・52・53の3区分と理解できる。楠編年では西念・南新保遺跡の資料を用いて、猫橋式を2－1～4期の4つに細分化した[24]。両者は51と2－1期、53と2－4期に同じ一括資料を基準としたため、上限と下限が押さえられる。木田清は、南編年の52・53を猫橋式後半に位置づけ、52の八田小鮒遺跡の資料は、擬凹線文甕に若干古い様相を認めつつも、高杯・器台に型式差を見出せないとした[25]。したがって現状では、猫橋式を4区分とする楠編年、3区分とする南編年、2区分とする木田編年に落ち着く。

　次に、法仏式について触れる。広義の猫橋式は谷内尾編年の法仏式の設定によって、Ⅰ式のみ

が狭義の猫橋式として残り、法仏式が猫橋Ⅱ式に代わって後期後半を示す土器型式となった。谷内尾編年の法仏Ⅰ・Ⅱ式は、「有段口縁の普遍化、擬凹線文の多用に端的に示されているように、日本海を介しての山陰地方との濃密な関係を保ちつつ、北陸独自の地方色が強く反映されつつある段階にあたる」とされた[26]。その後、南久和や楠正勝は細分化を進める。南編年の51～53が猫橋式、61以降が月影式に対応することから、法仏式は54～56の3区分に相当する[27]。楠編年はさらに細分化され、法仏式が4－1～4の4区分設定となっている[28]。基準資料を検討すると、南編年の法仏式は南編年の56を除いた54・55と対応することから、様式概念の相違ととらえられる。後述するが、谷内尾の法仏Ⅱ式の一部を、月影式に含める見解を考えると、法仏式・月影式自体の概念を明確化する必要がある。

2．月影式

月影式の成立に関して、塚崎遺跡第21号竪穴資料（第1図）の所属時期で論議を呼んだ。吉岡康暢は、塚崎遺跡の竪穴住居資料から編年を構築して、遺構相互の前後関係と土器群の微妙な様相差から、月影式併行の塚崎Ⅱ式を新古に細分する[29]。問題となる本資料を塚崎Ⅱ式古段階、月影式古相に位置づける。しかし谷内尾晋司は、法仏Ⅱ式に位置づけて弥生後期の範疇ととらえ[30]、過渡的な様相として、有段口縁をもつ擬凹線文甕の口縁帯内面に連続指頭圧痕を残すものが現れる段階とした。南久和も同様に、56の時期として後期末に位置づけている[31]。一方、栃木英道は谷内尾編年の法仏Ⅱ式の一部を抽出して第1段階、月影式の成立期とし[32]、有段口縁甕の口縁部内面に巡る指頭圧痕と口縁部の発達を特徴にあげた。

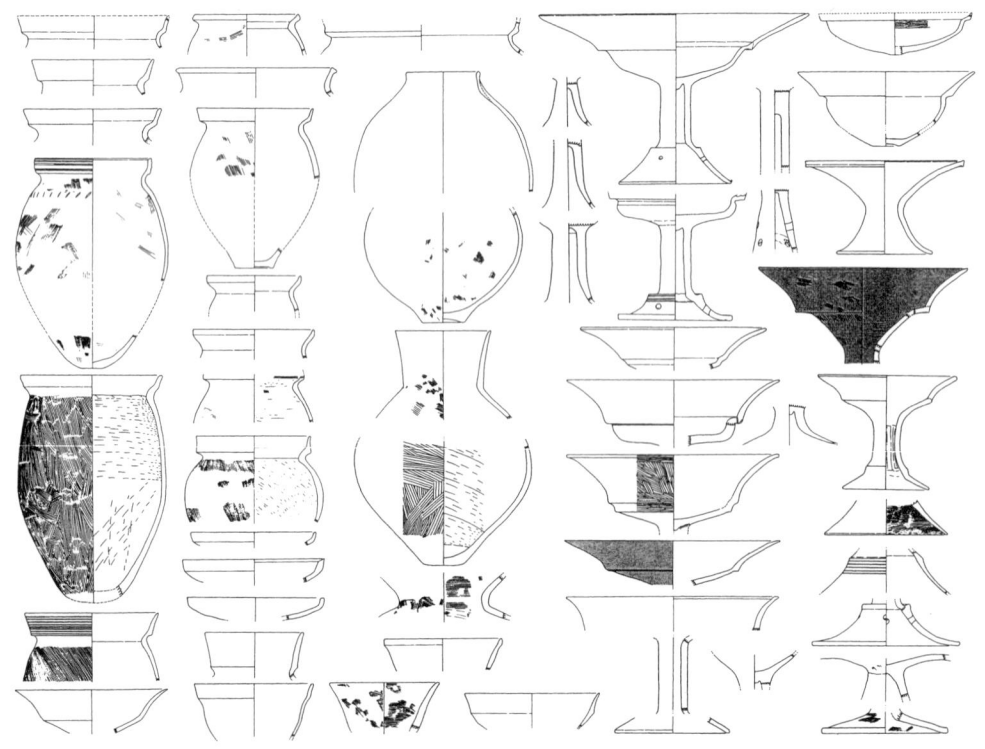

第1図　塚崎遺跡第21号竪穴出土土器（縮尺1/10）

また吉岡は、北陸全体の編年を再整理して、塚崎遺跡第21号竪穴資料を第Ⅵ2期、あらためて月影式前半に位置づけ直す[33]。木田清は、以下の3点から月影式前半期を定義した[34]。第一に、有段口縁の内面で頸部から有段部屈曲点の長さ（A）より有段部屈曲点から口縁端の長さ（B）が長く、有段部から口縁端外面に擬凹線をもつ甕があるという点、第二に、法仏式期にみる無文の有段口縁の鉢に脚を付けた高杯の出現という点、第三に、装飾の富んだ山陰系鼓形器台の消滅をあげている。塚崎の事例をひとつ取っても、法仏Ⅱ式とした谷内尾編年、弥生時代後期末とした南編年、月影式の範疇とした吉岡・栃木・木田編年のように、法仏式と月影式の線引きに関しては意見が分かれている。現在は、月影式に位置づけるむきが強いようだ。

3．白江式

田嶋明人は、外来系土器の出現と在地系土器の崩壊に着目して、白江式（漆町5・6群）を設定した[35]。具体的に5群土器は、「月影系土器群が、その組成と形態を地域間交流の進展にともない波及してきた外来系（新出器種）土器群に譲り、変質・解体していく過程の土器群」、6群土器は、「5群土器に現れた動向が一層急速に進む段階」とし、5群と6群は、外来系土器の浸透度の差によって画期を見出した。しかし南久和は、白江式に対して警鐘を鳴らした[36]。「田嶋氏らの考え方は外来系土器群がどの遺跡に対してもほぼ同時に入って来たという前提のうえに立っており、このことが証明できるならば正しいということになろう」「月影式土器群の古い段階で外来系土器群があっても5・6群土器とされる場合が生じること、反対に月影式土器群の新しい段階であっても外来系土器がない場合、あるいはたまたま検出されなかった場合に月影式土器群となる可能性を否定できない」と指摘し、「「一括遺物」同時性に対しての検討がなされているのかどうか」という疑問を呈した。実際に、外来系土器が各地域に同時でかつ均等・均質に受容されたとは考えにくく、外来系土器の共伴資料＝白江式という感があったことは否めない。

こうした現状のなか、安英樹は金沢平野における古墳時代初頭前後の土器様相を示した[37]。安は、外来系土器を新たに受容することによって、組成が大きく変質する時期を古墳初頭、漆町5・6群（白江式）とした。古墳初頭は、「前段階の器類・器種は在来系土器として存続し併存」、「在地系土器の形態・技法には退化傾向や外来系土器の影響がある」と位置づけた。外来系土器は、「東海系が多く、他に畿内系、近江系、山陰系」が認められ、「とくに東海系有段高杯、小型器台がいち早く両器類の主体となる」、「外来系でも山陰系土器は古相より新相で存在が明確化する」ように、東海系と山陰系の段階受容の可能性を示唆した。外来系土器は、多種多様で遺跡・遺構単位でも様相差が顕著であり、きわめて複雑な過程を経て波及し、受容されることに言及した。安の見解により、漆町5・6群の相違は外来系の浸透度合ではなく、異系統流入の時期差である可能性が高まった。現在は、外来系の登場を積極的に評価する白江式の存在を認めるむきが強く、外来系土器の登場とともに、月影式が崩壊・変容・変質して布留式へ転換するのは確実である。しかし問題は、瓦解していく過程にある。現状では、外来系土器の多様性と在地土器の変容度に地域色が強いため、白江式の細分には困難をともなうようだ。

4．古府クルビ式・高畠式

浜岡賢太郎・吉岡康暢は、月影遺跡・二ツ屋遺跡出土土器の検討によって、古墳時代前期の土

師器として位置づけて月影式→二ツ屋式と序列づけた[38]。後者を特徴的な複合口縁壺・甕、壺・甕の丸底化、小型器台・小型丸底壺の存在から、畿内の布留式との併行関係を考えている。また橋本澄夫は、高畠遺跡上層土壙群出土土器を基準として高畠式を設定した[39]。高畠式は、斉一化した外来系土器主体の土器群で、きわめて畿内色の強い型式と規定する。続けて、古府クルビ遺跡の発掘調査報告書において、「月影式土器と高畠式土器の間を埋めるべき土器群」として、月影式→古府クルビ式→高畠式の序列を示した[40]。その後、谷内尾晋司は古府クルビ式を設定し、「土器の地域色が急速に失われ、畿内系土器に同化してゆく転換期の所産であり、その組成は複雑で多様性に富」むとした[41]。そして畿内・東海・近江・山陰系土器の影響がみられ、諸要素が複雑に絡み合うため、型式の抽出は困難であるとした。これらの問題点を解決して細分化を進めたのは田嶋明人であった。田嶋は、漆町遺跡出土土器から漆町7～11群を設定して、狭義の古府クルビ式を漆町7・8群、狭義の高畠式を漆町9～11群に位置づけた[42]。基本的に畿内系の布留式甕と高杯、山陰系壺・甕、東海系高杯などをベースとした最も細分化された編年となっている。

（3）福井県内の研究

福井県における土器編年は、石川県の研究成果によるところが大きい。古くは福井市林遺跡の調査報告のなかで、大塚初重が林Ⅰ・Ⅱ・Ⅲ式を設定し、林Ⅰ式は橋本の猫橋式、林Ⅱ式は月影式、林Ⅲ式は二ツ屋式に併行する編年を構築した[43]。その後、福井市荒木遺跡の出土土器による編年案も提示された[44]。その後、赤澤徳明は、越前地域を中心に弥生後期の編年をおこない、Ⅴ-1期を猫橋式、Ⅴ-2期を法仏式、Ⅴ-3期を月影式の3区分とした[45]。続いて、赤澤などが、弥生後期から月影式期までを1～5期とした[46]。先の3区分に、谷内尾編年の法仏Ⅰ・Ⅱ式、月影Ⅰ・Ⅱ式の細分を念頭に置いた5区分案である。また青木元邦は、長泉寺遺跡の報告書のなかで、白江式～古府クルビ式併行期を長泉寺編年Ⅰ～Ⅴ期に設定した[47]。在地系土器が外来系土器の登場によって崩壊し、畿内系に転換していく過程が追えるため、南越盆地の土器相を知る上で有用な編年である。こうして石川県に対応させる形で、弥生後期から古墳前期までの編年は提示されている。

近年では、福井市甑谷在田遺跡において、猫橋式・白江式・古府クルビ式併行期の資料が発見されており、福井市小羽山墳墓群の資料も含めて良好な資料が揃いつつある[48]。

（4）問題の所在

本地域の編年研究は、石川県の研究者主導で進んできている。編年は同じ基準資料を用いているが、細部では研究者によって時期区分や画期設定に差異が認められる。これは、各様式の概念規定や時期設定の区分、型式の細分化に対して、各自の主観が働いた結果だととらえる。猫橋式・法仏式・月影式の細分化、法仏式と月影式の線引きの問題があるし、白江式は外来系の流入による在来系の崩壊という図式は揺るがないが、変容・変質の過程には、複雑な状況が想定できる。これらを明確にしない限り、様式の内容自体が不透明なままである。細分化の問題は重要課題であるため、各器種の分類と様式設定および細分化の際には、根拠を提示して客観的な分類と

編年に心がけたい。

2　分類と編年

（1）分類の方法

　対象地域における弥生後期から古墳前期までの土器を集成する。器種（大形式）については、偶発性の高い特異な形態や少数例は対象外とし、地域色が少なく普遍的で斉一性の高いもの（高杯・器台・甕など）を選定する。大形式のなかでも、同系列のものを小形式（高杯A・Bなど）として設定する。分類に際して、各小形式で特徴的で形態差の最も反映する属性に着目しておこなう。分類には2つの方法を採用する。第一は、数値化して解析する方法である。具体的には、形態差が最も反映する属性を選定して相関を数値化し、グラフ上の分布密度をグルーピングする方法である。第二は、数値化の困難なものを、研究史と経験則から分類する方法である。これらは主観的な営為となるが、分類の均質性を意識する。編年自体は、2つの方法で得た分類をもとに様式論でおこない、とくに、①同一遺構内の層位と遺構の切り合い関係による細分類の方向性の検討、②一括資料による各細分類の共伴関係の検討を重視する。

（2）型式分類

1．形式分類

　甕、高杯、壺、器台、装飾器台という大形式の順で検討する。

　a．**甕**　本来ならば、各属性間の相関関係を割り出し、有効な属性を抽出して分類の対象とすべきだが、本地域は全体の形態が判明する資料は少なく、第二の方法を採用せざるを得ない。これまでの研究成果から、頸部を含めた口縁部を対象とし、その他の属性は経験則を参考として補助的に用いる（第2図）。

　甕A　口縁部の縁帯部分に擬凹線文を施す甕である。口縁部から頸部の形態に着目して、縁帯部分の発達と退化から15に分類する。1・2類は縁帯部が内傾するもの、1類は頸部内面ケズリ残しが残るもの、2類は頸部付近まで削るもの、3類は端面が直立気味になるもの、4類は端部がわずかに発達するものとなる。5類から7類にむかって、口縁部の発達とともに擬凹線文が多条化する。8類は内傾した口縁部をもち、内面に連続指頭圧痕と頸部内面ケズリ残しに横ハケを施す。9類は口縁部が直立気味か全体的に外反し、端部が先細りとなり、内面に連続指頭圧痕と頸部内面ケズリ残しに横ハケがともなう。10・11類は口縁部が発達して規格性が強く、三要素のセットが顕著となる。12類は三要素のいずれかが欠如するもの、13類から15類にむかって有段部が退化し、その不明瞭さの度合いを根拠とした。

　甕B　畿内地域の影響を受けた甕である。口縁部から頸部の形態によって9つに分類する。1類は外反のみ、2類は端部はね上げがともない、3類は内湾気味、4類は内湾気味に端部拡張、5類は端部内面拡張と若干の内湾肥厚をもつものとなる。5類から9類

第Ⅰ章 年代論

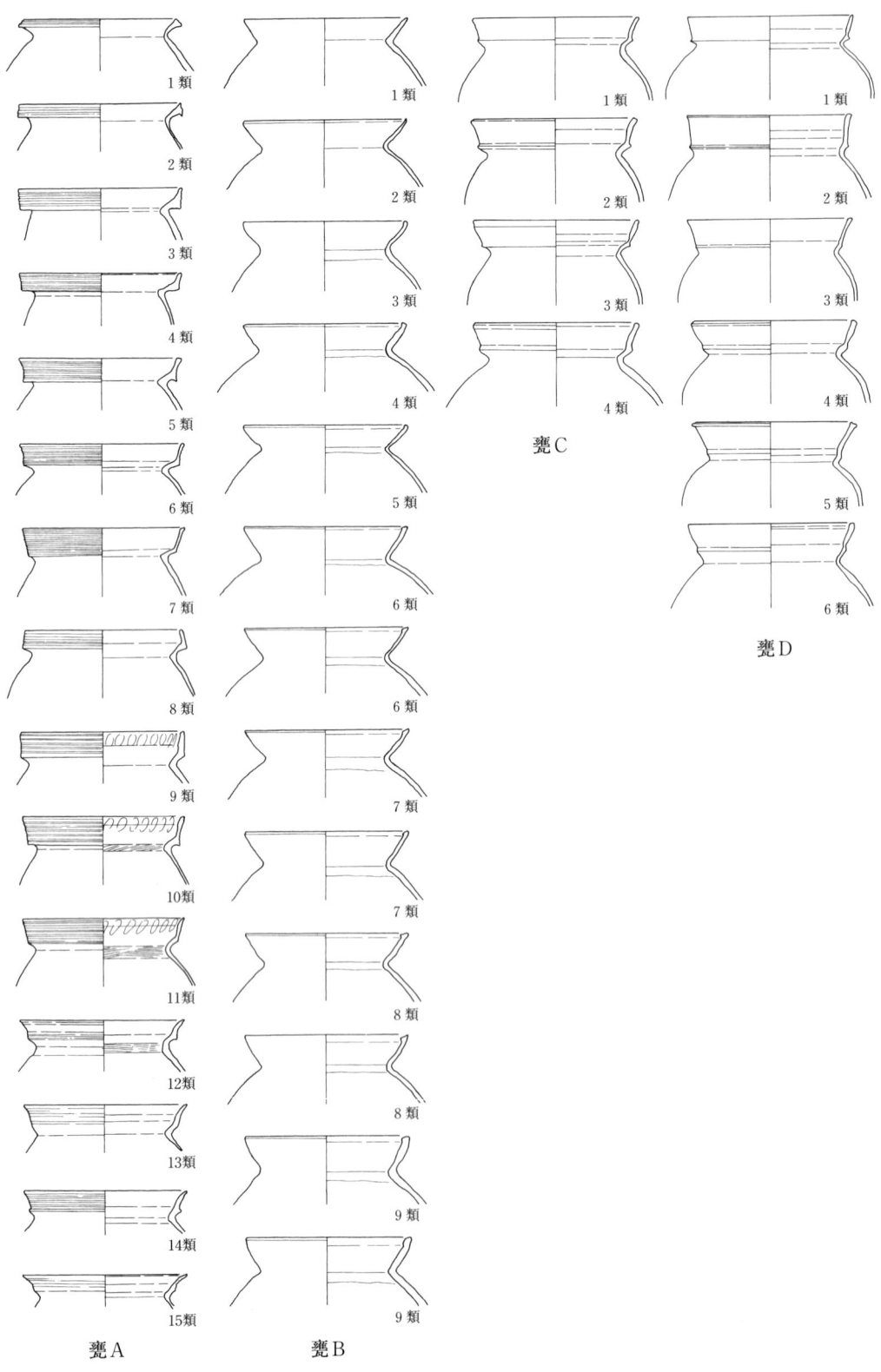

第2図　甕A〜Dの分類（縮尺不同）

第1節 古墳成立期の土器編年

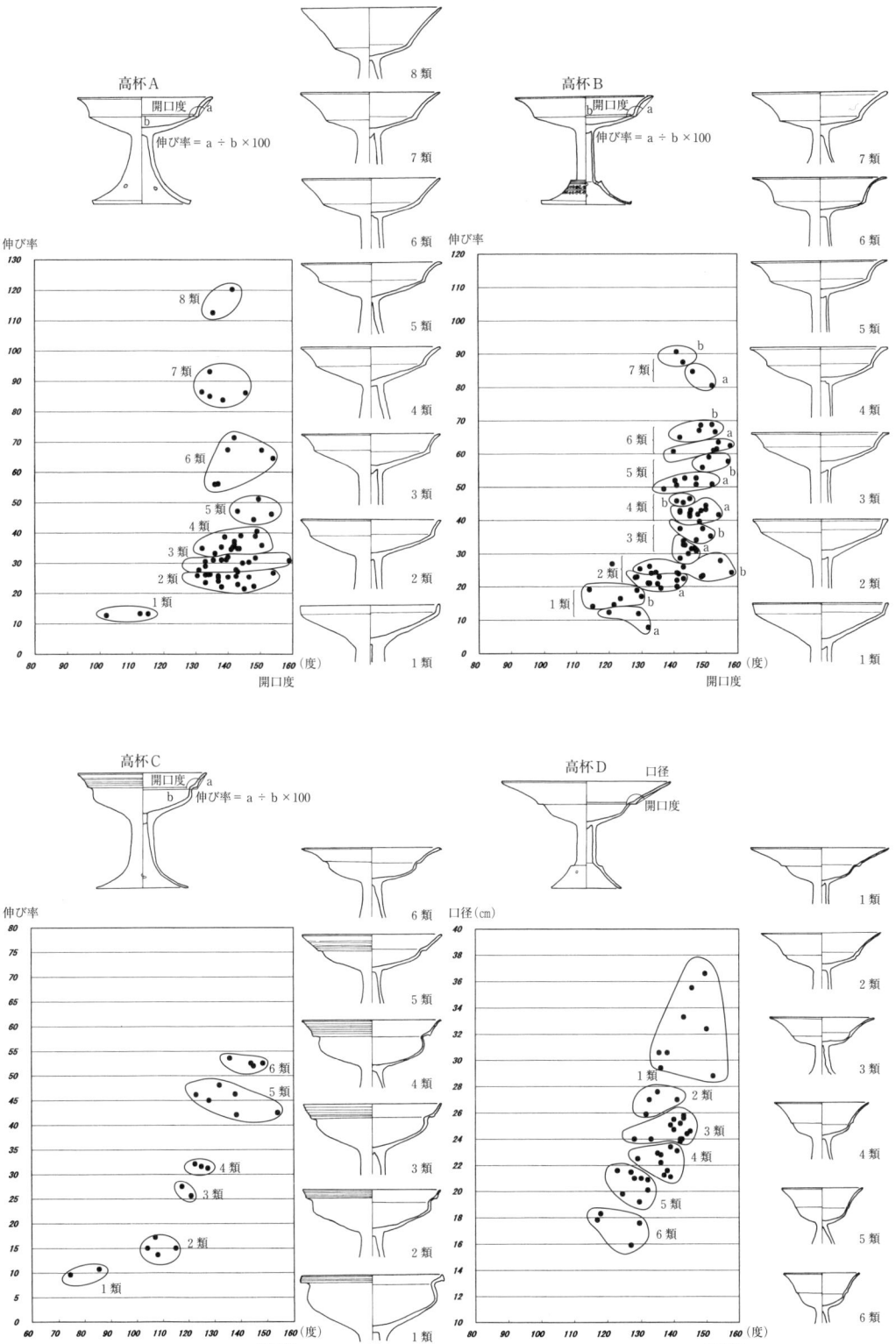

第3図　高杯A～Dの分類

第Ⅰ章　年代論

までは、端部内面拡張と内湾・肥厚の度合いによって分類した。5類から9類にむかってその度合いは増す。

甕C　頸部と口縁部の接合部に突起をもつ山陰地域の影響を受けた有段口縁の甕である。口縁部は無文である。分類は口縁部から頸部の形態によって4つに分類する。1類は端部が先細りのもの、2類は端部に面をもち丸くおさめ、あるいは内外面にわずかに拡張するもの、3類は肥厚が顕著で有段部の稜がわずかに甘くなるもの、4類は端部拡張が顕著となり、有段部の稜が甘くなるものである。

甕D　山陰地域の影響を受けた有段口縁の大型甕である。口縁部から頸部の形態から6つに分類する。1類は口縁部が直立気味に立ち上がるもの、2類は口縁部が緩やかに外反するもの、3類は端部に面をもちわずかに拡張したもの、4類は端部拡張が進んだもの、5類はさらに拡張が進み、有段部の稜が甘いものである。6類は口縁部全体が肥厚して明確な有段部を形成せず、端部の拡張が最も大きい。

b．高杯　杯部の形態によって、A〜Gの7形式に大別する（第3・4図）。高杯A・B・C・Dは各属性の相関関係を数値化する第一の方法を採用した。それ以外の高杯E・F・Gは第二の方法をとり、全体の形態と研究史や経験則によって分類する。

高杯A　端部先細りで、口縁部が外反する高杯である。総数61点を対象とし、口縁部接合点を中心に、受部底面と口縁部先端を結んだ角度［開口度］と、口縁部の発達［伸び率］

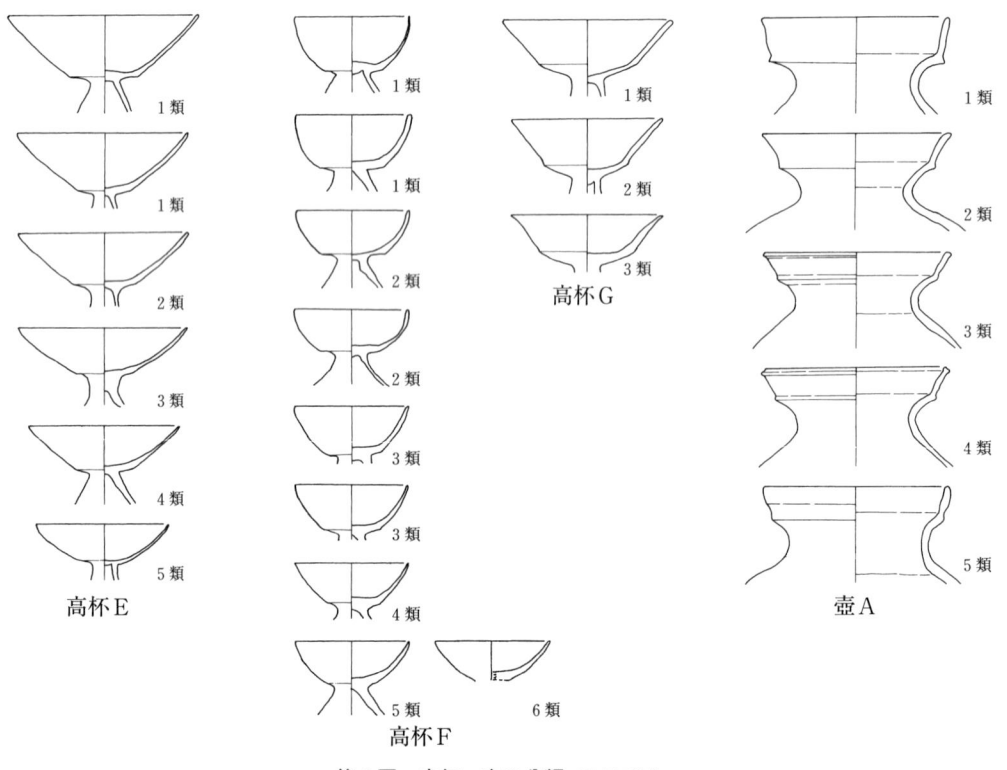

第4図　高杯・壺の分類　(縮尺不同)

(a÷b×100)の相関関係を示し、ドットの集中から8つに分類する。1類は受部に対する口縁部の伸び率と開口度は小さいが、8類にむかって大きくなる。

高杯B　端部肥厚で、口縁部が外反する高杯である。総数78点を対象とし、口縁部接合点を中心に、受部底面と口縁部先端を結んだ角度［開口度］と、口縁部の発達［伸び率］（a÷b×100）の相関関係を示し、ドットの集中から7つに分類する。1類は受部に対する口縁部の伸び率と開口度は小さいが、7類にむかって大きくなる。

高杯C　有段部を形成する口縁部の高杯である。総数30点を対象とし、口縁部接合点を中心に、口縁部底径と口縁部先端を結んだ角度［開口度］と、口縁部の発達［伸び率］（a÷b×100）の相関関係を示し、ドットの集中から6つに分類する。1類から6類にむかって、口縁部の発達とともに擬凹線文が多条化する。施文は1類〜4類が擬凹線文のみ、5類が有文と無文が混在し、6類は完全に無文となる。

高杯D　椀形の杯部に有段口縁部をもつ高杯である。総数46点を対象とし、口縁部の角度［開口度］と口径［規格］の相関関係を分類の対象としたドットの集中から6つに分類する。1類から6類にむかって、口径と開口度が小さくなり、口縁端面に施文をもたないのが特徴である。

高杯E　受部が小さく杯底部外面に稜をもち、口縁部は直線的あるいは内湾気味に外反する口縁部を有する高杯で、脚部は内湾脚か外反脚がともなう。東海・近江地域の影響が考えられる。総数29点を対象とし、受部の形態によって5つに分類する。1類から5類にむかって、口径が大きく杯部の深いタイプから、全体的に小型化する変化をたどる。

高杯F　杯底部に稜をもち、口線部は内湾して開き、外反脚をともなう高杯である。東海・近江地域の影響が考えられる。小型の有稜高杯ともいう。総数35点を対象とし、受部の形態によって6つに分類する。1類から6類にむかって、口縁部が内湾して杯部の深いタイプから、口縁部外反して杯部の浅いタイプとなる。

高杯G　畿内地域の影響を受けたと考えられる高杯である。総数28点を対象とし、受部の形態によって3つに分類する。1類から3類にむかって、口径が大きいタイプから口径が小さく浅いタイプとなる。

c．壺　山陰地域の影響を受けた有段口縁をもつ壺をA形式として補助的に用いる（第4図）。

壺A　山陰地域の影響を受けて製作された有段口縁をもつ壺である。口縁部から頸部にかけての形態によるが、口縁端部の形態と有段部の形態によって5つに分類する。1類は口縁部が直立気味に立ち上がるもの、2類は口縁部が緩やかに外反するもの、3類は端部に面をもち、わずかに拡張したもの、4類は端部拡張が発達し、5類はさらに発達が進み、有段部の稜が甘い。5類になるにしたがい口縁部全体が肥厚し、明確な有段部を形成せず端部の拡張が大きい。

d．器台　上下に有段部を形成する鼓形の器台である（第5図）。総数65点を対象とし、口縁部の角度［開口度］と口縁部の発達［伸び率］（a÷b×100）の相関関係を示し、ドットの集中から10に分類する。基本的に1類から10類にむかって口縁部の伸び率が大きい。施文に着目すると、

第Ⅰ章 年代論

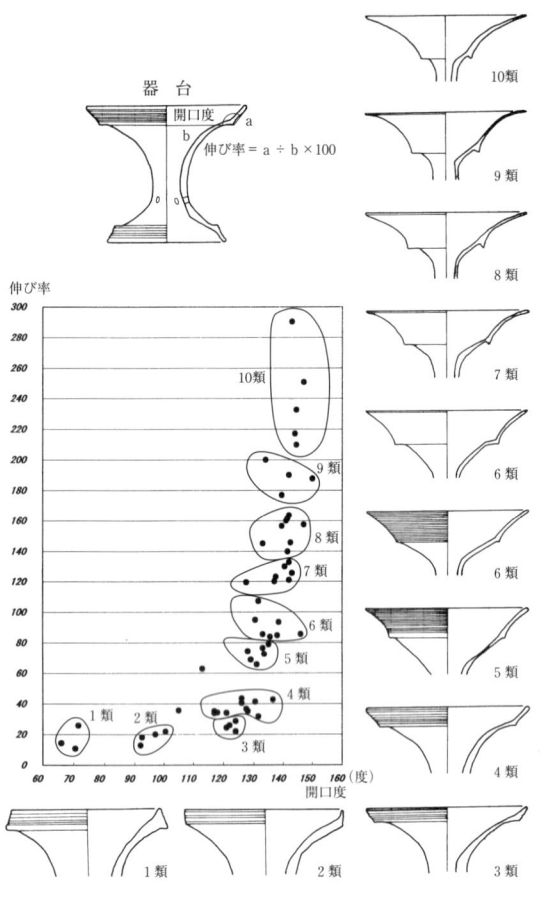

擬凹線文の1類～5類、擬凹線文と無文が混在する6類、無文の8類～12類である。

e．装飾器台　下部構造の口縁部が垂下する器台に、透かし孔のある有段口縁をもつ上部構造が結合した器台、いわゆる装飾器台である（第5図）。総数55点を対象とし、受部径［規格］（b×2）と受部径に対する口縁部の発達［伸び率］（a÷b×100）の相関関係を示し、ドットの集中から6つに分類する。1類は受部径が広く、それに対する口縁部の伸び率は小さく、6類は受部径が狭く伸び率は大きい。受部径が広いものに口縁部の伸びるタイプは皆無で、狭いものは口縁部の伸び率が大きい。3・4類はドットが集中することから規格性を示す。

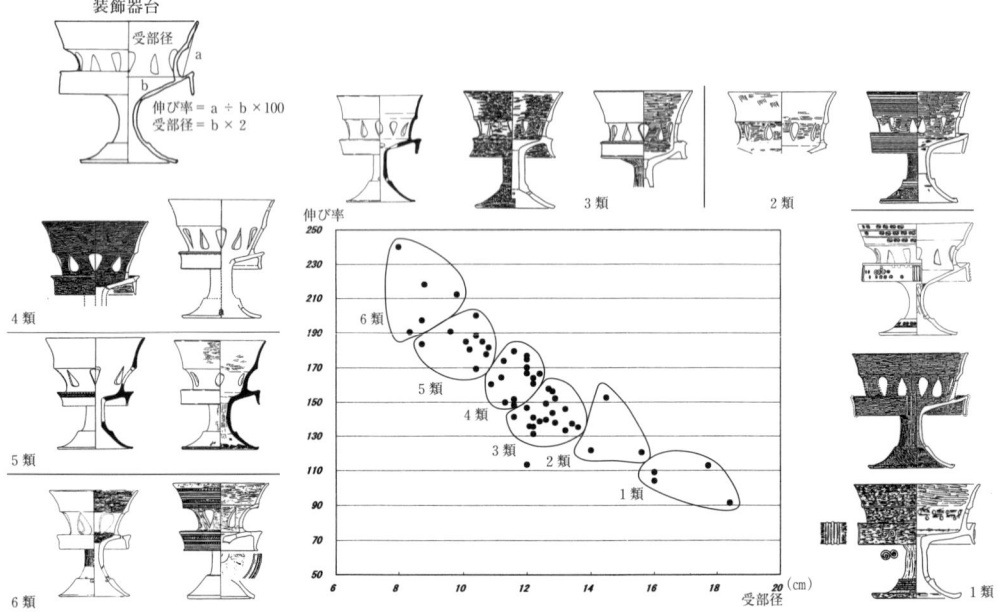

第5図　器台・装飾器台の分類

2．型式組列の検証

　これらの分類を有する良好な一括資料を選定して、同一遺構内の層序や遺構同士の切り合い関係から新古関係を導き出し、細分類の時間的な型式変化（型式組列）を証明する。本地域における事例は少ないが、同一遺構内はa～fの6例（第6図）、遺構の切り合い関係はa～fの6例（第7図）を取り上げる。

　a．近岡ナカシマ遺跡2号溝の場合[49]　本遺構は層位的に調査がなされ、下層は高杯D4類、上層は4類が混じりつつも5類主体、装飾器台は下層が4類、上層が5類主体となる。溝の層位から変化の方向性を導き出すのは危険かもしれないが、高杯D4類→5類、装飾器台4類→5類という変化が追え、小型化の傾向が読み取れる。出越茂和は、上層土器群を外来系の出現する当初の段階として、「近岡ナカシマ遺跡（2号溝）上層段階」、下層土器群を従来の「月影Ⅱ式」と位置づけた[50]。

　b．宮永坊の森遺跡C区1号住居の場合[51]　本遺構は層位的に調査がなされており、下層では甕A12類の破片、中層では有段口縁壺、高杯F2類、甕C1類、くの字状口縁甕、小型器台、上層は点数が少ないが、高杯F4類、退化した甕A14類、二重口縁壺などが出土した。住居埋没の時間は特定できないが、住居内の層位から甕Aは12類→14類、高杯Fは2類→4類という変化が追える。

　c．倉部出戸遺跡SD25の場合[52]　本遺構は方形周溝墓の可能性が高い溝で、遺構内から高杯D3類、甕A10・11類などが出土した。上面の別時期の堆積層からはパレス系壺、高杯F2類が出土した。高杯F2類は、東海系壺や有段部の退化した甕A12～14類と共伴するため、逆に甕A10・11類とは共伴しないことが分かる。

　d．上荒屋遺跡A4～8区SD16の場合[53]　本遺構はA区を約110m以上にわたって南北に横断する溝である。堰の南方はきわめて薄い堆積だが、任意的な高さを設定し上位・下位遺物として取り上げられた。高杯Eの良好な資料が提示されており、下位では2類が2点、上位では杯部のやや浅い3類が数点出土した。下位から上位にむかって2類→3類という杯部が浅くなるという変化をたどる。

　e．漆町遺跡白江・ネンブツドウ地区B2区土器溜まりの場合[54]　本遺構は土器溜まりで、最下層・下層・中層・上層で取り分けた層位的な調査がなされた。最下層では高杯E2類3点、上層で高杯E5類が出土したため、大きく開くタイプから小型化と有稜部の退化という変化をたどる。また、下層では甕C3類、上層では甕C4類が出土したことから、端部拡張部の肥厚化と有段部の退化という変化が追える。

　f．横江古屋敷遺跡A区SD10の場合[55]　本遺構では、最下層・下層・中層・上層で取り分けた層位的な調査から良好な資料が得られた。高杯Dは最下層が1類（破片のため確証はない）、下層が2類（破片のため確証はない）、中層が3類、上層が4類であるため、小型化の変化がたどれる。

　次に、遺構の切り合い関係で新古関係を導く。

　a．平面梯川遺跡SK05→SK11の場合[56]　本遺跡ではSK05とSK11から良好な資料が提示された。遺構の切り合いから、SK05→SK11という新古関係が読み取れる。SK05は甕A2類、高杯B

第Ⅰ章 年代論

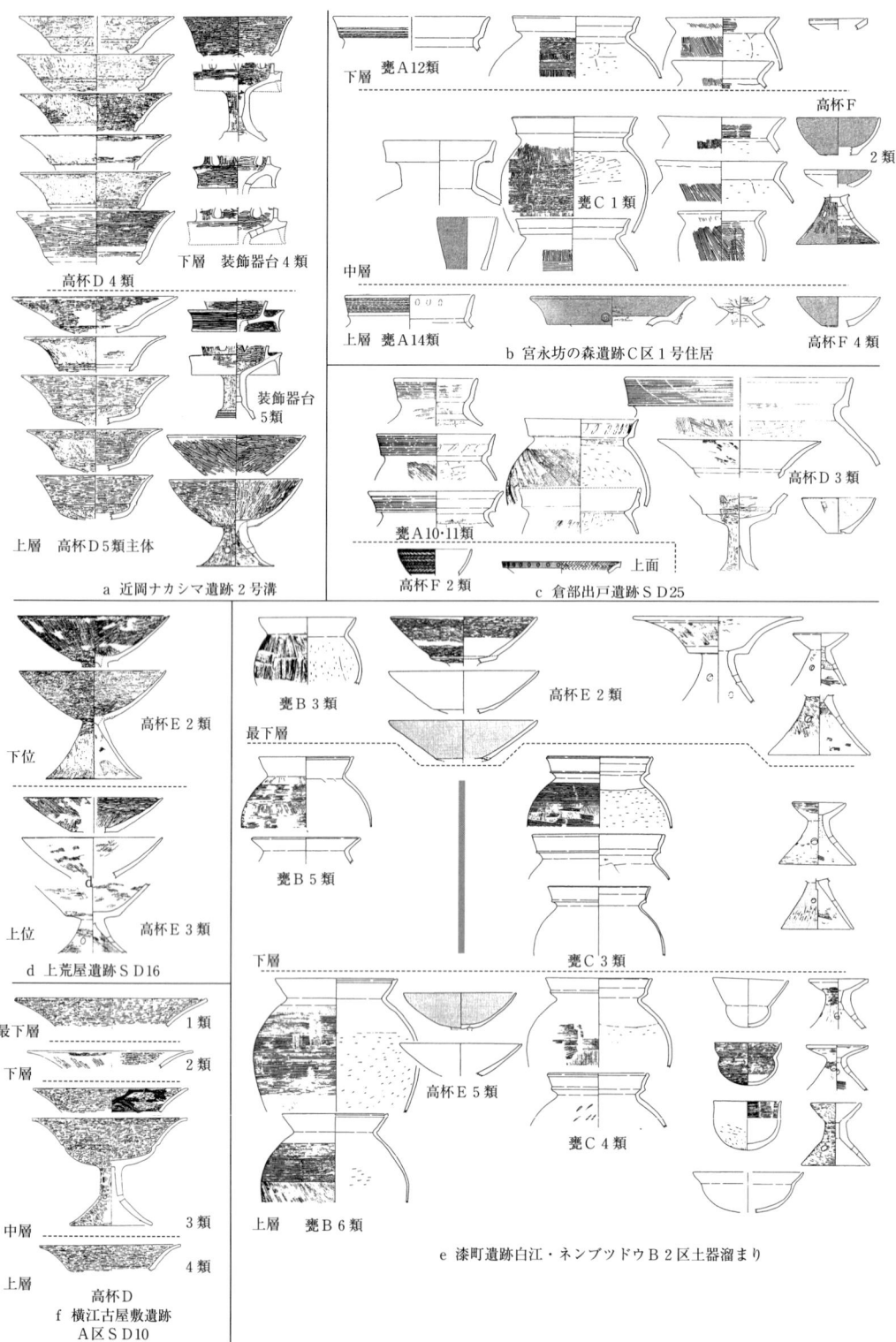

第6図 同一遺構内における細分類の方向性 (縮尺1/10)

第1節　古墳成立期の土器編年

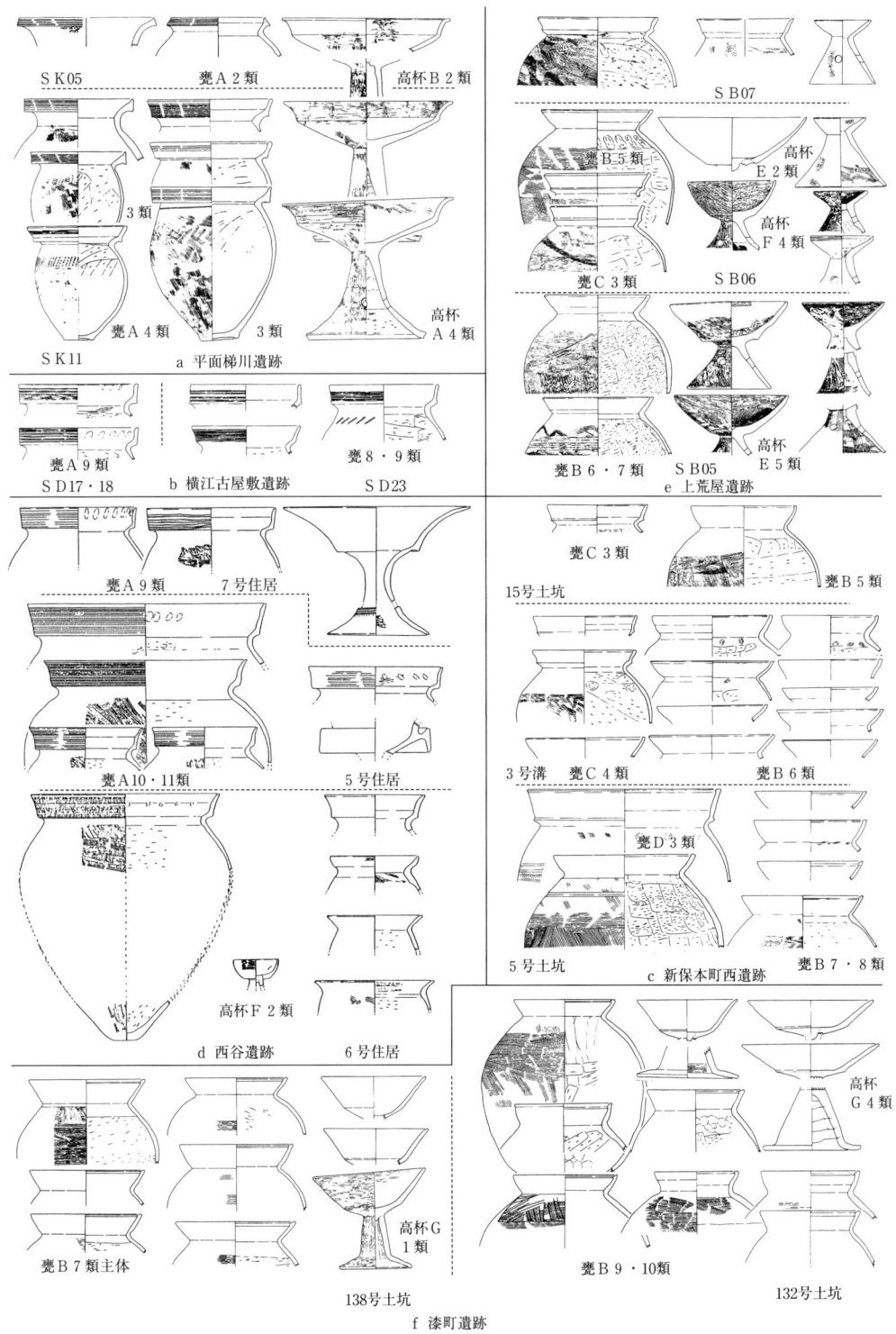

第7図　遺構の切り合いによる細分類の方向性（縮尺1/10）

2類、SK11は甕A3・4類、高杯A2・4類、高杯B4類、器台4類が出土したため、甕Aは2類→3・4類、高杯Bは2類→4類という変化が追える。

　b．横江古屋敷遺跡B区SD17・SD18→SD23の場合[57]　本遺跡SD17・SD18は平地式建物の周溝である。この遺構を掘り込むようにSD23が切るため、SD17・SD18→SD23という新古関係が読み取れる。SD17・SD18では高杯B6類、高杯C5類、甕A9類、SD23では甕A8・9類が出土した。甕Aは9類でもSD17・SD18のものは、口縁端部を丸く収める6類に近いが、SD23のものは口縁部が外反し発達する10類に近く、口縁部の発達という変化が追える。

　c．新保本町西遺跡15号土坑→1号溝→3号溝・5号土坑の場合[58]　本遺跡では、周溝をもつ平地式建物2棟とそれにともなう土坑・溝などが検出された。遺構の切り合いから、15号土坑を1号溝が切った上で3号溝が切り、さらに直線的に伸びる1号溝を5号土坑が切るため、15号土坑→1号溝（遺物なし）→3号溝・5号土坑という新古関係が読み取れる。ただし、3号溝・5号土坑の切り合いは確認できないため、15号土坑・1号溝より新しい時期としかいえない。甕Bをみると、15号土坑では5類、3号土坑では若干端部肥厚の進む6類が、5号土坑ではさらに進んだ7・8類が出土した。また甕Cをみると、15号土坑では3類、3号溝では端部肥厚の進んだ4類、5号土坑では甕D3類が出土した。したがって、甕Bは5類→6類→7・8類となり、端部肥厚と拡張度合いの進行という変化が追える。また、甕Cは3類→4類となる。甕D3類は、甕C4類より端部拡張と肥厚が進み、甕Bと同様な変化をたどる。

　d．西谷遺跡7号住居・5号住居→6号住居の場合[59]　本遺跡では、8基の竪穴住居跡から良好な資料が出土した。6号住居（方形・4本支柱）が、5号住居（多角形・5本支柱）と7号住居（隅丸方形・4本支柱）を切るが、5号と7号の直接切り合っていない。7号住居の甕Aは、口縁部が直立気味で端部がわずかに外反する9類、5号住居は全体的に外傾し、口縁部中程から大きく外反する甕A10・11類が出土したが、6号住居から甕Aはなく、くの字状口縁甕が一定量存在し、高杯F2類が共伴する資料でもある。7号と5号に切り合いはないが、甕Aの型式変化から、7号→5号の新古関係が読み取れるため、7号→5号→6号という序列となり、甕Aの口縁部の発達、くの字甕と高杯F2類の出現という変遷が追える。

　e．上荒屋遺跡SB07→SB06→SB05周溝の場合[60]　本遺構は平地式建物跡（方形4本支柱）にともない、同一場所で軸をずらして3棟の建て替えがなされた。切り合い関係から、SB07→SB06→SB05の序列となる。SB07の土器量は少ないが、SB06・SB05では甕B・Cと高杯E・Fが出土した。甕BはSB06が5類、SB05が6・7類と肥厚の度合いが進み、高杯EはSB06が2類、SB05が5類で小型化して有稜部が甘くなる退化現象が認められる。

　f．漆町遺跡金屋・サンバンワリ138号土坑→同132号土坑の場合[61]　略円形の132号土坑が138号土坑を切ったため、138号→132号という新古関係が読み取れる。138号土坑では高杯G1類、甕B7類が主体となる一方で、132号土坑は甕B9・10類、高杯G4類などが存在したため、甕B7類→甕B9・10類、高杯G1類→高杯G4類という新古関係が読み取れる。とくに甕Bは、口縁部の肥厚と端部の拡張の度合いが進み、口縁部全体の立ち上がりの傾斜が強くなっている。

　これらは部分的な検証にとどまるが、細分類の変化の方向性を押さえられる。先学の成果を参

考にすれば、高杯A・Bと器台1類は弥生中期的な要素を残した資料、高杯A・Bと器台7類は月影式を代表する高杯（高杯D）との共伴例から1類が古く、7類が新しい様相をもつことになり、1類→7類の変化は時間的な変遷を示す。甕Aも同様で、口縁部の発達が本地域における変化の特徴といえる。しかし、高杯D・E・Fは別の変化をたどる。高杯D1類は弥生後期的な要素をもつ資料、高杯D5・6類は外来系の高杯E・Fと共伴するため、口径が縮小して小型化する変化が認められる。高杯E・Fの1～5類をみると、1・2類は月影式的な要素の強い資料、3類は畿内の影響を受けた資料と共伴するが、4・5類は典型的な布留式甕と共伴していくため、1→5類という変化は時間的な変遷を示す。また甕B・Dも、口縁端部の拡張と肥厚の度合いと形骸化の過程が時間的な変遷を示す。甕B1～4類は東海系の器種と、甕B9類は須恵器出現前後の土師器と共伴するため、口縁部が立ち上がり、端部拡張部の肥厚が進むという変化をたどる。甕Cも甕Bと同様に変化するが、有段部の形骸化といった変化も加わる。甕Cと同系統の甕Dは口縁端部の肥厚が進み、有段部が不明瞭となっていく。

（3）様式設定

1．一括資料における細分類の共伴関係

ここでは、一括資料内における各細分類の共伴関係を検討する。表は横軸に各種類の細分類、縦軸に一括資料を配置した。詳細な検討は紙面の関係でできないため、結果だけを第1表に集約した。良好な一括資料の少ない本地域では断片的な共伴状況である。一括資料については、土器製作から廃棄までの期間や一括性のレベルによってA～Dの4段階に設定した。表をみると、完形品の多い資料や一括性の高い場合は、隣り合う細分類が集中し、大溝や川跡などの一括性の低い場合は、細分類が散在する傾向が認められる。こうした状況を勘案して混入や混在を差し引くと、第8図のような共伴関係が導き出せる。以下、特徴を4点にまとめる。

第一に、高杯A・B、器台は1類～6類がほぼ対応する形で共伴する。出土数の少ない高杯Cとの共伴関係は不透明だが、高杯C1類が高杯A・Bの1・2類、高杯C2類が高杯A・Bの3類、高杯C3類が高杯A・Bの4類、高杯C4類が高杯A・Bの5類、高杯Cの5・6類が高杯A・Bの6類と共伴する。甕A1類が高杯A・Bの1類と器台1類、甕A2類が高杯A・Bの2類と器台2類、甕A3類が高杯A・Bの3類と器台3類、甕A4類が高杯A・Bの4類と器台4類、甕A5類が高杯A・Bの5類と器台5類ときれいに共伴する。ただし、甕A6～8類だけは高杯A・B6類と器台6類との共伴例が確認できる。

第二に、高杯Dに注目すると、高杯A・Bとの共伴例が少なく、高杯A・Bの7類と共伴する。これは、高杯A・Bから高杯Dへの転換を意味する。また高杯Dは、器台や装飾器台の細分類との共伴関係から変化が追える。器台は共伴状況が若干乱れるが、高杯Dの7～10類のなかで共伴する。甕Aと高杯Dの共伴関係をみると、高杯D1類は甕Aの7～9類、高杯D2類は甕Aの9・10類、高杯D3・4類は甕Aの9～11類と共伴する。明確な変遷は追えないが、重なり合う形で変遷する。装飾器台1・2類と高杯D1類との関係は明確でない。少なくとも、高杯D2類とは確実に共伴することから、型式学的にみれば、装飾器台1類は高杯D1類と共伴する可能性

第Ⅰ章 年代論

第1表 一括資料による各細分類の共伴関係

[一括性] 一括性の高さによってA〜Dの4段階にレベル設定している。
- A 墓壙・土器棺などの一括性が極めて高いもの
- B 住居・土坑・溝資料でもまとまって出土し、比較的一括性が高いもの
- C 土器溜まり・土坑・溝資料でからの出土、比較的Bより一括性は低い
- D 出土状況が明確でないもの。主に溝・川資料など。

第1節 古墳成立期の土器編年

第Ⅰ章　年　代　論

は高い。高杯Ｄ３・４類は装飾器台３・４類との共伴関係を想定する。

　第三に、高杯Ｅ・Ｆの１〜５類を基軸とすれば、各器種の各細分類はきれいに対応する。高杯Ｅ・Ｆの１・２類は装飾器台の５・６類、高杯Ｄの５・６類と共伴するが、高杯Ｅ・Ｆの３類とは共伴しない。高杯Ｅ・Ｆは基本的に甕Ａの12〜15類と共伴する。退化形態の甕は混在するが、高杯Ｅ・Ｆの１類が11〜13類、２類が12〜14類、３類が13〜15類と部分的に重なり、高杯Ｅ・Ｆの２類は甕Ｂの１〜３類、甕Ｃ１類と共伴する。高杯Ｅ・Ｆの３類は甕Ｂ２〜４類、甕Ｃ２類、甕Ｄ１類、４類は甕Ｂの３〜５類、甕Ｃ３類、甕Ｄ２類、壺Ａ１類、５類は甕Ｂ６類、甕Ｃ４類、甕Ｄ３類、壺Ａ２類と共伴する。

　第四に、高杯Ｇと高杯Ｅ・Ｆの共伴例はほとんど認められない。それぞれの共伴状況を検討すると、高杯Ｅ・Ｆから高杯Ｇへ転換している可能性が高い。高杯Ｇを基軸とすれば、その他の甕Ｂ・Ｄや壺Ａなどの細分類ときれいに対応する。高杯Ｇ１類は甕Ｂ７類、甕Ｄ４類、壺Ａ３類、Ｇ２類は甕Ｂ８類、甕Ｄ５類、壺Ａ４類、Ｇ３類は甕Ｂ９類、甕Ｄ６類、壺Ａ５類と共伴する。

　以上の検討によって、混入や混在を差し引いて考えれば、弥生後期から古墳前期までを18の様相に設定できる。

２．画期設定と細分化

　18の様相については、各様相で主体となる細分類をあてる。なかでも、各様相には各型式の消

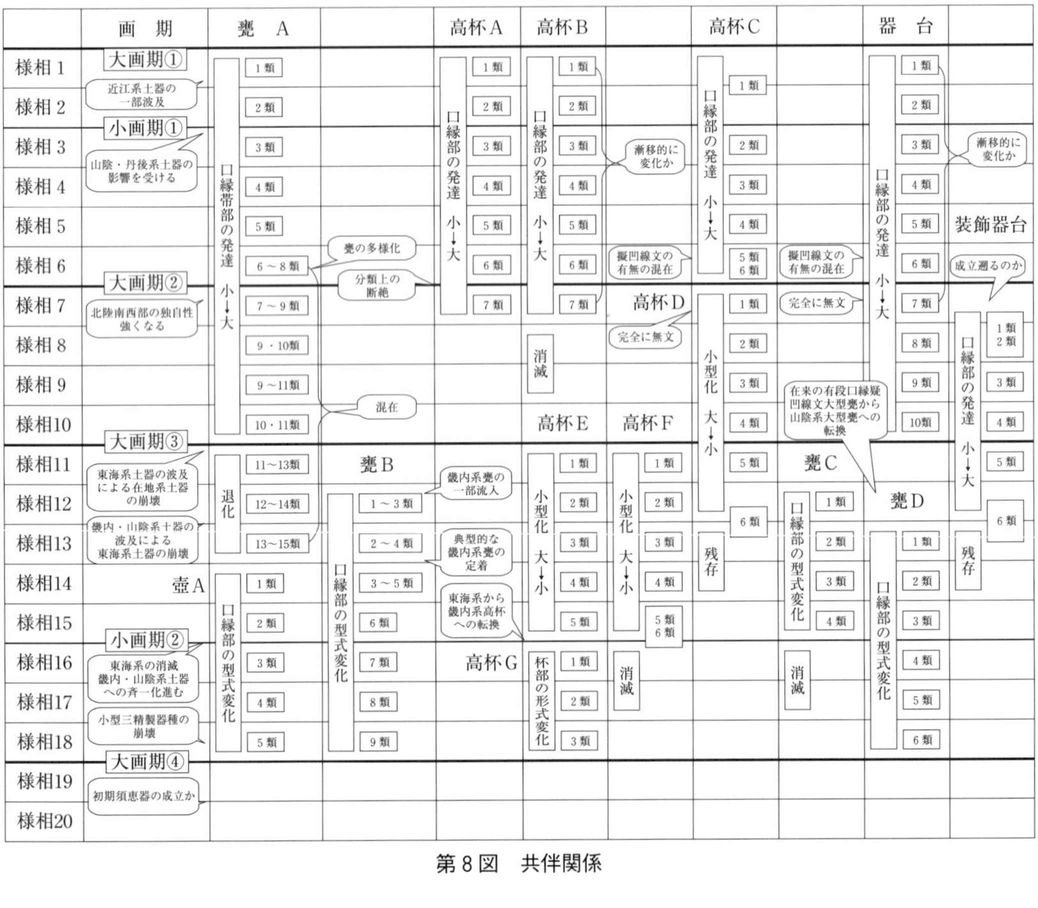

第８図　共伴関係

第1節　古墳成立期の土器編年

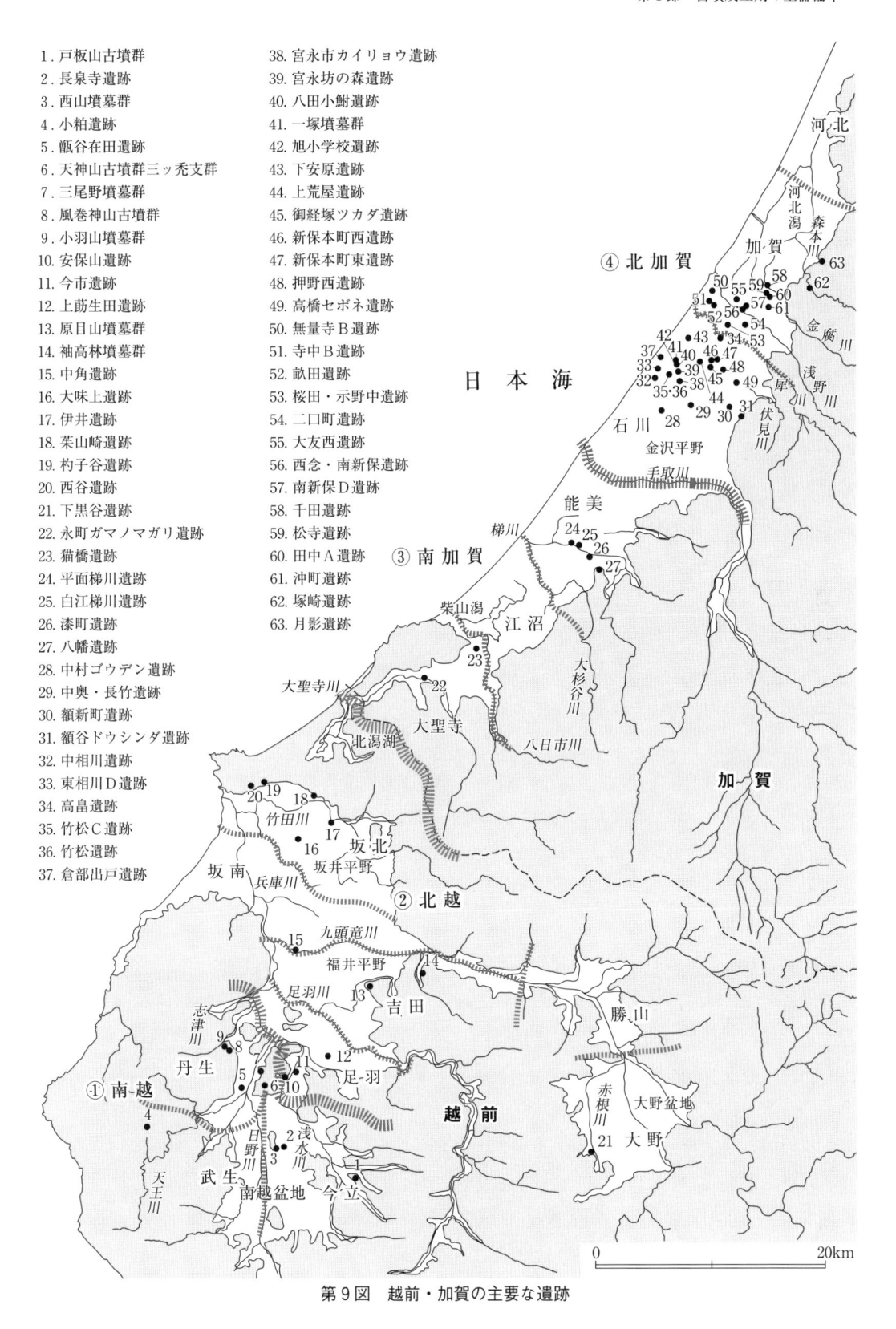

1. 戸板山古墳群
2. 長泉寺遺跡
3. 西山墳墓群
4. 小粕遺跡
5. 甑谷在田遺跡
6. 天神山古墳群三ッ禿支群
7. 三尾野墳墓群
8. 風巻神山古墳群
9. 小羽山墳墓群
10. 安保山遺跡
11. 今市遺跡
12. 上莇生田遺跡
13. 原目山墳墓群
14. 袖高林墳墓群
15. 中角遺跡
16. 大味上遺跡
17. 伊井遺跡
18. 茱山崎遺跡
19. 杓子谷遺跡
20. 西谷遺跡
21. 下黒谷遺跡
22. 永町ガマノマガリ遺跡
23. 猫橋遺跡
24. 平面梯川遺跡
25. 白江梯川遺跡
26. 漆町遺跡
27. 八幡遺跡
28. 中村ゴウデン遺跡
29. 中奥・長竹遺跡
30. 額新町遺跡
31. 額谷ドウシンダ遺跡
32. 中相川遺跡
33. 東相川D遺跡
34. 高畠遺跡
35. 竹松C遺跡
36. 竹松遺跡
37. 倉部出戸遺跡
38. 宮永市カイリョウ遺跡
39. 宮永坊の森遺跡
40. 八田小鮒遺跡
41. 一塚墳墓群
42. 旭小学校遺跡
43. 下安原遺跡
44. 上荒屋遺跡
45. 御経塚ツカダ遺跡
46. 新保本町西遺跡
47. 新保本町東遺跡
48. 押野西遺跡
49. 高橋セボネ遺跡
50. 無量寺B遺跡
51. 寺中B遺跡
52. 献田遺跡
53. 桜田・示野中遺跡
54. 二口町遺跡
55. 大友西遺跡
56. 西念・南新保遺跡
57. 南新保D遺跡
58. 千田遺跡
59. 松寺遺跡
60. 田中A遺跡
61. 沖町遺跡
62. 塚崎遺跡
63. 月影遺跡

第9図　越前・加賀の主要な遺跡

第Ⅰ章　年　代　論

長と出現から、4つの大画期と2つの小画期が認められる（第8図）。第一の大画期は様相1の開始期にあり、高杯A・Bと器台1類の成立で、弥生中期的要素をもつ土器とは一線を画する。第二の大画期は様相6・7間にあり、高杯A・Bの6・7類の分類上の断絶、器台6類にみる擬凹線文有無の混在と7類の完全な無文化、高杯Cの消滅と高杯Dへの転換を根拠とする。第三の大画期は様相10と11間にあり、様相11の組成は高杯E・Fの出現が画期となる。様相10は甕Aが10・11類主体で、口縁部の発達と連続指頭圧痕・頸部内面ケズリ残し・横ハケという要素をもつが、様相11は甕A12・13類が主体で、擬凹線文が退化して有段部の稜が鈍く、三要素のいずれかが欠如する退化現象をともなう。そして、高杯Dと装飾器台は小型化した5・6類が残存する。第四の大画期は様相18・19間で、初期須恵器生産の成立が想定できる。本地域では明確な共伴例はないが、様相19・20の基準資料のなかに、須恵器写しの甑が散見することを根拠とする。

　第一の小画期は様相2・3の間にある。甕A・高杯C・器台などの内傾口縁が、直立気味に立ち上がる口縁部へと変化し、スタンプ文などの装飾性が高くなる点を根拠とする。第二の小画期は様相15・16間にある。様相15は様相11・12以降に盛行する高杯Eの5類、高杯Fの5・6類として残存するが、様相16以降には高杯Gへと転換している。

　大・小の画期間の細分をみると、様相1～6は高杯・器台にみる様相6・7の画期と高杯Dの成立を重視して6様相とする。細分の根拠は、高杯A・B、器台の細分類1～6類が主体となる点からである。様相7～10は高杯Dの出現から、本格的な外来系受容期の直前までとなり、高杯Dの小型化、甕A・器台・装飾器台の口縁部の発達を重視して細分類から4区分する。細分の根拠は、高杯Dの細分類1～4類が主体となる点である。様相11～13は高杯E・Fの出現から、甕B4類の出現以前までとして、高杯D・装飾器台の小型化、高杯E・Fの細分類から3区分とする。細分の根拠は、高杯E・Fの細分類1～3類が主体となる点である。様相14～18は甕B5類の出現から須恵器出現以前までとする。様相14・15は甕B5・6類と高杯E・Fの4・5類が主体となる点から2区分、様相16～18は甕B7～9類、高杯G1～3類が主体となる点から3区分する。

　3．様式設定

　1・2の過程を踏んで、弥生後期から古墳前期までを18の様相に細分化した。本来ならば、各主要遺跡や小地域別に様式設定を試みなければならない。しかし、本地域は資料が不十分であるため、北陸南西部という広範囲でしか様式設定ができなかった（第9図）。北陸南西部は福井県と石川県を合わせた広域に及ぶため、今後は地域別の細分化が必要である。ここでは福井県北部と石川県南部の二大地域として設定する。様式圏の範囲を旧国単位の名称にしたがえば、福井県北部は越前、石川県南部は加賀とすることができる。様式の名称については、従来の様式名を基本的に踏襲するが、適当な呼称がない場合は、基準となる遺跡名を採用する。

　様相1・2は加賀通有の「猫橋式」、越前では甑谷在田遺跡の資料を用いて「甑谷式」と認識し直す。様相3～6は加賀通用の「法仏式」、越前では小羽山墳墓群の資料を基準にするため、「小羽山式」と認識し直す。様相7～10は加賀通用の「月影式」、越前では風巻上小島遺跡の資料を参考にするため、「風巻式」と認識し直す。様相11～13は加賀通用の「白江式」、越前では長泉

寺遺跡の資料を基準にするため、「長泉寺式（1〜3式）」と認識し直す。様相14・15は加賀通用の「古府クルビ式」、越前では長泉寺遺跡の資料を基準とするため、「長泉寺式（4・5式）」と認識し直す。様相16〜18は加賀通用の「高畠式」、越前では木田遺跡の資料を基準とするため、「木田式」と認識し直す。

4．各小様式の様相

甕・高杯・器台・装飾器台などを中心に、各様式の概要を述べる。

甑谷1式・猫橋1式（第10図1〜22）　王山1号墓（1〜9）[62]では内傾口縁甕A1類と高杯A1類が共伴する。高杯A1類は受部に対して口縁部が未発達で若干内傾するタイプであり、甕の大半は近江系の受口状口縁甕で占める[63]。猫橋遺跡94年度1号溝（10〜16・18〜22）[64]では甕A1〜4類、高杯A1類、高杯B1〜3類、高杯C4類、器台1・3・4類が出土した。大溝資料のため混入はあるが、下層では高杯A・B1類、甕A1類が主体となり、同94年度9号溝（17）では甕A1類、高杯A1類が共伴する。他に、猫橋遺跡94年度10号溝の甕A1類と高杯B1類、同95年度第2調査区1号土坑の高杯B1類と甕A1類、西念・南新保遺跡J区4号墓A溝の高杯A3類と甕A1類・3類、同G区101号住居の高杯B1類と甕A1類があげられる[65]。

概観すれば、甕Aは口縁端面の内傾と頸部内面を削り残す1類であり、弥生後期でも古いタイプの受口状口縁甕と共伴する。一括資料内に近江系の多寡が認められることは、外来系受容の地域差ととらえる。高杯A・Bは口縁部が受部に対して未発達で直立した1類で、弥生中期的な特徴を残すものも存在する。器台の様相は不明だが、内傾した口縁部をもつ1類が共伴する可能性が高い。

甑谷2式・猫橋2式（第10図23〜72）　安保山（あぼやま）遺跡竪穴建物（23・28・33〜35・38）、同4号墓（24〜27・29〜32・36・37・39〜41）[66]では、甕A2類主体のなか3・4類も共伴し、受口状口縁甕などの近江系土器を一定量含む。高杯A・Bは2類が主体で、ラッパ状に開く脚部をもつ。器台は、内傾する口縁端面に擬凹線文を施す1類と直立する2類が共伴し、ワイングラス形の台付壺や長頸壺なども存在する。甑谷在田遺跡B地点SX01（44・46）・SX04下層（42）[67]では受口状口縁甕と甕A2類、小羽山遺跡1号墳下層住居（43・45）では甕A2類と高杯A2類が共伴する[68]。なかでも、八田小鮒遺跡Ⅲ区3号住居6号溝（47〜50・52・53・55・56・59・61）・2号溝（54）、Ⅱ区1号大溝b地点（51・57・58・60・62）[69]は良好な一括資料である。甕A2類主体のなか甕A1類と3類が混在するし、高杯A・Bは2類主体で、高杯Aはラッパ状に開く脚部をもつ例が多い。近江系土器を一定量含むことに特徴がある。一方で、西念・南新保遺跡K区2号住居（67〜69）、K区3号住居（63〜65）、J区2号住居（66・70〜72）[70]では、高杯A・Bの2類主体のなか、甕A2類などと共伴する。受口状口縁甕は少ないことが、犀川を境とした金沢平野北部の地域性かもしれない。他に、平面梯川遺跡SK05、西念・南新保遺跡G区105号住居、一塚オオミナクチ遺跡SI01などの基準資料があげられる[71]。

概観すれば、甕Aは内傾する口縁端面の口縁部に、内面を頸部付近まで削る2類が主体であり、高杯A・Bは1類より口縁部が発達して外反する2類に代表する。器台には良好な共伴資料は少ないが、2類を想定する。特筆すべき点には、近江系土器受容の地域性が認められる。近江系を

第Ⅰ章 年代論

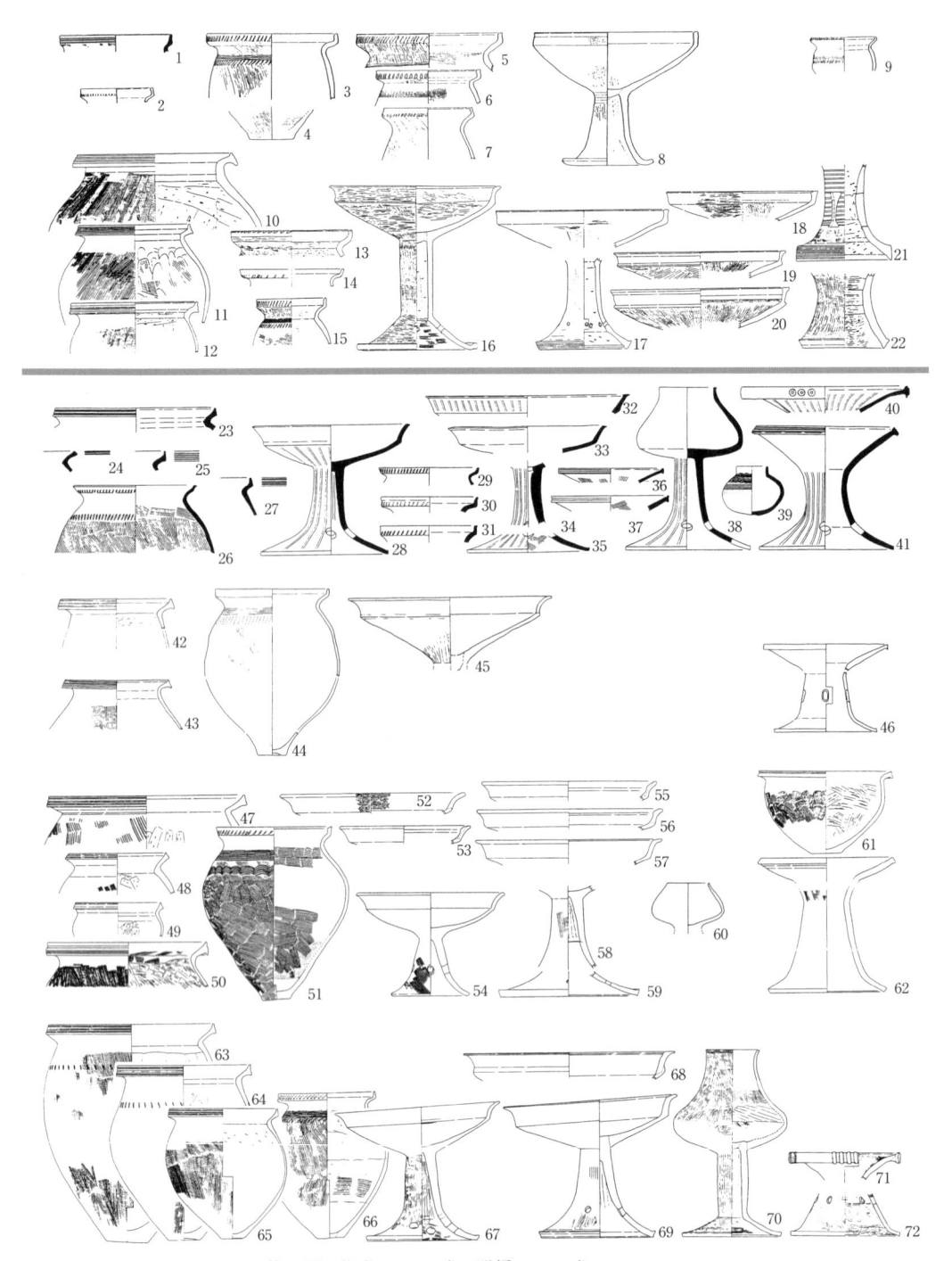

第10図 甑谷1・2式 猫橋1・2式（縮尺1/10）

甑谷1式・猫橋1式：1～9.王山1号墓、10～16・18～22.猫橋遺跡94年度1号溝、17.猫橋遺跡94年度9号溝

甑谷2式・猫橋2式：23・28・33～35・38.安保山遺跡竪穴建物、24～27・29～32・36・37・39～41.安保山4号墓、44・46.甑谷在田遺跡B地点SX01、42.甑谷在田遺跡B地点SX04下層、43・45.小羽山遺跡1号墳下層住居、47～50・52・53・55・56・59・61.八田小鯛遺跡Ⅲ区3号住居6号溝、51・57・58・60・62.八田小鯛遺跡Ⅱ区1号大溝b地点、54.八田小鯛遺跡Ⅲ区2号溝、63～65.西念・南新保遺跡K区3号住居、66・70～72.西念・南新保遺跡J区2号住居、67～69.西念・南新保遺跡K区2号住居

第1節　古墳成立期の土器編年

ほとんど含まない小羽山遺跡、猫橋遺跡、西念・南新保遺跡に対して、一定量を含む甑谷在田遺跡、一塚オオミナクチ遺跡、八田小鮒遺跡がある。これらは高杯A・Bの2類、器台2類が共伴するため、受容のあり方は時期差でなく、地域差である可能性が高い。

　小羽山1式・法仏1式（第11図）　小羽山墳墓群（14・17号墓）の資料[72]がある。小羽山14号墓（1・2・5）では甕A3類と高杯A3類が共伴する。高杯は、棒状の柱状部にハの字に開く端部肥厚の脚部がつく。器台は、連続したS字スタンプ文を2段に施すため、縁帯部を意図的に拡張する。器台は小羽山17号墓（3・4）の例のように、口縁部が若干外反して発達する3類となる。平面梯川遺跡106号溝（6・11・12・14）・SK28（7～9・15・16）・SD29（10・13）[73]では甕A3類、高杯A・Bの3類、器台3類が共伴し、高杯は棒状の脚部をもつものが多い。二口

第11図　小羽山1式　法仏1式（縮尺1/10）

1・2・5. 小羽山14号墓、3・4. 小羽山17号墓、6・11・12・14. 平面梯川遺跡106号溝、7～9・15・16. 平面梯川遺跡SK28、10・13. 平面梯川遺跡SD29、17～20. 宮永市カキノキバタケ遺跡SI 1、21～25. 宮永市カキノキバタケ遺跡SI 9、26～31. 二口町遺跡竪穴住居、32～42. 桜田・示野中遺跡SB10

第Ⅰ章　年代論

町遺跡竪穴住居（26〜31）[74]では甕A2〜4類、棒状脚部をもつ高杯A3・4類と、ラッパ状脚部をもつ高杯B3類がある。桜田・示野中遺跡SB10（32〜42）[75]では全体の分かる資料は少なく、前様式のものも混在する。甕Aは3類主体のなか2類が一定量存在し、高杯B3類などと共伴する。口縁部が残存しない高杯C、長頸壺や有段口縁鉢などと共伴し、長頸壺には口縁部に浅い沈線を施すものも含む。他に、宮永市カキノキバタケ遺跡SI1（17〜20）・SI9（21〜25）の甕A3類と高杯A・B3類の共伴例がある[76]。

　概観すれば、甕Aは口縁部が直立して若干端部が発達する3類である。近江系がほとんど確認できなくなり、高杯A・Bは口縁部がより発達する3類、器台は小羽山14号墓、平面梯川遺跡SK28、桜田・示野中遺跡SB10の資料が示すように、口縁部が外反してわずかに発達する3類が

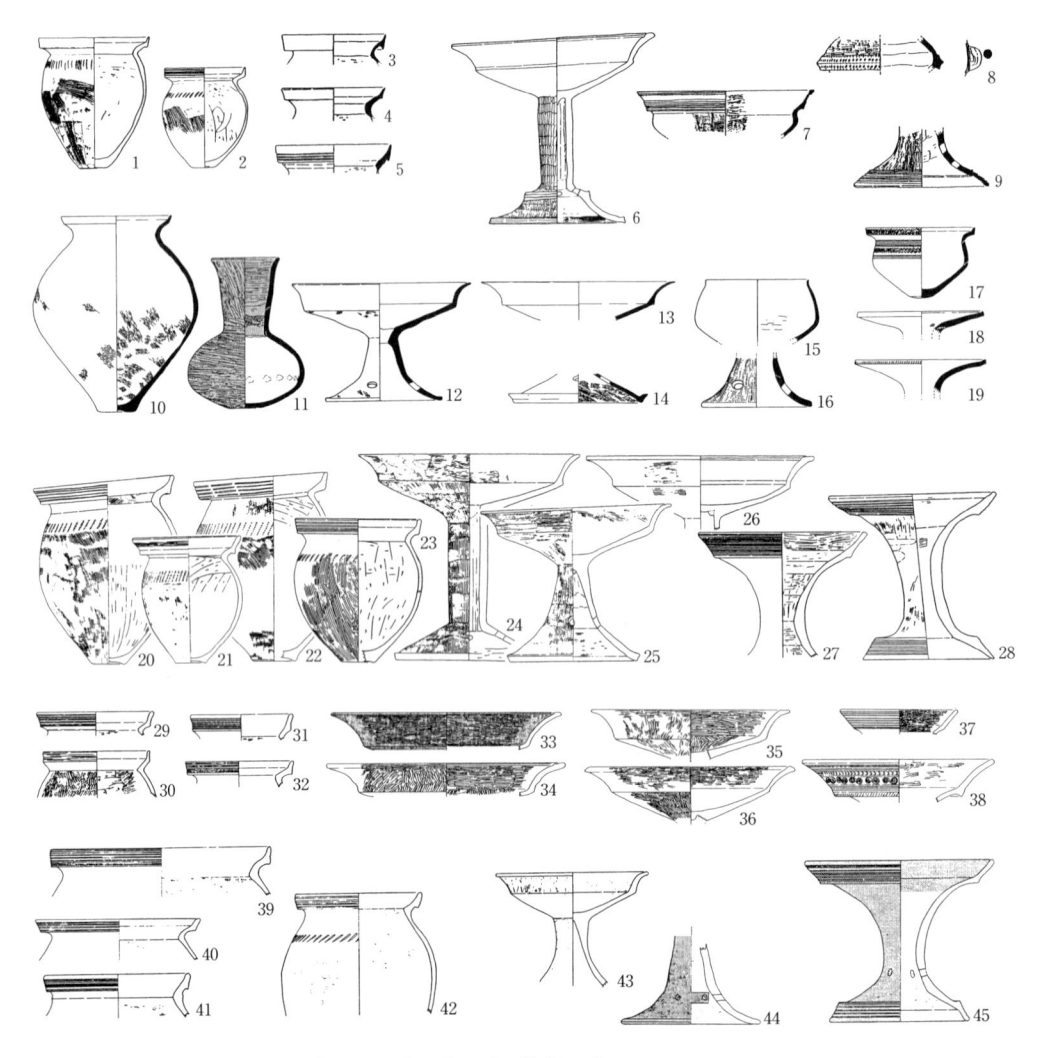

第12図　小羽山2式　法仏2式（縮尺1/10）
1・2・6．小羽山16号墓、3〜5・7〜9．小羽山30号墓、10〜19．山ヶ鼻4号墓、20〜22・25・26．平面梯川遺跡SK11、23・27・28．平面梯川遺跡105号溝、24．平面梯川遺跡SK34、29〜38．中奥・長竹遺跡4次2区SI01、39〜45．桜田・示野中遺跡SK70

第 1 節　古墳成立期の土器編年

主体となる。前様式の影響を残しながら、次様式で主体となる形式が出揃いはじめる過渡期に位置づけられる。

　小羽山 2 式・法仏 2 式（第12図）　小羽山16号墓（1・2・6）、小羽山30号墓（3〜5・7〜9）[77]、山ヶ鼻 4 号墓（10〜19）[78]の墳丘墓にともなう資料があげられる。甕の詳細は不明である。高杯も同様に資料が少ないが、高杯Aは山ヶ鼻 4 号墓の 4 類で、ラッパ状に開く脚部がつく。高杯Bは小羽山16号墓の 4 類、高杯Cは小羽山30号墓の 3 類をあげる。平面梯川遺跡SK11（20〜

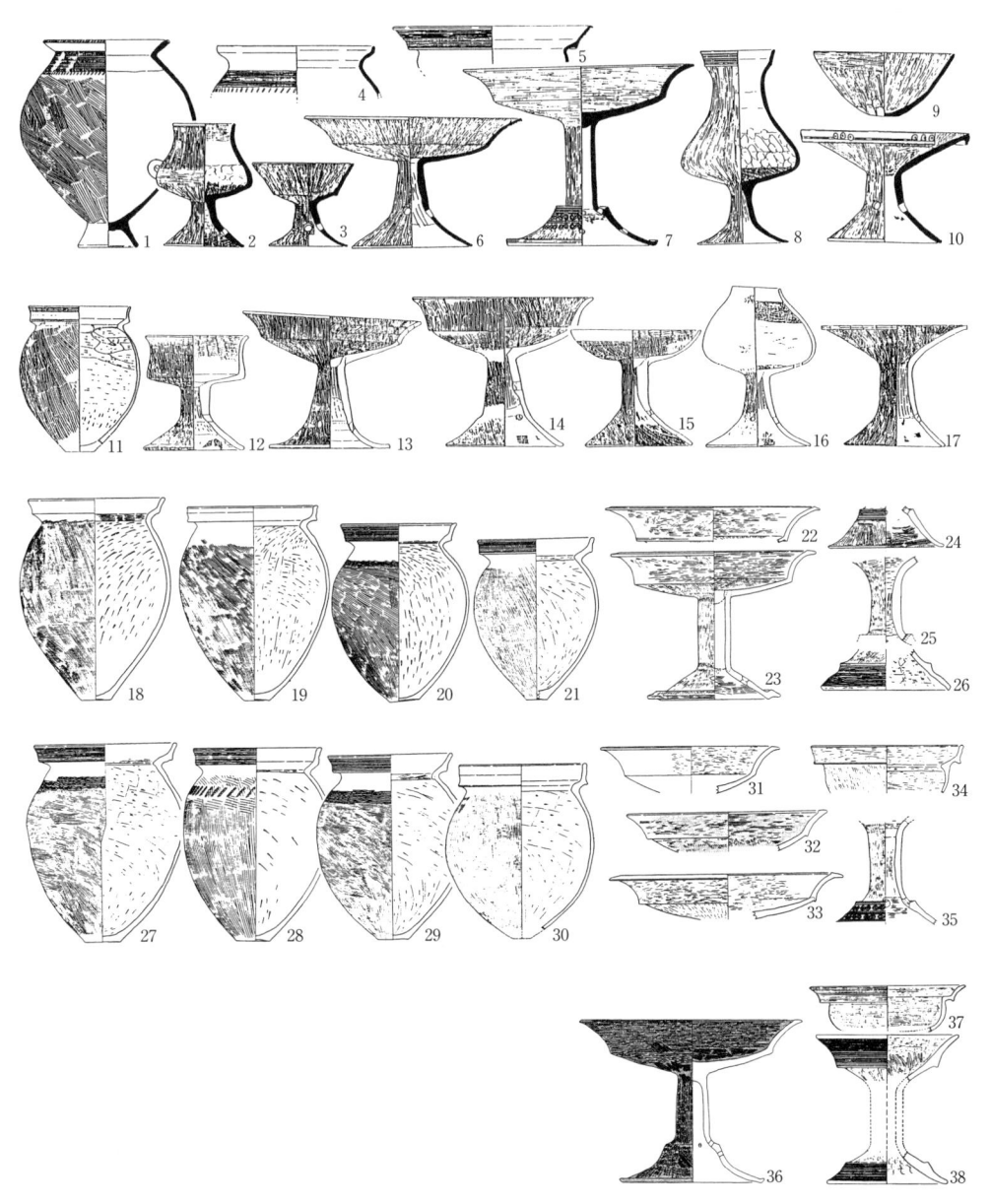

第13図　小羽山 3 式　法仏 3 式（縮尺 1 /10）

1 〜10. 西山 1 号墓、11〜17. 王山 3 号墓、18〜26. 中相川遺跡A群土器、30・31・33・35. 中相川遺跡D群土器、27〜29・32・34. 中相川遺跡E群土器、36. 横江古屋敷遺跡B区SK41、37・38. 無量寺B遺跡溝状遺構

22・25・26)⁽⁷⁹⁾では、甕Aは4類が主体のなか3類が一定量存在し、高杯A・Bの4類と共伴する。高杯Aにはラッパ状に開く脚部、高杯Bには棒状柱状脚部がつく。器台は4類である。同SK34 (24) では棒状柱状脚部をもつ高杯A4類、同105号溝 (23・27・28) では甕A2〜4・6類、器台4類が共伴する。中奥・長竹遺跡4次2区SI01 (29〜38)⁽⁸⁰⁾では甕A4類が主体のなか、高杯B4類、長頸壺、有段口縁鉢などが共伴する。桜田・示野中遺跡SK70 (39〜45)⁽⁸¹⁾では甕A3・4類、高杯A4類、器台3・4類が共伴する。

　概観すれば、本様式では甕A4類、高杯A・Bは4類が主体となり、高杯C3類が共伴する可能性が高い。器台は3類が若干発達した4類が存在し、S字スタンプ文などの装飾性をもつことも特徴である。

　小羽山3式・法仏3式（第13図）　西山1号墓（1〜10）⁽⁸²⁾では高杯A5類と高杯C4類、西山4号墓では高杯B5類、王山3号墓（11〜17）⁽⁸³⁾では甕A5類と高杯A5類が共伴する。高杯Aはラッパ状に開く脚部、高杯Bは棒状に有段部の脚部がつき、有段部にはS字スタンプ文を施す。これらの資料は在来系に東海系（台付甕・広口壺など）・近江系などの外来系が一部補完しており、地理的に近い南越盆地の特徴といえる。中相川遺跡A群（18〜26）・D群（30・31・33・35）とE群（27〜29・32・34）⁽⁸⁴⁾土器は良好な資料となる。甕A5類の肩部には、連続した刺突文の他に波状文が施され、口縁部にともなう全体の形態は頸部がすぼまり、胴部最大径が中位付近に下がる傾向が認められる。高杯Bは5類が存在する。横江古屋敷遺跡B区SK41 (36)⁽⁸⁵⁾では、高杯Bは西山のものと酷似するが、有段部は無文となる。

　概観すれば、甕Aは有段口縁が明確化し、頸部にケズリ残しをもたない5類である。器台に良好な資料は少ないが、無量寺B遺跡溝状遺構 (37・38)⁽⁸⁶⁾のような5類が中心となるのか。高杯や器台の口縁部や脚部には、スタンプ文などの加飾性をともなう。本様式は口縁部の発達が顕著で、擬凹線文や連続渦巻文・S字状文・同心円文・鋸歯文といった施文の装飾性が、強くあらわれる段階に位置づけられる。

　小羽山4式・法仏4式（第14図）　見田京遺跡1号住居（3・4・6・11）⁽⁸⁷⁾では受口状口縁甕と高杯A6類2点が共伴する。袖高林4号墓 (7)⁽⁸⁸⁾では、口縁部が伸びて開く高杯B6類に、有段部をもつ脚部がつく。甕Aは6類と内傾する8類が存在し、頸部ケズリ残しはほとんどない。杓子谷遺跡2号住居（1・10・12）⁽⁸⁹⁾では、口縁部が大きく発達する甕A6・7類と高杯C5類が共伴しており、高杯Cには有段部をもつ脚部がつく。上兵庫遺跡ホ調査区外一括（2・5・8・9）⁽⁹⁰⁾では、甕A6類と器台6類が共伴する。中相川遺跡C群土器（13〜18）⁽⁹¹⁾は良好な資料であり、甕A6・7類にやや長胴化した胴部が付属する。前様式に位置づけた中相川遺跡A・D・E群と比較すると、底部面積は狭くなるが、肩部には直線文や波状文などの施文を同様にもつ。高杯Bは口縁部が大きく発達し、外反する6類が共伴する。倉部出戸遺跡SI02 (19〜24)⁽⁹²⁾では高杯B6類、中村ゴウデン遺跡8号住居（26〜33）⁽⁹³⁾では、長胴化した体部をもつ甕A7〜9類、口縁部に連続指頭圧痕をもつ甕、高杯B7類と高杯C5類、御経塚オッソ遺跡SI02（34〜43）⁽⁹⁴⁾では、高杯B5・6類などと共伴する。高橋セボネ遺跡SK18（44〜51）⁽⁹⁵⁾では、高杯A・B・Cの6類と器台6類が共伴し、甕には内外ハケ調整が認められる。他に、千田遺跡SD21上

第1節 古墳成立期の土器編年

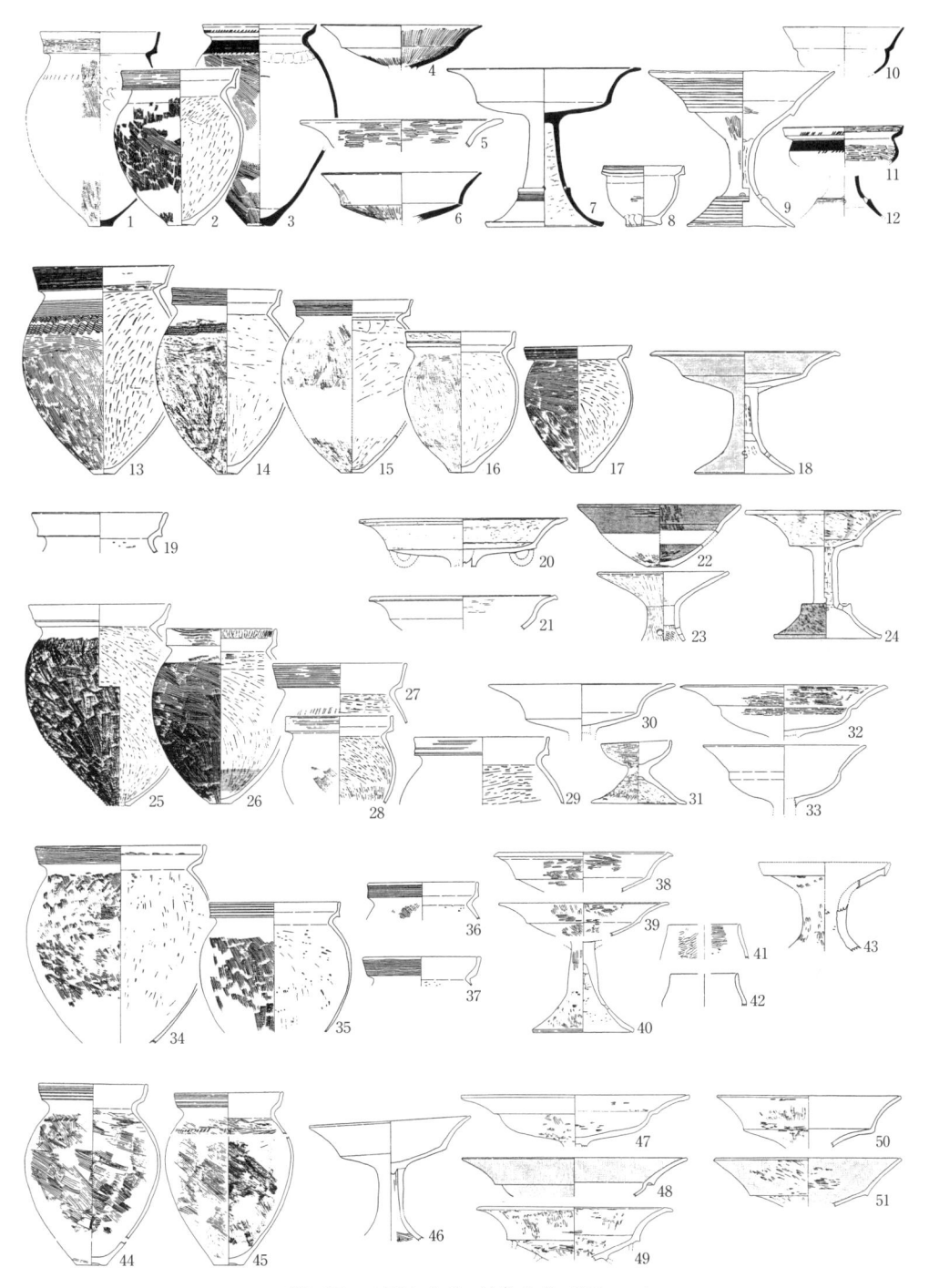

第14図 小羽山4式 法仏4式 （縮尺1/10）

1・10・12. 杓子谷遺跡2号住居、2・5・8・9. 上兵庫遺跡ホ調査区外一括、3・4・6・11. 見田京遺跡1号住居、7. 袖高林4号墓、13〜18. 中相川遺跡C群土器、19〜24. 倉部出戸遺跡SI02、25〜33. 中村ゴウデン遺跡8号住居、34〜43. 御経塚オッソ遺跡SI02、44〜51. 高橋セボネ遺跡SK18

第Ⅰ章 年代論

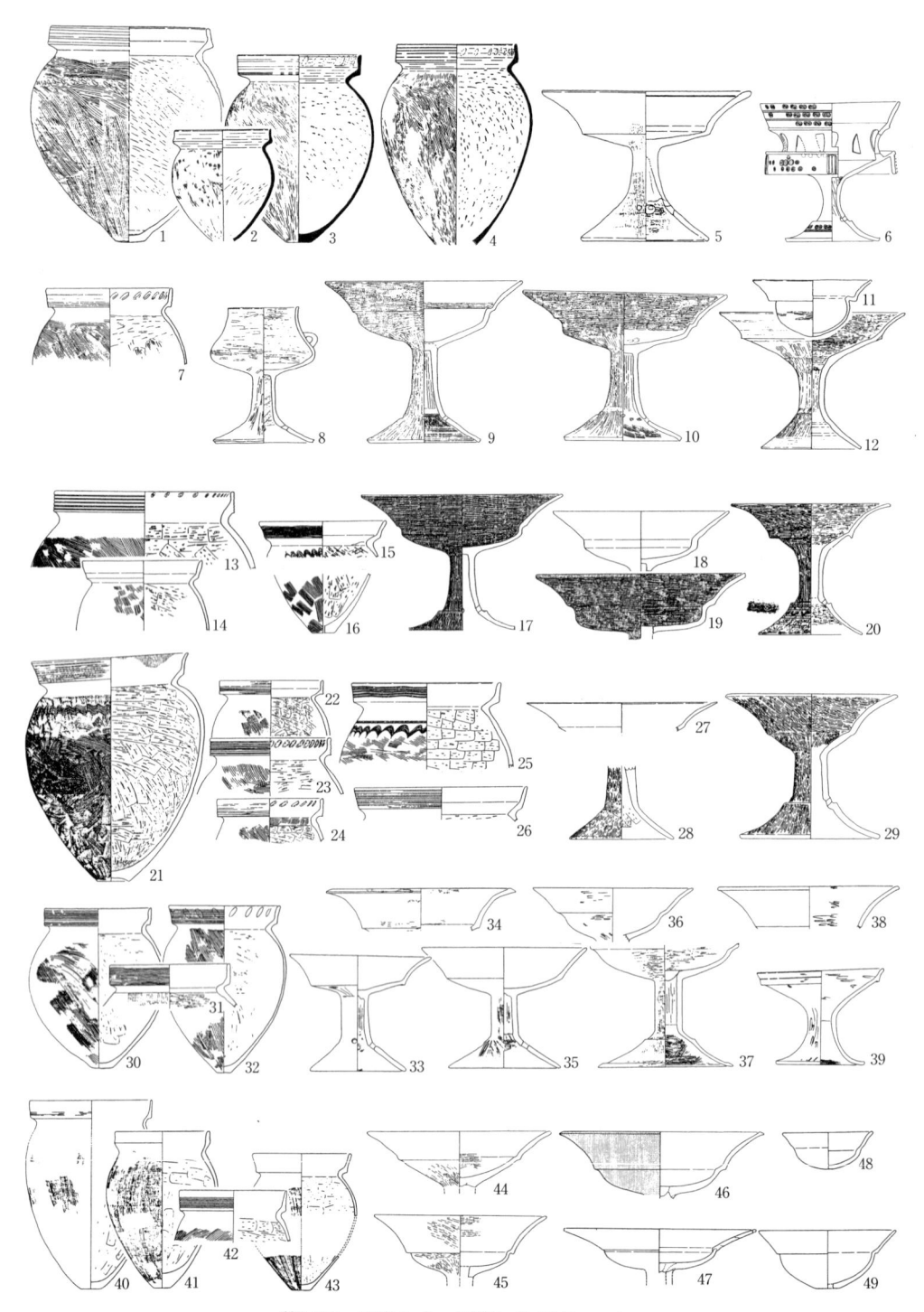

第15図 風巻1式 月影1式（縮尺1/10）

1・5.三ツ禿8号墓、2～4.長泉寺遺跡SK55、6.三尾野15号墓、7～12.中角遺跡溝100、13～19.中奥・長竹遺跡3次3区SK02、20.松竹C遺跡第9号溝、21～24・26・28.中村ゴウデン遺跡A-15G、25・27・29.横江古屋敷遺跡B区SK26、30～39.高橋セボネ遺跡SK54、40～43.額谷ドウシンダ遺跡円形周溝状遺構、44～49.戸水C遺跡SK809

層⁽⁹⁶⁾では、高杯A6類と高杯C6類が共伴し、甕A8類の肩部には刺突文を施す。横江古屋敷遺跡B区SD17の高杯C5類も同様である。

　概観すれば、甕Aの有段部が顕著となり、端部が上方に拡張する6・7類、若干内傾する8類がある。甕の口縁部内面には連続指頭圧痕を施すともに、全体の形態は肩が張り、器高に対する底部の占める割合が低くなる。高杯A・Bの6類は、緩やかに外反するタイプと直立して外反するタイプがあり、高杯Cは5・6類に代表し、口縁部は擬凹線文を施す有文と施さない無文とが混在する。7類は完全に無文化するため、6類は過渡的な様相を示す。器台も同様であり、口縁部が発達する6類には擬凹線文と無文が混在し、7類は完全に無文となる。次様式で完全に無文化することから、擬凹線文と無文の混在期に位置づけられる。とくに、高杯C・器台の分類グラフをみると、6類のドットがX軸上に拡散する。口縁部の多様性は、次様式への選択性が働く前の創作段階ともとらえられる。

　風巻1式・月影1式（第15図）　長泉寺遺跡SK55（2～4）⁽⁹⁷⁾では、連続指頭圧痕を施した甕A8類に長胴化した体部がつき、頸部内面にわずかなケズリ残しと横ハケが確認できる。三ツ禿8号墓（1・5）⁽⁹⁸⁾では、内傾口縁の甕A8類には肩が張り、底部面積の小さい体部が付属し、肩部には刺突文を施す。高杯Bは口縁部が大きく発達する7類と共伴する。土器棺の身と蓋であるため一括性は高い。装飾器台は型式学上、三尾野15号墓（6）⁽⁹⁹⁾のものが想定できる。中角遺跡溝100（7～12）⁽¹⁰⁰⁾では高杯D1類が2点存在する。共伴する甕Aは口縁部が直立し、連続指頭圧痕を施す9類である。中奥・長竹遺跡3次3区SK02（13～19）⁽¹⁰¹⁾の高杯D1類、竹松C遺跡第9号溝（20）⁽¹⁰²⁾の器台7類、中村ゴウデン遺跡A－15G（21～24・26・28）⁽¹⁰³⁾の器台7類、横江古屋敷遺跡B区SK26（25・27・29）⁽¹⁰⁴⁾の器台7類があげられる。これらと共伴する甕Aは、連続指頭圧痕をもち頸部内面にケズリ残しと横ハケ調整、肩部に刺突文や波状文を施す。高橋セボネ遺跡SK54（30～39）⁽¹⁰⁵⁾・2号竪穴では、高杯A・B7類と高杯C6類が主体となる。甕Aは、連続指頭圧痕・頸部内面ケズリ残し・横ハケの三要素をもつ9類である。額谷ドウシンダ遺跡円形周溝状遺構（40～43）⁽¹⁰⁶⁾においても、体部の長胴化した甕A9類が共伴する。戸水C遺跡SK809（44～49）⁽¹⁰⁷⁾では、高杯D1類2点と甕A9類が共伴する。塚崎遺跡第21号竪穴⁽¹⁰⁸⁾は、良好な竪穴住居の床面一括資料である（第1図）。甕Aは7・9類が存在し、甕9類には長胴化した体部をもつ。高杯D1類の脚部には無文の有段部がつき、高杯Aは7類、器台は無文化した6類が存在する。

　概観すれば、甕A7～9類が主体となり、連続指頭圧痕・頸部内面ケズリ残し・横ハケの三要素がセットとなることが多い。口縁部に対する全体の形態は、底部面積が小さく長胴化した体部をもつ。高杯A・Bは7類を想定する。高杯Dは1類が共伴し、脚部は有段口縁をもつものとラッパ状に開くものが存在する。器台7類は完全な無文が特徴で、脚部の有段部にスタンプ文を施す。口縁部無文の有段口縁をもつ鉢が確認でき、器台とセットとなる可能性が高い。本様式は、①高杯A・Bは分類上、6類と7類に断絶がみられる点、②高杯Cは確認できず、高杯Dへと転換する点、③器台が無文となる点、④甕Aは連続指頭圧痕・頸部内面ケズリ残し・横ハケの三要素をもち、長胴化した体部をもつ点、⑤装飾器台の出現などがあげられる。これらは様式上の大

第Ⅰ章 年代論

第16図 風巻2式 月影2式（縮尺1/10）

1〜3・13. 西谷遺跡7号住居、4〜12. 和田神明遺跡SK002、14〜17. 茶山崎遺跡2号住居、18〜20. 長屋遺跡土壙1、21〜27. 高座遺跡東調査区、28〜36. 一塚21号墓、37・39・40・43〜45. 宮永市カイリョウ遺跡1号住居、38・41・42. 高堂遺跡4号土坑、46〜57. 大友西遺跡SE18

第1節　古墳成立期の土器編年

画期であり、新たな土器様式成立の萌芽期に位置づけられる。

風巻2式・月影2式（第16図）　西谷遺跡7号住居（1～3・13）[109]、茱山崎遺跡2号住居（14～17）[110]では口縁端部が若干発達とわずかに外反し、連続指頭圧痕をもつ甕A9・10類が主体となり、器台8類と高杯D2類と共伴する。和田神明遺跡SK002（4～12）[111]の資料は良好でないが、器台7類と高杯D2類が共伴する。長屋遺跡土壙1（18～20）[112]の器台8類として良好である。高座遺跡東調査区（21～27）[113]では甕A9・10類、高杯D2類、四隅突出形墳丘墓の一塚21号墓（28～36）[114]では甕A9～11類、高杯D2類、装飾器台1類が共伴する。甕A9類は砲弾形の体部をもち、高杯は無文で有段口縁のD2類が中心となる。装飾器台1類は、棒状浮文や円形浮文やS字文スタンプを施す装飾性の強いことが特徴である。高堂遺跡4号土坑（38・41・42）[115]では甕A9・10類と高杯D2類、宮永市カイリョウ遺跡1号住居（37・39・40・43～45）[116]では、甕A10類と装飾器台2類が共伴する。大友西遺跡SE18（46～57）[117]は、年輪年代測定法により伐採年代（169年）が判明した井戸材の資料と共伴する。甕A9・10類は口縁端部がわずかに外反し、連続指頭圧痕・頸部内面ケズリ残し・横ハケが残り、体部は砲弾形を呈する。他に、糞置遺跡gx205土壙83、南江守大槙遺跡土坑3の甕A9類、大味上遺跡本調査3区遺構03101の甕A9・10類と高杯D2類がある[118]。御経塚ツカダ遺跡80-6号住居と80-7号住居では、甕A10類と高杯D2類らしき破片が共伴する。

概観すれば、甕Aは9・10類に代表され、連続指頭圧痕・頸部内面ケズリ残し・横ハケの三要素をともない、口縁部が直立するか端部が先細りわずかに外反する。体部は胴部最大径が肩部付近に位置し、全体的に長胴化した砲弾形を呈する。甕底部の面積は狭く自立しない。高杯・器台は前様式より小型化する。高杯A・Bの明確な共伴例はなく、本様式以降、高杯Dに転換する。高杯Dは2類に代表され、ラッパ状に開く脚部がともなう。器台は無文化した8類が主体で、前様式より小型化が進む。本様式から装飾器台が確実に出現し、装飾性の高い1類と無文化する2類との共伴例が認められる。

風巻3式・月影3式（第17図）　原目山1号墓（9～15）では、ラッパ状に開く脚部をもつ高杯D3類が主体となり、器台は10類が共伴する[119]。茱山崎遺跡3号住居（1～8・16～18）[120]では、甕A9・10類と器台9類が共伴する。右近次郎西川遺跡4T溝（19～25）[121]は溝資料のため、混入が認められるが、甕A9～11類、高杯D2～5類、器台7類、装飾器台3類が主体となる。寺中B遺跡90-SD02（26～35）[122]では、復元可能な高杯Dの1点は3類の特徴を示し、他のものは口径から3類に相当する。甕Aの全体の形態は不明であるが、口縁部は9～11類が主体となる。装飾器台は涙滴形透かし孔をもつ4類が共伴する。御経塚ツカダ遺跡82-1号住居（36～38）[123]では、甕A10・11類主体のなか、体部が砲弾形を呈するもの1点と、胴部最大径が中位付近に位置するもの2点が共伴する。前者は前様式に典型的な甕で、後者は本様式を代表する甕である。同82-3号住居（39～42）では、高杯D3類1点と涙滴形透かし孔をもつ装飾器台3類が共伴する。月影遺跡ピット状遺構（43～49）[124]では、最大径が中位付近まで下がる倒卵形の体部をもつ甕A10・11類が存在する。千田遺跡土器溜まり25（50～60）[125]の甕Aは、9～11類の口縁部に最大径が中位付近まで下がる体部がつく。高杯Dは3類が主体であり、装飾器台4類と共伴する。

39

第Ⅰ章 年代論

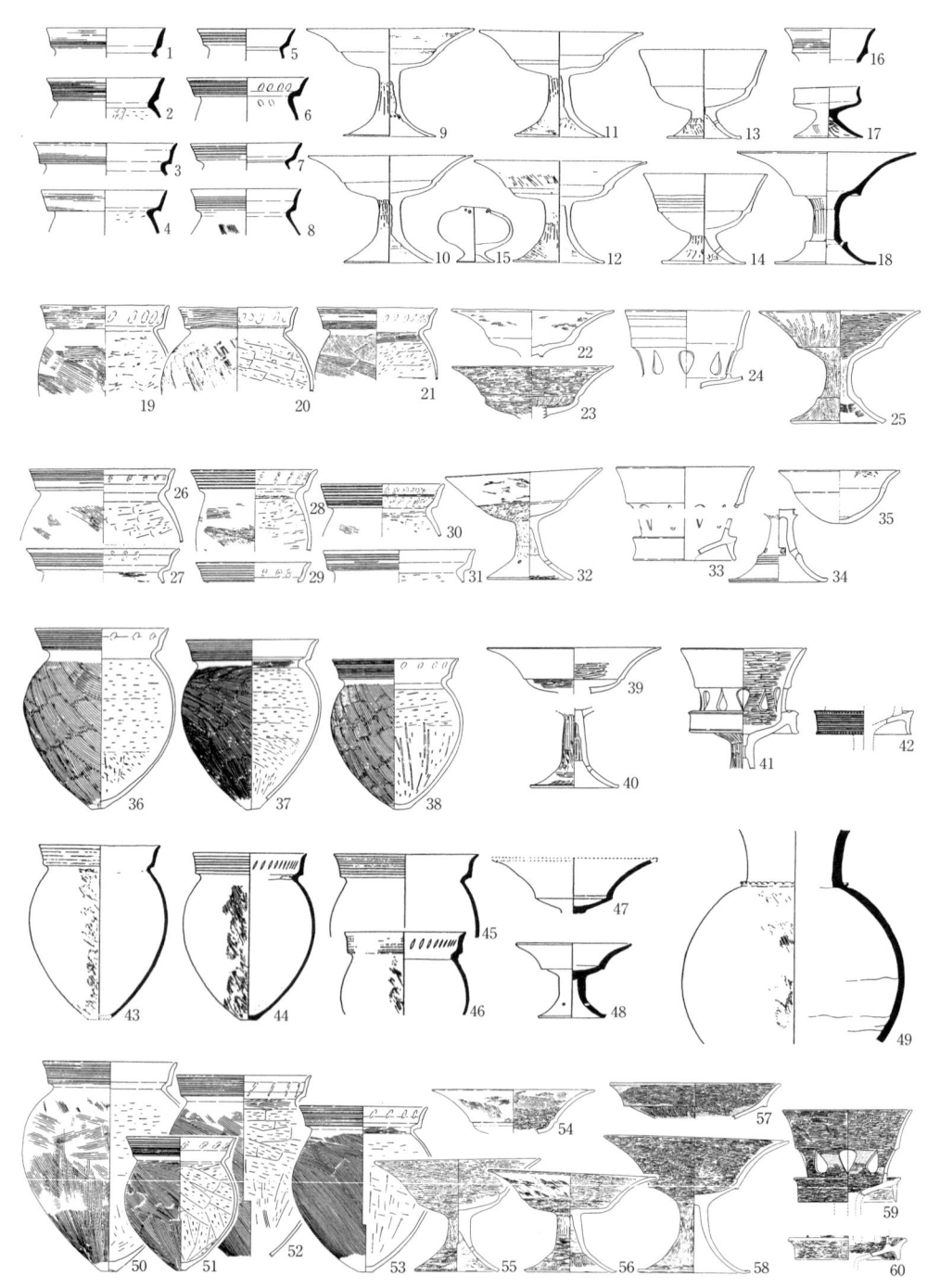

第17図　風巻3式　月影3式（縮尺1/10）
1～8・16～18.茱山崎遺跡3号住居、9～15.原目山1号墓、19～25.右近次郎西川遺跡4T溝、26～35.寺中B遺跡90－SD02、36～38.御経塚ツカダ遺跡82－1号住居、39～42.御経塚ツカダ遺跡82－3号住居、43～49.月影遺跡ピット状遺構、50～60.千田遺跡土器溜まり25

第1節　古墳成立期の土器編年

装飾器台の透かし孔数は小型化にともなって減少する。

　概観すれば、甕Aは9～11類が主体となり、連続指頭圧痕・頸部内面ケズリ残し・横ハケの三要素が揃う。口縁部は端部が外反して、連続指頭圧痕が文様のようにめぐる。甕全体の形態は、胴部最大径が中位付近に下がる倒卵形を呈し、底部の面積は一段と狭く自立しない。高杯Dの小型化は促進し、口径の縮小と口縁部の開口度が低い3類となる。明確な共伴例はないが、器台は9類を想定する。前様式より口縁部が発達し、器高が低く脚部の有段部は完全に無文化する。装飾器台は3・4類が混在するが、型式学上は3類を想定する。3類は横長から正方形に近く、受部径の小型化と口縁部の発達が顕著となる。

　風巻4式・月影4式（第18図）　袖高林1号墓（1～10）[126] は良好な一括資料である。甕Aは10類が主体であり、高杯D4類2点と共伴する。器台は10類が確認できる。全体的に脚部の有段部は縮小し、器高も低く最も小型化の進んだ形態である。西谷遺跡5号住居（11～15）[127] では装

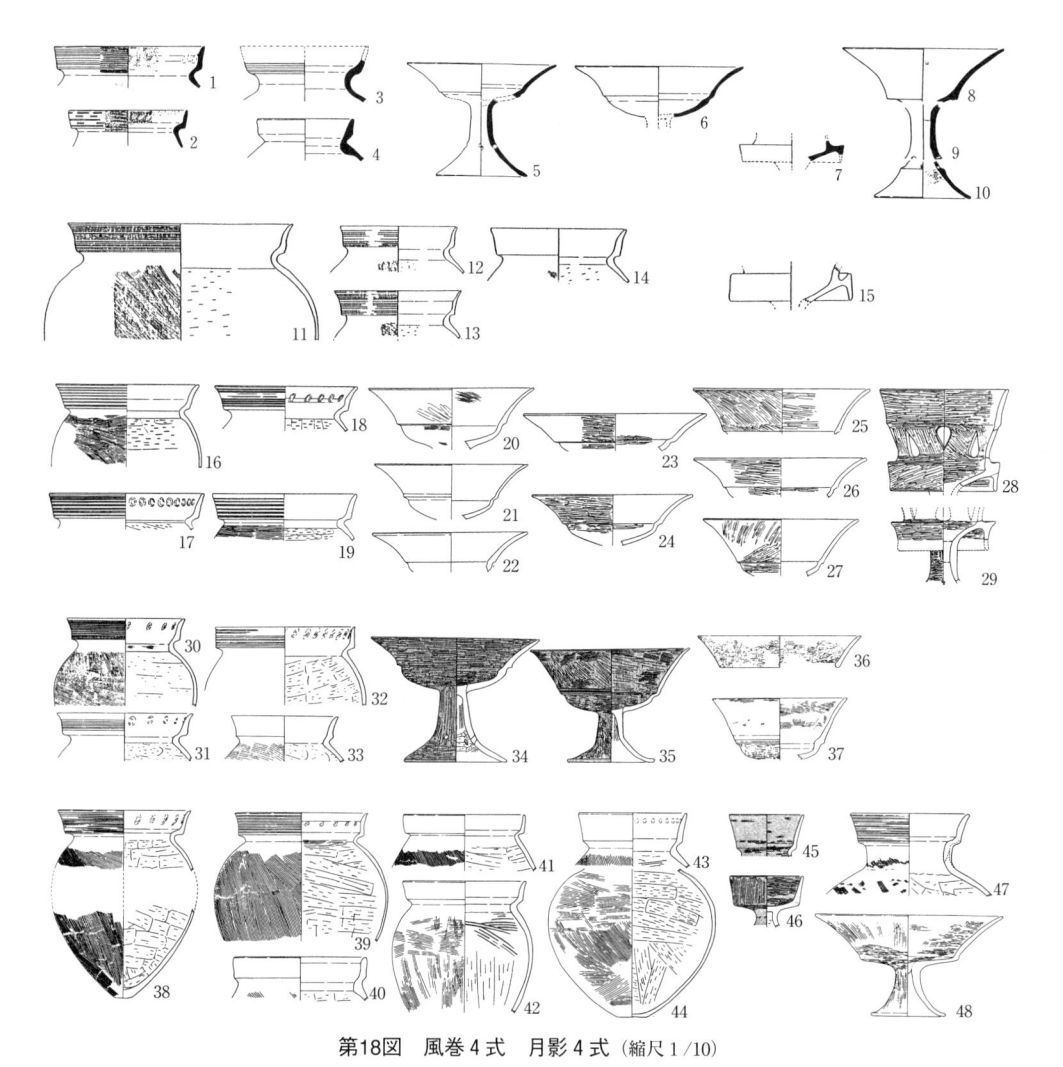

第18図　風巻4式　月影4式　（縮尺1/10）

1～10. 袖高林1号墓、11～15. 西谷遺跡5号住居、16・22～27. 御経塚ツカダ遺跡80-3号住居、17～21・28・29. 御経塚ツカダ遺跡82-2号住居、30～37. 松寺遺跡A2号溝、38～48. 千田遺跡土器溜まり28

飾器台4類が共伴する。御経塚ツカダ遺跡80－3号住居（16・22〜27）・82－2号住居（17〜21・28・29）では、高杯D4類が主体となり、82－2号住居では、透かし孔数の減る装飾器台3類が共伴する[128]。松寺遺跡A2号溝（30〜37）[129]では高杯D4類2点、千田遺跡土器溜まり28（38〜48）[130]では、甕A10・11類に球胴化した体部がつく。他に、糞置遺跡gx165井戸7、荒木遺跡貯蔵穴の甕Aは胴部最大径が下がり、球胴形に近い10類が共伴する[131]。

　概観すれば、甕Aは9・10類が主体のなか、胴部最大径が中位付近に下がり球胴化した体部をもつ。高杯・器台は全体的に小型化する。高杯Dは口径の縮小、口縁部の開口度が小さい4類、器台は9・10類が主体となり、全体的に小型化が進む。装飾器台は3類もしくは4類が共伴する。前様式より受部径が小さく口縁部の発達が顕著となり、それにともなう透かし孔数の減少が特徴である。

　長泉寺1式・白江1式（第19図）　長泉寺遺跡SK046（3・8〜12・14・17・18）・SK061（1・2・4〜7・13・15・16）[132]が良好な資料である。甕Aは有段部が不明瞭で、擬凹線文や連続指頭圧痕の痕跡が残る12・13類、高杯Fは有文の1類、高杯Eの破片、小型器台の脚部が共伴する。前様式で盛行した有段口縁壺は有段部が不明瞭となり、擬凹線文が消失する。今市遺跡SD－5（19〜27）[133]では高杯F1類が共伴する。甕A12類の1点は前様式に比べて変化はないが、連続指頭圧痕の消滅が認められる。タタキ痕をもつくの字状口縁甕は底部が狭く自立せず、有段口縁部風の甕も存在する。西谷遺跡1号住居（28〜34）[134]では、連続指頭圧痕の消える甕A11・12類と高杯E2類、伊井遺跡A－6グリッド（35〜37）[135]では、擬凹線文をもつ小型化した高杯D5類、高杯F1類、装飾器台5類、甕A13類が共伴する。

　倉部出戸遺跡SK17（38〜41・46〜48・50・51）・SK19（49）・SK22（42〜45）[136]では、甕A11〜13類が主体のなか、高杯D5・6類、高杯E・F1類などが共伴する。寺中B遺跡C区周溝建物（52〜64）[137]では、高杯E1類2点と有文高杯の破片も存在する。高杯Fは1類が2点、甕Aは退化した14類、くの字状口縁甕が大部分を占める。御経塚ツカダ遺跡[138]では高杯Eはないが、良好な一括資料である。高杯D5類との共伴状況でみれば、82－4号住居（65・70〜73）では装飾器台の5類らしき破片、連続指頭圧痕の消える甕A13類、80－1号住居（66〜69・74）では高杯D5類と甕A11〜13類が共伴する。松寺遺跡A1号溝（75〜82）[139]では、前様式に主体的な甕Aが存在するなか、甕A12類には肩が張り球胴化した体部がおそらくともなう。高杯Eは1類で、有段口縁壺は擬凹線文を施す有文と無文のものが確認できる。他に、西念・南新保遺跡J区SK02の高杯D5類と甕A11・12類、太田山3号墳の高杯F1類と高杯E2類がある[140]。

　概観すれば、本様式は東海・近江を中心とする外来系土器の流入と受容によって、在地色の強い風巻・月影式の土器群が崩壊する段階に位置づけられる。高杯E・Fの1類をもつ土器群を基準資料として設定でき、甕A11類、退化した12・13類、高杯D5類、装飾器台5類などと共伴する。甕Aは12・13類で、連続指頭圧痕・頸部内面ケズリ残し・横ハケの三要素のいずれかが欠如し、有段部の退化も含めて規格性を失う。甕A11類が残存する状況は、外来系土器受容の地域差を示す。甕A12・13類にともなう全体の形態は、頸部が締まり底部はほとんどなく、球形志向の体部をもつ。高杯E・Fが主体のなか、高杯Dは5類として残存する。高杯F1類は口縁部が内

第1節 古墳成立期の土器編年

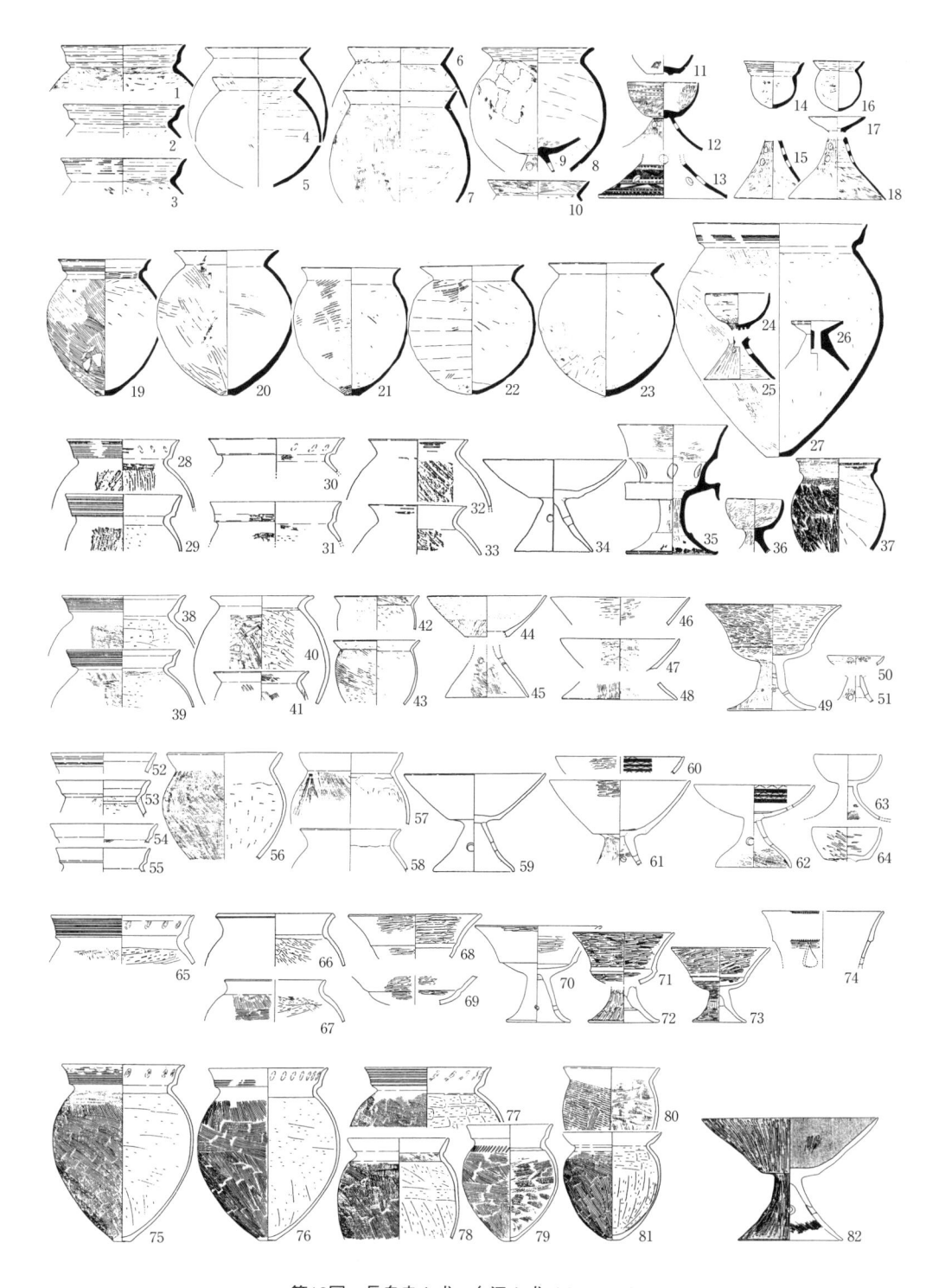

第19図 長泉寺1式 白江1式 (縮尺1/10)

1・2・4～7・13・15・16. 長泉寺遺跡SK061、3・8～12・14・17・18. 長泉寺遺跡SK046、19～27. 今市遺跡SD-5、28～34. 西谷遺跡1号住居、35～37. 伊井遺跡A-6グリッド、38～41・46～48・50・51. 倉部出戸遺跡SK17、42～45. 倉部出戸遺跡SK22、49. 倉部出戸遺跡SK19、52～64. 寺中B遺跡C区周溝建物、65・70～73. 御経塚ツカダ遺跡82-4号住居、66～69・74. 御経塚ツカダ遺跡80-1号住居、75～82. 松寺遺跡A1号溝

湾する深いタイプで、有文が多いことも特徴である。高杯Eをもつ良好な一括資料は少ないが、おそらく1類が想定できる。小型器台の出現が大きく、器高に対して口縁部の拡張する形態が主流である。

長泉寺2式・白江2式（第20図）　戸板山1号墳（1～3）[141]では高杯E・Fの2類、装飾器台6類、長泉寺遺跡SK058（4～11）[142]では甕A12・14類、甕B1・2類、高杯F2類、中角3号墳（12～14）[143]では高杯F2類、甕A11・12類が共伴する。高杯Dの口縁部は欠如するが、受部径から6類が想定できる。宮永坊の森遺跡C区1号住居中層（19～21・26～28）[144]では高杯F2類、甕C1類、小型器台などが共伴する。新保本町東遺跡第4a号溝では高杯F2類と甕A12～15類、同第1号溝（15～18・22～25・29～32）では甕A12・13類、装飾器台6類、高杯D6類、高杯E3類、小型器台が共伴する[145]。とくに甕Aには球形の体部がつく。装飾器台は受部が小さく口縁部が大きく発達し、直線文・刺突文などの装飾性が高い。下安原遺跡103号土坑（33～42）[146]では高杯F2類に、系統不明なくの字状口縁甕、直口壺、小型器台が共伴する。直口壺はわずかな底面をもつのが特徴である。在地色の強い御経塚ツカダ遺跡81-1号住居（43～57）[147]では高杯Eの破片、高杯D6類、装飾器台6類が共伴する。上新庄ニシウラ遺跡1号溝下層（58～83）[148]では溝資料という性格上、甕12～14類が主体のなか甕A11類が残存し、高杯E1・2類、高杯F2類、小型器台などと共伴する。畝田遺跡SK334（84～105）[149]では小型器台、高杯E2類、甕A14・15類などと共伴する。他に、西谷遺跡6号住居の高杯F2類、額新町遺跡ST06の高杯E・Fの2類があげられる[150]。

　概観すれば、本様式は甕A12～14類、高杯D6類、高杯E・Fの2類、装飾器台6類を代表とするが、基本的に前様式と組成上の大きな変化はない。東海・近江の影響の強いなか、在地の土器群の崩壊が一層進む段階に位置づけられる。有段部の退化する甕A12～14類が主体的で、全体の形態は球形化するため、布留式甕の影響と考えられる。他の甕には甕B1類、甕C1類、系統不明のくの字状口縁甕があげられる。前様式と同様に高杯F2類が主体となり、高杯Dは6類として残存する。小型器台は器高に対して口縁部の拡張が小さく、全体的に小型化する。装飾器台は6類が残存し、受部の縮小と口縁部が発達とともに透かし孔が減少する。

長泉寺3式・白江3式（第21図）　瓴谷在田遺跡B地点SX02（1～19）[151]が良好な資料である。高杯Fは端部先細りで口縁部が若干開く3類のなか、甕C2類、甕D1類、小型器台、甕B2～4類が共伴する。甕B2類は、はね上げ口縁で外面にタタキ痕が残り、3類は若干内湾気味に立ち上がる口縁部に端部折り返しはない。上莇生田遺跡SD011（20・22・30・33～39）・SD012（21・23～29・31・32）[152]は溝資料だが、本様式を主体とする。甕Bは外反する1類、端部はね上げの2類、内湾気味の3類が散見し、甕Aは退化した13類、甕C1～3類、甕D2類などと共伴する。永町ガマノマガリ遺跡25号土坑（40～56）[153]では、くの字状口縁甕が主体となるなか、甕B4類と甕C2類が共伴し、高杯E3類、小型器台、有孔器台も確認できる。新保本町西遺跡90-SK07（57～68）[154]では甕C2類が一定量含まれ、小型器台と高杯Fの脚部も確認できる。小型化した器台は本様式まで残存する。下安原遺跡15号土坑（70・71・73・74・76～80・84・86～88・90～93）・16号土坑（69・89）・32号土坑（72・75・81～83・85）[155]は溝資料だが、高杯E・F

第1節 古墳成立期の土器編年

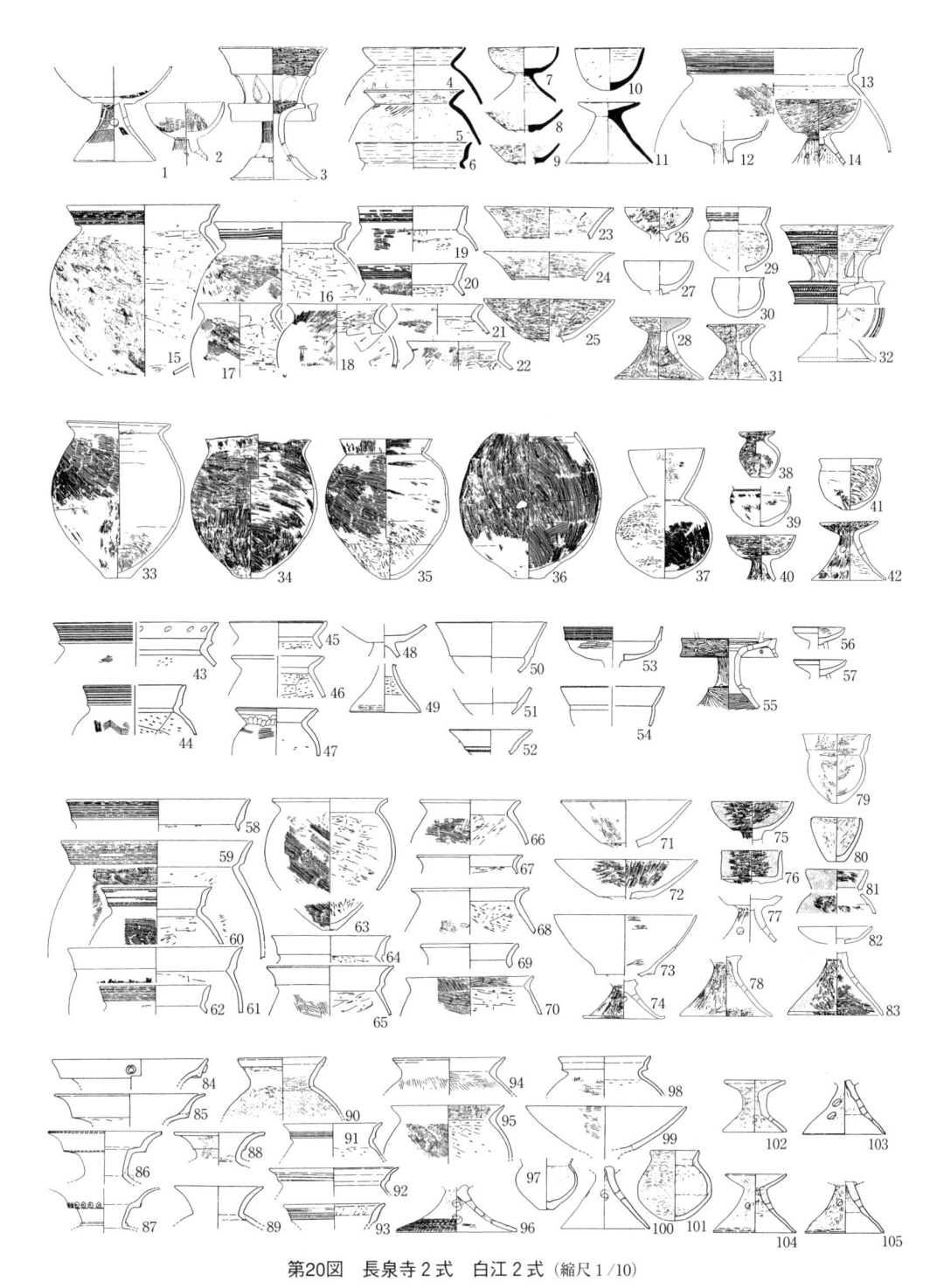

第20図 長泉寺2式 白江2式 (縮尺1/10)

1～3．戸板山1号墳、4～11．長泉寺SK058、12～14．中角3号墳、19～21・26～28．宮永坊の森遺跡C区1号住居中層、15～18・22～25・29～32．新保本町東遺跡第1号溝、33～42．下安原遺跡103号土坑、43～57．御経塚ツカダ遺跡81-1号住居、58～83．上新庄ニシウラ遺跡1号溝下層、84～105．畝田遺跡SK334

の3類、甕B2・4類と甕C2類が主体となる。甕Bには、布留式甕の影響を受けた口縁部が確認できる。押野西遺跡A区集石遺構（94〜102）[156]では高杯F3類のなか、無文化した有段部が発達しない有段口縁壺、球形を呈した体部をもつ甕A13類、系統不明なくの字状口縁甕、装飾器台6類が共伴する。額新町遺跡ST03（103〜111）[157]では高杯E・Fの3・4類と甕A13類、底部が若干残る直口壺が共伴する。他に、大味上遺跡本調査3区遺構03314の資料に混入はあるが、高杯F3類のなかに系統不明なくの字状口縁甕、甕A12・13類、甕D2類が共伴する[158]。極端に減少する甕Aは、全体の形態が分からないが、おそらく球形を呈した体部をもつ。甕Bは口縁部がはね上げの2類、軽く内湾気味の3類、内湾して端部を内側に折り返す4類が共伴する。従来の有段口縁擬凹線文大型甕は甕Dに転換する。高杯はE・F3類が主体となる一方で、在地色の強い高杯D6類は一部の遺跡で残存する。小型器台の定着とともに、伝統的な器台は消滅する。新保本町西遺跡の器台がその最終形態を示す。

　概観すれば、本様式は甕A13〜15類、甕B2〜4類、甕C2類、甕D1・2類、高杯D6類、高杯E・Fの3類を中心とする。甕Aの残存と一部消滅、それと転換する畿内系と山陰系甕の登場が大きな画期となり、高杯E・Fの定着と在地系高杯Dの衰退期に位置づけられる。弥生後期から続いた北陸の伝統は完全に崩壊し、器種全体の多くが外来系に置換したといえる。

　長泉寺4式・古府クルビ1式（第22図）　長泉寺遺跡SK020（1〜5・9・12・13）では、端部をわずかな玉状にする内湾口縁部の甕B5類に、球形の体部が付属する。高杯E4類と小型器台が共伴する。長泉寺遺跡SK051（6〜8・10・11）では、甕B5類と高杯F3・4類が共伴する[159]。甑谷在田遺跡B地点SX03上層（14〜28）[160]では、時期幅が認められるが、甕B4・5類、甕C2・3類、甕D1・2類が主体となり、高杯E2類、壺A2類、小型丸底壺、小型器台などと共伴する。白江梯川遺跡第2次調査区土坑21（29〜54）[161]では甕B4・5類、甕C2・3類、甕D1・2類、壺A2類、小型化した高杯E4類が共伴する。器台には山陰系の鼓形器台がある。漆町7群の基準資料となる漆町遺跡白江・ネンブツドウ7号溝上層（55〜68）[162]では、甕B3〜5類、甕D2類、高杯E4類、小型器台、直口壺、二重口縁壺が共伴する。松寺遺跡A区土器溜まりでは、甕B4・5類と甕D2類、同SK09（69〜76）では甕B5類と高杯E4類、千田遺跡土器溜まり11（92〜94）では甕B5類主体のなか、甕A12類、高杯E1類、パレス系壺片が共伴する[163]。畝田・寺中遺跡1号周溝（77〜87）[164]では、系統不明なくの字状口縁甕と甕C2〜4類を含み、千田遺跡土器溜まり30（88〜91・95〜99）[165]では、甕B5類、高杯E4類、装飾器台が共伴する。他に、上荒屋遺跡SB13の甕B5類、甕C3類、高杯F4類、押野西遺跡L−4号土坑の甕B5類、甕D2類があげられる[166]。甕B主体のなか、装飾器台と甕Aが残存する状況であり、混入か地域性なのかは今後の課題といえる。

　概観すれば、本様式は甕B5類、甕C3類、甕D2類、高杯E・Fの4類、壺A1・2類を中心とし、畿内系・山陰系などの外来系土器が土器組成の主体をなす。甕Aは消滅（一部の地域で残存か）する一方で、甕B5類が主体となる。甕C・Dも一定量存在し、新たに山陰系の壺Aも組成に加わる。山陰系は大型甕だけでなく、壺・鼓形器台にもその存在が認められる。高杯は完全に東海系のE・Fに転換する。ただし、北加賀では地域的な特徴から甕Aや装飾器台などの在

第1節　古墳成立期の土器編年

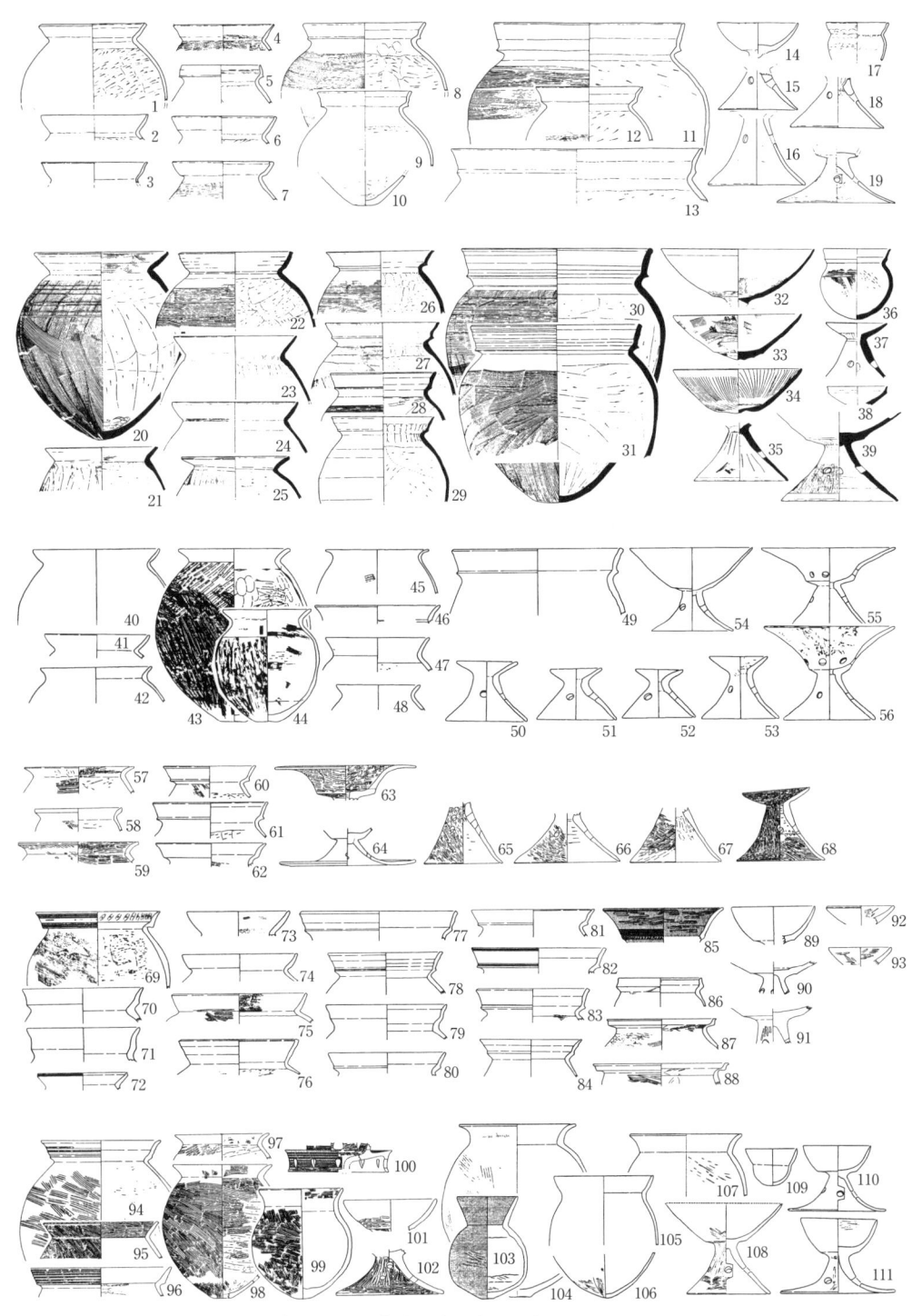

第21図　長泉寺3式　白江3式（縮尺1/10）

1～19.甑谷在田遺跡B地点SX02、20・22・30・33～39.上莇生田遺跡SD011、21・23～29・31・32.上莇生田遺跡SD012、40～56.永町ガマノマガリ遺跡25号土坑、57～68.新保本町西遺跡90-SK07、70・71・73・74・76～80・84・86～88・90～93.下安原遺跡15号土坑、69・89.下安原遺跡16号土坑、72・75・81～83・85.下安原遺跡32号土坑、94～102.押野西遺跡A区集石遺構、103～111.額新町遺跡ST03

第Ⅰ章 年代論

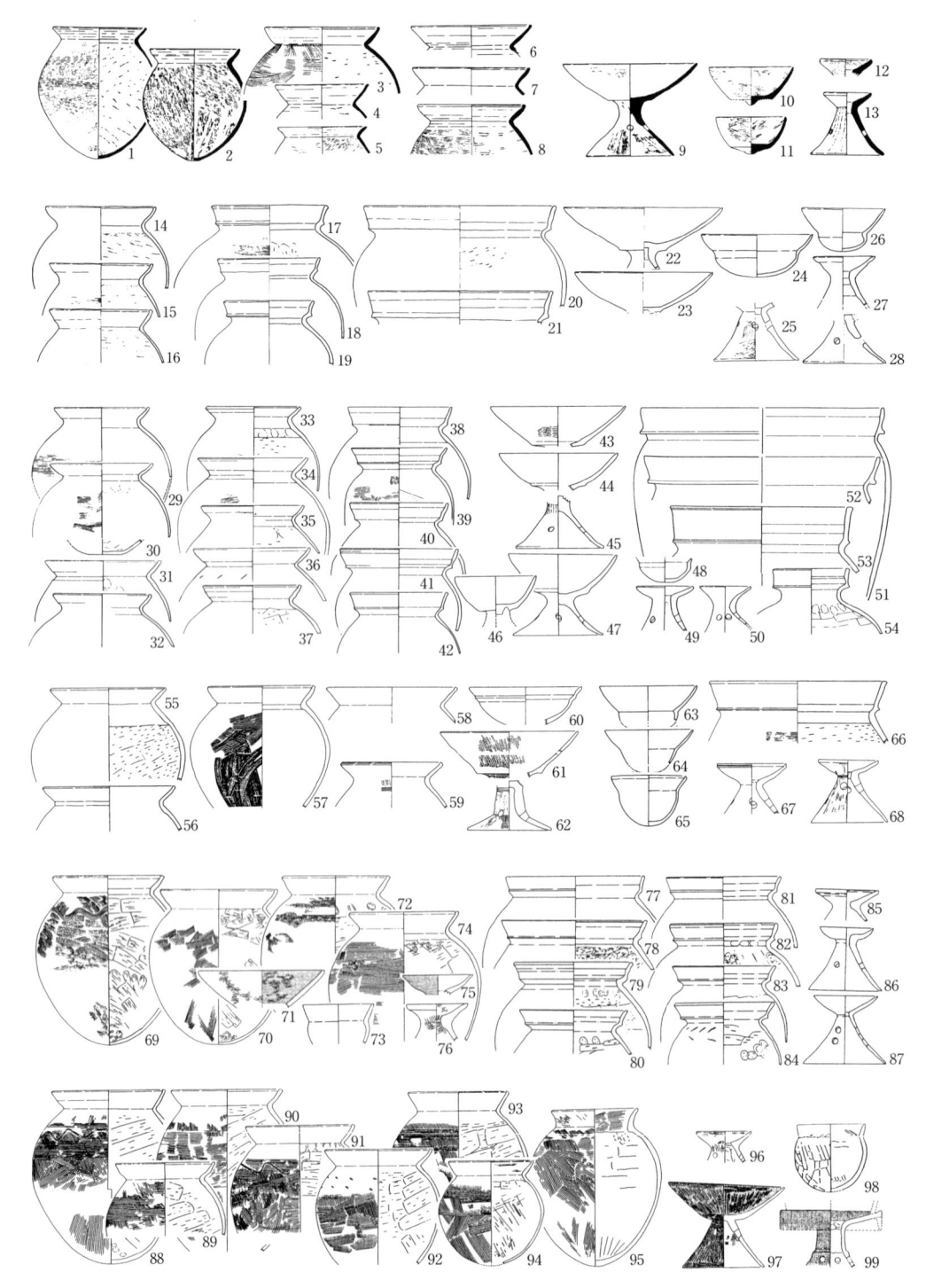

第22図 長泉寺4式 古府クルビ1式 （縮尺1/10）

1～5・9・12・13. 長泉寺遺跡SK020、6～8・10・11. 長泉寺遺跡SK051、14～28. 甑谷在田遺跡B地点SX03上層、29～54. 白江梯川遺跡第2次調査区土坑21、55～68. 漆町遺跡白江・ネンブツドウ7号溝上層、69～76. 松寺遺跡SK09、77～87. 畝田・寺中遺跡1号周溝、88～91・95～99. 千田遺跡土器溜まり30、92～94. 千田遺跡土器溜まり11

第1節 古墳成立期の土器編年

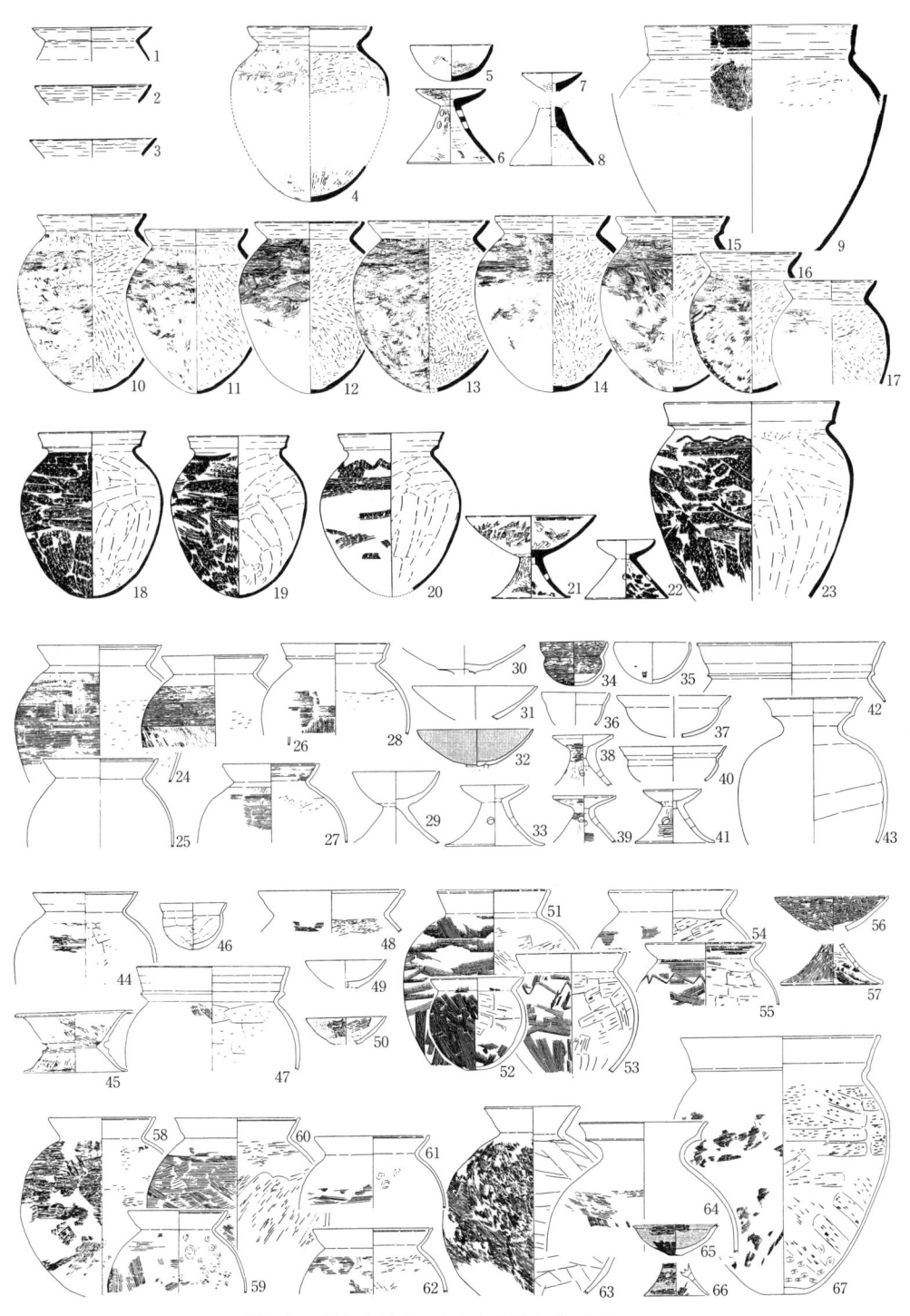

第23図 長泉寺5式 古府クルビ2式（縮尺1/10）

1～3・5～7. 長泉寺遺跡SK024、4・8・9. 大味上遺跡本調査4区遺構04109、10～17. 大味上遺跡本調査4区遺構04430、18～20. 伊井遺跡土坑39、21～23. 伊井遺跡土坑31、24・26～28・31・32・34～39. 漆町遺跡白江・ネンブツドウB2区土器溜まり上層、25・29・30・33・40・41. 漆町遺跡漆・ヘゴジマ90号土坑、42・43. 漆町遺跡漆・ヘゴジマ55号土坑、44～47. 八幡遺跡SH01、48～50. 旭小学校遺跡5号住居、51～57. 千田遺跡SK01、58～67. 田中A遺跡SK12

来系が変容して残存する。本様式は在来系がほぼ消滅し、前様式に盛行する畿内・山陰系の在地化が進む段階に位置づけられる。

長泉寺5式・古府クルビ2式（第23図）　長泉寺遺跡SK015・SK024（1～3・5～7）[167]、大味上遺跡本調査4区遺構04430（10～17）・遺構04109（4・8・9）[168]では、肥厚と端部拡張の進む甕B6類が主体となり、それにともなう体部は前様式の球形志向に比べて長胴化する。伊井遺跡土坑39（18～20）・土坑31（21～23）[169]では甕C4類、甕D3類、高杯E5類が共伴する。漆町8群の基準資料となる漆町遺跡白江・ネンブツドウB2区土器溜まり上層（24・26～28・31・32・34～39）では、口縁部の肥厚と内湾と端部拡張の進む甕B6類が主体となり、おそらく長胴化した球形の体部をもつ。甕C4類、壺A1・3類、小型化した高杯E5類が共伴し、小型器台・小型丸底壺・小型丸底鉢の小型精製器種も出揃う。他に、漆町遺跡では漆・ヘゴジマ90号土坑（25・29・30・33・40・41）・漆・ヘゴジマ17号土坑では甕B6類、高杯F5類、壺A2類が共伴する[170]。八幡遺跡SH01（44～47）[171]では甕B6類、甕C4類、甕D3類、鼓形器台、旭小学校遺跡5号住居（48～50）[172]では甕B5・6類主体のなか、有稜をもたない高杯F6類が共伴する。千田遺跡SK01（51～57）[173]では甕B6類主体のなか、高杯E5類、パレス系壺、田中A遺跡SK12（58～67）[174]では甕B6類、甕D3類、壺A2類、直口壺などが共伴する。他に、漆町8群の基準となる漆町遺跡漆・ヘゴジマ55号土坑（42・43）、新保本町西遺跡79-15号土坑・79-17号土坑がある。畝田・寺中遺跡2号墓では甕B5・6類、甕C4類が主体となる[175]。

　概観すれば、本様式は甕B6類、甕C4類、甕D3類、高杯E5類、高杯F5・6類、壺A2類を中心とした器種組成を形成する。畿内系の特徴として、小型丸底壺・小型有段鉢・小型器台の小型精製器種が出揃う。基本的に、前様式と組成上の変化は認められず、定型化の一層進む段階として位置づけられる。また、東海系の高杯E・Fは5・6類として残るのを最後に以後は消滅する。

木田1式・高畠1式（第24図）　長泉寺遺跡SK011（1～7）[176]では甕B7類の2点、脚部に縦方向に2孔を施した小型器台が共伴する。甕Bは長胴化した体部をもち、口縁部から体部にかけて横方向の強い横ナデを施す。小羽山1号墳下層土器棺（8・9）[177]の甕B7類が典型例となる。漆町遺跡[178]では、漆町9群の基準資料となる金屋・サンバンワリ320号土坑（10～30）、漆・ヘゴジマ27号土坑（44～48・56）・29号土坑（52～55）・52号土坑（49～51）があげられる。畿内系・山陰系甕と壺を中心とする資料が多く、甕B7類、甕D4類、壺A3類が主体となる。様式上の画期には畿内系の高杯G1類の出現がある。また、金屋・サンバンワリ138号土坑（31～43）では、小型精製器種が確実にセットとして共伴する。高畠式の基準資料となる高畠遺跡9号土坑（65～69・75・76）・10号土坑（57～60・73）・32号土坑（61～64・70・71・74）[179]は、甕B7類主体のなか高杯G1類と共伴する。新保本町西遺跡79-5号土坑（77～83）[180]では甕B7類と甕D4類が共伴する。東相川D遺跡SI04（90～94）・SD11（84～89）[181]の一括性は高く、甕B7類が主体となる。他にも漆町遺跡の資料があげられる[182]。

　概観すれば、本様式は良好な資料が少ないが、甕B7類、甕D4類、壺A3類、高杯G1類を中心とし、畿内系・山陰系が盛行して、それに集約する段階に位置づけられる。甕B7類は内湾

第1節 古墳成立期の土器編年

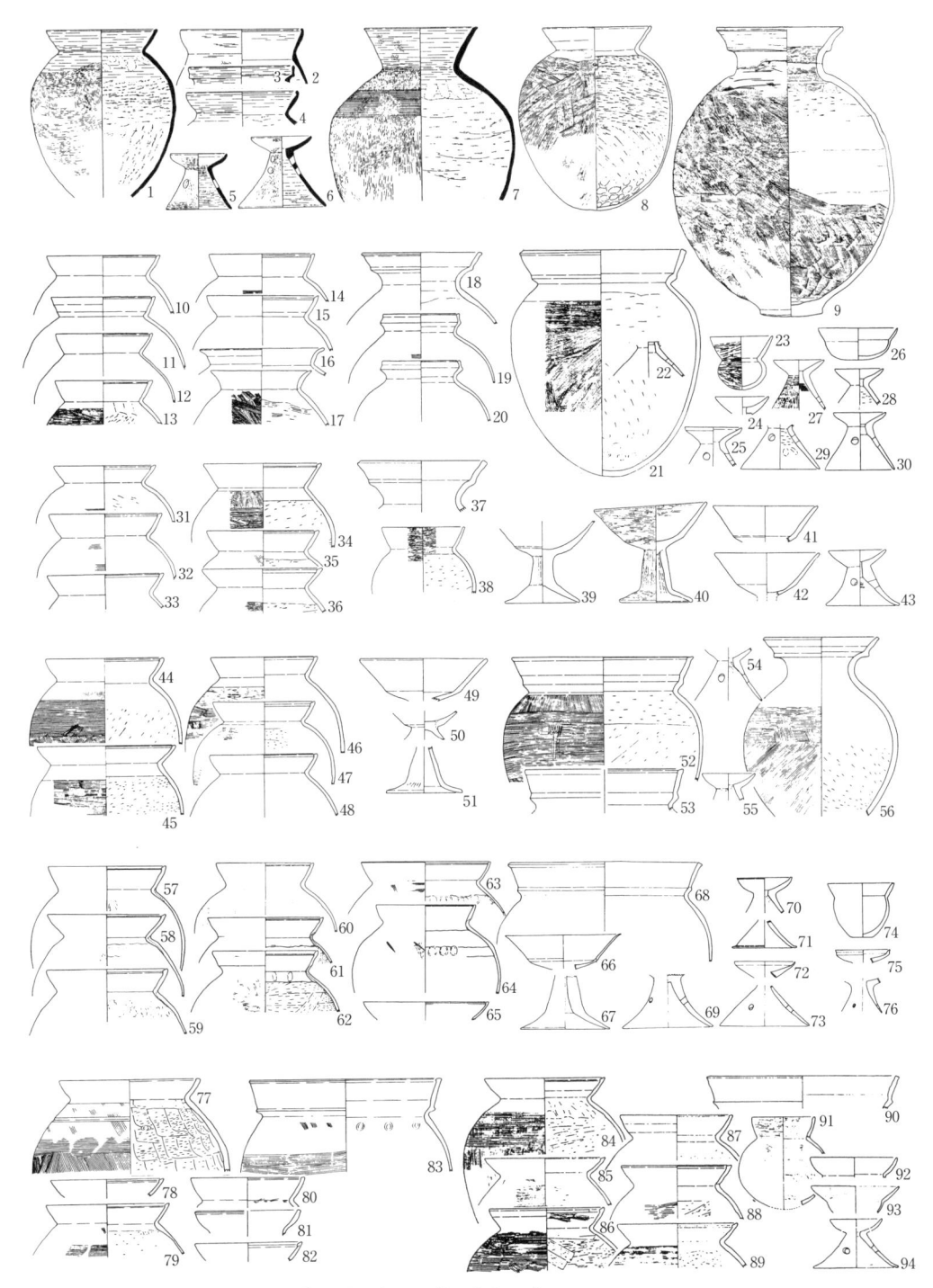

第24図 木田1式 高畠1式（縮尺1/10）

1～7．長泉寺遺跡SK011、8・9．小羽山1号墳下層土器棺、10～30．漆町遺跡金屋・サンバンワリ320号土坑、31～43．漆町遺跡金屋・サンバンワリ138号土坑、44～48・56．漆町遺跡漆・ヘゴジマ27号土坑、52～55．漆町遺跡漆・ヘゴジマ29号土坑、49～51．漆町遺跡漆・ヘゴジマ52号土坑、65～69・75・76．高畠遺跡9号土坑、57～60・73．高畠遺跡10号土坑、61～64・70・71・74．高畠遺跡32号土坑、77～83．新保本町西遺跡79－5号土坑、84～89．東相川D遺跡SD11、90～94．東相川D遺跡SI04

第Ⅰ章 年代論

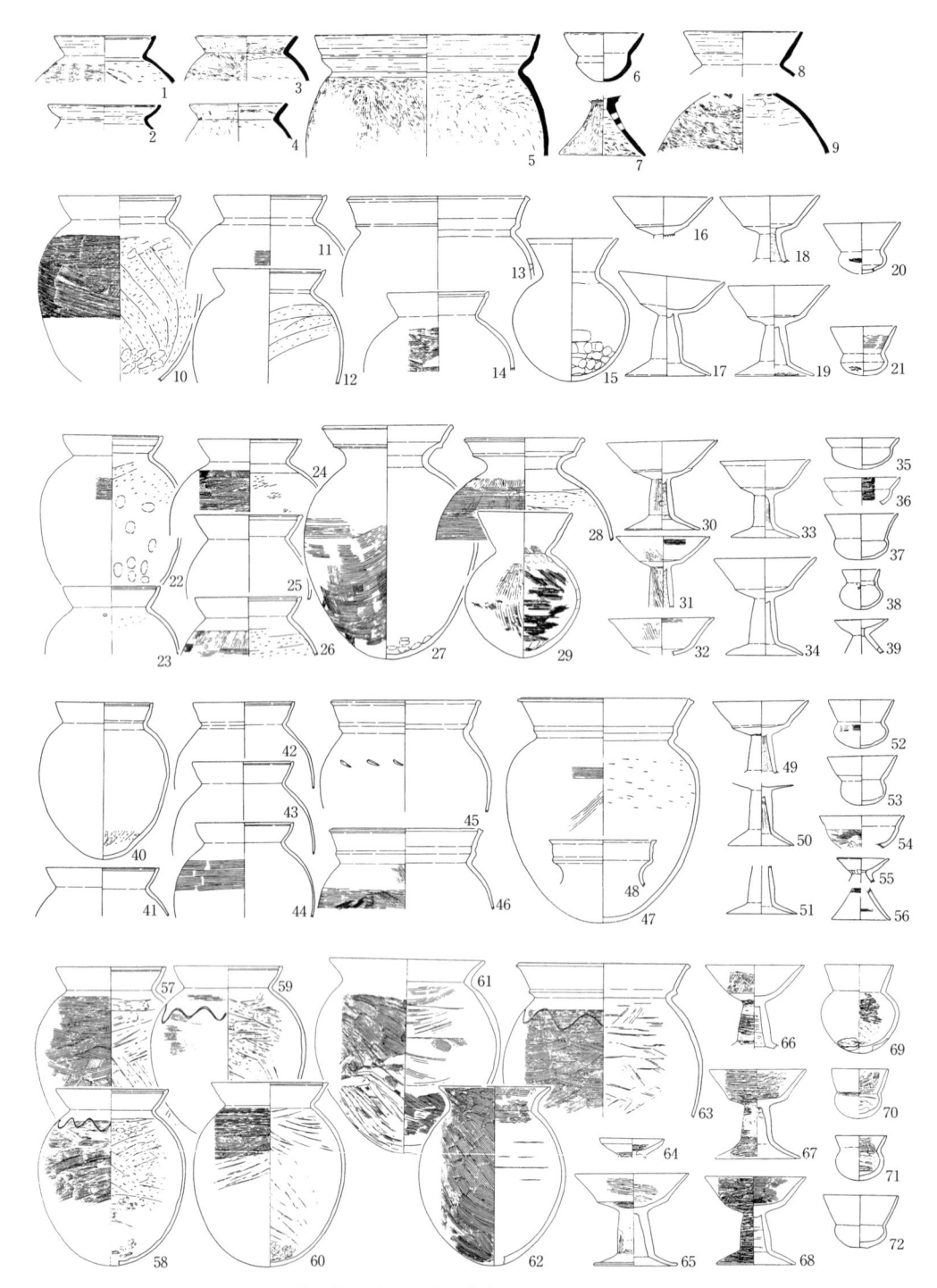

第25図 木田2式 高畠2式（縮尺1/10）

1～9.長泉寺遺跡SK009、10～21.漆町遺跡金屋・サンバンワリ114号土坑、22～39.漆町遺跡金屋・サンバンワリ333A号土坑、40～56.漆町遺跡金屋・サンバンワリ318号土坑、57～72.沖町遺跡SD03

第1節　古墳成立期の土器編年

肥厚と端部拡張が進み、甕D4類は有段部が崩れて不明瞭となる。東海系の高杯E・Fは完全に消滅し、畿内系の高杯G1類に転換する。壺は山陰系の壺A3類が主体的である。形態的・技法的な規格化・斉一化が顕著な時期で、小型精製器種は確実にセットとして成立する。また、くの字口縁甕などの粗製土器が増加傾向にある。

木田2式・高畠2式（第25図）　長泉寺遺跡SK009（1～9）[183]では、甕B8類と甕D5類が共伴する。前様式にみられた脚部に縦の2孔をもつ小型器台はさらに小型化する。漆町10群の基準資料となる漆町遺跡金屋・サンバンワリ114号土坑（10～21）・333A号土坑（22～39）・318号土坑（40～56）[184]では、口縁部の肥厚が進み口縁部長も短く、口縁部の角度も立ち上がる甕B8類が主体となり、山陰系の甕D5類、壺A4類、鼓形器台などと共伴する。これらの資料には、小型精製器種のセットが確認できる。沖町遺跡SD03（57～72）[185]は良好な資料であるが、溝資料のため混入が認められる。甕Bは8類に長胴化した体部をもち、肩部に波状文と刺突文などの施文が散見する。山陰系は壺A4類と甕D5類が共伴する。小型精製器種が存在するなか、小型丸底鉢はほとんど出土しない。高杯Gは2類が主体で、前様式より杯部の小型化が進む。脚部は細長い柱状部からラッパ状に開く脚部をもち、横方向のミガキを施す例も認められる。他に、木田遺跡土壙・pit・一括の甕B8類、小羽山25号墳と杣脇古墳群竪穴建物の甕B8類と高杯G2類があげられる[186]。

概観すれば、本様式は甕B8類、甕D5類、壺A4類、高杯G2類などの畿内系と山陰系に集

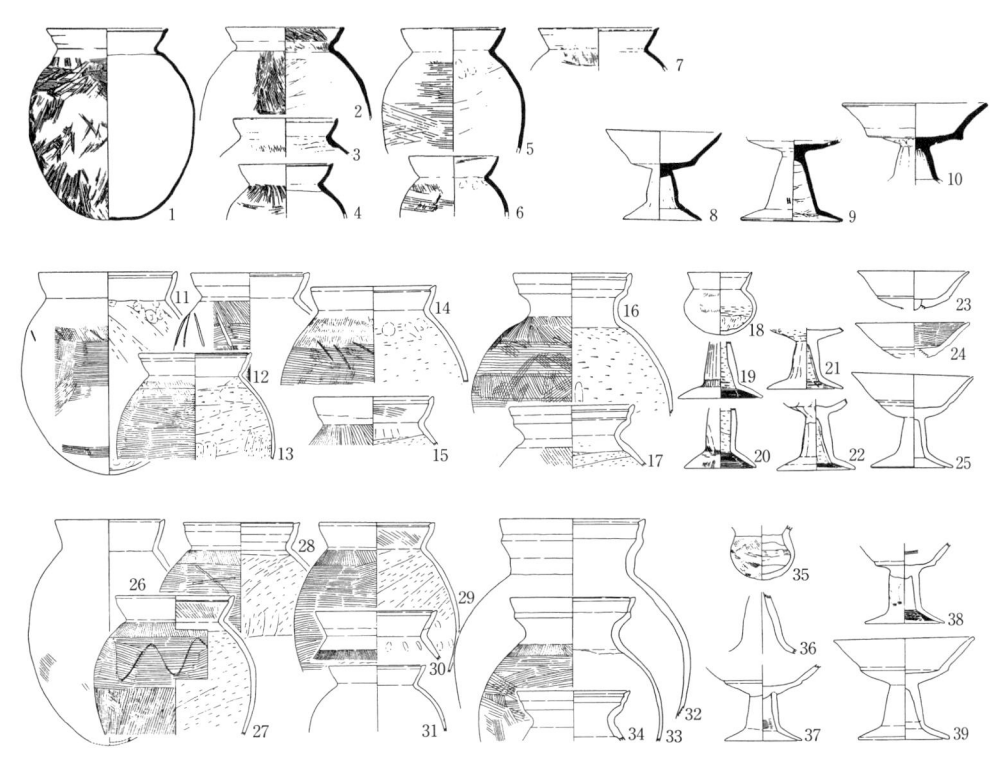

第26図　木田3式　高畠3式（縮尺1/10）
1～10. 木田遺跡2次1溝、11～25. 漆町遺跡金屋・サンバンワリ300号土坑、26～39. 漆町遺跡金屋・サンバンワリ324号土坑

第Ⅰ章 年代論

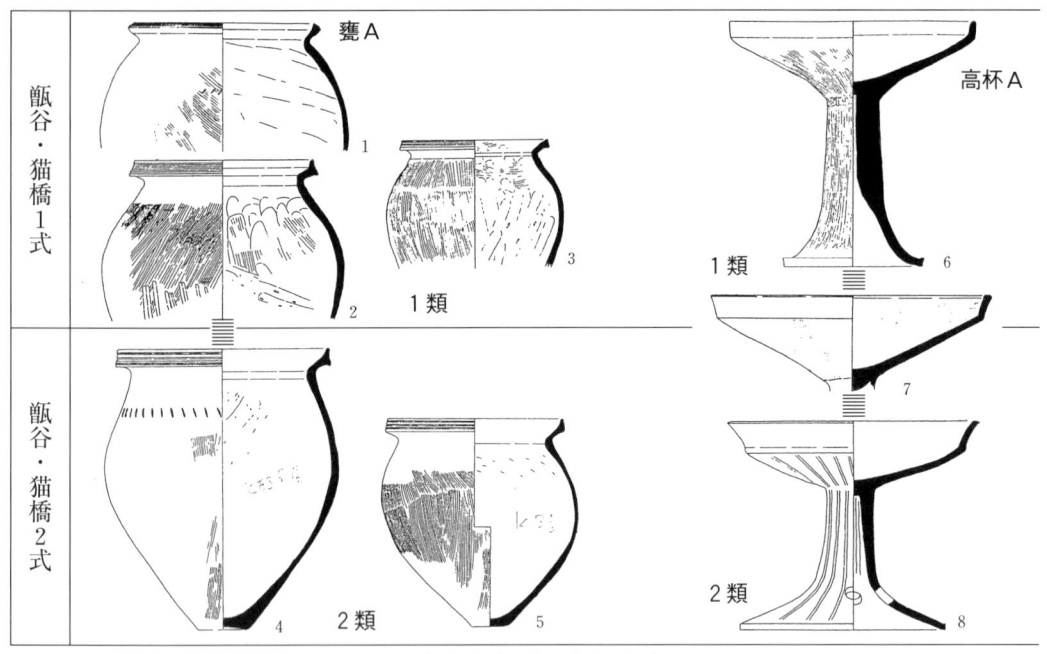

第27図　越前・加賀地域の土器編年（1）（縮尺1/7）

1．西念・南新保遺跡J区4号墓A溝（文献63）
2・9．猫橋遺跡94年度1号溝（文献23）
3．猫橋遺跡94年度9号溝（文献23）
4・5．西念・南新保遺跡K区3号住居（文献63）
6．西念・南新保遺跡G-3区P-120（文献62）
7．西念・南新保遺跡G区101号住居（文献62）
8．安保山遺跡竪穴建物（文献11）
10．西念・南新保遺跡M区SD06（文献64）
11．平面梯川遺跡406号土坑（文献26）
12．西念・南新保遺跡K区4号住居（文献63）
13．八田小鮒遺跡Ⅲ区6号溝（文献44）
14．安保山4号墓（文献11）
15・17・18・30・32．平面梯川遺跡SK11（文献25）
16・58・60・70．桜田・示野中遺跡SK70（文献59）
19・20．中相川遺跡E群土器（文献36）
21・22・46．中相川遺跡C群土器（文献36）
23．長泉寺遺跡SK55（文献2）
24・40・55．中村ゴウデン遺跡8号住居（文献32）
25・43．二口町遺跡竪穴住居（文献60）
26．平面梯川遺跡SK34（文献25）
27．西念・南新保遺跡K区2号住居（文献63）
28．桜田・示野中遺跡SB10（文献59）
29．平面梯川遺跡123号土坑（文献26）
31．小羽山16号墓（文献9）
33・61．中奥・長竹遺跡4次2区SI01（文献33）
34．平面梯川遺跡106号溝（文献26）
35．西山4号墓（文献3）
36．中相川遺跡A群土器（文献36）

37・54．千田遺跡SD21上層（文献66）
38・56．高橋セボネ遺跡SK18（文献54）
39．袖高林4号墓（文献15）
41・57・75．塚崎遺跡第21号竪穴（文献71）
42．三尾野15号墓（文献7）
44．竹松C遺跡包含層（文献39）
45．竹松C遺跡19号土坑（文献40）
47．三ッ禿8号墓（文献6）
48．西念・南新保遺跡D区T-1（文献62）
49．西念・南新保遺跡J区2号住居（文献63）
50．小粕遺跡表面採集（文献4）
51．西念・南新保遺跡B-1区T-1（文献62）
52．西山1号墓（文献3）
53．中奥・長竹遺跡3次4区包含層（文献33）
59．小羽山14号墓（文献9）
62．平面梯川遺跡133号土坑（文献26）
63．東相川D遺跡19-E5（文献37）
64．西念・南新保遺跡G-1区T-2（文献62）
65．竹松遺跡43号溝（文献40）
66．無量寺B遺跡溝状遺構（文献55）
67．中角遺跡溝100（文献16）
68．竹松C遺跡第9号溝（文献38）
69．西念・南新保遺跡F区T-2（文献62）
71．竹松遺跡83号土坑（文献40）
72．西念・南新保遺跡F区T-5（文献62）
73．杓子谷遺跡2号住居（文献20）
74．額谷ドウシンダ遺跡円形周溝状遺構（文献35）
76．大友西遺跡SE18（文献61）

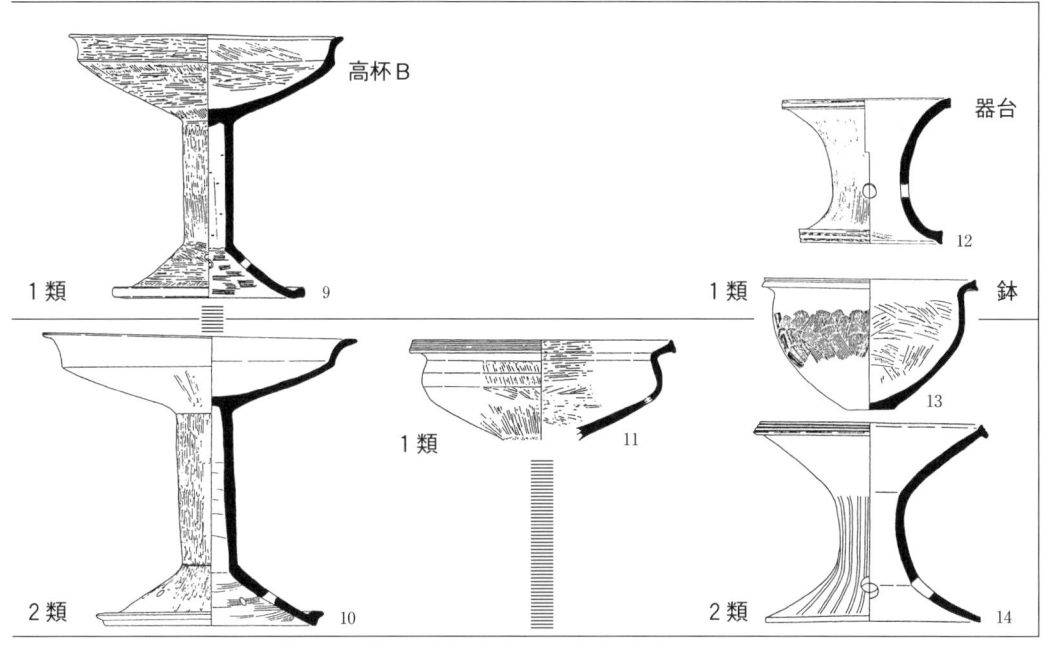

第28図　越前・加賀地域の土器編年（２）（縮尺1/7）

77・93. 一塚21号墓（文献45）
78. 月影遺跡ピット状遺構（文献72）
79. 御経塚ツカダ遺跡82－1号住居（文献49）
80. 下黒谷遺跡H区包含層（文献22）
81. 千田遺跡土器溜まり28（文献66）
82. 茱山崎遺跡2号住居（文献19）
83・85. 原目山1号墓（文献14）
84・86・87. 松寺遺跡A 2号溝（文献67）
88. 西谷遺跡7号住居（文献21）
89. 茱山崎遺跡3号住居（文献19）
90. 南新保D遺跡E区SD01中層（文献65）
91. 寺中B遺跡90－SD02（文献57）
92. 御経塚ツカダ遺跡82－2号住居（文献49）
94. 宮永市カイリョウ遺跡1号住居（文献42）
95. 風巻上小島遺跡表面採集（文献15）
96. 千田遺跡土器溜まり25（文献66）
97・155・177. 長泉寺遺跡SK046（文献2）
98. 風巻神山4号墳（文献8）
99・185・186. 漆町遺跡白江・ネンブツドウ7号溝上層（文献30）
100. 田中A遺跡SK12（文献69）
101・180. 下安原遺跡103号土坑（文献47）
102・121・130・138. 上莇生田遺跡SD012（文献13）
103. 漆町遺跡漆・ヘゴジマ17号土坑（文献28）
104. 漆町遺跡白江・ネンブツドウ7号溝下層（文献30）
105・106. 倉部出戸遺跡SK17（文献41）
107・169・170・192. 新保本町東遺跡第1号溝（文献51）

108・160. 押野西遺跡A区集石遺構（文献53）
109・124・133・134・150・172. 白江梯川遺跡第2次調査区土坑21（文献27）
110・165・187・189. 漆町遺跡漆・ヘゴジマ90号土坑（文献28）
111・114・136・179. 今市遺跡SD 5（文献12）
112・144・182. 畝田遺跡SK334（文献58）
113・129・137・159・181. 宮永坊の森遺跡C区1号住居（文献43）
115・178. 長泉寺遺跡SK061（文献2）
116・157. 長泉寺遺跡SK058（文献2）
117・143・156. 寺中B遺跡C区周溝建物（文献56）
118・147. 永町ガマノマガリ遺跡25号土坑（文献24）
119・120・139. 甑谷在田遺跡B地点SX02（文献5）
122. 下安原遺跡15号土坑（文献47）
123. 松寺遺跡SK09（文献68）
125. 千田遺跡土器溜まり11（文献66）
126・154・188. 漆町遺跡白江・ネンブツドウB 2区土器ダマリ上層（文献30）
127・128・135. 大味上遺跡本調査4区遺構04430（文献17）
131・132・171. 下安原遺跡32号溝（文献47）
140. 新保本西遺跡6号土坑（文献50）
141・152. 伊井遺跡土坑31（文献18）
142. 松寺遺跡A 1号溝（文献67）
145. 上荒屋遺跡SD16下位（文献48）
146・162・183. 額新町遺跡ST03（文献34）
148. 甑谷在田遺跡B地点SX03上層（文献5）

第Ⅰ章 年代論

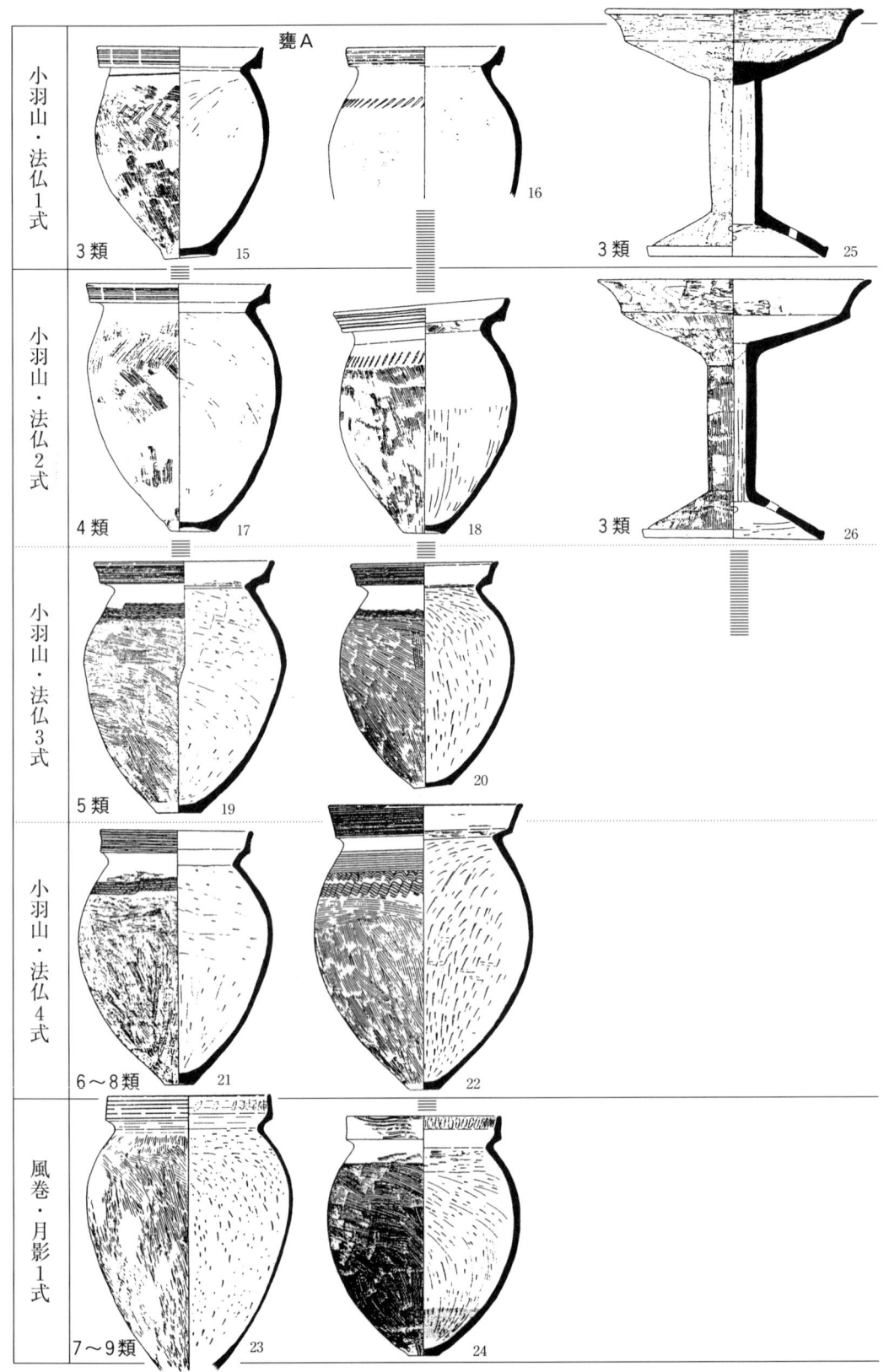

		甕A		
小羽山・法仏1式	3類 15		16	3類 25
小羽山・法仏2式	4類 17		18	3類 26
小羽山・法仏3式	5類 19		20	
小羽山・法仏4式	6〜8類 21		22	
風巻・月影1式	7〜9類 23		24	

第29図　越前・加賀地域の土器編年（3）（縮尺1/7）

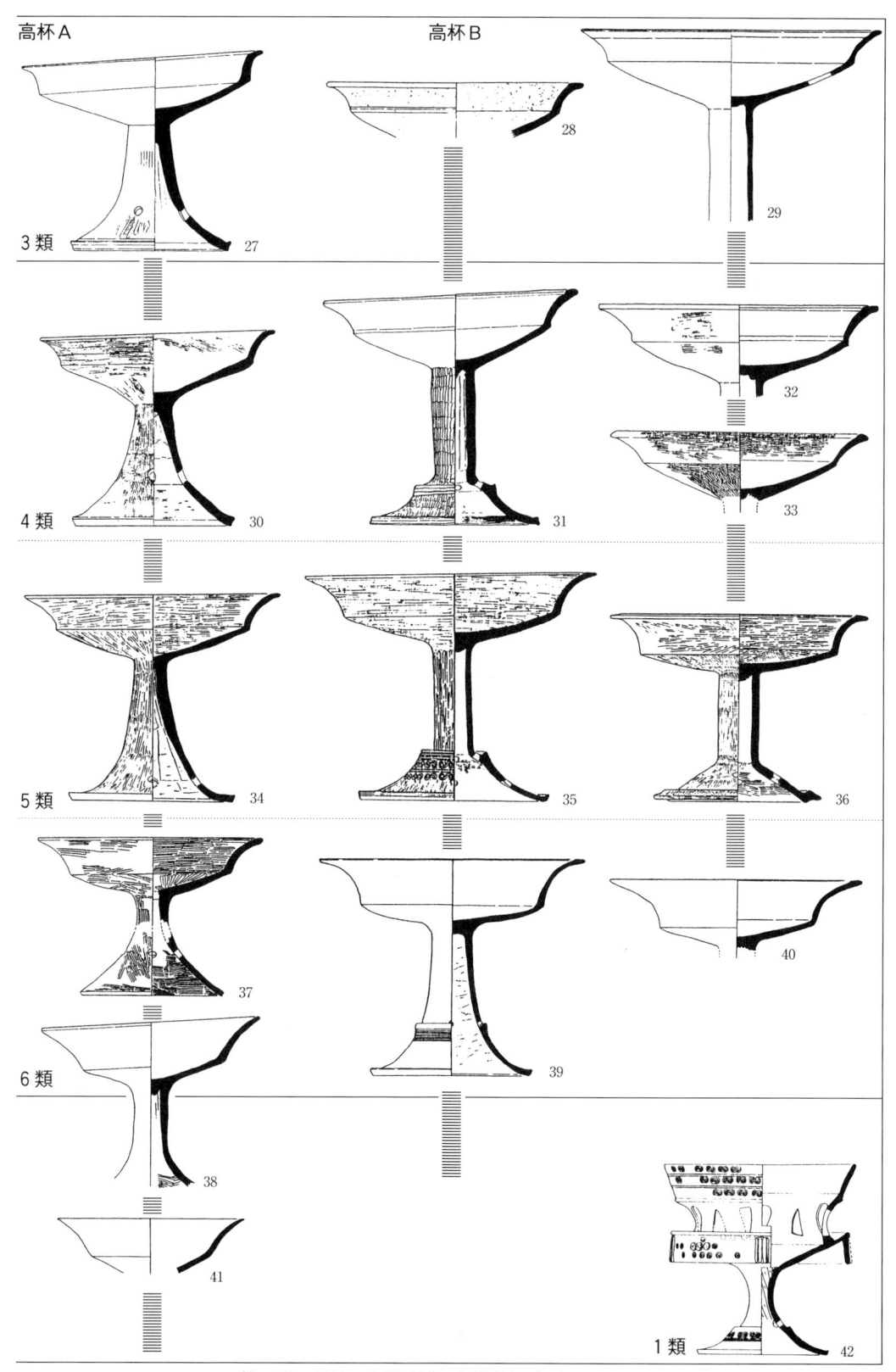

第1節　古墳成立期の土器編年

第30図　越前・加賀地域の土器編年（4）（縮尺1/7）

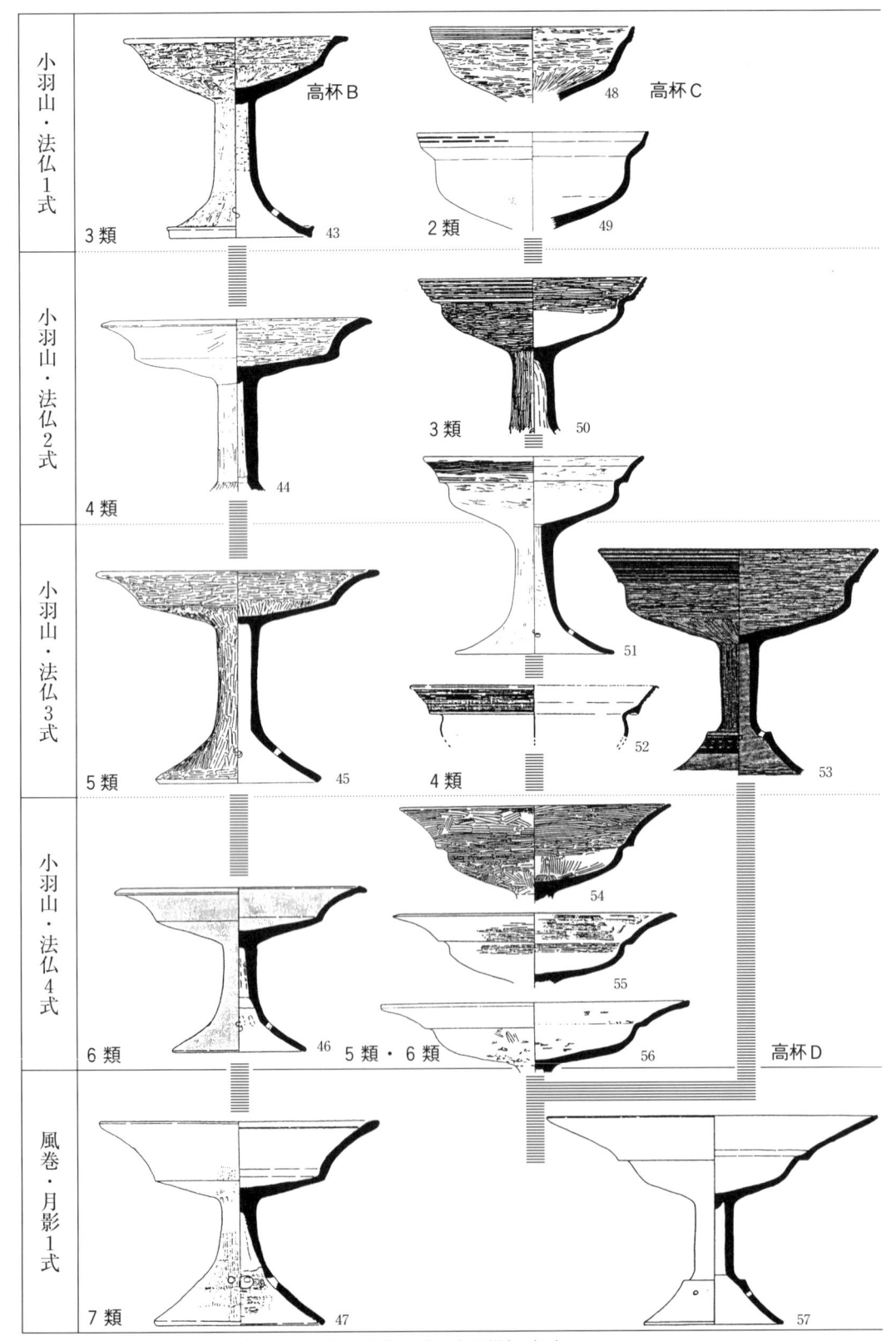

第Ⅰ章 年代論

小羽山・法仏1式	3類 43 高杯B	2類 48 49 高杯C	
小羽山・法仏2式	4類 44	3類 50	
小羽山・法仏3式	5類 45	4類 51 52	53
小羽山・法仏4式	6類 46	5類・6類 54 55 56	高杯D
風巻・月影1式	7類 47		57

第31図　越前・加賀地域の土器編年（5）（縮尺1/7）

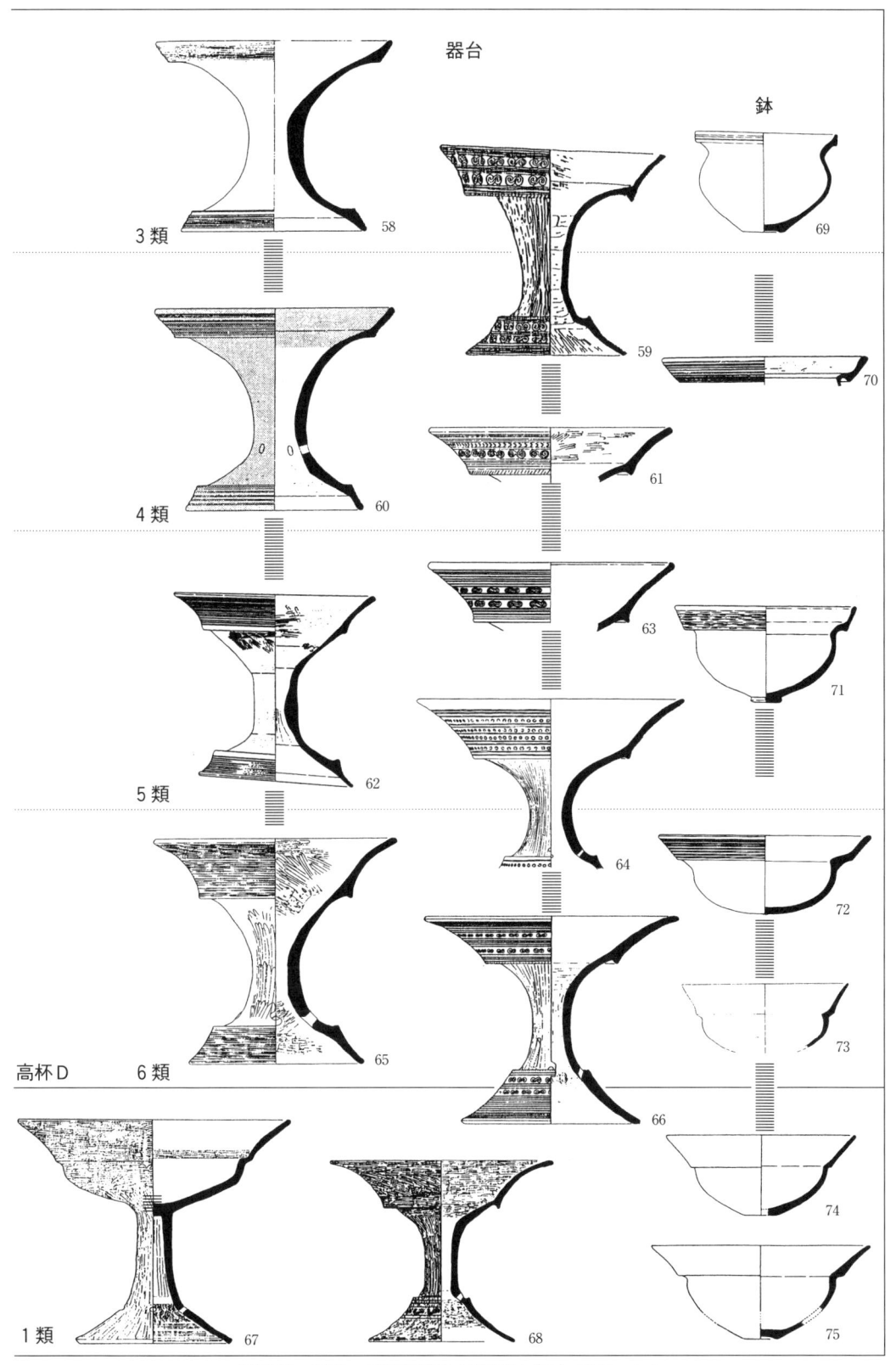

第1節　古墳成立期の土器編年

第32図　越前・加賀地域の土器編年（6）（縮尺1/7）

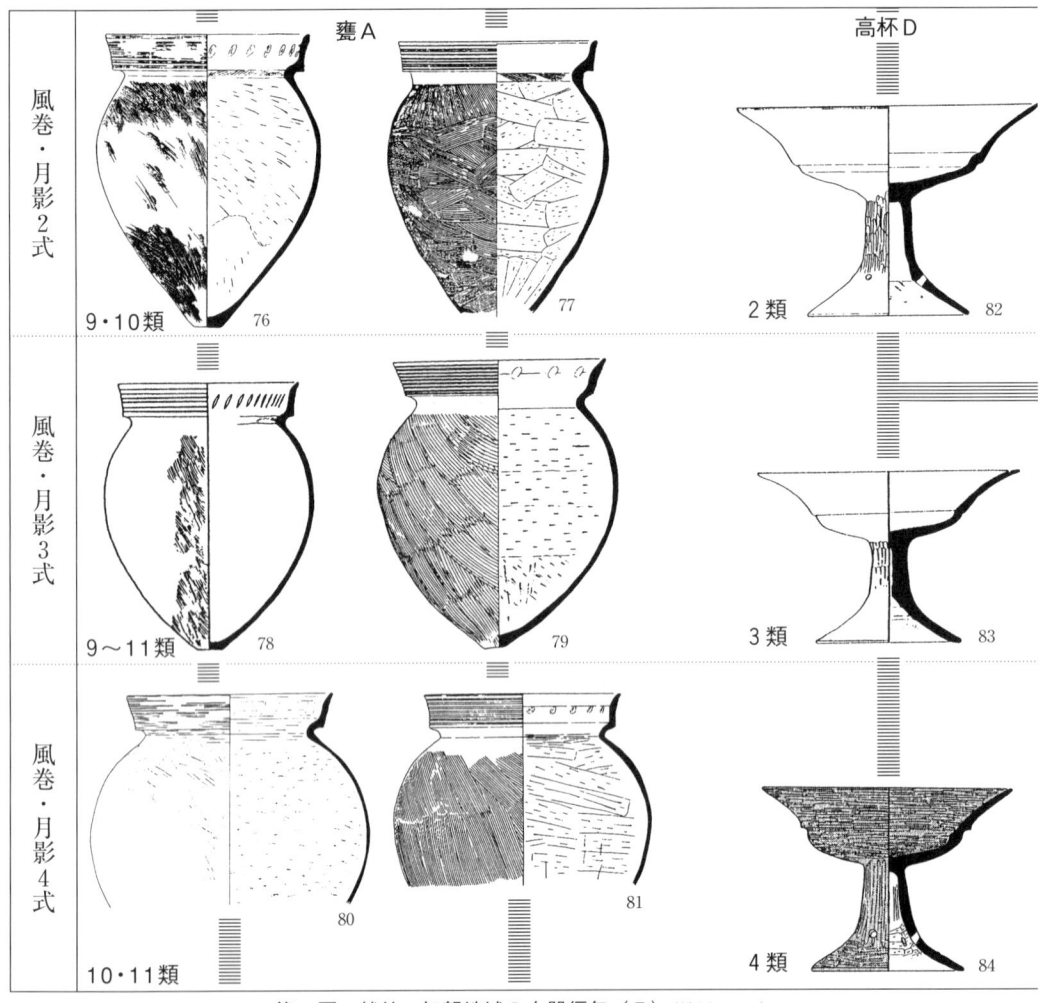

第Ⅰ章　年代論

	甕A		高杯D
風巻・月影2式	9・10類　76	77	2類　82
風巻・月影3式	9〜11類　78	79	3類　83
風巻・月影4式	10・11類　80	81	4類　84

第33図　越前・加賀地域の土器編年（7）（縮尺1/7）

149. 長泉寺遺跡SK020（文献2）
151. 千田遺跡土器溜まり30（文献66）
153. 千田遺跡SK01（文献66）
158. 中角3号墳（文献16）
161. 下安原遺跡16号土坑（文献47）
163. 長泉寺遺跡SK051（文献2）
164. 上荒屋遺跡SB13（文献48）
166・167・176. 旭小学校遺跡5号住居（文献46）
168. 倉部出戸遺跡SK19（文献41）
173. 八幡遺跡SH01（文献31）
174・184. 新保本町西遺跡90-SK07（文献52）
175. 押野西遺跡E-2区L-4号土坑（文献53）
190. 伊井遺跡A-6グリッド（文献18）
191. 戸板山1号墳（文献1）
193・200. 長泉寺遺跡SK011（文献2）
194・196・198・217・219. 漆町遺跡金屋・サンバンワリ333A号土坑（文献29）
195・199・205・213・220. 漆町遺跡金屋・サンバンワリ300号土坑（文献29）
197. 漆町遺跡漆・ヘゴジマ27号土坑（文献28）
201・204・212. 沖町遺跡SD03（文献70）
202. 漆町遺跡金屋・サンバンワリ324号土坑（文献29）
203. 高畠遺跡10号土坑（文献73）
206. 漆町遺跡漆・ヘゴジマ29号土坑（文献28）
207. 漆町遺跡金屋・サンバンワリ318号土坑（文献29）
208. 漆町遺跡金屋・サンバンワリ146号土坑（文献29）
209. 漆町遺跡漆・ヘゴジマ52号土坑（文献28）
210. 漆町遺跡金屋・サンバンワリ138号土坑（文献29）
211・218・221. 漆町遺跡金屋・サンバンワリ114号土坑（文献29）
214〜216. 漆町遺跡金屋・サンバンワリ320号土坑（文献29）

［文献］
1. 『戸板山古墳群』今立町教育委員会　1986
2. 『長泉寺遺跡』福井県教育庁埋蔵文化財センター　1994

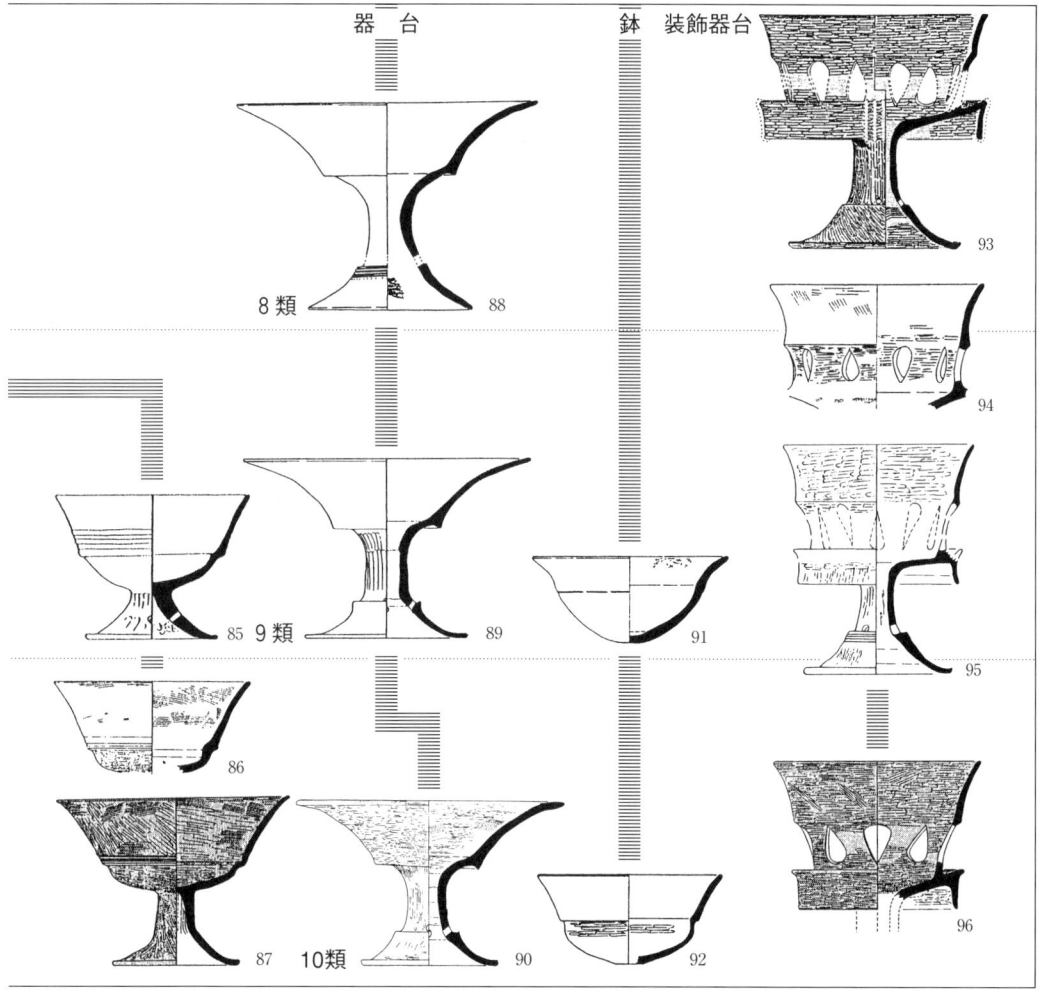

第34図　越前・加賀地域の土器編年（8）（縮尺1/7）

3．『西山古墳群』鯖江市教育委員会　1987
4．『小粕窯跡発掘調査報告書』織田町教育委員会　1994
5．『甑谷』清水町教育委員会　2002
6．『天神山古墳群』鯖江市教育委員会　1973
7．『福井市三尾野古墳群発掘調査報告書』福井市教育委員会　1993
8．『風巻神山古墳群』清水町教育委員会　2003
9．『小羽山』清水町教育委員会　1997
10．『朝日山』朝日町教育委員会　2002
11．『安保山古墳群』福井県教育委員会　1976
12．『今市遺跡』福井市教育委員会　1996
13．『六条・和田地区遺跡群』福井県教育庁埋蔵文化財調査センター　1986
14．『福井市史 資料編1 考古』福井市　1990
15．『袖高林古墳群』福井県教育庁埋蔵文化財調査センター　1999
16．『中角遺跡現地説明会資料 土器図版』福井県教育庁埋蔵文化財調査センター　2002
17．『大味地区遺跡群』福井県教育庁埋蔵文化財調査センター　1999
18．『金津町埋蔵文化財調査概要 平成元年度～5年度』金津町教育委員会　1995
19．『茱山崎遺跡』福井県教育庁埋蔵文化財調査センター　1986
20．『福井県史 資料編13 考古―図版編―』福井県　1986
21．「福井県における「月影式」土器について」『シンポジウム「月影式」土器について』石川考古学研究会　1986
22．『下黒谷遺跡』福井県教育庁埋蔵文化財調査センター　1998
23．『猫橋遺跡』石川県立埋蔵文化財センター1997
24．『永町ガマノマガリ遺跡』石川県立埋蔵文化財センター　1987
25．『石川県小松市平面梯川遺跡Ⅰ』石川県埋蔵文化財保存協会　1995
26．『小松市平面梯川遺跡第2・3次発掘調査報告書』石川県埋蔵文化財センター　2000

第Ⅰ章 年代論

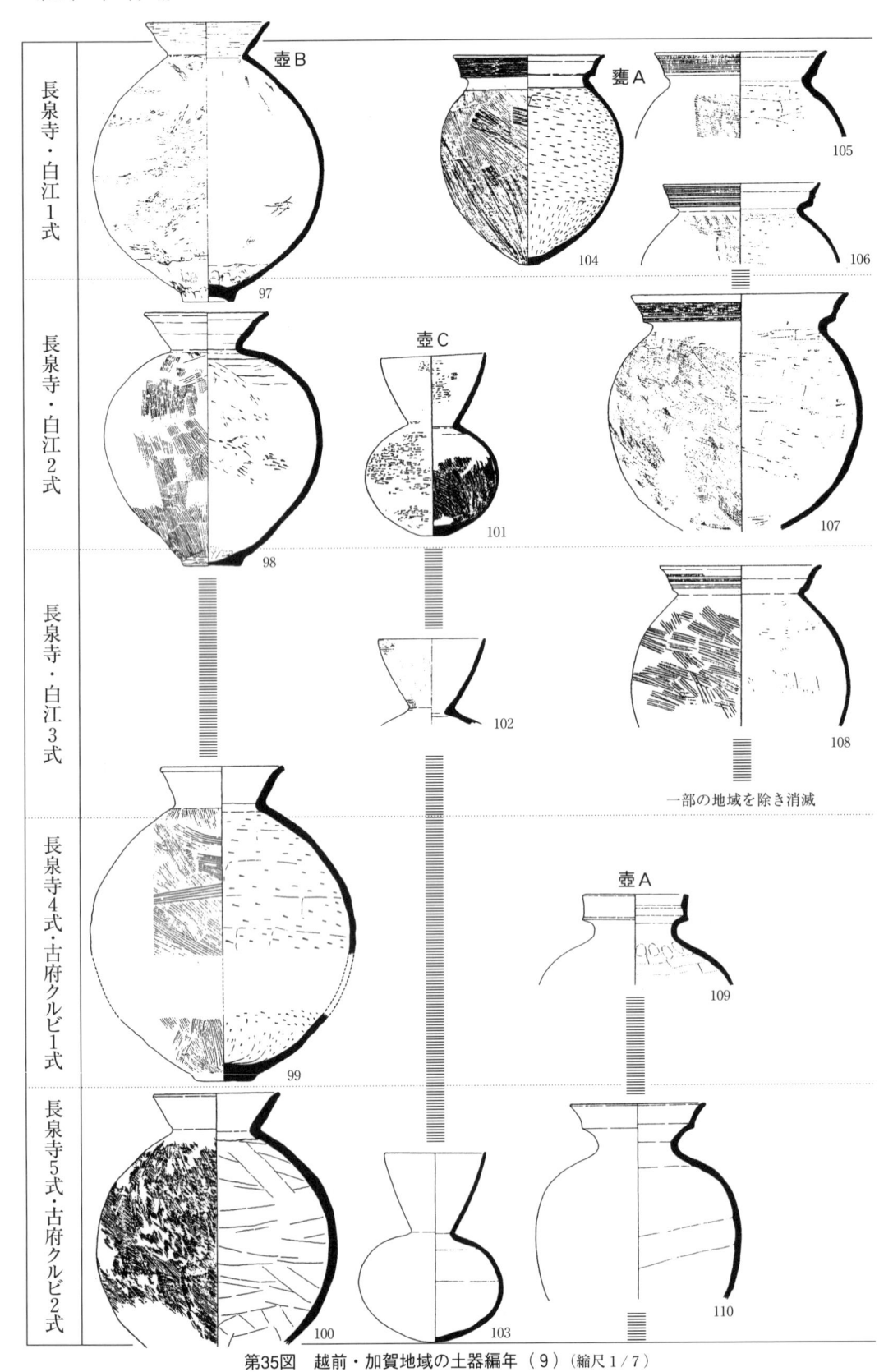

長泉寺・白江1式	壺B 97	甕A 104	105 / 106
長泉寺・白江2式	98	壺C 101	107
長泉寺・白江3式		102	108 一部の地域を除き消滅
長泉寺4式・古府クルビ1式	99		壺A 109
長泉寺5式・古府クルビ2式	100	103	110

第35図　越前・加賀地域の土器編年（9）（縮尺1/7）

第1節　古墳成立期の土器編年

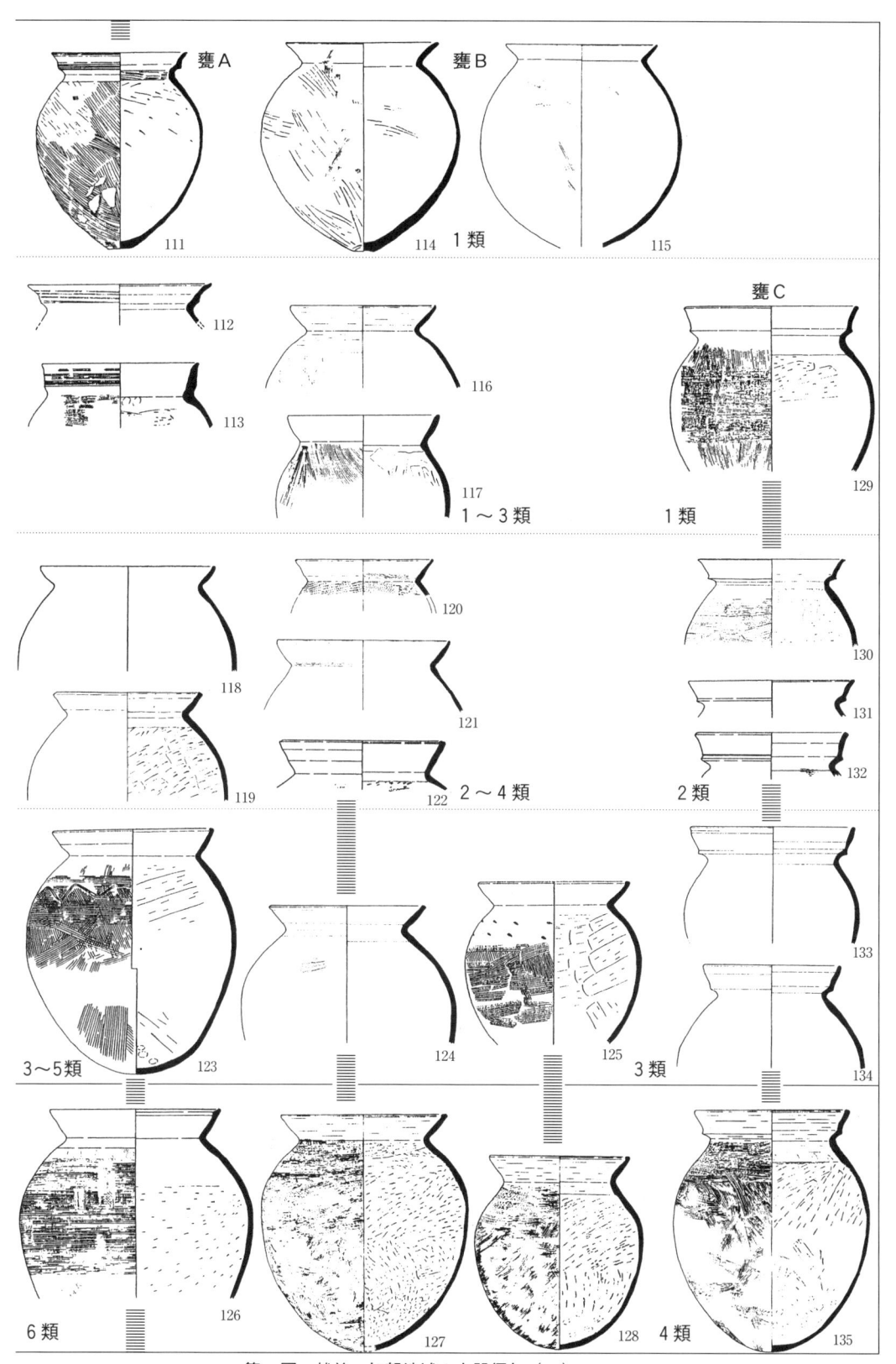

第36図　越前・加賀地域の土器編年（10）（縮尺1/7）

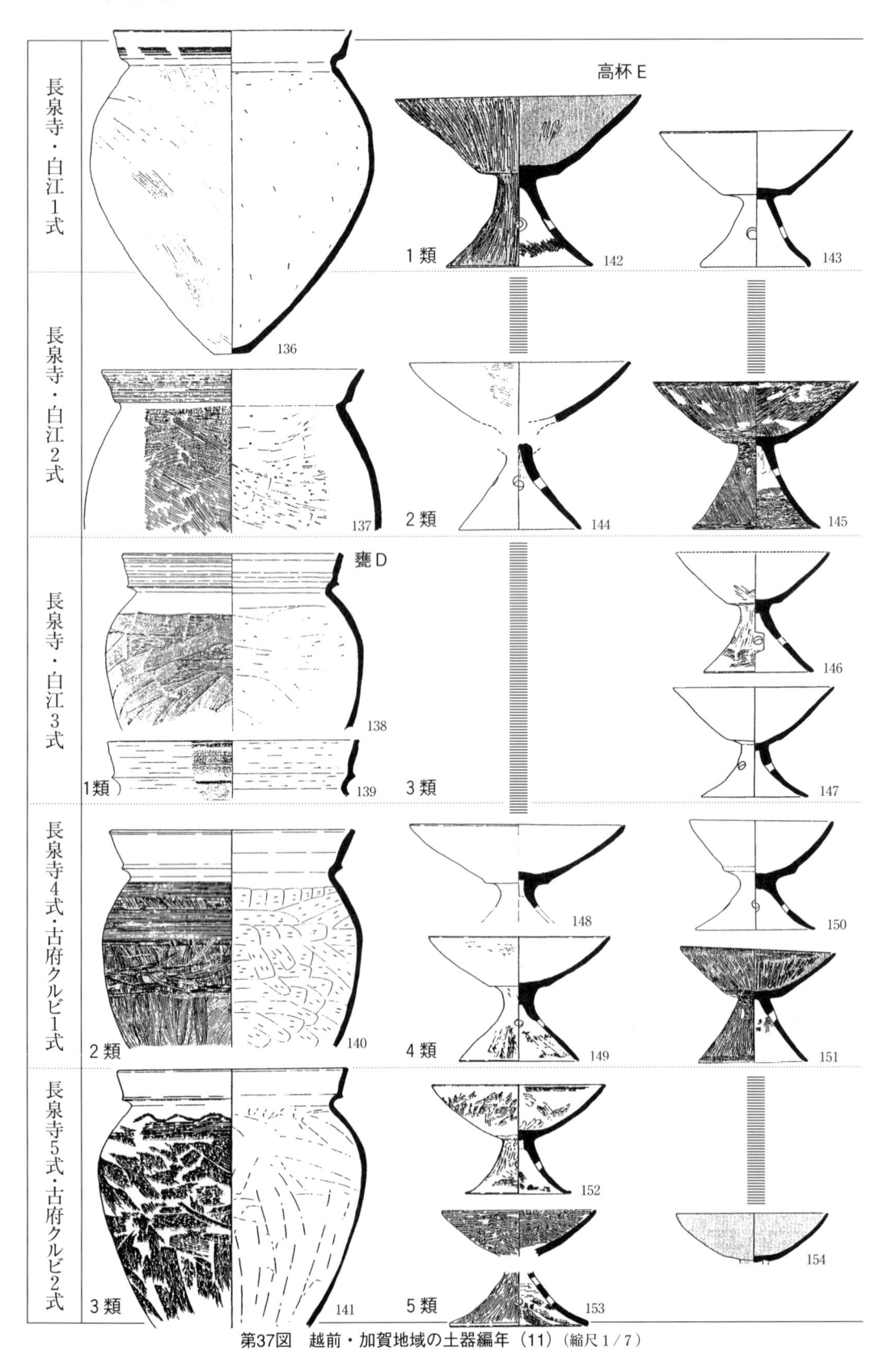

第Ⅰ章 年代論

第37図　越前・加賀地域の土器編年（11）（縮尺1/7）

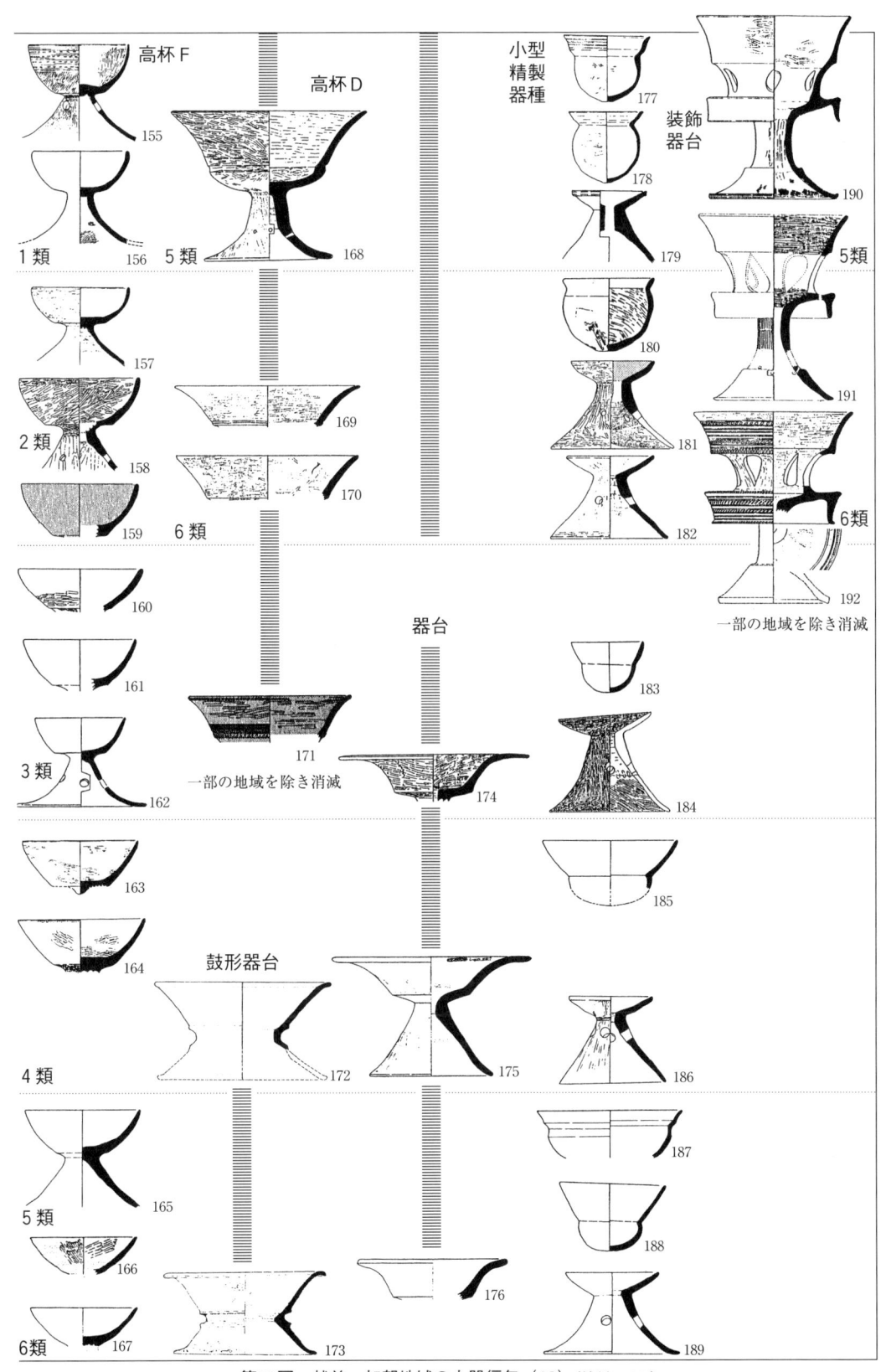

第1節 古墳成立期の土器編年

第38図 越前・加賀地域の土器編年（12）（縮尺1/7）

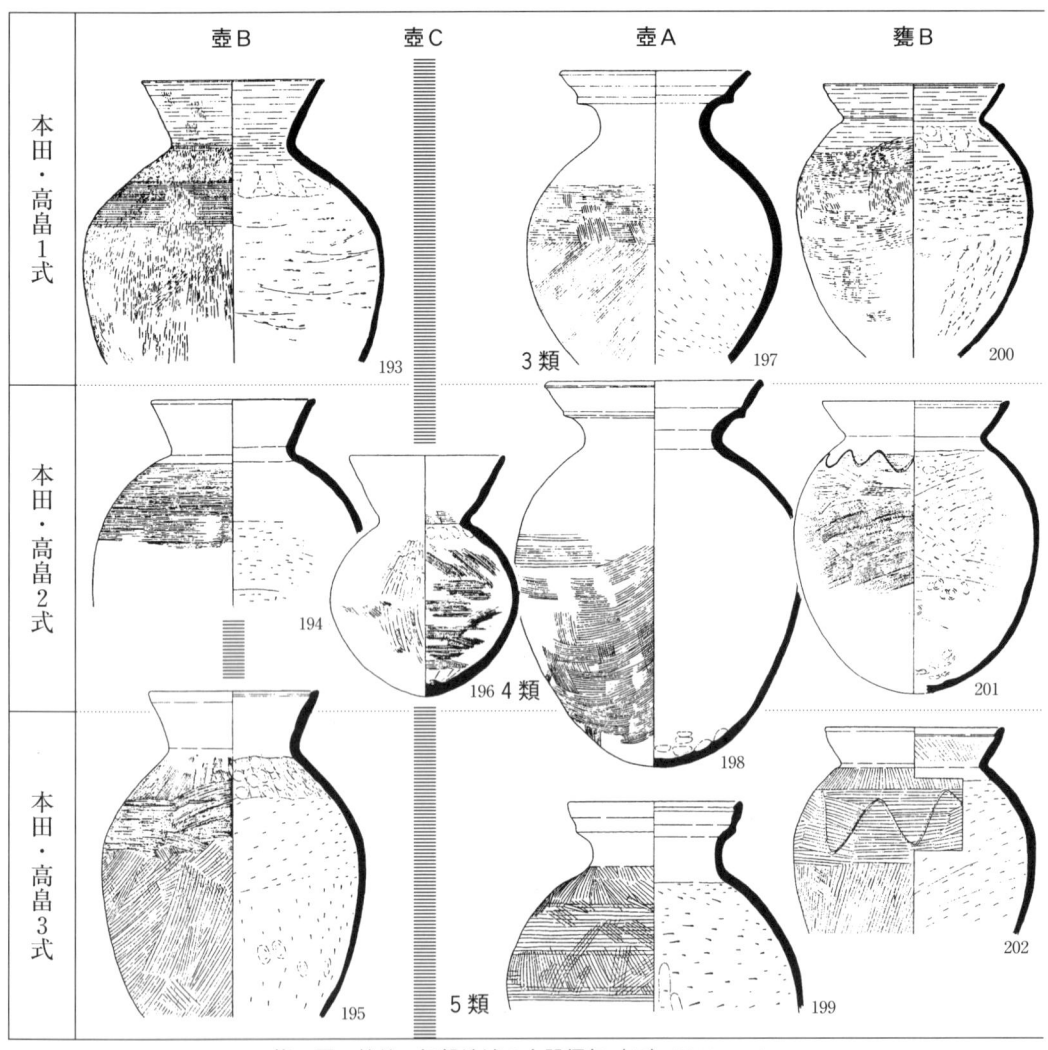

第Ⅰ章 年代論

第39図　越前・加賀地域の土器編年（13）（縮尺1/7）

27.『白江梯川遺跡Ⅰ』石川県立埋蔵文化財センター　1988
28.『漆町遺跡Ⅰ』石川県立埋蔵文化財センター　1986
29.『漆町遺跡Ⅱ』石川県立埋蔵文化財センター　1988
30.『漆町遺跡Ⅲ』石川県立埋蔵文化財センター　1989
31.『八幡遺跡Ⅰ』石川県埋蔵文化財センター　1998
32.『松任市中村ゴウデン遺跡』松任市教育委員会　1989
33.『松任市中奥・長竹遺跡』松任市教育委員会　2000
34.『金沢市額新町遺跡』金沢市教育委員会　1995
35.『金沢市額谷ドウシンダ遺跡』金沢市教育委員会　1984
36.『相川遺跡群』石川県立埋蔵文化財センター　1998
37.『松任市東相川D遺跡』松任市教育委員会　1995
38.『松任市竹松C遺跡』松任市教育委員会　1988
39.『竹松遺跡群』石川県立埋蔵文化財センター　1992
40.『松任市竹松遺跡』松任市教育委員会　1997
41.『倉部』石川県立埋蔵文化財センター　1990
42.『松任市宮永市カイリョウ跡群 宮永市カキノキバタケ遺跡』松任市教育委員会　1996
43.『宮永坊の森遺跡』石川県立埋蔵文化財センター　1989
44.『松任市八田小鮒遺跡』松任市教育委員会　1988
45.『旭遺跡Ⅰ〜Ⅲ』松任市教育委員会　1995
46.『松任市旭小学校遺跡』松任市教育委員会　1990
47.『金沢市下安原遺跡』金沢市教育委員会　1990
48.『金沢市上荒屋遺跡Ⅰ第2分冊』金沢市教育委員会　1995
49.『御経塚ツカダ遺跡（御経塚B遺跡）発掘調査報告書Ⅰ』野々市町教育委員会　1984
50.『金沢市新保本町東遺跡・西遺跡 金沢市近岡カンタンボ遺跡』金沢市教育委員会　1985
51.『金沢市新保本町東遺跡』金沢市教育委員会　1991
52.『金沢市新保本町西遺跡Ⅲ』金沢市教育委員会　1992
53.『金沢市押野西遺跡』金沢市教育委員会　1987
54.『高橋セボネ遺跡』野々市町教育委員会　1996

第1節　古墳成立期の土器編年

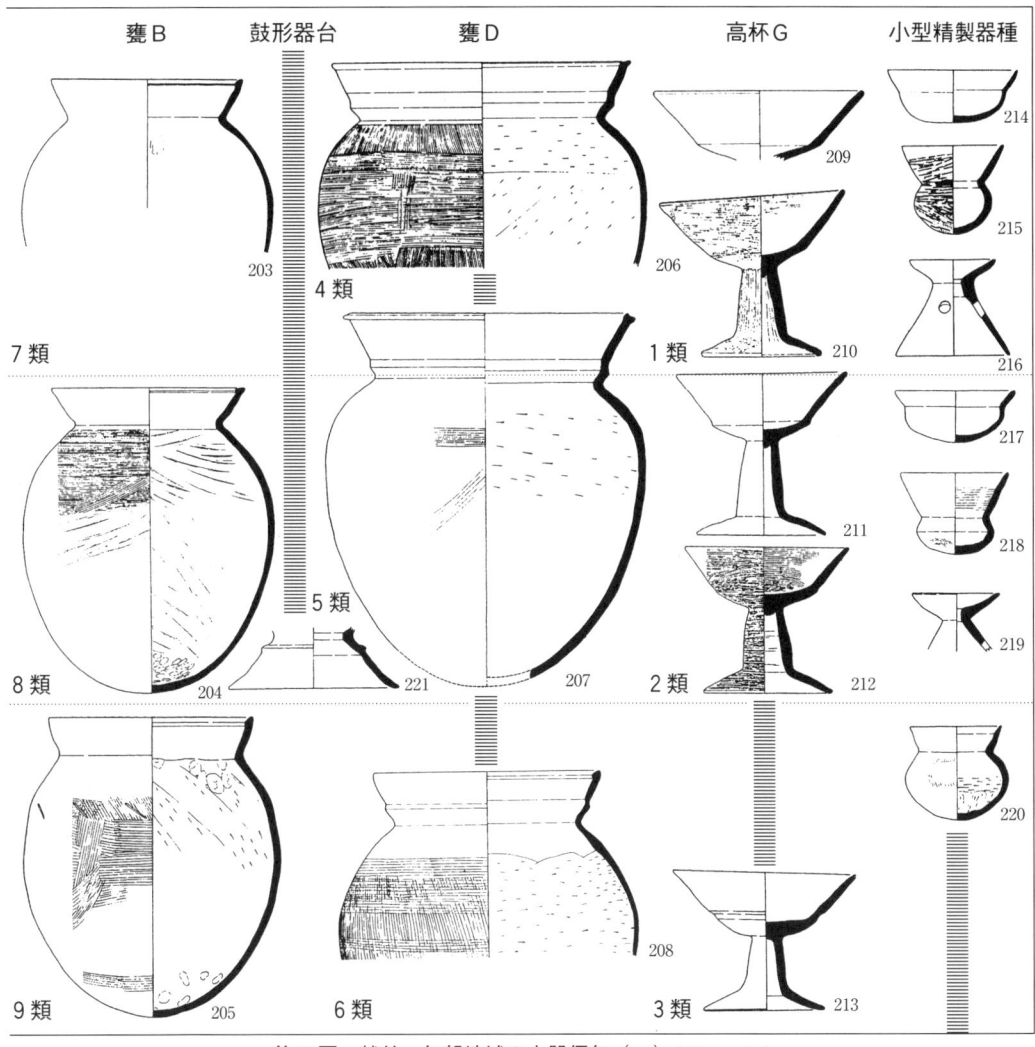

第40図　越前・加賀地域の土器編年（14）（縮尺1/7）

55.『無量寺B遺跡Ⅲ・Ⅳ』金沢市教育委員会　1986
56.『金沢市寺中B遺跡』石川県立埋蔵文化財センター　1991
57.『金沢市寺中B遺跡Ⅲ』金沢市教育委員会　1992
58.『畝田遺跡』石川県立埋蔵文化財センター　1991
59.『桜田・示野中遺跡』金沢市教育委員会　1991
60.『金沢市二口町遺跡』金沢市教育委員会　1983
61.『大友西遺跡Ⅱ本文編』金沢市（金沢市埋蔵文化財センター）　2002
62.『金沢市西念・南新保遺跡』金沢市教育委員会　1983
63.『金沢市西念・南新保遺跡Ⅱ』金沢市教育委員会　1989
64.『金沢市西念・南新保遺跡Ⅲ』金沢市教育委員会　1992
65.『金沢市南新保D遺跡Ⅱ』金沢市（金沢市埋蔵文化財センター）　1995
66.『千田遺跡』金沢市（金沢市埋蔵文化財センター）　1995
67.『金沢市松寺遺跡』金沢市教育委員会　1985
68.『金沢市松寺遺跡（その2）』金沢市教育委員会　1997
69.『田中A遺跡』金沢市教育委員会　1992
70.『金沢市沖町遺跡』金沢市教育委員会　1992
71.「塚崎遺跡」『北陸自動車道関係埋蔵文化財調査報告書Ⅱ』石川県教育委員会　1976
72.「加賀・能登の古式土師器」『古代学研究』第32号　浜岡賢太郎・吉岡康暢　1962
73.『金沢市高畠遺跡―第1・2次発掘調査報告書』金沢市教育委員会　1975

約する。甕B8類は長胴化した体部をもち、つくりが粗雑なものも一定量存在する。高杯はG2類が主体となる。小型精製器種は一部が欠けるなどの規格性の崩壊と粗雑化がはじまる。前様式では盛行・規格化が進むが、本様式になると崩壊がはじまる段階に位置づけられる。

　木田3式・高畠3式（第26図）　木田遺跡2次1溝（1〜10）[187]では、口縁部が短く立ち上がり肥厚・端部拡張の進む甕B9類が一定量存在する。高杯G3類は1点のみで、次様式以降出現する高杯も存在するため、ある程度の混入は認められる。良好な基準資料として、漆町11群の基準資料となる漆町遺跡金屋・サンバンワリ300号土坑（11〜25）・324号土坑（26〜39）[188]をあげる。甕Bは口縁部が短く立ち上がり、肥厚も進む9類で、長胴化した体部がともない、器壁も厚く全体的に粗雑なつくりである。壺Aの有段部は不明瞭で、口縁部は甕Bのように肥厚と拡張が進む。高杯Gは3類が主体で、受部と口縁部間の接合部が明瞭な段あるいは沈線状を呈する。ミガキを施すといった丁寧なつくりのものは少なく、脚部はナデつけ調整となる。一括資料の質の問題かもしれないが、小型精製器種のセットが成立していない。丁寧なつくりのものは減り、全体的に粗雑となる。甕Dの良好な資料は掲載していないが、漆町遺跡金屋・サンバンワリ146号土坑の甕D6類があげられる。5類より有段部が不明瞭となり、肥厚と内面拡張が進む。他に、漆町遺跡金屋・サンバンワリ348号土坑があげられる[189]。

　概観すれば、本様式は甕B9類、甕D6類、壺A5類、高杯G3類を中心とした前様式を踏襲する土器組成である。ただ、甕C・D、壺Aのつくりは粗雑で、全体的に厚手となる。小型精製器種のセットは完全に崩壊し、組成のバラエティーも極端に少ない。本様式はここでは一括りとしたが、型式差が認められるため、細分される可能性は高い。

3　対応関係

（1）従来の研究との比較（第41図）

1．猫橋式・法仏式の区分

　猫橋式は区分に関して見解の相違がある。南編年は51〜53の3区分[190]、楠編年は2-1〜4期の4区分[191]、本編年では2区分とするように、同じ資料を用いながら若干の齟齬が生じている。南編年の51・楠編年の2-1期は西念・南新保遺跡J区4号墓A溝資料、南編年の53と楠編年の2-4期は同K区2・3号住居資料を用いることから、両者の対応関係が読み取れる。また、楠編年の2-2・3期と南編年の52は、同じ資料を用いていないが、様式の区分上は対応する。南編年の52は、受口状口縁甕などの近江系が確認できる八田小鮒遺跡の資料、53は近江系が少ない西念・南新保遺跡の資料を基準とするため、基本的に時期差ととらえた。しかし木田清は、若干擬凹線文甕に古い様相を認めつつも、高杯・器台には型式差がないとして猫橋式後半に位置づけている[192]。

　近江系の顕著な遺跡は、福井県の甑谷在田遺跡、安保山遺跡、石川県の一塚オオミナクチ遺跡、八田小鮒遺跡、顕著でない遺跡は、福井県の小羽山遺跡、和田神明遺跡、石川県の猫橋遺跡、西念・南新保遺跡があげられる。これらの資料を比較しても、近江系の有無以外に甕・高杯の形態

土器様相	加賀地域 堀 2002	谷内尾 1983	田嶋 1986	吉岡 1991	安 1994	南 1995	楠 1995	基準資料
様相１	猫橋式 1			第Ⅴ期 1		51 52	2期 1・2	西念・南新保Ｊ区４号墓Ａ溝
様相２	猫橋式 2					53	2期 3・4	八田小鮒Ⅲ区３号住居６号溝・２号溝、Ⅱ区１号大溝ｂ地点 西念・南新保Ｋ区２・３号住
様相３	法仏式 1	法仏Ⅰ式		第Ⅴ期 2		54	3期 1	桜田・示野中SB10 二口町竪穴住居
様相４	法仏式 2						3期 2	桜田・示野中SK70
様相５	法仏式 3	法仏Ⅱ式		第Ⅵ期 1		55	3期 3	無量寺Ｂ溝状遺構 中相川Ａ・Ｄ・Ｅ群土器
様相６	法仏式 4						3期 4	中相川Ｃ群土器 中村ゴウデン８号住居
様相７	月影式 1		3群	第Ⅵ期 2	弥生後期終末	56	4期 1	額谷ドウシンダ円形周溝状遺構 塚崎21号竪穴
様相８	月影式 2	月影Ⅰ式				＋	4期 2	御経塚ツカダ80-６号住 御経塚ツカダ80-７号住
様相９	月影式 3	月影Ⅱ式	4群	第Ⅵ期 3		61	4期 3	寺中Ｂ90-SD02 月影ピット状遺構 御経塚ツカダ82-１・82-３号住
様相10	月影式 4					62	4期 4	御経塚ツカダ80-３・82-２号住
様相11	白江式 1		5群		古墳前期初頭 古	63	5期 1	御経塚ツカダ80-１・82-４号住 寺中ＢＣ区周溝建物
様相12	白江式 2			第Ⅰ期		11a		御経塚ツカダ81-１号住 倉部出戸SK17・SK22
様相13	白江式 3	古府クルビ式	6群		古墳前期初頭 新	11b	5期 2	押野西Ａ区集石遺構 新保本町西90-SK07
様相14	古府クルビ式 1		7群	第Ⅱ期	前期前半 古	12a	5期 3	押野西Ｌ-４号土坑 畝田・寺中１号周溝 松寺Ａ区土器溜まり
様相15	古府クルビ式 2		8群		前期前半 新	12b	5期 4	田中Ａ SK12 畝田・寺中２号墓
様相16	高畠式 1	高畠式	9群		前期後半 古	21		東相川Ｄ SI04・SD11 高畠９・10・32号土坑
様相17	高畠式 2		10群		前期後半 新	22		沖町SD03
様相18	高畠式 3		11群					漆町金屋・サンバンワリ300号土坑・324号土坑

第41図　加賀地域の対応関係

差はさほど認められない。したがって、一括資料にみる近江系の多寡は、基本的に地域差と理解している。また、猫橋1式は高杯A1類と高杯B1類、猫橋2式は高杯A2類と高杯B2類が主体となる時期を様式設定したが、高杯Bの細分類（1・2類、各a・bの4分類）をみれば、楠編年の4期区分と対応するし、組列としては1a類→1b類→2a類→2b類の序列が想定できる。しかし一括資料のなかでは、1a類と1b類、2a類と2b類は混在して出土する。高杯Bの分類から猫橋式を4区分と考えれば、後続の法仏式は8区分となるし、高杯Bの型式変化が均等であれば、全体で12区分に細分化される。したがって、楠編年が4区分、南編年が3区分とした後期前半は、将来的な細分を視野に入れるが、楠編年の2-1・2期を猫橋1式、楠編年の2-3・4期と南編年の52・53を猫橋2式と考え、現状では2区分に妥当性を認める。

次に、法仏式について触れる。法仏式は楠編年の4区分[193]、南編年の2区分[194]、木田編年の2区分[195]がある。本編年では法仏式を4区分としたが、共通資料は少なく、対応関係の検討は難しい。西念・南新保遺跡B-1区T-1資料を楠編年の3-2期、本編年の法仏2式に位置づけられる。したがって、区分上は楠編年の4区分に対応する。また南編年と木田編年では、法仏式前半を桜田・示野中遺跡SK70、後半を無量寺B遺跡溝状遺構の資料を基準とする。これらは前者が法仏2式、後者が法仏3式の基準資料から接点をもつ。南編年が桜田・示野中遺跡SB10を同じ前半期としたが、本編年では法仏1式として区別した。さらに、木田編年で月影式前半とした中村ゴウデン遺跡8号住居資料は法仏4式、同遺跡のA-15G資料は、甕Aに連続指頭圧痕・頸部内面ケズリ残し・横ハケの三要素の存在から月影1式に位置づけた。若干の相違はあるが、南編年の54と木田編年の法仏期前半は法仏1・2式、南編年の55と法仏期後半は法仏3・4式に対応している。

2．月影式の成立と細分化

法仏式と月影式との線引きに関する説明は少なく、塚崎遺跡第21号竪穴資料の帰属によって意見が分かれる。本資料を後期末（56）とした南編年[196]、法仏Ⅱ式とした谷内尾編年[197]に対して、月影式の範疇とした栃木編年[198]、木田編年[199]がある。木田編年では、無文の有段口縁鉢に脚を付けた高杯（高杯D）の成立を新要素とする。実際に、床面資料を検討すると、甕A7類・高杯B6類の法仏4式的要素と、甕9類・高杯D1類の月影1式的要素が共伴する。本分類では、高杯A・Bの6・7類の間に断絶が認められ、器台6類は有文と無文が混在するなか、7類は完全に無文となる。ちなみに、法仏4式は高杯A・Bの6類、器台6類、月影1式は高杯A・Bの7類、器台7類が主体である。このことから、本資料は法仏式から月影式の過渡期に位置づけられるが、高杯D1類の出現という新要素を重視して月影1式とする。両様式の内容を明確にすれば、以下のようになる。

法仏4式は第一に、有段口縁が大きく発達する甕A6・7類と内傾する8類に代表され、頸部内面まで削ることが多く、口縁帯内面に連続指頭圧痕を施す例も散見する。第二に、高杯A6類、高杯B6類、高杯C5・6類が主体となる。第三に、器台は6類が主体となり、高杯C同様、擬凹線文をもつ有文と無文の混在と、全体的に口縁部の発達と擬凹線文の無文化がはじまるなどの特徴があげられる。一方、月影1式は第一に、内傾口縁の甕A8類、口縁部が直線気味に立ち上

がり、先端がわずかに先細る9類に代表され、頸部内面ケズリ残しと横ハケがともなうことが多く、連続指頭圧痕も一定量確認される。全体の形態は底部面積が狭く、長胴化し砲弾形の体部をもつ。第二に、高杯Cの消滅と高杯Dが成立し、施文はなく完全に無文となり、脚部は有段口縁とラッパ状のものが付属する。第三に、装飾器台出現の可能性がある。1式における確実な共伴例は少ないが、型式学上は1式から出現した可能性が高い。月影1式では、典型的な月影式の組成が未成立の段階ともとらえられる。以上の点から法仏4式・月影1式を位置づける。

次に、月影式の細分について触れる。月影式をⅠ・Ⅱ式に細分化した谷内尾編年[200]では、法仏Ⅱ式の一部は月影式に帰属し、月影Ⅱ式の一部は田嶋編年の白江式に帰属する見解[201]から、本来の月影Ⅰ・Ⅱ式とは内容と意味合いともに異なる。南編年が後期末とする56を、月影式に帰属させれば4区分となるが、本編年との対応関係では63が白江式の範疇に入るため、南編年の月影式は3区分となる。月影式の細分については、4区分の楠編年がある[202]。楠は「甕の器形の変化は4-1期は胴部最大径にあり、4-2期では前時期よりやや中位に下がり、4-3・4期は球胴化へと進行する。それにともない器壁も薄くヘラ削り調整され、底部も小さくなる」とした。また、千田遺跡出土土器を検討した小西昌志は、楠編年を念頭に置いて胴部最大径の位置から同様な指摘をした[203]。これはすでに追検証しており、胴部形態の変化は時期区分に有用と考える。他に、本編年による高杯Dと装飾器台の型式変化がある。高杯D1類は1式、2類は2式、3類は3式、4類は4式というように、1から4類へ漸移的に小型化し、装飾器台は1・2類は1・2式、月影3式では3類・4類は3・4式において盛行する。これらを勘案すれば、高杯Dは小型化、装飾器台は受部径の縮小と口縁部の発達、器台・甕Aは口縁部の発達という変化で区分することができる。

3. 白江式の再検討

月影式は東海系などの外来系土器の波及により、土器組成自体が完全に崩壊する。田嶋明人は、谷内尾編年の月影Ⅱ式における在来系と外来系が混在するという矛盾点に着目し、月影Ⅱ式新相と古府クルビ式古相を独立させて白江式（漆町5・6群）を設定した[204]。白江式の存否に関して意見は分かれるが、外来系の登場によって在来系が崩壊し、畿内系・山陰系への転換までの時期を白江式とすることに異論はない。問題はその過程と受容の地域性にある。田嶋は、外来系の浸透度に画期を見出すことで、5群土器より一層外来化が進む段階を6群土器と規定している。安英樹は、白江式併行期をひとつにくくり、古墳時代初頭と位置づけたが、古相では東海系土器、新相では山陰系土器が顕著になるとした。外来系は多種多様、遺跡・遺構単位でも様相が異なり、きわめて複雑な過程を経て波及し、受容されたことも併せて指摘した[205]。

本稿では、東海系の高杯E・F、北陸の伝統的な甕A、装飾器台、高杯Dなどの型式変化から白江式を3区分する。外来系土器の土器組成だけでなく、在来系の崩壊過程が白江式の内容ともなる。高杯E・Fの1類は、高杯D5類や装飾器台5類などの在地色の強い土器群と共伴する。また、高杯E・Fの2類は小型化した高杯D6類と装飾器台6類、高杯E・Fの3類は畿内系の初期の布留式甕（甕B3・4類）、高杯E・Fの4類は典型的な布留式甕（甕B5類）などと共伴する。高杯F1～6類は時間的な変遷を示すため、時期区分には有効である。

第Ⅰ章　年　代　論

　まとめると、白江式の3区分は以下の内容となる。白江1式は高杯D5類、高杯E・Fの1類、装飾器台5類、白江2式は高杯D6類、高杯E・Fの2類、装飾器台6類、甕B1〜3類、白江3式は高杯D・装飾器台の消滅、高杯E・Fの3類、甕B3・4類が主体となる。東海色の強い1・2式のなか、在地の高杯Dは月影4式以降より一層小型化をたどり、装飾器台は受部径の縮小と口縁部の発達が顕著であるが、月影式の要素は3式になると消滅してしまう（一部の地域は除く）。東海系の高杯は白江式以降も型式変化をとげ、確実に在地の土器組成の一部となり、白江3式以降には甕・壺を中心に畿内系・山陰系に転換していく。

　次に、この視点から漆町6・7群の基準となる漆町遺跡白江・ネンブツドウ7号溝の資料（第42図）(206)をみてみる。田嶋は下層を6群、上層を7群としたが、7号溝下層の6群資料のなかに、甕A12類などの5群的な様相をもつ土器が含まれ、逆に7群的な要素の土器も存在する。7号溝上層資料においても同様なことが指摘できる。また、5群の基準とする近岡ナカシマ遺跡2号溝上層資料は、白江1・2式を中心とした土器群に位置づけられたが、月影3・4式、白江3式のものも混在する。南は、北安江遺跡C16溝、近岡ナカシマ遺跡2号溝出土の高杯Dを、高杯の開口率による分類の適用によって、近接する分類同士の溝上・下層における混在を指摘し、上下層で区別することの無意味さを説く(207)。私も、大溝や川の資料は混入と時間幅が考えられるため、上・下層によって画期を見出すのは難しいと考えた。したがって、白江1・2式にみる東海系のインパクト、白江2・3式にみる畿内系・山陰系の登場という異系統の段階受容ととらえる。白

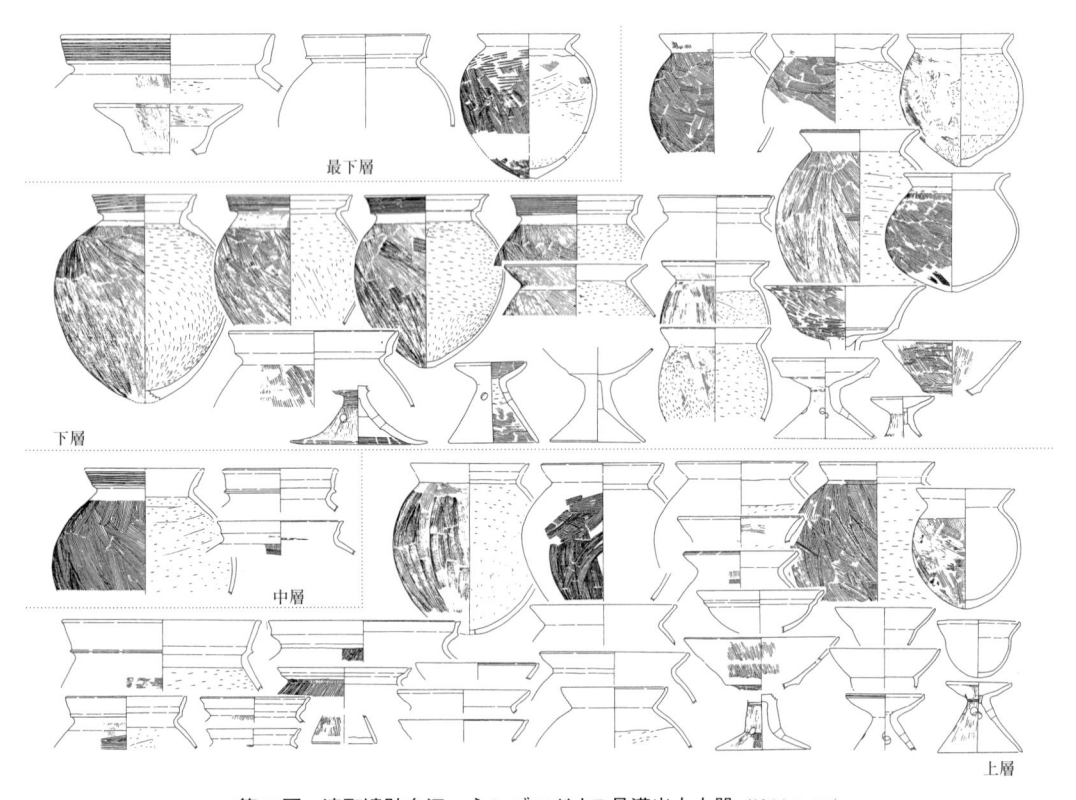

第42図　漆町遺跡白江・ネンブツドウ7号溝出土土器（縮尺1/10）

江式の存在自体は容認するが、従来の白江式とは内容を異にすることを指摘しておきたい。
　また外来系土器は、海岸部・河川沿いに多く流入することから受容に地域差が認められ、内陸部に行くほど在地色の強いことも指摘した。今後は、外来系土器の流入と受容の不均等性を編年に反映させる必要がある。他の編年との対応関係をみると、本稿の白江1〜3式は南編年の大別2区分、楠編年の5-1・2期の2区分に相当する。南編年ではK11をa・bに細分しており、本編年の3区分にほぼ対応する。南は、白江式の存在に懐疑的であったが[208]、南編年の63は御経塚ツカダ遺跡の資料が中心で、東海系土器がほとんど出土しない在地色の強い遺跡であること、高杯D5類の存在から白江1式に併行すると考えている。

4．白江式以降

　白江式以後は、古府クルビ式の2様式と高畠式の3様式の計5区分を考えた。様式区分は、甕と高杯の型式変化に主な根拠を求めた。高杯は東海系の高杯E・Fの衰退と高杯Gへの転換を根拠としたが、良好な資料が少ないため、畿内系の甕Bの型式変化で補強した。甕の変化は、高杯のそれと均等でないかもしれないが、甕Bは口縁端部の拡張と口縁部の内湾・肥厚化の過程による5分類が、そのまま各様式の代表例として設定した。また、同じ畿内系として小型精製器種などの畿内系の成立・発達・衰退も画期としてあげられる。さらに、山陰系の壺（壺A）・大型甕（甕D）の型式変化を補助的に用いれば、壺Aは1〜5類、甕Dは2〜6類の細分類がそれぞれ対応しており、遺構の切り合いと層位による新古関係と、一括資料による同時性の検討によっても明らかとなった。対応関係をみると、古府クルビ1・2式は漆町編年の7・8群と南編年のK12のa・bの2期に対応する。高畠1〜3式は漆町編年9〜11群の3期、南編年の21・22の2期に対応して内容も同様となる。

（2）北陸内部の対応関係（第43図）

1．越前地域

　越前地域における土器編年との対応関係を提示する。越前における土器編年は、良好な一括資料が少ないため、北加賀の土器編年に対応させる形で構築されてきた[209]。赤澤徳明の編年を参考にすると、甑谷式1・2式が1期、小羽山1・2式は2期、小羽山3・4式は3期、風巻1・2式は4期、風巻3・4式は5期に対応するが、その内容は大きく異なる。たとえば、3期の小羽山墳墓群の資料は小羽山1・2式、同3期の三尾野15号墓の装飾器台は風巻1〜2式、4期の基準となる原目山1号墓の資料は風巻3式、5期の基準となる茱山崎遺跡2号住居の資料は風巻2式に位置づけている。したがって、各期内に収まらない資料があり、本稿の編年とはきれいに対応しない。しかし、それ以降の長泉寺遺跡の土器編年[210]とは整合できる。長泉寺Ⅰ期は長泉寺1式、長泉寺Ⅱ期は長泉寺2式、長泉寺Ⅲ期は長泉寺4式、長泉寺Ⅳ期は長泉寺5式、長泉寺Ⅴ期は木田1式に基本的に対応する。ただし、長泉寺Ⅴ期を基準としたSK009は、本編年では木田2式としてとらえ直した。

2．越中地域

　越中地域との併行関係を検討する。久々忠義は、富山平野における古墳出現期の土器編年を提

第Ⅰ章　年　代　論

土器様相	越前地域					越中地域		
	堀 2002	青木 1994	赤澤ほか 2000	基準資料		久々 1999	高橋 2000	
様相1	猫橋式 1		1期	王山1号墓		弥生時代		Ⅰ
様相2	〃 2			小羽山1号墳下層住 甑谷在田B地点SX01 安保山竪穴建物・4号墓				Ⅱ
様相3	法仏式 1		2期	小羽山14・17号墓				Ⅲ古
様相4	〃 2			小羽山16・30号墓 山ヶ鼻4号墓				Ⅲ新
様相5	〃 3		3期	西山1・4号墓 王山3号墓				Ⅳ古
様相6	〃 4			杓子谷2号住 袖高林4号墓 見田京1号住				Ⅳ新
様相7	月影式 1		4期	三ツ禿8号墓 長泉寺SK55 中角溝100		月影Ⅰ式 1		Ⅰ期古
様相8	〃 2			茱山崎2号住 西谷7号住		〃 2		Ⅰ期新
様相9	〃 3	長泉寺式	5期	原目山1・2号墓		月影Ⅱ式 3	庄内並行	Ⅱ期古
様相10	〃 4			茱山崎3号住 西谷5号住		〃 4		Ⅱ期新
様相11	白江式 1	Ⅰ期		今市SD-5 伊井A-6グリッド 長泉寺SK046・SK061		白江式 5		Ⅲ期古
様相12	〃 2	Ⅱ期		中角3号墳 長泉寺SK018・058				Ⅲ期新
様相13	〃 3	+		大味上03314 上莇生田SD011・SD012 甑谷在田B地点SX02				
様相14	古府クルビ式 1	Ⅲ期		甑谷在田B地点SX03上層 長泉寺SK020・SK051		古府クルビ式 6	布留並行	Ⅰ期古
様相15	〃 2	Ⅳ期		長泉寺SK015・SK024		〃 7		Ⅰ期新
様相16	高畠式 1	Ⅴ期		長泉寺SK011		高畠式 8		Ⅱ期
様相17	〃 2			長泉寺SK009 杣脇古墳群竪穴建物 木田土壙・pit・一括				
様相18	〃 3			木田2次1溝				

第43図　越前・越中地域の対応関係

示しており⁽²¹¹⁾、月影式から高畠式までを5期8段階とした。久々による北加賀の土器様式との対応関係を参考にすると、月影式Ⅰ・Ⅱ式を古・新で4期に区分し、谷内尾編年の月影Ⅰ・Ⅱ式と多少内容が異なる。月影Ⅰ式古（1段階）は久々編年の高杯C、本編年における高杯D1類の出現がある。それ以後、高杯Cの型式変化は示されていないが、月影Ⅱ式新（4段階）に小型のものが提示された。本分類の適用は難しいが、高杯D4類というより5類の資料であり、月影Ⅱ式新（4段階）は白江1式の範疇に入る可能性が高い。併行関係を提示すれば、久々編年の月影Ⅰ式古・新、月影Ⅱ式古の3段階が本編年の月影式に、久々編年の月影Ⅱ式新と白江式が、本編年の白江式に対応すると考えられる。それ以降の古府クルビ式・高畠式もほぼそれに対応する。

さらに細分化された高橋浩二の編年⁽²¹²⁾は、器台・高杯の型式変化によって後期を4段階、庄内並行期を3段階、以降を2段階に大別区分した。後期における4段階と細分6段階は、本編年の6区分と対応する。それ以降の比較検討は難しいが、月影式は庄内並行Ⅰ期古・新、Ⅱ期古の3期、白江式は庄内並行Ⅱ期新、Ⅲ期古・新の3期、古府クルビ式は布留並行Ⅰ期、高畠式は布留並行Ⅱ期に対応するだろう。

4　併行関係

（1）併行関係の検討に際して

　一地域の土器編年は、周辺地域との併行関係の解明によって存在価値が高まる。併行関係を導く方法として、在地土器群に混じる外来系土器から割り出すことが一般的である。他地域を発信源とする外来系土器が、在地土器のなかに含まれれば、併行関係を直接検討できるし、二次的な情報にもとづく変容形・折衷形・模倣形といった異系統の土器も参考となる。また、部分的な流入にとどまらず、在地の土器様式が外来志向をもつ場合、発信源となる地域との比較によっても導き出すことができる。本項では、外来系土器を材料として、北陸近隣の広域的な併行関係について検討する。その対象は、編年構築の過程で認められた外来系土器の発信地とし、東海・畿内・丹後・山陰の4地域とする。なかでも、北陸・東海・畿内の地域間の併行関係については、とくに吟味しておこなう。各主要地域の土器編年は、その地域で最も認知度があり、通時的で完成度が高いものを選定して用いる。

（2）東海地域

1．研究の現状

　北陸と東海は比較的容易に併行関係が割り出せる。それは、北陸に東海系土器が継続的に流入し、北陸南西部の土器様式成立に大きな影響を与えた点からである。これまで両地域の併行関係は、赤塚次郎の体系的な研究にもとづいて、田嶋編年との関係のなかで論じられてきた。赤塚は東海系土器の拡散現象を強調し⁽²¹³⁾、廻間Ⅱ式期初頭に最大の画期をもつ第1次拡散期、廻間Ⅱ式期末〜Ⅲ式期前半の第2次拡散期から主要地域の併行関係を論じた⁽²¹⁴⁾。第1次拡散期は漆町5・6群、白江式が外来系土器ないし、その影響を受けた様式との理解から廻間Ⅱ式との同時性

第Ⅰ章　年　代　論

を指摘し、漆町編年5群土器の基準資料に含まれた東海系土器を根拠とした。また、それ以前の漆町3・4群（＝月影式）は廻間Ⅰ式、以後の漆町7群の一部と漆町8・9群は廻間Ⅲ式という併行関係を提示した。これらの見解は、東日本における古墳出現過程のシンポジウム[215]においても踏襲されており、西日本と東日本の広域的な併行関係を構築する上での下地となっている。

2．東海地域の土器編年

　本地域では、一地域の編年として完成度と精度が高い赤塚次郎のものを用いるが、自分なりに整理しておく。赤塚は、愛知県山中遺跡の資料から山中様式を1～5段階に設定し、山中様式の基本形式が有段高杯、ワイングラス形高杯、東海系器台、有段鉢、加飾広口壺、長頸壺、細頸壺、細頸壺、平底の短頸壺、台付甕で構成される濃尾平野を代表する土器様式とした[216]。将来の資料増加で細分可能とした0段階と1段階を山中式前期、2・3段階を中期、4・5段階を後期とした。近年では、山中式前期は愛知県一宮市八王子遺跡の資料から八王子古宮式が設定された[217]。山中式の先行様式の八王子古宮式は、近江湖南を中心とする土器様式が、濃尾平野に到来して誕生したものであり、ⅠとⅡの大別2つに区分された。Ⅰ式は近江湖南型の土器様式が色濃くみられる段階、Ⅱ式は近江色から脱却し固有の土器様式を模索し始める過渡期的な段階に位置づけられる。

　以後の土器様式は山中Ⅰ・Ⅱ式に区分した。急速に近江色を消失させ、濃尾平野独自あるいは前様式からの系列的な形のなかから新様式が模索され、再び在地色が蘇り弥生後期中葉から後葉を代表とする土器様式であり、各3区分の細別6区分となる[218]。山中様式の誕生過程で、丹後・北陸あるいは吉備に震源をもつ型式の受容は、器台・高杯などに顕著にあらわれ、山中Ⅱ式期になると、濃尾平野からその周辺地域に大きく影響を与え始め、より広域的に土器型式の共有化が始まる段階とした。この段階に東海規模、東海としての領域が確立したとする。まとめると、八王子古宮Ⅰ・Ⅱ式の各2区分、山中Ⅰ式の3区分、山中Ⅱ式の3代区分と大別3様式、細別10区分となる。

　その後続は廻間様式である。高杯、壺、甕、器台などを中心に設定された、多様な型式を内包する濃尾平野低地を中心とした土器様式で、Ⅰ～Ⅲ式の3区分、それぞれ4段階の細別12区分した通時的な編年となっている[219]。廻間遺跡SB02段階を廻間Ⅰ式期の最古段階として0段階を設定し、これの成立をもって古墳時代と考えた[220]。その後の再論によってⅠ・Ⅱ式と細分化が進み[221]、現在では廻間Ⅰ式を0・1・2・3・4古・4新の6区分、古墳前期の廻間Ⅱ式を1～4の4区分、廻間Ⅲ式を1～4の4区分と、計14区分に落ち着く[222]。内彎志向を有する廻間様式の基本器種は、大型壺が体部に赤彩波線文をもつ定型化したパレス壺、他の広口壺、中型壺が特徴的な瓢壺を含めた内彎壺、高杯が杯部の深い有段高杯と椀型および有稜底脚高杯、内彎脚の器台、甕が多様化した、とくにS字状口縁台付甕（以下、S字甕）などである。廻間Ⅰ式前半期の甕は、有段口縁台付甕とくの字状口縁台付甕が主体とし、後半期からは0類・A類・B類・C類・D類の薄甕に変化して急速に広まった。廻間Ⅲ式の後続は愛知県松河戸遺跡の資料にもとづき、濃尾平野低地部の松河戸様式として設定され、S字甕D類と屈曲高杯に代表される土器群で構成された[223]。その後続は、赤塚次郎・早野浩二が松河戸様式後半から宇田様式までを再編し、志

賀公園遺跡の一括資料を用いて、松河戸Ⅱ式の２段階→宇田式Ⅰ・Ⅱ式→儀町式に序列づけた[224]。松河戸Ⅰ式２段階は初期須恵器TG232号窯式と併行することから、ここでは松河戸Ⅰ式１段階までが対象時期となる。

まとめると、八王子古宮Ⅰ式→八王子古宮Ⅱ式→山中Ⅰ式（細別３小様式）→山中Ⅱ式（細別３小様式）→廻間Ⅰ式（細別６小様式）→廻間Ⅱ式（細別４小様式）→廻間Ⅲ式（細別４小様式）→松河戸Ⅰ式（細別４小様式）→松河戸Ⅱ式１段階の大別９大様式、細別27小様式に序列化される。

３．併行関係の検討

実際に、併行関係を検討する。まず、近江系の波及が八王子古宮式の成立に影響を与えたことは、甑谷・猫橋式期に近江系の流入が認められる現象と同様な契機ととらえる。北陸南西部では西部日本海沿岸地域とのつながりが強いため、近江系の波及は在地土器の様式に直接的な影響を与えていないが、近江系の波及時期という点では共通する。本時期の高杯を比較しても、高杯Ａ・Ｂ１類が八王子古宮Ⅰ式と高杯Ａ・Ｂ２類がⅡ式と形態が類似し、口縁部の開口率と伸び率の点で共通点は多く、八王子古宮式が甑谷・猫橋式に併行する可能性が高い。後続の山中式は小羽山・法仏式併行と考える。それは、山中Ⅰ・Ⅱ式が小羽山・法仏式前半と後半の様式上の画期に対応すること、独自性の強い山中Ⅱ式期が濃尾平野とその周辺地域に影響を与えた点は、小羽山・法仏様式が北陸に与えたそれと、同じ原理にたつからである。実際に土器で検討すると、福井県鯖江市王山３号墓では口縁部が軽く外反し端部に面をもち、条線が施された扁胴球を呈する広口壺が出土し、山中Ⅱ式前半のものに酷似する。本墓出土の甕Ａ５類と高杯Ａ５類は、小羽山３式の基準資料であるため、区分上も対応する。

次に、後続の廻間Ⅱ式は白江式と併行する可能性が高い。白江式の基準資料には、廻間Ⅱ式初頭の土器を含み、石川県近岡ナカシマ遺跡２号溝上層出土のＳ字甕Ａ類新、松寺遺跡Ｂ２号土坑出土のＳ字甕Ｂ類古、廻間遺跡の壺Ａ４類に酷似した南新保Ｄ遺跡Ｐ54出土のパレス系壺などが取り上げられた[225]。これらは総じて第１次拡散期の廻間Ⅱ式１～２段階に相当し、長泉寺・白江式との同時性を示す。長泉寺１式の基準資料のなかでも、高杯Ｅ１類は西谷遺跡１号住居、高杯Ｆ１類は長泉寺遺跡SK046・061、伊井遺跡Ａ－６グリッド、高杯Ｆ１類は太田山３号墳で共伴し[226]、いずれも廻間Ⅱ式前半期、東海系の第１次拡散期に位置づけられる。補足として、三重県松阪市貝蔵遺跡SD17の出土資料がある。ここでは、Ｓ字甕Ａ類新相を中心にＢ類が出土し[227]、北陸系土器には高杯Ｄ４類２点、同５類２点、装飾器台３類１点、同４類１点が共伴する。東海の土器は廻間Ⅰ式後半期（末）から一部Ⅱ式初頭、北陸系土器は風巻３・４式から長泉寺１式に位置づけられるため、廻間式と長泉寺式の開始期に接点をもつ。

さらに後続はどうか。長泉寺４式・古府クルビ１式は畿内・山陰志向が本格的に進むため、併行関係の検討は難しい。福井県では良好な資料は少ないが、石川県では古府クルビ１式の上荒屋遺跡SB13、畝田・寺中遺跡１号周溝のなかに、原田幹分類のパレス系広口壺Ｄ類が共伴した[228]。Ｄ類は口縁帯外面にクシ状具による羽状刺突文をもち、その系譜は東海系の柳ヶ坪型壺ないしは羽状刺突文をもつ広口壺との関係を予測されたが、その影響は部分的であるとした。また形態は異なるが、赤塚の壺Ｅとする柳ヶ坪型壺は廻間Ⅲ式から登場することから[229]、東海系の第２次

拡散期との関連が考えられる。したがって、廻間Ⅲ式は長泉寺4～5式、古府クルビ式に併行する可能性は高い。次の木田・高畠式と松河戸Ⅰ式の併行関係は、直接比較する資料が少ないため、ここでは検討しない。

このように接点は少ないなか、甑谷式・猫橋式と八王子古宮式、小羽山式後半と山中Ⅱ式が接点をもち、風巻・月影式後半から長泉寺式・白江式初頭が廻間Ⅰ式後半期（末）からⅡ式初頭に併行し、長泉寺1～3・白江式は廻間Ⅱ式前半の第1次拡散期の所産にあたり、廻間Ⅲ式初頭の第2次拡散期は、古府クルビ式のなかにおさまると考えた。様式上の画期を想定すれば、甑谷式・猫橋式が八王子古宮式、小羽山1・2式・法仏1・2式が山中Ⅰ式、小羽山3・4式・法仏3・4式が山中Ⅱ式、風巻式・月影式が廻間Ⅰ式、長泉寺1～3式・白江式が廻間Ⅱ式、長泉寺4・5式・木田式と古府クルビ式・高畠式が廻間Ⅲ・Ⅳ式に併行すると考えたい。ここで強調したいのは、両地域における様式上の画期が重なる点にある。

（3）畿内地域

1．研究の現状

北陸と畿内との直接的な併行関係について検討した論考は少ない。とくに庄内式から布留式併行期に関しては、田嶋明人の漆町編年との併行関係が東日本のなかで示され[230]、東海を経由した赤塚編年が基軸となった[231]。それによると、白江式は庄内式の範疇にあり、漆町3・4群が庄内式前半（寺沢編年の庄内0～1式）、漆町5・6群が庄内式後半（寺沢編年の庄内2～3式）、漆町7群が庄内式末（寺沢編年の布留0式）という理解である。これに対して寺沢薫は、異なる見解を提示した[232]。

寺沢は具体的に、①古府クルビ式の標式資料となった同遺跡下層資料は在地系土器にともなって布留0式組成の土器群をもつ、②7群土器を在地系甕を含まない組成は他地域での該期のあり方からしても、むしろ布留1式に下げて考えるべきである、③漆町6群相当の北安江遺跡C16溝上・下層の一括品は在地系甕にF甕、Y（F）甕、そしてS甕がともない、従来の布留0式に確実に接点し、併行関係は従来の古府クルビ式に包括する、④漆町5群併行の近岡ナカシマ遺跡2号溝上層でもSY甕が認められ、伴出する近江形甕の型式観や元屋敷式古相の高杯、Y（F）甕の存在を重視すれば、布留0式期に一部接点をもつ可能性すらある、⑤漆町7群の資料として掲げた漆町遺跡白江・ネンブツドウ7号溝上層資料はむしろ8群に近い様相をもつとした。寺沢の見解は白江式・漆町6群を布留0式併行ととらえ、5群をも包括する可能性を先見的に示唆した。そして、北陸との併行関係を漆町3群（谷内尾編年の法仏Ⅱ～月影Ⅰ式）は庄内0～1式、漆町4群（月影Ⅱ古式）は庄内2～3（？）式、漆町5群は庄内3（？）～布留0式、漆町6群は布留0式、漆町7群は布留0～1式、漆町8群は布留1式、漆町9群は布留2式という見解を示した。赤塚は布留0式併行を漆町7群とみたが、寺沢は漆町編年6群ないし5群とみたことに大きな違いがあった。

2．畿内地域の土器編年

畿内地域の土器編年は畿内第Ⅴ様式（庄内式ではないⅥ様式を含む）に関して『弥生土器の様式

と編年』の大和地域[233]と河内地域[234]、古式土師器は寺沢薫[235]と青木勘時[236]の編年を参考にする。畿内第Ⅴ様式は、寺沢が奈良県六条山遺跡の資料と独自の方法論にもとづいて6小様式を設定した[237]。その後、諸研究者によって本格的な小様式の概念にもとづいて再整備がおこなわれ、大和・河内・和泉・山城・摂津の編年が確立し、併行関係も提示された。大和地域は藤田三郎・松本洋明が第Ⅴ1・2様式、Ⅵ1〜4様式の6区分[238]、河内地域は寺沢薫・森井貞雄がⅤ0〜3様式、Ⅵ1・2様式の6区分に設定した[239]。河内では第Ⅴ様式が長頸壺の時代というように、長頸壺とそのグループなどの新器種の出現と第Ⅲ・Ⅳ様式的器種の崩壊・払拭によって、第Ⅵ様式は長頸壺の衰退と広口壺の増加、壺をはじめとする土器の小型品の増加、反面、壺の比率の減退傾向と甕の増加傾向、二重口縁壺の成立、手焙形土器の出現によって特徴づけられた。

一方、大和地域では、第Ⅴ様式の設定を中期的土器から後期的土器への空隙を埋めるものとして地域社会の変動期を想定し、土器製作技法からは第Ⅳ様式の凹線文手法の消失から、第Ⅵ様式の小型鉢に代表される分割成形技法の確立までの間とした。第Ⅵ様式は、第Ⅲ・Ⅳ様式のような器種の豊富さがなくなり、いわゆる分割成形技法の普及と、それによる土器の規格的な作りの発達と器種の統合がなされ、土器の装飾は無文化を達成し、第Ⅵ様式は古式土師器の前提的な段階を想定した。こうして両地域には、様式の設定上に相違はあるものの、6区分の点で共通する。だが、大和第Ⅵ-4様式は寺沢編年の庄内0式に併行となっており、庄内式の認識の相違から、第Ⅵ様式の終焉に関して共通見解は得られていない。私は、庄内式の画期を庄内形甕の成立よりも、小型丸底鉢の原形の土器、小型器台などの古式土師器を代表する小型精製土器群の原形が、本様式のなかで醸成された意義を評価する点で、寺沢の見解にしたがう。

古式土師器の編年は、寺沢が畿内の広域的な編年を提示して庄内0式〜3式、布留0式〜3式の8小様式に設定した[240]が、河内では、米田敏幸が庄内形甕をもとに、大阪府八尾市八尾南遺跡の資料を用いて編年を構築し[241]、庄内Ⅰ式・Ⅱ式・Ⅲ式・Ⅳ式・Ⅴ式の5区分とした[242]。米田編年は、庄内式土器研究会が発足してそれに合わせた形での全国的な併行関係が検討されるなど、寺沢編年同様、全国に与えた影響は大きい。近年では、青木勘時が大和と河内地域の庄内式から布留式を、Ⅰ期からⅣ期に設定して独自の編年を構築している[243]。本稿では、寺沢編年が広域を扱った点、理論・方法論的にも対外的にも影響力がある点を評価して、畿内を代表する編年として採用する。しかし、庄内式から布留式の過渡期に関しては、青木編年が理解しやすいため、補助的に用いる。

まず、寺沢編年の庄内0式は、弥生土器第五様式の最後の細分様式（様式6）とし、古墳時代の土器（土師器）の最古の時間的位置を与えた土器群として、五様式から離脱させ庄内式のなかで位置づけた[244]。古相は纒向遺跡東田南溝南部下層・東田北溝北部下層・東田5C大溝合流下層・東田土壙1、新相は同東田5C10R溝下層・辻土壙1、庄内1式を纒向遺跡辻土壙2、東田土壙3、東田土壙6Aの基準資料を庄内1式とし、その様相は、庄内形甕のプロポーション、口縁部d手法の発展過程、底部尖底化の過程、体部外面の太細ラセン状タタキの細筋化など、庄内0式の弥生形甕を母胎としつつも、極端な器壁の薄平化と口縁屈曲部に鋭い稜線をもつ程の口縁外反度の鋭角化した内面ヘラケズリ手法が盛行するとした。続いて、東田南溝中層、東田合

流中層・東田土壙６Ｂを基準資料に庄内２式を設定した。一方、青木編年は纒向遺跡辻土壙１、東田土壙４の資料を中心にⅠ期、纒向遺跡東田土壙３・土壙６Ａの資料を中心にⅡ期を設定し、Ⅰ期を庄内０式、Ⅱ期を庄内１式に対応させた[245]。

また寺沢編年では、纒向遺跡東田南溝中層・東田合流中層・東田土壙６Ｂを基準に庄内２・３式、青木編年では同様の資料をⅢ期とした。しかも青木編年では、布留０式の基準資料となる東田南溝上層資料をⅢ期に再編し、辻土壙４下層資料をⅣ期と設定した。要するに併行関係上、Ⅲ期は庄内３式、Ⅳ期は布留０式に併行するが、青木編年が東田南溝上層資料をⅢ期にまで引き上げた点に違いがある。両者の妥当性に関して判断しかねるが、仮に青木編年からの理解にたてば、布留傾向甕Ａ・ＢはⅢ期に出現したことになり、布留形甕の成立を布留０式まで下げる必要がないことを示す。両者の様式概念をみると、寺沢編年の庄内３式は、「茶臼山形」二重口縁壺の出現、二重口縁壺の超小型品の出現、高杯の三分構成、新たに定型化された小型器台Ｃ３形式の出現と、中空（Ⅰ形）から中実（Ⅱ形）への量的に転換した点、青木編年のⅢ期は、初源的な布留傾向甕Ａの出現と、定型化した中実の小型器台Ｂの定型化が認められる点を評価して、初期布留傾向甕の出現と小型器台の定型化は、布留式への兆候をはらむ点に画期を見出している。

次に、布留式をみてみる。寺沢編年では、纒向遺跡辻土壙４下層資料を基準として庄内式最新段階を布留０式とした[246]。布留０式は、第一に布留形甕とその影響甕の出現、第二に小型精製土器（小型器台Ｃ形式＋小形丸底鉢Ⅰ・Ⅱ・Ⅲ型式＋小型丸底壺）の完備をあげた。これまでこの一括資料は、布留形甕を重視する纒向４式（布留式）とした木下正史[247]、小型精製土器が欠落する纒向３式（庄内式）とみなす関川尚功[248]のように見解の相違はあった。寺沢編年では、型式学より層位学的方法を重視して、布留形甕、庄内形甕、弥生形甕、布留式影響の庄内形甕および弥生形甕の共伴という混在的あり方を評価した点に特徴がある。

布留０式については、箸墓古墳の発掘調査の成果から、SK01下層→掘り込み遺構（SX01）→堤状遺構（SF01）→周溝最下層（SM01）の序列によって新古の２つの小様式に細分された[249]。また、青木編年では当該期を様相Ⅳとし、古相を布留傾向甕Ａや大小高杯の精製品の増加、小型器台・小型丸底鉢などの小型精製土器の出現、新相を庄内式甕や弥生後期形甕の減少と布留傾向甕Ａ・Ｂの比率の高さ、高杯や小型精製土器の定形化する段階に近いとし、布留式初頭段階に位置づけた[250]。なお新相は、多様な形態の布留傾向甕の存在や小型精製土器にみられる有段屈曲鉢の欠落から、定形化した布留甕出現の前段階とした。こうした見解により、寺沢編年の布留０式と青木編年のⅣ期は、弥生後期あるいは庄内式的な要素が残存する様式と理解して、古相・新相の２区分ととらえる。

寺沢編年の布留１式は、纒向遺跡東田南溝上層・辻土壙４上層・辻土壙７・辻河道黒褐溝１・２・３、矢部遺跡土壙303・土壙314・溝304・溝401下層が基準となり、古段階に坂田寺跡下層・船尾西遺跡SG001、萱振遺跡SE03、新段階に平城宮朝集殿下層SD6030下層の資料を設定すれば、布留１式は２区分できる。また布留２式は、辻土壙11・辻土壙14・辻河道上層（黒褐色）、矢部遺跡溝401上層を基準とするが、寺沢の指摘のように、古段階に纒向遺跡辻土壙11・14、矢部遺跡溝401上層、新段階に上ノ井出遺跡SD031、藤原宮内裏東外郭SD912・914を設定すれば２区分

第1節 古墳成立期の土器編年

である。したがって、布留1式・2式を新古に細分した計4小様式として理解する。

こうした前提に立てば、①河内Ⅴ－0様式→②河内Ⅴ－1様式→③河内Ⅴ－2様式→④河内Ⅴ－3様式→⑤河内Ⅵ－1様式→⑥河内Ⅵ－2様式→⑦庄内0式古（Ⅰ期）→⑧庄内0式新（Ⅰ期）→⑨庄内1式古（Ⅱ期）→⑩庄内1式新・2式（Ⅱ期）→⑪庄内2・3式（Ⅲ期）→⑫布留0式古（Ⅳ期古段階）→⑬布留0式新（Ⅳ期新段階）→⑭布留1式古→⑮布留1式新→⑯布留2式古→⑰布留2式新→⑱布留3式の18の区分が考えられる。様式の区分上は、本編年の18様式に対応する可能性が高い。

3．併行関係

北陸と畿内の併行関係は、福井県大野市中丁遺跡1号土坑出土土器の検討時に部分的な指摘をした[251]。本遺構では、銅鐸形土器（大型広口長頸壺）2個体、壺、甕など合計26点が出土し、内傾口縁をもつ擬凹線文甕A1類との共伴から瓶谷式に比定した。銅鐸形土器は頸部に銅鐸文様を施したものであり、広口長頸壺が畿内に多いことから河内Ⅴ－0様式、大和Ⅴ－1様式、摂津Ⅴ－1様式に位置づけた。そのため、瓶谷式は第Ⅴ様式前葉と接点をもつと考える。それ以降の事例は少なく、直接併行関係を導き出すのは困難であるが、小羽山・法仏式と風巻・月影式間の大画期と瓶谷・猫橋式と小羽山・法仏式間の小画期を重視すれば、瓶谷・猫橋式と小羽山・法仏の6区分は、河内のⅤ・Ⅵ様式の6区分に相当する可能性が高い。また、庄内式・布留式併行期をみると、長泉寺4式・古府クルビ1式の甕B5類は、寺沢編年の布留1式の布留式甕に類似し、長泉寺・白江3式で共伴する甕B3・4類は、初期の布留式甕の影響を受けたと考えられる。白江2式の段階では、一括性の問題もあるかもしれないが、御経塚ツカダ遺跡の資料のように、布留式甕の影響を受けた甕もわずかに共伴する。したがって、白江3式ないし2式が布留0式と接点をもつ可能性が高い。

次に、畿内出土の北陸系土器をみてみる。寺沢編年の庄内2・3式、青木編年の様相Ⅲの基準資料となる奈良県桜井市纒向遺跡東田地区南溝（南部）中層では[252]、数多い在地の甕や高杯のなか、北陸系の有段口縁甕Aが共伴する。甕Aの胴部最大径が中位付近に下がることは、風巻・月影式後半以降の特徴を示し、擬凹線文の消滅という点は白江式に入る可能性が高い。また、布留0式の基準となる奈良県磯城郡田原本町唐古・鍵遺跡第13次SD05[253]では、口径17㎝前後の高杯D6類が共伴しており、長泉寺・白江2式との併行関係が考えられる。さらに、布留0～1式に位置づけられる纒向勝山古墳周溝SX02下層では、口縁部に連続指頭圧痕が残る有段部の稜が甘い甕A12・13類が共伴しており、長泉寺・白江1・2式に位置づけられる。数少ない事例であるが、河内Ⅴ－0様式と瓶谷1式、庄内3式頃と風巻・月影式末から長泉寺・白江式初頭、布留0式と白江2式が接点をもつ。仮に、寺沢編年の庄内0・1式、布留0・1・2式の細分化を考えれば、小様式数の点で本編年と一致する。

まとめると、庄内0式古＝風巻・月影1式、庄内0式新＝風巻・月影2式、庄内1式＝風巻・月影3式、庄内2式＝風巻・月影4式、庄内3式＝長泉寺・白江1式、布留0式古＝長泉寺・白江2式、布留0式新＝長泉寺・白江3式、布留1式古＝長泉寺4式・古府クルビ1式、布留1式新＝長泉寺5式・古府クルビ2式、布留2式古＝木田・高畠1式、布留2式新＝木田・高畠2式、

布留3式＝木田・高畠3式という併行関係を考えたい。

（4）丹後地域

1．研究の現状

丹後との交流は、北陸の弥生後期前葉の高杯が丹後のものと酷似すること、福井県小羽山24号墓の埋葬施設上面で丹後に特徴的な破砕土器供献が認められる点などがあげられる。また丹後では、風巻・月影式の影響を受けた土器様式が成立することからも、両者の地域間交流を示す例となる。本地域では、野々口（高野）陽子が近畿北部の墳墓出土資料をもとに弥生後期から布留式までの土器編年を構築した[254]。しかも野々口は、丹後と北陸との併行関係を検討し、越前は赤澤徳明の編年、加賀は田嶋明人の漆町編年、楠正勝の西念・南新保編年、谷内尾晋司の編年、南久和の編年との併行関係を示した。それによると、野々口編年の後期Ⅰ・Ⅱ期は猫橋式併行期、後期Ⅲ期と後期Ⅳ期の一部は法仏式併行期、後期Ⅳ期の一部と庄内Ⅰ期古相・新相は月影式併行期、庄内Ⅱ期は白江式併行期（田嶋編年の漆町5・6群）、布留Ⅰ・Ⅱ期は古府クルビ式併行期（田嶋編年の漆町7・8群）となっている。後期Ⅳ期の一部が北陸の月影式に併行するならば、月影式は庄内式併行期ではなく、弥生後期後葉という理解になるだろう。

2．丹後地域の土器編年

丹後地域は、野々口陽子の編年が有用である。野々口は、擬凹線文器台の型式変化に注目して、弥生後期から古墳前期までの墳墓資料を大別8期細別11期とした[255]。後期Ⅰ期は、第Ⅳ様式的な特徴が一部に残る一方で、高杯などの器種に新たな畿内第Ⅴ様式の影響がみられる段階、後期Ⅱ期は、後期の土器群に特徴的な擬凹線文器台が甕以外の器種にも広がり、様式的な特徴が強まる最初の段階、後期Ⅲ期は、擬凹線文土器の基本型式がほぼ出揃い、擬凹線文土器様式の確立期の段階、後期Ⅳ期は、擬凹線文の土器様式の発展期で、高杯などの一部型式を除き、ほぼすべての器種に発達した擬凹線文が施される段階とした。庄内式期前半のⅠ期は、月影式の強い影響のもとに在地の土器様式が変容・崩壊する段階、後半のⅡ期は、前段階にみられた北陸系の要素が強い土器群に代わって、畿内庄内系の土器群が組成の基本型式を占める段階とし、庄内Ⅰ・Ⅱ期は、弥生後期の土器様式から布留式への過渡的状況を示し、独立した1様式として設定をおこなうものではないとした。布留Ⅰ期は、山陰系布留式の土器型式が顕在化する段階と同時に、布留系甕が導入され甕の基本型式となる時期で、布留Ⅱ期は布留式の基本組成がほぼ完成されて定型化する段階とした。

その後、高野陽子は従来の編年を細分化した[256]。旧稿の後期Ⅰ期が三坂神社式（最古・古・新の3区分）→後期Ⅱ期が大山式（最古・古・新の3区分）→後期Ⅲ期が古天王式（1区分）→後期Ⅳ期が西谷式（古・新の2区分）→庄内Ⅰ期古相が白米山北式（1区分）→庄内Ⅰ期新相から庄内Ⅱ期古相が浅後谷Ⅰ式（古・新の2区分）、庄内Ⅱ期新相が浅後谷Ⅱ式（1区分）→布留Ⅰ期・Ⅱ期古相が霧ヶ鼻式（古・新の2区分）→布留Ⅱ期新相が北谷式（1区分）に再編し、それ以後を神明山式→大田南式を設定して大別11区分、細別18様式とした。丹後で最も体系的で細分化された編年となっている。しかし、どうしても墓からの出土資料が中心となるため、遺物量が豊富な時

期は緻密であるが、資料が少ない時期は組列が欠如した感はある。そのため部分的に調整して用いる。たとえば、三坂神社式と大山式は最古・古・新として3区分したが、本編年との比較からみれば新古2区分が妥当であるし、1様式とした古天王式は、口縁部の発達度合いの連続性から、少なくとも古相と新相の2区分が想定できる。また、浅後谷Ⅰ式は古相を内和田5号墓第4主体部、新相を左坂G13号墳→左坂G12号墳の資料を基準としたが、古相と新相の間に型式的な連続性が認められないため、新古間に鎌田若宮3号墳出土資料を基準として浅後谷Ⅰ式中相と設定する。

3．併行関係の検討

三坂神社式は後期Ⅰ期に対応し、古相と新相の2区分が理解しやすい。後期Ⅰ期古相の高杯は、口縁部が直立気味にわずかに伸びる口縁部をもつ高杯B1類、後期Ⅰ期新相の高杯は、口縁部が直立しながらわずかに外反し端部が肥厚する高杯B2類、新相にみる断面三角形で外面に擬凹線文を数条施す甕は甕A2類に酷似する。そのため、三坂神社式古相（後期Ⅰ期古相）は瓯谷・猫橋1式、三坂神社式新相（後期Ⅰ期新相）は瓯谷・猫橋2式に併行する可能性が高い。しかし以後に、高杯Bは3類から6類にむかって、口縁部が大きく発達するが、丹後の高杯は大山式、古天王式にかけて口縁部の発達は認められるものの、それほど顕著ではない。甕Aは口縁部端部が漸移的に上方にむかって発達し、擬凹線文も多条化が進むが、丹後の甕は口縁端部が直立気味にわずかに立ち上がるのみで北陸のものと異なる。北陸では小羽山・法仏式以降、丹後では大山式以降、独自の型式変化をたどるため、類似性のみに着目して併行関係を導き出すのは危険である。

次の西谷式（後期Ⅳ期）は、一定量を占める有段口縁高杯の存在と装飾器台の出現が大きい。本期の有段口縁高杯は高杯C2・3類が盛行する小羽山・法仏式古相以前に類似するが、直接比較することはできない。また、丹後で成立した独自の装飾器台は、北陸のそれと形態こそ異なるが、結合の概念では共通する。これまで丹後の装飾器台は石井編年のⅤ－4様式[257]、高野編年の西谷式に比定されており、構造は器台受部に受部を貼り付け、上部の受部に涙滴形透かし孔を設けたもので、結合の点と涙滴形透かし孔をもつ点で北陸の装飾器台と酷似する。北陸の装飾器台は月影式に出現して代表的な祭器となることから、同様な社会的背景にもとづいた契機を考えれば、風巻・月影式初頭が畿内の庄内式、丹後の西谷式と併行する可能性は高い。庄内式併行期の結合器種の出現は、おそらく各地域独自の祭式土器の成立と深く関係するだろう。

後続の白米山北式は風巻・月影式の影響が強く、在地の土器様式が崩壊した時期にあたり、基準資料の白米山北古墳出土土器では、風巻・月影式の甕A9・10類が存在し、他の有段口縁壺、台付甕などの様相を勘案すれば、風巻・月影2〜3式に位置づけられる。また、高野編年の浅後谷Ⅰ式は、先に触れたように古・（中）［堀設定］・新の3小様式に設定した。Ⅰ式古相の基準となる内和田5号墓では、北陸通有の有段口縁壺や口縁帯が発達し、擬凹線文が多条化した有段口縁部壺が共伴し、内和田4号墓では器台10類の存在から風巻・月影式後半、より限定すれば、風巻・月影4式に位置づけられる。したがって、西谷式・白米山北式・浅後谷Ⅰ式古相が風巻式・月影式に併行する可能性が高い。

浅後谷Ⅰ式中相は北陸だけでなく、丹後にとっても変革期となる。北陸では東海系土器の波及

によって、在地の土器様式が崩壊するほどの衝撃を受けたが、丹後はむしろ畿内からの影響が強い。にもかかわらず、東海系土器波及の余波は丹後にも大きな痕跡を残す。浅後谷Ⅰ式中相とした兵庫県豊岡市鎌田若宮3号墳では、廻間Ⅱ式前半期の東海系パレススタイル壺が出土し[258]、共伴した北陸の有段口縁を呈する高杯D5・6類に類似する。したがって浅後谷Ⅰ式中相は、東海系が波及した長泉寺・白江1式に併行する可能性が高い。それは、廻間Ⅱ式の開始期、第1次拡散期ともおそらく連動する。なお、浅後谷Ⅰ式新相は、直接的な併行関係を導く資料は少ないが、庄内系土器群が基本型式を占める段階に位置づけられる。後続の浅後谷Ⅱ式の基準となる大田南2・5号墳では、二重口縁壺や山陰系甕が白江式後半のものと類似するため、浅後谷Ⅰ式中相からⅡ式（庄内Ⅱ期）は白江1～3式に併行すると考える。後続の霧ヶ鼻式（布留Ⅰ期・Ⅱ式古相）では布留式甕、小型器台、山陰系壺、直口壺などが共伴し、甕B6・7類と小型器台に類似するし、北谷式・神明山式・大田南式では北陸の高杯Gが登場する。したがって、霧ヶ鼻式は長泉寺4・5式と古府クルビ式、北谷式・神明山式・大田南式の3様式は木田式・高畠式に併行する可能性が高い。

　まとめると、三坂神社式古相（後期Ⅰ期古相）＝甑谷・猫橋1式→三坂神社式新相（後期Ⅰ期新相）＝甑谷・猫橋2式→大山式（後期Ⅱ期）＝小羽山・法仏1・2式→古天王式（後期Ⅲ期）＝小羽山・法仏3・4式→西谷式（後期Ⅳ期）＝風巻・月影1・2式→白米山北式（庄内Ⅰ期古相）＝風巻・月影3式→浅後谷Ⅰ式古相（庄内Ⅰ期新相）→＝風巻・月影4式→浅後谷Ⅰ式中相＝長泉寺・白江1式→浅後谷Ⅰ新相（庄内Ⅱ期）＝長泉寺・白江2式→浅後谷Ⅱ式（庄内Ⅱ期）＝長泉寺・白江3式→霧ヶ鼻式（布留Ⅰ期・Ⅱ古相）＝長泉寺4・5式・古府クルビ式→北谷式（布留Ⅱ期新相）＝木田・高畠1式→神明山式＝木田・高畠2式→大田南式＝木田・高畠3式という併行関係を考えた。西谷式（後期Ⅳ期）は風巻・月影式に併行し、畿内との関係からみても、庄内式期に含まれる可能性が高い。また、三坂神社式と大山式を4区分、古天王式を2区分、浅後谷Ⅰ式を古・中・新の3区分とすれば、本編年の18小様式に対応する。

（5）山陰地域

1．研究の現状

　北陸と山陰における考古学的な相互交流は密である。鳥取県羽合町長瀬高浜遺跡の弥生中期後半の玉作技術が新潟県佐渡まで伝播したこと、北陸の弥生後期前葉の内傾口縁を呈する擬凹線文甕が山陰の後期前葉のそれと酷似することが指摘された[259]。土器は弥生後期、古墳前期前葉以降も酷似しており、その影響力は四隅突出形墳丘墓をはじめとする墓制にまで及ぶ。両者の地域間交流を伝える遺跡は数多く残り、弥生中期後半以来、両地域の長い交流の堅密さの痕跡として理解される。しかし、こと土器編年の併行関係については通時的な事例検討が少なく、山陰方面から北陸との併行関係について提示されたに過ぎない[260]。中川寧によると、山陰Ⅲ期を法仏式古段階、Ⅲ～Ⅳ期を法仏式新段階、Ⅳ～Ⅴ期を月影式古段階、Ⅴ期を月影式新段階、Ⅵ期古～中相を白江式古段階、Ⅵ期新相を白江式新段階としており、猫橋式から白江式までが対応するというものであった。

2. 山陰地域の土器編年

　本地域は中川寧と松山智弘の編年が有用である。中川は、山陰全域の共通した時間的枠組みの構築をおこない、大別6期細別8区分とした[261]。山陰Ⅰ期は、壺・甕の口縁部が内傾した断面三角形で上下に拡張した形態をもち、数条の凹線文を施したＡ１類、山陰Ⅱ期はⅠ期同様、凹線文を数条施すが、口縁部の立ち上がり内面ヘラケズリが頸部まで施されるもの、山陰Ⅲ期は、鼓形器台Ａ類と鉢Ｂ類の出現を画期として、壺・甕の口縁部が上方に若干拡張され、施文の凹線文から擬凹線文の転換したＡ２類を基準とした。山陰Ⅳ期は、高杯Ｅ類と注口土器の出現が大きい。甕はＡ２類の端部を丸くおさめる口縁部がさらに外反し、擬凹線文の増加と条線幅の縮小を基準として、大小ある器台の定型化を条件に加えた。本期は「的場式」に相当し、出雲市西谷3号墓において吉備南部の立坂型の特殊壺、器台形土器が搬入された点は、吉備との併行関係を示す上で重要となる。

　次に、山陰Ⅴ期は口縁端部の擬凹線文をナデ消す技法が用いられ、鼓形器台の施文が無文化することが特徴である。本期は閉鎖的であるⅣ期までと異なり、因幡では畿内など吉備以外に地域との交流がはじまった段階とした。山陰Ⅵ期は無文化が進んだ時期で、古相・中相・新相の3段階に分かれる。中相は高杯Ｃ類と二重口縁壺Ｂ類が定量的に存在した段階、古相はⅤ期とⅥ期中相の過渡期として設定された。中相は南講武草田遺跡の編年の草田5期[262]に相当するとした。新相では高杯が定量的に存在し、器台Ｄ類が一部で出現する。壺・甕の口縁部は、面をもつものがあらわれるが肥厚するものは少ない。甕は尖底が多く底部内面に指頭圧痕が目立つようになるとした。米子市米子城址や尾高城址では、庄内式甕の類似品が出土しており、畿内との併行関係を導き出す上で重要な資料となる。

　なお、中川編年のⅥ期中・新については、松山智弘の編年と草田編年との比較のなかでとらえる。基本的に中川編年のⅥ期中は草田5期と鍵尾式、Ⅵ期新は草田6期と大木式に併行する。松山編年では小谷式を1〜4式、その前段階に大木式を設定し[263]、山陰系甕の共通性から畿内編年との比較のなかで位置づけている。大木式は1様式で設定されたが、畿内との併行関係から庄内3式〜布留0式に併行するため、2区分設定が可能である。ここで仮に、大木式古相とすれば、庄内3式併行期の大木権現山1号墳、大木式新相〜小谷1式が布留0式古相の併行期として社日1号墳、小屋谷3号墳、西谷7号墳が基準となる。大木権現山1号墳出土土器は、草田5期にかかることから大木式古相として設定できる。したがって、完全に丸底になる小谷式という理解にたてば、鍵尾式（草田5期）→大木式（草田6期古相）＝庄内3式〜布留0式古相→小谷1式（草田6期新相）＝布留0式新相→小谷2式＝布留1式→小谷3式＝布留2式→小谷4式・大東式＝布留3式という序列が考えられる。

3. 併行関係の検討

　両地域の併行関係は、中川編年に提示された土器[264]を参考に検討する。山陰Ⅰ期をみると、内傾口縁甕は頸部内面ケズリ残しが認められる点で北陸の甕Ａ１類、高杯は口縁端部の形態と伸び率の点で北陸の高杯Ｂ１類と類似することから、甑谷・猫橋1式と併行関係が見出せる。山陰Ⅱ期をみると、甕は頸部の際まで削る内傾口縁をもつものと、口縁部が直立気味に立ち上がるも

のがあり、前者が甕A2類、後者が甕3類と類似するため、甑谷・猫橋2式主体のなか、法仏1式的要素が混じる状況といえる。高杯は外反する口縁部と伸び率が同様な数値を示し、北陸の高杯A2類と類似するため、山陰Ⅱ期は甑谷・猫橋2式～法仏1式に併行する可能性は高い。山陰Ⅲ期をみると、甕は北陸の甕A3・4類、器台は器台3・4類、山陰Ⅳ期の甕は甕A5・6類、器台は器台5・6類のものと類似する。ただ、両地域の器台は口縁部の形態は類似するが、柱状部の長さの点で異なる。同様な型式変化をたどる前提に立てば、同時期に位置づけられ、山陰Ⅲ期は法仏1・2式、山陰Ⅳ期は法仏3・4式に併行すると考えられる。

　Ⅴ期になると様相は異なる。両地域ともに無文化が進む点で共通するが、それ以外の器種の甕・器台・高杯は形態が異なることから、併行関係の割り出しは困難となる。山陰の鼓形器台は、月影式前半期の器台にみる無文化現象と同様な契機が考えられる。甕をみると、北陸の甕Aは口縁部の発達と頸部内面ケズリ残しが認められるが、山陰の甕は擬凹線文の消滅と無文化が進む。またⅥ期古相と中相は、直接的な併行関係を見い出せないが、甕・器台における無文化の進行の点で共通する。しかし白江式後半期になると、北陸の在地土器が山陰志向となるため比較することができる。山陰のⅥ期新相をみると、有段口縁甕は北陸の甕C1・2類と甕D1類に類似することから、長泉寺・白江2・3式に併行すると考えられる。その関係から探れば、山陰のⅥ期古相は月影式後半、Ⅵ期中相は白江式前半に対応する可能性は高い。

　このように接点は少ないなか、山陰Ⅰ期＝甑谷・猫橋1式→山陰Ⅱ期＝甑谷・猫橋2式→山陰Ⅲ期＝小羽山・法仏1・2式（九重式）→山陰Ⅳ期（的場式）＝小羽山・法仏3・4式→山陰Ⅴ期（鍵尾式）＝風巻・月影1・2式→山陰Ⅵ期古相＝風巻・月影3・4式→大木式・小谷1式＝長泉寺1～3式・白江式→小谷2式＝長泉寺4・5式・古府クルビ式→小谷3・4式～大東式＝木田・高畠式という併行関係を考えた。山陰Ⅴ期は畿内の庄内式期に入る可能性が高い。

（6）北陸からみた畿内・東海との併行関係

　庄内式併行期における北陸と東海と畿内の3地域の併行関係について検討する。寺沢薫は、大和を中心に畿内における広域的な土器編年とその併行関係を示し[265]、全国的な併行関係については、布留0式甕の拡散とその類似性の検討を根拠とした[266]。それに対して赤塚次郎は、廻間編年によって東海系土器の拡散現象をもとに他地域との併行関係を提示した[267]。両者は、一地域から発信し拡散した土器の類似性の検討によって併行関係を導き出した点に特徴がある。寺沢は、西日本一帯の古墳成立期の社会を布留0式土器の成立にひとつの画期を認め、その拡散が初期ヤマト政権の政治的・社会的な展開を予感させ、赤塚は、東日本を中心として東海系土器が拡散する現象をもとに東日本一帯の独自の世界観を描いた。

　しかし両者の間には、布留0式と廻間Ⅱ式前半の併行関係に関して微妙なズレがあった。赤塚は布留0式に先立つ東海系土器が拡散したイメージが強く、寺沢は布留0式の拡散と東海系の波及時期を同時か、限りなく近づけて考え、東海系土器の波及は西日本に誕生した初期王権の緊張とその圧力による所産であると強調する。微妙な違いであるが、同時か前後であるかで、以後の歴史解釈を違ったものにしてしまう。これらは両者が思い描く社会像の違いに起因し、距離的に

越前	加賀	東海	畿内	丹後	山陰
甑谷1式	猫橋1式	八王子古宮式 Ⅰ	Ⅴ-0様式	三坂神社式 古相	山陰Ⅰ期
甑谷2式	猫橋2式	八王子古宮式 Ⅱ	Ⅴ-1様式	三坂神社式 新相	山陰Ⅱ期
小羽山1式	法仏1式	山中Ⅰ式 1/2/3	Ⅴ-2様式	大山式 古相	山陰Ⅲ期 古相
小羽山2式	法仏2式	山中Ⅰ式 1/2/3	Ⅴ-3様式	大山式 新相	山陰Ⅲ期 新相
小羽山3式	法仏3式	山中Ⅱ式 1/2/3	Ⅵ-1様式	古天王式 古相	山陰Ⅳ期 古相
小羽山4式	法仏4式	山中Ⅱ式 1/2/3	Ⅵ-2様式	古天王式 新相	山陰Ⅳ期 新相
風巻1式	月影1式	廻間Ⅰ式 0	庄内0式古	西谷式 古相	山陰Ⅴ
風巻2式	月影2式	廻間Ⅰ式 1/2/3	庄内0式新	西谷式 新相	山陰Ⅵ期 古
風巻3式	月影3式	廻間Ⅰ式 4古	庄内1式	白米山北式	山陰Ⅵ期 中（草田5古）
風巻4式	月影4式	廻間Ⅰ式 4新	庄内2式	浅後谷Ⅰ式 古相	山陰Ⅵ期 中（草田5古）
長泉寺1式	白江1式	廻間Ⅱ式 1/2/3/4	庄内3式	浅後谷Ⅰ式 中相	大木式（草田6古）
長泉寺2式	白江2式	廻間Ⅱ式 1/2/3/4	布留0式古	浅後谷Ⅰ式 新相	大木式（草田6古）
長泉寺3式	白江3式	廻間Ⅱ式 1/2/3/4	布留0式新	浅後谷Ⅱ式	小谷1式（草田6新）
長泉寺4式	古府クルビ1式	廻間Ⅲ式 1/2/3/4	布留1式古	霧ヶ鼻式 古相	小谷2式（草田7）
長泉寺5式	古府クルビ2式	廻間Ⅲ式 1/2/3/4	布留1式新	霧ヶ鼻式 新相	小谷2式（草田7）
木田1式	高畠1式	松河戸Ⅰ式 1/2/3/4	布留2式古	北谷式	小谷3式
木田2式	高畠2式	松河戸Ⅰ式 1/2/3/4	布留2式新	神明山式	小谷3式
木田3式	高畠3式	松河戸Ⅱ式 1/2	布留3式	大田南式	小谷4式 大東式

第44図　併行関係表

隔絶された両地域の地理的環境から生じた結果とみる。こうした状況のなか、北陸南西部における土器編年研究の存在意義がここにある。それは、本地域が東西の中間に位置する地理的条件から、畿内と東海に発信源をもつ土器の頻繁な流入や受容が認められるためである。いわば、本地域にもとづいた併行関係の検討が、寺沢編年と赤塚編年に生じた微妙なズレを修正できるものと考えている。

　従来の研究をみると、東日本における古墳出現過程のシンポジウムにおいては、赤塚の見解が卓越する印象が強い[268]。これらの問題を含めて、両者の見解にはどちらに妥当性があるだろうか。従来の研究史を援用し、東海と畿内の併行関係を検討すると、以下に集約できる。赤塚は、寺沢編年の庄内0式の重要な要素に小型器台の存在を指摘し、器台B3類や纒向遺跡辻土壙1の小型器台は貫通孔をもつ東海系器台の影響下によって登場する形式とした[269]。このような理解から、器台の形態的な特徴は、廻間Ⅰ式2段階のなかで認められるとともに、庄内0式の基準となる纒向遺跡東田北溝（北部）下層の広口壺・受口状口縁甕と小型直口壺の形態をあげて、廻間Ⅰ式前半の資料との共通項を見出し、廻間Ⅰ式前半と庄内0式を併行させる根拠とした。

　続けて、纒向遺跡東田南溝（南部）中層では、内彎壺・瓢壺・S字甕A新・B・器台が共伴し、これらは廻間Ⅱ式1段階を中心とする良好な資料とした。本資料は青木編年のⅢ期（寺沢編年の庄内2・3式）の基準資料であることから、庄内3式と廻間Ⅱ式とが接点をもつ可能性は高い。また、大阪府美園遺跡DSX304出土の有段高杯の脚部が、廻間Ⅰ式4段階からⅡ式1段階の資料とし、寺沢編年が庄内1式の基準資料としてあげたことから、廻間Ⅰ式3・4段階と庄内1式が併行するとした。しかし青木編年では、美園遺跡DSX304の資料は、Ⅲ期（寺沢編年の庄内3式）に位置づけられた[270]。私が併行関係で想定したのは、庄内3式と廻間Ⅱ式の接点である。寺沢編年の基準資料にしたがえば乖離するが、青木編年によると整合する。廻間Ⅰ式とⅡ式の境は、寺沢編年の庄内1式と2式ではなく、むしろ青木編年のⅡ期とⅢ期の境に相当し、庄内3式の開始と軌を一にする可能性は高い。そうなると、布留式の前に廻間式の拡散があったということにはならない。

　また、纒向遺跡東田南溝（南部）上層ではS字甕Bが共伴し、廻間Ⅱ式後半に位置づけられる。本資料は青木編年のⅢ期後半、寺沢編年の布留0式の基準資料であるため、庄内3式から布留0式の接点が廻間Ⅱ式後半に相当する。寺沢が布留0式、青木がⅣ期古段階の基準とした纒向遺跡辻土壙4下層では、S字甕B類中・新段階が共伴する。これらは、廻間Ⅱ式後半から廻間Ⅲ式1段階に相当する資料であるため、布留0式と廻間Ⅱ式後半が併行することを示している。布留1式新段階の基準資料となる平城宮下層SD6030下層では、有段高杯やS字甕C類新が共伴しており、廻間Ⅲ式3段階に位置づけられる。共伴した布留式甕を北陸のものと比較すれば、古府クルビ2式に比定できる。

　まとめると、東海系土器の第1次拡散は畿内に先立つのではなく、寺沢編年の庄内3式、青木編年のⅢ期である可能性が高い。東海系と畿内系の拡散が同時期という理解である。東海系の波及が先立つとされた背景には、畿内の併行関係の乱れが関係していた。とくに、寺沢編年を中心とした併行関係が提示されていたため、その基準資料と東海系土器の共伴状況などから議論され

ることが多かった。しかし寺沢編年と青木編年では、基準資料の所属によって布留傾向甕（寺沢の布留影響甕）の出現に関する解釈が異なるし、青木編年では寺沢編年の庄内1式とした資料を庄内3式併行期のⅢ期に編成している。これまで畿内の編年に依拠した各地域の併行関係についても混乱が生じるため、今後は従来の編年だけでなく、周辺地域の併行関係を含めて見直す必要があるように思う。仮に、赤塚編年の廻間Ⅱ式、寺沢編年の庄内3式、青木編年のⅢ期の開始期が同時期とするならば、また違った社会像が描けるからである。私は、基本的に東海系の東日本拡散と畿内系の西日本拡散時期は軌を一にするという見解をここに主張する。

5　時代区分（第45図）

　古墳成立期の18の小様式には、①瓢谷式・猫橋式、②風巻式・月影式、③長泉寺式・白江式の開始期、④木田・高畠式の終焉期という4つの画期が認められる。これは他地域でも同様に存在していた。第一の画期は、日本海沿岸地域では擬凹線文系土器をベースとした様式、東海では近江系の影響を受けた様式、畿内では長頸壺の時代とも称されるⅤ様式といった新たな土器様式の成立が考えられる。第二の画期は、地域的な独自性をもった時期として庄内式併行期の開始期、第三の画期は、東日本一帯に拡散した東海系土器と西日本を中心に展開した畿内系土器にもとづいた各地域の土器様式の成立が考えられる。第四の画期は、初期須恵器の生産以前の土師器、いわば布留式土器様式の崩壊期に位置づけられる。とくに、②と③の2つの画期は、本稿のなかで最も重要であり、新たな時代表記と密接にかかわってくる。本項では、これらの画期の位置づけをおこない、古墳成立期の時代区分について整理する。

（1）弥生時代後期

　画期①-②間は、弥生時代後期、瓢谷・猫橋式（2小様式）と小羽山・法仏式（4小様式）の6小様式とする。西部日本海沿岸における内傾口縁をもつ擬凹線文系甕の拡散をもって弥生後期の開始期ととらえる。瓢谷・猫橋式と小羽山・法仏式の小画期をaとすれば、畿内のⅤ様式とⅥ様式、東海の八王子古宮式と山中Ⅰ式、山陰の山陰Ⅱ期とⅢ期、丹後の大山式と古天王式の画期に対応する。小羽山・法仏式の4小様式を2つに区分して間をbとすれば、前半と後半は畿内のⅤ様式とⅥ様式、東海の山中Ⅰ式とⅡ式、山陰の山陰Ⅲ期とⅣ期、丹後の古天王式と西谷式に対応する。したがって、弥生時代後期を3つに分ける場合は、①-a間を後期前葉、a-b間を後期中葉、b-②間を後期後葉とする。

（2）古墳時代早期

　画期②-③間は、基本的に庄内式併行期とする。本期は弥生時代終末期と古墳時代に位置づける立場が主流であり、いまだ統一見解は得られていない。前者には、都出比呂志が前方後円墳の政治体制が確立する古墳前期以前の庄内式を弥生時代終末期（Ⅵ様式）とする見解[271]、後者には、寺沢薫が奈良盆地の弥生集落の検討から、弥生社会の解体とともに奈良盆地東南部に都市的な纒

時代区分		画期	土器編年	
			越前	加賀
弥生時代後期	前葉	① a	甑谷1式	猫橋1式
			甑谷2式	猫橋2式
	中葉	b	小羽山1式	法仏1式
			小羽山2式	法仏2式
	後葉		小羽山3式	法仏3式
			小羽山4式	法仏4式
古墳時代早期	前半	② c	風巻1式	月影1式
			風巻2式	月影2式
	後半		風巻3式	月影3式
			風巻4式	月影4式
古墳時代前期	前葉	③ d	長泉寺1式	白江1式
			長泉寺2式	白江2式
			長泉寺3式	白江3式
	中葉		長泉寺4式	古府クルビ1式
			長泉寺5式	古府クルビ2式
	後葉	e	木田1式	高畠1式
			木田2式	高畠2式
		④	木田3式	高畠3式

第45図　時代区分

向遺跡が突如出現した画期を重視する見解がある[272]。

また、その中間に位置づける立場もある。赤塚次郎は、廻間遺跡や八王子遺跡の資料によって小型精製器種といった祭式土器の成立から廻間Ⅰ式0段階を設定し、畿内の小型器種の成立に影響を与えた点を評価したが[273]、編年表では弥生時代終末期と古墳時代早期を併記する[274]。酒井龍一は、弥生社会から古墳社会の過渡的経過をY－K変成の時代、Y－K変成期（弥生社会の解体過程－古墳社会の形成過程）とした[275]。このように、庄内式併行期を弥生時代の延長ととる立場、古式土師器の時代から古墳時代に位置づける立場とその中間的な立場がある。結論からいえば、私は古墳の出現をもって古墳時代前期と考え、庄内式併行期は前期への胎動が読み取れる点で、古墳時代に含まれると理解している。ただし呼称は前期ではなく、「早期」という用語を用いる。それには以下の理由がある。

第一に、庄内式併行期はこれまで短期間に考えられていたことがあったが、ひとつの時期区分として独立できるだけの大様式を形成した可能性が高い。とくに本編年では、4小様式が存在したことから、一定の時間幅、少なくとも1世紀近くの時間幅を有していたことになる。また、風巻式・月影式に併行する赤塚編年の廻間Ⅰ式が0～4段階、寺沢編年の庄内式が庄内0～3式まで細分化された点も評価する。近隣地域をみても、ひとつの時期として独立させることに躊躇しないからである。

第二は、各地域にみる土器様式の画期と独自性の点にある。庄内式の開始は庄内形甕の出現や祭式土器の成立を画期とするように、研究者によって若干の相違があるが、私は北陸南西部をはじめとした東海、畿内、山陰、丹後、吉備を含めた新たな祭式土器の確立に画期を見出した。また当該期は、他地域の直接的な影響を受けない独自性をもち、最も成熟をきわめた土器様式を形成した点が大きい。これらは弥生時代よりも、むしろ古墳時代の胎動がみてとれる点を評価する。

第三は、都市的集落の成立にある。畿内では纒向遺跡の出現という歴史的契機を重視した見解であり[276]、ヤマト王権の誕生と重ね合わせてみるなら、庄内式を古墳時代と

する立場には説得力がある。纒向遺跡全体の様相は、不透明な状況にあるため断定はできないが、従来指摘された外来系土器の占める割合の多さ[277]、奈良盆地東南部を中心に庄内式甕の典型品が同心円状に分布するあり方[278]、流通拠点としての機能をもつ集落が纒向遺跡を核にネットワークを形成する状況[279]、東海にみる都市的集落の存在[280]などを考えあわせても、弥生時代から区別して考えることができる。

したがって、庄内式併行期は古墳時代に位置づける。呼称は前期と区別して、古墳時代早期という用語を用いる。ここでは、古墳早期を2つに区分する場合、小画期をcとして2小様式ずつ分けて、②－c間を古墳早期前半、c－③間を古墳早期後半とする。

（3）古墳時代前期

画期③－④間は、古墳時代前期とする。画期③は長泉寺式・白江式の開始期と併行関係からみれば、畿内の庄内3式に接点をもち、東海では廻間Ⅱ式の開始期に相当する。従来は古墳時代前期の画期について、布留0式や布留1式に画期を求めてきたが、私は、併行関係の検討から庄内3式前後に画期を見出す立場をとる。これまで布留0式を画期としてみた場合、庄内式最新段階の土器群を布留0式と設定し、西日本一帯に拡散する状況と初期ヤマト政権の覇権をも重ね合わせてみたように、箸墓古墳の築造をひとつの画期としてみる研究者はこれに近い。しかし③の画期は、定型化した大型前方後円墳の出現とは重ならず、前段階に位置づけられる畿内の庄内3式、東海の廻間Ⅱ式の開始期に合ってくる。それは、青木編年Ⅲ期（庄内3式）に典型的ではないが、布留傾向甕が出現する画期を重視する点、西日本一帯に拡散する庄内式と布留式甕の点からである。仮に、典型的な布留式甕を志向する甕が庄内3式に成立したならば、拡散時期は布留0式まで下げる必要はなく、なにより纒向型前方後円墳の成立が庄内3式であれば、その拡散もひとつの画期として認められ、東海系と畿内系の土器の波及が、ほぼ日本を二分する社会状況を生み出したことが推測できるからである。宇野隆夫が指摘したように、前者は前方後円墳、後者は前方後方墳の理念を適用した社会を想定することができる[281]。

以上の理由から、③の画期以降を古墳時代前期とする。ここでは各土器様式の小画期を想定して、古府クルビ式の開始期をd、高畠式の開始期をeとすれば、③－d間は古墳前期前葉、d－e間は古墳前期中葉、e－④間は古墳前期後葉とする。

おわりに

本節では、北陸南西部における古墳成立期の土器編年を構築した。編年の方法は従来の様式論にもとづき、土器分類は典型的な器種や形式を扱って詳細な分類に心がけ、一括資料による同時性と型式変化の方向性を検討して様式設定の根拠とした。本編年は1様式がもつ時間幅の均質性を意識したため、機械的な印象を受けたかもしれない。本編年に恣意性がないとはいえないが、極力主観を排除した作業に終始したつもりである。その結果、地域色を無視した編年に仕上がっているため、これらに対する課題は残るだろう。

第Ⅰ章　年　代　論

　第一に、風巻式・月影式の甕Ａの地域性の問題である。とくに、古墳早期の甕Ａは一部の地域で連続指頭圧痕・頸部内面ケズリ残し・横ハケなどの三要素がセットとならず、内面にハケ調整を施すものも存在することから、広範囲に流通していたとは断言できず、中心地と周縁地というモデルが想定できるからである。今後は、地域性の要素を加味した大地域別の編年が望まれる。

　第二に、本編年の適用範囲の問題である。福井県でも南越盆地や大野盆地では、東海・近江を発信源とする土器の恒常的な流入と在地土器の過度の変容が認められるし、金沢平野では内陸部・海岸部といった立地条件の違い、各遺跡・各大地域によって外来系の受容度に差が生じるからである。今後は、大地域別による東海や畿内・山陰といった志向性の違い、受容度についても検討する必要がある。

　最後に、本節の見解を一言でまとめよう。古墳成立期には大形式の消長と小形式の分類にもとづけば、4つの大画期が存在するが、近隣地域との併行関係を検討すれば、画期は北陸南西部だけではなく、東海、畿内、丹後、山陰と広範囲に及ぶことも判明した。弥生後期の開始は、西部日本海沿岸地域における擬凹線文系土器の拡散、古墳早期（庄内式併行期）は、各地域における祭式土器の成立と関係する。古墳が出現する古墳前期は、北陸南西部の白江式・長泉寺式、東海の廻間Ⅱ式、畿内の庄内3式、丹後の浅後谷Ⅰ式中相、山陰の大木式などの開始期と軌を一にし、畿内や東海などの一地域の土器が拡散する現象を背景に考えた。布留0式や布留1式に画期を見出す見解が主流のなか、ここでは、古墳の出現という画期だけでなく、広域にみる土器様式の成立に時代区分の画期を見出した。

注

（1）a．小林行雄「先史考古学に於ける様式問題」『考古学』第4巻第8号　東京考古学会　1933年、b．小林行雄「古墳時代文化」『図解考古学辞典』東京創元社　1959年、c．末永雅雄・小林行雄・藤岡謙二郎『大和唐古弥生式遺跡の研究』京都帝国大学文学部考古学研究報告第16冊　桑名文星堂　1943年、などの多数の論考がある。本稿における様式論については、d．寺沢薫「様式と編年のあり方」『弥生土器の様式と編年　近畿編Ⅰ』木耳社　1989年、を参考とした。

（2）都出比呂志「古墳出現前夜の集団関係―淀川水系を中心に―」『考古学研究』第20巻第4号　考古学研究会　1974年。

（3）寺沢薫「大和におけるいわゆる第五様式土器の細別と二・三の問題」『奈良市六条山遺跡』奈良県立橿原考古学研究所　1980年。

（4）a．森岡秀人「畿内第Ⅴ様式の細分と大師山遺跡出土土器の占める位置」『河内長野大師山―大師山古墳・大師山遺跡発掘調査報告』関西大学　1977年、b．同「大阪湾沿岸の弥生土器の編年と年代」『高地性集落と倭国大乱』雄山閣　1984年。

（5）橋口達也「甕棺副葬品からみた弥生時代年代論」『九州縦貫自動車道関係埋蔵文化財調査報告 31（中巻）』福岡県教育委員会　1979年。

（6）溝口孝司「古墳出現前後の土器相―筑前地方を素材として―」『考古学研究』第35巻第2号　考古学研究会　1988年。

（7）岩永省三「土器から見た弥生時代社会の動態―北部九州地方の後期を中心として―」『横山浩一先生退官記念論文集Ⅰ　生産と流通の考古学』横山浩一先生退官記念事業会　1989年。

（8）前掲注（1）d文献、a．寺沢薫・森岡秀人編『弥生土器の様式と編年　近畿編Ⅱ』木耳社　1990

年、b.正岡睦夫・松本岩雄編『弥生土器の様式と編年 山陽・山陰編』木耳社 1992年、c.菅原康夫・梅木謙一編『弥生土器の様式と編年 四国編』木耳社 2000年、d.加納俊介・石黒立人編『弥生土器の様式と編年 東海編』木耳社 2002年が刊行されている。
(9) a.庄内式土器研究会『庄内式土器研究Ⅰ～ⅩⅩⅦ』1988～2003年、b.大阪府文化財センター『古墳出現期の土師器と実年代シンポジウム資料集』2003年。
(10) 前掲注（ 1 ） d 文献。
(11) 前掲注（ 1 ） d 文献。
(12) 北陸内部の小地域の名称は一定範囲の領域を示すものとして便利であるため、越前、加賀、能登、越中、越後という旧国名を採用した。また近畿地方の場合も丹後のように旧国表記としたが、近畿地方の中央部、いわゆる旧国の河内・大和・山城・和泉・摂津の範囲は畿内という表記を用いる。東海と山陰は現在の地域名をとして使用する。
(13) a.浜岡賢太郎・吉岡康暢「加賀・能登の古式土師器」『古代学研究』第32号 古代学研究会 1962年、b.吉岡康暢「北陸における土師器の編年」『月刊考古学ジャーナル』No.6 ニュー・サイエンス社 1967年。
(14) 橋本澄夫「弥生土器—中部北陸 1 ～ 4 —」『月刊考古学ジャーナル』No.106・107・108・109 ニュー・サイエンス社 1975年。
(15) 谷内尾晋司「北加賀における古墳出現期の土器について」『北陸の考古学』石川考古学研究会 1983年。
(16) 田嶋明人「考察—漆町遺跡出土土器の編年的考察」『漆町遺跡Ⅰ』石川県立埋蔵文化財センター 1986年。
(17) 吉岡康暢「北陸弥生土器の編年と画期」『日本海域の土器・陶磁器 古代編』六興出版 1991年。
(18) a.南久和「月影式土器少考」『押野西遺跡』金沢市教育委員会 1987年、b.同「月影式土器少考その 2 」『金沢市額新町遺跡』金沢市教育委員会 1995年。
(19) 楠正勝「弥生時代中期後葉から古墳時代前期前半の土器」『西念・南新保遺跡Ⅳ』金沢市教育委員会 1996年。
(20) 橋本澄夫「弥生文化の発展の地域性」『日本の考古学Ⅲ』河出書房新社 1966年。
(21) 前掲注（15）文献。
(22) 木田清「第Ⅴ章 若干の考察」『松任市八田小鮒遺跡』松任市教育委員会 1988年。
(23) 前掲注（18）文献。
(24) 前掲注（19）文献。
(25) 木田清「法仏式土器の認識と再認識」『石川考古学研究会々誌』第41号 石川考古学研究会 1998年。
(26) 前掲注（15）文献。
(27) 前掲注（18）文献。
(28) 前掲注（19）文献。
(29) 吉岡康暢「塚崎遺跡」『北陸自動車道関係埋蔵文化財調査報告書Ⅱ』石川県教育委員会 1976年。
(30) 前掲注（15）文献。
(31) 前掲注（18）文献。
(32) 栃木英道「月影式土器の成立」『シンポジウム「月影式」土器について』石川考古学研究会 1986年。
(33) 前掲注（17）文献。
(34) 前掲注（25）文献。

第Ⅰ章　年　代　論

(35) 前掲注 (16) 文献。
(36) 南久和「第5章 おわりに 第2節 土器について」『金沢市新保本東遺跡』金沢市教育委員会　1991年。
(37) 安英樹「北加賀地域の庄内式並行期の土器群の変遷」『庄内式土器研究Ⅶ』庄内式土器研究会　1994年。
(38) 前掲注 (13) 文献。
(39) 金沢市教育委員会『金沢市高畠遺跡―第1・2次発掘調査報告書』1975年。
(40) 橋本澄夫ほか「古府クルビ遺跡」『北陸自動車道関係埋蔵文化財調査報告書Ⅲ』石川県教育委員会　1976年。
(41) 前掲注 (15) 文献。
(42) 前掲注 (16) 文献。
(43) 大塚初重「福井市林遺跡の調査」『考古学集刊』第3巻第2号　東京考古学会　1965年。
(44) 大西青二・沼弘・橋本幹雄「福井県荒木遺跡の調査」『考古福井』第2号　福井考古学研究会　1970年。
(45) 赤澤徳則「福井県地域」『弥生土器を語る会20回到達記念論文集　ＹＡＹ！』弥生土器を語る会　1996年。
(46) 赤澤徳明・青木元邦・坪田聡子「福井県の弥生時代後期を中心とする土器編年の概要」『第9回東日本埋蔵文化財研究会 東日本弥生時代後期の土器編年』東日本埋蔵文化財研究会福島県実行委員会・福島県立博物館　2000年。
(47) 青木元邦「古式土師器の変遷」『長泉寺遺跡』福井県教育庁埋蔵文化財調査センター　1994年。
(48) 堀大介「越前における弥生時代後期から古墳時代前期前半の土器編年」『甑谷』清水町教育委員会　2002年。
(49) 金沢市教育委員会『金沢市近岡ナカシマ遺跡』1986年。
(50) 出越茂和「考察 北加賀における月影式土器の終焉～近岡ナカシマ遺跡2号溝出土土器をもとに～」前掲注 (49) 文献。
(51) 石川県立埋蔵文化財センター『宮永坊の森遺跡』1989年。
(52) 石川県立埋蔵文化財センター『倉部』1990年。
(53) 金沢市教育委員会『金沢市上荒屋遺跡Ⅰ 第2分冊』1995年。
(54) 石川県立埋蔵文化財センター『漆町遺跡Ⅲ』1989年。
(55) 松任市教育委員会『松任市横江古屋敷遺跡Ⅰ』1993年。
(56) 石川県埋蔵文化財保存協会『石川県小松市平面梯川遺跡Ⅰ』1995年。
(57) 前掲注 (55) 文献。
(58) 金沢市教育委員会『金沢市新保本町東遺跡・西遺跡 金沢市近岡カンタンボ遺跡』1985年。
(59) 魚谷鎮弘「福井県における「月影式」土器について」『シンポジウム「月影式」土器について』石川考古学研究会　1986年。
(60) 前掲注 (53) 文献。
(61) 石川県立埋蔵文化財センター『漆町遺跡Ⅱ』1988年。
(62) 福井県教育委員会『福井県鯖江市王山・長泉寺山古墳群』1966年。
(63) 兼康保明「近江地域」前掲注 (8) ａ文献によると、近江地域のⅤ－1様式に位置づけられる。
(64) ａ. 石川県立埋蔵文化財センター『猫橋遺跡』1997年、ｂ. 同『猫橋遺跡』1998年。
(65) 前掲注 (64) 文献、ａ. 金沢市教育委員会『金沢市西念・南新保遺跡』1983年、ｂ. 同『金沢市西念・南新保遺跡Ⅱ』1989年。

(66) 福井県教育委員会『安保山古墳群』1976年。
(67) 清水町教育委員会『甑谷』2002年。
(68) 清水町教育委員会『小羽山』1997年。
(69) 松任市教育委員会『松任市八田小鮒遺跡』1988年。
(70) 前掲注（65）b 文献。
(71) 前掲注（56）・（64）a 文献、松任市教育委員会『松任市一塚オオミナクチ遺跡Ⅱ』1998年。
(72) 前掲注（68）文献。
(73) 前掲注（56）文献、石川県埋蔵文化財センター『小松市平面梯川遺跡第2・3次発掘調査報告書』2000年。
(74) 金沢市教育委員会『金沢市二口町遺跡』1983年。
(75) 金沢市教育委員会『桜田・示野中遺跡』1991年。
(76) 松任市教育委員会『松任市宮永市カイリョウ遺跡 宮永市カキノキバタケ遺跡』1996年。
(77) 前掲注（68）文献。
(78) a. 大野市教育委員会『山ヶ鼻古墳群』1980年、b. 同『山ヶ鼻古墳群Ⅱ』1993年。
(79) 前掲注（56）文献。
(80) 松任市教育委員会『松任市中奥・長竹遺跡』2000年。
(81) 前掲注（75）文献。
(82) 鯖江市教育委員会『西山古墳群』1987年。
(83) 前掲注（62）文献。
(84) 石川県立埋蔵文化財センター『相川遺跡群』1992年。
(85) 前掲注（55）文献。
(86) 金沢市教育委員会『無量寺B遺跡Ⅲ・Ⅳ』1986年。
(87) 今立町教育委員会『見田京遺跡』1988年。
(88) 福井県教育庁埋蔵文化財調査センター『袖高林古墳群』1999年。
(89) 福井県『福井県史 資料編13 考古―図版編―』1986年。
(90) 福井県教育庁埋蔵文化財調査センター『坂井兵庫地区遺跡群Ⅱ（遺物編）』2005年。
(91) 前掲注（84）文献。
(92) 前掲注（52）文献。
(93) 松任市教育委員会『松任市中村ゴウデン遺跡』1989年。
(94) 野々市町教育委員会『長池・二日市・御経塚遺跡群』1998年。
(95) 野々市町教育委員会『高橋セボネ遺跡』1996年。
(96) 金沢市（金沢市埋蔵文化財センター）『千田遺跡』2002年、前掲注（55）文献。
(97) 福井県教育庁埋蔵文化財調査センター『長泉寺遺跡』1994年。
(98) 鯖江市教育委員会『天神山古墳群』1973年。
(99) 福井市教育委員会『福井市三尾野古墳群』1993年。
(100) a. 福井県教育庁埋蔵文化財調査センター『中角遺跡現地説明会資料』2002年、b. 同『中角遺跡現地説明会資料 土器図版』2002年。
(101) 前掲注（80）文献。
(102) 松任市教育委員会『松任市竹松C遺跡』1988年。
(103) 前掲注（93）文献。
(104) 前掲注（55）文献。
(105) 前掲注（95）文献。

(106) 金沢市教育委員会『金沢市額谷ドウシンダ遺跡』1984年。
(107) 石川県立埋蔵文化財センター『石川県金沢市戸水Ｃ遺跡 平成２・３年度発掘調査報告書』1993年。
(108) 前掲注（29）文献。
(109) 前掲注（59）文献。
(110) 福井県教育庁埋蔵文化財調査センター『茱山崎遺跡』1987年。
(111) 福井県教育庁埋蔵文化財調査センター『六条・和田地区遺跡群』1986年。
(112) 福井県教育庁埋蔵文化財調査センター『長屋遺跡』1986年。
(113) 石川県教育委員会『辰口町高座遺跡発掘調査報告』1978年。
(114) 松任市教育委員会『旭遺跡群Ｉ』1995年。
(115) 石川県立埋蔵文化財センター『高堂遺跡』1990年。
(116) 前掲注（76）文献。
(117) 金沢市（金沢市埋蔵文化財センター）『大友西遺跡Ⅱ 本文編』2002年。
(118) ａ．福井県教育庁埋蔵文化財調査センター『南江守大槙遺跡』1994年、ｂ．福井県教育委員会『東大寺領 糞置荘（図録編）』1976年、ｃ．福井県教育庁埋蔵文化財調査センター『大味地区遺跡群』1999年、ｄ．野々市町教育委員会『御経塚ツカダ遺跡（御経塚Ｂ遺跡）発掘調査報告書Ｉ』1984年。
(119) 福井市『福井市史 資料編1 考古』1990年。
(120) 前掲注（110）文献。
(121) 福井県教育庁埋蔵文化財調査センター『右近次郎西川遺跡』2002年。
(122) 金沢市教育委員会『金沢市寺中Ｂ遺跡Ⅲ』1992年。
(123) 前掲注（118）ｄ文献。
(124) 前掲注（13）文献。
(125) 前掲注（96）文献。
(126) 前掲注（88）文献。
(127) 前掲注（59）文献。
(128) 前掲注（123）文献。
(129) 金沢市教育委員会『金沢市松寺遺跡』1985年。
(130) 前掲注（96）文献。
(131) 前掲注（118）ｂ文献、前掲注（44）文献。
(132) 前掲注（97）文献。
(133) 福井市教育委員会『今市遺跡』1996年。
(134) 前掲注（59）文献。
(135) 金津町教育委員会『金津町埋蔵文化財調査概要 平成元年度〜５年度』1995年。
(136) 前掲注（52）文献。
(137) 石川県立埋蔵文化財センター『金沢市寺中Ｂ遺跡』1991年。
(138) 前掲注（118）ｄ文献。
(139) 前掲注（129）文献。
(140) 前掲注（65）ｂ文献、福井県教育委員会『太田山古墳群』1976年。
(141) 今立町教育委員会『戸板山古墳群』1986年。
(142) 前掲注（97）文献。
(143) 前掲注（100）文献。

(144) 前掲注（51）文献。
(145) 金沢市教育委員会『金沢市新保本町東遺跡』1991年。
(146) 金沢市教育委員会『金沢市下安原遺跡』1990年。
(147) 前掲注（118）d文献。
(148) 野々市町教育委員会『上新庄ニシウラ遺跡』1998年。
(149) 石川県立埋蔵文化財センター『畝田遺跡』1991年。
(150) 前掲注（59）文献、a.金沢市教育委員会『額新町遺跡』1995年。
(151) 前掲注（67）文献。
(152) 前掲注（111）文献。
(153) 石川県立埋蔵文化財センター『永町ガマノマガリ遺跡』1987年。
(154) 金沢市教育委員会『新保本町西遺跡Ⅲ』1992年。
(155) 前掲注（146）文献。
(156) 金沢市教育委員会『押野西遺跡』1987年。
(157) 前掲注（150）a文献。
(158) 前掲注（118）c文献。
(159) 前掲注（97）文献。
(160) 前掲注（67）文献。
(161) 石川県立埋蔵文化財センター『白江梯川遺跡Ⅰ』1988年。
(162) 前掲注（54）文献。
(163) 金沢市教育委員会『金沢市松寺遺跡（第2次）』1997年、前掲注（96）文献。
(164) 金沢市教育委員会『金沢市畝田・寺中遺跡』1984年。
(165) 前掲注（96）文献。
(166) 前掲注（18）a文献。
(167) 前掲注（97）文献。
(168) 前掲注（118）c文献。
(169) 前掲注（135）文献。
(170) 石川県立埋蔵文化財センター『漆町遺跡Ⅰ』1986年、前掲注（54）文献。
(171) 石川県埋蔵文化財保存協会『八幡遺跡Ⅰ』1998年。
(172) 松任市教育委員会『松任市旭小学校遺跡』1990年。
(173) 前掲注（96）文献。
(174) 金沢市教育委員会『田中A遺跡』1992年。
(175) 前掲注（58）・（164）・（170）文献。
(176) 前掲注（97）文献。
(177) 清水町教育委員会『小羽山古墳群』2002年。
(178) 前掲注（54）・（61）・（170）文献。
(179) 前掲注（39）文献。
(180) 前掲注（58）文献、前掲注（154）文献。
(181) 松任市教育委員会『松任市東相川D遺跡』1995年。
(182) 前掲注（61）・（170）文献。
(183) 前掲注（97）文献。
(184) 前掲注（61）文献。
(185) 金沢市教育委員会『金沢市沖町遺跡』1992年。

第Ⅰ章 年 代 論

(186) a . 福井市教育委員会『木田遺跡』1976年、前掲注（119）文献、前掲注（177）文献。
(187) 前掲注（186） a 文献。
(188) 前掲注（61）文献。
(189) 前掲注（61）文献。
(190) 前掲注（18）文献。
(191) 前掲注（19）文献。
(192) 前掲注（22）文献。
(193) 前掲注（19）文献。
(194) 前掲注（18）文献。
(195) 前掲注（25）文献。
(196) 前掲注（18）文献。
(197) 前掲注（15）文献。
(198) 前掲注（32）文献。
(199) 前掲注（25）文献。
(200) 前掲注（15）文献。
(201) 前掲注（16）文献。
(202) 前掲注（19）文献。
(203) 小西昌志「第 2 節 遺構の変遷 第 6 章 まとめ」前掲注（96）文献。
(204) 前掲注（16）文献。
(205) 前掲注（37）文献。
(206) 前掲注（54）文献。
(207) 前掲注（18）文献。
(208) 前掲注（36）文献。
(209) 前掲注（46）文献。
(210) 前掲注（47）文献。
(211) 久々忠義「古墳出現期の土器について」『富山平野の出現期古墳』富山考古学会　1999年。
(212) 高橋浩二「古墳出現期における越中の土器様相」『庄内式土器研究ⅩⅩⅡ』庄内式土器研究会　2000年。
(213) 赤塚次郎「Ⅴ 考察」『廻間遺跡』愛知県埋蔵文化財センター　1990年。
(214) 赤塚次郎「東海系のトレース─3・4世紀の伊勢湾沿岸地域─」『古代文化』第44巻第6号　古代学協会　1992年。
(215) 日本考古学協会新潟大会実行委員会『シンポジウム　東日本における古墳出現過程の再検討』1993年。
(216) 赤塚次郎「山中式土器について」『山中遺跡』愛知県埋蔵文化財センター　1992年。
(217) 赤塚次郎「濃尾平野における弥生時代後期の土器編年」『八王子遺跡』愛知県埋蔵文化財センター　2002年。
(218) a . 赤塚次郎「 3 世紀を中心とする東海地域」『古墳出現期の土師器と実年代 発表資料』　2002年、b . 同「東海地域としての土器様式」前掲注（9） b 文献。
(219) 前掲注（213）文献。
(220) 赤塚次郎「廻間Ⅰ式覚書92」『庄内式土器研究Ⅰ』庄内式土器研究会　1992年。
(221) 赤塚次郎「廻間Ⅰ・Ⅱ式再論」『西上免遺跡』愛知県埋蔵文化財センター　1997年。
(222) 前掲注（218）文献。

(223) 赤塚次郎「松河戸様式の提唱」『松河戸遺跡』愛知県埋蔵文化財センター　1994年。
(224) 赤塚次郎・早野浩二「松河戸・宇田様式の再編」『研究紀要』第2号　愛知県埋蔵文化財センター　2001年。
(225) 前掲注（49）文献、金沢市教育委員会『金沢市南新保D遺跡』1981年。
(226) 前掲注（59）・（97）・（135）・（140）文献。
(227) 原田幹「東海出土の北陸系土器―古墳時代初頭前後における広域土器交流の一様相―」『考古学フォーラム10』考古学フォーラム　1998年。
(228) a. 原田幹「上荒屋遺跡出土の「東海系」土器について」前掲注（53）文献、b. 同「東海系小型高杯考」『考古学フォーラム7』考古学フォーラム　1995年。
(229) 前掲注（213）文献。
(230) 前掲注（215）文献。
(231) 前掲注（213）文献。
(232) 寺沢薫「布留0式土器拡散論」『考古学と地域文化』同志社大学考古学シリーズⅢ　同志社大学考古学シリーズ刊行会　1987年。
(233) 藤田三郎・松本洋明「大和地域」前掲注（1）d文献。
(234) 寺沢薫・森井貞雄「河内地域」前掲注（1）d文献。
(235) 寺沢薫「畿内古式土師器の編年と二・三の問題」『矢部遺跡』奈良県立橿原考古学研究所　1986年。
(236) 青木勘時「大和・河内の庄内式土器―その出現から盛行期を中心として―」『庄内式土器研究ⅩⅠ』庄内式土器研究会　1996年。
(237) 前掲注（3）文献。
(238) 前掲注（233）文献。
(239) 前掲注（234）文献。
(240) 前掲注（235）文献。
(241) 米田敏幸「河内における庄内式土器の編年」『庄内式土器研究Ⅶ』庄内式土器研究会　1994年。
(242) 米田敏幸「庄内式土器研究の課題と展望―庄内式土器研究会10年―」『庄内式土器研究Ⅹ』庄内式土器研究会　1997年。
(243) 前掲注（236）文献。
(244) 前掲注（235）文献。
(245) 前掲注（236）文献。
(246) 前掲注（235）文献。
(247) 木下正史「書評 橿原考古学研究所編『纒向』」『考古学雑誌』第64巻第1号　日本考古学会　1977年。
(248) 関川尚功「纒向遺跡の古式土師器―纒向1～4式の設定」『纒向』桜井市教育委員会　1976年。
(249) 寺沢薫「布留0式土器の新・古相と二・三の問題」『箸墓古墳周辺の調査』奈良県立橿原考古学研究所　2002年。
(250) 前掲注（236）文献。
(251) 堀大介「大野盆地における古墳成立期の土器編年」・「銅鐸形土器について」『中丁遺跡』福井県教育庁埋蔵文化財調査センター　2003年。
(252) 前掲注（248）文献。
(253) 田原本町教育委員会『昭和57年度唐古・鍵遺跡第13・14・15次調査概報』1983年。
(254) 野島永・野々口陽子「近畿地方北部における古墳成立期の墳墓（1）・（2）」『京都府埋蔵文化財

第Ⅰ章　年　代　論

　　　　情報』第74号・第76号　京都府埋蔵文化財調査研究センター　1999・2000年。
(255)　前掲注（254）文献。
(256)　高野陽子「北近畿における弥生時代後期から古墳時代前期の土器様式」『古墳出現期の土師器と実年代シンポジウム資料集』大阪府文化財センター　2003年。
(257)　石井清司「丹後・丹波地域」前掲注（1）d文献。
(258)　豊岡市教育委員会『鎌田・若宮墳墓群』1990年。
(259)　前掲注（22）文献、藤田富士夫『古代の日本海文化』中公新書981　1990年。
(260)　中川寧「山陰の後期弥生土器における編年と地域間関係」『島根考古学会誌』第13集　島根考古学会　1996年。
(261)　前掲注（260）文献。
(262)　赤澤秀則『講武地区県営圃場整備事業発掘調査報告書5　南講武草田遺跡』1992年。
(263)　松山智弘「小谷式再検討―出雲平野における新資料から―」『島根県考古学会誌』第17集　島根考古学会　2000年。
(264)　前掲注（260）文献。
(265)　前掲注（235）文献。
(266)　前掲注（249）文献。
(267)　前掲注（213）文献。
(268)　前掲注（215）文献。
(269)　前掲注（213）文献。
(270)　前掲注（236）文献。
(271)　前掲注（2）文献。
(272)　a. 寺沢薫「大和弥生社会の展開とその特質―初期ヤマト政権形成史の再検討―」『橿原考古学研究所論集』第4　奈良県立橿原考古学研究所　吉川弘文館　1979年、b. 同「纒向遺跡と初期ヤマト政権」『橿原考古学研究所論集』第6　吉川弘文館　1984年。
(273)　前掲注（221）文献。
(274)　前掲注（218）文献。
(275)　a. 酒井龍一「弥生社会のしくみはどうなっていたか」『争点日本の歴史 第1巻 原始編』新人物往来社　1990年、b. 同「畿内弥生社会の時代的枠組―奈良大学文化財学科考古学の授業から―」『考古学論集3』考古学を学ぶ会　1990年。
(276)　前掲注（272）文献。
(277)　前掲注（248）文献。
(278)　小池香津江「古墳出現期・大和の地域構造に関する予察」『文化財学論集』文化財学論集刊行会　1994年。
(279)　山田隆一「古墳時代初頭前後の中河内地域」『弥生文化博物館研究報告』第3集　大阪府立弥生文化博物館　1994年。
(280)　前掲注（217）文献、赤塚次郎「前方後方墳の定着―東海系文化の波及と葛藤―」『考古学研究』第43巻第2号　考古学研究会　1996年。
(281)　宇野隆夫「前方後方形墳墓体制から前方後円墳体制へ―東日本からみた日本国家の形成過程―」『西谷眞治先生古稀記念論文集』勉誠社　1995年。

第2節　暦年代の再検討

はじめに

　遺物・遺構への絶対年代の比定は、考古学研究の重要課題のひとつである。古墳成立期に関していえば、古典的な考古学の方法論として、日本列島の考古学的事象と中国史書の記述を整合させる方法、列島に流入する舶載青銅器の年代観と共伴土器との対応関係から導き出す方法が用いられた。後で詳しく触れるが、前者には、近畿や瀬戸内を中心に盛行した高地性集落と倭国大乱とを結び付けた見解が知られ、後者には、北部九州を中心に舶載鏡の製作年代と、それを副葬した甕棺編年との比較研究があげられる。戦後の暦年代研究は諸方法論から飛躍的に進むが、一般的な比定の方法は、定点を設定した土器編年の按分法にもとづき、弥生土器・古式土師器・須恵器の各様式・型式数を機械的に割り振るものであった。しかし実際には、数十年単位の誤差を前提とする不安定なものであると同時に、多くの問題点も内包していた[1]。

　1990年代中頃までに整備された暦年代観は、定着した感はあったが、1996年に示された大阪府和泉市池上曽根遺跡の年輪年代測定法の結果によって揺らぎはじめた。大型掘立柱建物の柱根の伐採年代が紀元前52年の数値を示し、弥生中期末の土器と共伴する事実は、考古学界に衝撃をもたらした[2]。その是非については、いまだ解決しないものの、さまざまな論争を巻き起こし、定説化された暦年代観に警鐘を鳴らした。そればかりか、従来の考古学的な方法論を補完する新たな材料として注目を浴び、具体的な数値で暦年代を表示する段階の到来を予見させた。一方で、年輪年代測定法については反論も多く、国内で追検証できない状況はあったが、暦年代を改めて考え直す上で、良好なデータを提供したことだけは確かである。

　自然科学的方法論には、年輪年代測定法の他に、放射性炭素年代測定法、加速器質量分析法（AMS法）、カリウム・アルゴン法、熱ルミネッセンス法、電子スピン共鳴法、考古地磁気測定法などがあり、暦年代参考資料は急激に増加している。その最たる成果は、弥生時代の開始が紀元前千年頃まで遡るという見解である[3]。これらの是非をめぐる論争の決着はみていないが、自然科学の方法による数値はあくまで数値であって、考古学者は資料の取り扱いの慎重さと、考古学的方法論による綿密な検証を忘れてはならない。これまで暦年代に関する判断材料は少なかったが、近年の自然科学的方法による資料が増加し、ようやく考古資料とのクロスチェックをおこなう段階にさしかかっている。より精度の高さを求めるならば、測定データの増加を待つだけでなく、諸分野からの批判的検討をより深化させる必要がある。とくに、古墳成立期の社会像を東アジア的視野で論じる際に、暦年代は重要な意味をもつからである。

　本稿は、従来の定説化した暦年代に対して再検討を試みるものである。できれば、従来と異なる新しい暦年代観の提示を考えている。なにより強く意識したいのは、暦年代比定の客観性にある。そもそも暦年代については、各研究者の思惑もあって、統一された年代の構築には難しい部

分があった。たとえば、鏡の製作年代をひとつとっても、共通理解に至っておらず、舶載品の製作→使用→副葬・廃棄までに、どれくらいのタイムラグを想定するかで、歴然たる年代観の相違が生じていた。そのため、こうした齟齬を解消するための前提作業として、客観性をもたせた方法論の考案を目指したい。そこで、これまでの暦年代の研究史を概観し、問題点を抽出することからはじめる。

1　研究史

本項では、北部九州と近畿における弥生中後期と古墳早期の研究史を整理する。

（1）弥生中後期の研究史

北部九州の研究史を概観する。北部九州では、主に甕棺墓編年と副葬鏡との対比から暦年代が論じられてきた。こうした方法論は富岡謙蔵が嚆矢であり、当時は弥生時代が漢代に相当すると考えられた[4]。杉原荘介は、中国鏡の製作から副葬までの時間幅を約100年と見込み、弥生中期前半の城ノ越式土器を紀元前1世紀、弥生中期後半の須玖式を後1世紀とする暦年代を示した[5]。その後、中国の洛陽焼溝漢墓の発掘調査報告書が刊行されると[6]、これらの成果をもとに具体的な暦年代が試みられた。岡崎敬は、前漢鏡副葬の遺跡に王莽代の鏡が含まれないことを重視し、弥生中期後半は前1世紀、遅くとも後1世紀前半を遠く下らぬとした[7]。その後、弥生中期後半を紀元前1世紀後半から後1世紀前半の間と限定的にとらえ、後期前半の桜馬場遺跡と井原鑓溝遺跡を同時期とし、甕棺副葬の後漢代初頭に盛行する流雲文縁方格規矩四神鏡の存在から、57年の奴国王金印下賜を重視して1世紀後半、遅くとも2世紀前半は下らないとした[8]。

これらの見解は、中国鏡の製作から副葬・廃棄までの時間幅を、50～100年に見積もった点に特徴があった。それに対して橋口達也は、その期間を長期間に見積もらず、約30年と考えている[9]。甕棺の型式分類と編年から、中国鏡の出現年を起点とする型式按分を想定して、1型式＝約30年と機械的に割り振り、弥生前期と中期の境を前180年前後、中期と後期の境を紀元前後、弥生終末をほぼ3世紀中頃とする年代を提示した。柳田康雄は、前漢鏡を倭向けの文物として行先が決定されていたと考え、三雲南小路遺跡1号甕棺副葬の中国系文物が、絶対年代として操作なく即利用できるとし、中期中頃を楽浪郡設置頃、中期末の下限を西暦元年後の数年間に比定した。結果として、弥生中期の開始は橋口説より20年遡り、中期と後期の境は紀元前後という年代観に落ち着いている[10]。

また岡村秀典は、自らの漢鏡の編年に依拠し、北部九州の弥生中期後葉が前1世紀第2四半期、後期初頭が前1世紀後葉（近畿は1世紀第1四半期）を上限として考えた[11]。近年では、寺沢薫が弥生時代の暦年代を詳細に検討した[12]。北部九州の弥生後期を0～7様式の8小様式に編年し、中国鏡の製作年代と共伴する甕棺型式などの検討から、弥生後期の始まりを紀元前後に考えている。こうして暦年代研究は、中国鏡の研究とともに進んできたが、列島に舶載青銅器がもたらされた契機として、楽浪四郡の設置（前108年）、建武中元二（57）年の奴国王入貢による金印下賜、

第2節 暦年代の再検討

永初元（107）年の倭国王帥升等の入貢といった東アジアの情勢を念頭に置いている。また、中国鏡の副葬・廃棄までの時期設定と舶載品流入の契機が争点となり、それに併せて暦年代が揺れ動いてきた経緯がある。

次に、近畿の研究史を概観する。まず、田辺昭三・佐原真が、瀬戸内海を中心とした高地性集落の盛行を戦争状態と解釈し、弥生中期後半以降の石製武器の発達も併せて、中国史書にみる「倭国大乱」との関連性を指摘した[13]。倭国大乱の年代を示す「桓霊の間（147～188年）」の時期を弥生中期後半にあてている。この年代観によると、すでに北部九州は弥生後期に入っているため、当初から年代上の矛盾をはらんでおり、限られた資料のなかで、考古学的な事象が中国の歴史事件に引きずられた形となっている。後に、佐原はこの説を撤回しているが、当時の学界に与えた影響は大きく、弥生中期後半＝2世紀、弥生後期＝3世紀の説がここに定着した。

1980年代後半以降、暦年代の再検討が進む。寺沢薫と森岡秀人は従来の定説を再検討し、各自の新しい暦年代を提示した[14]。とくに、従来2世紀初頭前後に考えられた後期の開始期を、さらに遡らせた点が新しい。寺沢は、1世紀第3四半期内におさまるとしたのに対し、森岡は、第3四半期初めあたりに考えた点で、両者の見解は若干異なっていた。これは、舶載品の流入時期をめぐる年代の相違に起因する。たとえば、発行期間の短い貨泉が弥生後期前葉の土器と共伴したことから、寺沢は、暦年代決定の良好な資料としながらも慎重な姿勢をとったのに対して、森岡は、北部九州との年代差の収差を計るため、近畿への流入時期を寺沢より古く考えた。こうして、弥生中期と後期の境は北部九州が紀元前後、近畿が1世紀中頃として定着した感はあったが、それでも半世紀程度の時間的な隔たりはあった。

1990年代後半になると、これらを埋める見解が提示された。具体的には、年輪年代測定法によって池上曽根遺跡の大型掘立柱建物の柱根が前52年という伐採年を示し、柱穴埋土中の出土土器が中期末（和泉Ⅳ-3様式）に位置づけられた。この成果をもとに、秋山浩三は弥生後期の始まりを20年付近とし、1世紀前葉に開始期を引き上げて考えた[15]。寺沢・森岡の想定年代を遡るだけでなく、弥生中期の終焉と後期の開始の境は、紀元前後に接近する時期となる。また、小山田宏一によって北部九州の弥生後期の年代自体が引き下げられた。小山田は、吉備系高杯を媒介に北部九州と近畿の土器編年の併行関係を検討し、中期後半の立岩式（橋口編年のKⅢb・KⅢc）を後期前葉、従来の後期初頭の桜馬場式を下げて考え、近畿のⅤ様式と時間差なく開始することを主張した[16]。

近畿における弥生後期が、1世紀前葉を遡らないことを考えると、この見解は、紀元前後に極端に遡った北部九州の中後期の年代観への警鐘を鳴らした点で大きな成果であり、他地域との比較検討のなかで位置づけることの重要性を再確認させた点で評価できる。しかし寺沢薫は、北部九州の土器編年を再検討し、立岩式（橋口編年のKⅢb・KⅢc）と桜馬場式（橋口編年のKⅣa）の間に、後期0・1様式（KⅣ＋）を設定し、小山田らの立岩式を1世紀まで下げる見解に対して、極端な考えとして批判した。逆に、畿内の後期Ⅴ-0様式と北部九州後期2様式との併行関係から、近畿における弥生後期の開始を1世紀の中頃付近に考えており、従来の近畿の1世紀中頃、北部九州の紀元前後という見解を補強した[17]。

（2）弥生時代の終焉と古墳時代の開始

　古墳時代早期の暦年代は、これまでさまざまな見解が提示されてきた。まず関川尚功は、纒向2・3式（庄内式）の開始を3世紀に遡らない4世紀初頭頃と考え、纒向4式（布留1式）の開始期を4世紀中葉前後とした[18]。森岡秀人は、後漢王朝滅亡と三国鼎立という歴史的契機を重視し、弥生時代の終わりと弥生時代終末期（庄内式期）の始まりを3世紀前葉に求めた[19]。その後も森岡は、庄内式の問題に精力的に取り組み、最新の成果も積極的に取り入れ、庄内式を200年から270年とする年代観に落ち着いている[20]。寺沢薫は、奈良県矢部遺跡の編年[21]、その後の『王権誕生』[22]においても、一貫して庄内式の開始を3世紀初頭にみている。こうした3世紀初頭の見解には、204年の帯方郡設置という歴史的な大事件が根底にあると考えられる。

　小山田宏一も、萩原1号墓の画文帯同向式神獣鏡と共伴土器との関係から、庄内式の始まりを3世紀初頭と考えた[23]。画文帯同向式神獣鏡の型式変化から製作年代を3世紀第2四半期と規定し、出土土器を黒谷川Ⅱ式、寺沢編年の庄内1～2式に位置づけ、1様式＝25年に考えて2小様式遡った庄内式の始まりを約200年とする。ただ、同向式の製作年代について、2世紀後葉に出現する見解[24]、2世紀後葉から3世紀初頭の製作を考える見解[25]、3世紀第2四半期を中心とする製作年代[26]、呉の「衆万人」を率いた使者の記事から233年以降に製作の契機をみる見解[27]がある。製作自体は3世紀前半期とみて大過ないが、これを根拠として庄内式の開始期を規定するのは難しい。

　次に、北部九州の庄内式併行期をみてみる。庄内式併行期の土器様式として西新式が設定された。甕棺型式でいえば、桜馬場式・三津式の後続として日佐原式、橋口編年のＫⅤc・d式が相当する[28]。これは、石蓋土壙墓に近接する甕棺を指標とする。この時期の埋葬施設は、甕棺に代わって石棺や木棺が主体を占め、確実にこの時期の土器にともなって漢鏡が出土することは少ない。そのため、漢鏡の年代観がそのまま出土遺構の年代にあてはめられ、内行花文鏡を出土した墓には、機械的に弥生後期後半～終末期という年代を付与しているのが実状である。近年では、寺沢薫が甕棺、箱式石棺などの庄内式併行期の出土鏡を詳細に検討しており、北部九州の土師器1・2様式期には、模倣鏡、復古鏡、踏み返し鏡などが増えるため、鏡の製作年代をダイレクトに暦年代に反映させる近年の傾向に対して警鐘を鳴らす[29]。畿内と北部九州の事例を検討しても、庄内式併行期（古墳早期）の始まりを200年にみることを再度強調した。いずれにせよ、庄内式の開始＝3世紀初頭説は、現在では多くの考古学者によって支持されている。

（3）まとめ

　北部九州では、中国鏡などの舶載品と共伴土器から、鏡の製作・廃棄の時間幅をしだいに短く見積もることにより、弥生中後期の暦年代の遡上が進んでいる。現時点での弥生後期の開始は、1世紀前半から中頃とみる立場、紀元前後におく立場、前1世紀後葉を上限とする立場はあるが、近年ではその時間幅を長期間見積もる必要がないという見解が主流となっている。また、近畿における弥生後期の開始は、3世紀代あるいは2世紀代という当初の見解から、1980年代以降、部

分的な舶載品の流入と共伴土器の検討をもとに、1世紀前半代まで遡る結果となっている。それは、主に鋳造や発行期間が限定できる貨泉と共伴土器の資料からであった。

　しかし、貨泉の鋳造年代の開きから、1世紀中頃まで下げる見解、中間の1世紀第2四半期とした見解が主流であるが、1990年代中頃以降、自然科学的方法論の導入によって、弥生後期の上限を1世紀第1四半期まで遡らせている。結果的に、両地域の視点に立って併行関係を導くと、北部九州と近畿は編年上、弥生後期の開始期に若干の時間差が認められる。現在では、弥生後期の開始期は北部九州の紀元前後、近畿と周辺地域の1世紀前葉～中葉という見解に落ち着いている。さらにいえば、新の王莽による撫恤政策、奴国の後漢朝貢という歴史的な事件を契機として論じられてきた経緯がある。

　一方、古墳早期に関しては、従来の漢鏡の製作年代による年代比定が困難な時期でもある。それは、北部九州において甕棺への鏡副葬例が少なくなったこと、後漢王朝の衰退から破鏡の伝世という要素が主張されたこと、仿古鏡、踏み返し鏡の出現が大きい。また、古墳前期に関しては、出現期古墳出土の画文帯神獣鏡の製作年代から早期の始まりを規定している。近年の共通見解としては、庄内式併行期の始まりを200年とみるのが一般的であり、その歴史的な契機としては、204年の帯方郡設置に想定することが主体的である。

2　方法論

（1）按分法の検討

　本稿の方法論を整理する。白石太一郎は、「実際の年代想定作業で強く要請されるのは、一面的・部分的な年代比定をさけ、その前後の時期をも含めて合理的な説明のつく、総合的、長期的な暦年代観を樹立すること」と言及した[30]。暦年代の研究は、土器編年の精緻化に力を注ぎ、暦年代参考資料と共伴資料の相対年代を、クロスチェックさせて年代比定をおこなってきた。だが、いまだ統一見解を得ないのはどうしてだろうか。同様な方法論にもとづいて共通の資料を扱えば、同じ結果となるはずである。その原因には、大きく2点があるようだ。第一は、土器編年による按分法をとる場合、1小様式にどの程度の時間幅を与えるか、第二は、按分する際に定点をどのように設定するのかという問題である。

　第一の問題を整理すると、まず、土器編年に均等な時間幅を与えたのは、橋口達也が最初であった。先に触れたように橋口は、甕棺の精緻な編年を構築し、1型式＝約30年を機械的に割り振った年代で考えた[31]。近畿では、寺沢薫が畿内の弥生土器Ⅴ様式の暦年代を、1世紀第3四半期から3世紀第1四半期を150年とした場合、様式0～5までの都合6様式で割った平均25年とし、須恵器の1型式20年の目安は、この段階の土師器様式にもほぼ適応できるとした。そして、弥生時代の終わりを3世紀初め、須恵器生産の開始を5世紀初めとし、約200年間を都合10の様式で割り、1様式20年（ほぼ1世代）というスケールを用いた。布留0式の年代観も、方法論としては機械的であるとした[32]。また米田敏幸は、布留式最新の時期が好太王碑文や応神天皇の没年に近い400年とする年代観を前提に、250～400年の間を、新しい部分の庄内2型式と4型式の計6

型式に割り振り、1型式＝25年をおおまかな目安とした[33]。

　これらの見解は、1様式に同じ時間幅を与えたが、一方で、様式や型式の基礎単位が、同一の年代尺度をもたない見解もあった。小山田宏一は、紀元以前を1小様式＝40年、紀元以後400年までを1小様式＝30年、須恵器出現の400年以降を1型式＝25年という異なる保有時間で考えた[34]。森岡秀人も、庄内式と布留式の土器生産構造の違いに着目し、型式変遷の時間配分を意識的に異ならせている。そして、庄内式Ⅱ期を220年以降の30年間に設定し、短く見積もった庄内式Ⅲ・Ⅳ期は、250～270年頃という年代幅を提示した[35]。布留式は緩慢に、庄内式は変化サイクルが早く、なかでも庄内式Ⅲ・Ⅳ期は10～15年の短期間の経過であったとした。

　こうして暦年代の比定は、定点を設定して様式・型式の数で均等割する按分法が一般的に採用されたが、時間幅の設定は研究者により異なっていた。時間幅を均等とみる橋口・寺沢、不均等とみた小山田・森岡のように、見解は分かれている。1様式に対する時間幅の見積もりは恣意的であり、1世代＝25～30年という時間幅を便宜上使用したに過ぎない。その時は仮設であったにもかかわらず、それが自明のものとして一人歩きしているようにも思える。均等な時間幅を有する証明もなく、考古資料から導き出された相対的な年代に、1型式＝何年と機械的な暦年代を与える方法論自体に問題があるのかもしれない。当然、経験則や感覚的に時間幅を見積もる考えは出てくるし、同じ時代のなかでもそれを異ならせる方法にもつながる。

（2）定点設定による按分法

　土器の生産体制あるいは土器量によって、1様式・1型式の時間幅を異ならせることは正論のように聞こえる。それこそ弥生後期の土器は、中期と比べて異なる製作方法や生産体制から短く見積もり、古式土師器も同様に専業性の高さから変化のサイクルを早く考えることは当然かもしれない。しかし、本当に生産体制や土器量の違いから、速度を変化させて考え、さらに古墳時代にむかって、本当に速くなっていくだろうか。土器の変化に遅速を想定することに対して、私は疑問をもっており、むしろ別の要素が強いと考えている。たとえば、流行という概念や全時代的に共通する一世代という見解が理解しやすく、むしろ生産体制や土器量とは切り離して考えるべきである。

　民族例などを例にあげても、土器の変化は、他との競合関係のなかで絶えず形を変え、ある形態や文様が流行すれば一斉に盛行するし、変化の単位では、親から子へ、あるいは師から弟子へといった画期の方が強いように思う[36]。ものの緩慢な変化が未成熟、ものの急速な変化が成熟した社会を想定するとしても、その証明となると難しい。社会が大きく変革した場合、土器の形態も一新することはあるが、それを除けばものの変化は、漸移的に進行すると考える方が自然である。また弥生土器の場合、後期以降は微妙な変化にもとづく編年の細分化が進むが、中期となるとそのレベルに到達していないと思う。現時点で厳密な検討を抜きに、時間幅の長短をつけることは危険である。

　結論からいえば、条件つきだが、定点を決めて均等で機械的に按分する方法に妥当性を認めたい。それぞれの思惑によって意図的にずらす定点の設定や、異なる時間幅を与える按分法は採用

しない。それは、暦年代観が経験則に傾倒してしまうからである。逆にいえば、按分法以上に客観性をもたせる方法論が思いつかないこともある。ただし、按分法の採用には相応の説得性も必要となる。その点からも、私が構築した土器編年は、土器の属性を数値化した分類にもとづき、遺構などの検証によっても同様な時間幅をもち、均質性を意識した編年に仕上がっている。これらを採用すれば、できる限り客観性の高い暦年代の構築が可能となるが、その適用には定点設定が重要課題で、暦年代参考資料の扱い方が問題となる。

(3) 定点の問題

　第二の問題として定点の設定がある。年代の設定には4つの方法がある。①遺物に直接年代・年号が明記された場合、②文献などで確実に年代比定できる遺跡と共伴遺物の場合、③年代の判明する遺構・遺物と共伴遺物の場合、④歴史的事件と遺跡・遺構・遺物の考古学的な事象とを結び付ける場合である。それぞれに問題点はある。①の場合は、直接年代が判明する点で有効だが、記載・記録までの時間経過の点で問題は残る。②の場合も年代が特定可能な一級資料であるが、古墳成立期の事例となると皆無に等しい。文献などで古墳被葬者の特定が難しい現状では、それを根拠とすることはできない。③の場合は、舶載鏡などの考古資料、自然科学的な年代測定値のように、年代比定できる遺物があったとしても、共伴遺物のタイムラグをどれだけ見積もるかの点で課題は残る。④の場合は、研究史で明らかのように、歴史事件を根拠とした年代比定は危険性をともなう。

　古墳成立期においては、①・②・④は問題外として、③については、遺物・遺構の製作年代と共伴する遺構・遺物の時間的な隔たりを解消できれば、最も有効な手段となる。また本稿では、具体的な数値がはじき出される点で、自然科学的方法論の測定値を補助的に用いる。この援用には批判もある。寺沢薫は、同じ土器型式であっても、年輪年代測定法の測定データにはかなりの年代幅があり、あるいは型式組列に対して測定データは、逆転した数値を示すことがあること、伐採年代の算出法について検討の余地があること、などをあげて痛烈に批判した[37]。こうした年輪年代測定法の問題点も指摘されているため、追検証できない自然科学的な年代測定値については、取り扱いに関して注意を要したい。

　では、どこに定点を見出すべきだろうか。貨泉などの年代を限定できる良好な資料が、広範にわたって弥生後期前葉の土器と共伴した点で、弥生後期の開始期を定点とするのが最も妥当だと判断する。下限については、古墳早期の開始期、布留0式期、古墳時代須恵器編年では納得のいく定点の設定が難しいため、確実だとされる8世紀初頭の平城宮Ⅰの開始期まで下って設定する。自然科学的年代法による数値には、先に触れたような危険性も考えられるため、あくまで検証方法として利用する。考古学的方法によって導き出された暦年代が、自然科学的年代測定値による暦年代参考資料の数値、あるいは推定年代と離齬なく一致することを理想としたい。最後に、④にみる東アジアの動向と時代区分の画期が一致すれば、新たに提示した年代観の正当性を証明してくれる。

3 暦年代の比定

（1）定点の設定

　弥生後期の始まりの定点年代を規定する。先に触れたように、小山田宏一は、弥生後期初頭の吉備系高杯を介して、近畿と北部九州の併行関係を検討した結果、従来後期初頭に位置づけられた桜馬場遺跡・井原鑓溝遺跡の年代を引き下げ、併せて従来の立岩式期を中期後半から後期初めに編成し直した(38)。しかし、この見解は寺沢薫によって批判がなされた。寺沢は、北部九州の弥生後期の編年を8様式に再構築し、後期0・1様式を甕棺Ⅳ＋型式、畿内の後期・Ⅴ－0様式以降の6様式と、北部九州の後期2様式以降の6様式を併行させた(39)。結局、北部九州と畿内の編年の時間的な齟齬は、近畿側の研究者からの見直しによって整備されつつある。畿内との併行関係については、以前に北陸の土器編年を中心に検討したため、北部九州以東における定点設定が可能となっている。ここでは、弥生後期土器と製造年代の判明した資料との共伴例が数多く存在する点を重視して、貨泉などの舶載品を年代特定の最も有効な材料と考える。

　貨泉とは、新の王莽が前漢の幣制を改めて発行した円形方孔の銅銭である。『漢書』食貨志では天鳳元（14）年、『漢書』王莽伝では地皇元（20）年に鋳造を開始し、後漢の建武十六（40）年に光武帝が王莽銭を廃止して五銖銭の制が復活するまで、大泉五十や前漢の半両・五銖などとともに流通していた(40)。貨泉は径一寸、重さ五銖と規格が定められ、廃止後も官民問わず盛んに作られた。高倉洋彰は、戴志強・謝世平の第Ⅰ～Ⅲ類を紹介し、後漢代にも製造されること、約20～25年の間にも微妙な形状の変化が認められるとした(41)。長崎県・佐賀県・熊本県・福岡県などの九州に多く、広島県・岡山県・京都府・大阪府に分布し、東は新潟県・秋田県・青森県・北海道にまで及ぶ。現在は34遺跡を数え、総計81枚を算する(42)。とくに、大阪府大阪市瓜破遺跡、同八尾市亀井遺跡、同東大阪市巨摩廃寺遺跡、岡山県高塚遺跡、鳥取県青谷上寺地遺跡などの資料は、弥生後期の開始期を決定する上で最大の根拠となっている。

　詳細にみると、瓜破遺跡では、貨泉（第Ⅲ類）1枚が大和川河川敷の土坑から出土し、その上層では後期前葉の小型鉢と共伴した。下層出土の台付無頸壺について、文殊省三は第Ⅳ様式の範疇(43)、寺沢薫はⅤ様式の早い時期を想定した(44)。亀井遺跡では、Bトレンチf9区Ⅷb層（黒色粘土）から貨泉（第Ⅲ類）3枚が出土した。層内は前半を含む後期後半を主体とした土器であるが、第Ⅴ様式前葉に特定する見解もある(45)。同遺跡H－3地区土坑SK3004第1層では、貨泉（第Ⅰ類）と弥生中期後葉から後期前葉の土器が共伴した(46)。巨摩廃寺遺跡では、貨泉（第Ⅲ類）が後期Ⅴ（Ⅲ）面の第2方形周溝墓を切る自然河川の西側肩から出土し、共伴土器は後期前葉に位置づけられた(47)。高塚遺跡袋状土坑18出土の25枚の貨泉（第Ⅰ～Ⅲ類）は、五銖銭が1枚も混入しない点から、57年に近い時期に楽浪郡経由で入手し、土器1型式以内の廃棄と推測された。共伴土器は、百間川編年の弥・後・Ⅰの第3段階、1世紀第3四半期とみて、2型式分の介在を根拠に後期の開始を1世紀前半とした(48)。青谷上寺地遺跡溝状遺構SD62上面出土の貨泉4枚（第Ⅰ～Ⅲ類）は、後期前葉の土器とともに出土した(49)。近畿・瀬戸内・西部日本海沿岸で発見される

貨泉は、弥生後期前葉の土器との共伴例が確認されている。

　貨泉を根拠とすることに慎重な意見もある。高倉洋彰は、日本列島出土の貨泉について、①新代末期から建武十六（40）年を下限とする後漢初頭にかけての鋳造品の可能性があること、②貨泉出土遺構の多くは、弥生後期中頃～後半ないし後半～終末の例から、順次廃棄または埋納された可能性があり、日本への流入にかなりの時間幅があること、③中国では後漢代に入っても鋳造され、日本では中世に再び流通することを根拠に、暦年代への利用に注意をうながした[50]。寺沢薫も、近畿Ⅴ-0様式にともなう貨泉は後漢初期のものを多数含むとし、後期の開始は1世紀の第2四半期でも後半以降、製作から廃棄までの履歴を考慮すれば、いかに時間差を切り詰めても、第3四半期に比定することが肝要だとした[51]。その後の論考でも見解は変わらず、貨泉の出土をもって22年以前の所産とみることに警鐘を鳴らした[52]。たしかに、弥生後期以降の流通と私鋳銭の製造は否定できない事実であり、これまでも貨泉と共伴した弥生土器の年代比定に対する批判はみられた。だが、弥生後期前葉との共伴例が集中することから、貨泉を暦年代の参考資料として用いることに異論はない。

　定点の根拠は他にも指摘された。秋山浩三は、池上曽根遺跡の年輪年代測定値を用いて、前52年と触れ合うⅣ-3様式（古相）と、後期初頭Ⅴ-0様式の開始期までに2様式が存在しており、従来漠然と設定された1様式の平均時間幅の約30～50年を見積もって、貨泉の共伴するⅤ-0様式の始まりを、貨泉初鋳年とされる14年あるいは20年に限りなく近接すると考えた[53]。弥生後期の始まりは、1世紀初頭ないし前葉となる蓋然性が高く、20年くらいを想定し、従来の森岡が想定した年代より遡る可能性を示唆している。田中清美は、五銖銭が後1世紀第1四半期と推定される弥生中期末頃に流入し、貨泉第Ⅲ類の投棄される弥生後期前葉を1世紀第2四半期頃と考えた[54]。池上曽根遺跡の年輪年代測定法の成果と、大藪遺跡の後期中葉の大型建物の柱の伐採年代が51年に近い結果からも矛盾は生じず、寺沢が注意をうながした後漢初期の貨泉第Ⅲ類の評価を加えても問題はないとした。

　森岡秀人は、従来の見解に対して軌道修正をおこなった。後期開始小様式との関係では近畿中心部との落差から、近畿の後期の始まりを1世紀前半でも第1四半期にかかり、北部九州―近畿―東海が比較的時間の差異のない横並びの入手時期を想定し、同時に破鏡の風の第一波が、その後の盛行期とは別に、後期前半に東海以西の広い地域を覆っていたとした[55]。一方、西日本一帯を覆う舶載品の数々には、いくつかの流入の契機が考えられる。たとえば、前漢代であれば、平帝代の前5年、新の王莽による撫恤政策、王莽上奏文にみられる5年の東夷王朝貢の記述がみえるため、後漢の光武帝の建武中元二（57）年の金印賜与に先立つ前漢系遺物の流入の希望的観測が想定できる。

　私は、北部九州以東地域の弥生後期の開始期を、1世紀第1四半期末頃（20年頃）とする見解を支持したい。近年の自然科学的方法論の成果もさることながら、近畿・瀬戸内の貨泉はⅠ類からⅢ類までが混じって出土し、その製作が後漢初期まで下ることはあるが、それを根拠に弥生後期の開始期を1世紀の第3四半期に下げる必要はないと思う。貨泉出土遺構の共伴土器が、弥生後期前葉という時間幅で存在することが最大の理由であり、近畿Ⅴ-0様式に限定できるもので

はないこと、25年の後漢王朝成立という歴史的大事件を重視するからである。後期前葉という時間幅（20～60年）のなかに、貨泉第Ⅰ～Ⅲ類の製作時期と日本列島への流入期間が収まる考えである。

　次に、どこに定点の終わりを設定したらよいか。7世紀前葉から8世紀末までの約200年間は、飛鳥編年（Ⅰ～Ⅴ）[56]と平城宮編年（Ⅰ～Ⅶ）[57]が設定されており、飛鳥Ⅰは田辺編年の高蔵217型式、飛鳥Ⅴは平城宮Ⅰとの併行関係が示された。飛鳥Ⅰについては、7世紀初頭や7世紀中頃という見解がある点、高蔵209型式と高蔵217型式の明確な線引きが難しい点、高蔵217型式の細分化と飛鳥Ⅰとの対応関係の問題点などの不安材料がある。そのため、定点の設定として適当でない。飛鳥Ⅴと平城宮Ⅰをみると、藤原宮先行条坊SD1901Aでは、飛鳥Ⅳの土器とともに天武天皇十一～十三（682～684）年に相当する干支を記した木簡が発見され、687年の持統天皇遷都直前まで機能している[58]。平城宮東方官衙SD105中下層から飛鳥Ⅴの土器が出土し、694～710年に位置づけられた[59]。左京三条二坊七・八坪長屋王邸跡SD4750では、平城宮Ⅰ（飛鳥Ⅴ）・Ⅱの土器とともに、最新の紀年木簡として霊亀二（716）年のものが出土したため、平城宮遷都（710年）後の極短期間に投棄されたことが分かっている[60]。これらの点を考慮して、ここでは飛鳥Ⅳと平城宮Ⅰ（飛鳥Ⅴ）の間を700年頃に設定する。

（2）各様式・型式の時間幅の検討

　各様式・型式がもつ時間幅について検討する。第一に、土器の漸移的な変化を前提とする。それは、以前に土器編年で試みた各形式の型式組列を数値化した結果からである[61]。北陸南西部で一定量出土する高杯Ａ・Ｂ、器台における口縁部の開口率（Ｘ軸）と伸び率（Ｙ軸）、装飾器台における受部径の縮小（Ｘ軸）と口縁部の伸び率（Ｙ軸）との相関図をみると、ドットが連続的に途切れることなく分布していた。これは、土器が一定の方向性をもち漸移的に変化したことを示している。しかも、グルーピングした細分類は、遺構の切り合いや同一遺構内の層序の検討によって、時系列に沿ったものであることもすでに検証している。しかし、たとえ均質な土器分類にもとづいた編年であっても、各様式・型式が同じ時間幅をもつことの証明にはならない。それは、先に触れたように、時期別で変化の速度が異なる可能性が指摘されたからである。

　次に、均等な時間幅の証明には、同遺跡内における特定遺構の同時併存性の検討が必要である。実際に、集落における住居の方向・切り合いの検討から、一定数の住居が何段階かにわたり変遷している[62]。1様式に不均等の時間幅を見積もるならば、一時期の住居数の違いとなってあらわれるが、ほぼ同等数で変遷することは、各小様式が同様な時間幅をもった証拠にもなる。そのため、古墳成立期の18様式に関しては、1様式に均等な時間幅を与えることを前提とする。森岡秀人は、近畿のⅤ期を前後に二分した場合、遺跡数・土器量・建物重複度から前半期は短いものと指摘した[63]。仮に、北陸南西部の弥生後期を前半・後半に分けた場合、様式の画期は後期前葉と後期中・後葉間に認められる。後期前葉の甑谷・猫橋式は2小様式、後期中・後葉の小羽山・法仏式は4小様式とみたが、1様式の同じ時間幅を想定すれば、後期前半と後半は1：2の割合となり、不均等さを見込んだ森岡の見解も首肯できる。

西暦	時代		北部九州	畿内	北陸
B.C.	弥生後期	初葉	後期0様式		
A.C. 20			後期1様式		
40		前葉	後期2様式	Ⅴ-0様式	甕谷1式
60			後期3様式	Ⅴ-1様式	甕谷2式
80		中葉	後期4様式	Ⅴ-2様式	小羽山1式
100			後期5様式	Ⅴ-3様式	小羽山2式
120		後葉	後期6様式	Ⅵ-1様式	小羽山3式
140			後期7様式	Ⅵ-2様式	小羽山4式
160	古墳早期	前半	土師器1様式	庄内0式古	風巻1式
180				庄内0式新	風巻2式
200		後半		庄内1式	風巻3式
220			土師器2様式	庄内2式	風巻4式
240	古墳前期	前葉		庄内3式	長泉寺1式
260				布留0式古	長泉寺2式
280				布留0式新	長泉寺3式
300		中葉		布留1式	長泉寺4式
320				布留1式新	長泉寺5式
340		後葉		布留2式古	木田1式
360				布留2式新	木田2式
380				布留3式	木田3式
400	古墳中期		須恵器→	Ⅰ期前期古段階・大庭寺窯式	
420				Ⅰ期前期新段階・高蔵寺73号窯式	
440				Ⅰ期中期古段階・高蔵寺216号窯式	
460				高蔵208型式古段階(大野池46型式)	
480				高蔵208型式新段階	
500	古墳後期			Ⅰ期後期古段階・高蔵寺23号窯式	
520				Ⅰ期後期新段階・高蔵寺47号窯式	
540				Ⅱ期前期古段階・陶器山15号窯式	
560				Ⅱ期前期新段階・高蔵寺10号窯式	
580				Ⅱ期前期新段階・陶器山85号窯式	
600				Ⅱ期後期中段階・高蔵寺43号窯式	
620				Ⅱ期後期新段階・高蔵寺209号窯式	
640	飛鳥時代		飛鳥Ⅰ	Ⅲ期初期・高蔵寺217号窯式古段階	
660			飛鳥Ⅱ	Ⅲ期前期古段階・高蔵寺217号窯式新段階	
680			飛鳥Ⅲ	Ⅲ期前期新段階・高蔵寺46号窯式	
700			飛鳥Ⅳ	Ⅲ期後期・高蔵寺48号窯式	
720			飛鳥Ⅴ・平城Ⅰ		

第46図　暦年代の設定

その後続はどうだろうか。細分化の進む須恵器編年を参考とする。田辺昭三は、初期須恵器（高蔵73型式古段階）から7世紀（高蔵48型式）までを15の型式[64]、山田邦和は、同期間をⅠ期前期古段階（大庭寺窯式）からⅢ期後期（高蔵寺48号窯式）までの15の型式に細分化した[65]。両者の違いをみると、田辺編年では高蔵208型式を古段階と新段階に分けたが、山田編年ではⅠ期中期新段階（高蔵寺208号窯式）としてひとつにまとめた。また山田編年では、田辺編年の高蔵217型式をⅢ期初期（高蔵寺217号窯式古段階）とⅢ期前期古段階（高蔵寺217号窯式新段階）の2つに分けている。山田編年をもとに田辺編年で補えば、初期須恵器（大庭寺231・232型式）以降、平城宮Ⅰまでを16の型式に設定可能である。

内訳をみると、①Ⅰ期前期古段階（大庭寺窯式）→②Ⅰ期前期新段階（高蔵寺73号窯式）→③Ⅰ期中期古段階（高蔵寺216号窯式）→④高蔵208型式古段階（大野池46型式）［田辺編年］→⑤高蔵208型式新段階［田辺編年］→⑥Ⅰ期後期古段階（高蔵寺23号窯式）→⑦Ⅰ期後期新段階（高蔵寺47号窯式）→⑧Ⅱ期前期古段階（陶器山

第Ⅰ章 年代論

15号窯式)→⑨Ⅱ期前期新段階(高蔵寺10号窯式)→⑩Ⅱ期後期古段階(陶器山85号窯式)→⑪Ⅱ期後期中段階(高蔵寺43号窯式)→⑫Ⅱ期後期新段階(高蔵寺209号窯式)→⑬Ⅲ期初期(高蔵寺217号窯式古段階)→⑭Ⅲ期前期古段階(高蔵寺217号窯式新段階)→⑮Ⅲ期前期新段階(高蔵寺46号窯式)→⑯Ⅲ期後期(高蔵寺48号窯式)となる。ちなみに、①の初期須恵器の段階は、大賀克彦編年の古墳中期Ⅰを想定しており[66]、⑬〜⑯の4型式は飛鳥編年のⅠ〜Ⅳに対応するものと考える。

以上の点から、定点から定点までは、弥生後期から古墳前期の18様式、古墳時代中期以降の16型式、合計34の様式・型式を想定する。これらのもつ時間幅の均等性に関する証明は難しいが、本稿では最も細分化された編年であるため、均等な時間幅をもつことを前提として論を進める。

(3) 暦年代の仮説 (第46図)

先の定点をもとに、弥生後期開始を1世紀第1四半期末 (20年) を上限として、平城宮Ⅰ開始の8世紀初頭 (700年) を下限に設定すれば、約680年間という期間が割り出せる。補助的な定点は設けず、34の数で機械的に割り振ると、1様式・型式＝約20年という時間幅が想定できる。すると、弥生後期は6小様式から20〜140年の120年間、古墳早期は4小様式から140〜220年の約80年間、古墳前期は8小様式から220〜380年の160年間、古墳中期は5小様式から380〜480年の100年間、古墳後期以降は11小様式から480〜700年の220年間という暦年代が提示できる。結果的に、古墳早期の始まりは140年、2世紀中頃まで遡る可能性が高く、定説化した3世紀初頭より60年近く古い見解となる。古墳前期は220年、最も早いとされる開始期の3世紀中葉より20〜30年遡ることになる。しかし、これらは便宜上に設定した年代であるため、次項以降、考古学的方法と自然科学的方法で検証する。

4　検証Ⅰ

1世紀から7世紀までの暦年代について、①甕棺出土の漢鏡の製作年代、②古墳前期における古墳副葬鏡の製作年代、③紀年銘をもつ古墳出土遺物、④須恵器生産の開始期、⑤文献で年代の判明する関連遺跡などを用いて、考古学的方法論にもとづいて検証する (第47図)。⑥では、東海における古墳成立期の土器編年を用いて最後の検証としたい。

(1) 中国鏡の製作時期と弥生中後期土器

北部九州では、弥生中後期の甕棺に中国鏡が共伴するが、鏡の製作年代と按分法で与えた共伴土器の年代について検討する。北部九州における弥生後期の土器編年は、畿内からの視点で再構築した寺沢薫のものを用いる[67]。寺沢編年は、北部九州後期0様式〜7様式の計8様式とし、畿内との併行関係を明確化した点で有用である。併行関係をみると、北部九州の後期2様式〜後期7様式までの6様式が、畿内のⅤ・Ⅵ様式の計6様式におおむね対応する。これは、北陸の甑谷・猫橋式と小羽山・法仏式の6様式、東海の八王子古宮式と山中式に併行する考えである[68]。したがって、北部九州の弥生後期2様式 (従来の高三瀦式) 〜後期7様式 (下大隈式) を20〜140

年、その前段階の後期0・1様式の2様式、中期後半の須玖Ⅰ・Ⅱ式の古と新の4様式を、それぞれ約20年幅で機械的に遡らせ、その始まりを中期後半の前100年、後期の始まりを20年として便宜上設定する。なお、甕棺は橋口達也の編年[69]、中国鏡は岡村秀典の前漢鏡編年と後漢鏡編年を参考とする[70]。それでは、実際に弥生中期末以降の甕棺副葬の中国鏡の製作年代で検証する。

1）KⅢb・c式甕棺＝立岩式＝須玖Ⅱ式（前60～前20年）　KⅢb式甕棺（前60～前40年）をみると、福岡県須玖岡本遺跡D地点墳丘墓大石下甕棺からは草葉文鏡Ⅰ式・ⅡA式、星雲文鏡Ⅱ式、異体字銘帯鏡Ⅱ・Ⅲ式[71]、同県三雲南小路遺跡1号甕棺からは重圏文彩画鏡、四乳羽状獣文地雷文鏡、異体字銘帯鏡Ⅰ・Ⅲ式など[72]、福岡県立岩堀田遺跡35号甕棺にも異体字銘帯鏡Ⅲ式のみが副葬された[73]。次に、KⅢc式甕棺（前40～前20年）をみると、三雲南小路遺跡2号甕棺からは漢鏡2期後半の星雲鏡文Ⅰ式を除けば、すべて漢鏡3期中頃（前1世紀中頃）以降の小型の異体字銘帯鏡Ⅲ式、立岩堀田遺跡10号甕棺からは異体字銘帯鏡Ⅱ～Ⅳ式が出土した。鏡の最新型式でみれば、KⅢb式が異体字銘帯鏡Ⅲ式、KⅢc式が異体字銘帯鏡Ⅳ式となる。Ⅲ式は漢鏡3期中頃で前1世紀中頃、Ⅳ式は漢鏡3期後半で前1世紀第3四半期頃の製作時期が与えられる。前60年～前40年に比定したKⅢb式甕棺ではⅣ式を含まず、前40～前20年に比定したKⅢc式甕棺からⅣ式が副葬されるため、年代的な離齬は認められない。併せて、前1世紀第4四半期以降の製作とされる異体字銘帯鏡Ⅴ・Ⅵ式、虺龍文鏡、方格規矩四神鏡Ⅰ・Ⅱ式などの漢鏡4期の鏡を含まないこととも年代的な離齬はない。

2）KⅣ十式甕棺＝北部九州後期0・1様式（前20～20年）　寺沢薫は甕棺副葬墓の好例が少なく、この時期の存在と副葬品上の意義が見過ごされてきたとして、KⅣ＋式、北部九州後期0・1様式を設定した。仮に、KⅣ＋式甕棺は前20～20年に比定したが、基本的に方格規矩四神鏡Ⅰ・Ⅱ式、漢鏡4期前半の鏡と共伴するため、年代的な離齬は認められない。後期1様式といえば、福岡県宝満尾遺跡4号土壙墓の複波鋸歯文縁の連弧文異体字銘帯鏡Ⅵ式[74]、二塚山遺跡29号土壙墓の細線式獣帯鏡Ⅱ式があげられる[75]。前者の鏡については、伝平壌市石巌里出土の「居摂元（6）年」銘複波鋸歯文縁連弧文異体字銘帯鏡より明らかに後出のⅥ′式で、佐賀県原古賀遺跡SK400出土の異体字銘帯鏡破片[76]も含めて、製作時期を王莽代の1世紀第1四半期から第2四半期頃まで下げる見解もある[77]。連弧文異体字銘帯鏡Ⅵ′式の製作年代を、1世紀第1四半期の王莽代まで下げて考えても、年代的な離齬は認められない。

3）KⅣa式甕棺＝桜馬場式＝北部九州後期2様式～3様式古相（20～50年）　佐賀県唐津市桜馬場遺跡のKⅣa式甕棺からは方格規矩四神鏡Ⅲ式・Ⅳ式の各1面が出土した[78]。最新のⅣ式は漢鏡4期後半、王莽代の1世紀第1四半期に製作時期とされているため、20年から50年に比定したKⅣa式甕棺と年代的な離齬は認められない。他地域をみると、北部九州後期3様式との併行関係は、畿内Ⅴ-1様式＝甑谷・猫橋2式＝八王子古宮Ⅱ式～山中Ⅰ式第1段階に位置づけられる[79]。近畿・北陸・東海では、虺龍文鏡の鏡片が確認され、弥生後期前半の土器と共伴した。和歌山県滝ヶ峯遺跡の環壕内貝層からはⅡB式が後期前半の土器と出土した[80]。また、石川県羽咋市吉崎・次場遺跡Ⅴ区8号土坑覆土上面からはⅡB式の鏡片の懸垂鏡が出土した[81]。共伴土器は弥生中期の土器片2点のみだが、周囲からは猫橋式の土器が一定量確認できるため、後期前半に

第Ⅰ章 年代論

流入した可能性は高い。愛知県名古屋市高蔵遺跡34次調査SK44からはⅡB式の鏡片が山中式古相と共伴した(82)。当該期は40～60年に比定したが、夔龍文鏡ⅡB式は方格規矩四神鏡Ⅲ式と同様、王莽期の製作とされているため、年代的な齟齬は認められない。破鏡の風の一波が拡散して後期前半の土器と共伴する背景については指摘されたが(83)、貨泉と同様、後期の開始期を限定する資料として有用である。

4）KⅣb式甕棺＝井原鑓溝遺跡＝北部九州後期3様式新相～後期4様式（50～80年） 佐賀県二塚山遺跡76号甕棺では異体字銘帯鏡Ⅴ式、漢鏡4期前半の鏡と共伴しており(84)、KⅣb式開始期の50年からみれば年代的な隔たりがある。しかし寺沢は、この鏡を素縁で広縁化し内区の連弧文が矮小化して鈕座や連弧文鏡間の文様も簡素化し、銘文も省略されて字数が減じて「而」字を繰り返し字体も大きいゴチック体の銘文をもつものは、Ⅴ式の系譜上にあるとした。型式学的に新しいⅥ式より後出することから、退化型式をⅤ´式、漢鏡4期後半の1世紀第2四半期とし、中国の副葬例を勘案すれば、漢鏡5期まで下ることを指摘した(85)。また、KⅣb式最古相の井原鑓溝遺跡甕棺墓では、方格規矩四神鏡Ⅱ式1面を除けばすべてⅢ式であるが(86)、なかには後出する文様などから、ⅤB式に下る漢鏡5期中頃の1世紀第3四半期に下げる見解もある(87)。これらを考慮しても、50～80年に比定した年代に齟齬は認められない。異体字銘帯鏡Ⅴ´式については、佐賀平野の北部九州後期-4様式（60～80年）に集中して副葬され、KⅣb式の三津永田遺跡105号甕棺からは、広縁の夔龍文鏡ⅡB式が副葬された(88)。ⅡB式の製作年代も王莽代であるため、年代的齟齬は認められない。

5）KⅣc式甕棺＝三津式＝北部九州後期5様式（80～100年） 福岡県飯氏遺跡3次調査Ⅱ区7号甕棺からは、漢鏡4期末の四葉座鈕連弧文鏡Ⅰ式、漢鏡5期中頃の流雲文縁細線式獣帯鏡ⅣB式、方格規矩四神鏡ⅤA式の退化型式が出土した(89)。三津永田遺跡104号甕棺からは、漢鏡5期中頃の流雲文縁細線式獣帯鏡ⅣB式が出土した(90)。福岡県松添遺跡では二次資料ではあるが、鏡に付着した錆の合致から四葉座鈕連弧文鏡Ⅰ式が方格規矩四神鏡ⅤA式と共伴した(91)。福岡県茶ノ木ノ本遺跡3号甕棺からは、破砕された方格規矩四神鏡が出土したが(92)、寺沢薫によると、岡村分類では相当する型式を欠くとした。主文は四像でいまだ瑞獣を表現しているが、外区は鋸歯文c1で銘帯はあるものの擬銘帯化したこと、方格のTと円圏のLにも乱れがあり、四葉座鈕も退化したことは、年代的に岡村編年のⅤC式からⅥ式の過渡期、漢鏡5期末から6期にかけての型式とみている(93)。また、愛知県瑞龍寺山山頂墳丘墓では四葉座鈕連弧文鏡Ⅰ式が完形で出土し、伴出土器から山中Ⅰ式第3段階と考えられた(94)。畿内第Ⅴ-3様式との併行関係を介在して、北部九州後期5様式（KⅣc式）期に併行する墓の副葬品として知られている。KⅣc式期の最新の鏡は、漢鏡5期中頃～後半の方格規矩四神鏡ⅤC式、漢鏡5期中頃の流雲文縁細線式獣帯鏡ⅣB式であり、製作年代は1世紀第4四半期と考えられる。当該期は80～100年に比定したが、年代的な齟齬は認められない。

6）KⅤa式・KⅣ4c式系甕棺＝北部九州後期6様式（100～120年） 福岡県高津尾遺跡17区7号土壙墓からは、当該期の共伴土器とともに方格規矩鏡ⅤC式が出土した(95)。鏡は漢鏡5期後半、1世紀第4四半期の製作年代が考えられるため、年代的な齟齬は認められない。平原遺跡

1号墳丘墓からは、漢鏡4期前半の虺龍文鏡Ⅰ式1面、4期後半の複線山形鋸歯文縁方格規矩四神鏡Ⅲ式1面、4～5期の交とされる方格規矩四神鏡Ⅳ式5面、四葉座鈕連弧文鏡Ⅰ・Ⅱ式各1面、方格規矩四神鏡ⅤA式19面・ⅤB式7面、直径46.5cmの超大型の八葉座鈕重圏文帯連弧文鏡5面である(96)。岡村秀典は、遅くとも1世紀第4四半期には揃う鏡群であるとし、永初元(107)年に後漢安帝に朝貢した「倭国王帥升」への下賜品と考えた(97)。しかし、寺沢は他の中国鏡の事例を検討し、本墓副葬鏡の大半が方格規矩鏡ⅤC式を含むⅥ式に相当するとし、2世紀前半期まで下ることを指摘した。これらの見解が妥当であったとしても、100年～120年に比定した暦年代に年代的な齟齬は認められない。

　7）KⅤb式・KⅣ4c式系・KⅤb式系＝北部九州後期7様式＝畿内Ⅵ-2様式（120～140年）　福岡県宮原遺跡3号石棺墓からは、四葉座鈕連弧文鏡「長生宜子・寿如金石」銘のⅣ式とⅢ式の退化型式の連弧文鏡2面が副葬された(98)。同県笹原遺跡石棺墓からは「長宜子孫」銘連弧文鏡Ⅳ式、同県日佐原遺跡E区15土壙墓からは四葉座鈕「長宜子孫」銘連弧文鏡Ⅳ式の退化型式などが出土しており、本期の基準的な漢鏡の内容であろう(99)。他に、同県高津尾遺跡16区40号土壙墓からは方格規矩渦文鏡Ⅵ式の破鏡(100)、長崎県原ノ辻遺跡D区9号土壙の四葉座鈕連弧文鏡Ⅳ式などがあげられる(101)。また、福岡県みくに保育所内遺跡1号竪穴住居出土の鏡片は方格規矩鏡Ⅵ式である(102)。最新の鏡の型式をみると、方格規矩鏡Ⅵ式は漢鏡6期前半、2世紀前半に相当する。本期は120～140年に相当するため、年代的な齟齬は認められない。

　以上、甕棺編年と土器編年、副葬鏡・出土鏡の製作時期から暦年代を検証した。簡単に整理すると、中期後半のKⅢb・c式甕棺（前60～20年）には漢鏡3期後半（前1世紀第3四半期頃まで）、北部九州後期0・1様式（前20～20年）には漢鏡4期（1世紀第1四半期末まで）、北部九州後期2様式～3様式古相（20～50年）には漢鏡4期後半（1世紀第2四半期末まで）、北部九州後期3様式新相～4様式（50～80年）には漢鏡5期前半～中頃（1世紀第3四半期頃まで）、北部九州後期5様式（80～100年）には漢鏡5期中頃～末（1世紀第4四半期頃まで）、北部九州後期6様式（100～120年）には漢鏡5期末～6期初（1世紀末～2世紀前葉）、北部九州後期7様式（120～140年）には漢鏡6期前半（2世紀前葉）の鏡が副葬されている。このように製作時期を最も下げて考える見解を採用しても、年代的な齟齬は認められず、むしろ製作時期ときれいに対応する形で段階的に副葬される結果となった。長期の伝世や保有期間は想定せずとも、製作年代から同時期か約20年以内の年代幅で見込むことができる。

（2）中国鏡の製作時期と古墳早期土器から

　古墳時代早期、庄内式併行期はどうだろうか。北部九州では、本時期以降に甕棺の副葬例が少なくなるため、鏡の製作年代と土器の時期との整合性を検討するのは困難である。北部九州の庄内併行期に関しては、寺沢薫によって土器編年だけでなく、鏡との関係や畿内との併行関係が提示されているため、これを参考とする(103)。寺沢は、北部九州後期7様式の後続から布留0式併行期直前までを、北部九州土師器第1様式・第2様式に設定した。各型式同士に隔たりが認められるため、それぞれに新古の小様式が想定できる。按分上の年代でいえば、第1様式は140～190

第Ⅰ章　年代論

年、第2様式は190～220年、北陸の編年でいえば、風巻・月影1式から白江1式までの5小様式に相当する。

　当該期の土器と共伴する鏡群をみてみる。福岡県嘉穂町原田1号石棺墓からは、「長生宜子」銘単夔文鏡と高杯などの祭式土器が出土した[104]。鏡は漢鏡6期の2世紀前半に位置づけられるが、7期に下る仿古鏡との指摘もある[105]。共伴した高杯は、後期6・7様式の小さく伸びる口縁部から、土師器第2様式の大きく発達する口縁部の間に位置づけられるため、土器の按分上は2世紀末から3世紀初めに比定できる。仮に7期に下ったとしても、年代的な齟齬は解消できる。福岡県前原町三雲遺跡寺口地区2号石棺墓からは、蝙蝠座鈕連弧文鏡Ⅰ式（漢鏡6期）が出土し、祭祀土器をともなった[106]。土器は土師器第1様式古段階、按分上は140～165年に比定できるため、鏡の製作年代の2世紀前半代とも齟齬はない。同県北九州市馬場山遺跡41a号土壙墓からは、双頭龍文鏡（漢鏡6期）が出土し、付属する祭祀遺構から甕・高杯脚部をともなった[107]。共伴した鏡はいずれも岡村編年の漢鏡6期で、製作時期は2世紀前半に位置づけられる。土器は土師器1様式、按分上は140～190年に比定できるため、年代的な齟齬は認められない。

　次に、土師器第2様式（庄内式新段階）の土器を共伴する鏡についてみてみる。福岡県筑紫野市御笠地区遺跡F区3号住居跡では、蝙蝠座鈕「長宜子孫」銘連弧文鏡Ⅰ式（漢鏡6期後半）が出土した[108]。鏡は2世紀前半と考えられるが、鏡背は皺と肌荒れが目立ち、窪みと圏線や「長」字の崩れが認められるため、踏み返しの可能性も指摘されており[109]、製作時期が下がるかもしれない。共伴土器の高杯は口縁部が大きく開いており、土師器2様式に位置づけられる。福岡県行橋市前田山遺跡1区9号石棺墓からは、素環頭刀子とともに蝙蝠座鈕「長宜子孫」銘連弧文鏡Ⅱ式（漢鏡6期後半）が出土した[110]。鏡は2世紀前半と考えられるが、蝙蝠文の均整が悪く、字画の一部が刀形に反り「子孫」字にも難があるため退化型式ととらえられており[111]、製作時期は下がるかもしれない。祭祀遺構からの土器は、三雲遺跡寺口地区2号石棺墓より新しい傾向の高杯が共伴し、土師器第2様式に比定できる。これらの土器は按分上、2世紀後葉から3世紀前葉に位置づけられるため、仮に製作年代が大きく下ったとしても、年代的には収まってくる。

　寺沢によると、北部九州土師器第1様式に伴出する漢鏡の主体は、漢鏡6期の鏡群で占められているという。岡村秀典の見解によれば、漢鏡6期の鏡群は2世紀前半の製作が考えられるため、本稿の按分法による庄内式前半期を2世紀後半にみている点では年代的な齟齬はない。ただ、原鏡の製作が2世紀後半代に下る鏡も存在することを考えれば、近接した年代になってくるが、それらを加味しても許容範囲だと考えている。土器をともなう事例は多くないが、古墳早期を2世紀後半から3世紀前葉までの時期と考えれば、長期の伝世を考える必要がなく、弥生後期の場合と同様、スムースな流入と廃棄・副葬が想定できる。当該期の鏡の製作については、踏み返し鏡、仿古鏡などとみて、時期的に下げる見解もあるため、今後はこれらの検討も視野に入れて考えてみたい。

（3）古墳前期前葉における鏡副葬古墳

　古墳前期前葉については、北陸の長泉寺1～3式・白江式の3小様式、畿内の庄内3式・布留

0式古・新の3小様式、廻間Ⅱ式を想定した[112]。この3区分を意識して便宜上、古墳前期前葉1（220～240年）、前期前葉2（240～260年）、前期前葉3（260～280年）として設定する。古墳出土土器を編年的に位置づけて、土器の相対編年による按分上の暦年代と鏡製作年代に齟齬が認められるかである。それでは、出土土器からみた鏡副葬の主要古墳の例をあげる。

まず、西日本をみてみる。奈良県桜井市ホケノ山古墳では、埋葬施設上面から加飾壺や二重口縁壺が出土し、畿内の庄内3式から布留0式に比定できる[113]。徳島県鳴門市萩原1号墓出土土器については、黒谷川Ⅱ式に位置づける見解があるが[114]、これを畿内の庄内1～2式に併行させる見解や、庄内3式あるいは布留0式に下げる見解がある[115]。所属時期に諸説あるが、私は畿内の庄内3式あるいは布留0式にまで下げて考える。京都府城陽市芝ヶ原12号墳では、墓壙直上に礫敷があり、埋葬終了後に細片の壺や高杯などが置かれた[116]。二重口縁壺は櫛描波状文・横線文、竹管文で飾られ、山形文風の波状文や櫛歯刺突文、櫛歯による羽状文は東海の影響を受けており、畿内の庄内3式、東海の廻間Ⅱ式前半に位置づけられる。京都府南丹市黒田古墳では、墓壙上から二重口縁壺などが出土した[117]。加飾壺の体部列点文と体部の形態から東海系加飾壺と関係し、東海の廻間Ⅱ式前半、畿内の庄内3式前後に位置づけられる。京都府京丹後市大田南5号墳では、墓壙上には破砕された祭式土器が供献されていた[118]。野々口編年の庄内Ⅱ期新相の基準資料で、北陸の白江式後半、畿内の布留0式併行期に位置づけられる。

次に、東日本をみてみる。滋賀県伊香郡高月町小松古墳では埋葬施設上面から東海系加飾壺、二重口縁壺、瓢壺、高杯、小型壺、手焙形土器などが出土した[119]。古墳の時期は庄内式後半段階前半に位置づけられたが、高杯などの型式から東海の廻間Ⅱ式前半、畿内の庄内3式から布留0式にまで下げて考えられる。長野県松本市弘法山古墳では、パレス系壺に混じって同系統の加飾壺、東海系高杯、手焙形土器が出土しており、東海系加飾壺との関連性から廻間Ⅱ式2段階に位置づけられる[120]。千葉県木更津市高部30号墳の墳頂部から手焙形土器、周溝から小型甕・高杯・壺・浅鉢などが出土した[121]。造営時期は出土土器から廻間Ⅱ式前半に位置づけられる。高部32号墳では墳頂下40cmの地点で高杯6点が出土した[122]。出土土器は廻間Ⅰ式末からⅡ式初めに位置づけられ、風巻・月影式末から長泉寺・白江式初めに併行する。鏡副葬古墳としては関東最古の例といえる。福井県福井市風巻神山4号墳では、周溝から広口壺、甕底部、受口状口縁甕の口縁部が出土した。長泉寺2式に位置づけられる[123]。

ここにあげた古墳のなかには、畿内の庄内式前半期に位置づけられるものはあったが、併行関係の検討から畿内の庄内3式から布留0式古相、古墳前期前葉に再編成したため[124]、按分上の暦年代は240年＋10年前後にみている。なかでも、黒田古墳、芝ヶ原12号墳、高部32号墳などの土器は、東海の廻間Ⅱ式初頭、畿内の庄内3式前後と若干古く位置づけ、按分上の暦年代は220～240年付近に考えている。やはり、出土土器で想定した暦年代と鏡の製作年代との時期的な問題が争点となる。よく例にあげられるのが、ホケノ山古墳と萩原1号墓の画文帯同行式神獣鏡の製作年代である。岡村秀典は、画文帯神獣鏡は漢鏡7期第2段階、3世紀初頭の時期を考えた[125]。ホケノ山鏡については、上野祥史の3期（190～210年頃）とする見解[126]、3世紀第1四半期から第2四半期前半とみる見解[127]などがある。萩原鏡の製作年代についても、小山田はＡａ形式の

西暦	時代	北部九州	畿内	北陸			歴年代参考資料	
							考古学的方法	自然科学的方法
B.C. / A.C.	弥生後期 初葉	後期0様式						
20		後期1様式					14〜 貨泉	
40	前葉	後期2様式	Ⅴ-0様式	甑谷1式				
60		後期3様式	Ⅴ-1様式	甑谷2式				
80	中葉	後期4様式	Ⅴ-2様式	小羽山1式				
100		後期5様式	Ⅴ-3様式	小羽山2式				
120	後葉	後期6様式	Ⅵ-1様式	小羽山3式				120 下鈎遺跡SB1(輪)
140		後期7様式	Ⅵ-2様式	小羽山4式				133 雀居遺跡槽(輪)
160	古墳早期 前半	土師器1様式	庄内0式古	風巻1式				145 大友西遺跡SE14(輪)
180			庄内0式新	風巻2式				169 大友西遺跡SE18(輪)
200	後半		庄内1式	風巻3式				
220		土師器2様式	庄内2式	風巻4式	三角縁神獣鏡	古墳		195 纒向石塚古墳板材(輪)
240	古墳前期 前葉		庄内3式	長泉寺1式		前Ⅰ期		235 ホケノ山古墳木棺(方)
260			布留0式古	長泉寺2式		舶載Ⅰ		245 ホケノ山古墳木棺(方)
280			布留0式新	長泉寺3式		舶載Ⅱ	前Ⅱ期	
300			布留1式古	長泉寺4式		舶載Ⅲ	前Ⅲ期	297 周処墓出土の銀製帯金
320	古墳前期 中葉		布留1式新	長泉寺5式		仿製Ⅰ	前Ⅳ期	
340	後葉		布留2式古	木田1式		仿製Ⅱ	前Ⅴ期	324 磚墓出土の銅製帯金具
360			布留2式新	木田2式		仿製Ⅲ	前Ⅵ期	
380			布留3式	木田3式			前Ⅶ期	
400		須恵器→	大庭寺窯式				中Ⅰ期		380 大庭寺窯跡(考) / 386 宇治市街遺跡板材(輪)
420	古墳中期		高蔵寺73号窯式				中Ⅱ期	415 馮素弗墓の輪鐙	412 平城宮SD6030(輪)
440			高蔵寺216号窯式				中Ⅲ期		
460			高蔵208型式古段階（大野池46型式）				中Ⅳ期		449 太田茶臼山古墳埴輪(熱) / 450 新池1号窯(考)
480			高蔵208型式新段階					471 稲荷山古墳辛亥年銘鉄剣	〜475 西隼上り遺跡の埴輪窯
500			高蔵寺23号窯式				後Ⅰ期		
520			高蔵寺47号窯式						
540	古墳後期		陶器山15号窯式				後Ⅱ期	527 岩戸山古墳	520 新池18号埴輪窯(考) / 524 今城塚古墳埴輪(熱)
560			高蔵寺10号窯式						
580			陶器山85号窯式				後Ⅲ期		
600			高蔵寺43号窯式					〜587 飛鳥寺基壇下層	
620			高蔵寺209号窯式				後Ⅳ期	608 箕谷2号墳戊辰年銘大刀	616 狭山池木製樋管(年)
640	飛鳥Ⅰ		高蔵寺217号窯式古段階					〜641 山田寺創建以前	
660	飛鳥Ⅱ		高蔵寺217号窯式新段階						
680	飛鳥時代 飛鳥Ⅲ		高蔵寺46号窯式						
700	飛鳥Ⅳ		高蔵寺48号窯式						
720	飛鳥Ⅴ 平城Ⅰ								

第47図　暦年代と暦年代参考資料

第 2 節　暦年代の再検討

鏡でⅡｂ様式の雲車をもつことから、3世紀第2四半期後半を中心とする年代を与えた[128]。研究者によって見解の相違はあるが、製作年代は200年以降、新しく考えても240年以前、3世紀前半期にみて大過なく、出土土器と年代的な齟齬は認められない。

　他に、漢鏡7期の鏡が目立って副葬されている。芝ヶ原12号墳の獣帯鏡（漢鏡7期第1段階）、高部32号墳と弘法山古墳の「上方作」系浮彫式獣帯鏡（漢鏡7期第1段階）、高部30号墳の斜縁二神二獣鏡（漢鏡7期第3段階）、風巻神山4号墳の神人龍虎画像鏡（漢鏡7期後半）があげられる。岡村編年によると、製作年代は2世紀後半から3世紀前葉に位置づけられる[129]。この年代に依拠すれば、240年前後に置く古墳との年代的な齟齬は認められない。しかし、これらの漢鏡7群一群のなかでも、「退化型式」と理解したもののなかに「仿古」「復古」の鏡が存在するという[130]。寺沢によると、風巻神山鏡は3世紀第2四半期に下げる退化型式あるいは仿古鏡とみなし、弘法山古墳鏡は模倣鏡の踏み返し、高部30号墳鏡も3世紀第2四半期以降の模倣鏡とする。また、本来の製作年代とかけ離れた、小松古墳の方格規矩四神鏡Ⅰ式（漢鏡4期）と四葉座鈕連弧文鏡Ⅲ式（漢鏡5期）、大田南5号墳の方格規矩四神鏡ⅤＢ式（漢鏡5期）、黒田古墳の双頭龍文鏡（漢鏡6期）の鏡についても、仿古鏡、踏み返し鏡の要素が見て取れるし、布留0式古段階の鏡群中には、3世紀第2四半期後半に製作された復古鏡が含まれるという[131]。鏡の製作時期に関しては判断しがたいが、仮に最も下げて考える見解を採用したとしても、これらの鏡副葬の古墳が庄内3式から布留0式、240年を前後する時期としているため、年代的な齟齬は認められない。

（4）三角縁神獣鏡副葬の古墳

　三角縁神獣鏡をみてみる。三角縁神獣鏡の製作期間については意見が分かれる。福永伸哉は、三角縁神獣鏡の製作が西晋（265～316年）にも引き継がれ、晋の弱体化する3世紀末までの半世紀程の年代幅を見込み、三角縁神獣鏡の製作停止と輸入途絶に対応して、4世紀初めに仿製三角縁神獣鏡の製作が始まると推定した[132]。加えて、仿製三角縁神獣鏡の製作年代を、Ⅰ期を4世紀第1四半期～第2四半期始め、Ⅱ期を第2四半期、Ⅲ期を第3四半期、Ⅳ・Ⅴ期を第4四半期にほぼ対応させ、長期間の製作を想定する。これに対して、岡村秀典は年代幅を短く見積もった。晋にとって東夷における倭の外交上の位置が低下し、泰始二（266）年以後に倭が入貢した確かな記録がないことから、三角縁神獣鏡の製作をこの頃までと考えている[133]。また車崎正彦も、岡村と同様に短く見積もった。車崎は、従来の倭製と舶載品には連続性が認められ、仿製はたんに図像や鏡の質が舶載品に劣る点で常識的に区別されてきたが、それほど根拠はないとし、倭製とされた三角縁神獣鏡を中国鏡と考えた[134]。そして、いわゆる舶載鏡製作の下限を260年代として約30年程、仿製鏡は270年以降の製作で最大40年程の期間を想定すれば、中国史書の記録とも整合的だとする。遅くとも4世紀前葉までに製作が終わるとみている。

　一方、大賀克彦は三角縁神獣鏡などの副葬品組成を中心に、古墳時代の時期区分をおこなった[135]。舶載三角縁神獣鏡を岸本直文の分類を参考に、表現①・②・④の一部・⑤の一部・⑥～⑨・⑭・⑰を第1段階、表現③・⑤の一部・⑮・⑯を第2段階、表現④の一部・⑩～⑬を第3段階、仿製三角縁神獣鏡を福永伸哉編年のⅠ－ａ段階～Ⅱ－ａ段階の一部、Ⅱ－ａ段階の一部～Ⅲ段階、Ⅳ

119

段階〜Ⅴ段階の3段階とし、三角縁神獣鏡に先行する鏡の存在から合計7段階に設定した。時期区分の際に各要素の存続期間を可能な限り短く見積もるという欲求と、理想的ではない組成の出現を充分に低く抑えるという前提との妥協点として、古墳前期をⅠ〜Ⅶの7期に区分した。表を検討すると、約160年の長期間に、三角縁神獣鏡が副葬されたことになり、福永と同様に長期間製作が前提となっている。

　三角縁神獣鏡の中国製か国産かに対しては発言を控えるが、鏡が連続的に型式変化することだけはたしかである。製作期間に関して見解の一致をみていないが、変化のあり方と古墳副葬の状況をみれば長期製作の可能性は高い。それは、短期製作であれば、新古鏡の混入があるはずだが、古墳副葬の三角縁神獣鏡のなかで、最も新しい型式を取り上げると、その組成に段階的な副葬差が認められるからである。三角縁神獣鏡の製作について、大賀の古墳時代の時代区分にしたがえば、240年をはじめとして360年までの約120年間を想定し、三角縁神獣鏡の舶載Ⅰ・Ⅱ・Ⅲ、仿製Ⅰ・Ⅱ・Ⅲの各20年幅で6期に割り振ることができる。大賀は、鏡の製作から副葬までの時間幅を限りなく短く考えたが、私は、舶載Ⅰが前Ⅰ期後半（240〜260年）、Ⅱが前Ⅱ期（260〜280年）、Ⅲが前Ⅲ期（280〜300年）、仿製Ⅰが前Ⅳ期（300〜320年）、Ⅱが前Ⅴ期（320〜340年）、Ⅲが前Ⅵ期（340〜360年）の製作年代をみたように、製作から副葬までをダイレクトか最大約20年に想定した点に違いがある。この按分した鏡の年代は、先に福永が指摘した仿製三角縁神獣鏡製作の歴史的な契機とも符合してくる。

（5）古墳出土の暦年代参考資料

　古墳出土の紀年銘あるいは中国で発見された紀年銘資料などで製作年代の判明する考古資料から検証する。

　1）新山古墳の帯金具　本古墳出土の金銅帯金具について、白石太一郎は、中国江蘇省宜興県の西晋・文徳七（297）年に没した周処墓出土の銀製帯金具、広州市大刀山東晋・大寧二（324）年の磚墓出土の銅製帯金具と酷似することから、古墳の被葬者の入手から副葬までの時間幅を見込んで、本古墳を4世紀後半でも中葉に近い年代と考えている[136]。一方、岡村秀典は、北方民族の南下によって4世紀初頭に楽浪郡、次いで西晋王朝が滅亡する東アジア情勢を想起するならば、動乱の4世紀に中国の文物が倭に贈与されたとは考えがたく、呉が滅亡して西晋が中国統一する280年から、八王の乱の始まる300年までの3世紀末に限定できるとした[137]。近年では、大賀克彦が、新たに出現する巴形銅器、筒形銅器、鏃形石製品を根拠に、本古墳を古墳時代の前Ⅴ期に位置づけ、4世紀前半に接点を求めている[138]。大賀編年の前Ⅴ期については、高畠・木田1式との併行関係をすでに提示した。新山古墳の被葬者が3世紀末に金銅帯金具を入手したとする岡村の見解を首肯しても、古墳の年代を大賀編年の前Ⅴ期に比定し、副葬までの20年程度の時間を見積もったとしても、320〜340年に比定した当該期は、年代的な齟齬が認められない。

　2）七観古墳・新開1号墳の木芯鉄板張輪鐙　これらの遺物は定型化以前の古式のものであり、中国遼寧省北票県西官営子の馮素弗墓（415年没）の例との酷似性が指摘された[139]。白石太一郎は、これらの遺物を根拠に日本における初期の馬具が5世紀前半に遡り、馬具をともなわない津

堂城山古墳・室宮山古墳（前Ⅲ期）などの古墳が、5世紀初頭に位置づけられるとした[140]。大賀克彦は、これらの古墳を中Ⅱ期と位置づけ、定型化以前の馬具は中Ⅱ～中Ⅲ期に特徴的に出土するとした。加えて、兵庫県行者塚古墳は中Ⅰ期に遡る可能性が高く、従来の年代観におよそ整合的な結果であるとした[141]。大賀編年の中Ⅱ期は、Ⅰ期前期新段階（高蔵寺73号窯式）との併行関係を想定し、按分上、400～420年に比定した。按分法による古墳の時期、5世紀前葉に接点をもつ馮素弗墓の時期を加味しても、年代的な離齬は認められない。

　3）稲荷山古墳の辛亥年銘鉄剣　本古墳出土の須恵器について、田辺昭三は高蔵47型式に比定し、鉄剣製作を示す辛亥年を471年と考えた[142]。白石太一郎は高蔵23型式ないし高蔵47型式に比定し、古墳の時期を5世紀後半から末葉としたが、その後、辛亥年銘鉄剣と共伴した礫槨の遺物群は、高蔵47型式より1型式後出の陶器山15型式のやや古い段階のものと考え、須恵器との年代差があることを指摘した[143]。一方、中村浩は、須恵器には少なくとも2段階の時期差を確認でき、従来の年代観よりも古いことを指摘し、辛亥年を471年とすれば、その年代観に相当するのは、Ⅰ型式4段階（田辺編年の高蔵23型式）の時期に遡る一群と考えた[144]。古墳出土須恵器は高蔵23型式から47型式に及び、礫槨の遺物群の時期を考慮すれば、陶器山15型式までが対象となる。年代幅を広く見積もると、480年から540年の約60年間に相当する。須恵器の時期を重視し、被葬者の鉄剣の副葬までの時間を長く想定すれば、辛亥年は471年とするのが穏当である。しかし、被葬者の埋葬時期を礫槨の時期まで下げ、短期間の保有を想定すれば、531年でも年代的な離齬はない。いずれにせよ、辛亥年銘鉄剣を暦年代の根拠とするのは難しい。

　4）箕谷2号墳の戊辰年銘大刀　本古墳の横穴式石室から「戊辰年五月□」と刻まれた大刀が出土し、戊辰年には548年、608年、668年の年代が考えられる[145]。大刀を圭頭大刀と考えた町田章は、圭頭系横佩き大刀の始まりを590年頃にあて、668年の頃は台状式足物金具の出現時期であるため、608年説が妥当であると結論づけた。出土須恵器は、田辺編年の高蔵209型式から高蔵46型式まで及ぶが、大刀の副葬は高蔵209型式の須恵器と共伴する可能性が高いという。高蔵209型式は600～620年に比定したため、年代的な離齬は認められない。

（6）須恵器生産の開始年代

　須恵器の生産開始は、『雄略紀』・『垂仁紀』の記述から5世紀後半から末頃と考えられていた。しかし森浩一は、江田船山古墳出土大刀と郡川古墳・長持山古墳の関係から、1後半から2への過渡期を5世紀後半とし、窯址数や住居址での遺存量から1後半を長期間と見込んで、その始まりを5世紀前半に遡らせて考えた。1前半の存在を想定すれば、須恵器の出現が4世紀末に遡ることを先見的に指摘した[146]。その後、原口正三は新羅焼の成立を400年頃とし、日本における生産開始を、これより30～40年遅れる5世紀中葉に求める見解を出したが[147]、白石太一郎の反論があった。白石は、辛亥年銘鉄剣の471年頃を考え、共伴須恵器を陶器山15型式前半期に想定し、陶器山15型式の初現年代を5世紀末とすると、それ以前に高蔵47型式、同23型式、同208型式、同216型式、同73型式と5型式が設定できるため、初現年代を5世紀初頭ないし4世紀末葉まで遡るとした[148]。都出比呂志も原口編年を採用した上で、須恵器生産を遅らせる必要はないとし、

第Ⅰ章　年　代　論

稲荷山古墳出土須恵器を辛亥年銘鉄剣の471年に比定して、須恵器生産の開始を400年前後、5世紀前葉のなかに置くことを考えた[149]。須恵器生産に関して、現状では4世紀末から5世紀前葉に比定するのが一般的であり、本稿の按分法では、大庭寺窯跡などの初期須恵器は4世紀後葉、高蔵73型式は5世紀初葉に比定できるが、従来の見解から大きく逸脱するものではない。

（7）文献記載の遺跡と暦年代

遺跡の年代と共伴した土器について検討してみよう。

1）岩戸山古墳の造営と共伴資料　森貞次郎は、本古墳が528年に没した筑紫国造磐井の墓の可能性が高いことを明らかにした[150]。後円部出土の筒形器台や高形型器台などの須恵器は、田辺編年の陶器山15型式から高蔵10型式への過渡期に併行するとみられた[151]。白石太一郎は、これらの須恵器は出土状況が不明確であり、必ずしも一等資料ではないが、陶器山15型式の下限を530年頃に求められるとした[152]。出土須恵器には複数の型式が含まれており、どの型式が528年の須恵器であるかの特定は難しい。問題点は多いと思うが、本古墳最古の陶器山15型式は按分上、520～540年に比定したため、年代的な齟齬は認められない。

2）飛鳥寺の造寺と飛鳥寺下層資料　『日本書紀』・『元興寺縁起』では、崇峻天皇元（588）年に百済から寺工などをよんで、蘇我馬子が造寺を開始したことを記している。発掘調査では、伽藍の下に厚い整地層が認められ土器が含まれており、この土器が飛鳥寺造営直前、邸宅を壊した際に混入したものと推定された[153]。楢崎彰一は、これらの土器の評価として、飛鳥寺創建時にこの型式が消滅していたという証拠もないことから、厳密にはこの型式の発生が飛鳥寺創建以前として解釈すべきであると指摘した[154]。田辺昭三は、これらの須恵器は高蔵43型式に相当するとし、飛鳥寺建立がはじまった587年の直前かあるいはその少し前の年代と考えた[155]。高蔵43型式は按分上、580～600年に比定したため、年代的な齟齬は認められない。

3）山田寺の造営と整地層資料　『日本書紀』・『上宮聖徳法王帝説』などによると、山田寺は舒明天皇十三（641）年に整地工事がはじまり、天武天皇十四（685）年頃に完成されたとする。発掘調査では、南門整地層の下層から飛鳥Ⅰの土器が出土した。山田寺の「始平地」の641年、山田寺造営以前に石川麻呂の邸宅で使われたものと考えられるため、641年を含む時期あるいはそれ以前の時期が飛鳥Ⅰに相当する[156]。飛鳥Ⅰは按分上、620～640年に比定したため、年代的な齟齬は認められない。

（8）東海における土器編年での検証

最後に、赤塚次郎の土器編年から同じ方法論で検証を試みる。尾張を主とした東海の編年は通時的かつ緻密で、本編年との整合性の点で有用と考えたからである。弥生後期から古墳前期の土器編年を整理すると、①八王子古宮Ⅰ式→②八王子古宮Ⅱ式→③山中Ⅰ式→④山中Ⅱ式→⑤廻間Ⅰ式→⑥廻間Ⅱ式→⑦廻間Ⅲ式→⑧松河戸Ⅰ式→⑨松河戸Ⅱ式という9つの大様式の序列関係が明らかになる[157]。なかでも、八王子古宮Ⅰ式・Ⅱ式は、新古の細別2小様式、計4小様式に区分できる点を考慮して、各大様式の細分化を反映させれば、八王子古宮Ⅰ式（2小様式）

→八王子古宮Ⅱ式（2小様式）→山中Ⅰ式（3小様式）→山中Ⅱ式（3小様式）→廻間Ⅰ式（6小様式）→廻間Ⅱ式（4小様式）→廻間Ⅲ式（4小様式）→松河戸Ⅰ式（4小様式）→松河戸Ⅱ式1段階（1小様式）に細分化できる。

　私の想定した弥生後期から古墳前期までの18の小様式は、赤塚編年でいえば29の小様式に相当する。仮に、弥生後期の開始を20年に設定し、古墳前期の終わりを380年とすれば、約360年間という数字が割り出される。都合29の小様式で按分すると、弥生後期中葉の山中Ⅰ式は69年、弥生後期後葉の山中Ⅱ式は106年、古墳早期の廻間Ⅰ式は144年、古墳前期の廻間Ⅱ式は218年、廻間Ⅲ式は268年、松河戸Ⅰ式は317年、松河戸Ⅱ式は367年という年代が提示できる。先に導き出した暦年代は、弥生後期中葉60年、後期後葉100年、古墳早期140年、古墳前期220年という開始期を示したため、きわめて近い年代がはじき出されることになる。土器編年の精度だけでなく、各様式幅がもつ時間幅の点においても、本稿の暦年代の妥当性を認めたい。

5　検証Ⅱ

　本項では、放射性炭素年代測定法、考古地磁気測定法、年輪年代測定法、熱ルミネッセンス法などの自然科学的方法による測定値をもとに年代的な検証をおこなう（第48図）。

（1）弥生後期から古墳前期の事例

　1）大友西遺跡SE14・SE18の井戸側　石川県金沢市大友西遺跡では、井戸側に用いられた部材からSE14・145年、SE18・169年という年輪年代測定法による数値が得られた[158]。SE14の共伴土器は高杯脚部のみで、時期の判断はつかないが、SE18は層位的調査によって、各層から良好な資料を得ている。下層出土の甕A8・9類は体部砲弾形を呈し、頸部内面ケズリ残しをもつため、初期の月影式甕の特徴ととらえる。中層出土の甕A9類は、口縁部が直立気味で若干外反し、底部の狭い砲弾形の体部が付属するため、月影2式に位置づけられる。また、上層出土の甕Aも口縁部外反傾向が認められるため、月影2式に位置づけられる。下層出土甕は月影1式に遡る可能性は高いが、遺構全体でみると、月影2式主体の時期と考えられる。月影2式を160〜180年の20年間に比定したため、169年という伐採年代は、転用などを想定してもその範疇におさまる。本事例は、月影式併行の庄内式前半期＝古墳早期＝2世紀中頃の接点を規定する上で貴重な資料となる。

　2）二口かみあれた遺跡SX208の井戸資料　石川県羽咋郡宝達志水町二口かみあれた遺跡では、井戸側に用いられた部材の年輪からその伐採年代が明らかとなった。井戸材の辺材部は残存し、222年の数値に欠如した部分の36年を加算したため、伐採年代は258年とされた[159]。能登に特徴的なくの字状口縁甕は地域色が強いことから、本編年との併行関係は難しい。ただ、赤彩の直口壺は、わずかな底部を有し、丸底の前段階ととらえるため、白江2式ないし3式に位置づけられる。共伴した底部丸底風の甕は、白江式後半以降の特徴である。これらの資料は北陸の白江式、畿内の布留0式に併行する可能性が高い。白江2・3式は240〜280年に比定したため、258年と

第Ⅰ章　年　代　論

いう伐採年代はその範疇におさまり、年代的な離齬も認められない。本事例は、白江式後半併行の布留0式＝古墳前期前葉＝3世紀中頃と接点を規定する上で貴重な資料である。

　3）**雀居遺跡環濠の木製品**　福岡県福岡市雀居遺跡では、弥生後期の環濠（SD002）下層から大量の木製品が出土した[160]。木製品には農具、工具、武具、祭祀具、容器、建築部材があり、スギ材の天板2点・机脚1点・槽1点の年輪年代測定がおこなわれた。これらの資料は、87年・前122年・41年・100年などの測定結果が提示されたが、最も新しい数値は槽の100年であった。辺材は残存していないが、辺材の幅を推測して伐採年代は133年とした。環濠出土土器は弥生後期後半に比定できるため、製品の使用から廃棄までの期間を想定しても、133年の数値に年代的な離齬は認められない。

　4）**下鈎遺跡SB1の柱痕**　滋賀県栗東市下鈎遺跡では、5間×2間の独立棟持柱を両側に備える掘立柱建物が検出された[161]。9本残る柱根（檜材）の1本（P4）から、69年＋αという年輪年代の測定値が提示された。柱穴と布掘内から弥生後期後葉の甕・高杯・器台などが出土した。岩崎直也は、「下鈎遺跡SB1では69年の年代が測定されたが、樹皮までの乖離された厚さは多くても半径5cm程度までと推定される。仮に年輪一目を1mmとしたら50年で、測定値の69年に加算しても120年前後ということになる。建物の年代は出土した土器型式等からⅤ期後葉のものと推定される。Ⅴ期後葉を2世紀末葉とすると、約80年前後の時間差が存在することとなる。50年以上も伐採後に材木をねかせることは考え難く、貴重な木材を他の建物から転用したと考えることが妥当である」と指摘した[162]。掘立柱建物は再利用が可能であるため、部材と土器の同時製作

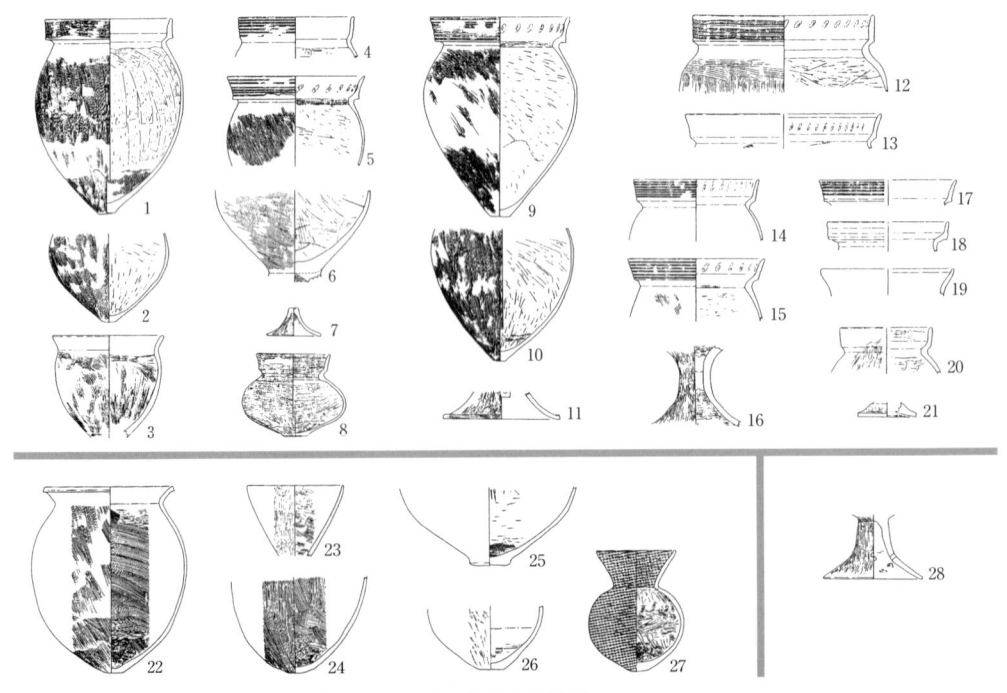

第48図　北陸の年輪年代資料（縮尺1/10）
1～8．大友西遺跡SE18上層、9～11．大友西遺跡SE18中層、12～21．大友西遺跡SE18上層、28．大友西遺跡SE14、22～27．二口かみあれた遺跡SX208

を示すものではないが、それらを含めて考えても、弥生後期後葉の120～140年を首肯する資料として評価する。近年では、京都府大藪遺跡の年輪年代測定値として、Ⅴ－3様式が57＋αという数値も提示された[163]。従来の年代観と比べれば、約70～80年の時間的な隔たりが生じるが、弥生後期の終わり＝約140年という前提に立てば、無理なく理解できる。

5）纏向石塚古墳周溝の木製品　奈良県桜井市纏向石塚古墳は纏向古墳群東田支群の全長96mの前方後円墳で、朱塗鳥形木製品、弧文帯円板、白木の柱などの祭祀具が周溝内に埋納された[164]。第4次調査では、周溝内の植物腐植土層出土のヒノキ枝（樹齢60年の自然木）の放射性炭素年代測定がなされ、ウイグル・マッチング法によって325±5年の年代値が提示された。また、周溝内の植物腐植土層出土のヒノキ板材は、年輪年代測定法から177年に削除された18年を足して195年、200年前後の伐採年が推測された[165]。造営時期については意見が分かれる。橋本輝彦は、墳丘盛土内の3,600点の土器片を検討し、纏向1式の新段階が主体のなか、内面ヘラケズリ甕2点を庄内式甕出現時の新様相ととらえ、纏向2式（寺沢編年の庄内1式）の初頭までを範疇に入れて考えた[166]。石野博信は、纏向1式末（寺沢編年の庄内1式）に位置づけ、以後も一貫して庄内式初頭という考えは変わっていない[167]。それに対して寺沢薫は、周溝出土土器の検討から庄内3式の可能性を説く[168]。私は、列島最古の前方後円墳とみなし、造営時期を庄内2式前後に考えている。当該期は200～220年頃に比定したため、ヒノキの板材の195年という数値に近づくことになる。

6）ホケノ山古墳の刳り抜き式木棺　ホケノ山古墳出土の刳り抜き式木棺について、加速器質量分析法（AMS法）による放射性炭素年代測定がなされた。最新年代のNo.1とNo.5を最も表皮に近い部分と考え、年輪補正して245年と235年という数値が提示され、3世紀前半に含まれる確立が高いという[169]。ホケノ山古墳は周溝と埋葬施設出土器から、庄内3式から布留0式初頭に位置づけられる。両様式の接点を240年にみているため、245年と235年という数値に年代的な齟齬は認められない。

（2）古墳時代中期以降の事例

古墳時代中期以降に関しては、比較的多くの事例が存在するため、時系列に沿って列記してまとめとしたい。

1）大庭寺231・232号窯　大阪府堺市大庭寺窯跡の出土資料の8点をみると、放射性炭素年代測定の数値は試料OK－2721が380±80年、試料K1－2が390±80年、試料OK－82・K1－1が410±80年を示しており、300年代後葉から400年頃に比定できる[170]。大庭寺窯式期は按分上、380～400年に比定したため、年代的な齟齬は認められない。また近年、京都府宇治市宇治市街遺跡では、大庭寺窯跡で製作された須恵器と同型のものが発見され、伐採年代389年のヒノキの板材と共伴したという報道がなされた。これは、当該期が4世紀後葉に接点をもつことを示す上で貴重な資料となる。

2）平城宮第2次（東区）朝堂院東朝集殿下層溝SD6030出土の木製品　本遺構からは、大量の木製品が出土しており、田辺編年の高蔵73型式の須恵器などと共伴した[171]。木製品は年輪年

第Ⅰ章　年　代　論

代測定によって412年の伐採年代が明らかとなった。高蔵寺73号窯式期は按分上、400〜420年に比定したため、412年という数値は、伐採後の製品利用の期間を加味したとしても、年代的な離齬は認められない。

　3）新池遺跡1号・18号埴輪窯　大阪府高槻市新池遺跡の発掘調査によると、1〜3号工房と1〜3号窯（A群窯）で生産された埴輪（円筒埴輪Ⅳ期）は太田茶臼山古墳、18号窯（C群窯）で焼かれた埴輪（円筒埴輪Ⅴ期）は今城塚古墳に供給されたとする。埴輪窯の考古地磁気年代測定から1号窯は450±10年、18号窯では520±40年という数値が得られ、焼成時期を決める定点のひとつと考えられた[172]。前者は大野池46型式、後者は陶器山15型式の併行期に位置づけられる。また、熱ルミッセンス法によると、太田茶臼山古墳前方部前面西側の埴輪は449±15年、今城塚古墳中堤北辺中央部北側出土の埴輪は524±15年という数値が提示されたとする[173]。これは、新池遺跡の考古地磁気年代測定値とほぼ一致する点で、暦年代参考資料として有用である。田辺編年の大野池46型式期は按分上、440〜460年、陶器山15号窯式期は按分上、520〜540年に比定したため、年代的な離齬は認められない。

　4）西隼上り遺跡の埴輪窯　京都府宇治市西隼上り遺跡では、川西宏幸編年のⅤ期古式の埴輪を焼成する埴輪窯が検出された。付近の作業場SX09からは、廃棄された埴輪とともに田辺編年の高蔵208型式前後の須恵器が出土した。窯跡の焼土試料の考古地磁気年代測定値は、427〜475年の年代が提示された[174]。年代の限定は難しいが、高蔵208型式は按分上、440〜480年に比定したため、おおむね収まってくる資料ではある。

　5）狭山池東樋下層の木製樋管　大阪府大阪狭山市狭山池の発掘調査において、堤内から造営当初の木製樋管が発見された[175]。樋管はコウヤマキの丸太材を半截し割り抜いたもので、年輪年代測定法によって616年という伐採年代が判明した。池の造営で池底に沈んだ2号窯・3号窯、その後に堤を利用して1号窯が造られた[176]。前者は高蔵寺43〜209号窯式、後者は高蔵寺209〜217号窯式に比定できることから、616年は高蔵寺209号窯式期に接点をもつことなる。高蔵寺209号窯式期は按分上、600〜620年に比定したため、616年という数値に年代的な離齬は認められない。

おわりに

　本節では、均等な型式変化を重視した土器編年を用いて同じ時間幅を想定し、定点の設定とその間の按分法から機械的に暦年代を割り出した。また、考古学・自然科学的方法論による暦年代参考資料との整合性についても検討した。両方面から離齬なく一致する点を評価すれば、提示した暦年代観に妥当性を認めてもいいように思う。簡単に見解をまとめると、弥生後期は1世紀前葉（20年）を基点として、2世紀中葉頃（140年）に終焉をむかえ、古墳早期は3世紀前葉（220年）まで存続することになる。それ以降、古墳前期は4世紀後葉（380年）まで続き、古墳中期は須恵器の出現とほぼ同時期に考え、5世紀末葉まで存続している。従来の暦年代観と異なる点は、弥生後期の終焉と古墳早期の始まりにある。これまで諸研究者に支持された3世紀初頭説からみ

れば、結果的に約60年遡上する隔絶した年代となる。

　これに近い暦年代観を提示した研究者はいた。白石太一郎は、庄内式を2世紀後半から3世紀中葉までの時期とし、古墳の出現を3世紀中葉過ぎとみている[177]。赤塚次郎は、自らの詳細な土器編年をもとに、古墳早期の開始を160年付近、古墳前期を240年付近と考えていた[178]。しかし二人の見解とも異なる。私は、古墳早期の開始を2世紀中頃でも、150年を食い込む時期を想定し、古墳前期の始まりを同じ3世紀前葉でも、従来の布留式の開始期ではなく、1様式古い畿内の庄内3式、東海の廻間Ⅱ式、北陸の長泉寺・白江1式の開始期にみている。近年の加速器質量分析法（AMS法）の結果によると、東海の廻間Ⅰ式期には100年前後の数値が共通して認められ、これにもとづいて、赤塚次郎は古墳早期を2世紀後半、古墳前期を3世紀前葉と考えている[179]。これは、私が以前から提示していた見解[180]に近くなっている。こうした見解を勘案しても、古墳早期の開始が2世紀中頃まで遡ることに躊躇しない。

　60年という時間的な隔たりは小さいように思えるが、2、3世紀といえば、数十年の違いによって歴史像が大きく変貌する時期である。たとえ半世紀といえども、古墳成立期の社会像に与える影響は大きい。なお、中国・朝鮮との関係を重視する立場には、石母田正の先駆的な見解がある。石母田は、倭王権と国家形成を考える際に、東アジアにおける国際関係の重要性を看過できないと指摘した[181]。また高倉洋彰は、弥生時代の画期は自律的であるとともに、他律的な要素もあることが考えられ、弥生前期と戦国時代（前403～221年）、弥生中期と秦・前漢時代（前221～8年）、弥生後期と新・後漢時代（8～220年）との対応関係に有意性を読み取る見解を示した[182]。こうした見解を参考にしても、古墳早期を挟む画期は日本列島だけでなく、大陸・半島などを含めた東アジアの歴史的事件、時代画期ともうまく連動している。

　例をあげると、第一の大画期である弥生後期の開始（20年）は、25年の後漢王朝の成立と相前後し、第一小画期の弥生後期中葉の開始（60年）は、57年の奴国王の後漢朝貢事件と接する。第二の大画期である弥生後期の終焉（140年）は、2世紀中頃に顕著となる後漢王朝の衰退期と接し、大陸・半島の動乱は、同時に纒向都市の成立と初期王権の誕生をうながしたと推測する。

　第三の大画期である古墳前期の開始（220年）は、西日本の初期王権の強化によって、列島を二分する国家形成の時期と重なり、220年の魏・呉・蜀の三国鼎立と軌を一にする。第二の小画期である古墳前期中葉の開始（280年）は、『晋書』「扶餘伝」太康六（285）年条に記す民族移動による朝鮮半島からの影響と関係する。第三の小画期である古墳前期後葉の開始（320年）は、高句麗による313年の楽浪郡、翌年の帯方郡の滅亡に相当し、前108年以来の中国との関係に終止符を打った点が大きい。こうした東アジア規模の中国・朝鮮の出来事が、少なからず日本列島の国家形成に影響を及ぼしたと、私は考えている。

　　注
（1）寺沢薫「畿内古式土師器の編年と二・三の問題」『矢部遺跡』奈良県立橿原考古学研究所　1986年。本稿における畿内の土器編年は、寺沢編年を採用する。
（2）秋山浩三「B.C.52年の弥生土器―池上曽根遺跡の大形建物・井戸出土資料の年輪年代」『大阪文化財研究』第11号　大阪府文化財調査研究センター　1996年。

（3）春成秀爾・藤岡慎一郎・今村峯雄・坂本稔「弥生時代の開始年代―^{14}C年代の測定結果について―」『日本考古学協会第69回総会研究発表要旨』日本考古学協会　2003年。
（4）富岡謙蔵「九州北部に於ける銅剣銅鉾及び弥生式土器と伴出する古鏡の年代に就て」『考古学雑誌』第8巻第9号　日本考古学会　1917年。
（5）杉原荘介「古代前期の文化―弥生式土器文化の生成―」『新日本史講座 第10回－1 古代前期の文化』中央公論社　1950年。
（6）中国科学院考古研究所『洛陽焼溝漢墓』1959年。
（7）岡崎敬「日本考古学の方法―古代史の基礎的条件―」『古代の日本　9　研究資料』　角川書店　1971年。
（8）岡崎敬「日本および韓国における貨泉・貨布および五銖銭について」『森貞次郎博士古稀記念 古文化論集』森貞次郎博士古稀記念論文集刊行会　1977年。
（9）橋口達也「甕棺副葬品からみた弥生時代年代論」『九州縦貫自動車道関係埋蔵文化財調査報告31（中巻）』福岡県教育委員会　1979年。
（10）柳田康雄「伊都国の考古学―対外交渉のはじまり―」『九州歴史資料館開館十周年記念大宰府古文化論叢』上巻　吉川弘文観　1983年。
（11）岡村秀典「中国鏡からみた弥生・古墳時代の年代」『考古学と実年代 第Ⅰ分冊 発表要旨集』埋蔵文化財研究会　1996年。
（12）寺沢薫「考古資料から見た弥生時代の暦年代」『考古資料大観 第10巻 弥生・古墳時代 遺跡・遺構』小学館　2004年。
（13）a．佐原眞・田辺昭三「弥生中期の諸問題」『日本の考古学Ⅲ―弥生時代―』河出書房新社　1966年、b．佐原眞「大和川と淀川」『古代の日本 5 近畿』角川書店　1970年。
（14）a．寺沢薫「弥生時代舶載製品の東方流入」『考古学と移住・移動』同志社大学考古学シリーズⅡ　同志社大学考古学シリーズ刊行会　1985年、b．森岡秀人「弥生時代暦年代論をめぐる近畿第Ⅴ様式の時間幅」『信濃』第37巻第4号　信濃史学会　1985年。
（15）前掲注（2）文献。
（16）小山田宏一「近畿地方暦年代の再整理」『考古学と実年代 第Ⅰ分冊 発表要旨集』埋蔵文化財研究会　1996年。
（17）前掲注（12）文献。
（18）関川尚功「弥生土器から土師器へ」『季刊考古学 土器からよむ古墳社会』24　雄山閣　1988年。
（19）前掲注（14）b文献。
（20）森岡秀人「庄内式土器の実年代について」『3・4世紀 日韓土器の諸問題』釜山考古学研究会・庄内式土器研究会・古代学研究会　2001年。
（21）寺沢薫「布留０式土器拡散論」『考古学と地域文化』同志社大学考古学シリーズⅢ　同志社大学考古学シリーズ刊行会　1987年。
（22）寺沢薫『日本の歴史 第02巻 王権誕生』講談社　2000年。
（23）前掲注（16）文献。
（24）車崎正彦「漢鏡」『考古資料大観 第5巻 弥生・古墳時代 鏡』小学館　2002年。
（25）岡村秀典『三角縁神獣鏡の時代』吉川弘文館　1999年。
（26）a．小山田宏一「画紋帯同向式神獣鏡とその日本への流入時期―鏡からみた「3世紀の歴史的枠組み」の予察―」『弥生文化博物館研究報告』第2集　大阪府立弥生文化博物館　1993年、b．同「ホケノ山墳墓の画文帯同向式神獣鏡」『東アジアの古代文化』108号　大和書房　2000年。
（27）前掲注（22）文献。

(28) 森貞次郎 「弥生時代における細形銅剣の流入について―細形銅剣の編年的考察―」『日本民族と南方文化』平凡社　1968年。
(29) 寺沢薫「古墳時代開始期の暦年代と伝世鏡論（上・下）」『古代学研究』第169・170号古代学研究所　2005年。
(30) 白石太一郎「年代決定論（2）―弥生時代以降の年代決定論」『岩波講座日本考古学　1　研究の方法』岩波書店　1986年。
(31) 前掲注（9）文献。
(32) 寺沢薫「纒向型前方後円墳の築造」『考古学と技術』同志社大学考古学シリーズⅣ　同志社大学考古学シリーズ刊行会　1988年。
(33) 米田敏幸「邪馬台国河内説の検証―河内からみた纒向遺跡―」『庄内式土器研究ⅩⅨ』庄内式土器研究会　1999年。
(34) 前掲注（16）文献。
(35) 前掲注（20）文献。
(36) a．小林正史「カリンガ土器の変化過程」『現代の考古学　5　交流の考古学』朝倉書店　2000年、b．川西宏幸「都市の発生」『東アジアと日本の考古学　Ⅴ　集落と都市』同成社　2003年。
(37) 寺沢薫「紀元前52年の土器はなにか―古年輪年代の解釈をめぐる功罪―」『考古学に学ぶ』同志社大学考古学シリーズⅦ　同志社大学考古学シリーズ刊行会　1999年。
(38) 前掲注（16）文献。
(39) 前掲注（12）文献。
(40) 関野雄「貨泉」『国史大事典』第3巻　吉川弘文館　1983年。
(41) a．高倉洋彰 「王莽銭の流入と流通」『九州歴史資料館研究論集』九州歴史資料館　1989年。貨泉の分類は、b．戴志強・謝世平 "貨泉"初探―兼論莽銭制作特徴的演変―」『中国銭幣』1984年第1期　中国金融出版社　1984年、にもとづく。
(42) 寺沢薫「時は銭なり―弥生時代中国銭貨流入史の一齣―」『初期古墳と大和の考古学』学生社　2003年。
(43) 文殊省三「大和川河床出土の貨泉・鉢・台付無頸壺・蓋について―瓜破遺跡出土資料の紹介（1）―」『大阪市立博物館研究紀要』第18冊　大阪市立博物館　1986年。
(44) 前掲注（14）a文献。
(45) 前掲注（14）a文献。
(46) a．大阪文化財センター『亀井・城山』1980年、b．同『亀井』1983年。
(47) 大阪文化財センター『巨摩・瓜生堂』1982年。
(48) 平井泰男「高塚遺跡出土の貨泉について」『高塚遺跡・南溝手遺跡2』岡山県教育委員会・岡山県古代吉備文化財センター　2000年。
(49) 鳥取県教育文化財団『青谷上寺地遺跡4』2002年。
(50) 前掲注（41）a文献。
(51) 前掲注（14）a文献。
(52) 前掲注（37）文献。
(53) 前掲注（2）文献。
(54) 田中清美「弥生時代の出土銭貨研究の現状と課題」『出土銭貨』第21号　出土銭貨研究会　2004年。
(55) 森岡秀人「近畿から見た併行関係と実年代資料」『日本考古学協会2002年度橿原大会 研究発表資料集』日本考古学協会2002年度橿原大会実行委員会　2002年。
(56) 前掲注（11）・（55）文献。

第Ⅰ章　年　代　論

(57)　a．奈良国立文化財研究所『飛鳥・藤原宮跡発掘調査報告Ⅱ』1978年、b．同『平城宮発掘調査報告Ⅶ』1976年。
(58)　前掲注（57）a文献、奈良国立文化財研究所『飛鳥・藤原宮跡発掘調査概報8』1978年。
(59)　奈良国立文化財研究所『飛鳥・藤原宮跡発掘調査報告Ⅲ』1979年。
(60)　奈良国立文化財研究所『平城宮左京二条二坊・三条二坊発掘調査報告』1995年。
(61)　堀大介「古墳成立期の土器編年―北陸南西部を中心に―」『朝日山』朝日町教育委員会　2002年。
(62)　前掲注（61）文献。
(63)　前掲注（14）b・（20）文献。
(64)　田辺昭三『須恵器大成』角川書店　1981年。
(65)　山田邦和『須恵器生産の研究』学生社　1998年。
(66)　大賀克彦「凡例 古墳時代の時期区分」『小羽山古墳群』清水町教育委員会　2002年。
(67)　前掲注（12）文献。
(68)　堀大介「古墳成立期の土器編年に関する基礎的研究」『越前町文化財調査報告書Ⅰ』越前町教育委員会　2006年。
(69)　前掲注（9）文献。
(70)　a．岡村秀典「前漢鏡の編年と様式」『史林』第67巻第5号　史学研究会　1984年、b．同「後漢鏡の編年」『国立歴史民俗博物館研究報告』第55集　国立歴史民俗博物館　1993年。
(71)　島田貞彦『筑前須玖史前遺跡の研究』京都帝国大学　1930年。
(72)　a．青柳種信『柳園古器略考』1822年、b．福岡県教育委員会『三雲遺跡―南小路地区編―』1985年。
(73)　立岩遺蹟調査委員会『立岩遺蹟』1977年。
(74)　福岡市教育委員会『宝満尾遺跡』1974年。
(75)　佐賀県教育委員会『二塚山』1979年。
(76)　中原町教育委員会『原古賀遺跡群（1）』1990年。
(77)　前掲注（12）文献。
(78)　杉原荘介・原口正三「佐賀県桜馬場遺跡」『日本農耕文化の生成』東京堂出版　1961年。
(79)　前掲注（68）文献。
(80)　和歌山県教育委員会『滝ヶ峯遺跡発掘調査概報』1972年。
(81)　石川県立埋蔵文化財センター『吉崎・次場遺跡』1987年
(82)　a．村木誠「高蔵遺跡（34次）」『名古屋市見晴台考古資料館年報』19　2002年、b．村木誠ほか『高蔵遺跡（第34次・第39次）』名古屋市教育委員会　2003年。
(83)　前掲注（14）a文献。
(84)　前掲注（75）文献。
(85)　前掲注（12）文献。
(86)　梅原末治「筑前国井原発見鏡片の復元」『史林』第16巻第3号　史学研究会　1931年。
(87)　前掲注（12）文献。
(88)　金関丈夫・坪井清足・金関恕「佐賀県三津永田遺跡」『日本農耕文化の生成』東京堂出版　1961年。
(89)　福岡県教育委員会『飯氏遺跡群2』1994年。
(90)　前掲注（88）文献。
(91)　前掲注（12）文献。
(92)　八女市教育委員会『八女市南部地区県営圃場整備事業地内埋蔵文化財調査概報5』1994年。
(93)　前掲注（12）文献。
(94)　赤塚次郎「瑞龍寺山山頂墳と山中様式」『弥生文化博物館研究報告』第1集　大阪府立弥生文化博

第2節　暦年代の再検討

物館　1992年。
(95)　法政大学考古学研究室『高津尾遺跡17区発掘調査報告書』1993年。
(96)　a．平原弥生古墳調査報告編集委員会『平原弥生古墳―大日孁貴の墓―』葦書房　1991年、b．前原市教育委員会『平原遺跡』2000年、前掲注（12）文献。
(97)　前掲注（25）文献。
(98)　原口信行「箱式棺内出土の内行花文鏡」『考古学雑誌』第40巻第3号　日本考古学会　1954年。
(99)　鏡山猛『九州考古学論攷』吉川弘文館　1972年。
(100)　北九州市教育文化事業団埋蔵文化財調査室『高津尾遺跡4』1991年。
(101)　長崎県教育委員会『原の辻遺跡』1999年。
(102)　小郡市教育委員会『みくに保育所内遺跡 吹上・北畠遺跡』1981年。
(103)　前掲注（29）文献。
(104)　嘉穂町教育委員会『嘉穂地区遺跡群』1987年。
(105)　前掲注（29）文献。
(106)　福岡県教育委員会『三雲遺跡Ⅳ』1983年。
(107)　a．北九州市埋蔵文化財調査会『馬場山遺跡』1975年、b．北九州市教育文化事業団・北九州市教育委員会『馬場山遺跡』1980年。
(108)　築紫野市教育委員会『御笠地区遺跡』1986年。
(109)　前掲注（29）文献。
(110)　行橋市教育委員会『前田山遺跡』1987年。
(111)　前掲注（29）文献。
(112)　前掲注（68）文献。
(113)　奈良県立橿原考古学研究所『大和の前期古墳Ⅳ ホケノ山古墳調査概報』学生社　2001年
(114)　a．徳島県教育委員会『萩原墳墓群』1983年、b．菅原康夫・瀧山雄一「阿波地域」『弥生土器の様式と編年 四国編』木耳社　2000年。
(115)　前掲注（16）・（29）・（114）文献。
(116)　城陽市教育委員会『芝ヶ原古墳』1987年。
(117)　a．園部町教育委員会『船阪・黒田工業団地予定地内遺跡群発掘調査概報』1991年、b．赤塚次郎「壺を加飾する」『考古学フォーラム7』考古学フォーラム　1995年。
(118)　弥栄町教育委員会『太田南古墳群・太田南遺跡・矢田城跡第2～5次発掘調査報告書』1998年。
(119)　a．高月町教育委員会『古保利古墳群第1次確認調査報告書』2001年、b．黒坂秀樹「高月町古保利古墳群」『ふたかみ邪馬台国シンポジウム1 シンポジウム邪馬台国時代の近江と大和 資料集』香芝市二上山博物館　友の会 ふたかみ史遊会　2001年。
(120)　a．松本市教育委員会『弘法山古墳』1978年、b．同『弘法山古墳出土遺物の再整理』1993年。
(121)　木更津市教育委員会『高部古墳群Ⅰ―前期古墳の調査―』2002年。
(122)　前掲注（121）文献。
(123)　清水町教育委員会『風巻神山古墳群』2003年。
(124)　前掲注（68）文献。
(125)　前掲注（25）文献。
(126)　上野祥史「神獣鏡の作鏡系譜とその盛衰」『史林』第83巻第4号　史学研究会　2000年。
(127)　前掲注（26）a・（29）文献。
(128)　前掲注（26）a文献。
(129)　前掲注（25）文献。

第Ⅰ章　年　代　論

(130)　前掲注（29）文献。
(131)　前掲注（29）文献。立木修は、前期古墳の出土の後漢鏡の大半が「踏み返し鏡」の可能性を指摘し、三角縁神獣鏡や方格規矩鏡における特異な鏡群を「仿古鏡」と考えた。立木修「後漢の鏡と３世紀の鏡」『日本と世界の考古学　現代考古学の展開　岩崎卓也先生退官記念論文集』雄山閣　1994年。
(132)　a. 福永伸哉「仿製三角縁神獣鏡の編年と製作背景」『考古学研究』第41巻第１号　考古学研究会　1994年、b. 同「三角縁神獣鏡の歴史的意義」『倭人と鏡　その２』第36回埋蔵文化財研究集会　1994年。
(133)　前掲注（11）文献。
(134)　a. 車崎正彦「卑弥呼の鏡を求めて―三角縁神獣鏡の謎―」『邪馬台国を知る事典』東京堂出版　1999年、b. 同「副葬品の組み合わせ―古墳出土鏡の構成―」『前方後円墳の出現』雄山閣　1999年。
(135)　前掲注（66）文献。
(136)　白石太一郎「近畿における古墳の年代」『月刊考古学ジャーナル』No. 164　ニュー・サイエンス社　1979年、前掲注（30）文献。
(137)　前掲注（11）文献。
(138)　前掲注（66）文献。
(139)　a. 小野山節「日本発見の初期の馬具」『考古学雑誌』第52巻第１号　日本考古学会　1966年、b. 黎瑤渤「遼寧北票県西官営子北燕馮素弗墓」『文物』1973年。
(140)　前掲注（30）・（136）文献。
(141)　前掲注（66）文献。
(142)　前掲注（64）文献。
(143)　前掲注（30）・（136）文献。
(144)　中村浩「須恵器流通の一考察」『大谷女子大学紀要』14－2　1987年。
(145)　町田章『箕谷古墳群』八鹿町教育委員会　1987年。
(146)　森浩一「須恵器初期の様相と上限の問題」『日本考古学協会第27回総会研究発表要旨』日本考古学協会　1961年。
(147)　原口正三「須恵器の源流をたずねて」『古代史発掘』第６巻　講談社　1975年。
(148)　前掲注（30）・（136）文献。
(149)　都出比呂志「前期古墳の新古と年代論」『考古学雑誌』第67巻第４号　日本考古学会　1982年。
(150)　森貞次郎「筑後国風土記逸文に見える筑紫君磐井の墳墓」『考古学雑誌』第41巻第３号　日本考古学会　1956年。
(151)　前掲注（64）文献。
(152)　前掲注（30）文献。
(153)　西口寿生「飛鳥地域の再開発直前の土器」『奈良国立文化財研究所年報Ⅱ』奈良国立文化財研究所　1999年。
(154)　楢崎彰一「後期古墳時代の諸段階」『名古屋大学文学部十周年記念論文集』1959年。
(155)　前掲注（64）文献。
(156)　奈良国立文化財研究所『飛鳥・藤原京跡発掘調査概報20』　1990年。
(157)　a. 赤塚次郎「Ⅴ考察」『廻間遺跡』愛知県埋蔵文化財センター　1990年、b. 同「山中式土器について」『山中遺跡』愛知県埋蔵文化財センター　1992年、c. 同「濃尾平野における弥生時代後期の土器編年」『八王子遺跡』愛知県埋蔵文化財センター　2002、d. 同「東海地域としての土器様

式」『古墳出現期の土師器と実年代シンポジウム資料集』大阪府文化財センター 2003年、e. 同「廻間Ⅰ・Ⅱ式再論」『西上免遺跡』愛知県埋蔵文化財センター 1997年、f. 同「松河戸様式の提唱」『松河戸遺跡』愛知県埋蔵文化財センター 1994年、g. 赤塚次郎・早野浩二「松河戸・宇田様式の再編」『研究紀要』第2号 愛知県埋蔵文化財センター 2001年。

(158) 金沢市（金沢市埋蔵文化財センター）『大友西遺跡Ⅱ 本文編』2002年。

(159) 石川県志雄町教育委員会『二口かみあれた遺跡』1995年。

(160) a. 光谷拓実「年輪年代法による雀居遺跡出土木製品の年代推定」『雀居遺跡2』福岡市教育委員会 1995年、b. 菅波正人「最新事例報告―福岡市西区大原D遺跡、博多区雀居遺跡―」『考古学と実年代 第Ⅰ分冊 発表要旨集』埋蔵文化財研究会 1996年。

(161) a. 佐伯英樹「下鈎遺跡」『栗東町埋蔵文化財調査1991年度年報』1992年、b. 同「滋賀県二ノ畦・横枕遺跡 下鈎遺跡」『考古学と実年代 第Ⅰ分冊 発表要旨集』埋蔵文化財研究会 1996年。

(162) 岩崎直也「近畿地方の大型建物」『月刊考古学ジャーナル』No. 379 ニュー・サイエンス社 1994年。

(163) 光谷拓実「年輪年代学研究の最新情報」『国際会議考古科学の最新情報』独立行政法人文化財研究所奈良文化財研究所 2002年。

(164) a. 桜井市教育委員会『纒向石塚古墳範囲確認調査（第4次）概報』1989年、b. 大和文化財保護会『纒向石塚古墳第一期整備事業範囲確認調査（第5次〜第7次）概報』1995年。

(165) 光谷拓実「古墳の年代を年輪から計る」『科学が解き明かす古墳時代』日本文化財科学会 1995年。なお、纒向勝山古墳周溝出土のヒノキの板材が年輪年代法によって、199年という伐採年代が明らかとなった。纒向石塚古墳と併せて、3世紀初頭を前後する時期に集中する。

(166) 橋本輝彦「纒向遺跡の発生期古墳出土の土器について」『庄内式土器研究ⅩⅣ』庄内土器研究会 1997年。

(167) a. 石野博信・関川尚功編『纒向』桜井市教育委員会 1976年、b. 石野博信「奈良県纒向石塚古墳、墳丘盛土内の土器群に対する評価―寺沢氏の批判に答える―」『古代学研究』第150号 古代学研究会 2000年。

(168) a. 久野邦雄・寺沢薫「纒向遺跡発掘調査概報」『奈良県遺跡調査概報1976年度』1977年、b. 寺沢薫「纒向型前方後円墳の築造」『考古学と技術』同志社大学考古学シリーズⅣ 同志社大学考古学シリーズ刊行会 1988年。

(169) 奈良県立橿原考古学研究所『大和の前期古墳Ⅳ ホケノ山古墳調査概報』学生社 2001年。

(170) 大阪府文化財協会『陶邑・大庭寺遺跡Ⅳ』1995年。

(171) a. 奈良国立文化財研究所『奈良国立文化財研究所年報 1997年－Ⅲ』1997年、b. 光谷拓実・次山淳「平城京下層古墳時代の遺物と年輪年代」『奈良国立文化財研究所年報1999年－Ⅰ』奈良国立文化財研究所 1999年、奈良国立文化財研究所『平城京発掘調査報告Ⅹ』1981年。

(172) a. 高槻市教育委員会『新池 新池埴輪製作遺跡発掘調査報告書』1993年、b. 同『ハニワ工場公園―史跡新池埴輪製作遺跡保存整備事業報告書―』1995年。

(173) 森田克行「新池遺跡」『考古学と実年代 第Ⅰ分冊 発表要旨集』埋蔵文化財研究会 1996年。

(174) 宇治市教育委員会『西隼上り遺跡発掘調査概報』1995年。

(175) 光谷拓実「日本の年輪年代法の現状」『考古学と暦年代』ミネルヴァ書房 2003年。

(176) 狭山池調査事務所『狭山池 埋蔵文化財編』1998年。

(177) 白石太一郎『古墳とヤマト政権 古代国家はいかに形成されたか』文藝春秋 1999年。

(178) 赤塚次郎「東海系土器から見た東日本の古墳時代」『考古学と実年代 第Ⅰ分冊 発表要旨集』埋蔵文化財研究会 1996年。

第Ⅰ章　年　代　論

(179) 赤塚次郎「尾張地域の事例報告」『第44回名大祭考古学研究集会　ＡＭＳ^{14}Ｃ年代測定法による尾張・三河の古墳出現期の年代―現状と課題を中心に―』名古屋大学大学院文学研究科考古学研究室　2003年。

(180) a. 堀大介「凡例」・「風巻神山4号墳出土土器の検討」『風巻神山古墳群』清水町教育委員会　2003年、b. 同「風巻式の時代」『庄内式土器研究ⅩⅩⅥ』庄内式土器研究会　2003年。

(181) 石母田正「第1章　国家成立史における国際的契機」『日本の古代国家』日本歴史叢書　岩波書店　1971年。

(182) 高倉洋彰『交流する弥生人』吉川弘文館　2001年。

補論　古墳成立期の土器編年 —大野盆地を中心に—

はじめに

　大野盆地では、既知の遺跡分布と近年の発掘調査の成果により、古墳成立期の集落の存在が明らかになってきた（第49図）。主要な遺跡は、赤根川などの諸河川で形成された扇状地と沖積地上に立地しており、出土土器から遺跡の存続時期も明らかになりはじめた。たとえば、下黒谷遺跡では方形周溝状遺構・溝などの遺構と、古墳早期を中心とする多量の土器が出土し[1]、右近次郎西川遺跡では竪穴住居跡や柱穴・土坑、溝や河道などが検出され、弥生後期中葉から古墳早期を中心とする土器が出土した[2]。犬山遺跡では溝・河道跡などが検出され、弥生後期から古墳前期までの土器が出土し[3]、中丁遺跡では包含層資料は多いが、弥生中期中葉から古墳中期前半にかけての土器が出土した[4]。とくに、右近次郎西川遺跡と中丁遺跡からは玉作関係遺物が出土しており、福井平野や南越盆地以外においても玉生産がおこなわれたことが判明した。ここにあげた遺跡は部分的な発掘調査にとどまるため、けっして集落全体が明らかになったわけではなく、編年構築ができる資料がようやく整いはじめた段階である。

　ただ大野盆地の場合、遺構出土の良好な遺物が少なく、包含層や溝・川などの資料が多いため、土器編年の構築には困難をともなう。しかし、以前に提示した北陸南西部の広域編年に則すれば、素案が構築できるものと考えている[5]。本論では、これらの土器編年に対応させる形で、地理的に隔絶された大野盆地をひとつの大地域としてとらえ、本地域の土器編年と地域性について明らかにしたい。ここで提示する土器編年は便宜上のものであるため、今後の資料増加によって補強・修正していく。そして、色調・胎土に特徴が認められる大野盆地出土土器の分布に着目し、他地域との交流の一端を探ってみたい。

1　大野盆地の土器編年

（1）越前の土器編年

　私は、弥生後期から古墳前期までを18の様相に区分し、様相1・2を甑谷式、様相3～6を小羽山式、様相7～10を風巻式、様相11～15を長泉寺式、様相16～18を木田式とした[6]。これらの様式は、越前（嶺北、現在の敦賀市を除いた旧越前国の範囲）を代表とする広域的な様式の名称であるため、今後の資料増加と研究進展によって、さらに狭小な様式設定は可能である。とくに大野盆地は、福井平野や南越盆地から一定距離隔離された九頭竜川上流域に位置し、東海に近い地理的条件と、山岳に囲まれた盆地地形であるため、ひとつの様式圏の形成に充分な要素を備えている。

　では、どのような土器相なのか。簡単にいえば、北陸南西部通有の土器組成をもとに、飛騨・

第Ⅰ章 年代論

美濃といった東海の要素が補完する土器様式である。つまり、北陸と東海の要素が混在する地域といえる。まず、大野盆地で出土した東海系とされる土器の一部を紹介しよう。弥生後期後葉の山ヶ鼻4号墓では、東海の三河地域の影響を受けた体部下膨れで、外面に波状の線刻をもつ有段口縁壺（第50図）や、近江系あるいは美濃系とも判断できる受口状口縁の甕・鉢、器台などが出土した[7]。また下黒谷遺跡などでは、東海の山中式（弥生後期後半）と酷似する高杯と、廻間Ⅱ式前半期（古墳前期前葉）に特徴的な中型・小型高杯なども確認できる[8]。大野盆地は福井平野と東海の間を介した中間地点に位置するため、土器相は東海の要素を多分に含み、東海と北陸とを併せもつ一種の独自性が感じ取れる。本稿では、これまでの広域編年の適用が難しい部分もあるため、飛騨・美濃、尾張などの土器編年も参考とする[9]。

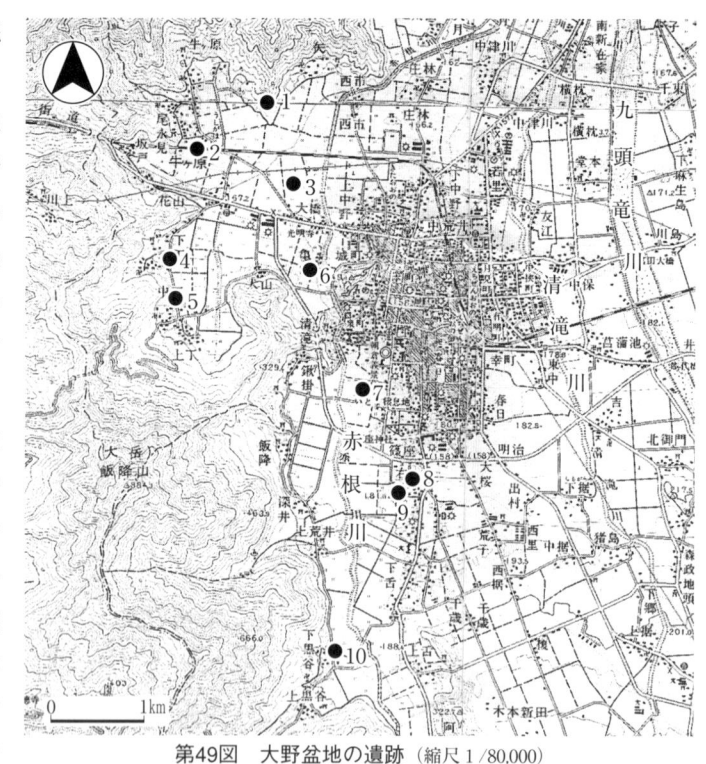

第49図　大野盆地の遺跡（縮尺1/80,000）
1．山ヶ鼻古墳群、2．尾永見遺跡、3．下田遺跡、4．下丁遺跡、5．中丁遺跡、6．犬山遺跡、7．新庄遺跡、8．右近次郎遺跡、9．右近次郎西川遺跡、10．下黒谷遺跡

（2）大野盆地の土器編年

大野盆地では近年になって発掘調査事例が急速に増えたが、出土土器は包含層・溝・川跡にともなうものが多く、遺構出土の良好な一括資料が少ないため、様式の設定は困難な状況だといえるだろう。したがって、北陸南西部の土器編年に対応

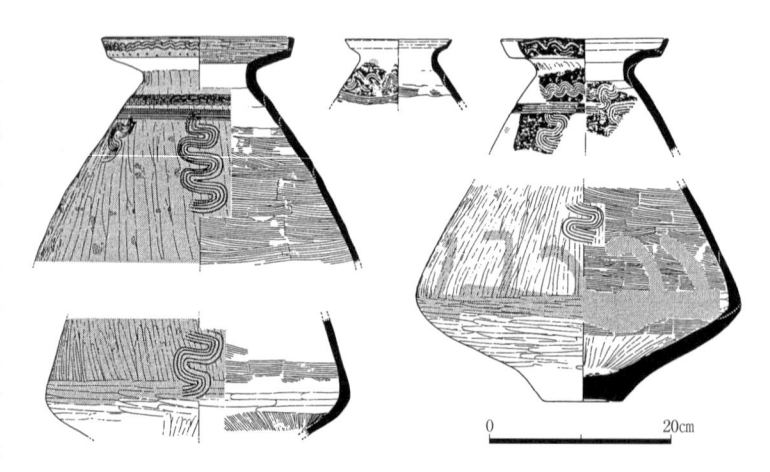

第50図　山ヶ鼻4号墓の東海系土器（縮尺1/8）[注7文献より転載]

補論　古墳成立期の土器編年

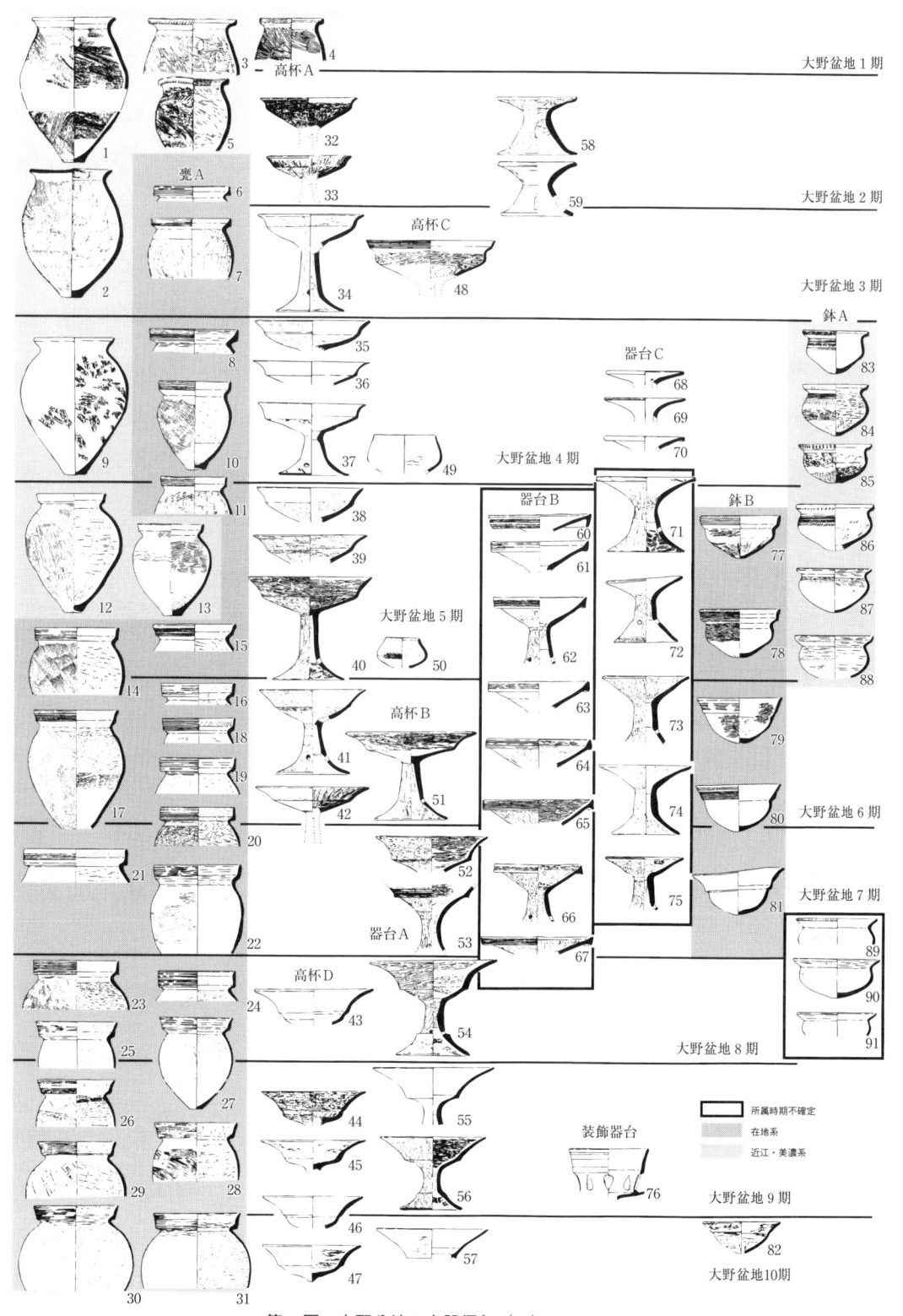

第51図　大野盆地の土器編年（1）(縮尺1/14)

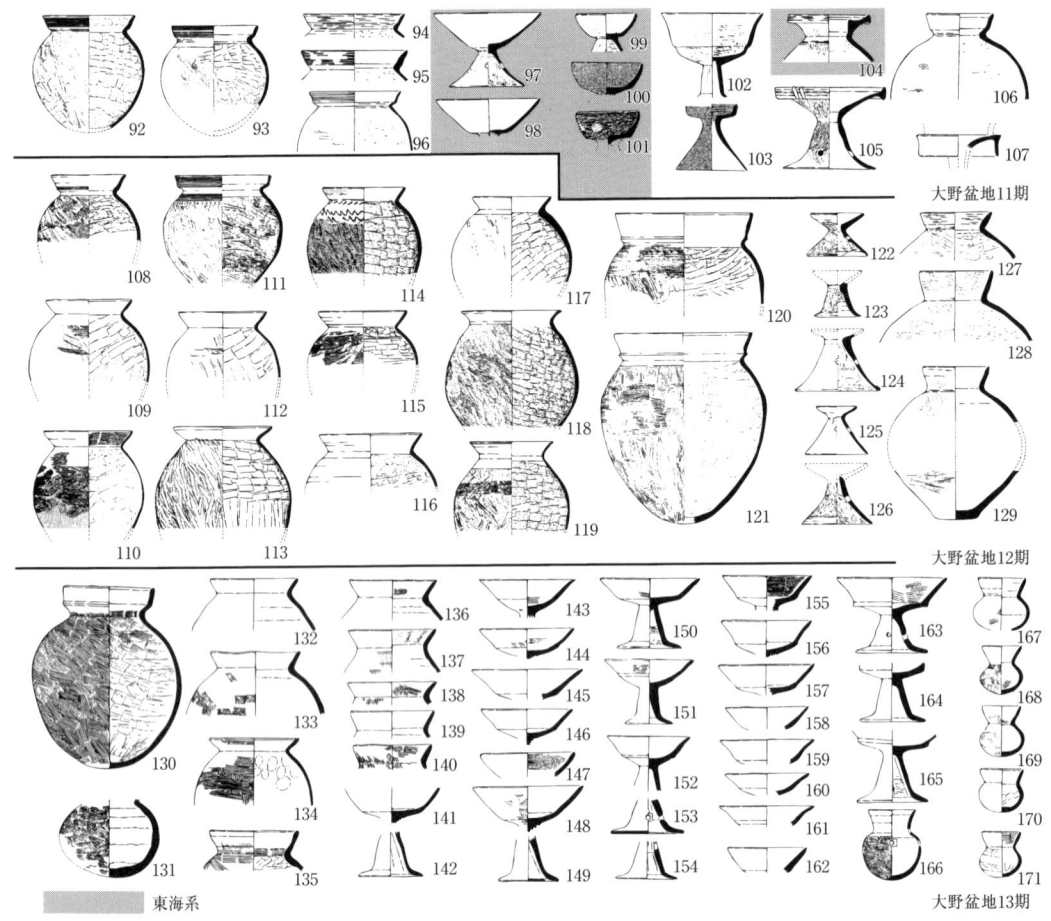

第Ⅰ章　年代論

第52図　大野盆地の土器編年（２）（縮尺１/14）

１～５. 中丁遺跡Ⅰ区土坑１、９・36・37・49・68～70・83. 山ヶ鼻４号墓、７・20・32・33・40・42・48・51・53・58・59・71・85・86. 犬山遺跡２Ｔ溝５、84. 右近次郎西川遺跡１Ｔ包含層、46. 右近次郎西川遺跡３Ｔ30号土坑、67. 右近次郎西川遺跡３Ｔ31号土坑、12・39・41・72. 右近次郎西川遺跡３Ｔ111号溝、14・16・21・26・28・29・43～45・47・56・63・76・82. 右近次郎西川遺跡４Ｔ85号溝、15・18・52・65・66・73・77・81. 右近次郎西川遺跡４Ｔ川跡、10・13・54・78～80. 右近次郎西川遺跡５Ｔ川跡、11・17・23・60～62・75. 右近次郎西川遺跡５Ｔ包含層、８・24. 下黒谷遺跡Ｃ・Ｅ区、57. 下黒谷遺跡Ｆ区包含層、６・22・25・27・55・64・74. 下黒谷遺跡Ｇ区包含層、19・34・87～91. 下黒谷遺跡Ｇ区２号溝下層、30・31・35・38・50. 下黒谷遺跡Ｈ区包含層、92・113. 犬山遺跡２Ｔ溝３、93・97・108～112・114～126. 犬山遺跡２Ｔ溝５、101. 犬山遺跡Ｐ109、130～171. 中丁遺跡Ⅲ区、100・102. 下黒谷遺跡Ｇ区包含層、107. 下黒谷遺跡Ｇ区２号溝下層、94～96・98・99・103・104・106・127～129. 下黒谷遺跡Ｈ区１号溝、105. 尾永見遺跡Ⅱ区包含層

させる形でしか提示できない現状がある。ここでは、弥生後期から古墳中期前半までを、大野盆地１～13期として暫定的に設定する（第51・52図）。

以下、概要を述べる。

　大野盆地１期（弥生後期前葉）　越前の甑谷１式、加賀の猫橋１式に対応する。良好な一括資料として中丁遺跡Ⅰ区土坑１をあげる。とくに長頸壺、内傾口縁甕、受口状口縁甕などは本期の特徴を示す。これらの一括資料をみると、基本的に擬凹線文甕は少なく、近江系の受口状口縁甕とくの字状口縁甕が主体を占める（１～５）。受口状口縁には、内外面ハケ調整と内面ケズリ調

整をみることができる。本期の資料数は少ないが、ここでは1期として設定する。本期は弥生後期の始まりとして理解する。

　大野盆地2期（弥生後期前葉）　越前の甑谷2式、加賀の猫橋2式に対応する。良好な一括資料はない。甕Aは下黒谷遺跡G区包含層の内傾口縁擬凹線文甕（6）が相当する。高杯Bはなく、犬山遺跡2T溝5の高杯A（32・33）をあげておく。他の器種には、器台（58・59）が想定できるが、所属時期は確定できない。

　大野盆地3期（弥生後期中葉）　越前の小羽山1式、加賀の法仏1式に対応し、東海の山中Ⅰ式古相に併行する。甕Aには犬山遺跡2T溝5のもの（7）、高杯Aには下黒谷遺跡G区2号溝下層のもの（34）があげられる。ここでは高杯C（48）の出現が大きい。高杯Cは越前町小粕遺跡、鯖江市西山1号墓、福井市小羽山30号墓などの限定された地域に分布し、とくに墳丘墓の出土事例に多い[10]。高杯A・Bを比べると、出土数の少ない形式であるため、搬入品の可能性は高い。

　大野盆地4期（弥生後期中葉）　越前の小羽山2式、加賀の法仏2式に対応し、東海の山中Ⅰ式新相に併行する。一括資料には山ヶ鼻4号墓資料があげられる。本墓の高杯A（36・37）は、小羽山16・30号墓出土の高杯と酷似することから、本期の基準資料とした。甕は受口状口縁が主体を占め、有段口縁擬凹線文甕（甕A）はほとんど確認できない。下黒谷遺跡や右近次郎西川遺跡の資料のなかには、本期とされる甕Aが確認できる程度である（8・10）。だが、これらは一括性が低いことから確証はない。高杯はAが主体となり、ワイングラス形の壺も存在する。器台は拡張口縁をもたないCが主体的で（68〜70）、なかには端面に刻みを施すもの（69）も存在する。鉢には受口状口縁を呈するものが一般的であり、山ヶ鼻4号墓の鉢は口縁部端面に刻み、肩部に直線文と波状文を施す（83）。一括性の点で問題は残るが、右近次郎西川遺跡1T包含層出土の受口状口縁が明確な鉢（84）は、本期に相当するのだろうか。

　大野盆地5期（弥生後期後葉）　越前の小羽山3式、加賀の法仏3式に対応し、東海の山中Ⅱ式古相に併行する。右近次郎西川遺跡3T111号溝を基準資料とする。甕はAの他に、無文で受口状口縁に近い甕が一定量存在する（12・13）。高杯Aが主体を占めることに変わりはなく、福井平野や南越盆地に主に分布する高杯Bは、本地域ではほとんど確認できない。器台には、Bとした口縁端部が下方に垂下したもの（60〜62）が一定量存在する。鯖江市西山1号墓では、同じような器台が存在するため、本期に比定できる可能性は高い[11]。器台Cには、右近次郎西川遺跡3T111号溝のもの（72）をあげておく。鉢Bは明確な有段口縁をもつ形式で、端面に擬凹線文を多条に施す（77・78）。それらに共伴するかは分からないが、鉢Aは受口状口縁が明確でなくなり、稜が甘くなったもの（86〜88）へと変化している可能性が高い。

　大野盆地6期（弥生後期後葉）　越前の小羽山4式、加賀の法仏4式に対応し、東海の山中Ⅱ式新相に併行する。高杯は口縁部が大きく発達したAが主体となり、右近次郎西川遺跡3T111号溝（41）、犬山遺跡2T溝5（42）のものがあげられる。同じ犬山遺跡2T溝5からは、端部を肥厚させる高杯B（51）が極少量存在する。器台BとCの所属時期は分からないが、5期と同様に主体となる。鉢には、右近次郎西川遺跡5T川跡の口縁部が伸び擬凹線文が多条に施すもの

(80) と考えられる。

　大野盆地7期（古墳早期前半）　越前の風巻1式、加賀の月影1式に対応し、東海の廻間Ⅰ－0・1式に併行する。甕Aは口縁部が直立するか、わずかに内傾するものであり、連続指頭圧痕・頸部内面ケズリ残し・横ハケが施されるようになる。高杯の良好な資料はないが、福井平野や南越盆地の事例から有段口縁高杯でも大型のものとなる。器台は弥生後期以来、山陰の影響下で成立した鼓形器台の流れは追えるが、弥生後期の大野盆地においては確認できない。それは器台B・Cが主体となったためであろう。したがって、器台Aの出現は大きく、口縁帯に擬凹線文が残るものと無文化したものがおそらく共存する。7期は古墳時代早期の始まりと理解する。

　大野盆地8期（古墳早期前半）　越前の風巻2式、加賀の月影2式に対応し、東海の廻間Ⅰ－1・2式に併行する。甕Aは口縁部が外反して体部が砲弾形を呈するものが多い。高杯Dは右近次郎西川遺跡4T85号溝のもの（43）と、器台は同5T川跡のもの（54）と考えられる。鉢は6期までを有段部の衰退によって位置づけたが、端部がわずかに拡張するか、まったく拡張しないもの（89～91）は7期前後と考えられる。

　大野盆地9期（古墳早期後半）　越前の風巻3式、加賀の月影3式に対応し、東海の廻間Ⅰ－3式に併行する。混入は激しいが、右近次郎西川遺跡4T85号溝が基準資料となる。甕Aは口縁部がさらに外反し、連続指頭圧痕・頸部内面ケズリ残し・横ハケのセットが顕著となり、体部球形化の傾向が認められる（29）。高杯D（44・45）と器台は、8期より小型化したものが該当する。器台は小型化しており、受部径の縮小と口縁部の拡張が進む（55・56）。装飾器台は、福井平野と南越盆地では8期には成立するが、大野盆地では本期まで待つこととなる（76）。また、これまで装飾器台は2点しか確認されず、しかもつくりが粗雑であるため、搬入品か模倣品の可能性が高い。

　大野盆地10期（古墳早期後半）　越前の風巻4式、加賀の月影4式に対応し、東海の廻間Ⅰ－4式に併行する。良好な資料はないが、甕Aは下黒谷遺跡H区包含層のもの（30・31）のように、体部は9期より球形化が進み、高杯D（46・47）と器台（57）はさらに小型化していく。鉢は有段口縁が衰退したもの（82）が残存するのか。

　大野盆地11期（古墳前期前葉）　越前の長泉寺1～3式、加賀の白江式に対応し、東海の廻間Ⅱ式に併行する。明確な基準資料は少なく、下黒谷遺跡H区1号溝資料をあげる。東海系土器の波及と在地土器の崩壊と位置づけられる。甕Aは布留式甕の影響を受けたため、体部が完全に球形化したものが付属する（92・93）。また、有段部が甘く明確な段を形成しないものが多い（94～96）。高杯は、東海系のE・Fがその組成の主体となり（100・101）、赤彩例が多いことも特徴である。7～10期に盛行した高杯Dは小型化して残存する（102）。壺は有段口縁をもつ在来のものはあるが、擬凹線文などは消失している。東海系としてパレス系壺（104）が数点確認できるが、プロパーなものは少ない。器台の様相は不明だが、棒状浮文のつくものがおそらく該当する（105）。装飾器台は受部径が縮小し、口縁部が大きく発達する。装飾器台の2点中1点がこの時期に位置づけられる。

　大野盆地12期（古墳前期中葉）　越前の長泉寺4・5式・木田式、加賀の古府クルビ式・高畠

式に対応し、東海の廻間Ⅲ～松河戸Ⅰ式に併行する。本期は犬山遺跡2T溝5を基準資料とするが、かなりの時間幅を見込む。甕Aも引き続き球形化した体部をもつものが残存する（108・111）。しかし大部分は、布留式甕（109～113・115）とくの字状口縁甕（116～119）に転換している。高杯の良好な資料は少ないが、東海系や畿内・山陰系がその主体となるのであろうか。また、大型甕として山陰系が一部補完する状況である（120・121）。本期において東海色は完全に払拭され、畿内系・山陰系器種への斉一化が進む。

　大野盆地13期（古墳前期後葉～中期前葉）　中丁遺跡Ⅲ区包含層を基準資料とする。包含層ではあるが、資料的にまとまっているため、漆町編年の12～13群併行期に相当する[12]。甑を模した小型丸底壺（166）の存在は、須恵器出現以降を示す。壺は引き続き山陰系が顕著であり、甕は完全に畿内系に転換する。しかも、布留式に代表する口縁部の内湾と肥厚をもつものも少なくなる（134・135）。代わりに、くの字状口縁をもつ粗製甕が一定量を占める（132・133・136～140）。高杯は畿内の影響が強く、斉一性が高い。本期は時期幅が想定できるため、細分化される可能性は高い。

2　大野盆地を介した土器交流

　大野盆地の土器は、灰白色などの白っぽい色調を呈し、福井平野・南越盆地の土器と比べると容易に識別できる。肉眼観察という経験則からの判断であるが、こうした特徴の土器が大野盆地以外で出土した場合、大野盆地系土器と認識する。福井県内で探すと、福井平野・坂井平野の遺跡において確認できる。たとえば、永平寺町東古市縄手遺跡Ⅱ区1号住居跡（風巻4式～長泉寺1式）出土のパレス系壺は、大野盆地11期に比定した下黒谷遺跡H区1号溝の壺（104）と酷似する[13]。また、坂井市上兵庫遺跡リ地区SD45の有段口縁鉢（第53図1）は、坂井平野に通有な土器と比べると異質であり、むしろ大野盆地の土器と類似する[14]。現段階での数は少ないが、今後の資料増加が見込まれる。さらに、胎土分析などの自然科学的分析が進み、確実に認定できれば、九頭竜川下流域との交流が明らかとなるだろう。

　また逆の現象も認められる。7期以降、大野盆地では受口状口縁甕は減少する代わりに、北陸南西部の土器を象徴する有段口縁擬凹線文甕（甕A）が土器組成の主体となる。甕Aの堅緻で淡褐色調の胎土中には、赤色・灰色・白色粒子などを多く含み、大野盆地の土器と明確に区別できる。これらは坂井市の大味地区遺跡群・坂井兵庫地区遺跡群、福井平野の遺跡出土土器と類似する。したがって、大野盆地7～10期（風巻式期・古墳早期）になると、大量の甕Aが大野盆地へ流入したことが予想できる。これは、九頭竜川を通じた相互交流が盛んになった結果ととらえるが、古墳早期の福井平野東部に、大型墳丘墓が造営されたことと関係する。大量の土器流入の背景には、福井平野東部に誕生した政治権力者が、大野盆地を介した飛騨・美濃とのルート整備を重視した結果ととらえる。

　では、大野盆地系土器は、他に存在しないのか。確証はないが、石川県の2遺跡で出土した土器をあげる。まず、野々市町高橋セボネ遺跡11号竪穴では、端部を垂下させる器台（器台B）（第

第Ⅰ章　年代論

53図4）と、拡張口縁をもたない器台（器台C）（第53図5）が確認された[15]。また、白山市倉部出戸遺跡SI02においても器台C[16]が確認された（第53図3）。仮にこれらが大野盆地系土器であれば、手取川下流域に点在するのは、白山山系との地理的条件が関係するだろう。とくに、高橋セボネ遺跡は手取川の扇状地扇央部に立地し、岐阜県に近い内陸部に位置する。手取川を遡り白山西麓を抜ければ、大野盆地を通じて飛騨・美濃、そして東海へとつながるからである。こうした条件を勘案すると、大野盆地を通じた交流の所産である可能性は高い。器台B・Cの分布が、福井県の南越盆地南部から大野盆地までを中心とし、とくに密な地域は美濃あるいは近江地域にあることから、長良川・揖斐川→大野盆地→手取川という南北をつなぐ大河川と、それに沿う山道を利用した人的な交流が浮き彫りとなる。

　しかも、高橋セボネ遺跡では、大野盆地に特徴的な鉢・器台のセットと長頸壺が出土しており、組成の点でも類似する。また、両遺跡では鉢・壺を煮炊具として用いており、同様の行為は美濃の遺跡でも認められる[17]。大野盆地は美濃と金沢平野の中間に位置するため、中継地的な場所となるだけでなく、福井平野と南越盆地とをつなぐ意味でも重要な役割を占める。3か所の共通点の意味するところは課題とするが、少なくとも古墳成立期に、大野盆地を通じた広域的な人の移動と相互交流が想定できそうである。これからも大野盆地系土器の動向を追うことで、大野という一地域が担った政治的・社会経済的な役割を明らかにしていきたい。

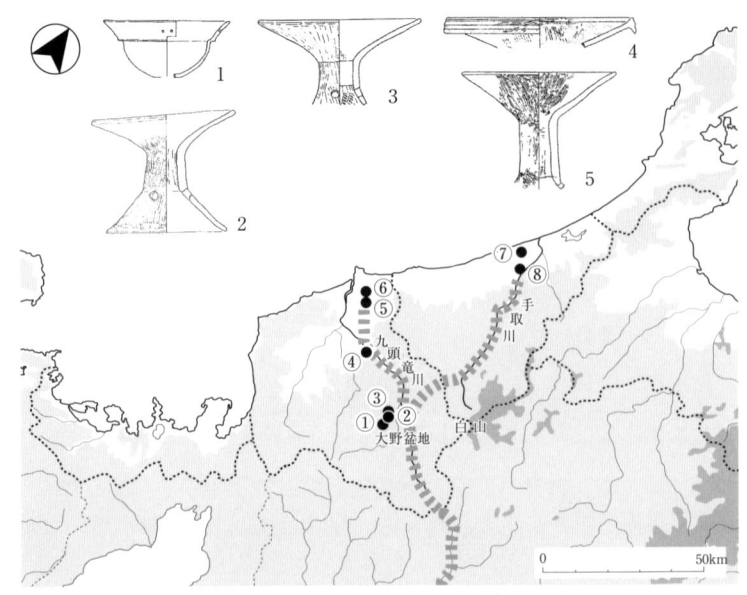

第53図　大野盆地を介した交流
1．下黒谷遺跡、2．右近次郎西川遺跡（2）、3．中丁遺跡、4．東古市縄手遺跡、5．坂井兵庫地区遺跡群（1）、6．大味地区遺跡群、7．倉部出戸遺跡（3）、8．高橋セボネ遺跡（4・5）

注
（1）福井県教育庁埋蔵文化財調査センター『下黒谷遺跡』1998年。
（2）福井県教育庁埋蔵文化財調査センター『右近次郎西川遺跡』2002年。
（3）福井県教育庁埋蔵文化財調査センター『尾永見遺跡 下田遺跡 縄境遺跡 犬山遺跡』1995年。
（4）福井県教育庁埋蔵文化財調査センター『中丁遺跡』2003年。
（5）堀大介「古墳成立期の土器編年―北陸南西部を中心に―」『朝日山』朝日町教育委員会　2002年。
（6）前掲注（5）文献。
（7）大野市教育委員会『山ヶ鼻古墳群』1980年、同『山ヶ鼻古墳群Ⅱ』1993年。

（8）前掲注（1）文献。
（9）a．赤塚次郎「Ⅴ 考察」『廻間遺跡』愛知県埋蔵文化財センター 1990年、b．同「廻間Ⅰ・Ⅱ式再論」『西上免遺跡』愛知県埋蔵文化財センター 1997年、c．東海考古学フォーラム岐阜大会実行委員会「美濃国古墳前期土器集成」『土器・墓が語る 美濃の独自性─弥生から古墳へ─』1998年。
（10）a．織田町教育委員会『小粕窯跡発掘調査報告書』1994年、b．鯖江市教育委員会『西山古墳群』1987年、c．清水町教育委員会『小羽山』1997年。
（11）前掲注（10）b文献。
（12）田嶋明人「考察─漆町遺跡出土土器の編年的考察」『漆町遺跡Ⅰ』石川県立埋蔵文化財センター 1986年。
（13）福井県教育庁埋蔵文化財調査センター『東古市縄手遺跡』2007年。
（14）a．福井県教育庁埋蔵文化財調査センター『坂井兵庫地区遺跡群Ⅰ（遺構編）』2004年、b．同『坂井兵庫地区遺跡群Ⅱ（遺物編）』2005年。
（15）野々市町教育委員会『高橋セボネ遺跡』1996年。
（16）石川県立埋蔵文化財センター『倉部』1990年。
（17）高木宏和「美濃中濃地域の古式土師器編年試案について」『土器・墓が語る 美濃の独自性─弥生から古墳へ─』東海考古学フォーラム岐阜大会実行委員会 1998年。

第Ⅱ章　墓制論・集落論

第1節　北陸における墳丘墓の特質

1　研究史と課題

　北陸では、1965年の福井県鯖江市王山・長泉寺山古墳群[1]、1967年の同県福井市原目山墳墓群などの発掘調査が契機となり、その成果が当時の考古学界で話題になりはじめた。とくに原目山墳墓群では、土壙墓→方形周溝墓→台状墓→墳丘墓という形態の変化から、古墳時代移行期の社会構造を解明する資料として注目をあびた[2]。1972年には富山県杉谷4号墳が調査され、北陸最初の四隅突出形を呈する墓の発見となった[3]。その後も1989・1990年に石川県白山市一塚21号墓[4]、1990年に富山県富山市富崎1号墓[5]、1992年に福井県福井市小羽山墳墓群[6]と四隅突出形墳丘墓の発見があいつぐ。とくに、小羽山30号墓は北陸最古に位置づけられ、山陰との政治的なつながりを解明する上で重要な発見となった。北陸では度重なる四隅突出形墳丘墓の発見により、弥生時代の墓制研究が飛躍的に進み、西部日本海沿岸をはじめとする近隣地域との比較検討のなかで盛んに議論された。

　四隅突出形墳丘墓については、さまざまな議論がある。藤田富士夫は、杉谷4号墳の分析を通じて日本海を通じた越と出雲の直接的な交流を指摘した[7]。古川登は、小羽山30号墓、一塚21号墓、富崎1号墓などの四隅突出形墳丘墓を整理して、在地と山陰の墓制が融合した北陸型の提唱とその配布論を展開した[8]。前田清彦は、古川と同様な資料にもとづいて、四隅突出形墳丘墓の受容・造営を北陸主導型とし、山陰からの配布論を指摘した[9]。ともに在地主導を共通理解としつつも、時期が下るにつれて西から東へと移る現象を、古川は北陸内部（越前）からの政治的関係を表出すると主張したのに対し、前田は北陸地域首長が順次山陰首長（連合）と関係を結んでいくと考えた。両者には見解の相違が認められる。しかし、こうした議論は、富山県富山市（旧婦中町）で弥生後期末の四隅突出形墳丘墓が発見されたことにより、段階的な波及論に対して修正が迫られる結果となった[10]。また寺沢薫は、小羽山30号墓と26号墓の位置関係や内容から、30号墓被葬者の後継者の特別な事情を想定し、30号墓→26号墓と序列づけ、四隅突出形墳丘墓が特定個人墓にまで成長したことは、大型墳丘墓においても基本的になかったと指摘した[11]。

　一方、北陸の墓制を通史的に論じた研究は少ない。前田清彦は、北陸における墳丘墓と古墳の時期的な検討をおこない、共同体の結合から弥生後期に起こった社会的緊張の社会を想定して、首長墓の出現による地域統合がなされたことを主張した[12]。北陸の弥生社会には、圧倒的優位性

を示すような支配的な集団が形成されない共同体連合的社会構造を想定し、古墳社会体制下においても上位・下位を問わず、畿内的社会秩序のなかに組み込まれたという後進的な社会像が読み取れる。古川登は、弥生前中期[13]、弥生後期から古墳早期までの墓制を通史的に整理した[14]。北陸における首長墓の定義をおこない、四隅突出形墳丘墓を介した独自の勢力圏を想定したように、北陸の弥生社会の成熟度を積極的に評価する姿勢がうかがえる。また御嶽貞義は、これまで様相が不明であった福井県嶺南地域の弥生墓制を検討し、丹後との関係のなかで位置づけた[15]。

これらの研究を受けて、本節では北陸における特徴的な墳丘墓[16]を多面的に検討する。墳丘墓の規模・形態・埋葬施設・副葬品・造営時期などを中心に整理し、そこから地域別における主要な墳丘墓の時期的な変遷、副葬品と供献土器のセットについて概観する。墳丘墓の立地・墳丘規模・副葬品などから、被葬者の階級的なあり方を明らかにし、北陸における政治権力者の出現過程を考えるとともに、政治権力の構造と政治体制についても言及する。対象時期は、厚葬墓が出現する弥生中期後葉から古墳出現以前の古墳早期までとする。弥生中期の土器編年については、凹線文系土器の採用と普及によってⅣ様式（ここでは中期後葉）とする見解にしたがい[17]、弥生後期以降の土器編年に関しては、堀編年にもとづいて時期比定する[18]。

2　事例の検討

（1）福井県の事例

福井県では9遺跡13基を取り上げる（第54図）。以下、詳細について述べる。

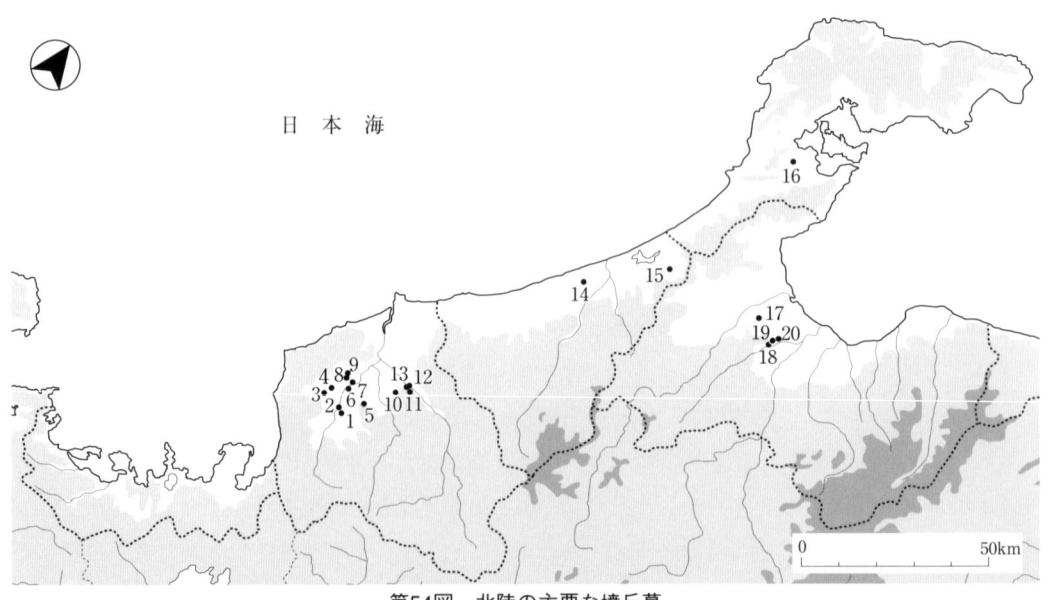

第54図　北陸の主要な墳丘墓

1. 王山1号墓、2. 西山3号墓、3. 亀山1・2号墓、4. 番城谷山5号墓、5. 太田山1・2号墓、6. 三尾野15号墓、7. 片山鳥越5号墓、8. 塚越墳丘墓、9. 小羽山30・26号墓、10. 原目山1・2号墓、11. 袖高林1号墓、12. 南春日山1号墓、13. 乃木山墳丘墓、14. 一塚21号墓、15. 七野1号墓、16. 吉田経塚山1号墓、17. 串田1号墓、18. 富崎1・2・3号墓、19. 鏡坂1・2号墓、20. 六治古塚

第1節　北陸における墳丘墓の特質

1）亀山1・2号墓（鯖江市）　両墓は南越盆地西部の丘陵上に位置し、標高64mの丘陵上に立地する。西大井古墳群亀山支群中の2基であり、調査された1・2号墓以外、造営時期の特定はできない。1号墓は約16×13m・高さ1.25mをはかる長方形の墳丘墓で、埋葬施設は不定型な方形土壙を呈し、棺内からは壺と磨製石剣の切っ先破片が出土した。北接する2号墓は20.2×16.2m・高さ約2mをはかる長方形の墳丘墓で、墳

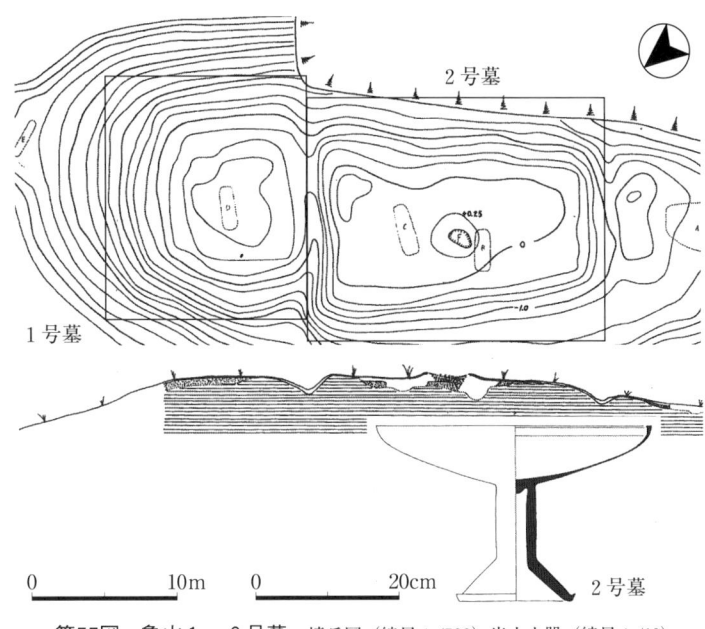

第55図　亀山1・2号墓　墳丘図（縮尺1/500）出土土器（縮尺1/10）

丘が稜線に直交する溝2条で区画されている。墳頂部には、稜線に直交して刳抜式系の木棺2基が検出され、ひとつの木棺から高杯1点、壺1点が出土した[19]。出土土器は第Ⅳ様式に比定できるため、造営時期は弥生中期後葉に位置づけられる（第55図）。

2）番城谷山5号墓（丹生郡越前町）　本墓は南越盆地の北西に位置し、丹生山地東麓の丘陵上に立地する。本墓は盆地を一望できる栃川古墳群番城谷山支群の最高所に位置しており、約38.5m×34mの墳丘規模をもつ。分布調査の成果によってその存在は知られており、御嶽貞義は、墳形・規模の点から古墳早期の墳丘墓である可能性を指摘した[20]。

3）片山鳥越5号墓（福井市）　本墳墓群は旧清水町に位置し、片山という標高28mの独立丘陵上に立地する。10基の墳丘墓・古墳からなり、うち墳丘墓5基の発掘調査が実施された。なかでも5号墓は、16.5×14.5m・高さ約2mをはかる長方形の墳丘墓である。埋葬施設は2基検出され、中心埋葬は3.6×2.2mの墓壙に、約2×0.5mのH字形の組合式箱形木棺を納め、棺の裏込めに角礫を充填する配石木棺で、裏込め礫上面には板囲いのようなものが存在した[21]。森本幹彦は、こうした埋葬施設が瀬戸内地域に多

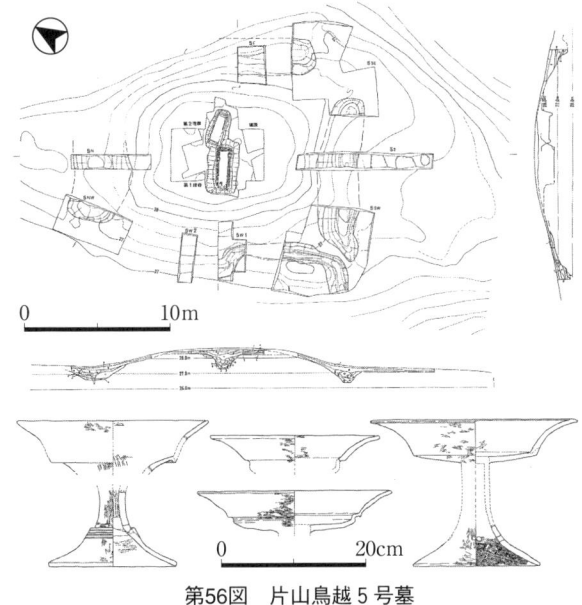

第56図　片山鳥越5号墓
墳丘図（縮尺1/500）出土土器（縮尺1/10）

147

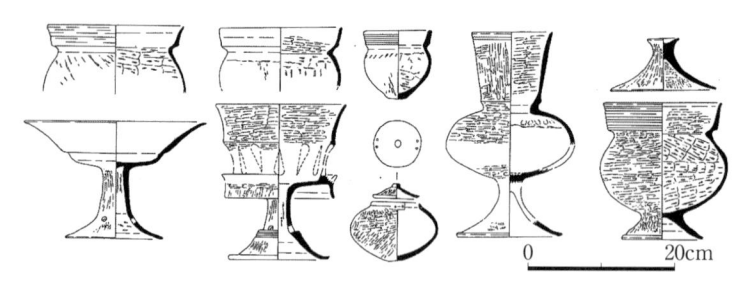

第Ⅱ章　墓制論・集落論

第57図　塚越墳丘墓周辺出土土器（縮尺1/10）

いことを指摘し、旧清水町域の首長墓が主体的に瀬戸内的要素を導入したと考えた[22]。棺内から副葬品は出土しなかったが、東小口付近の床面において朱らしき赤色顔料が認められた。埋葬施設上面からは破砕された数個体の土器が出土した。出土土器は高杯A7類・高杯D1類であるため、造営時期は風巻1式、古墳早期初頭に位置づけられる（第56図）。

　4）塚越墳丘墓（福井市）　本墓は南越盆地の北端に位置し、旧清水町の沖積平野の微高地上に立地する。1920年の大正期に消滅したため、墳丘の詳細は不明である。平野部の島状地形の上に造営されており、推定50×30mをはかる長方形の墳丘墓だったという[23]。工事中には鉄刀1点、素環頭鉄剣1点、碧玉製管玉3点が出土し、周辺から高杯D3類・装飾器台2類などの土器が採集された。管玉には朱が付着しており、棺内における朱の使用が考えられる。造営時期は、採集された風巻2・3式期の土器から古墳早期中頃に位置づけられる（第57図）。

　5）小羽山30・26号墓（福井市）　本墳墓群は志津川下流域に位置し、標高61mを頂点とする丘陵上に立地する。45基の墳丘墓からなり、うち38基の発掘調査が実施された。弥生後期中葉から古墳早期にかけて造営された短期造営型である[24]。墳長30m超の墳丘墓は30号墓と26号墓のみ

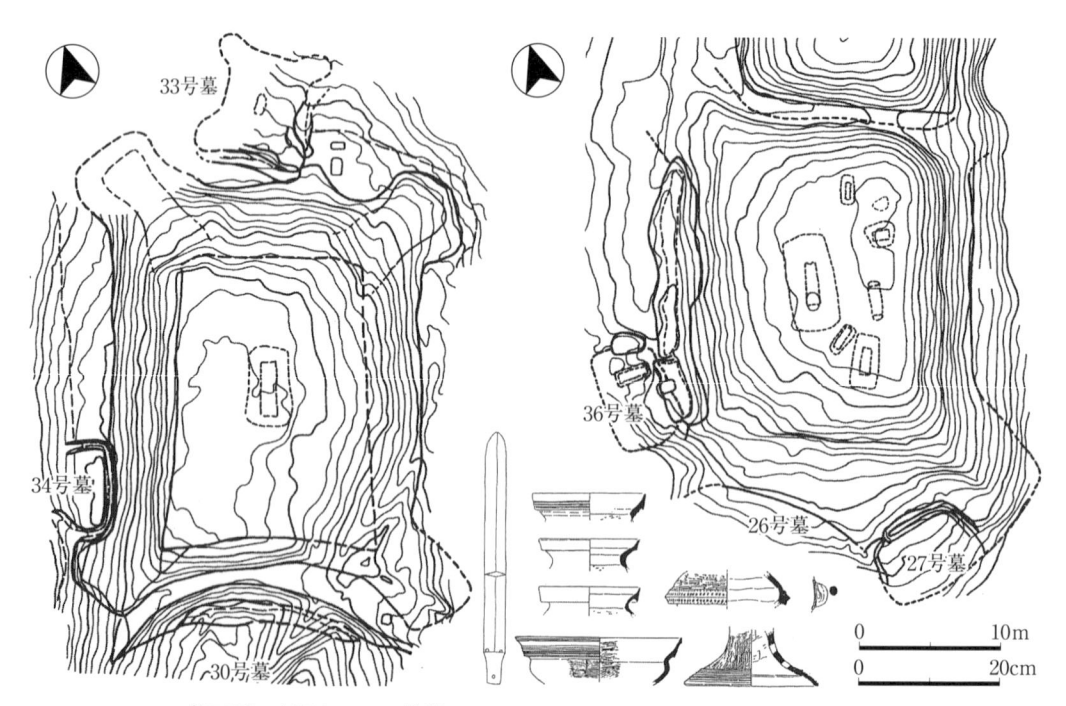

第58図　小羽山30・26号墓　墳丘図（縮尺1/500）30号墓出土土器（縮尺1/10）

で、それ以外は13m以下の小型のものである。30号墓は26×22mの主丘部に突出部をもつ四隅突出形を呈し、突出部を含めると33×28m・高さ2.7mをはかる。埋葬施設は中心に1基のみの単次葬で、5.3×3mの墓壙のなかに、3.3×1mの組合式の箱形木棺が安置された。棺内の被葬者の胸部付近に刃関双孔鉄短剣1点が置かれ、ガラス製管玉10点、ガラス製勾玉1点、碧玉製管玉103点が棺内の全域に振りまかれた状態で検出された。朱も微量だが、同様な状況で散乱する。埋葬後の墳丘上面には、石杵に転用された蛤刃石杵1点とガラス製管玉1点が置かれ、大量の祭式土器が出土した。本墳墓群では30号墓がすべての要素で突出しており、当該期の北陸では圧倒的規模と副葬品の内容を有している。報告書が未刊行のため所属時期は混迷するが、甕A4類や高杯C3類などから、造営時期は小羽山2式前後、弥生後期中葉と考えている[25]。北陸最古の四隅突出形墳丘墓として知られている。また30号墓のテラス上には、幼児埋葬の土壙墓2基が造営され、同じ幼児埋葬とされる33号墓からは、翡翠製勾玉1点が副葬されたため、次代の王位継承者などの特別な立場を示している。

　26号墓は四隅突出形を意識した長方形の墳丘墓で、突出部を含めると32×34mをはかる。本来の形態とはかけ離れており、四隅突出形崩れともいえる。1号埋葬は棺長2.2m、2号埋葬は棺長1m、5号埋葬は棺長1.7m、6号埋葬は棺長1.5mをはかる箱形木棺で、とくに1号の中心埋葬は墓壙長6.5mの大型となる。棺の規模により幼小児から成人までが埋葬された。1・5号埋葬だけに朱の使用が認められる。3号埋葬からは鉄鏃2点、4号埋葬からは碧玉製管玉15点、5号埋葬からは翡翠製勾玉1点が出土した。古川登は、本墓の随伴者に成人の割合が多いことから、被葬者は首長を輩出した首長家族・世帯の成員を埋葬した首長家族墓である可能性を示した[26]。高杯Bの5・6類から、造営時期は小羽山3・4式、弥生後期後葉に位置づけられる。したがって、造営順は

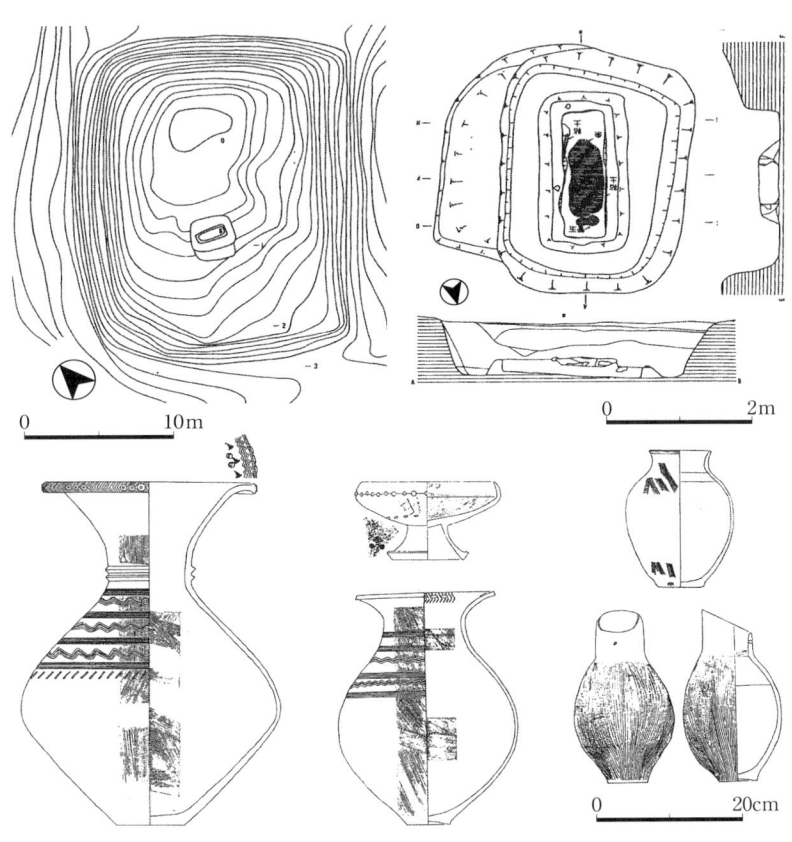

第59図　太田山2号墓　墳丘図（縮尺1/500）埋葬施設（縮尺1/100）出土土器（縮尺1/10）

第Ⅱ章 墓制論・集落論

30号墓（小羽山2式・後期中葉）→26号墓（小羽山3～4式・後期後葉）となる（第58図）。

　6）太田山1・2号墓（福井市）　本墳墓群は福井平野南部の文殊山北麓に位置し、標高45mの丘陵上に立地する。5基の墳丘墓からなる。1号墓は、17×18.7m・高さ3mをはかる長方形の墳丘墓で、埋葬施設には2.33mの墓壙に、棺長1.6mの箱形木棺が安置された。2号墓は、25×20m・高さ3mをはかる長方形の墳丘墓で、埋葬施設には長さ3.55mの墓壙に、棺長1.8mの箱形木棺が安置された。2号墓の棺内には赤色顔料が施されており、被葬者の頭部付近から管玉501点が出土した[27]。出土土器は第Ⅳ様式に比定できることから、造営時期は弥生中期後葉に位置づけられる（第59図）。

　7）原目山1・2号墓（福井市）　本墳墓群は福井平野東部に位置し、標高約80mの丘陵上に立地する。64基の墳丘墓・古墳からなり、墳丘墓8基の発掘調査が実施された。古墳早期に比定できる4基は単次葬の1号墓、複数埋葬の2号墓、3基の小型墳丘墓と土壙墓の3号墓、墳丘の不明確な5号墓からなる[28]。1号墓は25×20m・高さ4mをはかる長方形の墳丘墓で、中央に位

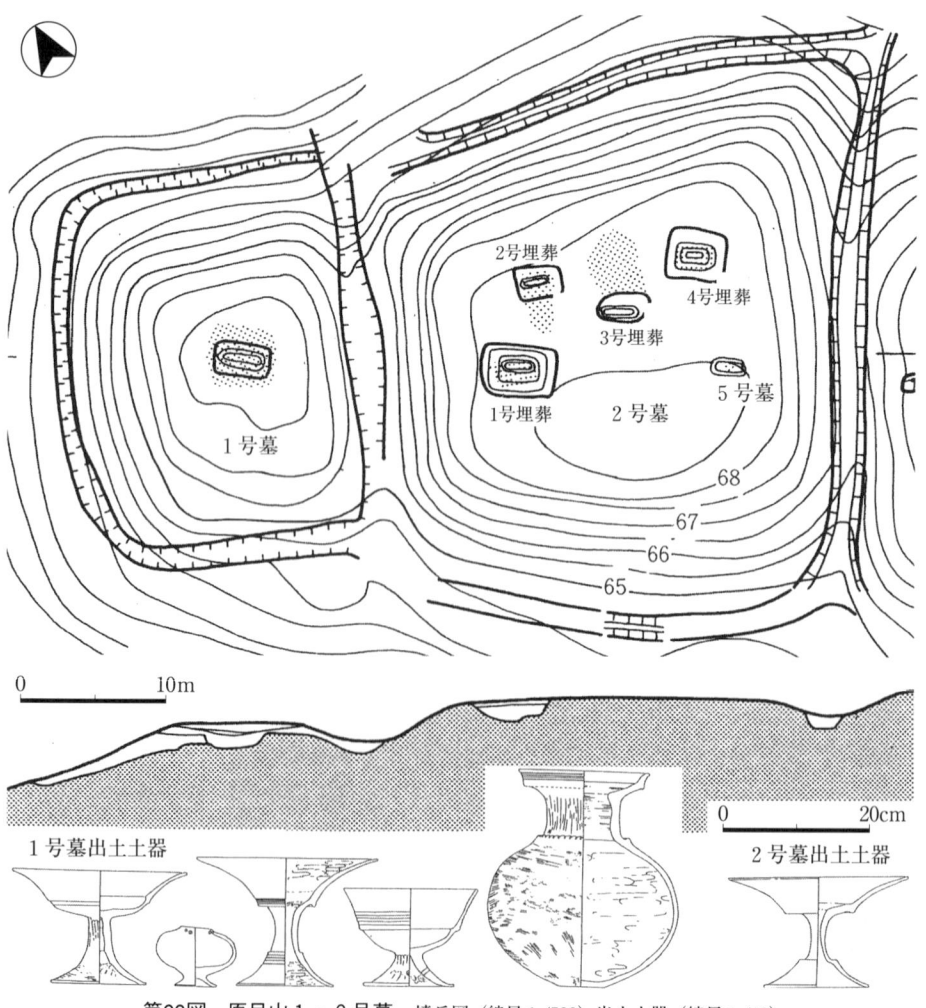

第60図　原目山1・2号墓　墳丘図（縮尺1/500）出土土器（縮尺1/10）

置する埋葬施設は4×2.5mの墓壙に、棺長2.5m程度の木棺が安置された。特定個人の墓と考えられる。上面からは大量の装飾器台をはじめとした祭式土器、副葬品として鉄刀1点、鉄短刀1点、碧玉製管玉323点、ガラス小玉728点が出土した。高杯D3類が出土したため、造営時期は風巻3式、古墳早期後半に位置づけられる。

隣接する2号墓は、30×30mをはかる不整方形の墳丘墓で、墳丘には5基の埋葬施設が検出された。特定家族の墓と考えられる。最大の埋葬施設は1号で、墓壙5.06×3.30m、棺長2.07mをはかり、鉄剣1点、ガラス小玉11点の副葬品が出土した。棺長1.55mの2号埋葬からは鉄刀1点、鉄短剣1点、鉄鏃2点、鉈1点、銅鏃1点、ガラス小玉38点、4号埋葬の鉄刀1点、棺長1.9mの5号埋葬からは素環頭鉄刀1点が出土した。祭式土器は1～4号埋葬施設の上面にあり、うち1・2号埋葬の墓壙上には立石が認められた。高杯D3類の数個体と装飾器台3類が出土したため、造営時期は風巻3式、古墳早期後半に位置づけられる。

本墳墓群は集団墓のなかから、首長墓が発生する過程を示す例として著名であったが[29]、今回の検討によって5号墓は高杯D2類から風巻2式、1～4号墓は風巻3式、古墳早期後半に位置づけられる。土器には型式差がほとんど認められず、同時併存の可能性が高く、短期造営型墓と考えられる（第60図）。

8）南春日山1号墓（吉田郡永平寺町）　本墳墓群は福井平野東部の丘陵上に位置しており、3基の墳丘墓からなる。最大の1号墓は四隅突出形とされたが[30]、他の方形墳丘墓との方向がずれ

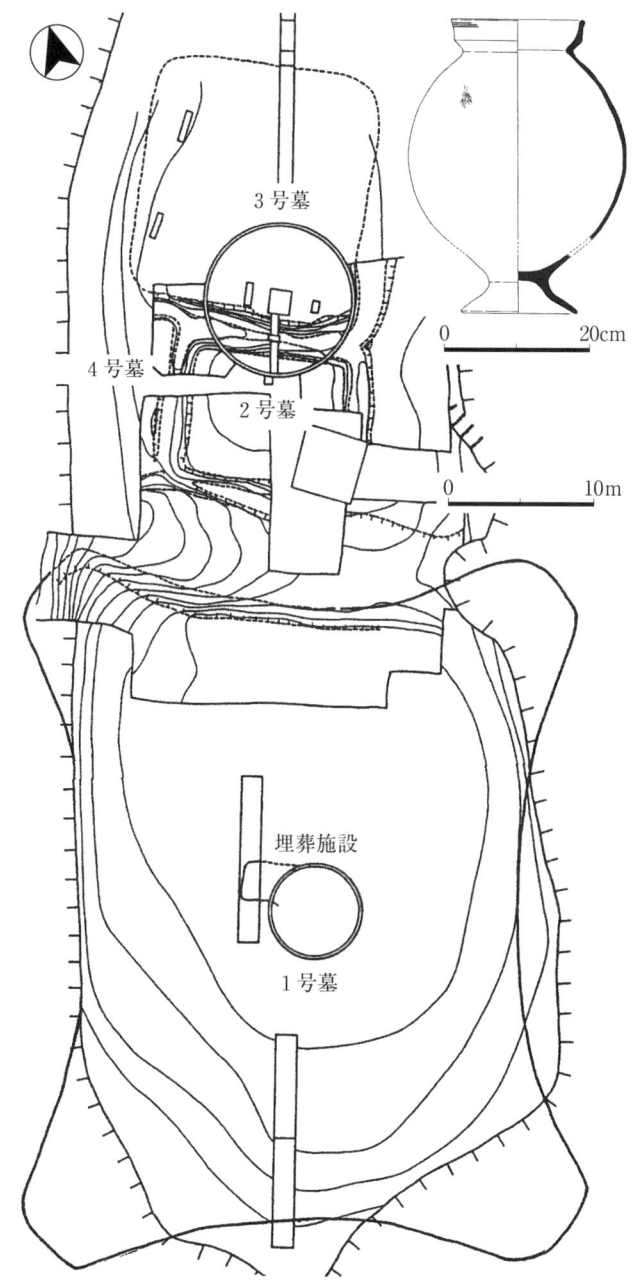

第61図　南春日山1号墓　墳丘図（縮尺1/500）出土土器（縮尺1/10）

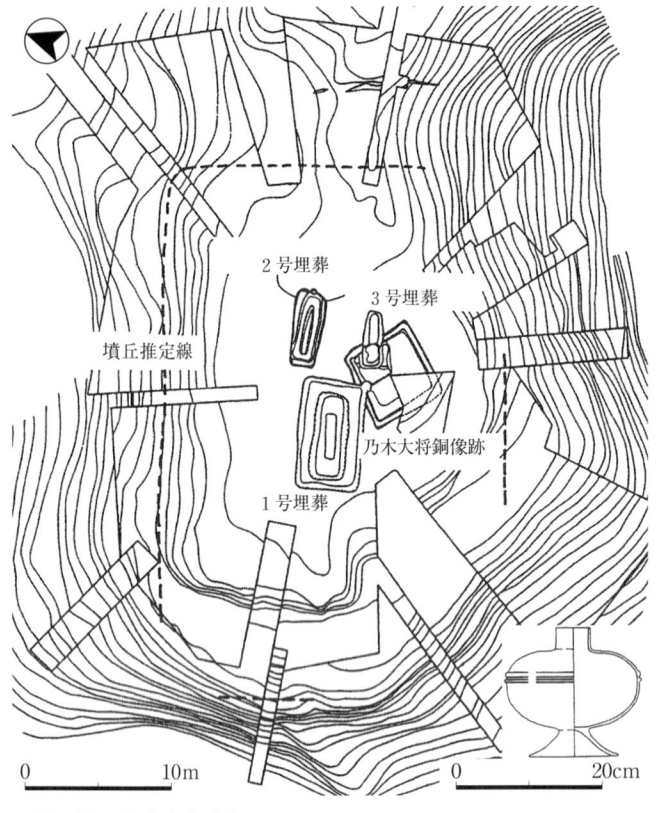

ることから長方形とする指摘もある[31]。四隅突出形と理解すれば、約48×34mをはかる北陸最大規模の墳丘墓となる。中心部には内部未調査であるが、8×4mをはかる墓壙が1基確認されているため、特定個人の墓と考えられる。有段口縁擬凹線文台付甕が一部公表されており、土器から判断すれば、造営時期は小羽山式後半、弥生後期後葉に位置づけられる。2号墓は11×10m、3号墓は18×16mをはかる方形の墳丘墓で、1号墓被葬者の随伴者と考えられる。造営時期は1号墓と同時期とみなす（第61図）。

9）乃木山墳丘墓（吉田郡永平寺町）　本墓は松岡古墳群の最北端に位置し、福井平野東部の九頭竜川が志比地溝帯から平野部に注ぎ込む南岸の尾根先端に立地する。本墓は34×23mをはかる長方形の墳丘墓で、南春日山墳墓群と同じ丘陵上にやや離れて単独で造営されている。墳丘上には3基の埋葬施設が検出された[32]。1号埋葬は、7.13m×4.41mの長大な二段墓壙に、4.71×1.57mの木槨をもち、なかに棺長2.95×0.75mの箱形木棺が安置された。棺内からは木製枕1点、鉄刀1点、素環頭鉄剣1点が出土した。2号埋葬は5.13×1.7〜2.35mの二段墓壙に、棺長3.09×0.65mの舟形木棺が安置された。棺内からは鉄剣3点、棺外からは鉄刀1点、鉇1点が出土した。本墓は中心埋葬となる1号埋葬の人物とその随伴者という配置状況であるため、選別された特定人物の墓と考える。盗掘を受けた3号埋葬は副葬品をもたない。本墓の副葬品は鉄剣・鉄刀といった大型鉄製武器主体の組成である。報告書未刊のため詳細不明であるが、墳丘斜面出土の高杯D4類・器台10類が風巻4式に比定できることから、造営時期は古墳早期末に位置づけられる（第62図）。

第62図　乃木山墳丘墓　墳丘図（縮尺1/500）出土土器（縮尺1/10）

（2）他の事例

他の事例として、石川県・富山県の6遺跡9基の墳丘墓を取り上げる。

1）一塚21号墓（石川県白山市）　本墳墓群は手取川扇状地先端部に位置し、標高8mの沖積平野の微高地上に立地する。弥生後期後半から古墳前期にかけて盛行し、墳丘墓には四隅突出形を呈するもの、周溝の四隅にブリッジをもつもの、周溝の一隅にブリッジをもつもの、周溝が全

第1節　北陸における墳丘墓の特質

周するものがある。削平によって墳丘の上半部を失い、埋葬施設は検出されていない。本墳墓群最大の21号墓は、主丘部18×17ｍをはかる四隅突出形墳丘墓であり、突出部を含めた規模は、復元すると約27×26ｍをはかる[33]。突出部も含めて墳丘の周囲を溝が全周する。周溝からは大量の土器が出土しており、有段口縁壺、甕Ａ９類〜11類、高杯Ｄ２類、小型高杯、器台、装飾器台１類、有段口縁鉢などバラエティーに富む。とくに、装飾器台を土器組成にもつことが特徴である。前田清彦は、四隅突出形という墳形と本墳墓群最大の規模をもつことから、被葬者を地域首長墓と考えた[34]が、古川登は、本墳墓群で最も優位な造営主体の営んだ墳丘墓であることは認めつつも、首長墓とすることに賛意を示さず、邑長家族墓・邑長墓のいずれかを考えた[35]。出土土器は月影２式に比定できることから、造営時期は古墳早期前半と考えられる（第63図）。

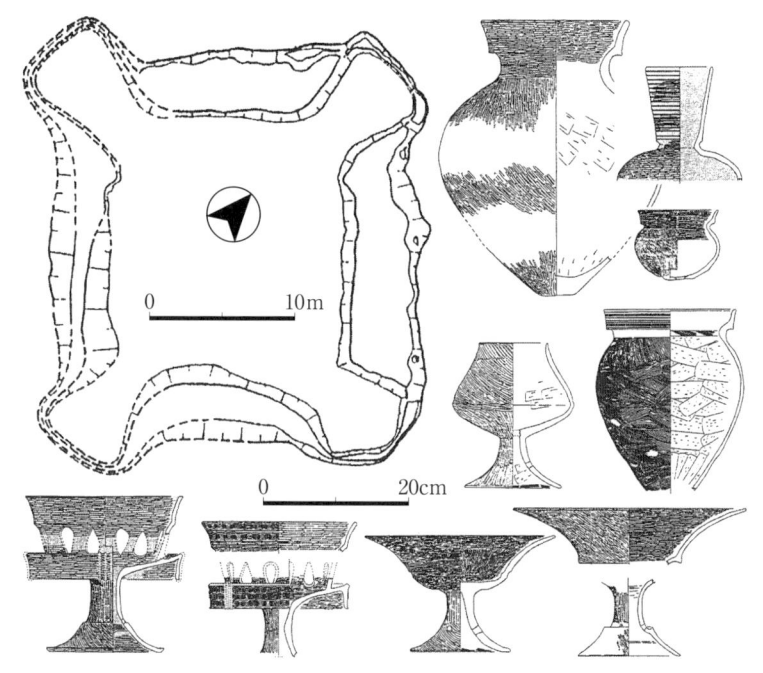

第63図　一塚21号墓　墳丘図（縮尺１/500）出土土器（縮尺１/10）

　２）七野１号墓（石川県河北郡津幡町）　本墳墓群は津幡川中流域に位置し、標高60〜65ｍの丘陵上に立地する。１号墓は20×20ｍ・高さ3.5ｍをはかる正方形の墳丘墓で、墳丘上には11基の埋葬施設が検出された[36]。最大規模で中心に位置する10号埋葬は、墓壙規模4.2ｍをはかり、内部に2.4×0.9ｍの箱形木棺が安置された。鉄製素環頭刀子１点、碧玉製管玉29点の副葬品が出土した。他に、２号埋葬からガラス小玉２点、４号埋葬から翡翠製勾玉１点、５号埋葬から碧玉製管玉３点、７号埋葬から鉄鏃１点、11号埋葬から鉄刀１点が副葬された。墓壙長軸が1.2〜4.2ｍをはかり、幅広いことは小幼児埋葬を含む家族墓であることを示す。古川登は、中心埋葬の副葬品内容は隔絶した存在ではないが、中心埋葬の被葬者の死が造営の契機になったと考え、たとえ家族墓の形態をとるとしても、個人墓としての性格が強い邑長墓と理解した。隣接する８号墓は、18×17ｍの正方形に近く、９基の埋葬施設が検出された。副葬品は６号から鉄刀１点のみである。１・２号墓の造営時期は、副葬品や出土遺物から月影式後半、古墳早期後半と考えられる。

　３）吉田経塚山１号墓（石川県七尾市）　本墳墓群は七尾西湾を望む赤蔵山南東に位置し、墓は丘陵上に立地する。直径21ｍをはかる円形の墳丘墓で、墳丘上に10基、裾に１基の埋葬施設が検出された。副葬品は３号埋葬からガラス小玉、７号埋葬から管玉と勾玉、11号埋葬から管玉が

153

第Ⅱ章 墓制論・集落論

出土した。詳細は不明であるが、出土土器は月影式、古墳早期とされている[37]。2号墓は直径19mをはかる円形墓で、墳丘上に4基の埋葬施設が検出された。古川登は、1号墓が首長埋葬を含む首長世帯の営んだ特定家族墓と考えている。

4）富崎1・2・3号墓（富山県富山市）　本墳墓群は山田川右岸に位置し、67～70mの丘陵裾部に立地する。3基の墳丘墓が発見されており、婦中町教育委員会の範囲確認調査によって造営時期などが明らかになった[38]。1～3号墓は四隅突出形の墳丘墓である。1号墓は墳裾長一辺21.7×21.7m・高さ3m、突出部を含めた規模は29×28m・高さ3mをはかる。採集された装飾台付壺は月影4式前後に比定できるため、造営時期は古墳早期末に位置づけられる。2号墓は、主丘部21.7×21.7mをはかる。周溝出土の器台・台付壺の脚部などは月影2式に比定できるため、造営時期は古墳早期前半に位置づけられる。1・2号墓はほぼ同規模で、ともに周溝が全周するタイプとなる。3号墓は主丘部22×21m・高さ3.9mをはかり、突出部を含めた規模は不明である。周溝は四隅を掘り残すタイプであり、伝統的な周溝をもつ墳丘墓の形態を踏襲している。周溝出土の有段口縁高杯・有段口縁壺は、法仏4式～月影1式の特徴を有することから、弥生後期末～古墳早期初頭に位置づけられる。造営順は3号墓（法仏末～月影1式・弥生後期末～古墳早期初頭）→2号墓（月影2式・古墳早期前半）→1号墓（月影4式・古墳早期末）となる。本墳墓群の基盤集落には、東側の沖積低地に位置する富崎遺跡が考えられている（第64図）。

5）鏡坂1・2号墓（富山県富山市）　本墳墓群は山田川左岸に位置し、標高57～63mの河岸段丘縁辺部に立地する。2基の墳丘墓の確認調査がなされたが、1・2号墓ともに四隅突出形の墳丘墓である[39]。1号墓は主丘部24.1×24.1m・高さ4.8mをはかり、突出部を含めた規模は不明である。周

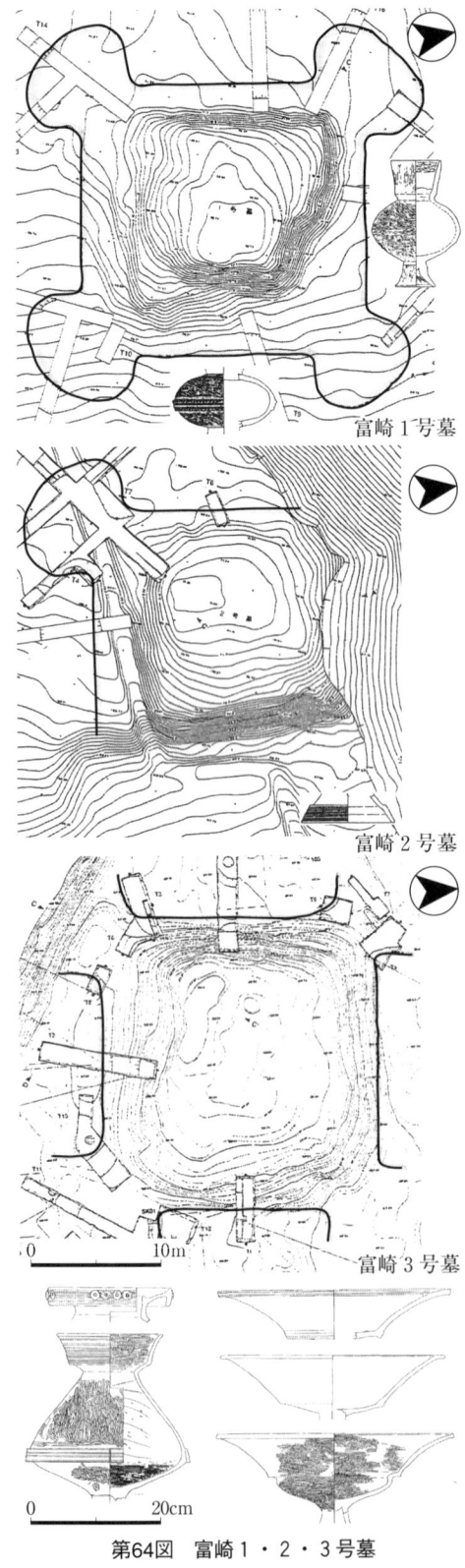

第64図　富崎1・2・3号墓
墳丘図（縮尺1/550）出土土器（縮尺1/11）

溝は四隅を掘り残すタイプであり、富崎3号墓と同様に伝統的な形態を踏襲している。周溝出土の高杯・有段口縁壺・甕Aなどは月影1式に比定できることから、造営時期は古墳早期前半に位置づけられる。2号墓は主丘部13.7×13.7m・高さ3mをはかる。突出部を含めると約18×18mの規模であり、周溝は全周するタイプとなる。出土土器は少ないが、有段口縁壺・有段口縁鉢などから月影1式に比定できるため、造営時期は古墳早期初頭に位置づけられる。2基は同時期に位置づけたが、周溝全周タイプを新しい要素ととらえるならば、月影1式のなかでも1号墓→2号墓という序列を想定する。本墳墓群の基盤集落には、300m北東の河岸段丘上に位置する鍛冶町遺跡が考えられている（第65図）。

6）六治古塚（富山県富山市）　本墓は山田川左岸に位置し、標高57mの河岸段丘縁辺部に立地する。四隅突出形墳丘墓が単独で営まれているが、付近には向野塚という古墳前期前葉の古相の前方後方墳が位置する。本墓は主丘部24.5×24.5m・高さ1mの正方形を呈し、突出部を含めると約35×35mの規模となる[40]。周溝は全周するタイプである。墳頂中央部に墓壙が検出されたが、未調査のため内部構造は不明である。墓壙上部からは壺・高杯・器台・蓋などが出土しており、墳頂部での祭祀儀礼が推測される。出土土器は月影3式に比定できるため、造営時期は古墳早期中頃に位置づけられる。本墓の基盤集落には、350m北東の独立河岸段丘上に位置する千坊山遺跡が考えられている（第66図）。

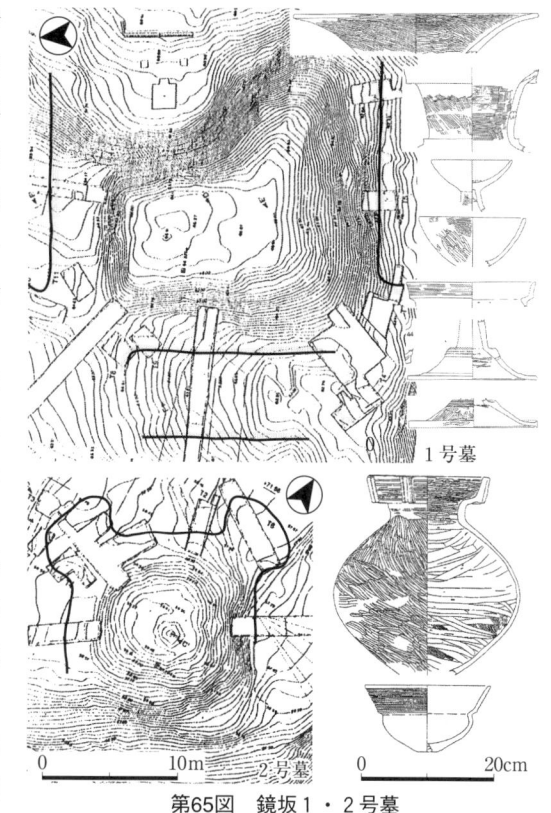

第65図　鏡坂1・2号墓
墳丘図（縮尺1/550）出土土器（縮尺1/11）

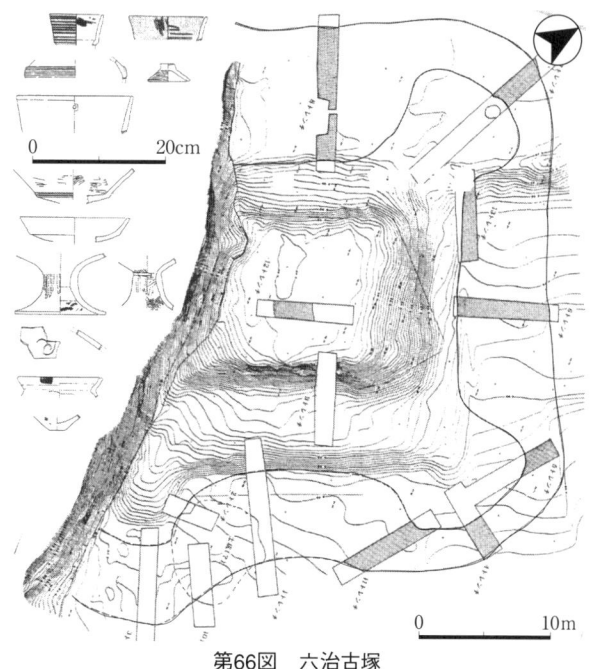

第66図　六治古塚
墳丘図（縮尺1/550）出土土器（縮尺1/11）

3 若干の考察

（1）北陸南西部の状況

　墳丘墓に埋葬された人物やその支配領域を規定するのは難しい。とくに北陸南西部（福井県・石川県）では、埋葬施設が未調査か後世に削平された墳丘墓が存在し、副葬品の内容などを加味できない現状がある。墳丘墓自体に関する情報不足という根本的な問題はあるが、その場合は墳丘規模や立地条件がひとつの判断材料となる。北陸南西部における主要な墳丘墓を概観すると、弥生時代から古墳早期にかけて、大型墳丘墓は数少ないことに気づく。副葬品の内容を考慮する必要はあるが、墳長30m以上の墳丘規模をひとつの基準とすれば、北陸南西部の大型墳丘墓は7基を数える。南越では、①小羽山30号墓（墳長33m・弥生後期中葉）、②小羽山26号墓（墳長34m・弥生後期後葉）、③塚越墳丘墓（墳長50m・古墳早期中頃）、④番城谷山5号墓（墳長38m・古墳早期前半？）の4基である。北越では、①南春日山1号墓（墳長48m・弥生後期後葉）、②原目山1・2号墓（墳長30m・古墳早期後半、2基を1基として数えた）、③乃木山墳丘墓（墳長34m・古墳早期末）の3基である。

　これらの大型墳丘墓は、北陸南西部の同時期に比定できる墳丘墓と比較し、墳丘規模や副葬品の内容の点から判断しても、唯一かつ突出した存在であり、被葬者が有する政治的影響力が強大であったことが考えられる。寺沢薫の提唱した理論によれば、広域に影響力を有する人物の墓、「国の連合」を統括する政治権力者であった可能性が高い[41]。ただ、小羽山26号墓は墳丘規模の条件を満たすが、30号墓と比べればその他の要素は劣るため、その下位に位置づけられるかもしれない。また、番城谷山5号墓は発掘調査がなされていないが、墳丘規模・立地の点からその可能性が高いものとして含めた。

　では、弥生中期ではどうか。墳長30m規模の墳丘墓はないが、特異な存在として中期後葉の太田山2号墓があげられる。本墓は丘陵上の隔絶された場所に位置し、墳長20m規模で大量の玉類を保有する点において、他の墓とは隔絶した墳丘墓である。古川登は、これらの墓の被葬者が家長や集落の邑長を超え、地縁的に結びついた地域集団の萌芽的な政治的首長であるとともに、集落あるいは集団から選別された英雄的人物だと考えた[42]。たしかに中期後葉の墳丘墓をみると、墳長10m以内の規模が主体的で、副葬品も少なく密集して造営される場合がほとんどである。こうした点からも、本墓の被葬者像を描くのは難しいが、一種の特殊事情によって一時的に出現した政治権力者の可能性が高く、クニ（大地域）ないし国（大地域群）に影響力をもつ人物が想定できよう。

（2）大型墳丘墓の移動問題

　大型墳丘墓の移動問題について考える。まず、造営場所を大地域群でみると、南越では小羽山30号墓→番城谷山5号墓？→塚越墳丘墓という系列が追え、直径6kmという丹生の範囲に包括される。北越では南春日山1号墓→原目山1・2号墓→乃木山墳丘墓という系列が追え、これ

も直径6kmという吉田の範囲に包括される。しかも、南越では小羽山墳墓群のなかの1基、塚越墳丘墓は単体の1基、番城谷山5号墓は単体の1基という状況である。北越では南春日山墳墓群のなかの1基、原目山墳墓群のなかの1・2号墓、乃木山墳丘墓は単体の1基のみとなっている。福井県では南北のある限られた範囲内で、若干場所を変えながら形成されており、しかも同じ墳墓群内で継続して大型墳丘墓が造営されないことに最大の特徴がある。

　時系列で並べると、小羽山30号墓（四隅突出形・小羽山2式・特定個人）を最初として、南春日山1号墓（四隅突出形・小羽山式後半・特定個人）→［番城谷山5号墓（長方形・風巻式？・不明）］→塚越墳丘墓（長方形・風巻式中頃・特定個人？）→原目山1・2号墓（長方形・風巻3式・特定個人と特定家族か）→乃木山墳丘墓（長方形・風巻4式・特定家族か）という時期的変遷を追うことができる。偶然にも造営時期はまったく重ならず、弥生後期から古墳早期にかけて、南越と北越との間で大型墳丘墓が移動したような印象を受ける。仮に一系列としてとらえれば、南越→北越→（南越？）→南越→北越→北越といった移動を繰り返すことになる（第67図）。

　これは何を意味するのか。墳丘墓の造営場所を政治的中心地の移動としてとらえるならば、福井県では南越と北越という2つの国の範囲のなかで移動した可能性が高い。結果的に、北陸南西部では国同士の連合的なあり方（国の連合）が浮き彫りとなり、基本的に安定した世襲制的な政権は存在しなかったことが推測できる。政治権力の移動は当時の社会状況によって変化し、時代の流れのなかで柔軟に対応させたイメージである。たとえば、小羽山の人物は南方対策によって功績をあげ、南春日山の人物は東方対策と内政面の強化であり、塚越の人物は纒向都市に近いという地理的条件が関係するようにである。

　ここで興味深い見解をあげる。福井県では古墳前期後半以降、北越と南越の二大地域のなかで、大型前方後円墳の移動が一家系による世襲制ではなく、越前地域の首長会議によって首長に選出、共立されたという指摘がある[43]。他地域をみても、岡村秀典は佐賀県における鏡を保有した集団や伊都国の首長墓などの検討から、首長は安定した世襲的な権力を掌握するには至らず、族長たちの間から推戴されたことを指摘した[44]。吉備では、西川宏、吉田晶らが吉備等の首長墓の動態をとらえて輪番制を主張し[45]、岩崎卓也は、常陸の筑波地域での地域研究の成果より、固定的な首長権の継承はなく、ある一定地域圏を首長権が移動するとした[46]。これらの研究成果をみても、弥生後期から古墳時代にかけての北陸では、世襲制のもとで圧倒的な力による支配と安定した政権基盤は確立されていないという結論に至る。これが輪番制なのかは分からないが、政治的拠点がその都度変わり、政治権力の移譲がおこなわれた可能性が高い。

（3）政治体制の検討

　コシ政権の政治体制の問題について考えてみる。大型墳丘墓＝政治的拠点の変遷をみる限り、コシの政権基盤は安定しなかったと言及した。それでは、具体的にどの程度の水準を有していたのか。従来の研究によると、一墳丘墓＝単次埋葬は太田山をはじめ小羽山や南春日山といった歴代の政治権力者にも採用されたことから、北陸特有の埋葬方法と指摘されている[47]。たしかに他地域と比べると、弥生中期以来、一墳丘墓に対して一個人が埋葬される例が多く、特定個人墓で

あるがゆえに、コシの先進性をイメージしてしまう。だが、果たしてそうなのか。先に触れたように、弥生後期の小羽山と南春日山の二代にわたる政治権力者は動乱期に際して、いち早く外来の要素を取り入れるなど先見性に富み、突出した個人的な資質を有した一種のカリスマ的な人物だと考えた。しかし、それはある意味、個人の能力によった不安定な政治基盤とも読み替えられる。

こうした傾向は古墳早期にも存続しており、結局のところ塚越の人物も安定した基盤の創出には至らなかったように思う。コシ政権では、伝統的に個人の資質によった政治体制にとどまり、それゆえに不安定な体制であったのではないか。それが証拠に、歴代の政治権力者は一代限りで交代し、政治的拠点は１か所にとどまることはなかったからである。しかし、古墳早期後半以降、趣が異なってくる。従来は個人のみの埋葬、周囲に側近者あるいは特定家族の個人墓が造営されたのに対して、原目山１・２号墓から特定個人とおそらく特定家族が埋葬された墓となり、さらに乃木山墳丘墓では特定個人と選別された人物（特定家族か）のみが、他の場所から隔絶して埋葬されており、より上位層の墓へと発展する。従来の見解では、特定個人墓と比べると下位に置かれがちだが、逆に個人による不安定な政治体制から脱した、上位層の存在が権力を保持し支配を強化した、より複雑な政治体制の確立を示唆するのではないか。コシ政権はより高次の発展段階へと移行した可能性を考えたい。

こうした結論に至るには、北部九州の墓制を検討した溝口孝司の見解の影響がある[48]。溝口によると、政治機構の分出の相対的な画期は、弥生後期後半段階に達してはじめて、社会の目的達成の機能、すなわち生産・分配・交通の方向づけ・調整を遂行する単位ないし機構の相対的「安定」が生成したとする。具体的に詳細な分析を通じて、中期初頭〜前半（フェイズⅡ）では区画墓Ⅰにみる部族社会的性質の色濃いリーダー達の埋葬、中期後半（フェイズⅢ）では厚葬墓にみる萌芽的「首長」（「王」墓）、区画墓Ⅱにみるクラン的集団結合単位の利益の「代表者」達の「共同」埋葬、後期後半（フェイズⅤ）では区画墓Ⅲにみる拡大家族程度の「上位層」の成員達＋「首長」（地位相対的に安定）と、拡大家族程度の「上位層」の成員達の埋葬段階を指摘した。区画墓Ⅲの被葬者達、そのなかから選ばれる首長の権能は、いまだ血縁を基盤とするものであったに違いないが、社会システムの潜在的維持機能としての親族システムなどからの政治機構の分化の程度は、中期後半のそれと比べてかなり高くなっていたとする。

いち早く国家形成を進めた北部九州ですら、溝口の指摘した状況である。ましてや同時期の北陸において分化が進んでいたかどうかは疑問である。大型墳丘墓の単次葬という点は、むしろ溝口のいう厚葬墓にみる萌芽的「首長」としての位置づけがふさわしく、特定結合単位（サブクラン／リネージ）を固定的に分出させるような成熟度・安定度には達していなかったと考えられる。たしかに、小羽山・南春日山・塚越の人物は、個人的な資質によった圧倒的な権力を有し、その影響力も絶大であったかもしれない。しかし、コシ政権の政治体制という点で、弥生後期は未熟な段階であり、古墳早期後半になって初めて安定した上位層の存在を生みだし、より高位の政治体制を確立したと考えている。これらの見解はいまだ推測の域を出ないが、今後の課題にあげておきたい。

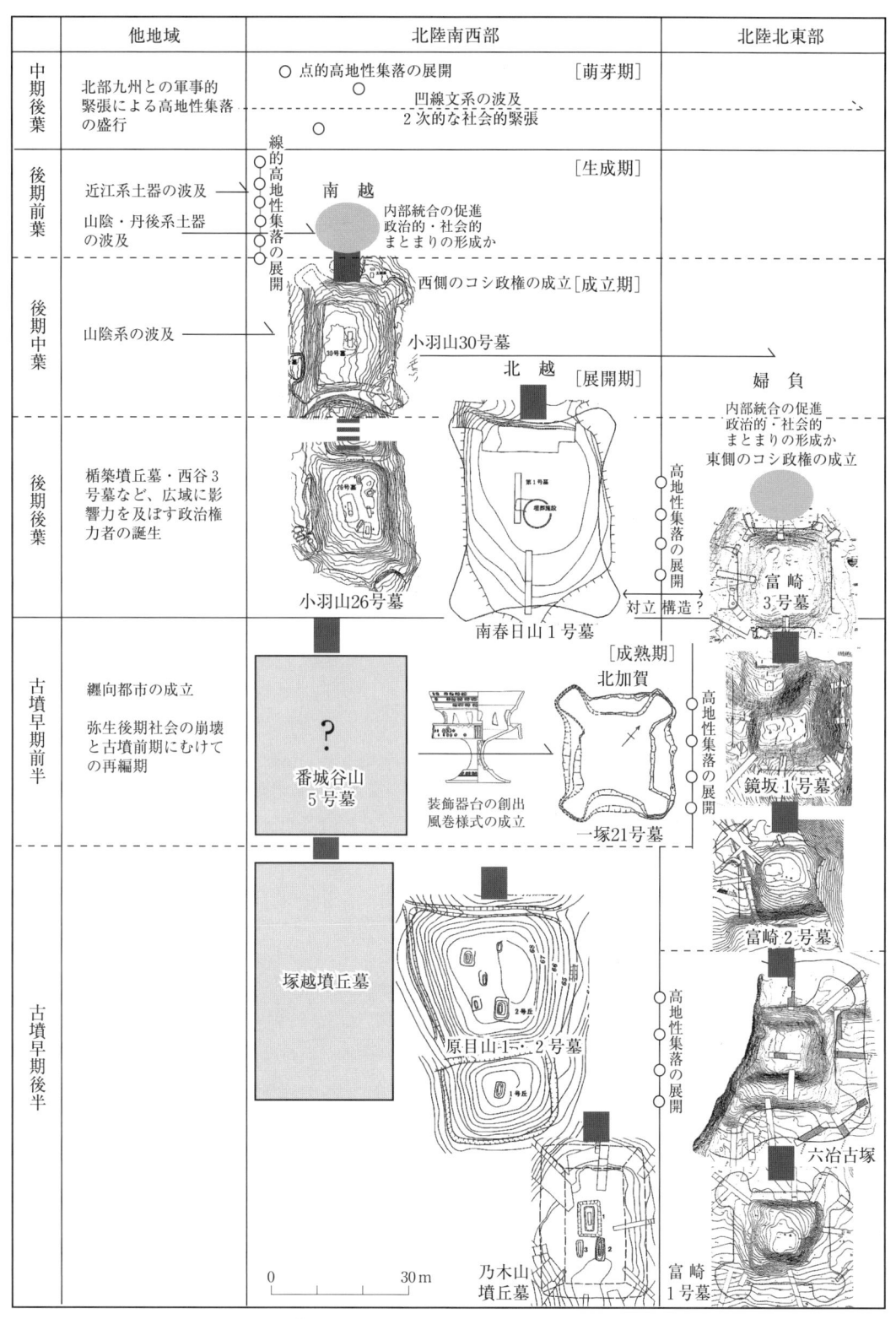

第1節　北陸における墳丘墓の特質

	他地域	北陸南西部	北陸北東部
中期後葉	北部九州との軍事的緊張による高地性集落の盛行	○ 点的高地性集落の展開　　　　[萌芽期] ○ 　　　　凹線文系の波及 ○　　　2次的な社会的緊張	
後期前葉	近江系土器の波及 山陰・丹後系土器の波及	○線的高地性集落の展開 ○ ○ ○ ○　南越　内部統合の促進　政治的・社会的まとまりの形成か　[生成期]	
後期中葉	山陰系の波及	小羽山30号墓　西側のコシ政権の成立[成立期] 　　　　　　　北越　[展開期]	婦負
後期後葉	楯築墳丘墓・西谷3号墓など、広域に影響力を及ぼす政治権力者の誕生	小羽山26号墓　南春日山1号墓　高地性集落の展開　対立構造？	内部統合の促進　政治的・社会的まとまりの形成か　東側のコシ政権の成立 富崎3号墓
古墳早期前半	纒向都市の成立 弥生後期社会の崩壊と古墳前期にむけての再編期	番城谷山5号墓　[成熟期]　北加賀 装飾器台の創出　風巻様式の成立　一塚21号墓	高地性集落の展開 鏡坂1号墓
古墳早期後半		塚越墳丘墓　原目山1・2号墓　乃木山墳丘墓	富崎2号墓　高地性集落の展開　六治古塚　富崎1号墓

0　　　　30 m

第67図　北陸における主要墳丘墓の変遷

（4）北陸北東部の状況

　北東部（富山県・新潟県）の状況を概観する。富山県の婦負で発見された6基の四隅突出形墳丘墓は、試掘調査にとどまるため、副葬品の内容を加味した論議はできない。これらの墳丘墓の主丘部は正方形プランを呈し、突出部があまり発達しないことに特徴がある。埋葬施設・副葬品の内容に関する情報は少なく、六治古塚の墳頂部中心に埋葬施設が確認できたことから、総じて特定個人墓である可能性が高い。造営時期を決める出土土器が少ないなか、富崎3号墓（法仏4式〜月影1式・弥生後期末〜古墳早期初頭）→鏡坂1・2号墓（月影1式・古墳早期初頭）→富崎2号墓（月影2式・古墳早期前半）→六治古塚（月影3式・古墳早期後半）→富崎1号墓（月影4式・古墳早期末）という序列を考えており、造営時期は基本的に重ならない。

　主丘部の規模・墳丘高で比較すると、富崎3号墓（主丘部22m四方・高さ3.9m・大型）→鏡坂1号墓（主丘部24m四方・高さ4.8m・大型）→鏡坂2号墓（主丘部13.7m四方・高さ3m・小型）→富崎2号墓（主丘部21.7m四方・高さ3m・中型）→六治古塚（主丘部24.5m四方・高さ1m・大型）→富崎1号墓（主丘部21.7m四方・高さ3m・中型）となる。周溝に注目すると、富崎3号墓（四隅掘り残し）→鏡坂1号墓（四隅掘り残し）→鏡坂2号墓（全周）→富崎2号墓（全周）→六治古塚（全周）→富崎1号墓（全周）となる。本地域に導入された当初は、四隅を掘り残す伝統的なタイプを踏襲するが、古墳早期中頃には周溝全周タイプが採用される。なかでも、鏡坂墳墓群の2基は月影1式に位置づけられ、四隅を掘り残しと全周タイプが共存する。1号→2号の序列を想定しており、古墳早期前半の段階で転換している。月影式前半期といえば、北加賀では一塚21号墓が全周周溝を採用するため、西側の動向とも齟齬はない。

　また、これらの墓は直径6kmの範囲に収まることに特徴があり、当該期の北陸北東部をみても、これだけの墳丘規模を有するのは婦負地域だけである。したがって、富崎3号墓以降に連綿と続く被葬者達を広域に影響力を有する政治権力者ととらえる。福井県では、6km圏の範囲が南北に分かれて、政治権力を交代させながら継続したのに比べ、北東部では場所だけみれば一地域に集中する。両者には異なる政治体制が浮き彫りとなるだろう。

　では、北東部では大型墳丘墓が集中する点から、安定した世襲制が確立していたのか。だが、詳細にみると、富崎3号墓（富崎グループ）→鏡坂1号墓（鍛冶町グループ）→鏡坂2号墓（鍛冶町グループ）→富崎2号墓（富崎グループ）→六治古塚（千坊山グループ）→富崎1号墓（富崎グループ）というように、3つの拠点的集落から交互に輩出する。南西部では2か所の大地域群のなかで移動したことを考えると、婦負の場合は、西側より安定した政治体制とすることはできるかもしれない。ただ、安定性＝政治権力の大きさには比例しないと思う。なぜならば、西側はさまざまな点で、優位性が指摘できるからである。婦負地域の支配領域の範囲とも関わってくる問題だが、ここでは、北東部に影響力をもつ政治権力者として位置づけておきたい。基本的には、西側に誕生した地域政権の支配のもとで機能した政治体制と考えているが、西側に匹敵する政治権力を有していたかもしれない。これらは今後の課題とする。

（5）副葬品組成の変遷

　最後に、弥生中期後葉から古墳早期までの副葬品組成の全体的な流れについて触れておきたい。弥生中期後葉の例は、太田山２号墓の管玉501点という大量副葬が存在するため、基本的に玉などの装飾品主体の副葬品組成であることが分かる。後期中葉になると、小羽山30号墓の埋葬施設上面からガラス製管玉１点、副葬品としてガラス製管玉10点、ガラス製勾玉１点、碧玉製管玉103点、刃関双孔鉄短剣１点が出土したように、玉類などの装飾品主体の副葬のなかに鉄製武器が副葬されており、当該期の北陸のなかでは例外的なあり方である。弥生後期後葉になると、西山１号墓の碧玉製管玉14点、西山３号墓の碧玉製管玉32点、鉄石英製管玉１点、翡翠製管玉２点、蛇紋岩製勾玉４点、水晶製小玉２点、ガラス小玉17点、西山４号墓の鉄鏃１点がある[49]。小羽山26号墓からは３号埋葬の鉄鏃２点、４号埋葬の碧玉製管玉15点、５号埋葬の翡翠製勾玉１点が出土した。後期後葉になると、玉類などの装飾品主体の副葬のなかに、鉄鏃の副葬例が認められる点が新しい。

　古墳早期前半期の事例は少なく、様相は不明である。しかし古墳早期後半期になると、大型墳丘墓からは大型鉄製武器の副葬が開始する。具体例として、風巻３式期の原目山１号墓の碧玉製管玉323点、ガラス小玉728点、鉄刀１点、鉄短刀１点、２号墓１号埋葬のガラス小玉11点、鉄剣１点、２号埋葬のガラス小玉38点、鉄刀１点、鉄短剣１点、鉄鏃２点、鉇１点、銅鏃１点、４号埋葬の鉄刀１点、５号埋葬の素環頭鉄刀１点、３－１号墓の鉄刀１点、３－３号墓の鉄刀１点、塚越墳丘墓の碧玉製管玉３点、素環頭鉄剣１点、鉄刀１点がある。鉄鏃、短・長剣や刀など鉄製武器の副葬例は多くなるが、依然として原目山１・２号墓、塚越墳丘墓からは碧玉製管玉やガラス小玉などが副葬される。古墳早期末期には、永平寺町袖高林１号墓２号埋葬の鉄刀１点[50]、乃木山墳丘墓１号埋葬の鉄刀１点、素環頭鉄剣１点、２号埋葬の鉄刀４点、鉇１点があげられるが、鉄鏃、短・長剣や刀などの鉄製武器が集中して副葬される。とくに、威信財たる素環頭鉄剣は舶載品の可能性が指摘されており、政治権力者の権力の強さを示す。

　簡単にまとめると、弥生中期後葉から弥生後期にかけては、基本的に管玉・勾玉などの玉類中心の副葬組成を有しており、被葬者の司祭者的な性格が強い。鉄製武器副葬の観点からみれば、弥生後期中葉の時点で、鉄製短剣を副葬した小羽山30号墓は特筆すべき事例である。以後、副葬品の内容に不明な点は多いが、古墳早期後半になると、塚越墳丘墓、原目山１・２号墓のように、玉類中心の副葬品に加えて、素環頭鉄剣・鉄刀、長剣・長刀などの大型鉄製武器の副葬がおこなわれ、被葬者の軍事的指導者としての性格が強くなる。古墳早期末になると、乃木山墳丘墓や袖高林１号墓のように、大型鉄製武器の副葬に集約するため、より軍事的な性格の強い人物像が浮かび上がる。

注
（１）福井県教育委員会『福井県鯖江市王山・長泉寺山古墳群』1966年。
（２）大塚初重・甘粕健ほか「福井市原目山古墳群の調査」『日本考古学協会第33回総会研究発表要旨』

第Ⅱ章　墓制論・集落論

　　　　日本考古学協会　1967年。
（３）藤田富士夫編『富山市杉谷地区内埋蔵文化財予備調査報告書』富山市教育委員会　1974年。
（４）ａ．松任市教育委員会『旭遺跡群Ⅰ』1995年、ｂ．同『旭遺跡群Ⅱ』1995年、ｃ．同『旭遺跡群Ⅲ』
　　　　1995年。
（５）a. 久々忠義「婦中町富崎四隅突出型墳丘墓」『富山県埋蔵文化財センター所報　埋文とやま』第32
　　　　号　富山県埋蔵文化財センター　1990年、b. 岡本淳一郎「婦中町富崎地内採集の遺物」『大境』第
　　　　13号　富山考古学会　1991年。
（６）清水町教育委員会『小羽山』1997年。
（７）藤田富士夫『古代の日本海文化』中公新書981　1990年。
（８）ａ．古川登「北陸型四隅突出型墳丘墓について」『大境』第16号　富山考古学会　1994年、ｂ．同
　　　　「北陸地方の四隅突出型墳丘墓、その造営意味について」『芸備』第25集　芸備友の会　1996年、
　　　　ｃ．同「北陸地方南西部における弥生時代首長墓の認識―北加賀・越前北部地域の事例から―」
　　　　『考古学研究』第43巻第４号　考古学研究会　1997年。
（９）前田清彦「四隅突出型墳丘墓と北陸弥生墓制」前掲注（４）ｃ文献。
（10）大野英子「四隅突出型墳丘墓の地域性」『千坊山遺跡群試掘調査報告書』婦中町教育委員会　2002
　　　年。
（11）寺沢薫「弥生の墓―方形周溝墓と四隅突出形墓」『アサヒグラフ別冊　戦後50年古代史発掘総まく
　　　り』朝日新聞社　1996年。
（12）前田清彦「越前・加賀における墳墓・古墳」『シンポジウム東日本における古墳出現過程の再検討』
　　　日本考古学新潟大会実行委員会　1993年。
（13）古川登「北陸地方における弥生時代墓制の特質」『古代文化』第53巻第４号　古代学協会　2001年。
（14）古川登「日本海域における弥生集団墓の様相」『月刊考古学ジャーナル』No. 484　ニュー・サイ
　　　エンス社　2002年。
（15）御嶽貞義「若狭地域における弥生時代の墓制」『続文化財学論集』文化財学論集刊行会　2003年。
（16）古川登「墳丘墓の概念について―弥生時代墓制研究における述語の混乱―」『地域と古文化』地域
　　　と古文化刊行会　2004年。古川は、墳丘墓の用語整理をおこない、平坦面や溝で墳丘を囲繞して
　　　明瞭な墳丘平坦面を有する墓と規定し、周溝墓・台状墓などすべての区画墓を包括する概念として
　　　用いた。本稿ではこれらの見解にしたがい、北陸では古墳時代早期までを「墳丘墓」、古墳前期以
　　　降は「古墳」と区別して用いる。
（17）a. 河合忍「北陸弥生土器様式の変革過程」『石川考古学研究会々誌』第39号　石川考古学研究会
　　　1996年、b. 同「弥生時代中期後半における土器交流システムの変革とその背景」『石川考古学研究
　　　会々誌』第43号　石川考古学研究会　2000年。
（18）堀大介「古墳成立期の土器編年―北陸南西部を中心に―」『朝日山』朝日町教育委員会　2002年。
（19）鯖江市教育委員会『鯖江市西大井古墳群』1973年。
（20）御嶽貞義「第１章　原始・古代の朝日町　第３節　朝日町の古墳」『朝日町誌　通史編』朝日町　2003
　　　年。
（21）清水町教育委員会『片山鳥越墳墓群・方山真光寺廃寺』2003年。
（22）森本幹彦「片山鳥越５号墓第１埋葬施設の位置付け」前掲注（21）文献。
（23）福井市文化財保護センターの古川登氏に御教示をいただいた。本墓周辺出土土器は、下記文献に
　　　て一部掲載されている。赤澤徳明「有段口縁広口壺」『袖高林古墳群』福井県教育庁埋蔵文化財調
　　　査センター　1999年。
（24）前掲注（６）文献。

第1節　北陸における墳丘墓の特質

(25) 本墓周辺出土土器は、前掲注（8）a・(18) 文献で一部掲載されている。
(26) 前掲注（8）c 文献。
(27) a．福井県教育委員会『太田山古墳群』1976年、b．福井県『福井県史 資料編13 考古―図版編―』1986年。
(28) a．福井市『福井市史 資料編1 考古』1990年、b．大塚初重「原目山墳墓群」前掲注（27）b 文献。
(29) 甘粕健「古墳の出現と統一国家の形成」『図説日本の歴史1』集英社　1974年、前掲注（28）b 文献。
(30) a. 松井政信『南春日山墳墓群発掘調査現地説明会』松岡町教育委員会　1994年、b. 同「南春日山墳墓群」『第10回発掘調査報告会資料』福井県教育庁埋蔵文化財調査センター　1995年。出土土器は前掲注（23）文献、c．まつおか古代フェスティバル実行委員会『発掘された北陸の古墳報告会資料集』1997年に一部掲載されている。
(31) 前掲注（13）文献。
(32) a. 松井政信『乃木山古墳発掘調査報告―現地説明会資料―』松岡町教育委員会　1991年、b. 同「乃木山古墳」『第7回発掘調査報告会資料』福井県教育庁埋蔵文化財調査センター　1992年。
(33) 前掲注（4）文献。
(34) 前掲注（9）文献。
(35) 前掲注（8）c 文献。
(36) 竹田学「七野墳墓群」『シンポジウム 東日本における古墳出現過程の再検討』日本考古学新潟大会実行委員会　1993年。
(37) 吉岡康暢「原始・古代の田鶴浜」『田鶴浜町史』田鶴浜町　1974年。
(38) 婦中町教育委員会『千坊山遺跡群試掘調査報告書』2002年。
(39) 前掲注（38）文献。
(40) 前掲注（38）文献。
(41) a. 寺沢薫「青銅器の副葬と王墓の形成―北九州と近畿にみる階級形成の特質（I）」『古代学研究』第121号　古代学研究会　1990年、b. 同『日本の歴史 第02巻 王権誕生』講談社　2000年。寺沢は、ピラミッド状に重層化し序列化された階級社会を描き、領域構造の重層性を理論づけた。各水系、地形的な条件によって区画された2～5kmの母集落を中心とした衛星的な集落のまとまりを、農業生産の手段を共有する共同体の最小単位として「小（基礎）地域（小共同体）」とし、現在の「村落」単位とも重なる。小地域のまとまりの範囲を「大地域（大共同体）」と設定して「クニ」と呼び、弥生時代の水系ごとの自然的なまとまりが律令制以来の「郡」の基盤となり、現在も残る「郡」の範囲とほとんど重なり合う。クニの集合体を「大地域（大共同体）群」と設定して「国」と呼び、その階級的首長を「王」とする。「国」の集合体を「国の連合」として階級的首長を「王のなかの王」とした。さらに、第三権力としての王権誕生は、「国の連合」の集合体を「王国」段階とし、「大王」の存在を示唆した。
(42) 前掲注（14）文献。
(43) 古川登・御嶽貞義「越前地方における古墳時代―首長墓古墳の動向を中心に―」『小羽山古墳群』清水町教育委員会　2002年。
(44) 岡村秀典「鏡の分割と伝世」「「伊都」の首長墓とその社会」『三角縁神獣鏡の時代』吉川弘文館　1999年。
(45) a. 西川宏「吉備政権の性格」『日本考古学の諸問題』河出書房新社　1964年、b. 吉田晶「吉備地方における国造制の成立」『歴史学研究』384　歴史学研究会　1972年。
(46) 岩崎卓也『古墳の時代』教育社　1990年。

第Ⅱ章　墓制論・集落論

(47) 前掲注（8） c 文献。
(48) a. 溝口孝司「北部九州の墓制」『季刊考古学』第67号　雄山閣　1999年、b. 同「弥生時代の社会」『現代の考古学 6　村落と社会の考古学』朝倉書店　2001年。
(49) 鯖江市教育委員会『西山古墳群』1987年。
(50) 福井県教育庁埋蔵文化財調査センター『袖高林古墳群』1999年。

第2節　北陸における古墳の出現

はじめに

　北陸における古墳の出現に関して、高地性集落の解体と古墳の成立論、北陸内部における古墳の展開論、ヤマト王権による政治的外圧論、古墳出土土器の検討と古墳の形態と規格性の問題など、さまざまなテーマとそれにかかる多くの議論がある[1]。とくに、古墳展開の歴史的背景については、前方後方墳の盛行後、西側からの前方後円墳導入という図式が存在するなか、前方後方墳の展開が東海地域、前方後円墳の波及がヤマト王権との政治的つながりや支配という観点で論じられている。こうして構築された古墳時代像は、日本考古学協会新潟大会主催の「シンポジウム　東日本における古墳出現過程の再検討」（以下、新潟シンポ）の成果に集約されて定説化してきた感がある[2]。

　新潟シンポの見解は、古墳成立期の社会像を総合的に描いた点で評価できるが、細部ではそれ以降の新資料の出現、土器編年や併行関係の見直しなどから、修正を迫られる箇所も多いだろう。本稿では、古墳前期に出現する「古墳」[3]という墓制を通して、北陸における古墳時代像を再構築するための基礎資料を提示したい。その方法として重視するのは、古墳の形態分類と時期比定である。本稿では、土器で時期判別可能な古墳を選定して形態分類をおこない、時系列で追って地域的な傾向を探り、北陸における古墳の出現と展開について概観する。なお、時間軸は堀編年を用い、北陸南西部の代表的な土器様式である白江1式から高畠1式（古墳前期前葉～後葉初）までを対象時期とする[4]。

1　古墳出土土器の編年的位置づけ

　北陸の前期古墳では、埋葬儀礼に用いる祭式土器が多数出土しており、壺・高杯・器台・甕・小型精製器種などほぼ全器種がそろう。古墳の時期比定には墳形・埋葬施設・副葬品を参考とするが、時期限定の意味では、伝世の少ない土器が一番の素材だと考える。ただ、古墳には封土内に含まれる築造以前の土器や後世の混入品があり、土器自体の地域色や器種の偏りといった制約もあるため、資料の扱いには慎重を要する。だが、斉一性が高く型式変化の追いやすい器種を参考にすれば、時期比定はより確実となるだろう。ここでは、古墳前期に基本組成となる高杯、二重口縁壺・パレス系壺・有段口縁壺、他の特徴的な器種にもとづき、古墳出土土器の編年と古墳の時期について検討する。結論となる壺の編年表は第68図に集約させ、他の器種も含めて以下に若干の説明を加える。

（1）東海系高杯

東海系高杯（E・F）は、古墳前期前葉から中葉にかけて主体的な器種である。中型品の高杯Eは、受部が小さく杯底部に稜をもち、口縁部は内湾気味に立ち上がるもので、1から5類にむかって口縁部が内湾気味に開く杯部の深いタイプから、直線的に開き口径が縮小した杯部の浅いタイプへと変化する。また小型品の高杯Fは、杯底部に稜をもち口縁部が上方に開くもので、1から6類にむかって口縁部が内湾気味に立ち上がる杯部の深いタイプから、外傾して直線気味に開く杯部の浅いタイプへと変化する。こうした変化の妥当性はすでに検証した[5]。これを根拠にすれば、高杯F2類をもつ加賀の神谷内12号墳[6]、越中の向野塚古墳[7]、能登の大槻11号墳[8]は白江2式、高杯E・F3類をもつ加賀の御経塚シンデン11号墳[9]と宇気塚越1号墳[10]は白江3式、高杯F4類をもつ能登の国分尼塚1号墳[11]は古府クルビ1式に位置づけられる。

（2）二重口縁壺（第68図）

古墳出土の二重口縁壺については先行研究がある[12]。これらを集約すると、底部非穿孔→焼成後穿孔→焼成前穿孔、有文→無文、頸部凸帯有→無、器面調整精→粗（ヘラミガキの簡略化、内面ハケ調整範囲の狭小化）、器壁薄→器壁厚、突出した底部→平底→丸底などの変化が追えるとともに、小菅波4号墳（漆町5・6群＝白江式）→分校カン山1号墳（漆町7群＝古府クルビ式古）→国分尼塚1号墳（漆町8群＝古府クルビ式新）→宿東山1号墳・谷内16号墳（漆町8群＝古府クルビ式新）→関野1号墳（漆町9群＝高畠式）という序列づけがなされた。他の器種で検証しても、変化の妥当性は認められるが、その詳細な位置づけについては若干の異論がある。

そこで、a～cの分類を共伴土器で検証すると、小菅波4号墳[13]出土壺の口縁部や肩部には、直線文や波状文といった東海系加飾壺の影響が強いが[14]、分校カン山1号墳[15]や塚越1号墳などの出土壺には、口縁端部や肩部に施文が残る程度となる。前者が白江1式、後者が白江3式に位置づけられるため、無文化は白江式のなかで起こり、古府クルビ式には粗製化も併せて進行する。とくにc形式では、頸部長の長→短、口縁部開口の狭い→広いという変化が追える[16]。結果、小菅波4号墳（白江1式）→分校カン山1号墳（白江3式）→国分尼塚1号墳（古府クルビ1式）→宿東山1号墳・谷内16号墳（古府クルビ2式）→関野1号墳（高畠1式）という序列を考えた。

（3）パレス系壺

東海系パレススタイル広口壺は、部分的な資料が多く変容が激しいことから、北陸における編年は確立していない。ここではパレス系壺（a・b）として編年案を提示する。端部垂下で縁帯部をつくるa形式は、白江1式から3式にむかって縁帯幅が狭くなり、数条の直線文が形骸化し、頸部の突起や肩部の施文なども消えていく。御経塚シンデン11号墳出土壺のように、二重口縁壺の影響を受けた頸部を形成し、東海の柳ヶ坪型壺の影響下で縁帯部に羽状文を有する折衷型もつくられる[17]。古府クルビ式には肩部の施文が消失しはじめ、高畠1式にむかって調整・施文の無文化とつくりの粗雑化が進む。端部を上方に軽く伸びて縁帯部をつくるb形式は、白江1式に縁

第2節 北陸における古墳の出現

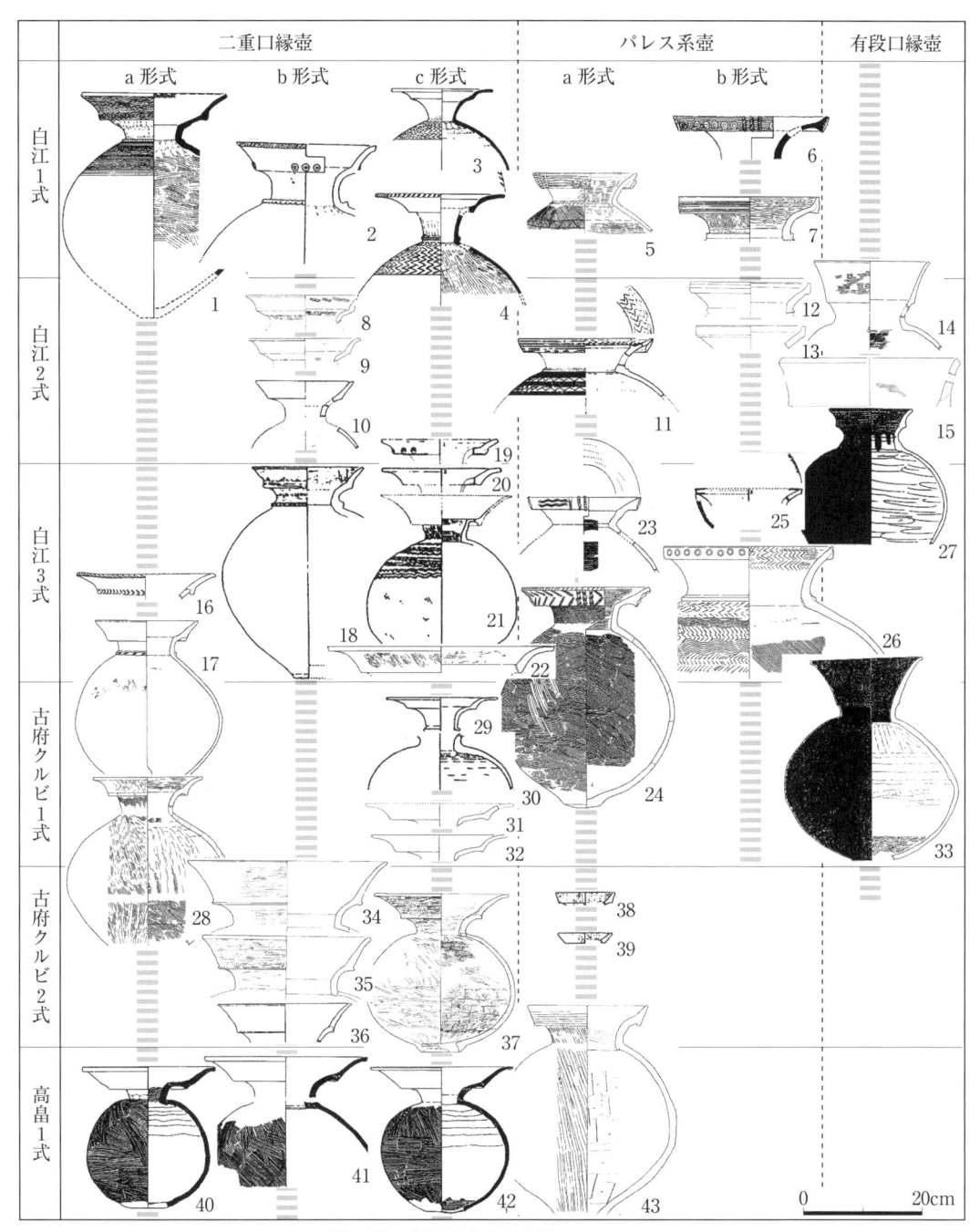

第68図 古墳出土壺の変遷（縮尺1/11）

1〜4・6．小菅波4号墳、5．一塚4号墳、7．中角1号墳、8・9・12・13．一塚3号墳、10・11．大槻11号墳、14．御経塚シンデン14号墳、15．神谷内12号墳、16．花野谷1号墳、17．戸水C16号墳、18・21．宇気塚越1号墳、19・20・25．分校カン山1号墳、22．南新保C1号墳、23．上町マンダラ2号墳、24・26．御経塚シンデン1号墳、27．石塚2号墳、28．戸水C11号墳、29・30．国分尼塚1号墳、31〜33．勅使塚古墳、34・35・37．宿東山1号墳、36・38・39．保内三王山11号墳、40〜42．関野1号墳、43．山谷古墳

第Ⅱ章　墓制論・集落論

帯部の直線文と円形・棒状浮文、肩部突帯を構成要素とする。白江3式にむかって縁帯部の幅が狭くなり、それを生かした施文は消失する。それ以後、b形式は確認できなくなり、畿内系の二重口縁壺を中心とした組成へと変わっていく。

（4）その他

　北陸特有の有段口縁の器種は、古墳前期になると数が極端に減少する。なかでも有段口縁壺は、加賀の御経塚シンデン14号墳[18]・神谷内12号墳、越中の勅使塚古墳[19]・石塚2号墳[20]で確認できるが、型式変化を追うことは難しい。月影式期の墳丘墓には一般的に存在していたが、白江式になると減少し、古府クルビ式以降、越中などの古墳に一部残存する。越中では、杉谷4号墳[21]のような四隅突出形墳が、白江2式まで残ることと無関係ではない。また畿内系といえば、布留式甕・高杯・小型精製器種がある。古墳出土器中に甕は少ないが、白江1式には庄内式の影響を受けた甕、白江2・3式には布留式古相の甕、古府クルビ式には典型的な布留式甕を含む[22]。小型器台は古墳前期になって東海の影響下で成立するが、古府クルビ式以降、土器の畿内化が強まると小型精製器種として定着する。白江式の小型器台は受部径が大きく器高も高いが、高畠式にむかって全体的な小型化が進む。

（5）まとめ

　小菅波4号墳や一塚3号墳出土壺を白江1式に限定して考えるため、前方部の短い前方後方墳は古墳前期になって出現する。また、分校カン山1号墳出土の二重口縁壺は、花野谷1号墳[23]も含めて無文化の前段階ととらえれば、白江3式に比定できる。両古墳は纏向型であるため、纏向型前方後円墳の拡散現象とも関係する[24]。さらに、これまで定型化した最古の前方後方墳は大槻11号墳で、新潟シンポ7期とされたが[25]、今回白江2式に位置づけし直した。向野塚古墳も同時期とみるため、前方部の伸びる墳長30m規模の前方後方墳の成立は、白江式後半の範疇で理解する。前方後方墳を月影式併行期に位置づけた編年表はあるが[26]、東海色の強い白江式という土器様式と東海出自の外来墓制との相関を考えれば、その蓋然性は低いといえるだろう。

　今回の古墳出土土器の検討によって、新潟シンポなどで7期とされた古墳のなかには、白江式に遡るものが存在した。これは何に起因するものなのか。それは、従来の土器編年と併行関係との相違にある。詳細については以前に検討したが[27]、新潟シンポ5・6期は漆町5・6群の2区分に相当し、畿内との併行関係では7期＝布留0式と認識されていた。新潟シンポ7・8期に位置づけられた古墳は、布留式古段階に併行する考えが根底にあるため、古式の前方後円墳を形態の類似性なども含めて、その時期に位置づけていた嫌いがあった。しかし本稿では、古墳前期前葉に相当する白江式の3区分案と、布留0式＝白江式後半という私見が前提となっているため、古墳の時期が大きく見直される結果となった。

2　古墳の分類

　北陸の古墳には、古墳前期に外来墓制の影響下で成立した前方後方墳（Ⅰ類）や前方後円墳（Ⅱ類）、造出付円墳や円墳（Ⅲ類）、弥生時代以来の伝統的な形態である方墳（Ⅳ類）や四隅突出形墳（Ⅴ類）の種類が存在する（第69図）。ここでは、前方部をもつ古墳を分析の対象とする。それは、類別による地域差や時期差といった傾向に、何らかの社会的背景が読み取れるからである。分類に際しては、発掘調査や測量調査によって墳形が判明するものを選定した。後方（円）部は、円形と方形の墳丘をもつ二大原理であり、円形の場合は正円形・略円形、方形の場合は正方形・横長形・縦長形を基本とする。分類については前方部と後方（円）部の形態でおこなう。

（1）前方後方墳

　前方後方墳（Ⅰ類）は、後方部の形態からa〜c類の3つに細分する[28]。a類は後方部・正方形、b類は後方部・横長形、c類は後方部・縦長形である。分類は形態差が反映されるように数値化し、グラフのx軸には前方部長比率［墳長に対する前方部の割合（前方部長÷墳長×100）］、y軸には前方部幅比率［後方部中心軸の半辺に対する前方部幅の割合（前方部幅÷後方部半辺×100）］を置いた（第70図）。傾向として、グラフの左下から右上にむかって前方部幅が広がり、前方部長が伸びることを示している。

　a類　北陸では最も数が多く、ここでは16基を対象とした（第71図）。赤塚次郎の分類でいえば、東海型に相当する[29]。後方部の両辺長にわずかな差しか認められない場合でも、後世の保存状況と調査精度や認識の違いがあるため、ここでは基本的な設計原理を正方形ととらえる。1類から4類は、後方部中心軸から前方部両端にむかってラインを引いて前方部を設計するが、前方部幅やくびれ部幅が発達する5・6類はその規格から外れる。

　1類は前方部長比率24〜26％・前方部幅比率76〜92％を占め、加賀の小管波4号墳・河田山3号墳[30]・一塚3・4号墳[31]の4基をあげる。2類は前方部長比率33％・前方部幅比率100％を占め、加賀の八里向山C1号墳[32]・戸水C1・11号墳[33]、能登の上町マンダラ1号墳[34]の4基をあげる。後ほど触れるが、

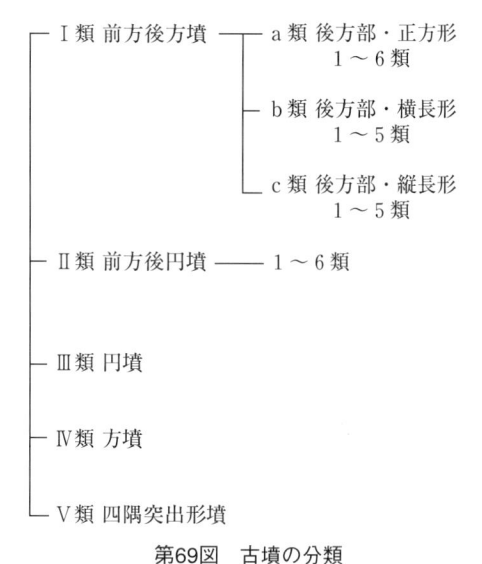

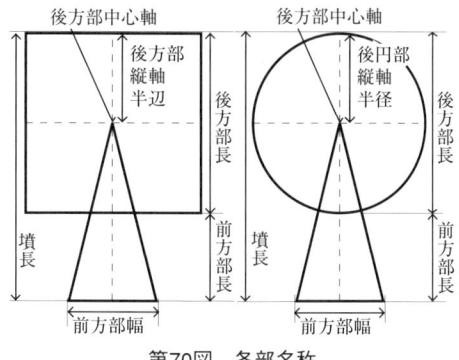

Ⅰ類　前方後方墳 ─┬─ a類　後方部・正方形　1〜6類
　　　　　　　　　├─ b類　後方部・横長形　1〜5類
　　　　　　　　　└─ c類　後方部・縦長形　1〜5類

Ⅱ類　前方後円墳 ── 1〜6類

Ⅲ類　円墳

Ⅳ類　方墳

Ⅴ類　四隅突出形墳

第69図　古墳の分類

第70図　各部名称

第Ⅱ章　墓制論・集落論

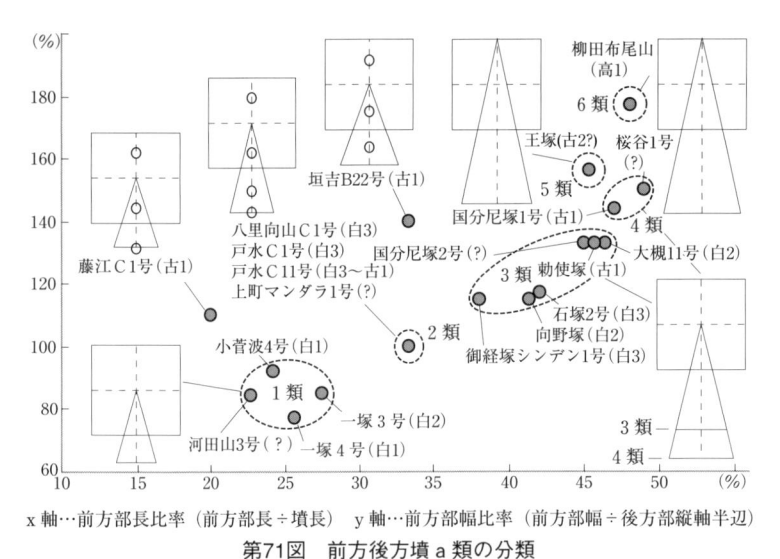

第71図　前方後方墳 a 類の分類
x 軸…前方部長比率（前方部長÷墳長）　y 軸…前方部幅比率（前方部幅÷後方部縦軸半辺）

2類は纒向型前方後円墳の影響を受けて成立したと考える。3・4類は前方部長比率38〜50％・前方部幅比率114〜150％を占め、後方部中心軸から前方部までの長さと前方部幅が2：1となる。基本的に同一設計であるため、3類と4類は前方部の発達によって区分した。加賀の御経塚シンデン1号墳、能登の大槻11号墳・国分尼塚1・2号墳、越中の石塚2号墳・向野塚古墳・勅使塚古墳・桜谷1号墳[35]の8基をあげる。5・6類は前方部幅が後方部半辺より長く、後方部中心軸から派生させて前方部を設計せず、くびれ部幅を拡張させる。越中の王塚古墳[36]と柳田布尾山古墳[37]は、前方部長比率45％・前方部幅比率150％を超え、前方部が大きく発達する前方後円墳の影響を受けたと考えられる。

出土土器で検討すると、1類の小菅波4号墳や一塚4号墳は白江1式、一塚3号墳は白江2式に相当するため、前方部の短いタイプは白江式前半の範疇で理解する。2類の戸水C11号墳は白江3式〜古府クルビ1式、八里向山C1号墳は古府クルビ1式に位置づけるため、白江式後半〜古府クルビ式内におさまる。北陸で纒向型前方後円墳が出現するのは白江3式であり、それを遡る事例は今のところない。能登・越中に多い3・4類は、白江2式〜古府クルビ式という時間幅をもつ。5・6類の時期比定は難しいが、6類の柳田布尾山古墳は高橋浩二の検討から高畠1式頃[38]、5類はその前段階の古府クルビ2式に位置づける。分類による地域差は認められるが、おおむね1類から6類にむかって前方部の発達という時間的な変化が追える。墳長をみると、白江式前半は20m規模、白江式後半は30m規模にとどまる。古府クルビ1式には50m規模に達し、高畠1式には100mを超える。

なお、分類外が2基存在する。加賀の藤江C1号墳は、前方部の短い1類と前方部幅比率110％という3・4類の要素を併せもつ[39]。1類は前方部が短く、加賀の白江式前半に特徴的であり、3・4類が能登・越中に特徴的であれば、本墳は古府クルビ1式に生まれた折衷型ととらえる。また能登の垣吉B22号墳[40]は、前方部長と半辺が等しい2類と前方部幅比率140％という3類の要素が認められる。現況では2類が加賀に中心に分布し、3類が能登・越中に特徴的であれば、折衷型として古府クルビ1式に生まれたとも考えられる。

b 類　ここでは7基を対象とした（第72図）。墳長50m以内は、後方部中心軸から派生させて前方部をつくるか、後方部前面中心から派生させて前方部をつくるなど、設計原理に統一性はな

第2節　北陸における古墳の出現

い。前方部が発達するものは前方部と後方部のラインにのらない。赤塚次郎は北陸に特徴的なことから北陸型[41]と呼び、北野博司は能登の事例から能登型[42]とした。1類は前方部長比率25%・前方部幅比率83%を占め、中角1号墳[43]の1基をあげる。2類は前方部長比率33%前後・前方部幅比率100%前後を占め、加

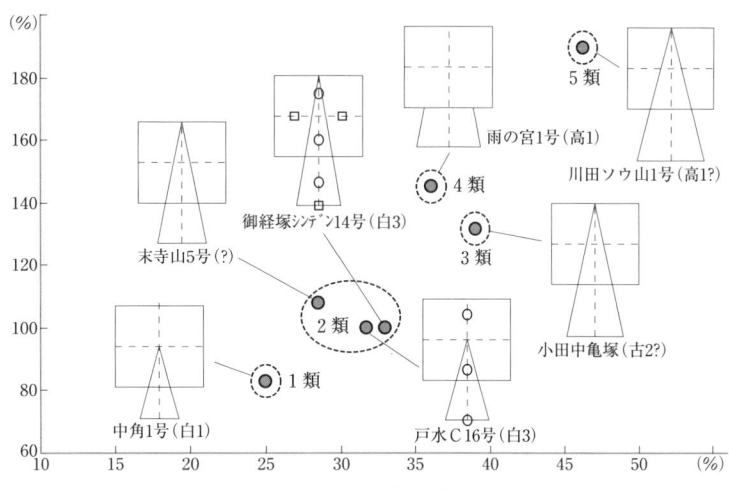

第72図　前方後方墳b類の分類

賀の末寺山5号墳[44]・御経塚シンデン14号墳・戸水C16号墳[45]の3基をあげる。3類は前方部長比率39%・前方部幅比率131%を占め、能登の小田中亀塚古墳[46]の1基あげる。4類は前方部長比率36%・前方部幅比率145%を占め、能登の雨の宮1号墳[47]の1基をあげる。5類は前方部長比率46%・前方部幅比率189%を占め、川田ソウ山1号墳[48]の1基をあげる。

　出土土器で検討すると、1類の中角1号は白江1式、2類の御経塚シンデン14号墳と戸水C16号墳は白江2・3式、4類の雨の宮1号墳は高畠1式に位置づけられる。2類の末寺山5号墳は、形態の類似性から白江式後半に位置づけて考える。3類の小田中亀塚古墳は2類が白江式後半、4類が高畠1式に比定できるため、古府クルビ式に位置づけられよう[49]。5類の川田ソウ山1号墳は、雨の宮1号墳と同時期ととらえるため、高畠1式前後と考えている[50]。基本的に1類から5類にむかって前方部が発達し、前方部幅が拡張するという変化をたどる。越前には1類という古いタイプはあるが、白江式後半にかけて加賀に展開し、古府クルビ式以降に大型化して能登に定着する。能登で大型化した点で能登型と呼ぶにふさわしいが、その源流は越前・加賀にあり、従来の長方形墳丘墓との融合であることを指摘しておきたい。

　c類　ここでは7基を対象とした（第73図）。後

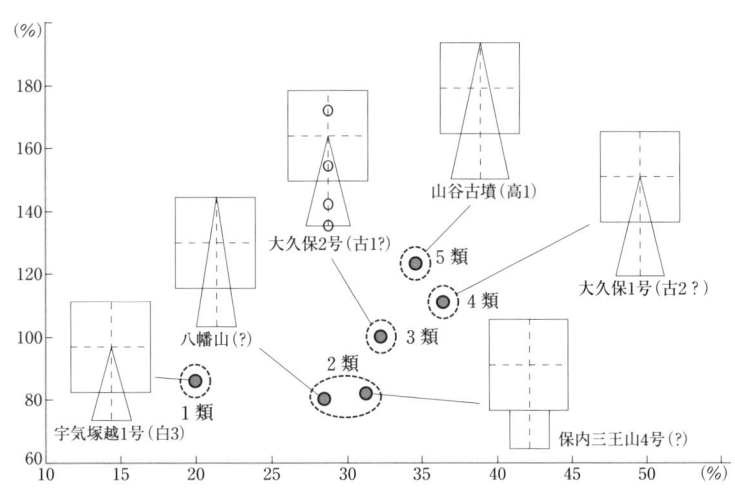

第73図　前方後方墳c類の分類

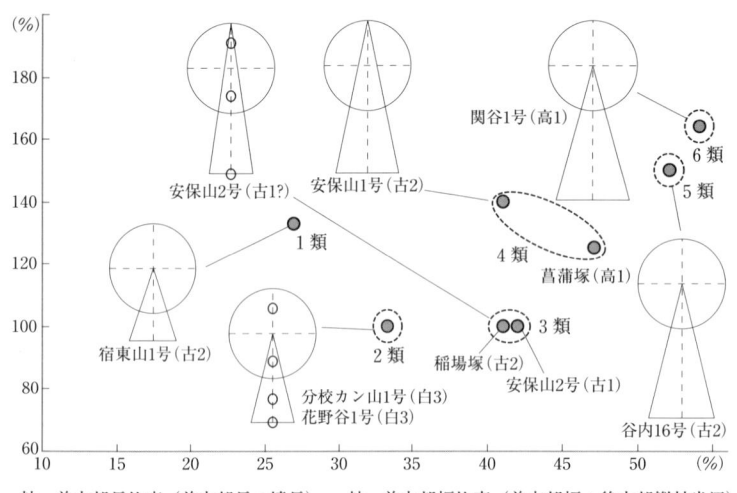

方部前面の中心から前方部両端に派生させて前方部をつくるものが主体的である。1類は前方部長比率20%・前方部幅比率86%を占め、加賀の宇気塚越1号墳の1基をあげる。2類は前方部長比率28〜31%・前方部幅比率81%前後を占め、越後の八幡山遺跡前方後方墳[51]・保内三王山4号墳[52]の2基をあげる。3類は前方部長比率33%前後・前方部幅比率100%前後を占め、加賀の末寺山6号墳[53]・越後の大久保2号墳[54]の2基をあげる。4類は前方部長比率36%・前方部幅比率110%前後を占め、越後の大久保1号墳[55]の1基をあげる。5類は前方部長比率34%・前方部幅比率123%を占め、越後の山谷古墳[56]の1基をあげる。出土土器でみると、1類の宇気塚越1号墳は白江3式に位置づけられるため、能登あたりで最初に導入され、古府クルビ式以降、加賀や越後で定着した可能性は高い。今後、2類の時期が確定すれば、時期的な位置づけや系譜も明らかとなるだろう。

第74図　前方後円墳の分類

（2）前方後円墳

　ここでは8基を対象とした（第74図）。1類の宿東山1号墳は纒向型の一種ととらえるが、能登や越中の前方後方墳の要素をもつ折衷型の前方後円墳だとも理解している[57]。前方後方墳a類の分類でいえば、前方部幅が半径より長く、後円部中心から前方部までの長さと前方部幅が2：1となる3類と、前方部が短い1類の要素を併せもつからである。また、同様な形態の古墳に、北加賀の神谷内12号墳をあげる。報告書によると前方部の短い前方後円墳であるが[58]、今回の検討では東海色の強い出土土器を白江2式に位置づけた。現状では北陸最古の前方後円墳となる。しかし、墳形は一定の設計原理にのらず、前方部全面の尾根を断ち切る溝によって前方部状にも見える。古墳は痩せ尾根に立地しており、後世の盛土流失と墳裾に走る直線溝や墳丘外埋葬の方向を考えると、方墳の可能性が高い。さらに、能登の小田中親王塚古墳[59]、越後の保内三王山11号墳・麻生田1号墳[60]などは造出付円墳と理解するため、ここでは分類の対象外とした。

　2類は前方部幅と前方部長が後円部半径と等しく、後円部の中心から前方部幅までの長さと前方部幅が2：1になる。後方部に対して前方部が安定してつき、前方部の形態は後円部の中心から前方部両端に引いたライン上にのる。いわゆる纒向型前方後円墳で、越前の花野谷1号墳、加賀の分校カン山1号墳の2基をあげる。同規格だけでなく、完形鏡を副葬する点、白江3式に比定できる点で共通する。先にあげた前方後方墳a2類と設計原理が同じであり、同時期の越前・

加賀に多い。前方後方墳ａ２類は、纒向型前方後円墳の北陸西側からの導入を考えれば、前方後円墳２類の影響下で成立した可能性は高い。

　３類以降の分類は対象事例が少ないが、前方部が発達して伸びるタイプである。前方部幅長が後円部の場合の半径と等しいかあるいは長く、後方部の中心から引いた前方部幅の長さと前方部幅が２：１にならず、前方部長が伸びて前方部幅とくびれ部幅が発達する。基本的に畿内などに通有の大型前方後円墳の影響を受けた古墳である。前方部が撥形に広がるタイプや、直線的に伸びる柄鏡形のタイプなどの系統が混在するため、必ずしも３類から６類にむかって時期的変遷を示すわけではない。越前の安保山１・２号墳[61]、越中の谷内16号墳[62]・関谷１号墳[63]、越後の稲場塚古墳[64]・菖蒲塚古墳[65]などの６基があげられ、古府クルビ１式には越前に出現すると、遅くとも２式には越後まで展開している。

3　古墳の出現と展開

　古墳の時期比定と形態分類をもとに、古墳前期前葉から前期後葉までの都合６段階を設定して、北陸における古墳の出現期の様相について時系列で検討してみたい（第75・76図）。

（１）古墳前期前葉１

　本期は越前の長泉寺１式、加賀の白江１式に相当し、東海の廻間Ⅱ式前葉、畿内の庄内３式に併行する。東海や近江を中心とする外来系土器の受容により、在地色の強い風巻・月影式の土器様式は崩壊をむかえる。越前では中角１号墳（ｂ１類）、南加賀では小管波４号墳（ａ１類）、北加賀では一塚４号墳（ａ１類）などの前方部の短い前方後方墳が出現する。前方後方墳は東海や近江に特徴的な墓制であり、東海系土器の波及とともに列島規模で築造されるため、東海との何らかの政治的な関係性がうかがえる[66]。また本期の古墳出土壺には、東海系加飾壺の影響が認められる点も傍証となる。これをもって古墳前期の幕開けとみなす。土器様式の外来化だけでなく、新たな墓制が採用される背景には、列島規模の社会的な緊張状態を考えた[67]。

　細かくみると、小管波４号墳や一塚４号墳は後方部・正方形（ａ類）、中角１号墳は後方部・横長（ｂ類）を基本原理とする。前者は東海プロパーの可能性が高いが、後者は北陸の墓制に多い長方形の平面形態に、短い前方部を付属させたとも考えている。二重口縁壺ｃ形式を北陸型とするならば、外来の墓制や祭式を受容しても北陸の独自性を残している。越中や越後における墓制の様相は不明だが、現状では墳長20ｍを大きく超えないことに特徴がある。北陸では、墳長30ｍ規模の墳丘墓が弥生後期中葉以来、継続して造営されたことと比べると大きな違いである。北陸内部に存在していた広域的な政治権力は、古墳前期になって突如解体したイメージである。北陸は列島規模の社会的緊張状態の波に飲み込まれ、大規模な社会再編を迫られたが、その一方で墳形や祭式土器に従来の独自性を保持している。

第Ⅱ章　墓制論・集落論

（２）古墳前期前葉２

　本期は越前の長泉寺２式、加賀の白江２式に相当し、東海の廻間Ⅱ式中葉、畿内の布留０式古相に併行する。東海・近江色の影響の強いなか、在地土器の崩壊がより一層進む段階である。越前・加賀では一塚４号墳のような前方後方墳（ａ１類）が存在するなか、舶載鏡を副葬する古墳が出現する。越前の風巻神山４号墳（墳長16.6ｍ）は方墳で、土手状盛土で囲まれた構築墓壙のなかに舟形木棺を安置した[68]。破砕された神人龍虎画像鏡１面が被葬者の頭部から北東にかけて

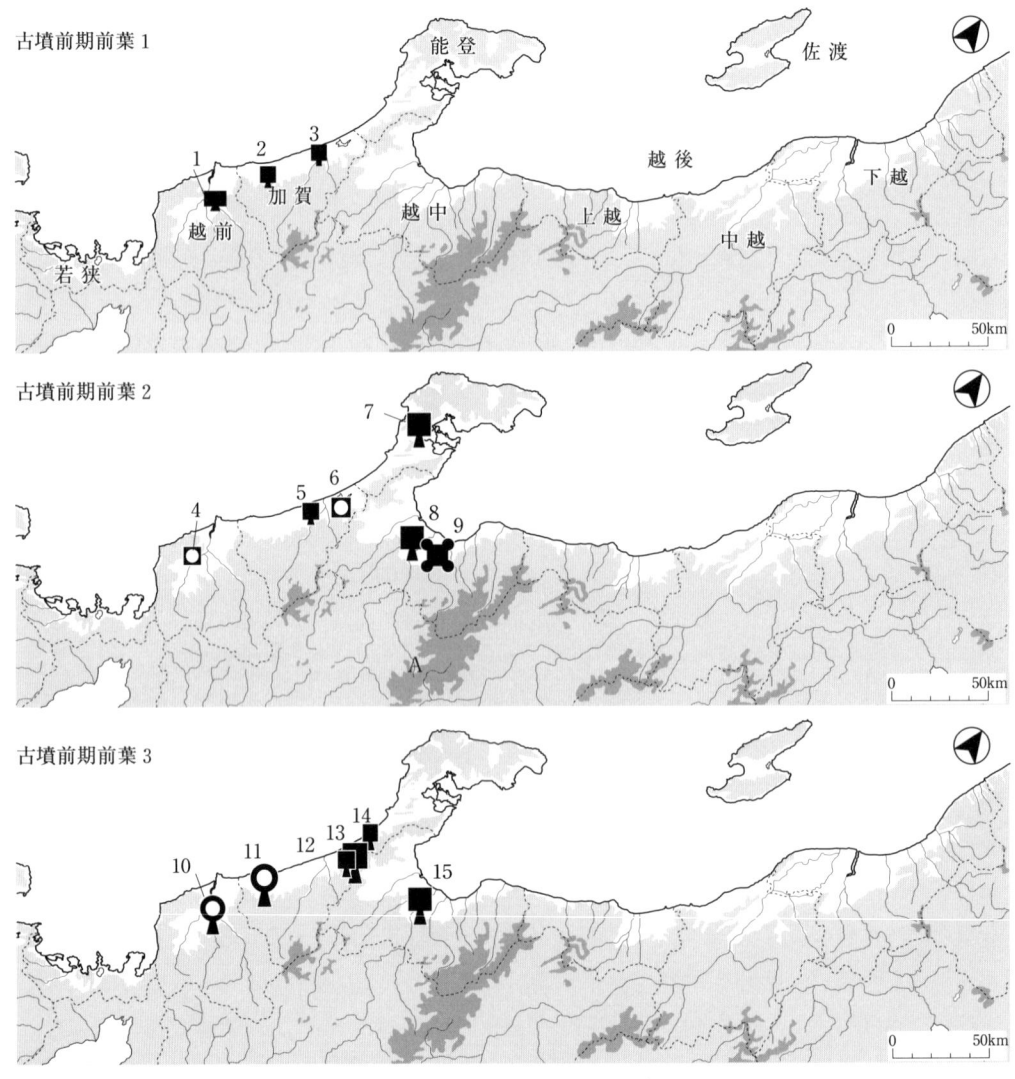

第75図　北陸における古墳の変遷（１）　○は鏡

1. 中角１号墳［Ｉｂ１類］(20.8ｍ)、2. 小管波４号墳［Ｉａ１類］(16.6ｍ)、3. 一塚４号墳［Ｉａ１類］(17ｍ)、4. 風巻神山４号墳［Ⅳ類］(16.6ｍ)、5. 一塚３号墳［Ｉａ１類］(15.1ｍ)、6. 神谷内12号墳［Ⅳ類］(37.5ｍ)、7. 大槻11号墳［Ｉａ３類］(27.7ｍ)、8. 向野塚古墳［Ｉａ３類］(25.2ｍ)、9. 杉谷４号墳［Ⅴ類］(45ｍ)、10. 花野谷１号墳［Ⅱ２類］(28ｍ)、11. 分校カン山１号墳［Ⅱ２類］(36.7ｍ)、12. 戸水Ｃ16号墳［Ｉｂ２類］(21.3ｍ)、13. 南新保Ｃ１号墳［Ⅰ？類］(約34ｍ)、14. 宇気塚越１号墳［Ｉｃ１類］(18ｍ)、15. 石塚２号墳［Ｉａ３類］(29.4ｍ)

一列に並べられ、刃器状鉄製品1点の破片が上に置かれ、碧玉製管玉31点は撒き並べる行為によって配置された。先に方墳とした神谷内12号墳の事例も含めて考えると、墳形が方形である点、墳丘規模は小さく舶載鏡を副葬する点、白江2式に比定できる点などの共通性が認められる。

　また加賀では、一塚3号墳といった前方部の短い前方後方墳（a1類）が継続して造営される一方で、能登や越中では、大槻11号墳（墳長27.7m）や向野塚古墳（墳長25.2m）といった30m規模で、東海プロパーに近い前方後方墳（a3類）がダイレクトに導入される。大槻11号墳は、前方部前面までめぐる周溝が確認され、南側のくびれ部付近の周溝よりパレス系壺・二重口縁壺・高杯などが出土した。また、形態の酷似する向野塚古墳は、周囲のトレンチ出土の東海系高杯から本期に位置づけている。さらに越中では、杉谷4号墳（墳長45m）という四隅突出形墳が造営されるが、弥生後期末以降に連綿と造られた四隅突出形を呈する墓はここに終焉する。

（3）古墳前期前葉3

　本期は越前の長泉寺3式、加賀の白江3式に相当し、東海の廻間Ⅱ式後葉、畿内の布留0式新相に併行する。それまでの北陸独自の土器様式は消滅し、東海系や畿内・山陰系といった外来器種に置換した段階である。その現象とともに、越前・加賀では、2基の前方後円墳（2類）が登場する。越前の花野谷1号墳（墳長28m）は墳形に諸説あるが、ここでは纒向型前方後円墳と理解する。埋葬施設は割竹形木棺で、連弧文銘帯鏡（漢鏡3期）1面、三角縁獣帯四神四獣鏡1面、勾玉1点、管玉1点、ガラス小玉145点、鉄剣1点、鉄槍1点、鉄鏃3点、刀子1点、鉇1点が出土した。また、加賀の分校カン山1号墳（墳長36.7m）も同型の纒向型ととらえる。埋葬施設は割竹形木棺で、方格規矩四神鏡（漢鏡5期）1面、鉄槍1点、鉄斧1点、管玉7点、周溝内より二重口縁壺・高杯などが出土した。両古墳は墳形の類似性、割竹形木棺に完形鏡の副葬、二重口縁壺を用いる祭式などの共通性があり、畿内的色彩が強い。

　一方、北加賀では、宇気塚越1号墳（墳長18m）という前方後方墳（c1類）が出現する。墳丘のほとんどは盛土で構築し、埋葬施設は切り合って3基が確認された。最新の1号埋葬は箱形木棺で、鉇2点、鉄鏃2点、ガラス玉1点、後方部東側から北側の周溝を中心に、二重口縁壺・直口壺・東海系高杯が出土した。以後、大型化するc類の前方後方墳のなかでは最古のものである。越後に点在する理由は、能登の土器が越後へ拡散することと関係するかもしれない[69]。能登・越中の状況は不明な点が多いが、越中の石塚2号墳といった墳長30m規模の前方後方墳（a3類）が継続して造営される。土器は北陸色と東海色を強く残すとともに、東海プロパーの前方後方墳を造営して独自の世界を確立している。

（4）古墳前期中葉1

　本期は越前の長泉寺4式、加賀の古府クルビ1式に相当し、東海の廻間Ⅲ式前葉、畿内の布留1式古相に併行する。在来系土器はほぼ消滅し、畿内系・山陰系土器の在地化が一層進む段階である。越前では調査事例は少なく様相不明であるが、墳長30m規模の定型化した前方後円墳が波及した可能性が高い。安保山2号墳（墳長34m）は、前方部の発達する前方後円墳（3類）であ

り、葺石・段築・埴輪などは確認されていない。埋葬施設は箱形木棺で、副葬品は盗掘を受けたが、鉄剣2点分の破片を有していた。土器は小片のため時期比定は難しいが、1号墳の土器が古府クルビ2式に位置づけられること、2号→1号という造営順を考えれば、本期に比定できるだろう。他に、墳形から敦賀市宮山3号墳なども本期に位置づけられる可能性は高い[70]。

能登・越中では、前方後方墳（a3類）の造営が続くなか、墳長50m超のものが出現する。能登の国分尼塚1号墳（墳長52.3m）は、前方部長比率47％の前方部が発達した前方後方墳（a4類）である。埋葬施設が割竹形木棺で、鞆1点、銅鏃57点、鉄鏃4点、鍬先1点、鉄斧3点、鉇2点、鑿3点、ヤス5点以上、夔鳳鏡（漢鏡7期）1面、勾玉1点、管玉10点、鉄刀1点、短刀1点、短剣3点、槍2点、棒状有機物1点が出土した。土器はくびれ部周辺と後方部平坦面南東隅から二重口縁壺・東海系高杯などが出土した。また、越中の勅使塚古墳（墳長66m）は、越中最大級の前方後方墳（a3類）である。後方部中央に長方形の墓壙を有し、榔の痕跡から木棺が安置されたという。周辺からは赤彩した有段口縁部壺・二重口縁壺・小型高杯・蓋などが出土した。両古墳は同様の設計原理にもとづき、能登・越中で独自の大型化をとげたことに特徴がある。

こうしてみると、北陸のなかでも越前・加賀の前方後円墳と能登・越中の前方後方墳という対立構造が浮き彫りになる。越前・加賀では、花野谷1号墳や分校カン山1号墳といった纒向型前方後円墳の先駆的な造営が前提となり、以後に定型化した前方後円墳の導入という図式が考えられる。土器自体の畿内・山陰化が北陸のどの地域より早く進むことは、畿内に近い地理的条件が関係するのかもしれない。それに対する能登・越中では、前方後方墳（a3類）の造営が前提となり、従来の形態を踏襲しながらも、国分尼塚1号墳や勅使塚古墳といった墳長50m超の前方後方墳を造りあげて独自の世界を形成する。土器自体に根強く残る北陸や東海色の影響はそれを示唆している。

（5）古墳前期中葉2

本期は越前の長泉寺5式、加賀の古府クルビ2式に相当し、東海の廻間Ⅲ式中頃、畿内の布留1式新相に併行する。基本的に前様式と組成上の変化は認められないが、畿内系の特徴である小型丸底壺・小型有段鉢・小型器台の小型精製器種が出そろう。越前では前方後円墳（4類）が造営される。安保山1号墳（墳長31.8m）は、埋葬施設が粘土槨をもつ割竹形木棺で、副葬品には鉄器や朱などを有した。また能登南部では、前方部の短い前方後円墳（1類）が出現する。宿東山1号墳（墳長21.4m）は折衷型の前方後円墳であることは先に触れた。埋葬施設が箱形木棺で、方格規矩四神鏡（漢鏡5期）1面が出土した。土器は墓壙上面、墳丘部、西側周溝から、大型二重口縁壺・中型二重口縁壺・大小の直口壺・小型高杯・高杯などが出土した。完形鏡の副葬と畿内の影響は強いだろうが、小規模で亜流の点と纒向型の典型でない点で、ランクは下がるものととらえる。

一方、能登を代表する盟主墳に前方後方墳（b3類）が採用された可能性が高い。小田中亀塚古墳（墳長61m）は国分尼塚1号墳の後続ととらえるため、小田中親王塚古墳との関係から本期に比定する。段築や埴輪は確認されていないが、葺石が墳丘全体を覆う。能登では新たな前方後

方墳が採用されるなか、越中西部では前方後円墳（5類）が出現する。谷内16号墳（墳長47.5m）は後円部が倒卵形を呈し、前方部は長大で低平な撥形の形態をもつ。埋葬施設は割竹形木棺と推定され、副葬品は鉄剣1点、鉇1点、鍬先1点、後円部墳頂部盛土中から破砕して埋められた状態で、二重口縁壺1個体分が出土した。越中最古の前方後円墳で、椿井大塚山古墳の4分の1相似墳とされている。

　前段階では、前方後円墳を採用する越前・加賀と、独自の前方後方墳を採用する能登・越中という対立構造が認められたが、能登では新たな前方後方墳、越中西部では定型化した前方後円墳が導入されることでその図式は崩れていく。しかし、越中は完全に前方後円墳圏に包括されたわけではない。越中中部では王塚古墳（墳長58m）という前方後方墳（a5類）が造営されていた可能性が高い。墳形は前方後方形を呈するが、大型前方後円墳の影響を受けた前方部を有し、箸墓古墳の5分の1規模の相似墳とされる。出土遺物はないため時期比定は難しいが、ここにあげた新しい様相と、勅使塚古墳（a3類）の後続に位置づけることから本期に比定できるだろう。越後では、稲場塚古墳（墳長26.3m）という越後最古の前方後円墳（3類）が出現する。葺石・埴輪などは確認できないが、墳丘東側は二段築成の可能性が高い。後円部頂平坦面下に列状の埋没石が確認できることから、埋葬施設は竪穴式石槨と考えられ、土器やガラス小玉などが採集された。また、二段築成の造出付円墳である保内三王山11号墳（墳長23m）が出現する。埋葬施設は組合式木棺で、仿製四獣鏡1点、鉄剣1点、短冊形鉄斧1点、管玉67点、ガラス小玉34点など、墳丘より二重口縁壺・小形壺・小形器台などの土師器片が出土した。このように越後でも、ほどなくして定型化した前方後円墳が出現し、鏡の副葬も併せておこなわれる。

（6）古墳前期後葉1

　本期は越前の木田1式、加賀の高畠1式に相当し、東海の廻間Ⅲ式末〜松河戸Ⅰ式初、畿内の布留2式古相に併行する。形態的・技法的な規格化・斉一化が顕著で、畿内系・山陰系土器に集約していく段階である。越前では足羽山山頂古墳[71]という大型前方後円墳が登場する。現状では直径60mの円墳であるが、復元長100m前後の前方後円墳と考えられている[72]。埋葬施設は竪穴式石槨に舟形石棺を安置し、副葬品は盗掘により大半が失われ、琴柱形石製品・管玉にとどまるが、三角縁神獣鏡が副葬されていたという。北陸で最初に段築・葺石・埴輪を完備し、最も畿内的色彩の強い古墳であり、越前における初代の広域首長墓と考えられている。

　能登では、雨の宮1号墳（墳長64m）といった前方後方墳（b4類）が出現する。本墳は二段築成と葺石を有するが、埴輪は確認されていない。粘土槨をもつ割竹形木棺から、画文帯神獣鏡1面、車輪石4点、石釧15点、琴柱形石製品1点、管玉14点、方形板革綴短甲1点、鉄刀5点、鉄剣2点、鉄短剣14点、鉄鏃74点以上、銅鏃55点、漆盾1点、鉄斧2点、鋤先1点、鉇2点、鎌1点などが出土した。また、小田中親王塚古墳（直径67m）は造出付円墳で、墳丘は二段築成で葺石を備える。埋葬施設は盗掘を受けたが、竪穴式石槨が想定されている。埋葬施設からは三角縁波文帯三神三獣鏡1面、三角縁獣文帯三神三獣鏡1面、鍬形石1点、管玉1点が出土した。

　越中では墳長100m超の大型前方後方墳（a6類）が出現する。柳田布尾山古墳（墳長107.5m）

第Ⅱ章　墓制論・集落論

は盗掘を受けたが、埋葬施設は構築墓壙で粘土槨が存在したという。北陸に生まれた政治権力は、最終的に東側の柳田布尾山古墳と西側の足羽山山頂古墳という２つの100ｍ規模の大型古墳に集約されたといってよい。一方、越中では、関谷１号墳（墳長65ｍ）のような前方後円墳（６類）も造営される。前方部は発達して撥形に開き、箸墓古墳の４分の１相似墳となる。埴輪・葺石は確認できないが、残存する前方部は二段築成を有する。埋葬施設は不明だが、竪穴式石室の可能性が高い。埋葬施設内から鉄直刀１点、銅鏃20本が出土した。墳丘北側くびれ部裾から転げ落

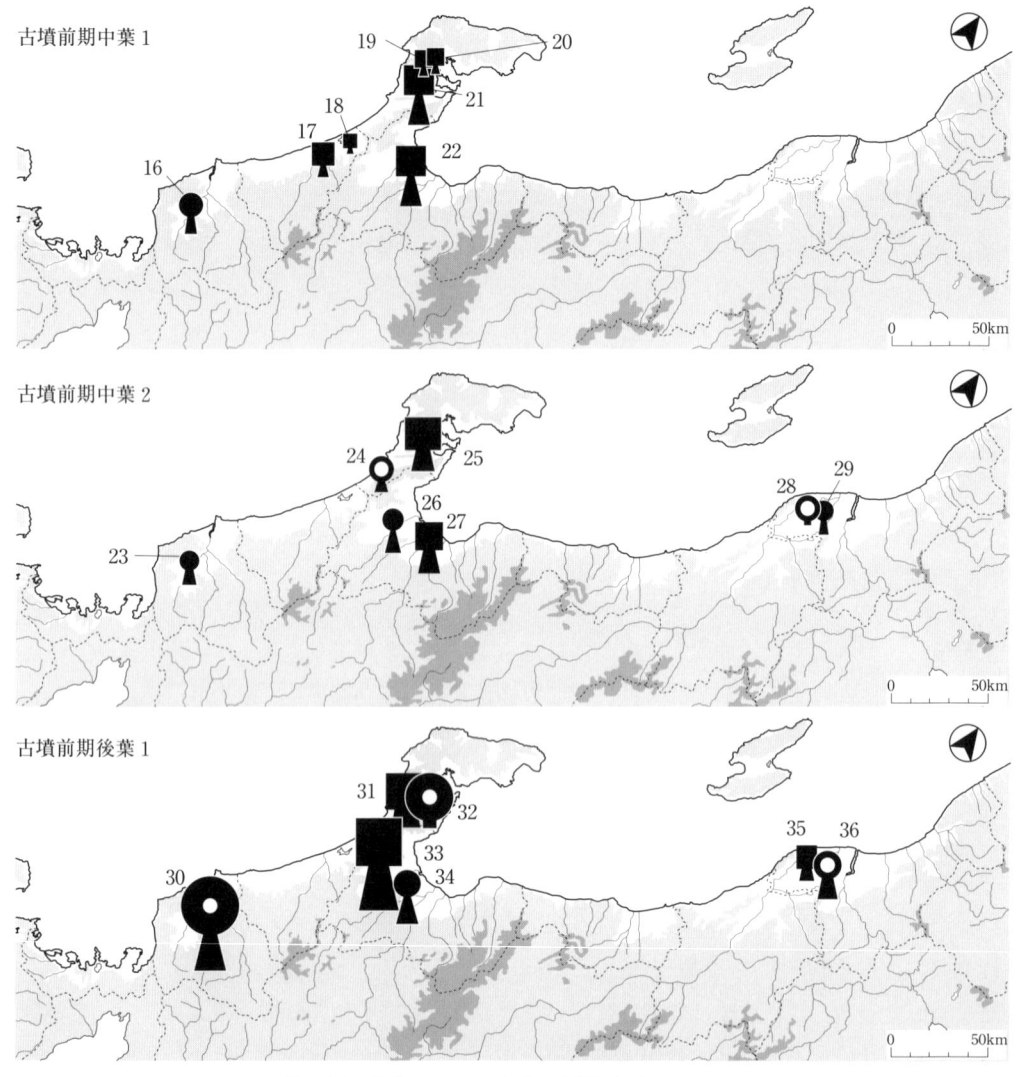

第76図　北陸における古墳の変遷（２）　○は鏡

16. 安保山２号墳［Ⅱ３類］(34m)　17. 戸水Ｃ11号墳［Ⅰａ２類］(24m)　18. 藤江Ｃ１号墳［Ⅰａ類］(12.5m)　19. 垣吉B22号墳［Ⅰａ類］(17.5m)　20. 上町マンダラ２号墳［Ⅰａ？類］(21m)　21. 国分尼塚１号墳［Ⅰａ４類］(52.3m)　22. 勅使塚古墳［Ⅰａ３類］(66m)　23. 安保山１号墳［Ⅱ４類］(31.8m)　24. 宿東山１号墳［Ⅱ１類］(21.4m)　25. 小田中亀塚古墳［Ⅰｂ３類］(61m)　26. 谷内16号墳［Ⅱ５類］(47.5m)　27. 王塚古墳［Ⅰａ５類］(58m)　28. 保内三王山11号墳［Ⅲ類］(21.6m)　29. 稲場塚古墳［Ⅰ３類］(26.3m)　30. 足羽山山頂古墳［Ⅱ？類］(約100ｍ？)　31. 雨の宮１号墳［Ⅰｂ４類］(64m)　32. 小田中親王塚［Ⅲ類］(67m)　33. 柳田布尾山古墳［Ⅰａ６類］(107.5m)　34. 関谷１号墳［Ⅱ６類］(65m)　35. 山谷古墳［Ⅰｃ５類］(37m)　36. 菖蒲塚古墳［Ⅱ４類］(53m)

た状態で、二重口縁壺・畿内系高杯・小型器台・小型丸底壺が出土した。

　越後では多様化した古墳のあり方を示す。菖蒲塚古墳（墳長53m）は、前方部が柄鏡形を呈する越後最大の前方後円墳（4類）である。副葬品は鼉龍鏡1点、翡翠製勾玉1点、碧玉製管玉7点などが出土した。また、山谷古墳（墳長37m）は前方後方墳（c5類）である。二段築成をなすが、葺石・埴輪は確認されていない。埋葬施設は木棺直葬で、割竹形木棺が設置されていたという。副葬品は棺底部東から碧玉製管玉7点、ガラス小玉29点、底部中央から鑿状鉄製品の破片2点、棺外北側から同鉄製品1点が検出された。本墳は雨の宮1号墳との墳丘築造に共通性が認められるため[73]、互いに異なる墳形を有するが、越後の一地域の勢力が能登の盟主と政治的なつながりを有した結果だと考える。

おわりに

　北陸における出現期古墳を約20年単位の時系列で追った。古墳前期の幕開けとなる東海系土器の波及と、前方後方墳の出現には関係性があり、細部では土器相の違いや古墳形態の地域色として現れる。前期前葉（白江1式）の越前・加賀では、畿内・東海に近い地理的条件もあり、前方部の短い前方後方墳を早い段階で導入する。能登・越中では、一定の設計原理をもつ前方後方墳が遅れて登場する。前期前葉末（白江3式）の越前・加賀では、前方部が短く規格性の強い前方後円墳（纒向型）が出現すると、同じ設計原理の前方後方墳も生まれる。前方後方墳の造営が盛行するなか、能登・越中では従来の設計原理を継承して大型化させる。弥生後期以来の東西北陸の対立構造が再び顕在化する。

　前期中葉（古府クルビ式）以降、前方後円墳（3類）が越前・加賀に登場すると、越中西部で導入され、間もなく越後へと展開する。能登では横長形の前方後方墳（b類）、越後では縦長形の前方後方墳（c類）、能登・越後の一部では造出付円墳などが盛行し、口能登や北加賀では諸要素が混じる折衷型の古墳も出現する。前期後葉（高畠式）にはひとつの画期を迎える。越前では段築・葺石・埴輪・竪穴式石槨を完備した100m規模の前方後円墳、能登では能登型の完成された前方後方墳や、三角縁神獣鏡を副葬した大型造出付円墳が出現する。越中では墳長100m規模まで大型化させた前方後方墳と定型化した前方後円墳、越後では縦長形の前方後方墳・造出付円墳・前方後円墳を造営するなど、古墳の多様化が認められる。

　こうして古墳の形態を検討すると、一定の分布域を形成する同じ設計原理のもの、地域を越えて墳形や設計原理が類似するもの、成立と定着に時期的あるいは地域的な偏差をもつもの、ある形態の影響を受けて成立するもの、諸要素の折衷型のものなどが存在する。副葬品の組成なども含めると、地域性と多様性という言葉がふさわしいだろう。形態の類似性に何らかの政治的関係性をみるならば、北陸内部には複雑な社会状況が想定できる。今後、古墳の立地や地理的な条件、副葬品や祭式土器の様相などの諸要素を含めて、これらの現象がもつ意味について探り、北陸内部に生じた政治的軋轢や紐帯、古墳造営にみるヤマト王権との関係性について考えていきたい。

第Ⅱ章　墓制論・集落論

注
（1）本テーマに関する主要論考は以下である。a．伊藤雅文「石川における前半期古墳小考」『北陸の考古学Ⅱ』石川考古学研究会　1989年、b．橋本澄夫「加賀・能登の前方後円（方）墳」『北陸の考古学Ⅱ』石川考古学研究会　1989年、c．伊藤雅文「北陸の前期古墳の再検討」『前期前方後円墳の再検討』埋蔵文化財研究会　1995年、d．川村浩司「越の土器と古墳の展開」『古代王権と交流3 越と古代の北陸』名著出版　1996年、e．中屋克彦「加賀・能登の庄内期の古墳出土土器について」『庄内式土器研究ⅩⅢ』庄内式土器研究会　1997年、f．前田清彦「前方後方墳造営の背景」『加賀　能美古墳群』寺井町・寺井町教育委員会　1997年、g．富山考古学会『富山平野の出現期古墳』1999年、h．古川登「北陸地方における古墳の出現」『風巻神山古墳群』清水町教育委員会　2003年、i．二上山博物館『邪馬台国時代の大和と越』2004年、j．高橋浩二「北陸の前方後方墳—柳田布尾山古墳の時期的評価をめぐって—」『石川考古学研究会々誌』第49号　石川考古学研究会　2006年、k．新潟県考古学会『新潟県における高地性集落の解体と古墳の出現』2005年、など多数ある。
（2）a．日本考古学協会新潟大会実行委員会『シンポジウム　東日本における古墳出現過程の再検討』1993年、b．甘粕健・春日真実編『東日本の古墳の出現』山川出版社　1994年。新潟シンポでは、田嶋明人による漆町遺跡編年（c．田嶋明人「考察—漆町遺跡出土土器の編年的考察」『漆町遺跡Ⅰ』石川県立埋蔵文化財センター　1986年）をベースとしている。漆町5・6群（白江式）は新潟シンポ編年の5・6期、漆町7・8群は新潟シンポ編年の7・8期、漆町9・10群は新潟シンポ編年の9・10期に相当する。
（3）北陸における墳丘墓・古墳の編年表を見ると、前方後円形周溝墓・前方後方形周溝墓という表現が盛んに用いられている。これは、弥生時代の墓制である台状墓・周溝墓・墳丘墓という弥生墓制における用語の混乱と同様にとらえる。本稿における「古墳」とは、古墳時代前期以降に造営された区画を有する墓制を総称して用いる。
（4）堀大介「古墳成立期の土器編年—北陸南西部を中心に—」『朝日山』朝日町教育委員会　2002年。
（5）前掲注（4）文献。
（6）金沢市（金沢市埋蔵文化財センター）『神谷内古墳群Ｃ支群』2004年。報告書では漆町7群前後に位置づけられている。
（7）婦中町教育委員会『千坊山遺跡群試掘調査報告書』2002年。報告書では月影Ⅱ式に位置づけられている。
（8）石川考古学研究会「鳥屋・高階古墳群分布調査報告」『石川考古学研究会々誌』第20号　石川考古学研究会　1977年。前掲注（2）a文献では新潟シンポ7期（漆町7群）に位置づけられている。
（9）野々市町教育委員会『御経塚シンデン遺跡　御経塚シンデン古墳群』2001年。報告書では漆町7群に位置づけられている。
（10）石川県教育委員会『河北郡宇の気町宇気塚越遺跡』1973年。
（11）富山大学人文学部考古学研究室「石川県七尾市国分尼塚古墳群発掘調査報告」『第43回富山大学考古学談話会発表資料』1983年。前掲注（2）a文献では、新潟シンポ8期に位置づけられている。
（12）前掲注（2）c文献、a．宇野隆夫・押川恵子「4 出土遺物」『谷内16号古墳』富山大学人文学部考古学研究室　1988年。二重口縁壺に関する記載については、b．川村浩司「緒立八幡神社古墳の編年的位置」『新潟考古学談話会会報』第4号　新潟考古学談話会　1989年、を参考とした。
（13）田嶋明人「小菅波4号墳」『定型化する古墳以前の墓制』1988年。前掲注（2）a文献では、新潟シンポでは6期に位置づけられている。
（14）赤塚次郎「壺を加飾する」『考古学フォーラム7』考古学フォーラム　1995年。

(15) 加賀市教育委員会『分校古墳発掘調査報告』1979年。前掲注（2） a 文献では新潟シンポ7期に位置づけられている。
(16) 古屋紀之「北陸における古墳出現前後の墳墓の変遷―東西墳墓の土器配置系譜整理の一環として―」『駿台史学』第120号　駿台史学会　2004年。古屋は、北陸の二重口縁壺の特徴として頸部下端が細く、上方に大きく外反して開き、型式変化は他地域の二重口縁壺と異なり、頸部高が低くなるという変化を指摘する。
(17) a．赤塚次郎「Ⅴ　考察」『廻間遺跡』愛知県埋蔵文化財センター　1990年、b．同「廻間Ⅰ・Ⅱ式再論」『西上免遺跡』愛知県埋蔵文化財センター　1997年、c．寺沢薫「畿内古式土師器の編年と二・三の問題」『矢部遺跡』奈良県立橿原考古学研究所　1986年。
(18) 前掲注（9）文献。
(19) a．富山大学考古学研究室『越中王塚・勅使塚古墳測量調査報告―北陸の前方後円・後方墳の一考察』1990年、b．堀内大介「王塚古墳」前掲注（1）g 文献。
(20) a．高岡市教育委員会『市内遺跡調査概報Ⅰ』1992年、b．同『石塚遺跡調査概報Ⅲ』1995年。
(21) 富山市教育委員会『富山市杉谷地区内埋蔵文化財予備調査報告書』1974年
(22) 前掲注（4）文献。
(23) a．福井市教育委員会『花野谷古墳現地説明会資料』2000年、b．同『花野谷1号墳発掘調査概報』2000年、c．古川登・御嶽貞義「越前地方における古墳時代―首長墓古墳の動向を中心に―」『小羽山古墳群』清水町教育委員会　2002年。
(24) 北陸南西部と東海・畿内との併行関係は、前掲注（4）文献で詳述した。a．寺沢薫「布留0式土器拡散論」『考古学と地域文化』同志社大学考古学シリーズⅢ　同志社大学考古学シリーズ刊行会　1987年、b．同「纒向型前方後円墳の築造」『考古学と技術』同志社大学考古学シリーズⅣ　同志社大学考古学シリーズ刊行会　1988年。
(25) 前掲注（2） a 文献。
(26) 前掲注（1） g 文献、前掲注（7）文献。
(27) 前掲注（4）文献。
(28) 前掲注（1） j 文献では、北陸における前方後方墳は約77基と報告されている。
(29) 赤塚次郎「東海系トレース―3・4世紀の伊勢湾沿岸地域―」『古代文化』第44巻第6号　古代学協会　1992年。
(30) 樫田誠「河田山3号墳」前掲注（2） a 文献。
(31) 松任市教育委員会『旭遺跡群Ⅰ』1995年。
(32) 小松市教育委員会『八里向山遺跡群』2004年。
(33) a．石川県立埋蔵文化財センター『金沢市戸水C遺跡』1986年、b．同『石川県金沢市戸水C遺跡』1993年、c．石川県埋蔵文化財センター『戸水C遺跡・戸水C古墳群（第9・10次）』2000年。
(34) 石川県立七尾高等学校郷土研究部『能登における古墳時代の研究Ⅰ―前方後円墳と前方後方墳―』1995年。
(35) a．富山県教育委員会『富山県高岡市桜谷古墳群調査報告書』1978年、b．同『富山県高岡市桜谷古墳群調査報告書Ⅱ』1983年。
(36) 前掲注（19） b 文献。
(37) a．氷見市教育委員会『柳田布尾山古墳第1次・第2次発掘調査の成果』2000年、b．同『柳田布尾山古墳第3次発掘調査の成果』2001年。
(38) 前掲注（1） j 文献。
(39) 中屋克彦「藤江C遺跡」前掲注（2） a 文献、前掲注（1） e 文献。

第Ⅱ章　墓制論・集落論

(40) 石川県立埋蔵文化財センター『垣吉遺跡群』1997年。
(41) 前掲注（29）文献。
(42) 北野博司「能登の墳墓の概要」前掲注（2）a文献。
(43) a. 福井県教育庁埋蔵文化財調査センター『中角遺跡現地説明会資料』2002年、b. 同『中角遺跡現地説明会資料土器図版』2000年。
(44) 前掲注（1）f文献。
(45) 前掲注（33）文献。
(46) 佐藤俊秀「平成2年度陵墓関係調査概要」『書陵部紀要』第43号　宮内庁書陵部　1992年。
(47) a. 鹿西町教育委員会『雨の宮古墳群の調査』1978年、b. 同『史跡雨の宮古墳群』2005年。
(48) 前掲注（8）文献。
(49) 本墳は葺石を完備することから、古府クルビ式のなかでも新しく考える。また、高畠1式と考える小田中親王塚の前段階に位置づけられることから、古府クルビ2式に限定して考えたい。
(50) 河村好光「川田ソウ山1号墳をめぐる問題」『石川県鳥屋町川田古墳群』鳥屋町教育委員会　2001年。
(51) 新津市史編さん委員会『新津市史　通史編・上巻』新津市　1993年。
(52) 三条市教育委員会『保内三王山古墳群測量・発掘調査報告書』1989年。
(53) 前掲注（1）f文献。
(54) 寺村光晴「大久保古墳群」『寺泊町史　資料編1』寺泊町　1992年。
(55) 前掲注（54）文献。
(56) 巻町教育委員会『越後山谷古墳』1993年。
(57) 石川県立埋蔵文化財センター『宿東山遺跡』1987年。
(58) 本古墳に周溝はなく丘陵の削り出しと盛土によって墳丘がつくられ、埋葬施設は箱形木棺で主軸は南北をさす。その他に埋葬施設4基は前方部およびその付近に集中する。盗掘によって様相不明な部分が多く、2基の埋葬施設が存在する。副葬品は盗掘坑から管玉2点、埋葬施設内から連弧文鏡1点、鉄斧1点、刀子1点が出土した。前方部から赤彩壺と高杯各1点、本古墳の前方部と隣接する16号墳を区画する溝内から小型器台・小型台付壺・小型丸底壺各1点が出土した。
(59) 前掲注（46）文献。
(60) 川村浩司は、古津八幡山古墳の測量調査を通じて、新潟県内発見の保内三王山11号墳（造出付円墳23m）、麻生田1号墳（造出付円墳18.6m）のような造出付円墳にみる墳丘構造や陸橋部などの位置といった周辺施設の共通性から、祭祀形態の類似性を説いた。川村浩司「山頂側に存在する墳丘外広域平坦面」『古津八幡山古墳Ⅰ』新津市教育委員会　1992年。私は、前方後円墳3類の出現以降、その影響によって円墳の造営が始まり、前方後円墳なくして円墳は成立しないと考えている。
(61) 福井県教育委員会『安保山古墳群』1976年。
(62) 富山大学人文学部考古学研究室『谷内16号古墳』富山大学考古学研究報告第2冊　1988年。
(63) 富山大学人文学部考古学研究室『関谷古墳群』富山大学考古学研究報告第1冊　1987年。
(64) 広井造「稲場塚古墳」前掲注（2）a文献。
(65) 本間桂吉「菖蒲塚古墳」前掲注（2）a文献。
(66) 前掲注（29）文献、赤塚次郎「前方後方墳の定着—東海系文化の波及と葛藤—」『考古学研究』第43巻第2号　考古学研究会　1996年。
(67) 堀大介「コシ政権の誕生」『古代学研究』第166・167号　古代学研究会　2004年。
(68) 前掲注（1）h文献。

(69) 前掲注（1）d文献。
(70) 網谷克彦・敦賀短期大学日本史学科考古学コース「敦賀市宮山3号墳墳丘発掘調査─後円部の墳径と隣接平坦面の遺構─」『敦賀論叢』第19号　敦賀短期大学　2004年。
(71) a．斎藤優『足羽山の古墳』福井県郷土史懇話会　1960年、福井市『福井市史　資料編1　考古』1990年。
(72) 前掲注（23）c文献では、大賀編年の前Ⅴ期に位置づけられている。前Ⅴ期は高畠1式併行と理解しているため本期に位置づけた。
(73) 前掲注（56）文献。

第3節　高地性集落の歴史的展開

1　研究史と課題

　高地性集落の研究は森本六爾の用語提唱以来[1]、瀬戸内海沿岸を中心に研究がはじまり、小野忠凞らの先駆的な業績を礎として、倭国大乱と考古学的事象とを結び付けたことで最初の到達点をむかえた[2]。その後、土器編年の精緻化と暦年代の見直しが進み、現在では倭国大乱より100年ほど前の出来事として定説化する[3]。詳細な研究史には森岡秀人の論考があり、用語出現の経緯・戦前戦後の研究史・性格論・課題や展望などがまとめられた[4]。近年の総括的な議論には5段階案の森岡秀人[5]、3段階案の寺沢薫[6]の見解が理解しやすい。各地の土器に精通する森岡は、高地性集落の分布と全体的な動態と背景を論じ、国内の考古学的事象を総合的に論じた寺沢は、東アジアの国際関係のなかで位置づけたことにより、高地性集落の研究は2度目の到達点をむかえた。

　北陸ではどうだろうか。橋本澄夫は、北陸を中心とした大きな社会的緊張を想定し[7]、吉岡康暢は、活発な分村にともなう耕地の飽和状態、生活必需品の非自給品としての地位を占めるに至った鉄器の入手、水系の管理をめぐる対立といった内的要因を考えた[8]。また麻柄一志は、ヤマト政権による外圧論を主張した。麻柄は、高地性集落が塚崎Ⅱ式（月影式）内でほぼおさまり、低丘陵性集落が塚崎Ⅰ式（法仏式）から出現して遅くともⅢ式に廃絶するとした。古墳時代初頭の高地性集落は北陸外からの圧力が存在し、それに対抗するために地縁的結合関係を有する諸集団により築かれた山城であるとし、①日本海沿岸では新潟県から福井県までの北陸の範囲に限られ、②時期的に土器の様相が北陸の独自性を最も発揮する時期に対応し、③北陸は時期的に1段階から2段階遅れ、③存続期間がきわめて短く、④集落の規模が大きく、複数の集落の逃げ込み城的様相がみられ、⑤畿内的な古墳出現の前段階に存在し、⑥畿内ではすでに高地性集落の終焉をむかえ、新たに古墳が出現し、ヤマト政権が成立していた時期とした[9]。

　これに対して、甘粕健は多面的な要因を考えた。高地性集落の盛行する弥生後期の1・2期は、北陸諸地域の首長が外圧に対して結束を強め、越連合ともいうべき連合体形成の所産と読み取り[10]、なかでも越後のものは越中以西の戦乱のなかで、能登あるいは越中から移住した集団と、東北南部との結びつきの強い集団との軋轢によって生じ、西からの脅威に対して、後背地を拡大しようとする北陸連合の戦略の結果であるとした。続けて2・3期の加賀・能登における高地性集落の機能停止は、畿内勢力と妥協して平和回復し、越連合は2つの部族に分かれて畿内勢力に統属され、新潟平野で防禦的集落が継続するのは、東北勢力との間に緊張関係が続いていたからとし、邪馬台国連合と東北勢力との対立構造を説く。

　北陸における高地性集落の出現は、内的あるいは外的要因に分かれている。現在では、北陸内部の社会的要因というより、倭国大乱などの社会的緊張や初期ヤマト政権の覇権に結び付けた外

圧論へと発展している。そして北陸では、加賀・能登・越中・越後と東進するにしたがい、防御的性格の強い環濠集落・高地性集落が残存する現象と、北陸内部の土器様相差を考えて、北陸の果たした政治的・社会的役割にまで議論が及ぶ。また近年では、それまで様相が不透明だった福井県において、高地性集落の調査事例が増えている。さらに私は、県内には認識されていない高地性集落が存在するのではないかという考えから、丘陵上に展開する墳丘墓や古墳の下層資料を見直した結果、高地性集落と認定できる遺跡も再発見している。本節では、精査した高地性集落を遺跡別に検討し、時系列で整理することにより、北陸における高地性集落展開の歴史的背景について論じてみたい。

2　定義と分類

　高地性集落の定義と分類に関しては、地形的条件によるものが主体的であった。小野忠凞は、標高があまり高くなくても斜面の勾配が急峻で、登り降りに困難な反面、展望のよい場所に占地することを条件とし、高地性と低地性とを区別する基準を比高20mとした[11]。都出比呂志は、淀川水系における弥生後期の高地性集落を、比高30mという基準で考えた。都出は具体的に、①急峻な山頂あるいは尾根上に立地しており、水稲栽培に不便な場所にあるもの（Aタイプ）と、②標高60m前後、比高30m前後の丘陵上に立地しており、平地への距離もさほど遠くないもの（Bタイプ）の2タイプに分類した。前者を高地性とすることに異論はなく、Bタイプは解釈が分かれるとした[12]。

　また、大和地域を検討した寺沢薫は、生産地（水田）からの比高約40mを目安とし、それ以上を第Ⅰ類型、それ未満を第Ⅱ類型とした。軍事的・防御的性格を第一義性とする非通常的・非生産的集落（第Ⅰ類型）を政治的資料として抽出するには、トータルな定性的・定量的分析が必要であるとした[13]。前田義人は北部・中九州地域を検討し、A　比高50〜60mで不便だが、低地での耕作が可能な自営できる集落、B　比高70〜90mで自営は無理だが、母村の援助があれば維持できる集落、C　比高100mを超えるもので、まったく自営は不可能な集落とした[14]。Aを広義、B・Cを狭義の高地性集落とした。こうした具体的な数値を示した見解に対して、石野博信は山稜性と丘陵性の概念で説明した[15]。

　北陸ではどうか。麻柄一志は比高40mを基準とし、独立丘陵頂部に立地するという限定した条件のもと8遺跡をあげた。比高20m程度の集落は高地性と区別し、低丘陵上集落として9遺跡をあげた。とくに、比高15〜30m程度を、低丘陵上集落と定義した点に特徴があった[16]。また橋本澄夫は、比較的顕著な比高をもって立地する集落跡のすべてを指しており、比高数十m程度以上の台地性集落と、山地頂部や尾根上に立地するものに限定してよいとし、標高を何m以上と明確に示すことは困難であり、大きな意味をもつものではないとした[17]。

　比高の定義は研究者や地域によって異なり、分類や概念規定も統一が困難であるため、地域別の基準が必要となる。たんなる比高だけではなく、存続期間、環濠や土塁などの防御性の有無、集落の規模、通信・見張り・防御などの機能面といった諸要素を含めると、さらに類別化が可能

である。地域分類の点でいえば、福井県の高地性集落は20～25m以上という比高が妥当だと考えている。この条件を満たすと、他地域の低丘陵や台地上に立地する遺跡の多くは高地性に該当するが、福井県の地形的特色からいえば隔絶された状況にあり、高地性と呼ぶに充分な条件を備えている。それは、集落の多くが扇状地や沖積地上に位置しており、頂部の狭い独立丘陵が目立ち、平野・盆地の周囲には急峻な丘陵が競りだつ地形が多く、大規模集落を営む安定した台地や丘陵は、加越台地と鯖江台地を除けば少ないからである。したがって、本稿では比高20～25m以上を広義の高地性集落と定義する。

3　事例の検討

（1）福井県の高地性集落

先の基準にもとづけば、県内の該当遺跡は現在17遺跡を数える（第77図）。諸条件を加えると、A・Bの2つの類型に分類できる。A類型は、斜面の急峻な丘陵の尾根や丘陵の頂に占地し、頂部には安定した平坦面がなく居住区を広く確保できない場合、B類型は、丘陵や台地上でも広く安定しており、大規模集落を営むことが可能な場合である。発掘調査によって集落構造や遺物組

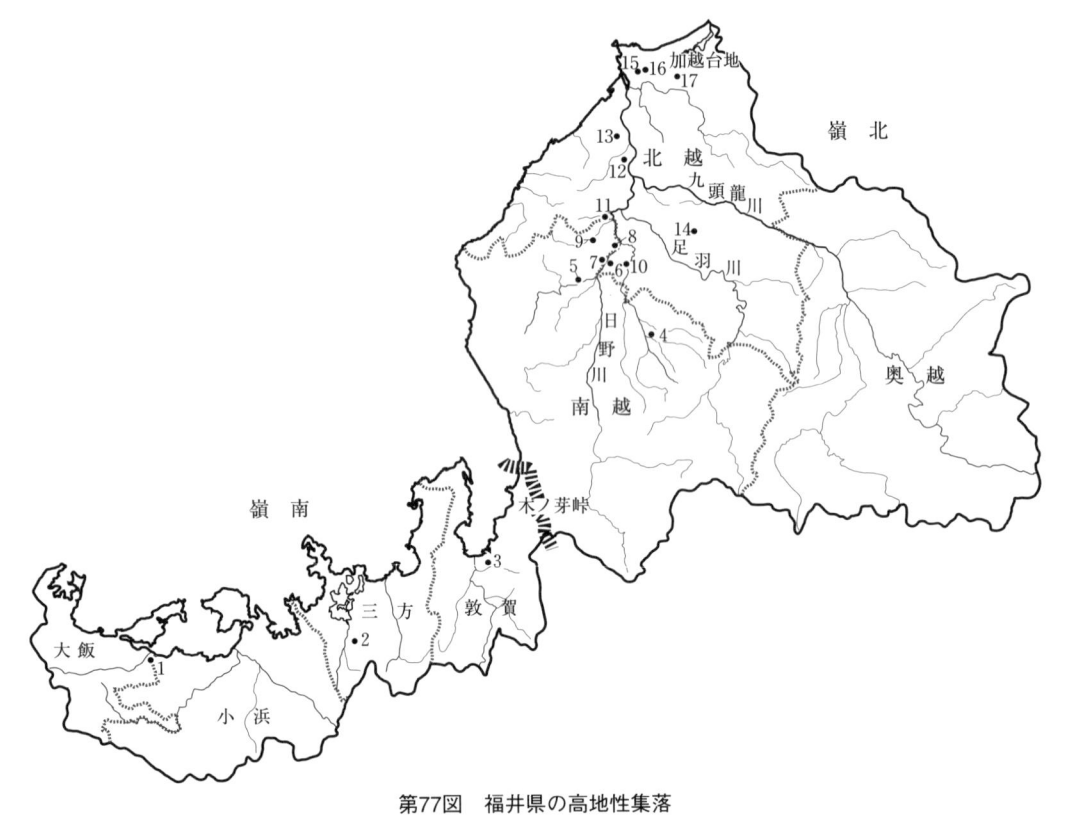

第77図　福井県の高地性集落

1. 茶谷山遺跡、2. 松尾谷遺跡、3. 舞崎遺跡、4. 盆山遺跡、5. 栃川遺跡、6. 三尾野遺跡、7. 清水山遺跡、8. 片山鳥越遺跡、9. 小羽山遺跡、10. 安保山遺跡、11. 鎗噛山遺跡、12. 剣大谷遺跡、13. 菖蒲谷A遺跡、14. 寮遺跡、15. 西谷遺跡、16. 杓子谷遺跡、17. 井江葭遺跡

第 3 節　高地性集落の歴史的展開

成の判明した遺跡が少ない現状では、周辺の地形的条件による概括的な分類しかできない。そのため、各類型の細分化については、今後の調査の進展にゆだねる。本節における説明上の地域区分について、福井県を 2 区分する場合は嶺南と嶺北と表記し、さらに 7 区分する場合は、嶺北を北越・南越・奥越、嶺南を敦賀・三方・小浜・大飯とする。なお、県内の高地性集落は弥生中期後葉が最古例であるため、弥生中期の土器編年については、凹線文系の採用と普及によってⅣ様式（ここでは中期後葉）とする見解にしたがう[18]。弥生後期から古墳前期の土器編年に関しては、堀編年にもとづいて時期比定する[19]。

　以下、概要を述べる。

　1）茶谷山遺跡（大飯郡おおい町）　本遺跡は標高42m、比高39mの突出した独立丘陵頂部に展開する山城である（第78図 3）。標高39mの北側斜面からは、弥生中期後葉の高杯・凹線文系壺などが出土した。遺物は遺構に共伴しないため性格づけは難しい。報告書では墓にともなうとするが根拠に乏しい。地形的条件からA類型の可能性が高い。本遺跡は、佐分利川下流域の平野を見下ろし、日本海が一望できる立地条件にあり、京都府の綾部に抜ける入口部という交通の要所に位置する[20]。

　2）松尾谷遺跡（三方郡若狭町）　本遺跡は三方五湖を一望できる標高80m、比高70mの松尾山という丘陵上に位置する。墳長約35mの前方後方墳が造営されており、古墳造成の封土下に弥生後期の包含層が検出されて土器・石鏃が出土した[21]。なかでも甑谷式の受口状口縁甕は弥生後期前葉に位置づけられる。地形的条件からA類型の可能性が高い。

　3）舞崎遺跡（敦賀市）　本遺跡は標高93m、比高85mの独立丘陵頂部に位置するA類型である。遺構は竪穴住居跡 5 基と焼土坑 1 基が検出された。円形プランの 1 号住居は、出土遺物から弥生中期後葉であった。その他の住居は所属時期の特定は難しく、包含層から弥生中期後葉～後期前葉・中葉の土器が出土したため当該期と考えられる。報告書によると、本遺跡は以下にまとめられた。①敦賀湾と木ノ芽川沿いを見下ろす急峻な尾根上にあり、かつ小規模である。②武器・防御施設・鉄製品等は未確認。③弥生中期後葉から後期中葉まで長期間利用されている。④近江系土器の搬入が存続時期全般を通して認められる。本遺跡は軍事防衛集落というより見張りや通信に重点をおいた枝村・詰め所とする[22]。また、本遺跡から南南東約0.5kmの地点には、弥生後期に出現する中遺跡、南1.5kmの地点には、弥生中後期、古墳早期までの拠点的集落である吉河遺跡が展開する。本遺跡はそれらを一望できる場所に位置する[23]。

　4）盆山遺跡（越前市）　本遺跡は標高41m、比高26mの丘陵上に位置する。本遺跡では弥生後期の周溝をもつ墳丘墓 1 基・古墳 2 基が検出されており、その際に凹線文系高杯・甕などの弥生中期後葉の土器が出土した[24]。高地性集落にともなう遺構は、墳丘墓や古墳の造成によって攪乱を受けたため判然としない。頂部から若干下がった地点に、中期後葉の土器が混じる溝状遺構が確認できるが、環濠なのか墓にともなうものかは判断しがたい。本遺跡は地形的条件からA類型の可能性を考えたい。

　5）栃川遺跡（丹生郡越前町）　本遺跡は標高36m、比高23m以上の丹生山地東南麓縁辺部の丘陵上に立地する。遺構は不明である。遺物は甑谷式の壺・甕・高杯が出土しており、弥生後期

第Ⅱ章　墓制論・集落論

前葉に位置づけられる。遺物は谷状地形に流れ込むため、上部に集落跡の存在がうかがえる。地形的条件からA類型の可能性は高い[25]。丹生山地から流れ出る天王川と和田川を望み、南越盆地西部を一望できる良好な景観にある。周辺の当該期の遺跡には和田川右岸の持明寺遺跡、同左岸の上川去遺跡、天王川右岸の田中遺跡、左岸の乙坂神玉(おっさかこだま)遺跡などがあげられる[26]。

　6）三尾野遺跡（福井市）　日野川は下流域において城山と清水山間に流れをとり、本遺跡は城山西部の標高41m、比高30mの丘陵上に位置する。発掘調査では古墳時代の墓域が確認されたが、包含層から弥生後期前葉の内傾口縁擬凹線文甕が出土した[27]。古墳の造営によって遺構は確認できないが、地形的条件からA類型の可能性が高い。

　7）清水山遺跡（福井市）　日野川を挟んだ三尾野遺跡の対岸には標高60m、比高51mの瘤状の目立つ独立丘陵があり、本遺跡はその頂部に位置する。前方後円墳の清水山2号墳（墳長55m）が存在し、池鯉鮒神社の造成で切られた丘陵断面には、竪穴住居跡らしき落ち込み状遺構が確認できる[28]。採集された瓲谷式の受口状口縁甕は弥生後期前葉に位置づけられる。地形的条件からA類型の可能性が高い。また、清水山南の日野川と天王川の合流点の低地に位置する瓲谷在田遺跡B地点では、弥生後期と古墳前期にかかる遺構と遺物が報告されており[29]、瓲谷式の受口状口縁甕、内傾口縁擬凹線文甕、高杯などは弥生後期前葉に位置づけられる。

　8）片山鳥越遺跡（福井市）　清水山の北2.4kmの地点には片山という丘陵が存在し、本遺跡はその南側に派生する標高29m、比高20mの丘陵上に位置する（第78図2）。弥生後期後葉から古墳早期にかけての墳丘墓5基が発掘調査されたため、墓域の存在が明らかとなった。竪穴住居跡は確認されていないが、最高所に位置する5号墓周溝や周辺の包含層から、瓲谷式の煤付着の受口状口縁甕、高杯などが出土しており、弥生後期前葉に位置づけられる。地形的条件からA類型の可能性が高い[30]。

　9）小羽山遺跡（福井市）　本遺跡は片山から北西方向に見える小羽山の丘陵上に位置する（第78図4）。標高40m、比高31mの地点には、墓の造営以前に弥生後期前葉の竪穴住居跡2基が確認されており、瓲谷式の高杯・擬凹線文甕などが出土した[31]。本遺跡は志津川を見下ろす場所に立地しており、日本海に面する丹生山地と福井平野とを結ぶ、河川交通の拠点に位置する。地形的条件からA類型と考えられる。その下に展開する小羽遺跡は、弥生後期から古墳時代にかけての拠点的集落であり、本遺跡との相関が考えられる。

　10）安保山遺跡（福井市）　南越盆地東南部から流れる浅水川は、鯖江台地を横断して日野川に合流するが、河川改修以前は台地東側を流れ足羽川に合流していた。台地に沿って浅水川を北流すると、本遺跡はそれを望む標高59m、比高49mの城山丘陵裾部に位置する（第78図1）。前方後円墳2基を含む5基の古墳と、竪穴住居跡1基が確認された[32]。竪穴住居跡は5.06×5.5mの隅丸方形を呈し、緑色凝灰岩片や砥石などの玉作関係遺物が出土した。瓲谷2式の内傾口縁擬凹線文甕・受口状口縁甕・高杯・台付壺などは、弥生後期前葉に位置づけられる。在地系土器主体のなか、近江系が一部補完した土器組成である。地形的条件からA類型と考えられる。付近の当該期の低地性集落は、弥生中期以来の拠点的集落である文殊山北側の糞置遺跡、足羽川左岸の木田遺跡、別所遺跡、同川右岸の和田神明遺跡などがあげられる[33]。

第3節　高地性集落の歴史的展開

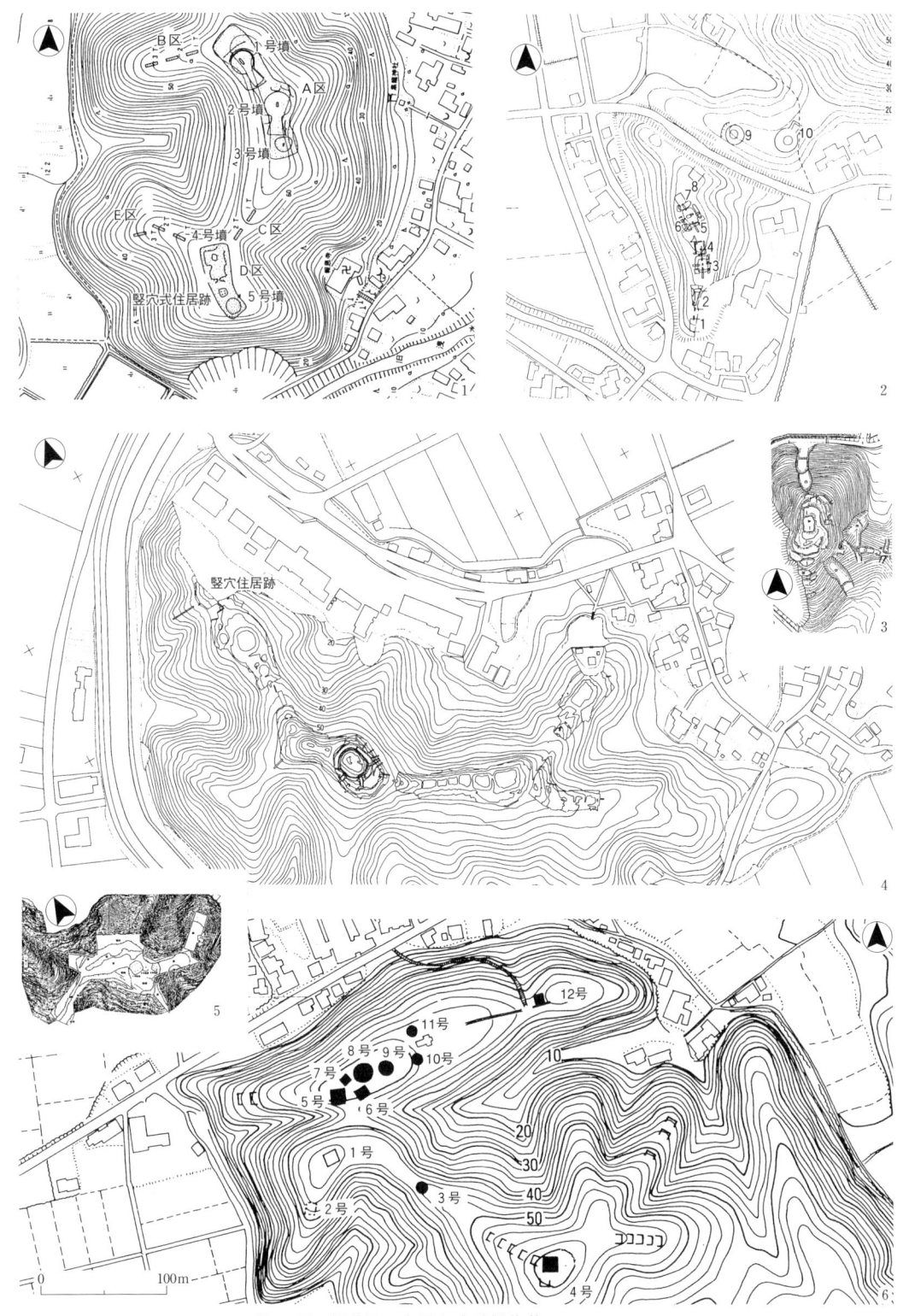

第78図　福井県の主要な高地性集落（縮尺1/5,000）
1.安保山遺跡、2.片山鳥越遺跡、3.茶谷山遺跡、4.小羽山遺跡、5.鎗噛山遺跡、6.剣大谷遺跡

11）鎗噛山遺跡（福井市）　本遺跡は福井市と旧清水町境の城山から派生した標高41m、比高34mの突出した丘陵先端に位置する（第78図5）。山城との複合遺跡であるため、遺構の残存状況は良好でない。集落はA類型であり、竪穴住居跡5基と溝が確認された。頂部では溝が検出されたが、環濠かどうか判断は難しい[34]。出土土器は弥生後期後葉（小羽山式後半）から古墳前期初頭（長泉寺2式）まで存在したが、遺物量の多い時期は長泉寺式前半である。本期に特徴的なものには、口縁部の擬凹線文が消滅して体部が球形化する甕、畿内系の影響を受けた有段口縁風の甕などがあげられる。弥生後期後葉から古墳早期にかけて盛行し、古墳前期前葉に衰退した点に注目したい。景観の点では、末更毛川と日野川の合流点を望む絶景の場所に位置する。

12）剣大谷遺跡（福井市）　本遺跡は福井市西部、九頭竜川を見下ろす丹生山地北麓の標高43m、比高37mの丘陵上に位置する（第78図6）[35]。遺構は古墳1基、竪穴住居跡3基、土坑2基が検出された。竪穴住居跡は古墳造営以前であるが、遺物は細片のため弥生後期としか判断できない。包含層から出土した瓿谷式の内傾口縁擬凹線文甕・高杯は、弥生後期前葉に位置づけられる。地形的条件からA類型の可能性が高い。

13）菖蒲谷A遺跡（福井市）　本遺跡は標高26m、比高23mの独立丘陵上に位置し、竪穴住居跡や土師器・須恵器・玉作関係遺物が確認された。その南150mには、標高10m前後の菖蒲谷B遺跡が存在し、弥生後期後半の遺物が報告された[36]。菖蒲谷A・B遺跡は発掘調査が実施されることなく、大部分が消滅したため様相不明であるが、本遺跡はB遺跡との関係や地形的条件からB類型の可能性が高い。本遺跡は三国潟の砂堤と福井平野北西部が見渡せる絶好の場所に位置する。

14）寮遺跡（福井市）　本遺跡は福井市東部の福井平野を望み、西に延びる尾根上に位置する。遺構として寮古墳の墳丘下および周辺から竪穴住居跡が検出された[37]。出土土器は古墳早期から前期にかけてと考えられていたが[38]、遺物の実見により、弥生後期後葉から古墳早期（小羽山式後半～風巻式期）までの時間幅があった。寮1号墳より北に位置する尾根の北側谷部には、寮A遺跡が存在しており、本遺跡との相関が考えられる。地形的条件からA類型の可能性が高い。

15）西谷遺跡（坂井市）　本遺跡は標高25m、比高20mの加越台地上に位置する。遺構は竪穴住居跡8基と掘立柱建物跡1棟などが検出されたが、環濠は確認されていない[39]。出土土器は古墳早期から前期前葉（風巻2式～長泉寺2式）まで存続する。安定した台地上に立地するB類型と考えられる。

16）杓子谷遺跡（坂井市）　本遺跡は標高30m、比高25mの加越台地上に位置する。遺構は竪穴住居跡2基が検出されており、1号住居跡からは刀子・釣針などの鉄製品が出土した。出土土器から1号住居は小羽山2式、2号住居は小羽山4式に相当するため、弥生後期中葉から後葉に位置づけられる[40]。地形的条件からB類型の可能性が高い。

17）井江葭遺跡（あわら市）　本遺跡は標高42m、比高37mの加越台地上に立地する。井江葭10号墳の封土内に、多くの土器、砥石・緑色凝灰岩片といった玉作関係遺物が出土したことから、集落跡と判断できる[41]。出土土器は小羽山式にあたるため、弥生後期中葉から後葉に位置づけられる。本遺跡は坂井平野を一望できる絶景の場所に位置し、地形的条件からB類型の可能性が高

い。

(2) まとめ

　福井県で高地性集落と考える17の遺跡を検討した。発掘調査で遺構が確認された遺跡は確実視できるが、なかには表採資料や墳丘墓・古墳の下層出土資料から判断したものも存在する。本節では、これらの遺跡を高地性集落と認定した上で議論を進める。高地性集落を類型別にすると、A類型13遺跡、B類型4遺跡を数える。存続期間で分類すれば、①弥生中期後葉、②弥生後期前葉、③弥生後期中葉～古墳前期前葉の3時期となる。高地性集落の出現は弥生中期後葉にあり、古墳前期前葉まで存続する。北陸の東に行くほど、高地性集落が残るとされていたが、福井県の場合、交通要所に位置する遺跡は遅くまで残存している。類型と存続時期と2つの相関をみると、A類型は①・②・③のいずれの時期にも存在するが、B類型は③の時期にのみ該当する。ここでは、①～③の時期別に全体の傾向をまとめておく。

　まず、弥生中期後葉に存続する遺跡は3か所である。嶺南では小浜の茶谷山城跡、敦賀の舞崎遺跡、嶺北では南越の盆山遺跡である。これらは部分的な情報にとどまるが、3遺跡に共通する特徴として、①環濠・土塁などの防御性に欠ける点、②点的な分布を示してネットワークを形成しない点、③海上・陸上ルートの拠点、交通の要所に位置する点、④A類型で集落として小規模な点、⑤出土遺物に凹線文系土器が含まれる点があげられる。舞崎遺跡で具体化すると、⑥拠点的集落との有機的関係が想定できる点、⑦狼煙跡が検出された点、⑧武器などの道具や戦乱の痕跡が認められない点などが加わる。ここから推察すると、嶺南の遺跡は海と目前に広がる平野が一望でき、嶺北の事例を含めて考えれば交通要所に位置する。したがって、これらの遺跡は海上および陸上の監視・通信機能を有し、海であれば一種のランドマーク的役割と考える。現状では、大規模集落が移動した現象はないし、あくまでもA類型にとどまる。遺物の組成を見ても戦乱の痕跡はなく、軍事的要素も認められない。

　次に、弥生後期前葉に存続する遺跡は9か所である。嶺南では中期後葉から継続する敦賀の舞崎遺跡、新たに出現する三方の松尾谷遺跡の2遺跡、嶺北では日野川や浅水川沿いに展開する独立丘陵と、丹生山地東麓に立地する7遺跡が確認された。点的なイメージの中期後葉に比べると、後期前葉は点的に線的要素が加わる。前者は敦賀の舞崎遺跡、天王川沿いの栃川遺跡、浅水川沿いの安保山遺跡、九頭竜川沿いの剣大谷遺跡であり、後者は小羽山遺跡→片山鳥越遺跡→清水山遺跡→三尾野遺跡というように南越と北越の境付近に集中する（第79図）。これらは現状であるため、点的とした栃川遺跡や安保山遺跡は、線的なつながりを形成する可能性が高い。この時期の高地性集落はすべてA類型であり、主要河川沿いの丘陵上に立地する場合が多く、最大の特徴は後期前葉の本地域に集中する点にある。

　弥生後期中葉～古墳前期初頭に存続する遺跡は8か所である。嶺南の舞崎遺跡は中期後葉以降、連綿と存続して後期中葉には廃絶する。これを例外とする嶺北の7遺跡は、それまでの集中部に存在せず、波紋が北に広がるように福井平野周縁部に展開し、長期型とB類型であることが特徴である。後期前葉の場合を短期型とするならば、当該期は長期型と呼ぶことができる。A類型の

第Ⅱ章 墓制論・集落論

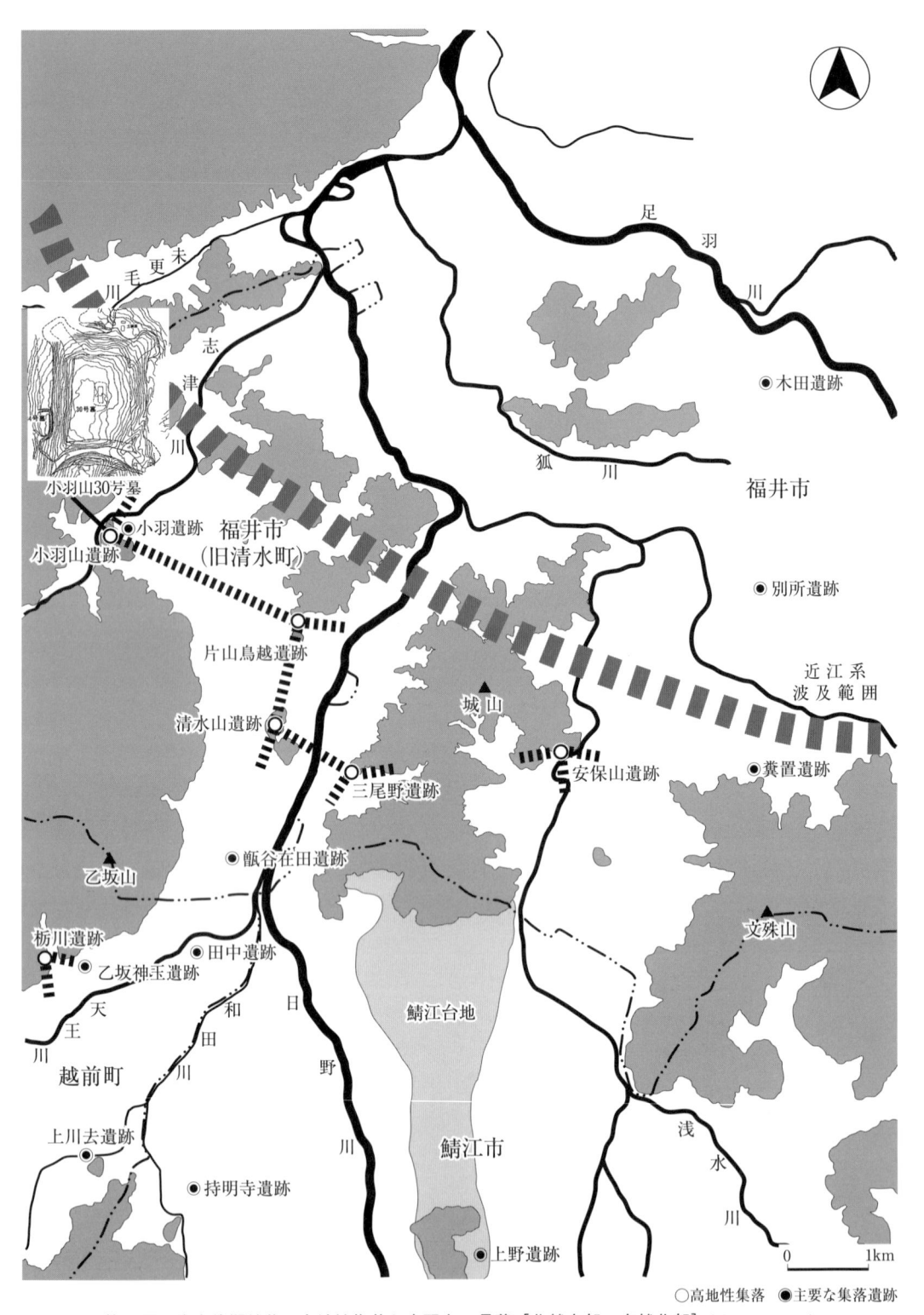

第79図 弥生後期前葉の高地性集落と小羽山30号墓［北越南部～南越北部］（縮尺1/75,000）

○高地性集落　●主要な集落遺跡

寮遺跡は古墳早期、鎗嚙山遺跡は古墳前期前葉まで存続する。加越台地などに特徴的なB類型は、個別の遺跡でみると断絶するが、台地利用の点では後期中葉から古墳前期初頭まで継続する。要するに、当該期は後期前葉の短期に比べると、A・B類型ともに長期的に存続するのが特徴である。福井県の高地性集落全般にいえることは、A類型・B類型ともに環壕や土塁などの遺構、武器の保有などの防御あるいは防塞的一面に欠ける点である。

4 若干の考察

(1) 弥生中期後葉における高地性集落の評価 (第80図)

福井県の3か所は散在した分布にとどまるが、石川県に視野を拡大しても状況は同じである。なかでも石川県杉谷チャノバタケ遺跡は、発掘調査された中期後葉の高地性集落である(第84図4)。能登半島の邑知地溝帯の北西に連なる低平な眉丈山地に位置し、標高90〜104m、比高80〜94mをはかる。集落は弥生中期後葉から後期初頭まで存続すると、弥生後期後半から古墳早期にかけて再び盛行する。A地区とC地区で環壕の一部が検出されており、中期後葉にともなうC地区の環壕は東西160m、南北約80mの楕円形に巡ると考えられている。中期後葉の段階では段状遺構、上屋をともなう貯蔵穴、石製穂摘具が欠如する石器組成があげられる。出土土器は高杯が定着した点、搬入品を含めて凹線文系土器の影響が認められる点に特徴がある[42]。こうした高所への一時的な集落造営と出土遺物の様相から、本遺跡は一般集落というより監視・通信としての機能をもつ特殊な集落に位置づけられる。

これらを含めた北陸の事例は、森岡秀人の第1段階、寺沢薫の第1次高地性集落に該当する[43]。とくに寺沢は、瀬戸内海沿岸を中心とした交通の要衝に一斉に爆発的に出現して短期的で消える性格をもち、その背景は北部九州の奴国・伊那国が前漢王朝の権威を傘にきて、一層強大な部族的国家(国)連合を形成しはじめていたことが、本格的な部族的国家を形成しつつあった関門海

第80図 弥生中期後葉の様相

1.高峯遺跡、2.春日山遺跡、3.京ヶ山・惣山遺跡、4.和邇小野遺跡、5.熊野本遺跡、6.茶谷山遺跡、7.舞崎遺跡、8.盆山遺跡、9.杉谷チャノバタケ遺跡、10.斐太遺跡、11.奈良崎遺跡

第Ⅱ章　墓制論・集落論

峡を越えた瀬戸内海沿岸諸国に現実的な軍事的緊張をもたらした結果と考えた。加えて、北部九州対瀬戸内・畿内の大戦争は、とりあえず回避されたとする。両者の大規模な戦争を肯定するむきもあるが、それに関してはさまざまな理由から否定的な意見も存在する[44]。戦争の有無はともあれ、その波動は瀬戸内海沿岸を発信源として大阪湾や淀川を遡り、滋賀県の大津市高峯遺跡、春日山遺跡、京ヶ山・惣山遺跡、志賀町和邇小野遺跡、新旭町熊野本遺跡といった湖西の高地性集落の出現を誘発したと考えられる[45]。そして湖北から西近江街道を抜けた敦賀、近畿北部から抜けた大飯、南越盆地などの内陸部における高地性集落の出現をうながし、その波動は能登にまで及ぶ。

　その背景には凹線文系土器の波及が前提としてある。それは、北部九州との軍事的緊張を想定しても、各集落・小地域間のネットワークが密ではなく、未確立の状態であれば情報すらスムースに流れないからである。石川県における中期後葉の土器を検討した河合忍は、近隣地域による間接的受容段階（Ⅳ-1様式）から、遠隔地の搬入・模倣土器による広域直接交流システムの開始段階（Ⅳ-2様式）、広域の土器交流が本格化する段階（Ⅳ-3様式）といった凹線文系波及の段階論を展開した[46]。こうした広範な凹線文系の波及と外来系搬入の状況は、外部からの情報がダイレクトに伝達できたことを示している。また、当該期の高地性集落だけでなく、周辺の低地性集落においても凹線文系が確認できることを指摘しておきたい。土器以外に、石川県の7遺跡で確認された分銅形土製品・絵画土器なども中期後葉の所産であり、凹線文系土器の波及との関連性がうかがえる[47]。鉄製品をみても、弥生中期中葉〜中期末には、石川県の3か所で板状鉄斧、鏨・鑿が確認されている[48]。これらも含めて考えると、北陸には北部九州というフィルターを通して、西方からの舶載品や土器が東方地域に流入する素地を有していたと考えられる[49]。

　まとめると、高地性集落出現の根本原因は、北部九州の国々に対する瀬戸内沿岸地域一帯で起こった軍事的緊張と考えた。これを直接的な一次要因というならば、凹線文系の波及から分かるように、土器交流システム、他地域とのネットワークの確立による情報網の整備がもたらした、二次的な緊張状態のあらわれともいえる。ただし、北陸の高地性集落は点的な状況であるため、あくまで余波のなかで位置づけておく。凹線文系土器にみる広域な相互交流は開放的なイメージをともない、積極的に外来化・再編成をはかるという在地の主体性がうかがえる。これは、河合の指摘するように高杯などの食膳具を導入することによって、中国の身分制度に近づくという内的な変化にあらわれている[50]。

（2）弥生後期前葉の線的高地性集落の意義　(第81図)

　福井県の高地性集落をみると、中期後葉は点的、後期前葉は点的に線的を加えた分布を示した。線的分布は嶺北でも南越と北越の境付近にあり、丹生の北西から南東方向にかけて小羽山遺跡→片山鳥越遺跡→清水山遺跡→三尾野遺跡が展開した。主要河川沿いの丘陵上に立地する場合が多く、隣り合う遺跡同士を見渡すことができる。いずれもA類型で後期前葉に盛行し、以後、同じ場所に集落跡は認められない。それこそ何かの目的のために一時的に形成し、しかも意図的に配置された結果といえよう。こうしたタイプは森岡の第2・3段階に相当し、寺沢の第2次高

地性集落の①タイプに近い⁽⁵¹⁾。森岡は、畿内西摂津以東に面的分布の重心が移り、近畿地方に卓越するとし、寺沢は海岸部だけでなく、奈良盆地や山城盆地、南河内平野などの河川を遡った平野の奥や、盆地の丘陵部に顕著にあらわれたとする。さらに寺沢はその直接の原因として、建武中元二（57）年に奴国が後漢王朝からの後ろ盾を得た金印賜授によって、北部九州以東での社会的緊張が増幅したからだと説明する。

しかし、私の考える後期前葉とは、暦年代でいえば約20〜60年に相当するため、建武元（25）年の後漢王朝の成立期に接しており、建武中元二（57）年の奴国の後漢朝貢までの時期に位置づけられる⁽⁵²⁾。したがって、西日本を中心に展開する高地性集落は、北部九州の国家形成と勢力拡大から社会的な緊張状態が増幅したことが背景にあり、地域別でとらえると、高地性集落の出現契機にはさまざまな要因が考えられよう。とくに福井県の場合、その状況は複雑である。これらの解明には、まず当時の土器様相を理解しなくてはならない。後期前葉の北陸南西部は、擬凹線文系を主体とした西部日本海沿岸地域に通有な土器組成を形成する。そのなかで、滋賀県湖南に特徴的な受口状口縁甕・鉢といった近江系が地域性をもって流入する。滋賀県に地理的に近い嶺南⁽⁵³⁾、北越と南越の境界付近の小羽山遺跡・清水山遺跡・安保山遺跡・田中遺跡・上川去遺跡・甑谷在田遺跡B地点・上野遺跡などから比較的多く確認されるが、北越では顕著ではない。流入の顕著な地域は旧清水町と現在の越前町、福井市と鯖江市の境付近から南域にかけてであり、高地性集落の東西ラインと近江系流入の県内北限地とが偶然にも重なる。これらは集落の一時的な高地への移動と連動する確証はないが、現象面をみるとその関連性は深い。特筆すべき点は搬入土器、模倣品や在地との折衷品を含めた近江系が、境界上の遺跡群において在地の土器組成に直接的な影響を与えず、あくまで補完する程度に過ぎないことである。

こうした流入の不均等性は石川県でも確認できる。ただし福井県とは南北逆転の点で異なる。石川県南部の旧加賀国を区分すると、南から大聖寺・江沼・能美・石川・加賀・河北の6地域に

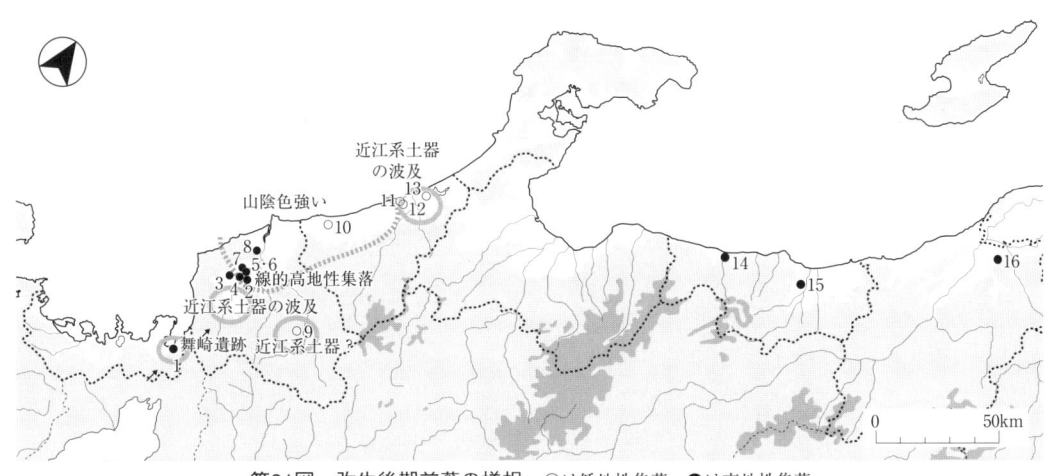

第81図　弥生後期前葉の様相　○は低地性集落、●は高地性集落

1．舞崎遺跡、2．安保山遺跡、3．栃川遺跡、4．三尾野遺跡、5．清水山遺跡、6．片山鳥越遺跡、7．小羽山遺跡、8．剣大谷遺跡、9．中丁遺跡、10．猫橋遺跡、11．旭遺跡、12．八田小鯽遺跡、13．西念・南新保遺跡、14．後生山遺跡、15．斐太遺跡、16．大平城遺跡

分かれる。たとえば大聖寺の猫橋遺跡[54]のように、擬凹線文を施す在地系が主体的で近江系は数点なのに対して、手取川を挟んで北に位置する石川の遺跡では、在地系に混じって近江系が一定量出土する。とくに、石川の旭遺跡や八田小鮒遺跡からは、受口状口縁甕・鉢が一定の割合を占め[55]、犀川以北に位置する加賀の西念・南新保遺跡でも同じ状況である[56]。要するに、近江系流入の少ない大聖寺・江沼・能美、流入の顕著な石川・加賀といった地域性が認められる。巨視的にみると、近江系の顕著な地域は、福井県鯖江市以南と石川県の手取川以北にある。つまり、北越から大聖寺・江沼・能美にかけての約80kmに及ぶ範囲において、南からの外来系を排除する土器様式圏を形成し、それを囲む形で近江系土器が密に分布している。こうした偏在的なあり方は、木田清の見解が参考となる。木田は、猫橋遺跡は擬凹線文主体で山陰色が強く、八田小鮒遺跡は近江系の流入が多いことを指摘し、時期差ではなく地域差であるとした[57]。

　木田の見解も重視すると、広域に及ぶ土器様式圏のなかに、近江系の密度差が生じることは確かである。これは近江系が流入しない原因が存在したと考えている。約80kmに及ぶ等質地域の形成と、山陰・丹後以外の外来系の排除は、物流を規制する何らかの政治的な意図があり、大地域間の結束あるいは統合を意味するだろう。これを、どのレベルの政治的なまとまりとするかは即断できない。ただ、土器様式圏の南の境界上に東西につながる線的な高地性集落は、南から押し上がる近江系土器様式圏の拡大に対する防衛ラインであり、緊急時の情報を伝えるための通信・伝達機能を併せもっている。都出比呂志は、同様なネットワークを形成する高地性集落から、諸グループによる政治的連鎖関係を想定したが[58]、福井県における線的な状況は、その点で政治的意味合いが強いように思う。さらにいえば、近江系の動態が高地性集落の出現を誘発した一要因と考えている。

　他地域をみると、近江系土器は東海における後期土器様式の確立に関与し[59]、琵琶湖を抜けた山城、淀川水系を下り摂津にまで達したことが指摘されている[60]。北陸の場合は、山陰や丹後といった西部日本海沿岸地域とのつながりの強さから、擬凹線文系の波及は弥生後期の開始をうながすが、近江系波及は東海に比べれば、在地の土器様式にさほど影響を与えておらず、その解釈も同列にできない。今後、各地域の外来系流入と受容に対する研究を進めていく必要がある。いずれにせよ、北陸の高地性集落は、列島規模で起こる極度の社会的緊張という根本原因の他に、本県に限っては、近江系波及にみる南方からの外的圧力を要因として考えておきたい。

（3）高地性集落の拡散（第82図）

　福井県の高地性集落は、列島規模で起こった社会的緊張が根本原因であり、線的な分布状況は、近江からの圧力による対抗策あるいは防衛策と考えた。しかしこれらの遺跡は、後期中葉に突如出現する小羽山30号墓の被葬者の登場によって、緊張状態に一応の終止符がうたれたのか、後期中葉になると一斉に消滅してしまう。小羽山30号墓は四隅突出形を呈するが、貼石・列石の皆無、単次葬の点で山陰と異なり、外来と在来の要素が融合した北陸独自の墓制と位置づけられており[61]、造営時期は小羽山2式前後、弥生後期中葉でも後葉に近い時期と考えている。北陸南西部で生じた緊張状態と内部における結束と統合が進んだ結果、対外的に山陰との強いつながりをもち主導

第3節 高地性集落の歴史的展開

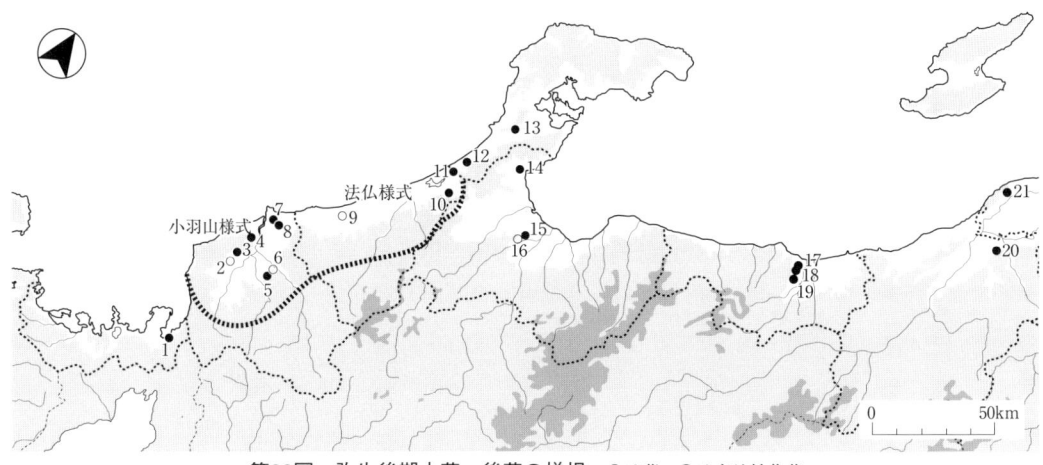

第82図 弥生後期中葉～後葉の様相 ○は墓、●は高地性集落
1. 舞崎遺跡、2. 小羽山30号墓、3. 鑓噛山遺跡、4. 菖蒲谷A遺跡、5. 寮遺跡、6. 南春日山1号墓、7. 杓子谷遺跡、8. 井江葭遺跡、9. 塚崎遺跡、10. 吸坂丸山遺跡、11. 鉢伏茶臼山遺跡、12. 大海西山遺跡、13. 杉谷チャノバタケ遺跡、14. 布尾山古墳下層遺跡、15. 白鳥城遺跡、16. 富崎3号墓、17. 山畑遺跡、18. 下馬場遺跡、19. 斐太遺跡、20. 大平城遺跡、21. 大沢遺跡

　権を握った小羽山の人物は、南方からの圧力を押さえることで一応の成果をおさめ、対外的にも四隅突出形墳丘墓を含めた外来要素を積極的に導入し、内部に対して権威を誇示したのだろう。政治的拠点が山陰色の強い土器様式圏にあることは、山陰との強い政治的なつながりを想定できるし、近江色の強い南越との境界線上に位置することは、南方を意識した対抗策あるいは防衛策のあらわれでもある。近江系の流入はそれ以後、顕著とならない点を評価したい。丹生山地から流れる志津川と旧日野川の合流地点にある点は、日本海に最も近い玄関口をにらんでのことと考えられる(62)。

　弥生後期前葉の時点では、明確な政治権力者の存在は不透明であったが、後期中葉には小羽山30号墓という墳丘墓の存在によってはじめて具現化した。本墓に副葬された北部九州製の刃関双孔鉄短剣、巨大な墓壙と長大な組合式木棺、埋葬施設内の赤色顔料と玉類を撒き散らす行為、上面に置かれた大量の精製土器と石杵、なによりも特定個人墓の点は、北陸における同時期のどの墓と比べても傑出した存在であり、その被葬者は北陸最初の広域的な支配領域を有する一地域政権の政治権力者であったと考える。しかし、墓が一代限りで終わる点を評価すると、その人物は継続的に安定した権力を保持するものではなく、一時的に創出された個人的資質に満ちた一種のカリスマ的な存在で

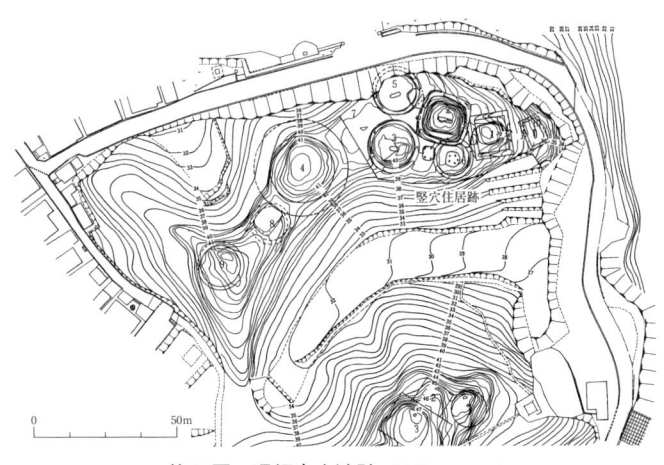

第83図 吸坂丸山遺跡 (縮尺1/2,500)

第Ⅱ章　墓制論・集落論

あったと考えている。勢力範囲の特定は難しいが、その人物の影響力は、等質的な土器様相をもつ手取川以南まで及ぶ可能性は高い。後期中葉以降に拡散する高地性集落との相関は分からないが、福井県ではB類型の杓子谷遺跡や井江葭遺跡は確実に出現し、石川県加賀市吸坂丸山遺跡（標高39m・比高32m）でも、A類型の高地性集落が確認されているため[63]、小羽山30号墓の被葬者との強い関係性がうかがえる（第83図）。このような人物の登場により、北陸内部に社会的な緊張が走ったことは想像できるが、高地性集落出現の要因はもとより、経営主体の点ではいまだ不明な点が多い。現状では、県内における高地性集落出土資料の少ない点、北陸内部における併行関係の不透明な点が原因となっている。

（4）東西勢力の形成と高地性集落の拡大（第82図）

　弥生後期中葉以降、高地性集落は波紋のように拡大するが、その原因を解明してみたい。その前に、小羽山30号墓以後の大型墳丘墓をみると、小羽山30号墓の次世代となる26号墓がある。ただ、本墓は主丘部に突出状張出をもつ四隅突出形崩れの点、家族墓の点、精製土器でない点から30号墓と比べると見劣りがする。やはり後期後葉といえば、福井平野東部（吉田）の南春日山1号墓があげられる。本墓は、全長約48×34mの四隅突出形を呈する特定個人の墳丘墓で、北陸では圧倒的な規模を誇る。古墳早期以降、歴代の大型墳丘墓が連綿と築かれた福井平野東部に最初に選地し、しかも九頭竜川と広大な福井平野・坂井平野が見渡せる絶好の場所に位置する点、その50m近い墳丘規模からも優位性は明白である。北陸南西部に中心勢力をもつ本格的な政治権力者の誕生とみる。ただし、小羽山と同様に一代限りで終わる点を考慮すれば、小羽山の人物と同様、個人的資質にあふれたカリスマ的な存在であったと考えている。結果的に、丹生を盟主とした地域政権は一世代で終わり、政治権力の主体は福井平野東部に移動した可能性が高い[64]。

　二代の政治権力者の誕生を契機として、福井県内では高地性集落が再び盛行する。福井平野西部の独立丘陵には鎗噛山遺跡、三国潟を一望できる丹生山地北麓には菖蒲谷A遺跡、福井平野東部丘陵には寮遺跡が出現する。鎗噛山遺跡と寮遺跡はA類型、菖蒲谷A遺跡はB類型であるが、これらの遺跡は古墳早期あるいは前期前葉まで長期間にわたり存続している。分布上は福井平野周辺各所に拡散した状況である。当該期に出現する高地性集落は、極度の社会的緊張状態が原因となるだろうが、集落の様相と出土遺物の内容をみると、外部からの軍事的攻撃に耐えうる防御施設であったとは考えにくく、抗争や戦争といった戦乱の痕跡も認められない。こうした広域的な分布と景観のよさと防御性の欠如は、西側主導による管理・管轄を受けた情報・通信ネットワークの形成、監視を目的とした防衛システムという機能を考える。後期前葉の一時的な対抗策として出現した線的な高地性集落に比べると、当該期のものは交通の要所などの重要地にあたり、しかも一定期間存続することはその可能性をより高めてくれる。

　次に、北陸南西部以外をみると、弥生後期末には富山県の婦負に富崎3号墓が造営される。本墓は南春日山1号墓と比べると四隅突出形の点で共通するが、正方形プランの主丘部に略円形の突出部をもつ点で異なる。本墓の被葬者は、北陸北東部に誕生した政治権力者であった可能性が高く、その成立は小羽山や南春日山の人物の登場によって生まれ、北陸北東部全体で起こった社

会的緊張と、それによる内部統合の結果だととらえる。四隅突出形という共通の墓制を採用しながらも、東西それぞれの独自性を誇示できたことは、北陸を二分する東西の二大権力構造が誕生し、政治権力者の墓という形で顕在化させた最初だと考える。北部九州と以東地域という対立構造が、北陸内部でも起こったのであろう。しかし、西側が東側に対して主従あるいは敵対関係なのか、四隅突出形墳丘墓を媒体とした同盟関係にあるのか、その原型を有する山陰の政治権力者達との関係までは分からない。ただ、単純に墓の規模を比較すれば、東側に対して西側の優位性はあるが、墓制にみる山陰との共通性を考えれば、両者には何らかの政治的つながりを有していたことは確かである。

それでは、他地域の高地性集落との関わりをみてみる。まず、北陸では著名な高地性集落が出現する（第84図）。河北潟の湖上ルートの起点を掌握できる塚崎遺跡（標高31m・比高25m）、河北潟北部の要所に位置する鉢伏茶臼山遺跡（標高58m・比高54m）、加賀と能登の境付近に位置する大海西山遺跡（標高76m・比高57m）、邑知地溝帯の低平な眉丈山地上に位置する杉谷チャノバタケ遺跡A地区（標

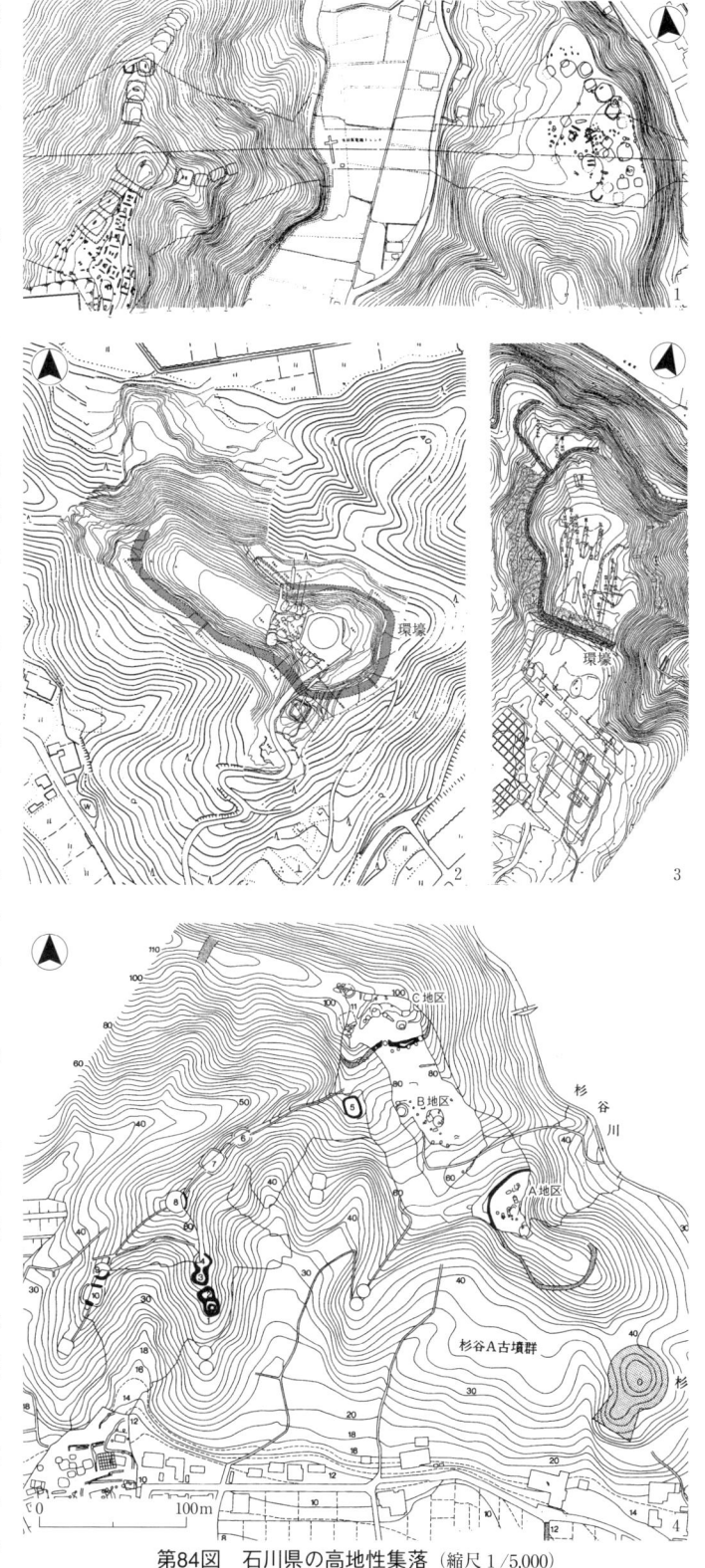

第84図　石川県の高地性集落（縮尺1/5,000）
1．塚崎遺跡、2．鉢伏茶臼山遺跡、3．大海西山遺跡、4．杉谷チャノバタケ遺跡

高70m・比高60m）など、いずれも交通の要所や監視に適した場所に展開している[65]。また、富山県の高地性集落は明確でないが、柳田布尾山古墳下層遺跡、白鳥城遺跡などのように本期のものも散見する[66]。これらの内容をみると、環濠などの防御的要素をもち、外部からの攻撃に耐えうる逃げ城的な機能はあっても、実際的な抗争や戦争の形跡は認められない。

弥生後期後葉の高地性集落の出現は、他地域との力関係や外的圧力によって、均衡を保っていた大地域間のバランスが、大きく崩れたことに原因があると思う。とくに南西部の場合は、国家主導の防御・監視システムとして機能し、国境付近に位置したものは、北東部との抗争から生じるといった要因が考えられる。また北東部の場合は、小羽山30号墓被葬者の登場により、大地域間内での内部統合の意識が芽生え、政治権力者の出現過程において内部抗争で生じたもの、あるいは対外的な抗争によって生じたものなど、さまざまな要因が考えられる。その具体的な性格づけは今後、集落構造や構成、遺物組成、遺跡の存続時期などの詳細な検討が必要となる。

（5）新時代の始まりと高地性集落の強化（第85図）

古墳時代早期（庄内式併行期）になると、従来の拠点集落が解体し、新たに再編成された集落が登場し、土器相にみる独自性が顕著となる。これらの現象は大和や東海などですでに指摘されており[67]、庄内式甕やS字甕の出現だけでなく、都市的な存在である纒向遺跡の成立とも関連性が深い。北陸南西部おいても例外ではない。拠点的集落の解体だけでなく、北陸一帯に広がった小羽山式・法仏式とその系統に瓦解が認められ、新たな工夫と発想による独自性の強い土器様式が確立した。北陸南西部の風巻式・月影式である。本様式は以前に検討したように器台・鉢などの無文化、有段口縁擬凹線文高杯Cの消滅と無文化した高杯Dへの転換、装飾器台の創出といった新要素が認められ[68]、弥生後期にみられた東西の地域色がより顕在化する時期である。そして南西部の装飾器台、北東部の装飾台付壺の二大分布から分かるように、独自の祭式土器を媒体とした祭祀体制がおそらく併存する[69]。

北陸内部では何が起きたのか。大型墳丘墓をみると、北陸南西部の南越では圧倒的な規模をほこる塚越墳丘墓（風巻2・3式期）、当該期の可能性が高い番城谷山5号墓、福井平野東部では若干時期が下る原目山1・2号墓（風巻3式期）や乃木山墳丘墓（風巻4式期）が造営された。つまり、福井県の大型墳丘墓は旧来の四隅突出形墳丘墓ではなく、長方形をベースとした平面形態を採用する。一方、富山県では鏡坂1・2号墓、六治古塚、富崎1・2号墓のように、四隅突出形を一貫して採用する。他の墳丘墓をみると、四隅突出形の一塚21号墓（月影式期前半）、東西の境界付近に位置する正方形の七野1号墓（月影式期後半）、円形の吉田経塚山1号墓（月影式期）のように地域色が顕在化する。次に副葬品をみると、古墳早期後半以降、南西部では塚越墳丘墓、原目山2号墓、乃木山墳丘墓、七野1号墓から素環頭などの鉄刀・鉄剣といった大型鉄製武器が特徴的に出土する。弥生後期における玉類中心の副葬品組成と比べて画期的な変化であり[70]、その背景には、公孫氏を通じた朝鮮・北部九州・山陰・丹後というリレー方式の交流が考えられる。北東部では埋葬施設の調査事例が少ないが、富山県の杉谷A2・3号墓出土の素環頭鉄刀からある程度の流入は認められる。

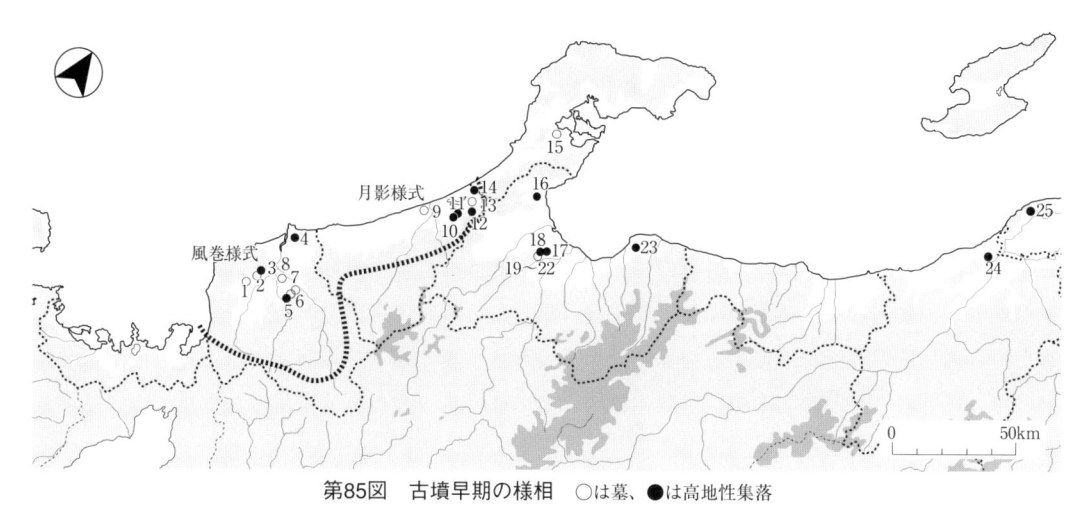

第85図　古墳早期の様相　○は墓、●は高地性集落
1. 番城谷山5号墓、2. 塚越墳丘墓、3. 鑓噛山遺跡、4. 西谷遺跡、5. 寮遺跡、6. 原目山1・2号墓、7. 乃木山墳丘墓、8. 高柳2号墓、9. 一塚21号墓、10. 高尾城遺跡、11. 満願寺遺跡、12. 塚崎遺跡、13. 七野1号墓、14. 鉢伏茶臼山遺跡、15. 吉田経塚山1号墓、16. 柳田布尾山古墳下層遺跡、17. 白鳥城遺跡、18. 西金屋京平遺跡、19. 杉谷A2・3号墓、20. 鏡坂1・2号墓、21. 六治古塚、22. 富崎1・2号墓、23. 天神山城遺跡、24. 大平遺跡、25. 大沢遺跡

　こうした状況から以下のことを推察する。墓の規模と副葬品の内容を比較すると、北東部に対して南西部の優位性は明白であり、弥生後期以来、地域政権の象徴であった四隅突出形墳丘墓から脱却し、新たな長方形プランの墳丘墓を採用したと考えられる。その一方で、墳長10m程度の四隅突出形墳丘墓である福井市高柳2号墓[71]、石川では丹生のものと同系の装飾器台を採用した四隅突出形の一塚21号墓が造営された。前者によって、南西部の墓制が長方形に変化したわけではなく、四隅突出形墳丘墓も小型化して残存することは、より下位の人物の墓として採用された可能性が高い。後者によって、四隅の突出部の肥大化、同系の装飾器台をもつことは、丹生との関連性が指摘できる。いずれにせよ、南西部における大型墳丘墓＝四隅突出形墳丘墓という相関からの脱却は、対外的な自立の主張、独自性の誇示ともとれ、東側に対してより高位の墓制となった可能性が高い。そして南西部における地域政権の政治権力者は長方形墳丘墓、その下位に位置づけられる一塚や北東部の人物は、四隅突出形墳丘墓を採用することで、北陸内部の墓制による階級差を示すものとして整備され、序列化が進んだと考える。その過程のなかで、南西部を代表する祭器、一種のイデオロギー装置として装飾器台が創出されたと考えている。

　一方、北東部では、前方後方墳波及後の白江2式まで四隅突出形の墓制を採用し続ける。これを北東部の独自性ととるのか、山陰との政治的なつながりととるのか、他の墓制を採用できない特殊事情があったのか、あるいは南西部からの規制が働いた結果なのか、現状では推測の域はでない。ただ、後期末に誕生した北東部の地域政権は、古墳早期にはより強固な国の連合へと発達していく過程のなかで、イデオロギー装置として装飾台付壺を創出し、それを用いた祭祀行為をおこない、内部に対する支配体制を強化したと考えている。装飾器台ほどの効力があったのかは分からないが、北東部の独自性と自立性を垣間見ることができる。

　高地性集落をみると、福井県では鑓噛山遺跡や寮遺跡のように弥生後期から継続する場合が多

く、その数も少ない一方で、石川県では塚崎遺跡や鉢伏茶臼山遺跡などは存続し、満願寺遺跡（標高176m・比高120m）、高尾城遺跡（標高170m・比高80m）[72]のように、比高100m前後の見張り・監視機能を有する高地性集落が出現する。富山県では、柳田布尾山古墳下層遺跡、天神山城遺跡、白鳥城遺跡、西金屋京平遺跡が、波紋のように各地域に拡散する。これらの分布状況は、国家主導の防衛・通信機能を有したシステムとも考えられる[73]。こうした南西部の要所に限られる状況、東西の国境付近に集中する点、北東部で拡散する状況からは、東西北陸の対立構造を読み取れるが、東側に対して西側に優位性があったとしても、従属関係かどうかは現状では判断できない。高地性集落が北東部に多い原因は東側のシステムとしての機能か、あるいは内部統合にむけての抗争の結果と考えるが、西側の優位性という不均等な力関係で生じた極度の緊張状態が根底にあったのかもしれない。

（6）新潟県の高地性集落

最後に、北陸北東部の新潟県の高地性集落をみてみよう。私は本地域の土器編年に詳しくないし、南西部との併行関係の検討もおこなっていないため、高地性集落の直接的な原因を探るのは現状では困難である。したがって滝沢規朗の成果によって、ここでは紹介程度にとどめたい[74]。弥生中期にまで遡る高地性集落は数少なく、新潟県斐太遺跡、奈良崎遺跡が候補としてあげられるが、今後、西方との関連も含めて検討していきたい。滝沢の1期（後期前半）には、後生山遺跡、斐太遺跡、大平城遺跡、八幡山遺跡など、2期（後期後半）には、斐太遺跡、山畑遺跡、下馬場遺跡、大平城遺跡、大沢遺跡などがあげられる。3・4期（古墳早期）になると、大平遺跡、八幡山遺跡、大倉山遺跡、大沢遺跡など、5期では斐太遺跡、八幡山遺跡、大沢遺跡などが存続するようである。

本地域の定義にもよるが、高地性集落とその可能性をもつ遺跡は、弥生中期～古墳前期初頭まで連綿とみられるようである。越後地域の防御的集落は、防御性という点で2期をもって終了するものと5期まで存続するものとに分かれるとする。2期における終焉の原因については、畿内との抗争が終結した結果とみる説[75]、北陸内部間での戦闘、越連合形成のための抗争の終結にともなった結果とみる説[76]に分かれるが、現状では後者の方が妥当であろう。田嶋明人の防御的な集落の検討によると、越前地域は2期、加賀地域は3期ないし4期初頭に終焉し、越後地域はさらに遅れるという。継続する高地性集落は、斐太遺跡のように信濃とのルート上、八幡遺跡のように阿賀野川を望み、会津とのルート上に絡む拠点に位置しているものが多いようである。防御性を一端解除しつつも継続する高地性集落にどのような背景があるのか、今後、詳細に検討していきたい。

注
（1）森本六爾「低地性遺跡と農業」『日本原始農業』東京考古学会　1933年。
（2）a. 小野忠凞『高地性集落跡の研究』資料篇　学生社　1979年、b. 佐原眞・田辺昭三「弥生中期の諸問題」『日本の考古学Ⅲ―弥生時代―』河出書房新社　1966年、c. 佐原眞「大和川と淀川」『古代の日本 5 近畿』角川書店　1970年。

（3）a. 寺沢薫「弥生時代舶載製品の東方流入」『考古学と移住・移動』同志社大学考古学シリーズⅡ　同志社大学考古学シリーズ刊行会　1985年、b. 森岡秀人「弥生時代暦年代論をめぐる近畿第Ⅴ様式の時間幅」『信濃』第37巻第4号　信濃史学会　1985年。

（4）a. 森岡秀人「高地性集落」『弥生文化の研究 7　弥生集落』雄山閣　1986年、b. 同「高地性集落性格論」『論争・学説日本の考古学 4　弥生時代』雄山閣　1986年。

（5）森岡秀人「弥生時代抗争の東方波及―高地性集落の動態を中心に―」『考古学研究』第42巻第4号　考古学研究会　1996年。森岡の見解は以下である。第1段階がⅢ・Ⅳ期にわたり西日本の瀬戸内沿岸部や内海島嶼、大阪湾岸にかけて認められる。第2段階はⅣ期末〜Ⅴ期初頭間に出現し近隣の母集落の変動や異変を前提とするケースが多く、短期間の経営で衰退に向かう例が目立つ。瀬戸内を中心とする第1段階の廃絶を踏まえた形で紀ノ川流域、亀ノ川北岸、有田川流域、日高川北岸など紀北・紀中の地域、和泉北部、淀川右岸の東摂の地域、紀ノ川上流から大和南部の地域とする。第3段階はⅤ期前半〜中頃を盛期とするもので、神戸市東石ヶ谷遺跡などを東限として畿内西摂津以東に面的分布の重心が移り、第2段階を継承するタイプを含め近畿地方に卓越するもの。第4段階はⅤ期後半に出現、Ⅴ期終末におよぶ例があり、畿内では内陸部のものが目立つとともに、北陸地方を中心に東の世界に分布圏を広げる。中・四国、九州地方の要にもこの時期の実例が認められるとする。第5段階は庄内式併行であり、北陸東部や関東北部などにも現れ、前期古墳の築造を誘引するとした。

（6）寺沢薫『日本の歴史 第02巻 王権誕生』講談社　2000年。

（7）a. 橋本澄夫「能登邑知地溝帯とその周辺の弥生文化―4つの雑感を中心に―」『七尾市奥原縄文遺跡・奥原遺跡』石川県立埋蔵文化財センター　1982年、b. 同「国分高井山遺跡が提起する問題点とそれへの所感」『国分高井山遺跡』七尾市教育委員会　1984年。

（8）吉岡康暢「瓊のムラからクニへ」『古代の地方史 4　東海・東山・北陸編』朝倉書房　1978年。吉岡は、畿内・瀬戸内を主要な舞台とする倭国大乱の状況は、時間的なずれをもって北陸で実現したとする。

（9）a. 麻柄一志「北陸の高地性集落」『考古学と古代史』同志社大学考古学シリーズⅠ　同志社大学考古学シリーズ刊行会　1983年、b. 同「北陸の高地性集落とその評価―天神山城跡と白鳥城跡―」『富山市考古資料館紀要』第2号　富山市考古資料館　1983年。

（10）日本考古学協会新潟大会実行委員会『シンポジウム 東日本における古墳出現過程の再検討』1993年。

（11）a. 小野忠凞『高地性集落論 その研究の歩み』学生社　1984年、b. 同「高地性集落研究の課題」『高地性集落と倭国大乱』雄山閣　1984年。

（12）都出比呂志「古墳出現前夜の集団関係―淀川水系を中心に―」『考古学研究』第20巻第4号　考古学研究会　1974年。

（13）寺沢薫「第Ⅴ章 総論 第2節 弥生時代後期低丘陵性集落の位置づけと高地性集落論」『三井岡原遺跡―弥生時代後期低丘陵性集落の調査―』奈良県立橿原考古学研究所　2003年。

（14）前田義人「北部九州における高地性集落―研究の現状と課題―」『古代文化』第51巻第7号　古代学協会　1999年。

（15）a. 石野博信「大和・弥生社会の動態」『古代学研究』第91号　古代学研究会　1979年、b. 同『古墳文化出現期の研究』学生社　1985年。

（16）前掲注（9）文献。

（17）橋本澄夫「加賀・能登における高地性集落遺跡とその時期」『宇ノ気町鉢伏茶臼山遺跡』宇ノ気町教育委員会　1987年。

第Ⅱ章　墓制論・集落論

(18) a. 河合忍「北陸弥生土器様式の変革過程」『石川考古学研究会々誌』第39号　石川考古学研究会　1996年、b. 同「弥生時代中期後半における土器交流システムの変革とその背景―北陸における凹線文系土器の分析を中心として―」『石川考古学研究会々誌』第43号　石川考古学研究会　2000年。
(19) 堀大介「古墳成立期の土器編年―北陸南西部を中心に―」『朝日山』朝日町教育委員会　2002年。
(20) 大飯町教育委員会『わかさ本郷　茶谷山城跡発掘調査報告書』1994年。
(21) 三方町史編集委員会『三方町史』三方町　1990年、入江文敏「弥生時代後期から古墳時代前期への土器の展開―湖北地方とその周辺―若狭地方の場合」『平成元年度　滋賀県埋蔵文化財調査年報』滋賀県教育委員会　1989年。
(22) 敦賀市教育委員会『舞崎前山古墳　舞崎遺跡』2001年。
(23) a. 福井県教育委員会『北陸自動車道関係遺跡調査報告書第14集　中遺跡』1979年、b. 福井県教育庁埋蔵文化財調査センター『吉河遺跡』1983年、c. 福井県教育庁埋蔵文化財調査センター『吉河遺跡発掘調査概報』1986年。
(24) 今立町教育委員会『盆山古墳群―ファームポンド建設に係る緊急発掘調査―』2004年。
(25) 朝日町教育委員会『栃川遺跡』2004年。
(26) a. 橋本幹雄「田中遺跡」『福井県における弥生式土器集成』福井考古学研究会　1970年、b. 広嶋一良「上川去遺跡」『福井県における弥生式土器集成』福井考古学研究会　1970年、c. 三好玄「朝日町田中遺跡採集の弥生土器について」『朝日町文化財調査報告書Ⅰ』朝日町　2001年、d. 堀大介「上川去遺跡出土土器について（１）」『朝日町文化財調査報告書Ⅱ』朝日町教育委員会　2002年。
(27) 福井市教育委員会『福井市三尾野古墳群』1993年。
(28) 福井市文化財保護センターの古川登氏に御教示いただいた。
(29) 清水町教育委員会『甑谷』2002年。
(30) 清水町教育委員会『片山鳥越古墳群　方山真光寺廃寺』2004年。
(31) 福井市文化財保護センターの古川登氏に御教示をいただいた。出土土器に関しては、前掲注（19）文献に一部掲載、小羽山遺跡出土土器に関しては、清水町教育委員会『小羽山』1997年による。
(32) 福井県教育委員会『安保山古墳群』1976年。
(33) a. 福井県教育庁埋蔵文化財調査センター『六条・和田地区遺跡群』1986年、b. 福井市教育委員会『木田遺跡』1975～1977年。
(34) a. 福井市教育委員会『鎗噛山城跡発掘調査概要』1996年、b. 大川進「鎗噛山城跡」『第12回発掘調査報告会資料―平成8年度に福井県内で発掘調査された遺跡の報告―』福井県教育庁埋蔵文化財調査センター　1997年。
(35) 福井市教育委員会『剣大谷1号墳発掘調査報告書』1993年。
(36) a. 青木豊昭「三里浜周辺地域の遺跡について」『重要遺跡緊急確認調査報告Ⅱ』福井県教育委員会　1979年、b. 魚谷鎮弘・古川登「福井市菖蒲谷B遺跡採集の土器について」『福井考古学会会誌』第2号　福井考古学会　1984年、c. 福井市『福井市史　資料編1　考古』1990年。
(37) 福井県教育庁埋蔵文化財調査センター『昭和62年度発掘調査報告会資料』1988年。
(38) 坂靖志「第4章　まとめ」『剣大谷1号墳発掘調査報告書』福井市教育委員会　1993年。
(39) a. 三国町教育委員会『西谷遺跡発掘調査概要』1979年、b. 魚谷鎮弘「福井県における「月影式」土器について」『シンポジウム「月影式」土器について』報告編　石川考古学研究会　1986年。
(40) 仁科章「杓子谷遺跡」『福井県史　資料編13　考古』福井県　1986年。
(41) 芦原町教育委員会『井江葭古墳群』1981年。
(42) 石川県立埋蔵文化財センター『谷内・杉谷遺跡群』1995年。
(43) 前掲注（5）・（6）・（13）文献。

(44) 寺沢薫・武末純一「第5章 弥生の戦争」『最新邪馬台国事情』白馬社　1998年
(45) a. 竜王町『竜王町史 上巻』1976年、b. 志賀町『志賀町史 第1巻』1996年、c. 今津町『今津町史 第1巻 古代・中世』1997年。
(46) a.河合忍「弥生時代中期後半における外来系土器の分析からわかること―土器の併行関係と土器交流システムの変革について―」『「戸水Ｂ式」を考える』北陸弥生文化研究会　2000年、前掲注（18）b 文献。
(47) 前掲注（18）b 文献の註（27）にある、分銅形土製品と絵画土器に関する見解を参考とした。
(48) 佐々木勝・林大智「北陸地域における弥生時代鉄製品の様相」『月刊考古学ジャーナル』No. 467 ニュー・サイエンス社　2000年。
(49) 前掲注（3）a 文献。
(50) 前掲注（46）b 文献。
(51) 前掲注（6）・（13）文献。前掲注（6）文献によると、寺沢は第2の波として後期は「第2次高地性集落」の2タイプが存在するとした。①中期末に作られた第1次高地性が後期初頭へと継続して残るか、後期前半のごく限られた時期にだけ出現して消えるタイプ、②比高約100m未満の丘陵上のムラで後期全期間にわたって、断続的にでも継続するタイプに分かれ、大規模集落そのままの移動が考えられる「拠点的高地性集落」も含まれる。①のタイプは海岸部だけでなく、奈良盆地や、山城盆地、南河内平野などの河川を遡った平野の奥や、盆地の丘陵部に顕著にあらわれるとした。その背景には継続的、内部的で複雑な社会的緊張をはらむとした。
(52) 堀大介「風巻式の時代」『庄内式土器研究XXVI』庄内式土器研究会　2003年。
(53) 中野拓郎「第5章 舞崎遺跡出土土器の様相について」前掲注（22）文献。舞崎遺跡出土土器の胎土分析によって、受口状口縁甕は滋賀県の湖南からの搬入品、内傾口縁擬凹線文甕や高杯は在地産であることが判明している。
(54) a. 石川県立埋蔵文化財センター『猫橋遺跡』1997年、b. 同『猫橋遺跡』1998年、c. 石川県埋蔵文化財保存協会『石川県小松市平面梯川遺跡Ⅰ』1995年、d. 石川県埋蔵文化財センター『小松市平面梯川遺跡第2・3次発掘調査報告書』2000年。
(55) a. 松任市教育委員会『旭遺跡群Ⅰ～Ⅲ』1995年、b. 石川県立埋蔵文化財センター『松任市一塚イチノツカ遺跡』1991年、c. 松任市教育委員会『松任市八田小鮒遺跡』1988年。
(56) a. 金沢市教育委員会『金沢市西念・南新保遺跡』1983年、b. 同『金沢市西念・南新保遺跡Ⅱ』1989年、c. 同『金沢市西念・南新保遺跡Ⅲ』1992年、d. 同『金沢市西念・南新保遺跡Ⅳ』1996年。
(57) a. 木田清「第Ⅴ章 若干の考察」前掲注（55）c 文献、b. 同「法仏式土器の認識と再認識」『石川考古学研究会々誌』第41号　石川考古学研究会　1998年。木田は、畿内のⅤ様式を北陸のⅤ様式と仮称するなら、Ⅴ様式前葉を猫橋式とした。
(58) 前掲注（12）文献。
(59) 濃尾平野低地部（中島郡）の八王子古宮式は、近江湖南地域の土器型式群の影響によって成立した画期的な土器群であり、山中式に先行する後期前葉を代表する様式として設定されている。詳細にはⅠ式とⅡ式に大別でき、Ⅰ式は近江湖南型の土器様式が色濃くみられる段階、Ⅱ式は近江色から脱却し、固有の土器様式を模索し始める過渡期的な段階として位置づけられている。a. 赤塚次郎「濃尾平野における弥生時代後期の土器編年」『八王子遺跡』愛知県埋蔵文化財センター 2002年、矢作健二・赤塚次郎「八王子古宮式と近江湖南型甕」『研究紀要』第4号　愛知県埋蔵文化財センター　2003年。
(60) 小竹森直子「近江の地域色の再検討2―周辺地域における近江系土器について―」『紀要』第2号 滋賀県文化財保護協会　1989年。

第Ⅱ章　墓制論・集落論

(61) 古川登「北陸型四隅突出型墳丘墓について」『大境』第16号　富山考古学会　1994年。
(62) 堀大介「月影式の成立と終焉」『古墳出現期の土師器と実年代シンポジウム資料集』大阪府文化財センター　2003年。
(63) 加賀市教育委員会『吸坂丸山古墳群』1990年。本遺跡は、大聖寺川沿いの景観のよい独立丘陵上に位置しており、開発行為によって6基の古墳が発掘調査された。古墳の間や下層からは竪穴住居跡3基が確認された。なかでも残存状況のよい3号住居跡は、当初4本柱の方形住居であったが、5本柱の五角形住居に建て替えられていた。住居内からは法仏1式の土器が出土していることから、遺構の時期は弥生後期中葉に位置づけられる。
(64) 堀大介「北陸南西部における古墳成立期の様相」『考古学に学ぶⅡ』同志社大学考古学シリーズⅧ　同志社大学考古学シリーズ刊行会　2003年。
(65) a. 石川県教育委員会「塚崎遺跡」『北陸自動車道関係埋蔵文化財調査報告書Ⅱ』1976年、b. 宇ノ気町教育委員会『宇ノ気町鉢伏茶臼山遺跡』1987年、c. 高松町教育委員会『高松町大海西山遺跡　新農業構造改善事業関係埋蔵文化財調査報告書』1992年、前掲注（42）文献。
(66) 前掲注（9）文献。
(67) a. 寺沢薫「大和弥生社会の展開とその特質―初期ヤマト政権形成史の再検討―」『橿原考古学研究所論集』第4　奈良県立橿原考古学研究所　1979年、b. 赤塚次郎「Ⅴ　考察」『廻間遺跡』愛知県埋蔵文化財センター　1990年。
(68) 土器に関しては前掲注（19）文献、装飾器台に関しては前掲注（52）文献に詳しい。装飾器台は、基本的に有段口縁をもつ器台と、垂下した口縁部の器台による結合の可能性が高い。前者は北陸南西部通有のタイプ、後者は南越以南に散見できるタイプであり、両者が交わる地域は南越北部から北越南部に限定できるため、初期の装飾器台の発生場所は、丹生地域あたりと考えた。
(69) a. 宮本哲朗「装飾器台等の展開―これまでの検討から―」『シンポジウム「月影式」土器について』報告編　石川考古学研究会　1986年、b. 同「台付装飾壺の系譜―北加賀の資料を中心とした基礎的考察―」『石川考古学研究会々誌』第29号　石川考古学研究会　1986年。宮本によると、装飾器台は嶺北、加賀（北加賀）において数多く、能登・富山では散発的な出土とし、台付装飾壺は富山、能登、北加賀で多く、新潟、南加賀では散発的な出土とする。
(70) 古川登「北陸地方における弥生時代墓制の特質」『古代文化』第53巻第4号　古代学協会　2001年。
(71) 海道順子ほか「高柳遺跡」『第14回発掘調査報告会資料』福井県教育庁埋蔵文化財調査センター　1999年。
(72) 前掲注（65）a文献、金沢市『金沢市史　資料編19　考古』1999年。
(73) 富山県内の高地性集落に関しては、前掲注（9）文献に詳しいため、ここでは割愛する。
(74) 滝沢規朗「古墳出現前後における集落の動向―越後の集落を考える上での基礎整理として―」『研究紀要』新潟県埋蔵文化財調査事業団　1995年。
(75) a. 甘粕健・春日真実『東日本の古墳の出現』山川出版社　1994年、b. 甘粕健「みちのくを目指して　日本海ルートにおける東日本の古墳出現期にいたる政治過程の予察」前掲注（10）文献。
(76) 田嶋明人「北陸南西部の古墳確立期前後の様相」前掲注（10）文献。

第Ⅲ章　土　器　論

第1節　墓出土祭式土器の検討

はじめに

　弥生後期と古墳前期の間、過渡期の古墳早期を相前後する時期には、土器・墓・集落などの諸要素で大きな画期が認められる[1]。土器相をみると、弥生後期の山陰・丹後への志向性にはじまり、古墳早期における独自性の主張という一時代を経て、古墳前期の開始期をつげる東海系土器波及によって、在地の土器様式は大きな変容をとげる。大型墳丘墓をみても、各時代性を象徴するように、弥生後期の四隅突出形墳丘墓、古墳早期の長方形墳丘墓、古墳前期の前方後方墳といった墳形の異なる墳丘墓・古墳が採用されている。こうした墓制にともなう変化は、少なからず供献される祭式土器へも影響を及ぼす。それこそ祭式土器に着目すれば、当時の埋葬儀礼の方式だけでなく、それを司る人々の宗教性、ひいては地域政権の宗教政策が解明できるように思う。

　北陸では、弥生後期中葉に出現する小羽山30号墓の造営以降、食膳具中心の祭式土器が大量に供献されることは知られているが[2]、古墳早期になって装飾器台が創出されると、大型墳丘墓の埋葬儀礼に採用されるようになる。早期後半には日常レベルの祭祀に及び、明らかに下位レベルまで浸透している[3]。しかし、古墳時代前期の幕開けとともに、前方後方墳などの外来墓制が出現すると、従来の祭式土器組成も変化し、壺中心の祭式土器を採用する古墳祭祀に斉一化されていく[4]。こうした変化は、地域政権の形成史を考える上で重要な要素となると考えている。本節では、北陸南西部における墳丘墓・古墳出土の祭式土器を取り上げ、組成の観点から弥生後期から古墳前期前葉・中葉までの時期的な変遷で追ってみたい[5]。

1　事例の検討

（1）弥生時代後期

　1）王山1号墓（福井県鯖江市）　本墓は13×10mをはかる長方形の墳丘墓で、弥生後期初頭（瓢谷1式）に位置づけられる[6]。周溝の底付近や覆土から、壺、甕、高杯、鉢などの土器が出土した。後世の混入を除けば、近江に特徴的な受口状を呈する甕5点が主体となるなか、くの字状口縁甕1点、内傾口縁擬凹線文甕（甕A）1点、底部6点を含み、他に小型甕か鉢の破片が2点、弥生中期後葉の凹線文土器の流れを引く高杯1点があげられる（第86図上）。器台以外のほぼ全

第Ⅲ章　土器論

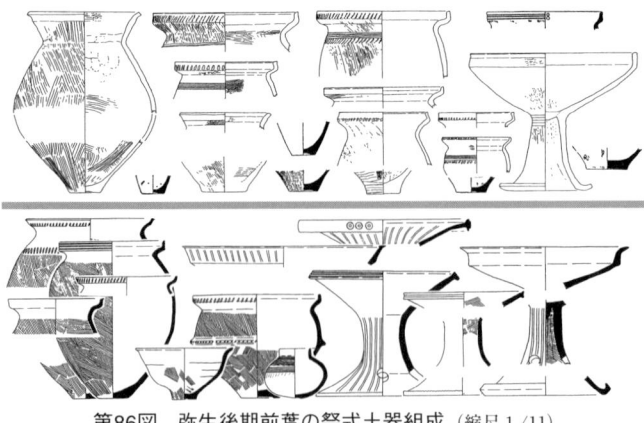

第86図　弥生後期前葉の祭式土器組成（縮尺1/11）
［上. 王山1号墓、下. 安保山4号墓］

器種が揃うことに特徴がある。

　2）**安保山4号墓**（福井県福井市）　本墓は後世の攪乱が激しいため、本来の形態は不明な墳丘墓である。弥生後期前葉（甑谷2式）に位置づけられる[7]。墳丘上や墳丘の周辺から壺、甕、高杯、鉢、器台などの土器が出土した（第83図下）。付近には同時期の高地性集落が営まれたため、墓にともなう遺物との選別は難しい。甕は、近江系受口状口縁甕が目立って出土するが、北陸に特徴的な内傾口縁擬凹線文甕（甕A）も一定量含む。基本的な土器組成は、端部肥厚口縁部の高杯、擬凹線文をもつ器台といった在地土器が主体となる。本墓では、ほぼ全器種を揃えることが特徴である。

　3）**小羽山30号墓**（福井県福井市）　本墓は33×28mをはかる四隅突出形の墳丘墓で、弥生後期中葉（小羽山2式）に位置づけられる[8]。墳丘上やその周辺、墳丘盛土中や埋葬施設上面の陥没坑から大量の精製土器が出土した。報告書未刊のため、実見した状況を述べておく。端部肥厚をもつ高杯（高杯B）、擬凹線文をもつ有段口縁高杯（高杯C）、擬凹線文・S字スタンプ文をもつ有段口縁の器台、口縁端部が垂下して円形浮文の付く器台などがあげられる。他に、細頸壺、把手付き小型壺、有段口縁鉢などが存在し、器台とセットとなる可能性が高い。有段口縁擬凹線文甕（甕A）なども存在するため、ほぼ全器種がそろうといった状況である。2形式の高杯を中心として、器台＋壺・鉢、甕という祭式土器のセットが確立しているようである。

　4）**小羽山26号墓**（福井県福井市）　本墓は32×34mをはかる四隅突出形を意識した長方形の墳丘墓で、弥生後期後葉（小羽山3・4式）に位置づけられる[9]。埋葬施設は6基あるが、なかでも中心主体の1号埋葬の陥没坑から大量の祭式土器が出土した。報告書未刊のため、実見した状況で述べておく。高杯・器台が目立ち、器台は口縁部が発達する有段口縁で連続したS字スタンプ文を施す。高杯Bが主体的で、他に有段口縁の壺・鉢などが一定量を占める。本墓の祭式土器は30号墓と比べると、精製土器でないことに特徴であるが、全体の組成としては酷似する。本墓も高杯を中心として、器台＋壺・鉢、甕というバラエティーに富む祭式土器セットが想定できる。30号墓の後続という点で、埋葬儀礼を忠実に踏襲した感がある。

　5）**西山1号墓**（福井県鯖江市）　本墓は13.9×13.4mをはかる長方形の墳丘墓で、弥生後期後葉（小羽山3式）に位置づけられる[10]。四周の溝から土器は出土したが、とくに西溝からの量が多く、全体では甕4点、中型高杯3点（4点か）、小型高杯4点、鉢4点、直口壺4点、器台4点、小型品2点を数える（第87図上）。甕は、受口状口縁で無文のもの、受口状口縁で頸部に直線文・刺突文を施すもの、くの字状口縁の台付で直線文・刺突文をもつものがある。高杯は、口縁端部が先細りするもの（高杯A）、有段口縁のもの（高杯C）、3条の直線文をもつ脚柱部など

第87図　弥生後期後葉の祭式土器組成（縮尺1/11）
［上．西山1号墓、下．王山3号墓］

がある。鉢は有段口縁と受口状口縁のもの、器台は垂下口縁部のものと拡張をもたないものの2系統が存在する。これらは異系統のもの4点で構成されるが、直口壺・小型高杯の3つの器種は、同形に近いものが4点揃う。異系統のものと同系統のものを含めても、各器種が4点で1セットとなる点に注目したい。また、埋葬施設上面から土器が出土し、埋葬施設の埋土と墳頂部出土土器、周溝のものが接合関係にあることから、墳頂部で使用した祭式土器を意図的に割って西溝に廃棄したものとされている。

　6）王山3号墓（福井県鯖江市）　本墓は9.6×9.6mをはかる長方形の墳丘墓で、弥生後期後葉（小羽山3式）に位置づけられる[11]。周溝を中心に甕1点、高杯4点、台付壺1点、広口壺1点、長頸壺1点、直口壺1点、器台1点などの土器が出土した（第87図下）。高杯4点はそれぞれ系統が異なり、壺も長頸壺・直口壺・広口壺・台付壺などの4つの形式が存在する。うち直口壺は器台とセットをなす。これらの土器群は壺・高杯などが東海・近江系で在地器種と混在する状況であり、出土数は少ないが、西山1号墓と同様、高杯・壺といった器種が4組という点で共通する。報告書には図示されていないが、埋葬施設上面から細片化した土器がばらまかれて出土したことから、小羽山30号墓にみる埋葬儀礼の影響を受けた可能性が高い。

　7）南春日山1号墓（福井県吉田郡永平寺町）　本墓は48×34mをはかる四隅突出形の墳丘墓で、弥生後期後葉（小羽山4式）に位置づけられる。範囲確認の試掘調査であり、墳形については異論がある[12]。報告書未刊のため、祭式土器の詳細は不明であるが、調査では墳丘斜面、墳裾などから壺・甕・高杯・器台などが出土したため、墳丘上に置かれたものと考えられる。縁帯部の発達する有段口縁擬凹線文台付壺が一部報告されている。

第Ⅲ章　土器論

（2）古墳時代早期

1）**中角遺跡溝100**（福井県福井市）　中角遺跡では、弥生中期から古墳前期にかけて墳丘墓が連綿と造営されている[13]。なかでも風巻1式に位置づけられる資料として、中角遺跡溝100があげられる。これらの土器群は完形品に近いものがまとまって出土しており、墓にともなうと考えている。有段口縁擬凹線文甕（甕A）1点、有段口縁高杯（高杯D）2点、ワイングラス形壺1点、ワイングラス形台付壺1点、無頸壺＋器台1組、有段口縁鉢1点である（第88図上）。同系統の高杯2点を中心として、器台＋壺のセット、鉢・甕という組成であり、弥生後期と基本的に変わっていない。古墳早期初頭において、装飾器台は一部の地域でしか採用されていないため、北越の一般集落まで普及は望めない。そのため、装飾器台が祭式土器組成を構成しない段階に位置づけられる。

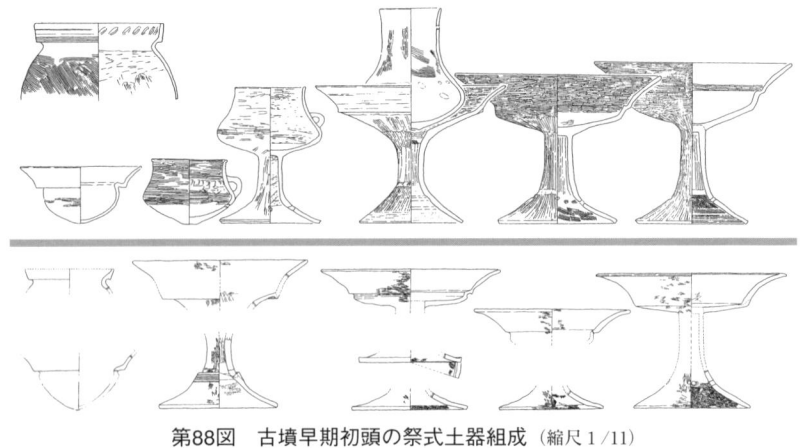

第88図　古墳早期初頭の祭式土器組成（縮尺1/11）
［上．中角遺跡溝100、下．片山鳥越5号墓］

2）**片山鳥越5号墓**（福井県福井市）　本墓は16.5×14.5mをはかる長方形の墳丘墓で、古墳早期初頭（風巻1式）に位置づけられる[14]。1号埋葬施設上面と周溝から土器が出土した（第88図下）。周溝の土器は、弥生後期前から中葉にかけての時期が多く、5号墓築造以前の集落にともなうものである。本墓にともなう祭式土器は、埋葬施設上面で破砕されて出土した。組成は有段口縁高杯（高杯D）2点、端部肥厚の高杯（高杯B）1点、口縁部の擬凹線文が消失した有段口縁器台2点、有段口縁小型壺、有段口縁鉢1点である。他に、高杯の脚部が3点存在することから、2系統の高杯を中心に器台＋小型壺、鉢というセット関係が認められる。甕を含まないことも特徴である。

3）**一塚21号墓**（石川県白山市）　本墓は約27×26mをはかる四隅突出形の墳丘墓で、古墳早期前半（月影2式）に位置づけられる[15]。墳丘は削平されており、祭式土器の本来の位置関係は分からない。周溝から大量の土器が出土したが、土器の数などから、装飾器台1点、壺＋鉢1組、小型台付壺1点を中心として、有段口縁小型壺数点、有段口縁高杯（高杯D）数点（3点か）、有段口縁擬凹線文甕（甕A）数点というセット関係がうかがえる（第89図上）。また、これらのセット関係がおおむね2組確認できるが、大型壺は1点のみの出土にとどまる。大型壺を中心として、2度にわたる祭祀がおこなわれた可能性も考えられる。

4）**一塚22号墓**（石川県白山市）　本墓は約13.2×12.6mをはかる長方形の墳丘墓で、古墳早期前半（月影2式）に位置づけられる[16]。墳丘は削平されており、周溝から多くの土器が出土した。

第1節　墓出土祭式土器の検討

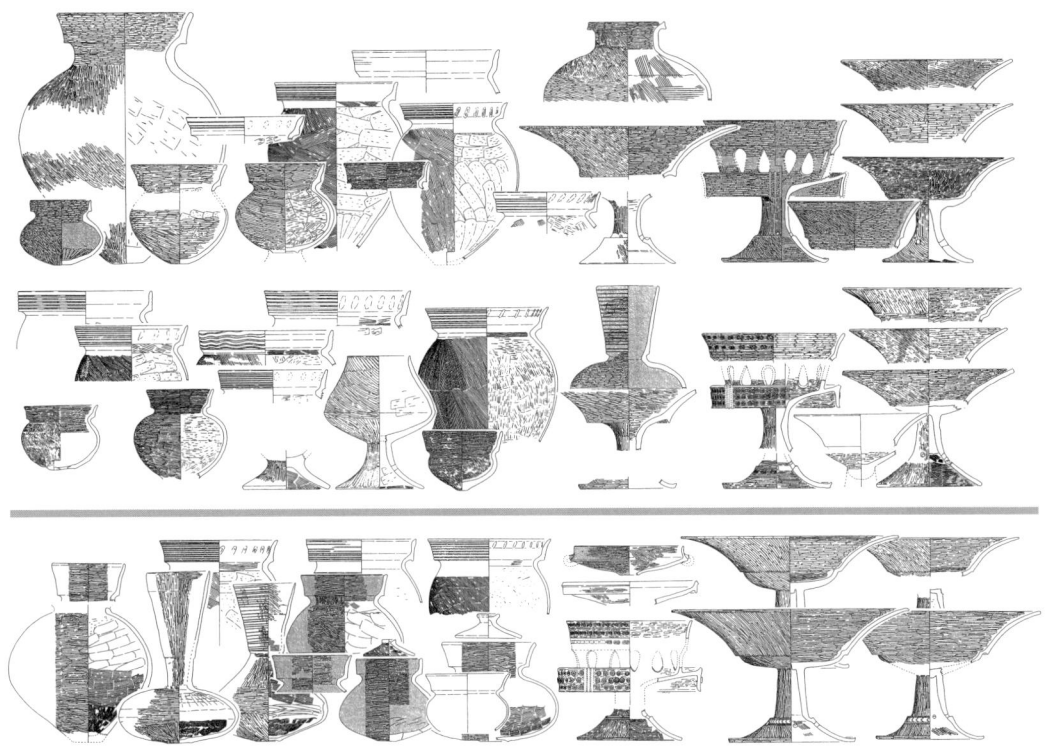

第89図　古墳早期前半の祭式土器組成（縮尺1／11）
［上．一塚21号墓、下．一塚22号墓］

混入は激しく、本来の墓にともなう土器の選別は難しい。数などから推測すると、装飾器台1点、器台＋小型浅鉢1組、有段口縁擬凹線文甕（甕A）数点、有段口縁壺6点、有段口縁高杯（高杯D）4点、有段口縁細頸壺2点という祭式土器セット関係がうかがえる（第89図下）。有段口縁擬凹線文甕数点、有段口縁壺3点、有段口縁高杯2点のセットが2組確認できるなか、装飾器台1点、器台＋小型浅鉢のセットは1組のみに留まるため、装飾器台を中心としたバラエティーに富む器種組成を構成している。

　5）**原目山1号墓**（福井県福井市）　本墓は25×20mをはかる長方形の墳丘墓で、古墳早期後半（風巻3式）に位置づけられる[17]。墳丘上や周辺、埋葬施設上面などから大量の土器が出土した。破砕された土器が多いため、祭祀行為がおこなわれた後、粉々に破砕して廃棄され、破片が揃わないことから、墳丘上か別の場所で共飲共食行為がおこなわれたとも考えられる。遺物の実見によってセット関係を復元すると、1組と4組のものに分類できる（第90図）。1組は、有段口縁大型壺と蓋の各1点、装飾器台＋蓋の各1点、小型壺1点があげられる。4組は、有段口縁高杯（高杯D）2点と小型の高杯1点、壺＋器台の各1点のセットである。本墓では、装飾器台・大型壺・小型壺を中心として、高杯数点・壺＋器台の4組というセット関係が想定できる。大量の土器群のなかで、大型壺や装飾器台の出土数が少ない点は、一段階古く位置づけた一塚21・22号墓の祭式土器セットと共通点が認められる。

　6）**原目山2号墓**（福井県福井市）　本墓は30×30mをはかる不整方形の墳丘墓で、古墳早期

第Ⅲ章　土器論

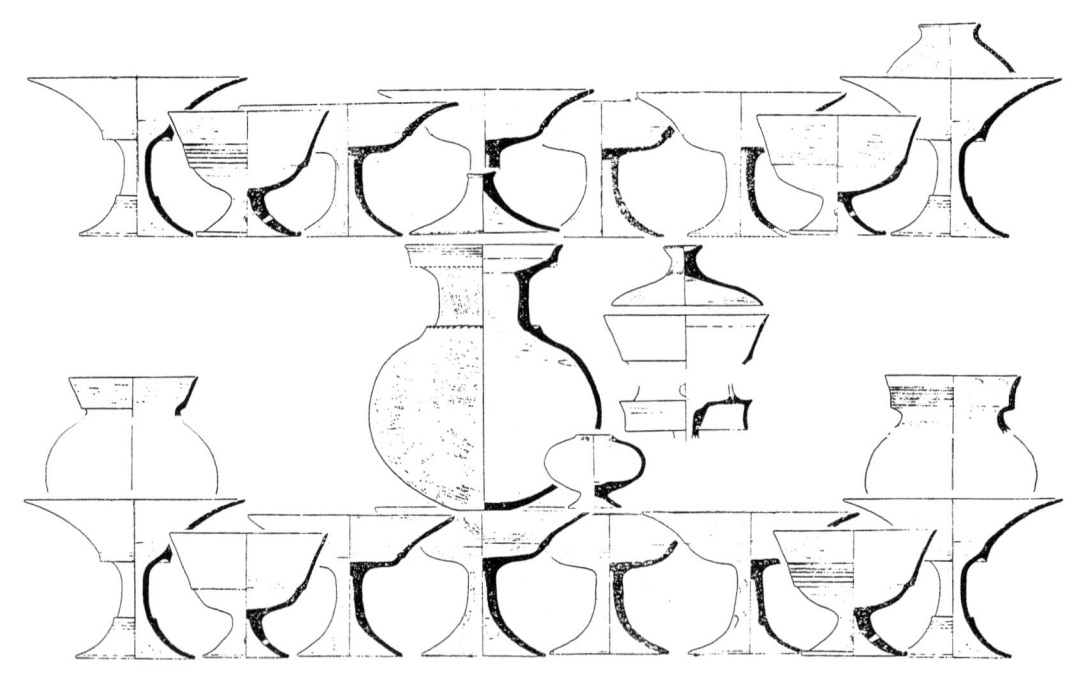

第90図　古墳早期後半の祭式土器組成［復元］（1）（縮尺1/11）［原目山1号墓］

後半（風巻3式）に位置づけられる[18]。墳丘上には5基の埋葬施設をもち、うち2基の埋葬施設上に破砕された祭式土器が出土した。まず、1号埋葬では大型壺、蓋、装飾器台などが1組存在する。大型壺といえば1号墓の有段口縁壺と異なり、無頸に近い短頸壺となる。他の破片から復元すると、縁帯部が大きく発達する細頸に近い形態の壺が器台とセットとなり、2組確認できる。高杯などの食膳具は、大小の有段口縁高杯（高杯D）の各1点が6組存在する。壺+器台の2組に対して、大小の高杯のセットが3組となる（第91図上）。次に、2号埋葬については、破片が揃わず様相不明な点が多い。1組のものには装飾器台があげられる。器台の破片は5点存在するが、壺の破片は1点しかない。小型高杯の口縁部3点、大型高杯の脚部3点が確認できる。装飾器台と有段口縁壺+器台の1組に対して、大小の有段口縁高杯が3組つくという理解である。土器量は少ないが、装飾器台1点の点で1号墓、2号墓1号埋葬との一貫した共通性がうかがえる（第91図下）。

　7）原目山3号墓（福井県福井市）　本墓は3つの周溝をもち、4つの土壙墓からなる墳丘墓で、古墳早期後半（風巻3式）に位置づけられる[19]。ここでは11号埋葬から多くの祭式土器が出土した。ここでも、装飾器台1点と蓋1点、大型台付壺となる台部1点、小型壺が1組のなか、有段口縁壺+蓋+器台のセット2組と有段口縁高杯（高杯D）の破片が6個体分存在する。したがって、1組に対しておそらく大型高杯が3点セットになる可能性が高い。

　8）原目山5号墓（福井県福井市）　本墓は約20×16mをはかる長方形の墳丘墓で、古墳早期後半（風巻3式）に位置づけられる[20]。本墓では壺+器台の各1点の2組と有段口縁高杯（高杯D）6点が存在するため、ここでも1組に対して有段口縁高杯3点セットとなる可能性が高い。

第1節　墓出土祭式土器の検討

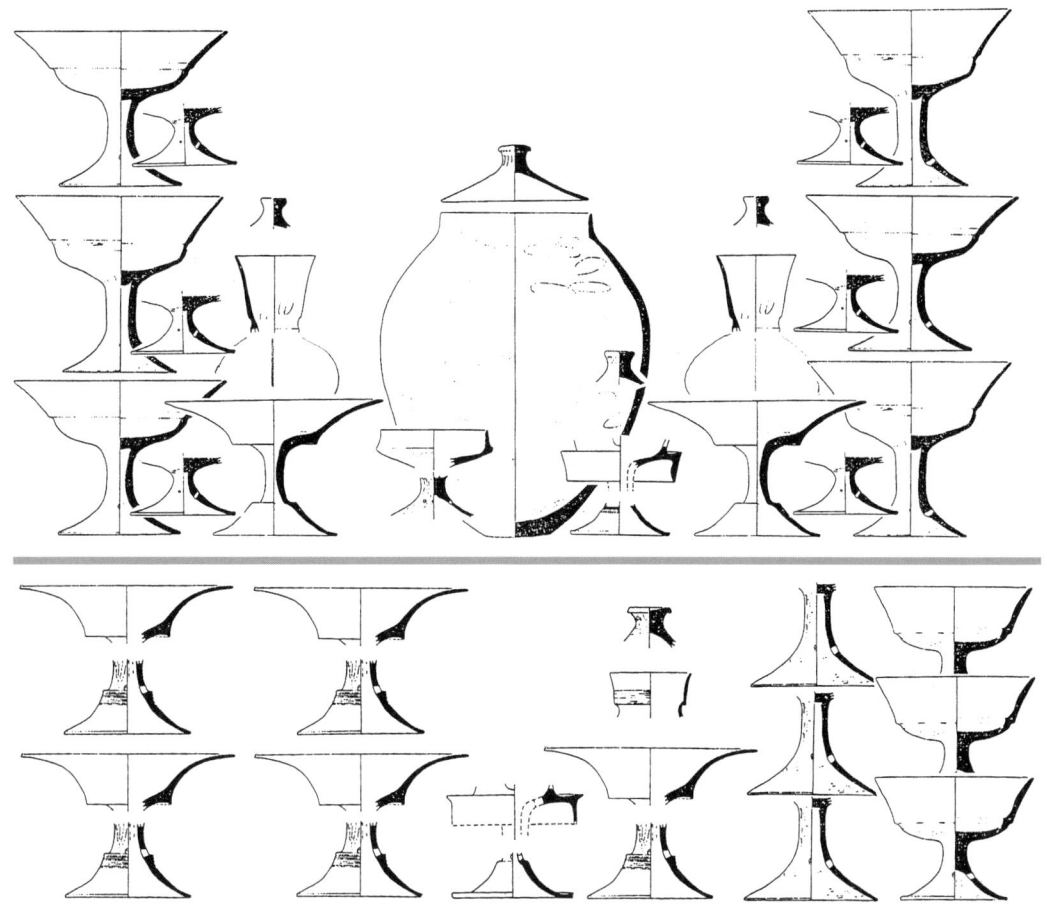

第91図　古墳早期後半の祭式土器組成［復元］（2）（縮尺1/11）
［原目山2号墓：上．1号埋葬、下．2号埋葬］

9）袖高林1号墓（福井県吉田郡永平寺町）　本墓は10.4×9mをはかる長方形の墳丘墓で、古墳早期末（風巻4式）に位置づけられる[21]。出土土器の量から墳丘北西側の墳頂平坦面の縁辺および南西の周溝の外側縁辺を中心に立て並べられており、集落が展開する北西側を意識した配置となっている。破片が多いため、詳細なセット関係までは復元できず、推測の部分が多くなるが、大型有段口縁壺1点、装飾器台1点、有段口縁台付壺4点、壺＋器台のセットが4組想定できる。有段口縁高杯（高杯D）は杯部が2点存在するが、破片を含めると、4組存在していた可能性は高い（第92図）。原目山1号墓と同様、大型壺と装飾器台のセットが1組、壺＋器台・高杯・有段口縁台付壺が4組を構成する点で共通する。また、中心主体の2号埋葬では、破砕した器台の一部を鉄刀とともに棺蓋上に置いたことから、丹後・但馬・北丹波で特徴的な墓壙内破砕土器供献儀礼との関連性が指摘できる。

10）乃木山墳丘墓（福井県吉田郡永平寺町）　本墓は34mをはかる長方形の墳丘墓で、古墳早期末（風巻4式）に位置づけられる[22]。土器は北西側の墳丘斜面から土器が出土したため、本来は墳丘上に配置されたとみる。報告書未刊のため様相不明だが、台付壺の台部、器台、有段口縁高杯（高杯D）、台付特殊壺が確認できる。

213

第Ⅲ章　土器論

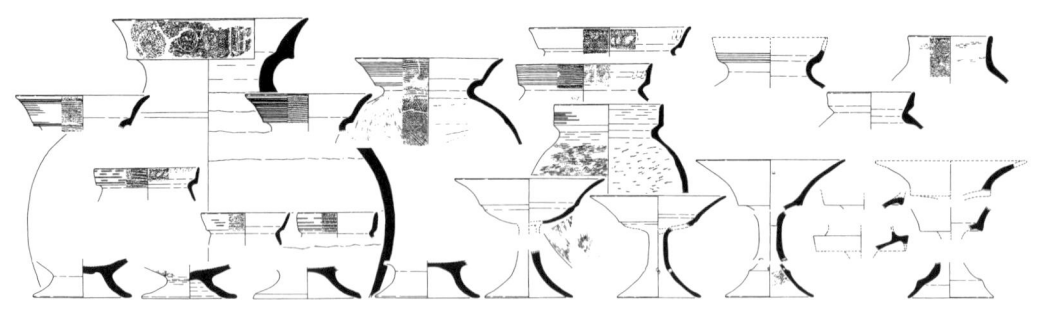

第92図　古墳早期末の祭式土器組成（縮尺1／11）［袖高林1号墓］

（3）古墳時代前期前葉～中葉

1）**中角6号墳**（福井県福井市）　本墳は墳長10mをはかる方墳で、古墳前期前葉（長泉寺1式）に位置づけられる[23]。墳丘は削平されたため、詳細は不明である。周溝から東海系のパレス系壺、北陸系の有段口縁壺が出土した（第93図1・2）。2つの異系統で構成される壺を有する。

2）**中角1号墳**（福井県福井市）　本墳は墳長20.8mをはかる前方後方墳で、古墳前期前葉（長泉寺1式）に位置づけられる[24]。墳丘は削平されたため、詳細は不明である。周溝から東海系のパレス系壺、有段口縁擬凹線文甕（甕A）、小型鉢などが出土した（第93図3～7）。有段口縁鉢は小型器台とセットとなる可能性は高い。

3）**風巻神山4号墳**（福井県福井市）　本墳は墳長16.6×15.1mをはかる方墳で、古墳前期前葉（長泉寺2式）に位置づけられる[25]。部分的な範囲確認調査のため、詳細は不明であるが、周溝から広口壺1点、壺胴部（同系統の広口壺か）1点、受口状口縁鉢（手焙形土器か）1点、甕底部1点が出土した（第93図8～12）。墳丘上に本来置かれていたものが、周溝に流れ込んだものととらえる。

4）**花野谷1号墳**（福井県福井市）　本墳は墳長28mをはかる前方後円墳で、古墳前期前葉（長泉寺3式）に位置づけられる[26]。周辺から二重口縁壺1点、器台1点、小型器台1点、布留式甕1点が出土した（第93図13～17）。部分的な資料が多く、セット関係は不明である。二重口縁壺や小型器台が土器組成をなすことから、畿内色の強い土器群といえる。

5）**小菅波4号墳**（石川県加賀市）　本墳は墳長16.6mをはかる前方部の短い前方後方墳で、古墳前期前葉（白江1式）に位置づけられる[27]。出土状況の分かる数少ない事例である。埋葬施設上面から加飾した二重口縁壺1点、周辺から二重口縁壺4点、パレス系壺1点、広口壺1点、大型壺の肩部1点などが出土した（第93図18～24）。これらは畿内系あるいは、東海系加飾壺の影響を受けた壺を主体とした組成である。出土状況をみると、北側周溝から主体部上面に置かれたものと同系統の二重口縁壺1点、東側周溝から加飾の激しい二重口縁壺1点と無文に近い二重口縁壺1点、前方部付近から広口壺1点というように、墳丘を囲繞するように祭式土器群が配置されており、しかも壺の系統は異なっており、バラエティーに富むのが特徴である。

6）**分校カン山1号墳**（石川県加賀市）　本墳は墳長36.7mをはかる前方後円墳で、古墳前期前葉（白江3式）に位置づけられる[28]。周辺から二重口縁壺、施文を有する壺肩部の破片、小型高

第1節　墓出土祭式土器の検討

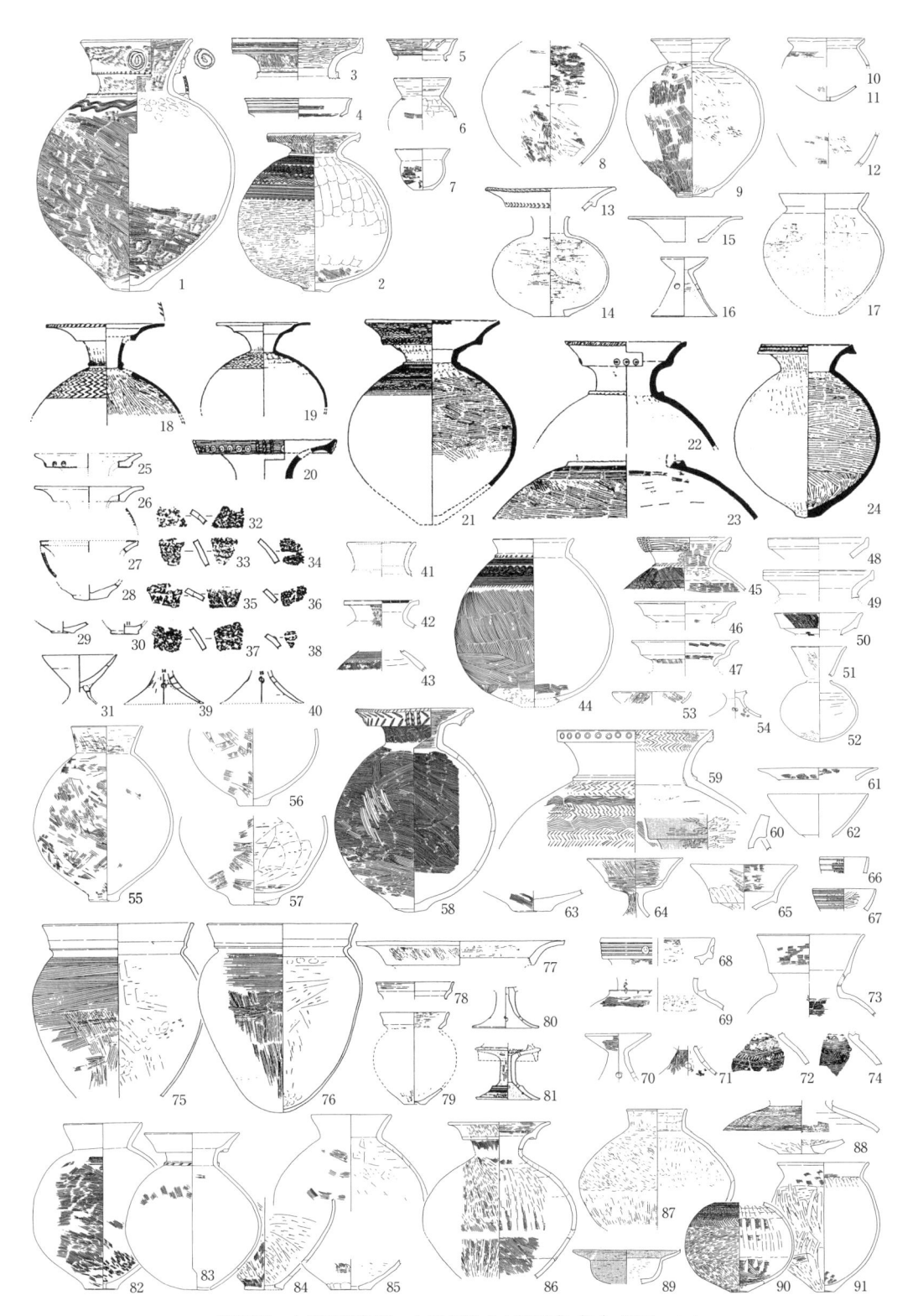

第93図　古墳前期前葉～中葉の祭式土器組成（1）（縮尺1/11）

215

第Ⅲ章　土器論

杯などが出土したが、基本的に壺を主体とした組成である（第93図25～40）。

　7）八里向山Ｃ１号墳（石川県小松市）　本墳は墳長21ｍをはかる前方後方墳で、古墳前期前葉（白江3式）に位置づけられる[29]。墳丘上から土器4点報告されたが、古墳にともなうのは、直口壺の口縁部のみと考えられる（第93図41）。

　8）一塚3号墳（石川県白山市）　本墳は墳長15.1ｍをはかる前方後方墳で、古墳前期前葉（白江2式）に位置づけられる[30]。墳丘は削平されたため、詳細は不明である。周溝から壺の肩部が出土したが、施文状況からパレス系壺と考える。他に、広口壺の口縁部も本墳にともなうものとみる（第93図42・43）。

　9）一塚4号墳（石川県白山市）　本墳は墳長17ｍをはかる前方部の短い前方後方墳で、古墳前期前葉（白江1式）に位置づけられる[31]。墳丘は削平されたため、詳細は不明である。後世の混入が激しく、当該期のものを選別すると、パレス系壺4点、二重口縁壺2点、東海系小型高杯（高杯Ｆ）2点などが、本墳にともなうと考える（第93図44～54）。墳丘が削平された現状では判断しがたいが、壺を主体とした祭式土器群が墳丘を囲繞する状況を想定する。

　10）御経塚シンデン１号墳（石川県白山市）　本墳は墳長27ｍをはかる前方後方墳で、古墳前期前葉（白江3式）に位置づけられる[32]。墳丘は削平されたため、詳細は不明である。周溝から多くの土器が出土したが、後世の混入が激しい。墓にともなうものを選別すると、直口壺1点、パレス系壺1点、大型のパレス系壺1点、壺底部3点、高杯1点、器台1点、東海系中型高杯（高杯Ｅ）1点、東海系小型高杯（高杯Ｆ）2点などが考えられる（第93図55～67）。

　11）御経塚シンデン14号墳（石川県白山市）　本墳は墳長19.5ｍをはかる前方後方墳で、古墳前期前葉（白江2式）に位置づけられる[33]。墳丘は削平されたため、詳細は不明である。周溝から多くの土器が出土したが、後世の混入が激しい。墓にともなうものを選別すると、有段口縁壺3点、小型器台2点、加飾壺の肩部2点などが考えられる（第93図68～74）。

　12）南新保Ｃ１号墳（石川県金沢市）　本墳は墳長約34ｍに復元できる前方後方墳で、古墳前期前葉（白江3式）に位置づけられる[34]。墳丘は削平されたため、詳細は不明である。周溝から多くの土器が出土したが、後世の混入が激しい。墓にともなうものを選別すると、山陰系大型甕2点、二重口縁壺1点、小型甕2点、高杯脚部1点、装飾器台1点が考えられる（第93図75～81）。

　13）戸水Ｃ16号墳（石川県金沢市）　本墳は墳長約21.3ｍをはかる前方後方墳で、古墳前期前葉（白江3式）に位置づけられる[35]。墳丘は削平されたため、詳細は不明である。周溝から多くの土器が出土したが、後世の混入が激しい。墓にともなうものを選別すると、直口壺1点、二重口縁壺1点、壺底部1点が考えられる（第93図82～85）。

　14）戸水Ｃ11号墳（石川県金沢市）　本墳は墳長24ｍをはかる前方後方墳で、古墳前期前葉～中葉（白江3式～古府クルビ式1式）に位置づけられる[36]。墳丘は削平されたため、詳細は不明である。周溝から多くの土器が出土したが、後世の混入が激しい。墓にともなうものを選別すると、直口壺2点、二重口縁壺1点、パレス系壺らしき胴部2点、甕1点、壺底部1点などが考えられる（第93図86～91）。

　15）神谷内12号墳（石川県金沢市）　本墳は墳長21×20ｍをはかる方墳で、古墳前期前葉（白

江2式）に位置づけられる[37]。直口壺1点、有段口縁大型壺2点、台付小型壺1点、東海系小型高杯（高F杯）3点、小型器台5点、小型鉢1点、小型甕2点などが出土した（第94図1～17）。古墳前庭部の平坦面付近に土器が集中して廃棄された。高杯、小型器台を主体とした祭式土器群である。

16）垣吉B22号墳（石川県七尾市）　本墳は墳長17.5mをはかる前方後方墳で、古墳前期中葉（古府クルビ1式）に位置づけられる[38]。広口壺1点、口縁部の欠如した壺（広口壺か）1点、小型甕1点などが出土した（第94図18～20）。

17）上町マンダラ2号墳（石川県七尾市中島町）　本墳は墳長21mをはかる前方後方墳で、古墳前期中葉（古府クルビ1式）に位置づけられる[39]。部分的な範囲確認調査のため、詳細は不明であるが、パレス系壺1点などが出土した（第94図21・22）。

18）大槻11号墳（石川県鹿島郡鳥屋町）　本墳は墳長27.7mをはかる前方後方墳で、古墳前期前葉（白江2式）に位置づけられる[40]。パレス系壺1点、有段口縁壺1点、壺底部1点、東海系小型高杯（高杯F）2点などが出土した（第94図23～27）。

19）杉谷4号墳（富山県富山市）　本墳は墳長45mをはかる四隅突出形墳で、古墳前期前葉（白江2式）に位置づけられる[41]。有段口縁壺1点、有段口縁擬凹線文壺1点、器台形土器1点、有段口縁高杯（高杯D）2点などが出土した（第94図28～32）。いずれも伝統的な北陸の祭式土器であり、東海系土器が組成の一部とならない点に特徴がある。

20）石塚2号墳（富山県富山市）　本墳は墳長29.4mをはかる前方後方墳で、古墳前期前葉（白江3式）に位置づけられる[42]。墳丘は削平されたため、詳細は不明である。有段口縁壺1点、くの字状口縁甕1点、壺の口縁部1点、高杯脚部1点、壺底部1点などが出土した（第94図33～37）。

21）向野塚古墳（富山県富山市）　本墳は墳長25.2mをはかる前方後方墳で、古墳前期前葉（白

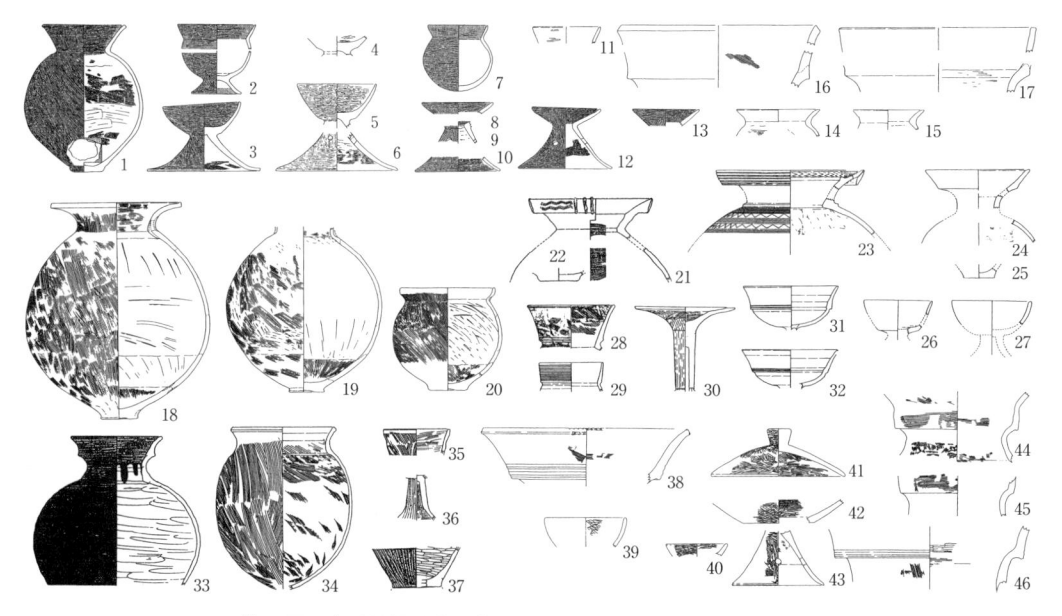

第94図　古墳前期前葉～中葉の祭式土器組成（2）（縮尺1/11）

江2式）に位置づけられる[43]。部分的な範囲確認調査のため、詳細は不明であるが、周辺から有段口縁擬凹線文甕（甕A）などの土器が目立って出土した。後世の混入は認められるが、後方部北西面から東海系小型高杯（高杯F）の口縁部、くびれ部付近から有段口縁大型壺1点が出土した（第94図38・39）。これらは墓にともなうものと考えられ、埋葬施設付近では高杯などの小型品を主体とするが、周辺では大型壺を主体とした祭式土器が配置されていた可能性が高い。

22）**富崎千里9号墳**（富山県富山市）　本墳は墳長34mをはかる前方後方墳で、古墳前期前葉（白江2式）に位置づけられる[44]。部分的な範囲確認調査のため、詳細は不明であるが、くびれ部付近から有段口縁大型壺1点、前方部前面の墳裾付近から有段口縁大型壺2点、後方部墳頂付近から東海系小型高杯（高杯F）の口縁部1点と蓋1点、後方部西側墳裾から高杯脚部1点と中型高杯（高杯E）杯部1点が出土した（第94図40～46）。埋葬施設付近では高杯などの小型品を主体とするが、周辺では大型壺を主体とした祭式土器が確認できる。部分的な調査のため、詳細は不明であるが、壺が墳丘周辺を囲繞する状況を想定する。

2　若干の考察

（1）古墳早期までの祭式土器の変遷

　前項では3つの時期に分けて、遺跡ごとに祭式土器のセット関係を概観した。部分的な資料が多く、想像の部分も多分にあるが、土器組成の傾向は把握できた。まず、弥生後期前葉では資料は少ないなか、壺・甕・高杯・鉢・器台などのほぼ全器種が存在し、バラエティーに富む組成を構成する。土器は周溝あるいは墳丘の周辺で出土し、祭祀後に廃棄された。弥生後期中葉の公表資料は少ないが、北陸最古の四隅突出形墳丘墓である小羽山30号墓の出現以降、祭式土器組成に大きな変化がもたらされる。明確なセット関係は提示できないが、壺・鉢＋器台、高杯とを中心としたセット関係が認められ、甕などの煮炊具が少なく、埋葬施設上面に大量の破砕土器を集積させる行為が特徴的である。こうした祭祀行為は後期後葉以降、西山・王山墳墓群などで確認されるため、小羽山30号墓で採用された埋葬儀礼の影響ととらえられる。その後続の小羽山26号墓は様相不明であるが、30号墓の祭式土器セットを踏襲した感はある。同じ後期後葉といえば、西山・王山墳墓群の事例が参考となる。西山1号墓では、甕、壺＋器台、鉢、大小の高杯などが4組となり、王山3号墓では、壺＋器台、甕が1組のなか、系統の異なる高杯4点・壺3点（4点か）が存在する。4つをセットとする概念が生まれている。

　古墳早期になると、装飾器台の成立とともに、新たな祭式土器の組成が確立する。早期初頭の良好な資料はないが、早期前半では一塚21・22号墓が良好な資料となる。22号墓では装飾器台・鉢＋器台の1組のなか、小型壺3点・高杯2点・細頸壺1点・甕数点という2組が確認できる。21号墓では大型壺・装飾器台を核に、高杯3点・壺＋器台1点・小型壺3点・小型台付壺1点・甕多数というセットが確認できる。装飾器台の無文化を新しい傾向ととらえるならば、継続した祭祀行為が想定できる。装飾器台・大型壺を核とする祭式土器セットは、早期後半には原目山1号墓へと確実に受け継がれている。本墓では、大型壺・装飾器台・小型無頸壺を核に、中型高杯

第 1 節　墓出土祭式土器の検討

2点・小型高杯1点・壺＋器台の4組が確認できる。2号墓第1号埋葬においても、大型壺＋装飾器台＋小型品を核に、中型高杯3点・小型高杯3点・壺＋器台セット2組が確認できる。さらに、古墳早期末の袖高林1号墓では、部分的資料から復元すれば、大型壺＋装飾器台を核に、台付壺4点・高杯4点・壺＋器台4点・高杯2点（4点か）というセット関係が見出せる。古墳早期では、大型壺＋装飾器台1組という点で共通し、その周辺を多くの高杯や壺＋器台などで飾るといった祭祀が復元できる。とくに、袖高林1号墓の台付壺4点は、古墳前期に壺を中心とした祭式土器セットへの前段階として評価できる。

（2）壺を中心とした古墳祭祀

　北陸の古墳前期が幕を開けると、前葉の段階では前方後方墳や鏡副葬の古墳が出現する。それとともに、祭式土器も壺・高杯・器台を中心とした組成から、壺を主体とした組成に変化していく。ただ、各古墳の形態によって地域性が認められ、時期的な変遷によっても様相が異なっている。なかでも壺が墳丘を囲繞する出土状況が認められる（第95図）。たとえば、前方後方墳の小菅波4号墳では、加飾性の強い土器群が墳丘をめぐるように囲み、埋葬施設上面に1点、埋葬施設を囲む四至に各1点、前方部上に1点を配置している。他に、一塚4号墳の周溝からも壺の口縁部や底部が出土するし、戸水C11号墳では系統の異なる壺が4点、御経塚シンデン1号墳ではパレス系壺・直口壺などの異系統の壺が、破片も含めれば7点確認されている。富山県の富崎千里9号墳では、大型有段口縁壺がくびれ部や前方部前面などで確認されている。

　前方後方墳以外の古墳ではどうか。風巻神山4号墳の四方向の周溝から広口壺が出土しており、類似例として注目できる。こうした部分的な資料ではあるが、壺を主体とした祭式土器セットが確認できるだけでなく、墳丘をめぐるように配置されている。それに近い事例として、広島県山県郡北広島町中出勝負峠8号墳（方墳・墳長15m）があげられる。墳丘は半壊のため

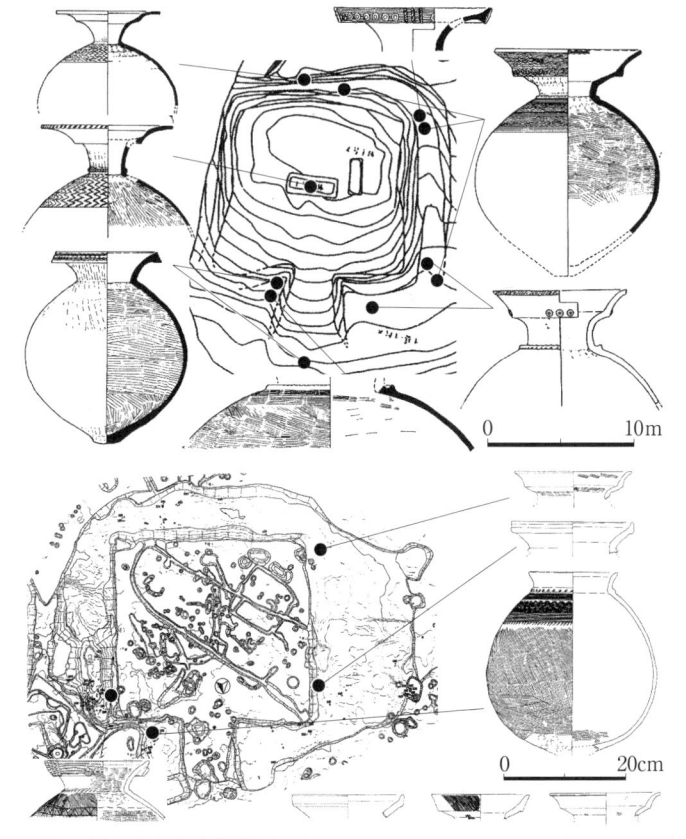

第95図　壺の出土状況図　墳丘図（縮尺1/500）出土土器（縮尺1/12）
［上．小菅波4号墳、下．一塚4号墳］

219

様相不明であるが、残存する墳裾・周溝から二重口縁壺が２点出土した[45]。各壺を一辺の中央に位置し、本来墳丘上に配置したものが転落した可能性も高い。これらは風巻神山４号墳・小菅波４号墳の状況と似ている。埋葬施設内に破砕した連弧文銘帯鏡の副葬例、鉄製品の散乱した出土状況なども、風巻神山４号墳にみる破砕鏡・管玉の散乱例と似ており、小型古墳という点でも共通している。

さらに注目されるのが、壺以外の器種である。周溝の資料では混入が認められるため、本来の墓にともなう祭式土器を抽出するのは困難である。だが、古墳出土の祭式土器には若干ではあるが、土器を丹念に検討すると、壺と同時期とされる高杯や小型器台を含む場合がある。たとえば、御経塚シンデン１号墳では、外来系壺のなかに北陸に伝統的な有段口縁高杯や器台、東海系中型・小型高杯、南新保Ｃ１号墳では小型化した装飾器台、御経塚シンデン11号墳では小型器台、大槻11号墳では東海系小型高杯などが認められる。風巻神山４号墳では、手焙形土器とされる受口状口縁鉢も確認されている。こうした壺主体のなか、従来の高杯・装飾器台・器台などといった在地色の強い土器群が残り、東海系中型・小型高杯などの外来器種を含めてセット関係をなす場合もある。もともとの伝統的な壺・高杯・器台を用いた埋葬儀礼のなかに、壺主体の祭祀を強調する要素が、外来的な影響のなかで古墳前期になって導入されたと考えられる。

（３）古墳前期前葉の他の事例

古墳前期前葉における他地域の事例をみてみる。埋葬施設上に加飾壺をもつ例には、奈良県ホケノ山古墳（前方後円墳・墳長80m）があげられる。石囲い木槨上において、廻間Ⅱ式前半の加飾壺や二重口縁壺が落ち込んで出土し、本来は埋葬施設上に囲むように配置したものと考えられる[46]。京都府芝ヶ原12号墳（前方後方墳・墳長52m）においても、埋葬施設上の礫敷のなかに小片の土器が混じって出土した[47]。土器は加飾二重口縁壺で、東海系加飾壺との関連が指摘された。京都府黒田古墳（前方後円墳・墳長52m）の墓壙上出土の東海系加飾壺は、体部の列点文と体部の形態から廻間Ⅱ式前半に位置づけられる[48]。これらの古墳出土壺はいずれも廻間Ⅱ式前半、庄内３式前後に位置づけられる。滋賀県小松古墳（前方後方墳・全長59.7m）の埋葬施設上面から大量の祭式土器が出土し、東海系加飾壺・二重口縁壺・瓢壺など多様化した壺のなかに、高杯・小型壺・手焙形土器などのセットが含まれていた[49]。庄内式後半段階前半くらいに位置づけられていた当古墳は、畿内と東海とをつなぐ北陸南西部との併行関係から、東海の廻間Ⅱ式前半、畿内の庄内３〜布留０式にまで下げて考えている。

東海では、愛知県一宮市西上免遺跡SZ01（前方後方墳・墳長40.5m）の周溝から、10か所でまとまって土器が出土した[50]。その主体は加飾性の強い壺・高杯などで、パレス壺に混じって東海系加飾壺が存在する。出土土器から廻間Ⅰ式４段階からⅡ式１段階に位置づけられる。長野県弘法山古墳（前方後方形・墳長63m）では、パレス壺に混じって同系統の加飾壺・東海系高杯・手焙形土器が出土しており、廻間Ⅱ式２段階を中心とした時期に位置づけられる[51]。ここでも東海系加飾壺がみられ、同じ系列と考えられている[52]。関東では、千葉県市原市神門古墳群の３〜５号墳の前方後円墳があげられる。出土土器の検討から神門５号墳は廻間Ⅰ式末〜Ⅱ式初頭、神門４

号墳は廻間Ⅱ式前半、神門3号墳は廻間Ⅱ式3段階に位置づけられ、5号墳→4号墳→3号墳という序列が指摘された[53]。なかでも4号墳（前方後円墳・墳長48m）は、埋葬施設上面から東海系高杯・小型器台・壺などが出土しており、廻間Ⅱ式前半に位置づけられる。同県の高部30号墳（前方後方墳・墳長34m）の墳頂部から手焙形土器、埋葬施設から破砕された斜縁二神二獣鏡、周溝から小型甕・高杯・壺・浅鉢などが出土しており、廻間Ⅱ式前半に位置づけられる[54]。手焙形土器は、高部32号墳（前方後方墳・墳長31m）の周溝内施設A土壙上面においても確認されている。併せて本墳では、墳頂下40cmの地点で高杯6点が出土した。出土土器から廻間Ⅰ式末〜Ⅱ式初頭に位置づけられる。埋葬施設内には、半肉彫斜縁獣帯鏡の破鏡が副葬されており、鏡副葬としては関東最古の古墳といえる。

　ここにあげた出現期古墳は、東海の廻間Ⅰ式末〜Ⅱ式前半、畿内の庄内3式前後に位置づけられるため、北陸で古墳の出現する長泉寺・白江1式前後に併行する[55]。北陸における壺を主体とした土器組成は、近隣地域の状況と比較すると、汎列島的な古墳祭祀の流れのなかでとらえられるため、北陸だけの特殊な事例ではない。ただ、細部において地域別・古墳ごとで状況は異なる。とくに、北陸の古墳は東海系にみる祭式土器の共通性だけでなく、前方後方墳という墳形の点でも、東海あるいは関東との関係性が強いように思う。たとえば、小松古墳・神門4号墳・高部32号墳の埋葬施設上面の高杯の出土例は富崎千里9号墳、小松古墳・弘法山古墳・高部30号墳などの手焙形土器の出土例は風巻神山4号墳などで認められる。なお、北陸では完全に外来祭祀を導入したのではなく、北陸独自の二重口縁壺の創出や伝統的な有段口縁壺・装飾器台・器台などの採用から分かるように、北陸の独自性は祭式土器の面でも保持されている[56]。しかし、古墳前期中葉になり、土器の山陰・畿内化が進み、北陸の西側から定型化した前方後円墳が導入されると、祭式土器にみる北陸の独自性はしだいに失われていく。

注

（1）a. 堀大介「古墳成立期の土器編年─北陸南西部を中心に─」『朝日山』朝日町教育委員会　2002年、b. 同「古墳成立期の土器編年に関する基礎的研究」『越前町文化財調査報告書Ⅰ』越前町教育委員会　2006年、c. 同「コシ政権の誕生」『古代学研究』第166・167号　古代学研究会　2004年。
（2）a. 古川登「北陸型四隅突出型墳丘墓について」『大境』第16号　富山考古学会　1994年、同「北陸地方の四隅突出型墳丘墓、その造営意味について」『芸備』第25集　芸備友の会　1996年、b. 同「北陸地方南西部における弥生時代首長墓の認識─北加賀・越前北部地域の事例から─」『考古学研究』第43巻第4号　考古学研究会　1997年。
（3）堀大介「北陸南西部における古墳成立期の様相」『考古学に学ぶⅡ』同志社大学考古学シリーズⅧ　同志社大学考古学シリーズ刊行会　2003年。
（4）本稿における時間軸と形式分類などは、前掲注（1）文献にしたがう。
（5）墓出土祭式土器については、全国的な視野で検討した古屋紀之の研究が知られている。a. 古屋紀之「墳墓における土器配置の系譜と意義」『駿台史学』第104号　駿台史学会　1998年、b. 同「古墳出現前後の葬送祭祀─土器・埴輪配置から把握される葬送祭祀の系譜整理─」『日本考古学』第14号　日本考古学協会　2002年　c. 同「北陸における古墳出現前後の墳墓の変遷─東西墳墓の土器配置系譜整理の一環として─」『駿台史学』第120号　駿台史学会　2004年。

（6）福井県教育委員会『福井県鯖江市王山・長泉寺山古墳群』1966年。
（7）福井県教育委員会『安保山古墳群』1976年。
（8）清水町教育委員会『小羽山』1997年。前掲注（5）a文献では、主体部（埋葬施設）上集中配置を「北陸型」とし、前掲注（5）b文献では、A1に分類されている。
（9）前掲注（8）文献。
（10）鯖江市教育委員会『西山古墳群』1987年。
（11）前掲注（6）文献。
（12）a．松井政信『南春日山墳墓群発掘調査現地説明会』松岡町教育委員会　1994、b．同「南春日山墳墓群」『第10回発掘調査報告会資料』福井県教育庁埋蔵文化財調査センター　1995年。有段口縁台付壺については、c．福井県教育庁埋蔵文化財調査センター『袖高林古墳群』1999年、に報告されている。
（13）a．福井県教育庁埋蔵文化財調査センター『中角遺跡現地説明会資料』2002年、b．同『中角遺跡現地説明会資料土器図版』2000年。
（14）清水町教育委員会『片山鳥越古墳群　方山真光寺廃寺』2004年。
（15）松任市教育委員会『旭遺跡群Ⅰ』1995年。
（16）前掲注（15）文献。
（17）大塚初重・甘粕健ほか「福井市原目山古墳群の調査」『日本考古学協会第33回総会研究発表要旨』日本考古学協会　1967年。
（18）前掲注（17）文献。
（19）前掲注（17）文献。
（20）前掲注（17）文献。
（21）前掲注（12）c文献。
（22）a．松井政信『乃木山古墳発掘調査報告―現地説明会資料―』松岡町教育委員会　1991年、b．同「乃木山古墳」『第7回発掘調査報告会資料』福井県教育庁埋蔵文化財調査センター　1992年。
（23）前掲注（13）文献。
（24）前掲注（13）文献。
（25）清水町教育委員会『風巻神山古墳群』2003年。
（26）a．福井市教育委員会『花野谷古墳現地説明会資料』2000年、b．同『花野谷1号墳発掘調査概報』2000年。
（27）田嶋明人「小菅波4号墳」『定型化する古墳以前の墓制』埋蔵文化財研究会　1988年。
（28）加賀市教育委員会『分校古墳発掘調査報告』1979年。
（29）小松市教育委員会『八里向山遺跡群』2004年。
（30）前掲注（15）文献。
（31）前掲注（15）文献。
（32）野々市町教育委員会『御経塚シンデン遺跡　御経塚シンデン古墳群』2001年。
（33）前掲注（32）文献。
（34）石川県教育委員会・石川県埋蔵文化財センター『金沢市南新保C遺跡』2002年。
（35）a．石川県立埋蔵文化財センター『金沢市戸水C遺跡』1986年、b．同『石川県金沢市戸水C遺跡』1993年、c．石川県埋蔵文化財センター『戸水C遺跡・戸水C古墳群（第9・10次）』2000年。
（36）前掲注（35）文献。
（37）金沢市（金沢市埋蔵文化財センター）『神谷内古墳群C支群』2004年。
（38）石川県立埋蔵文化財センター『垣吉遺跡群』1997年。

(39) 石川県立七尾高等学校郷土研究部『能登における古墳時代の研究Ⅰ―前方後円墳と前方後方墳―』1995年。
(40) 石川考古学研究会「鳥屋・高階古墳群分布調査報告」『石川考古学研究会々誌』第20号　石川考古学研究会　1977年。
(41) 藤田富士夫編『富山市杉谷地区内埋蔵文化財予備調査報告書』富山市教育委員会　1974年
(42) a. 高岡市教育委員会『市内遺跡調査概報Ⅰ』1992年、b. 同『石塚遺跡調査概報Ⅲ』1995年。
(43) 婦中町教育委員会『千坊山遺跡群試掘調査報告書』2002年。
(44) 前掲注（43）文献。
(45) 広島県埋蔵文化財調査センター『歳ノ神遺跡群・中出勝負峠墳墓群』1986年。
(46) 奈良県立橿原考古学研究所『大和の前期古墳Ⅳ ホケノ山古墳調査概報』学生社　2001年。
(47) 城陽市教育委員会『芝ヶ原古墳』1987年。
(48) 園部町教育委員会『船阪・黒田工業団地予定地内遺跡群発掘調査概報』1991年。
(49) a. 黒坂秀樹「高月町古保利古墳群」『シンポジウム　邪馬台国時代の近江と大和　資料集』香芝市二上山博物館　友の会　ふたかみ史遊会　2001年、b. 高月町教育委員会『古保利古墳群第１次確認調査報告書』2001年。
(50) 愛知県埋蔵文化センター『西上免遺跡』1997年。
(51) a. 松本市教育委員会『弘法山古墳』1978年、b. 同『弘法山古墳出土遺物の再整理』1993年。
(52) 赤塚次郎「壺を加飾する」『考古学フォーラム７』考古学フォーラム　1995年。
(53) 田中新史「市原市神門４号墳の出現とその系譜」『古代』第63号　早稲田大学考古学会　1977年。
(54) 木更津市教育委員会『高部古墳群Ⅰ―前期古墳の調査―』2002年。
(55) 前掲注（１）文献。
(56) 前掲注（５）ｃ文献。古屋は、北陸型二重口縁壺の特徴として、頸部下端が細く、上方に大きく外反して開き、他地域の二重口縁壺の型式変化とは異なり、頸部高が低くなる変化を指摘した。

第2節　東海系土器受容の斉一性と地域性

はじめに

　古墳成立期の土器をみると、北陸は東海と密接な関係を有したことが分かる。とくに、古墳前期に突如出現する東海系土器は、従来の土器様式を崩壊させる影響力を有し、北陸の新たな土器組成の一部として定着する[1]。だが、すべてが東海系に転換したわけではなく、北陸側の意図的な選択性が働き、地域や遺跡別あるいは立地などの地理的条件によって受容状況が異なる。本稿では、北陸南西部における古墳時代前期前葉から中葉にかけて[2]の東海系土器を概観する。福井県・石川県出土の東海系土器を集成して変容度で分類し、集落・墓制における器種・分類別の傾向を探り、土器受容の斉一性と地域性について論じてみたい。

1　東海系土器の分類

　北陸南西部における古墳前期の東海系土器は、96遺跡（福井県28遺跡、石川県68遺跡）を数える。器種は壺・甕・高杯・小型器台などが存在する（第96図）。特徴的なものとして、壺ではパレススタイルの広口壺（以下、パレス系壺）、瓢壺・内彎壺などの有文壺、甕ではS字甕・くの字状口縁（台付）甕（以下、くの字（台付）甕）、高杯では中型高杯・小型高杯、有文高杯などがある。ここでは、東海系土器の詳細な形態分類をおこなわず、土器の模倣や変容度によって区分する。

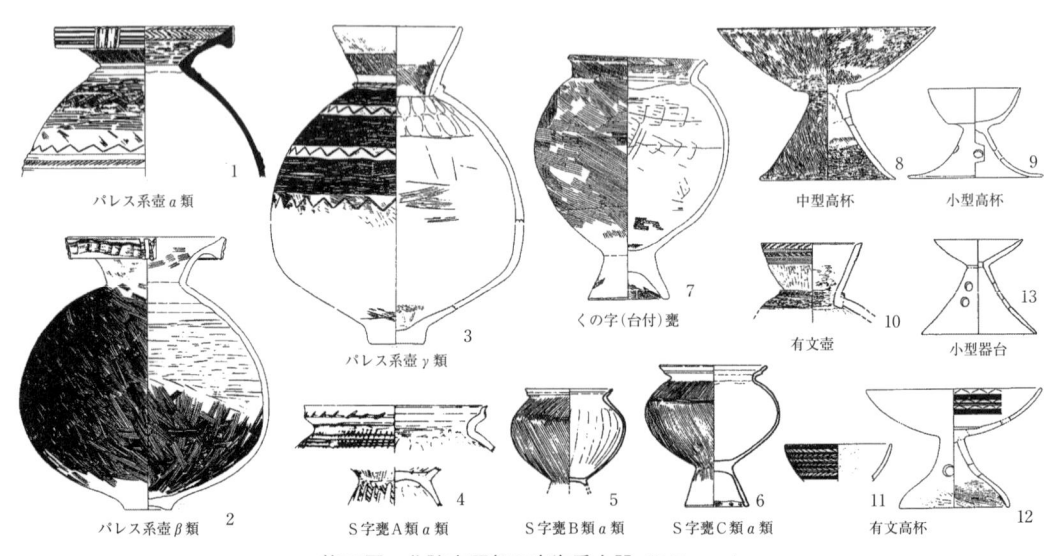

第96図　北陸南西部の東海系土器（縮尺1/8）

1. 南新保D遺跡、2. 佐野A遺跡、3. 北安江遺跡、4. 杉町遺跡、5・6. 曽万布遺跡、7. 扇台遺跡、8. 上荒屋遺跡、9. 額新町遺跡、10. 畝田遺跡、11. 倉部出戸遺跡、12. 寺中B遺跡、13. 畝田・寺中遺跡

第2節　東海系土器受容の斉一性と地域性

パレス系壺　東海出自のパレススタイル広口壺は、拡張口縁と擬凹線文、肩部の文様帯、赤彩の3つの要素によって規定されている[3]。しかし北陸では、部分的な資料が多く変容が激しいため、必ずしもこれらの条件を満たしていない。ここでは、形態・文様帯などのプロパーな要素をもつもの（α類）(1)、形態・文様帯の変容・欠如、擬凹線文が無文化したもの（β類）(2)、他の形態の壺などにパレス系の文様を採用したもの（γ類）(3)の3つに分類する。α類は東海系が波及しはじめる古墳前期前葉に多く、β類は東海系土器が在地の土器組成に定着する古墳前期前葉から中葉を中心とする。

S字甕　S字甕は東海に特徴的な甕であり、赤塚次郎によるとA・B・C・D類に分類されている[4]。北陸には東海プロパーなものも存在するが、二次的な情報にもとづいた変容形と模倣品が多いと考えられるため、本来の分類適用は難しい部分がある。ここでは、東海プロパーあるいはそれに近い形態のもの（α類）、形が変容して明らかに在地製作と考えられるもの（β類）の2つに分類する（4〜6）。

くの字（台付）甕　口縁部が直線ないしは内湾気味にのびて端部に面をもち、調整は内外面ハケ調整で指頭押圧がめぐるものが典型例であり、滋賀県北部に系譜をもつとされている[5]。プロパーあるいはそれに近い形態のもの（α類）、形は変容するが、くの字（台付）甕を志向するもの（β類）の2つに分類する（7）。

中型・小型高杯　中型高杯は受部が小さく杯底部に稜をもち、口縁部は直線的あるいは内湾気味に開き、脚部は内彎脚か外反脚がともなう（8）。廻間編年では廻間Ⅱ式からⅢ式にかけて、脚部が内彎脚から外反脚に、杯部が開き深さも浅く変化するという[6]。私の編年では高杯E1〜5類に分類しており、口径が大きく杯部の深いタイプから、全体的に縮小化する変化を示した。また小型高杯は、杯底部に稜をもち口縁部は内湾して開き、外反脚をともなう（9）。廻間編年では廻間Ⅰ式からⅢ式にかけて、深い内湾杯から開く杯部へと変化するという[7]。私の編年では高杯F1〜6類に分類しており、口縁部が内湾して杯部の深いタイプから、口縁部外反して杯部の浅いタイプへと変化を示した。

有文壺・有文高杯　壺や高杯に、直線文・斜行文・半円文などを施すものを一括する。有文壺には、瓢壺・内彎壺のように口縁部や肩部に施文するものが存在する（10）。ただ、完形は少なく全体の様相は不明である。ここでは、パレス系以外の施文をもつ壺として一括する。また有文高杯は、中型高杯（高杯E）と小型高杯（高杯F）にみられる（11・12）。文様は中型高杯の場合、杯部内面上半分および脚部外面、小型高杯の場合、杯部外面上半分および脚部外面に施す。なお、有文高杯は東海の廻間Ⅱ式併行期に盛行することが指摘されている[8]。

小型器台　成立当初は受部が開いて器高も高いが、小型化とともに小型丸底壺・鉢を加えて完備し、在地の土器様式として定着する。東日本出土の小型器台は東海系譜とされているため[9]、東海系土器の第1次拡散期に出現する北陸の小型器台も同様にとらえている。特徴的なものとして、脚部が内湾気味に開くもの、脚部に縦2孔を施すもの（13）、受部端部が拡張して縁帯を有するものなどをあげる。しかし、それ以外の典型的な小型器台は、形態だけでは畿内系との区別がつかないため、本稿では詳細な分析の対象外とした。

2　集落における様相

（1）北加賀（第97図）

　犀川を境に北部（加賀）と南部（石川）では様相が異なるため、器種別にみてみる。
　S字甕をみると、a類は北部を中心に分布し、とくに浅野川・大野川・犀川などの河川沿いの遺跡に集中する（45・46・47・50～53）。南部ではa類は少なく（48）、変容形の$β$類は3遺跡で確認できる（38・40・49）。くの字（台付）甕をみると、南部では下安原遺跡、下安原海岸遺跡といった海岸部だけでなく（32～34・44）、扇台遺跡のような内陸部の奥にも分布するが（54）、北部では南新保D遺跡の1遺跡にとどまっている（43）。北部のS字甕、南部のくの字（台付）甕というように、犀川を境に南北で状況が異なる。とくに北部は、S字甕a類・受口状口縁甕・庄内式甕などのさまざまな系統が確認されるが、在地甕へ影響を与えないことに特徴がある。その点で在地色の色濃く残る地域といえるだろう。
　パレス系壺a類をみると、南部では調査面積が狭小ながらも、海岸部から少し内陸部に入った遺跡に集中するが、内陸部でも奥に展開する遺跡では確認されない。$β$類も同様に南部を中心に広がっており、無文化とともに本来のスタイルを変容させながら在地化した可能性が高い。一方、北部ではパレス系壺a類が南新保D遺跡、松寺・田中A遺跡などの特定の遺跡で数点しか出土せず（24・25・28・29）、S字甕と同様に在地の土器組成として定着しない。$β$類についても出土数が少ないため、南部からの搬入品という指摘もある[10]。また、パレススタイルをとらないが、肩部から胴部までの施文がプロパーに近い$γ$類も確認できる（30・31）。全体的にみると、パレス系壺は南部に特徴的なことが分かる。
　中型・小型高杯は広範に認められるため、古墳前期には在地の土器組成に組み込まれたことを示す。内陸部の額新町遺跡や御経塚ツカダ遺跡は在地色の強いなか、高杯が東海系に転換することから、受容が積極的に進んだ器種といえる。有文高杯をみると、北部の遺跡では特定の地点や遺構に集中する傾向があり、南部においても遺跡・遺構によって文様パターンが異なるという[11]。有文壺は北部の遺跡に多く、南部では上荒屋遺跡のみの出土である（70）。有文高杯は両地域で確認されており、赤彩を施すといった祭祀的色彩が強い。ただ、海岸部や内陸部というより海岸部から少し内陸部に入った遺跡に集中する傾向が認められる。
　全体でみると、斉一性の高い器種、犀川を境に南北で地域性を有する器種に分かれるとともに、海岸部と内陸部という立地の違いによって受容差が認められる。とくに南部は、北部に比べると遺跡差はあるが、東海色の強い傾向が認められる。なかでも南部の上荒屋遺跡では、S字甕$β$類を若干含む程度であり（38・40）、くの字（台付）甕が主体的である（39・41・42）。パレス系壺や有文高杯なども多く、さまざまな系統が入り組んだ状況である。南部は伊勢湾沿岸というより、滋賀県北部の影響が強いと考えられる。いずれにせよ、上荒屋遺跡の状況と南部におけるパレス系壺の分布状況から、南部は北部より東海系土器を積極的に受容した地域といえよう。

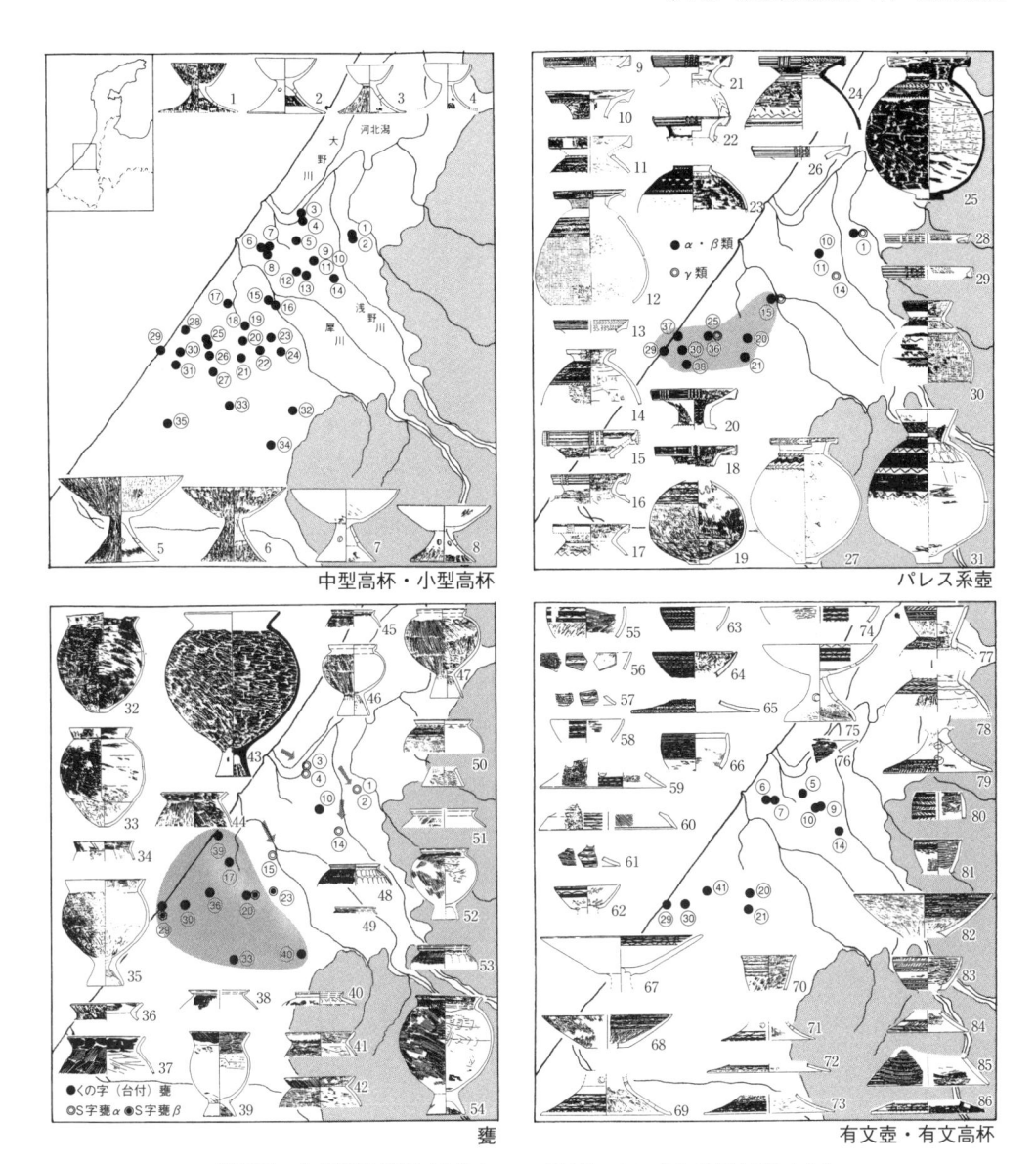

第 2 節　東海系土器受容の斉一性と地域性

第97図　北加賀の様相（土器は55～86が縮尺1/12、それ以外は縮尺1/16）

1．松寺遺跡（5・28～30・50～52）、2．田中Ａ遺跡、3．近岡遺跡（46・47）、4．近岡ナカシマ遺跡（45）、5．戸水ホコダ遺跡（80）、6．寺中Ｂ遺跡（4・74～76）、7．畝田遺跡（77～79）、8．寺中・畝田遺跡、9．南新保三枚田遺跡（82）、10．南新保Ｄ遺跡（24・25・43・83～86）、11．西念・南新保遺跡、12．藤江Ｃ遺跡（7・27）、13．二口六丁遺跡、14．北安江遺跡（3・31・53・81）、15．古府クルビ遺跡（2・21～23・48）、16．高畠遺跡、17．下安原遺跡（26・32～34・66）、18．矢木ジワリ遺跡、19．矢木ヒガシウラ遺跡、20．上荒屋遺跡（1・6・15～19・38～42・68～73）、21．横江古屋敷遺跡（20・67）、22．御経塚ツカダ遺跡、23．新保本町西遺跡（49）、24．押野西遺跡、25．旭・旭小学校遺跡（8・35）、26．宮永の森遺跡、27．宮永市カイリョウ遺跡、28．倉部出戸遺跡（63）、29．浜相川・相川新遺跡（11・55～61）、30．相川新遺跡（9・10・62）、31．中相川遺跡、32．額新町遺跡、33．中奥・長竹遺跡（37）、34．上新庄ニシウラ遺跡、35．北出遺跡、36．一塚イチノツカ遺跡（14・36）、37．浜竹松遺跡（12）、38．東相川Ｂ・Ｃ遺跡（13）、39．下安原海岸遺跡（44）、40．扇台遺跡（54）、41．一塚オオミナクチ遺跡（64・65）

第Ⅲ章　土　器　論

（2）南加賀（第98図）

　本地域では出土数が少ない。S字甕をみると、漆町遺跡や白江梯川遺跡においてB類・C類（30～34）が存在するが、いずれもβ類と考えられる。プロパーに近いパレス系壺α類はほとんど確認できず、無文で棒状浮文を付す変容形のβ類（35・36・39・41）が大部分を占める。β類は頸部に刻み突帯、口縁部をあまり拡張しないタイプであり、古墳前期中葉には在地の土器様式に組み込まれていく。また、文様をもつ小型高杯の出土数も少なく、千代デジロ遺跡に1点（37）確認できる程度である。中型・小型高杯は一定量存在するため、北加賀同様、斉一性の高い器種といえる。形態はバラエティーに富み、規格性をあまり感じない。南加賀は北加賀と比べると、出土量が圧倒的に少ないことから、東海系土器を積極的に受容しなかった地域といえるかもしれない。

（3）能登（第98図）

　押水町一帯では3遺跡で確認できる。免田一本松遺跡ではS字甕B類のβ類（24）、台付甕の台部が数点存在するなか、中型・小型高杯の破片が目立つ。宿向山遺跡では、内面に直線文を施して形態も東海プロパーに近い中型高杯（26）、S字甕を意識した小型の台付甕が確認できる（25）。荻市遺跡では、小型高杯の脚部に直線文・杯部に直線文と波状文、小型器台の脚部に山形文を施す（21～23）。邑知潟周辺では2遺跡で確認できる。吉崎・次場遺跡ではJ・W区包含層から有文高杯がまとまって出土した（15～18）。他に、くの字（台付）甕、中型・小型高杯、パレス系壺の肩部、有文小型高杯などと種類は多く（19・20）、潟に面した立地条件と弥生前期以来の拠点的集落だからであろう。二口かみあれた遺跡では中型・小型高杯やS字甕β類が目立つなか、パレス系壺α類？、器台もみられる（10～14）。
　志賀町一帯では2遺跡で確認できる。倉垣遺跡では縦2孔をもつ小型器台（4）が確認できる。鹿首モリガフチ遺跡では中型・小型高杯、棒状浮文を付すパレス系壺β類、小型器台などであり、赤彩した高杯・小型器台が多いことから祭祀的色彩が強い（1～3）。邑知帯中央部では4遺跡で確認できる。徳前C遺跡では棒状浮文付無文のパレス系壺β類、中型高杯がみられる（5）。水白モンショ遺跡では、内外面赤彩の中型高杯が多く、他に小型高杯、赤彩された小型器台、パレス系壺β類でも棒状浮文を付すものと無文のものがある（6～8）。小田中おばたけ遺跡と曽祢C遺跡では、赤彩された中型高杯の出土が目立つ（9）。
　能登は北加賀と異なり、墓出土土器のなかにパレス系壺α類はあるが、集落においては胴部に山形文を有する典型的なものは確認できず、小型器台や壺の口縁帯に文様が確認できる程度である。著しく変容したS字甕はβ類が多く確認できるが、出土遺跡は限定される。中型・小型高杯の存在は目立つが、有文高杯は北加賀と比べると出土量が少なく、荻市遺跡や吉崎・次場遺跡といった一部の遺跡でしか出土しない。壺・高杯などの器種では赤彩を施す率が高いため、能登の特徴ととらえられる。

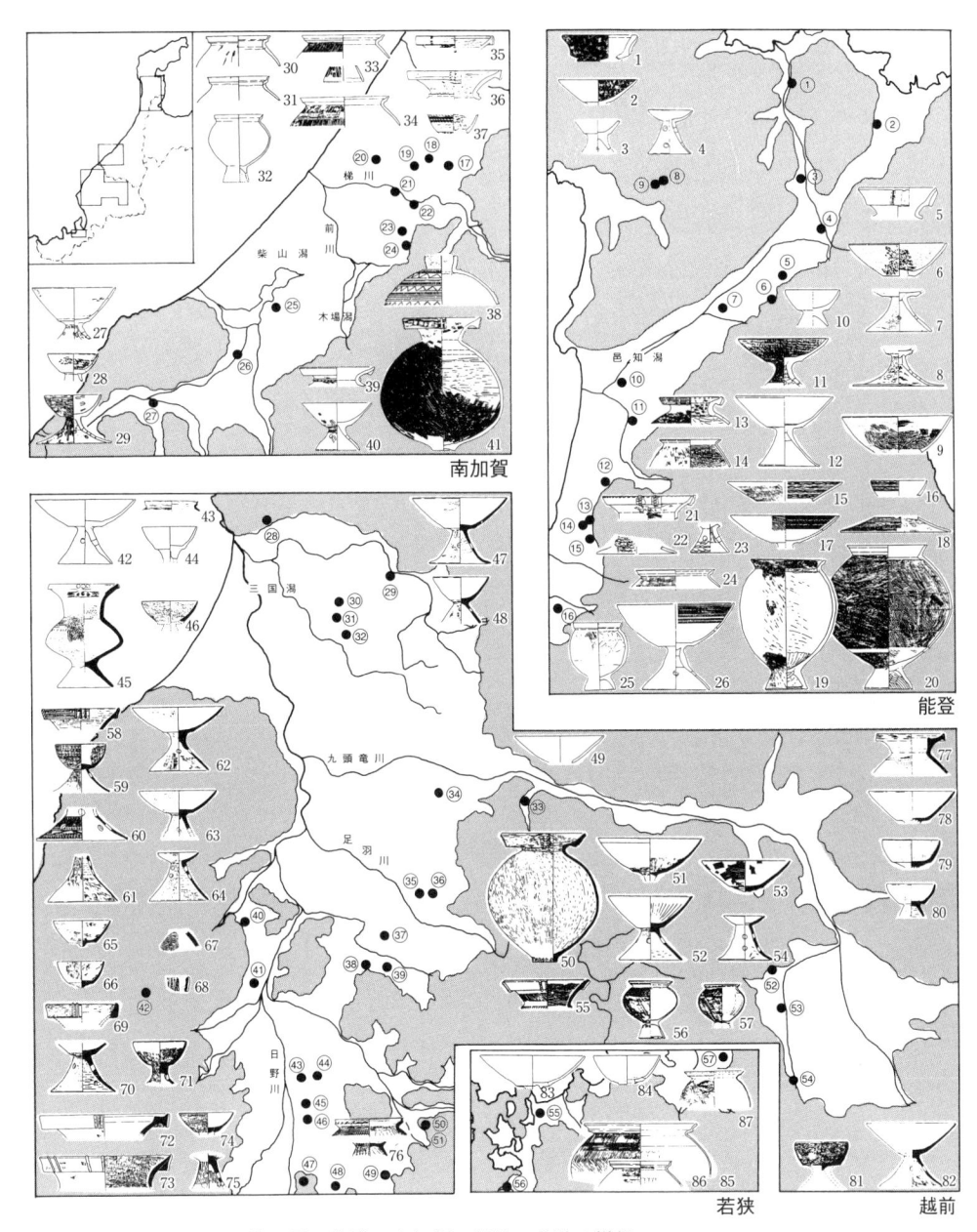

第2節　東海系土器受容の斉一性と地域性

第98図　能登・南加賀、越前・若狭の様相（縮尺1/16）

1．垣吉遺跡群、2．国分尼塚古墳群、3．大槻古墳群、4．徳前C遺跡（5）、5．水白モンショ遺跡（6〜8）、6．小田中おばたけ遺跡（9）、7．曽祢C遺跡、8．倉垣遺跡（4）、9．鹿首モリガフチ遺跡（1〜3）、10．吉崎・次場遺跡（15〜20）、11．二口かみあれた遺跡（10〜14）、12．荻市遺跡（21〜23）、13．宿向山遺跡（25・26）、14．宿東山1・2号墳、15．南吉田葛山遺跡、16．免田一本松遺跡（24）、17．佐野A遺跡（39〜41）、18．大長野A遺跡（36）、19．千代デジロ遺跡（37）、20．松梨遺跡（35）、21．白江梯川遺跡（30〜32）、22．漆町遺跡（33・34）、23．．吉竹遺跡（38）、24．千木野古墳群、25．額見町西遺跡、26．猫橋遺跡（27・28）、27．永町ガマノマガリ遺跡（29）、28．西谷遺跡（42〜44）、29．伊井遺跡（47・48）、30．大味上遺跡（45・46）、31・32．坂井兵庫地区遺跡群、33．成仏・木原町遺跡（49）、34．林・藤島遺跡、35．和田防町遺跡（54）、36．曽万布遺跡（56・57）、37．上莇生田遺跡（50〜53）、38．糞置遺跡（55）、39．太田山古墳群、40．風巻上小島遺跡、41．甑谷在田遺跡、42．下糸生脇遺跡（67・68）、43．西山古墳群、44．長泉寺遺跡（58〜66）、45．王山古墳群、46．光源寺遺跡（69〜71）、47．村国山古墳群、48．岩内山古墳群、49．杉町遺跡（76）、50．戸板山古墳群、51．見田京遺跡（72〜75）、52．山ヶ鼻古墳群、53．犬山遺跡（81・82）、54．下黒谷遺跡（77〜80）、55．口背湖遺跡（83・84）、56．角谷遺跡（85・86）、57．中遺跡（87）

（4）越前・若狭（第98図）

S字甕には、角谷遺跡のB類・C類（85・86）、中遺跡のC類（87）、杉町遺跡のA類（76）、西谷遺跡のB類（43）、曽万布遺跡のB類・C類（56・57）があげられる。東海プロパーかそれに近い形態であるためa類と考えられる。パレス系壺をみると、a類は長泉寺遺跡から多く出土するが、口縁部資料が大半のため肩部や胴部に山形文などは確認できない（58）。パレス系壺β類は、大味上遺跡（45）、光源寺遺跡（69）、糞置遺跡（55）、上莇生田遺跡（50）、見田京遺跡（72・73）、下黒谷遺跡（77）などで広範に出土するため、在地の土器組成の一部に組み込まれている。中型・小型高杯についても広範に確認できることから、越前・若狭でも斉一性の高い器種といえる。有文高杯は長泉寺遺跡で小型高杯に採用されており（59・60）、他に、村国山古墳群では有文壺の破片、光源寺遺跡では有文壺の口縁部が採集されている。

主要な遺跡をあげてみる。西谷遺跡は在地色が強いなか、中型・小型高杯が東海系に転換しており、S字甕B類のa類を含んでいる（42〜44）。光源寺遺跡も同様に在地色が強く、中型・小型高杯を一定量含むなか、パレス系壺β類が存在する（69〜71）。長泉寺遺跡においてS字甕は出土しないが、中型・小型高杯を一定量含み、パレス系壺a類・有文高杯・小型器台などの祭祀的色彩の強い一群を有する（58〜66）。くの字（台付）甕の類似性から、滋賀県北部との関係がうかがえる。上莇生田遺跡では中型高杯のみで、パレス系壺β類が主体的である（50〜53）。大野盆地の遺跡では中型・小型高杯が一定量存在するなか、パレス系壺β類を含む（77〜82）。

越前・若狭では報告事例が少なく、地域性の検討は難しいため、北加賀のような傾向を割り出せない。ただ、東海系土器の様相は遺跡差が認められることは確かである。なかでも中型・小型高杯は県内に広く分布することから、斉一性の高い器種といえるだろう。とくに、長泉寺遺跡のパレス系壺a類・有文高杯のセットとくの字（台付）甕の盛行は、北加賀のなかでも南加賀の特徴に近く、滋賀県北部との強い関係性がうかがえる。西谷遺跡のように在地色の強い土器組成を有するなか、プロパーに近いS字甕a類が流入しており、高杯などの一部の器種だけが転換する事例も確認できる。

3　古墳出土の東海系土器

福井県の大野盆地や南越盆地では、弥生後期の段階で東海系土器が確認できる（第99図）。大野市山ヶ鼻4号墓の山中式の影響を受けた広口壺、鯖江市西山1号墓のくの字台付甕、同市王山3号墓の広口壺などは、古墳前期以前の流入事例として知られている[12]。古墳前期になると、中型・小型高杯、有文高杯、パレス系壺を主体とした東海系土器が、北陸南西部の遺跡に広範に認められることは先に触れた。墓においても、東海に出自をもつ祭式土器が採用されており、前方後方墳からの出土が目立つ。前方後方墳については、東海の影響下で土器とともに拡散することから、その優位性について説かれている[13]。東海系土器出土の前方後方墳は、北加賀の一塚3号墳・4号墳、戸水C1号墳・11号墳、御経塚シンデン1号墳、宇気塚越1号墳、能登の上町マン

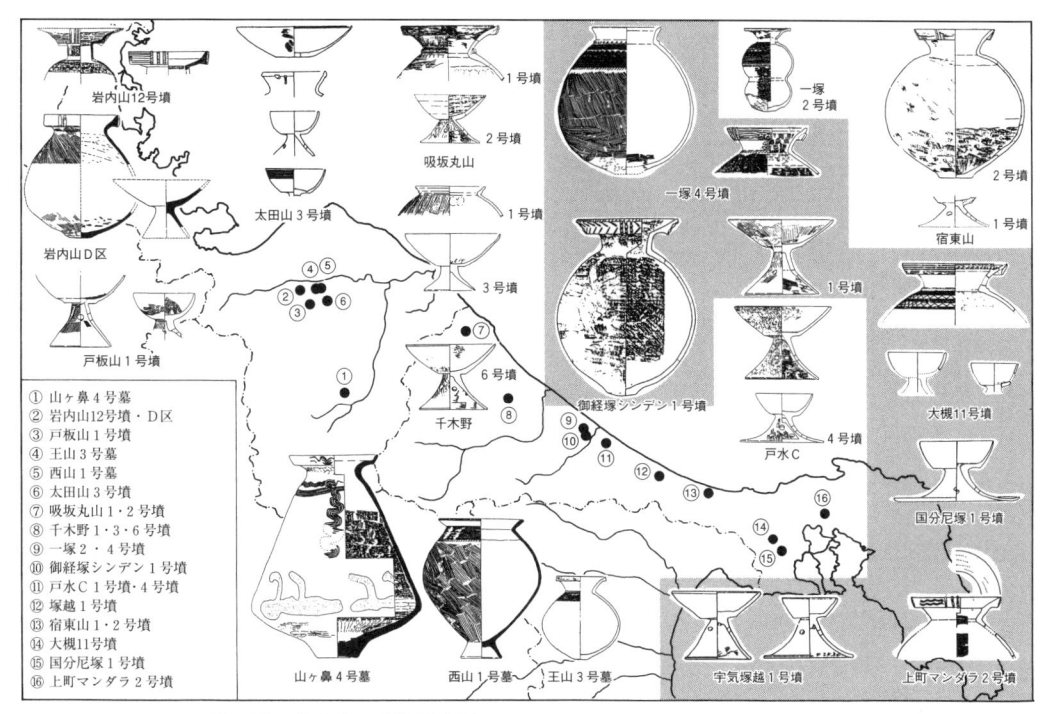

第2節　東海系土器受容の斉一性と地域性

第99図　墓出土の東海系土器（縮尺1/15）［網掛け部分は前方後方墳出土］

ダラ2号墳、大槻11号墳、国分尼塚1号墳があげられる。ここでも前方後方墳＝東海系土器という強い相関関係がうかがえる。

　しかし、これに該当しない事例もある。たとえば、南加賀の小菅波4号墳は前方部の短い前方後方墳であるが、出土土器は装飾性の強い二重口縁壺が主体である。また、戸水C16号墳は在地系、藤江C1号墳は畿内系・在地系壺、垣吉B22号墳は系統不明の土器が出土するように、むしろ東海の影響は少ない。前方部の短い前方後円墳である宿東山1号墳は、二重口縁壺や直口壺などに畿内色が強くあらわれるが、東海系小型高杯の脚部も確認できる。他に、東海系土器出土の古墳として、越前の戸板山1号墳（中型・小型高杯のセット）、岩内山12号墳（東海系加飾壺の影響を受けた二重口縁壺、パレス系壺）、太田山3号墳（パレス系壺、小型高杯、小型有文高杯）、南加賀の吸坂丸山1・2号墳（パレス系壺、中型・小型高杯のセット）、千木野1・3・6号墳（S字甕、中型高杯）、北加賀の一塚2号墳（パレス系壺）、能登の宿東山2号墳（パレス系壺）などがあげられる。方墳・円墳にも東海系土器は出土しているため、前方後方墳だけの特徴ではない。

　墓出土土器をみると、在地色の強い土器の一部が東海系に転換するもの、東海系土器が主体的なもの、在地系あるいは畿内系土器に東海系の装飾を採用するものなど、受容の状況はさまざまである。これは、時期差の要因が強いと考えている。畿内色の強い土器をもつ古墳は、プロパーに近い東海系土器をもつ古墳と比べると、時期的に新しいという理由からである。しかし、古墳前期前葉に比定できる古墳のなかでも、受容の度合いは異なっている。先に検討したように、集落では遺跡の立地や地域別によって、受容が異なることと関連している。併せて、造墓集団による志向性の違いともとらえられ、在地側の主体性が感じ取れる[14]。

231

第Ⅲ章　土　器　論

おわりに

　北陸南西部の東海系土器は、遺跡・地域・立地によって流入・受容状況が異なっていた。北加賀の事例で概括すると、北部ではＳ字甕が河川沿いの遺跡に流入するのに対し、南部ではくの字（台付）甕が多いというように、犀川を境に流入のあり方が異なっている。しかも、北部に流入するＳ字甕は、在地の土器様式に影響を与えないが、南部におけるくの字（台付）甕は、一定量確認できることから在地化した可能性が高い。それと逆の現象がパレス系壺で認められる。南部では a 類が多いが、北部では特定の遺跡において数点しか出土しない。赤彩高杯などの祭祀的色彩の強い器種は南部に集中する。ただし、中型・小型高杯は南北ともに一定量出土するため、在地における器種組成のひとつをなしている。流入というより受容と呼ぶにふさわしい。

　これは「斉一性」の高杯、「地域性」のＳ字甕・くの字（台付）甕・パレス系壺といった状況である。南部では、祭祀的色彩の強いパレス系壺が土器組成の一部となるため、在地の土器様式に影響を与えた点で東海化が進んだ地域といえる。一方、北部では、庄内式系甕や山陰系甕などの諸系統の甕が流入するが、在地の土器様式が東海一色とはならず、高杯にとどまる点で東海化の速度は遅い。北部は、畿内系・山陰系の転換まで在地性を保持するため、流入当初、外来系の甕などは内容物の交換に使用されたのだろう。偏在的に分布する有文高杯は、一部の住居やある地点に集中する傾向が認められる。加賀の寺中Ｂ遺跡では住居跡の円形周溝、南新保Ｄ遺跡ではＥ区、能登の吉崎・次場遺跡ではＪ・Ｗ区というようにである。これは、集落のなかでも一部の人々（政治権力者層？）に受容されたことを示唆しているのかもしれない。

　大きな括りでみると、北加賀は発掘調査事例が多いこともあるが、東海系土器が多く確認される地域である。それに比べると、南加賀では全体的な数が少なく、以後に山陰系や畿内系土器が目立つことから、東海の影響があまり及ばないか、東海以外の外来系に早く転換した地域だったのだろう。また、越前・若狭の調査事例は少ないが、地域・遺跡によって受容差が認められる。たとえば長泉寺遺跡では、パレス系壺・高杯・有文高杯・くの字（台付）甕がセットとなるが、Ｓ字甕は確認されていない。逆に、西谷遺跡ではＳ字甕が発見されるが、全体的に在地色が強く東海系の器種は少ない。さらに能登では、邑知潟周辺までＳ字甕は確認されるが、以東地域では未発見であるし、パレス系壺 a 類で山形文などを施すものは、七尾湾周辺の墓のみの出土である。いずれにせよ、高杯だけは北陸南西部でも広範に存在するため、在地の土器組成に組み込まれたことを示す。

　東海系土器のなかでも、プロパーあるいはそれに近い形態は、福井県では陸上交通の拠点、石川県では海岸部に近い海上交通の拠点となる遺跡で多く確認されている。とくに海岸部に近い遺跡は、福井県の三国潟、石川県の柴山潟、木場潟、河北潟、邑知潟といった日本海沿岸を中心に発達した潟の周辺に展開する。潟といえば、もの・人・情報などが集積する場所であるため、古墳前期前葉における東海系土器の流入も、潟間のネットワークを通じた交流の結果だと考えている。東海系をはじめとする外来系土器は、潟周辺の遺跡に先行してもたらされると、主要河川を

第 2 節　東海系土器受容の斉一性と地域性

通じて内陸部に流入していったのだろう。

　こうしてみると、東海を発信源として拡散する東海系土器は、在地の土器様式を瓦解させる影響力をもっており、その地域色や崩壊の過程も一様でない。原田幹は、東海系という出自を重視するあまり、定着・在地化して地域の土器様式に組み込まれてしまった器種までも、東海との交流、人の移動の直接的な根拠とすることに疑問を感じると指摘したように[15]、北陸南西部においても、すべてが人の移動ともいえない状況が想定できる。高杯や小型器台などの器種が先行して転換する現象には、北陸だけでなく、東日本一帯を巻き込んだ大きな社会背景が考えられる。そして、地域性をもって受容する器種は一方的な流入というより、在地側の意図的な選択性が働いている。在地側の強い主体性が感じ取れるとともに、こうした受容差は志向性の差ともとらえられる。その歴史的な背景の解明については、今後の課題としたい。

注
（1）東海とは、伊勢湾沿岸地域とその周辺を想定する。ただし、くの字（台付）甕などの存在から、滋賀県北部も便宜的に含めている。なお、北陸における東海系土器の研究については、a. 栃木英道「石川県（加賀・能登地域）の土器編年と東海系土器」・「石川県」『東海系土器の移動から見た東日本の後期弥生土器』第 8 回東海埋蔵文化財研究会　1991 年、b. 原田幹「北陸における東海系土器の動向―古墳時代初頭前後の一様相」『石川考古学研究会々誌』第 35 号　石川考古学研究会　1992 年、c. 安英樹「北陸のＳ字状口縁台付甕」『庄内式土器研究Ⅲ』庄内式土器研究会　1992 年、などがある。
（2）この論考を発表した 2001 年の時点では、谷内尾編年の月影式末〜古府クルビ式初頭、田嶋編年の白江式期、古墳時代初頭から前半期のものを対象としていた。その後、「古墳成立期の土器編年―北陸南西部を中心に―」『朝日山』朝日町教育委員会　2002 年、「古墳成立期の土器編年に関する基礎的研究」『越前町文化財調査報告書Ⅰ』越前町教育委員会　2006 年、「越前・加賀地域」『古式土師器の年代学』大阪府文化財センター　2006 年、などによって、北陸南西部における土器編年や時代区分の見直しており、本稿では、庄内式併行期前半は古墳時代早期、白江式は古墳時代前期前葉、古府クルビ式は古墳時代前期中葉ととらえ直している。
（3）赤塚次郎「考察」『廻間遺跡』愛知県埋蔵文化財センター　1990 年。
（4）前掲注（3）文献。
（5）a. 古川登「北部近江における「く」の字状口縁台付甕について」『考古学フォーラム 2』愛知考古学談話会　1991 年、b. 宮崎幹也「北近江の様相」『庄内式土器研究Ⅵ』庄内式土器研究会　1994 年。
（6）前掲注（3）文献。
（7）前掲注（3）文献。
（8）a. 原田幹「東海系小型高杯考」『考古学フォーラム 7』考古学フォーラム　1995 年、b. 同「上荒屋遺跡出土の「東海系」土器について」『上荒屋遺跡Ⅰ』金沢市教育委員会　1995 年。
（9）前掲注（3）文献。
（10）出越茂和「第 4 章　まとめ」『戸水遺跡群Ⅰ　戸水ホコダ遺跡』金沢市埋蔵文化財センター　1999 年。
（11）安英樹「北陸の有文高杯について」『松任市浜相川・相川新遺跡』石川県立埋蔵文化財センター　1993 年。
（12）a. 大野市教育委員会『山ヶ鼻古墳群』1980 年、b. 同『山ヶ鼻古墳群Ⅱ』1993 年、c. 鯖江市教育委

第Ⅲ章　土　器　論

員会『西山古墳群』1987年、 d.同『王山・長泉寺山古墳群』1976年。
(13) 赤塚次郎「東海系のトレース─3・4世紀の伊勢湾沿岸地域─」『古代文化』第44巻第6号　古代学協会　1992年。
(14) 大村直「東国における古墳の出現」『考古学研究会40周年記念論集　展望考古学』考古学研究会　1995年。
(15) 前掲注（8）文献。

東海系土器出土遺跡の参考文献

[北加賀]　金沢市教育委員会『金沢市松寺遺跡』1985年、同『金沢市松寺遺跡（その2）』1997年、同『田中Ａ遺跡』1992年、同『金沢市近岡ナカシマ遺跡』1986年、金沢市埋蔵文化財センター『戸水遺跡群Ⅰ　戸水ホコダ遺跡』1999年、金沢市教育委員会『金沢市寺中Ｂ遺跡Ⅲ』1992年、石川県立埋蔵文化財センター『金沢市寺中Ｂ遺跡』1991年、同『畝田遺跡』1991年、金沢市教育委員会『金沢市畝田・寺中遺跡』1984年、同『金沢市南新保三枚田遺跡』1984年、同『金沢市南新保Ｄ遺跡』1981年、金沢市（金沢市埋蔵文化財センター）『金沢市南新保Ｄ遺跡Ⅱ』1995年、金沢市教育委員会『金沢市西念・南新保遺跡』1983年、同『金沢市西念・南新保遺跡Ⅱ』1989年、同『金沢市西念・南新保遺跡Ⅲ』1992年、同『金沢市西念・南新保遺跡Ⅳ』1996年、石川県立埋蔵文化財センター『藤江Ｃ遺跡Ⅱ』1997年、金沢市教育委員会『金沢市二口六丁遺跡』1983年、石川県立埋蔵文化財センター『金沢市北安江遺跡』1985年、石川県教育委員会『金沢市古府クルビ遺跡（第1・2次）』1972年、橋本澄夫「古府クルビ遺跡」『北陸自動車道関係埋蔵文化財調査報告書Ⅲ』1976年、金沢市教育委員会『金沢市高畠遺跡─第1・2次発掘調査報告書』1975年、同『金沢市下安原遺跡』1990年、同『金沢市矢木ジワリ遺跡・金沢市矢木ヒガシウラ遺跡』1987年、同『金沢市上荒屋遺跡Ⅰ』1995年、松任市教育委員会『松任市横江古屋敷遺跡Ⅱ』1995年、同『松任市横江古屋敷遺跡Ⅲ』1997年、野々市町教育委員会『御経塚ツカダ遺跡（御経塚Ｂ遺跡）発掘調査報告書Ⅰ』1984年、金沢市教育委員会『金沢市新保本町東遺跡・西遺跡　金沢市近岡カンタンボ遺跡』1985年、同『金沢市新保本町東遺跡』1991年、同『新保本町西遺跡Ⅲ』1992年、同『金沢市押野西遺跡』1987年、松任市教育委員会『旭遺跡群Ⅰ～Ⅲ』1995年、同『旭小学校遺跡』1990年、石川県立埋蔵文化財センター『宮永坊の森遺跡』1989年、松任市教育委員会『松任市宮永市カイリョウ遺跡　宮永市カキノキバタケ遺跡』1996年、石川県立埋蔵文化財センター『倉部』1990年、同『松任市浜相川・相川新遺跡』1993年、同『相川遺跡群』1992年、松任市教育委員会『松任市相川新遺跡』1998年、金沢市教育委員会『金沢市額新町遺跡』1995年、松任市教育委員会『松任市中奥・長竹遺跡』2000年、野々市町教育委員会『上新庄ニシウラ遺跡』1998年、石川県立埋蔵文化財センター『宮丸遺跡・村井北遺跡・北出遺跡・村井キヒダ遺跡・米永古屋敷遺跡』1991年、同『松任市一塚イチノツカ遺跡』1990年、同『竹松遺跡群』1992年、松任市教育委員会『松任市東相川Ｄ遺跡』1995年、石川県立埋蔵文化財センター『下安原海岸遺跡』1988年、金沢市埋蔵文化財センター『扇台遺跡・金石本町遺跡・矢木ジワリ遺跡・夕日寺遺跡』1999年、松任市教育委員会『松任市一塚オオミナクチ遺跡』1987年。

[能登]　石川県立埋蔵文化財センター『垣吉遺跡群』1997年、石川県教育委員会『鹿島町徳前Ｃ遺跡調査報告（Ⅰ）』1987年、同『鹿島町徳前Ｃ遺跡調査報告（Ⅳ）』1983年、石川県立埋蔵文化財センター『水白モンショ遺跡』1989年、石川県埋蔵文化財センター『鹿島町御祖遺跡群』1999年、石川県埋蔵文化財保存協会『曽祢Ｃ遺跡』1995年、志雄町教育委員会・志雄町埋蔵文化財調査委員会『垣垣遺跡』1985年、石川県立埋蔵文化財センター『鹿首モリガフチ遺跡』1984年、同『吉崎・次場遺跡』1988年、志雄町教育委員会『二口かみあれた遺跡』1995年、同『二口かみあれた遺跡第2次』1999年、石川県埋蔵文化財保存協会『荻市遺跡』1998年、石川県立埋蔵文化財センター『宿向山遺跡』1987年、同『宿東山遺跡』1987年、押水町教育委員会『南吉田葛山遺跡Ⅱ』1992年、石川県立埋蔵文化財センター『押水町冬野遺跡群』1991

年。

[南加賀]　寺井町教育委員会『佐野A遺跡』1999年、石川県立埋蔵文化財センター『千代』1992年、同『寺井町千代デジロA遺跡・大長野A遺跡』1995年、小松市教育委員会『松梨遺跡』1994年、石川県立埋蔵文化財センター『白江梯川遺跡Ⅰ』1988年、同『漆町遺跡Ⅰ』1986年、同『漆町遺跡Ⅱ』1988年、同『漆町遺跡Ⅲ』1989年、同『吉竹遺跡』1987年、石川県埋蔵文化財センター『小松市額見町西遺跡』2000年、加賀市教育委員会『猫橋遺跡』1993年、石川県立埋蔵文化財センター『永町ガマノマガリ遺跡』1987年。

[越前・若狭]　三国町教育委員会『西谷遺跡発掘調査概要』1979年、仁科章「西谷遺跡」『福井県史　資料編13　考古』1986年、金津町教育委員会『金津町埋蔵文化財調査概要　平成元年度～5年度』1995年、福井県教育庁埋蔵文化財調査センター『大味地区遺跡群』1999年、同『坂井兵庫地区遺跡群Ⅱ（遺物編）』2005年、永平寺町教育委員会『金合丸・成仏・木原町遺跡』1994年、大塚初重「福井市林遺跡の調査」『考古学集刊』第3巻第2号　東京考古学会　1965年、福井県教育庁埋蔵文化財調査センター『六条・和田地区遺跡群』1986年、中司照世「曽万布遺跡」『福井市史　資料編1　考古』福井市　1990年、福井県教育委員会『東大寺領　糞置荘（図録編）』1976年、福井市教育委員会『太田山古墳群』1975年、清水町教育委員会『瓶谷』2002年、福井県教育庁埋蔵文化財調査センター『下糸生脇遺跡』1999年、鯖江市教育委員会『西山古墳群』1987年、福井県教育庁埋蔵文化財調査センター『長泉寺遺跡』1994年、同『光源寺遺跡』1994年、武生市教育委員会『小丸城跡』1986年、今立町教育委員会『見田京遺跡発掘調査報告』1988年、福井県教育庁埋蔵文化財調査センター『尾永見遺跡　下田遺跡　縄境遺跡　犬山遺跡』1994年、同『下黒谷遺跡』1998年、三方町教育委員会『角谷遺跡　仏浦遺跡　江端遺跡　牛屋遺跡』1991年、宇野泰裕「敦賀市中遺跡出土のS字状口縁甕について」『紀要』5　敦賀市立歴史民俗資料館　1990年。

[墓]　大野市教育委員会『山ヶ鼻古墳群』1980年、同『山ヶ鼻古墳群Ⅱ』1993年、福井県教育委員会『北陸自動車道関係遺跡調査報告書第9集　岩内山遺跡』1975年、今立町教育委員会『戸板山古墳群』1986年、福井県教育委員会『福井県鯖江市王山・長泉寺山古墳群』1966年、加賀市教育委員会『吸坂丸山古墳群』1990年、まつおか古代フェスティバル実行委員会『発掘された北陸の古墳報告会資料集』1997年、松任市教育委員会『旭遺跡群Ⅰ～Ⅲ』1995年、野々市町教育委員会『御経塚シンデン遺跡　御経塚シンデン古墳群』2001年、石川県立埋蔵文化財センター『金沢市戸水C遺跡』1986年、同『石川県金沢市戸水C遺跡』1993年、石川県埋蔵文化財センター『戸水C遺跡・戸水C古墳群（第9・10次）』2000年、石川県教育委員会『河北郡宇の気町宇気塚越遺跡』1973年、石川県立埋蔵文化財センター『宿東山遺跡』1987年、石川考古学研究会「鳥屋・高階古墳群分布調査報告」『石川考古学研究会々誌』第20号　1977年、富山大学人文学部考古学研究室「石川県七尾市国分尼塚古墳群発掘調査報告」『第43回富山大学考古学談話会発表資料』1983年、石川県立七尾高等学校郷土研究部『能登における古墳時代の研究Ⅰ—前方後円墳と前方後方墳—』1995年。

今回本稿をまとめるにあたり、抜け落ちていた遺跡、その後発見した遺跡を以下に加えた。福井県では中角古墳群、田名遺跡、石川県では額見町西遺跡、無量寺B遺跡、神谷内古墳群、東小室ボガヤチ遺跡、谷内ブンガヤチ遺跡、杉谷チャノバタケ遺跡である。これらの事例を加えても、論旨の変更を迫るものではない。

福井県教育庁埋蔵文化財調査センター『中角遺跡現地説明会資料』2002年、同『中角遺跡現地説明会資料土器図版』2000年、三方町教育委員会『田名遺跡』1988年、石川県埋蔵文化財センター『小松市額見町西遺跡』2000年、金沢市教育委員会『金沢市無量寺遺跡』1983年、同『金沢市無量寺B遺跡』1982年、金沢市（金沢市埋蔵文化財センター）『神谷内古墳群C支群』2004年、石川県立埋蔵文化財センター『東小室ボガヤチ遺跡・東小室キンダ遺跡』1998年、同『谷内・杉谷遺跡群』1995年。

第3節　外来系土器受容の歴史的背景

はじめに

　私は以前に、北陸南西部における古墳前期の東海系土器を集成し、その受容の斉一性と地域性について検討した[1]。東海系土器受容は地域・遺跡・立地によって差があり、前方後方墳という外来墓制への転換を含めた東海化については、北陸在地の中央志向を読み取った。その後、本地域における古墳成立期の土器編年を構築し、18の小様式を設定した[2]。本編年では、東海系土器波及による北陸の独自性の崩壊という画期を重視し、古墳時代前期の幕開けと考え、前期前葉の3小様式のなかで、東海系から畿内・山陰系へと収斂する過程を異系統土器の段階受容ととらえた。ただ、前者では、詳細な土器編年のもとで議論がなされなかった点に問題が残り、後者では、広域的な編年を意識したために、外来系土器の地域性とその背景について検討できなかった。本節では、北加賀を対象として外来系土器の受容度を類型化し、集落の性格論について検討する。そして古墳時代前期における土器外来化とその歴史的背景について考察する。

1　事例の検討

（1）外来系土器受容の類型化

　ここでは、東海系土器に関する論考を参考として[3]、古墳前期の外来系土器を流入あるいは受容の度合いによって3類型に分類する。
　1類型　外来系土器が、在地の土器組成の一部に組み込まれない場合である。直接的な人の移動にともない、遠隔地から運ばれた搬入土器（a類）と、外来の情報下で二次的に製作された模倣・折衷といった変容した形態（b類）に分類する。胎土分析や形態などの検討が必要であるため、両者の区別は現状では難しい[4]。1a類型はプロパーあるいはそれに近い形態である。1b類型は基本的に1a類型の変容した形態を指し、原型の諸要素が欠如して形態的に崩れている場合であり、在地で製作された可能性が高い。1a類型は内容物などの直接的な交流が考えられるが、1b類型は外来の情報による二次的な要因が強く、在地土器組成の一部とはならない。これは流入と呼ぶにふさわしい類型である。
　2類型　遺跡・遺構による地域差はあるが、高杯・器台などの数器種、とくに祭祀的色彩の強い器種が外来系に転換する場合である。北陸南西部では伝統的な高杯Dから東海系の高杯E・Fへ、装飾器台・器台から小型器台への転換があげられる。高杯・小型器台が主体となる場合（a類）、加えて外来系の壺・甕などの器種を付属的にともなう場合（b類）である。安英樹は、高杯と小型器台が外来系に交代し、容易にかつ汎く受容される状況を、祭祀や細かい生活様式が変化した時期と位置づけ[5]、外地からの移植を背景として考えた[6]。そして、外来の集団との交流

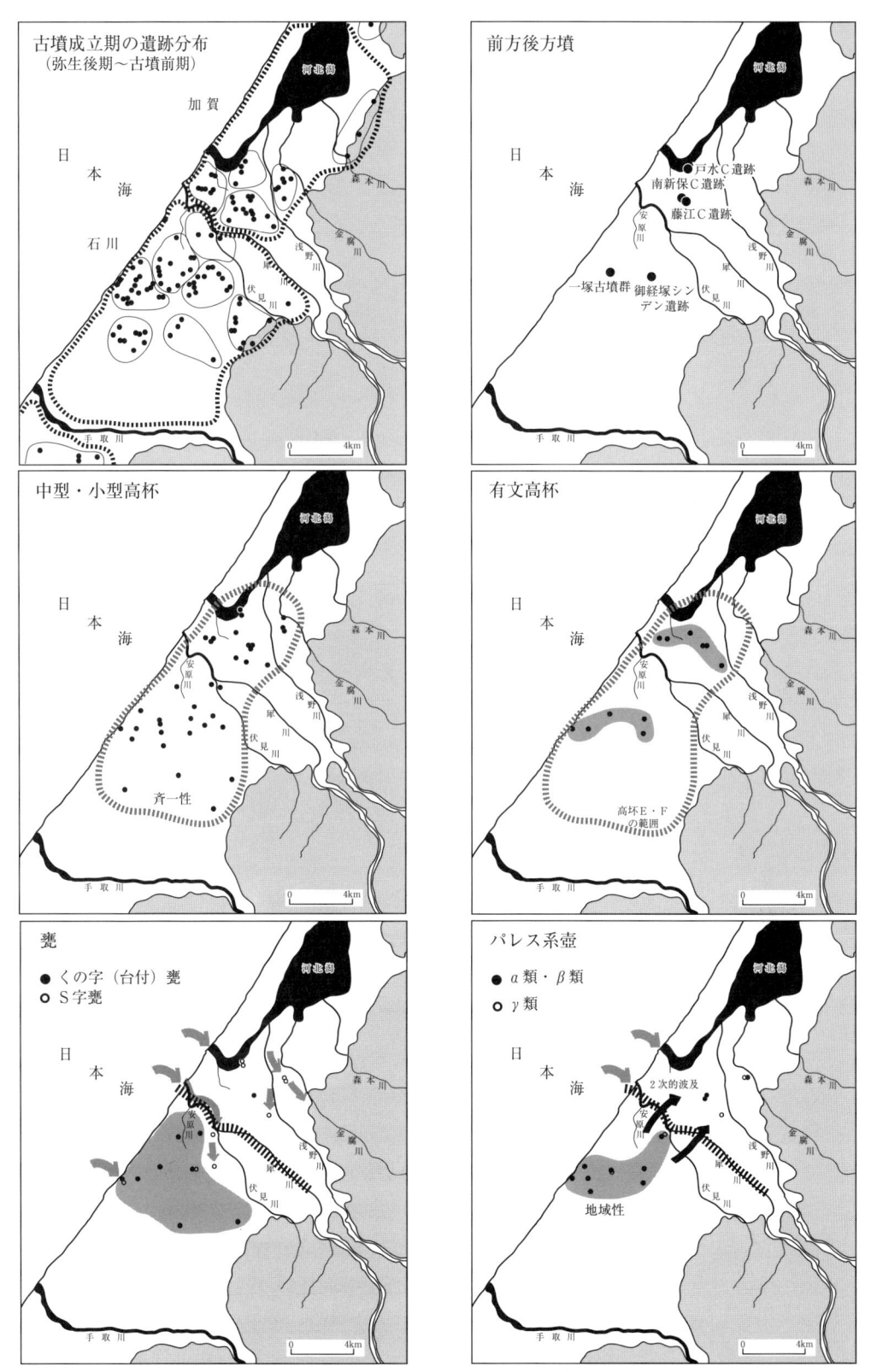

第3節　外来系土器受容の歴史的背景

第100図　北加賀の東海系土器受容

がさまざまなパターンで点的かつ不均等におこなわれたとした。外来化に高杯・小型器台・壺といった祭祀的色彩が強いことは、従来の祭祀形態を放棄せざるを得なかった社会背景が考えられる。なお、数器種の受容については、森岡秀人による移動形態の類別のなかの（1）特定単器種移動、（2）複数器種移動のイメージに近い[7]。壺・甕などの特定の一器種が、選択的に特徴的な動きをみせる場合である。

　3類型　器種の大半が外来系を受容する場合である。受容度から2つに分類できる。外来志向を示しつつも、さまざまな異系統の器種が混在して複雑な様相を呈する場合（a類）、外来志向を示しつつも、組成の出自が明確で等質的なあり方の場合（b類）である。土器組成の大部分が外来系に転換する場合、相応の社会的な背景が考えられる。古墳前期の北陸南西部においては、3a類型が外来系を受容しやすい立地条件、または集落の外来に対する強烈な志向性に左右されることが想定できる。3b類型は、交通の整備や情報の交換によって、外来的な要素に対する受容側の主体性や中央志向性、土器自体の規格性が強いことである。とくに、布留系甕や小型三精製器種の定着は技術的な導入だけでなく、象徴的な意味合いもその要因として考えられる。

（2）南北にみる流入・受容の地域性

　ここでは、発掘調査と資料化の進む北加賀を対象として、古墳前期前葉における外来化のあり方について抽象化する（第100図）。まず、本地域における東海系土器受容についてはすでに検討した[8]。全体でとらえると、「斉一性」をもつ器種と「地域性」をもつ器種とに分かれる[9]。前者については中型・小型高杯や小型器台に相当し、北部と南部の両地域に広範に分布する点で斉一的なあり方を示す（第100図左中）。これは、在地主体の土器組成に外来系の一部が組み込まれた点で、先の分類でいえば2類型に相当するだろう。斉一性の意味については後ほど触れるが、東海系土器の拡散をはじめとする諸現象は、列島規模で起こった極度の社会的緊張のなかで生じたものであり、地域を超えた東日本一帯の共通した通念にもとづいた結果だと考えている。

　後者については、S字甕・くの字（台付）甕、パレス系壺などに相当し、南北によって地域性を有する。S字甕をみると、北部では河川沿いの遺跡に点在し、南部では変容形が若干含まれる程度である。くの字（台付）甕をみると、北部にはほとんどみられないが、南部では海岸部から内陸部にかけて分布する。北部のS字甕、南部のくの字（台付）甕という流入状況である（第100図左下）。パレス系壺をみても、東海プロパーかそれに近い形態は南部を中心に分布するが、北部では3遺跡と数が少ない（第100図右下）。変容したパレス系壺については、南部から北部への搬入という指摘があるほどである[10]。明らかとなるのは、犀川を挟んだ南北では線引きができ、地域性という名の異なる分布圏が形成されることである。

　2つの地域は古代郡の区分でいえば、北部が加賀（河北潟以北を除く）、南部が石川の領域にほぼ相当する。古墳成立期の集落を検討すると、約4～5kmを単位とした遺跡群が設定でき（第100図左上）、加賀ではこうした遺跡群のまとまりが5つ、石川では7つで構成されている。寺沢薫の研究成果によれば、郡単位の集合体はひとつの大地域（クニ）としての範囲が想定できる[11]。こうした分布圏の相違は、たんなる地域色という志向性の違いとして片づけられず、各大地域に

よって独立した物流に対する管理・規制がなされており、独自の流通システムが確立されていた可能性が高く、その背景にはきわめて政治的な意図が働いていたと考えられる。

（3）大地域における集落の性格づけ

　北加賀では南北で分布圏が異なることを指摘したが、土器相をみると、同じ大地域のなかでも海岸部と内陸部で違いがあり、状況は複雑化している。海岸部に近い河川沿いの遺跡では、頻繁な人の往来によって外来化は進むが、内陸部の遺跡では海岸部に比べると在地色が強く、高杯や小型器台といった祭祀的色彩の強い器種を除けば、外来化は緩慢なイメージである。実際、同型式の高杯を比較しても、海岸部に近い寺中B遺跡C区周溝建物では、北陸南西部に伝統的な有段口縁擬凹線文甕（甕A）は1点のみであり、大部分が系統不明のくの字状口縁甕へと転換している[12]。一方、松寺遺跡、御経塚ツカダ遺跡、額新町遺跡といった内陸部の遺跡では、甕Aが主体を占めるため、外来化の差は歴然としてある[13]。こうした地域色の顕在化が、当該期の土器編年を混乱させた原因ともいえる。それでは、これらの状況をもとに、古墳前期前葉の集落を3つの類型に分類する。

　A類型　海岸部に近く大河川や潟付近に位置し、さまざまな系統の外来系土器を保有する集落であり、加賀の寺中B遺跡、石川の下安原遺跡などがあげられる[14]。潟を拠点とした海上交通の発達が、頻繁な交流と人の移動をもたらしたと考えられる。受容度は3a類型が基本であるが、遺跡によっては2b類型が加わるなど、異系統の外来系土器が混在した異質な様相を呈する。部分的な流入としての1類型も認められる。北陸の伝統的要素は早々に崩壊し、外来化が加速度的に進行したイメージである。A類型は、物流や交流の拠点となる港湾的性格に位置づけられる。

　B類型　内陸部に入った場所に占地し、土器の外来化（東海化）が進んだ集落であり、石川の上荒屋遺跡、越前の長泉寺遺跡などがあげられる[15]。受容度は典型的な2b類型であり、とくに進んだ場合は3a類型に相当する。部分的流入としての1類型も認められる。土器組成は中型・小型高杯、小型器台に加えて、くの字（台付）甕、パレス系壺、有文高杯、瓢壺・内彎壺、他の異系統土器などを保有し、積極的に外来化をはかる進取的な側面がある。これらの集落では、祭祀的色彩の強い有文高杯をもつ場合が多く、しかも特定の地点や遺構に集中し、遺跡・遺構によって文様パターンが異なることがある[16]。こうした外来化に対して積極性がうかがえることから、進取的な側面を有する特殊な集落であったと考えられる。

　C類型　同じ内陸部に位置するが、一部の器種を外来系土器に転換させつつも、それまでの伝統的な土器様式を保持する在地色の強い集落であり、石川の御経塚ツカダ遺跡、額新町遺跡などがあげられる[17]。とくに、平野の最奥部に位置する場合が多い。受容度は2a類型であり、とくに進んだ場合は2b類型に相当する。部分的流入としての1類型も認められる。器種としては高杯、小型器台などに限定できる場合が多い。土器様相だけみれば、B類型に比べると閉鎖的で北陸古来の伝統を保持している。

　3類型の位置づけについては、溝口孝司の研究成果を参考とする[18]。溝口は、北部九州における古墳出現期の土器の検討を通じて、土器相をA～D類の4つの類型に整理し、その集団の内容

について、以下のとおり言及した。A類は、在地系が卓越し外来系土器に関する情報を範型に受容しない在地人集団の「閉鎖的」・A類集落と位置づけ、C類は、変容形土器が外来系土器群中に混在し外来系土器に関する情報を範型に積極的に受容し、ほぼ外来系土器の製作する範型を成立させた在地人集団と移入者集団の混合集団の「開放的」・C類集落と位置づけた。そして、両者が階層差となる可能性を指摘し、C類集落の成立の背後には、在地集団間の「階層差」の正当化のための外来系土器群に関する情報の積極的受容があった可能性を示唆する。北部九州の分類を適用すれば、溝口のA類集落は本稿のC類型、溝口のC類集落は本稿のB類型に近く、B類型はC類型に対して階層差を有していたと考えられる。また、溝口が港湾的としたD類集落は、外来系のあり方が異なるが、本稿のA類型に近いだろう。ここでは3類型化したが、さらに諸要素を加えれば細分化が可能となるだろう。

2　若干の考察

　北陸では、古墳前期にはじまる外来系土器の流入と受容によって、古墳早期の土器様式は一気に崩壊して東海志向へとむかう。こうした外来化には、どのような社会背景が存在するだろうか。古墳前期の幕開けとなった東海系土器の波及時期は、赤塚次郎のいう廻間Ⅱ式の開始期（第1次拡散期）に相当し、列島規模の社会変革が背景にあったことはすでに触れた[19]。根本原因は、西日本一帯を基盤とする初期王権が前方後円墳を媒体とし、権力を独占して国家体制を強化することで起こった列島規模の社会的緊張だと考えている。これらが契機となり、それまで独自性を保持してきた東日本の国々は、西側に対抗する東海を中心とした連合的な国家体制を形成する。東側の諸国では従来の伝統的な土器様式が崩壊し、土器や墓制の東海化は西側への対抗意識を示しており、日本を二分する列島規模の対立構造ということができよう[20]。

　二大国家体制の流れのなか、北陸は東側の政治体制に身を置いた。東海に近い北陸という地理的条件が関係するかもしれない。古墳早期に威勢を示したコシ政権の政治権力者は、自らの意志によってその地位を放棄し、東海を頂点とする東日本の王権への参画を表明する。そして、新たな国家体制に組み込まれたことで、北陸の従来の社会体制の解体と再編化がはかられたと推測する。北陸では、集落にみる内容の均質化と竪穴住居の小型化、圧倒的規模をもった古墳の欠如と小地域単位に造営された墳長20m規模の前方後方墳をみても、きわめて均質的なあり方を示し、中心地と周辺地という原理が、より高次の国家レベルで起こったと考える。東日本一帯に造営された前方後方墳は、東日本内部における大地域間の結束と政治的なまとまりを意味しており、墓制と祭式土器の東海化にみる外来思想の導入は、東海で生じた新たな王権の権威に依ることで内部統合をはかったのであろう。

　同じ国家体制のなかに包括されたことで、東海と北陸の間には相互交通が発達し、結果的に在地側の中央（東海）志向が促進されることになる。近江・飛騨・美濃を含めた東海方面から人は頻繁に往来し、北陸に移入者も居住したと考えられるが、北陸にみる現象はそれだけでは語れないと思う。東海側からの強制的な入植という行為は想定しにくく、あくまでも在地側の主体性を

第3節　外来系土器受容の歴史的背景

重視したい。東海への志向性は、東日本一帯に共通する社会通念が観念的に広まっていたが、外来系土器の流入・受容のあり方は、細部でみると同じ大地域内で器種別・立地によって差があり、大地域別の志向性も異なっていた。今回の検討によって、石川・加賀の事例で抽象化すると、ひとつの大地域（クニ）のなかでも、物流の拠点となる海上・河川交通の要所に位置する港湾的集落（A類型）、大地域を主導した盟主的存在の集落（B類型）、在来の土器様式を保持した保守的な集落（C類型）の3つの類型が指摘できた。しかも、B類型はC類型に対して階層差をもち、A類型はB類型の管理下にあった可能性が高い。

　これらを勘案すると、ひとつの大地域のなかでも諸類型の集落が絡み合って機能することが分かる。A類型集落は、整備された潟を通じて広域の相互交流をはかる進取的で港湾的な性格を有し、外来色の強い土器相をみると、外に対して開放的なイメージをともなう。一方、B類型集落に存在したと考える盟主的な政治権力者は、対外交渉や物流などの外部との接触に関して、管理や規制をおこなっていた可能性が高い。北陸の社会全体としては、東日本に誕生した列島規模の国家体制のなかに包括されたが、東海からの一方的な支配ではなく、時代の変革期にコシ政権自らが選んだ道だと考えている。こうした早急な社会変革への対応は、古墳早期に成熟した政治体制が前提にあったのであろう。しかも、新たな王権に完全に掌握されたわけでなく、北陸の独自性と自立性は保ち続けている。

おわりに

　西日本の初期王権に対抗して誕生した東日本の王権は、海上・河川・陸上交通の整備に重点を置き、積極的な地域間交流をはかることで、結果的に諸国の外来化が早まることとなった。加えて北陸では、日本海沿岸地域に発達した潟と、その周辺に位置する港湾的性格の集落を起点とした海上交通が発達し、これらの経営主体には、盟主的な政治権力者の存在を想定した。港湾的な集落は対外的に広く開放されたため、海岸部の遺跡から先だって外来化が進行することは当然の帰結である。また土器にみる地域性は、独自の流通圏の形成を意味しており、政治権力者が外から入る物や文化に対して、ある程度の政治的な規制をおこなっていたのではないか。加えて、海上・河川・陸上交通網の整備は、東日本の王権による国家政策の一環ともとらえられる。

　これらの事象をつきつめて考えると、なぜ同じような土器が広域的にみられるのかという問題につながる。それは、同一国家内の支配領域とそれにかかる交通の発達が考えられる。北陸では、弥生後期中葉に広域的な支配領域をもつ地域政権が成立したが、小羽山様式の広がりは、同じ領域内における交通の整備と相互交通網の発達を意味するだろう。しかも、流通機構がうまく機能すれば、同じ領域内あるいは領域間の人々の往来が盛んになり、それにともなって情報やものがスムースに流れ、技術・生活様式までが酷似していくことにもなる。古墳前期前葉には、それが列島規模に及んだ可能性が高い。それこそ、同一国家という意識上であっても共通認識が進めば、その領域内における中央志向が起こり、結果として広範に土器相が似るという現象につながっていく。古墳前期前葉期の北陸においては、外来系土器受容の状況をみると、潟を通じた海上交通

第Ⅲ章　土　器　論

の発達がその重要な役割を果たしていたと考えられる。

注
（１）堀大介「東海系土器の受容とその地域性―古墳時代初頭前後の北陸西部―」『第9回春日井シンポジウム資料集』第9回春日井シンポジウム実行委員会　2001年。
（２）a. 堀大介「古墳成立期の土器編年―北陸南西部を中心に―」『朝日山』朝日町教育委員会　2002年、において北陸南西部における土器編年や時代区分の見直しをはかった。その後、b. 同「古墳成立期の土器編年に関する基礎的研究」『越前町文化財調査報告書Ⅰ』越前町教育委員会　2006年、において従来の編年に若干の修正を加え、他地域との併行関係についても検討した。本編年は、遺構の切り合いや層位の検証による新古関係の検討、一括資料による同時性の検討をすることで、古墳前期前葉の長泉寺式・白江式を3区分したが、高杯E・Fなどの細分類は時系列であることは実証済みである。型式変化の追いやすい高杯E・Fに着目すると、1・2式にみる東海系のインパクト、2・3式の畿内・山陰系の流入という異系統段階受容の可能性を考えた。そのあり方は遺跡の立地、その地域の志向性、遺跡・遺構によって異なり、しかも速度に早遅の差があるため、その型式変化を一様に編年として表すのは困難である。
（３）前掲注（１）文献。
（４）前掲注（１）文献。
（５）安英樹「寺中B遺跡の全体像について」『金沢市寺中B遺跡』石川県立埋蔵文化財センター　1991年。
（６）安英樹「北陸の有文高杯について」『松任市浜相川・相川新遺跡』石川県立埋蔵文化財センター　1993年
（７）森岡秀人「土器移動の諸類型とその意味」『転機』第4号　東海埋蔵文化財研究会　1993年。森岡は、肥前地域の惣座1式では、外来系土器の壺・甕を欠き、庄内式系などの高杯のみが影響を含め流入する現象を、祭祀用土器・器種の先行導入と考えた。
（８）前掲注（１）文献。
（９）前掲注（１）文献。
（10）出越茂和「第4章　まとめ」『戸水遺跡群Ⅰ　戸水ホコダ遺跡』金沢市埋蔵文化財センター　1999年。
（11）a. 寺沢薫「青銅器の副葬と王墓の形成―北九州と近畿にみる階級形成の特質（Ⅰ）」『古代学研究』第121号　古代学研究会　1990年、b. 同『日本の歴史　第02巻　王権誕生』講談社　2000年。
（12）金沢市教育委員会『金沢市寺中B遺跡Ⅲ』1992年。
（13）a. 金沢市教育委員会『金沢市松寺遺跡』1985年、b. 同『金沢市松寺遺跡（その2）』1997年、c. 野々市町教育委員会『御経塚ツカダ遺跡（御経塚B遺跡）発掘調査報告書Ⅰ』1984年、d. 金沢市教育委員会『金沢市額新町遺跡』1995年。
（14）金沢市教育委員会『金沢市下安原遺跡』1990年、前掲注（12）文献。
（15）a. 金沢市教育委員会『金沢市上荒屋遺跡Ⅰ　第2分冊』1995年、b. 福井県教育庁埋蔵文化財調査センター『長泉寺遺跡』1994年。
（16）前掲注（６）文献。
（17）前掲注（13）文献。
（18）溝口孝司「古墳出現前後の土器相―筑前地方を素材として―」『考古学研究』第35巻第2号　考古学研究会　1988年。
（19）前掲注（２）文献。
（20）堀大介「コシ政権の誕生」『古代学研究』第166・167号　古代学研究会　2004年。

補論 1　銅鐸形土器考

はじめに

　福井県大野市中丁遺跡 I 区土坑 1 から、銅鐸を意識したつくりの広口長頸壺が 2 個体出土した。そのうちの 1 点の長頸壺頸部には、鰭状の貼り付けを対にもち、その部分に渦文の明瞭な飾耳（剥離部分から推定すると 6 か所か）がつく。頸部下半部には、5 条の直線文で画した 4 つの区画帯のなかに、鋸歯文 3 条・袈裟襷文 1 条が両面に施される（第101図 1 ）。もう 1 点は破片が少なく、復元は難しいが、同様な鰭と飾耳の痕跡を残す（第101図 2 ）。以上の点から、これらは銅鐸を意識しており、長頸壺の頸部を銅鐸に擬した点で、「銅鐸形土器」と呼ぶにふさわしい[1]。県内はもとより全国的にみても希有であり、管見では類例を知らない。また、胴部には編み籠痕が残り、黒色物の付着状況から使用方法や一定の使用期間が推測できる。さらに、同じ土坑内から 26 個体に及ぶ土器が出土するが、大部分が意図的に細かく破砕され、まとまった状態で廃棄された。こうした特殊な状況からも、特別な祭器として用いられたと考えられる。本稿では、銅鐸形土器の所属時期と用途を検討し、共伴資料も含めて祭祀行為の復元とその意味について言及する。

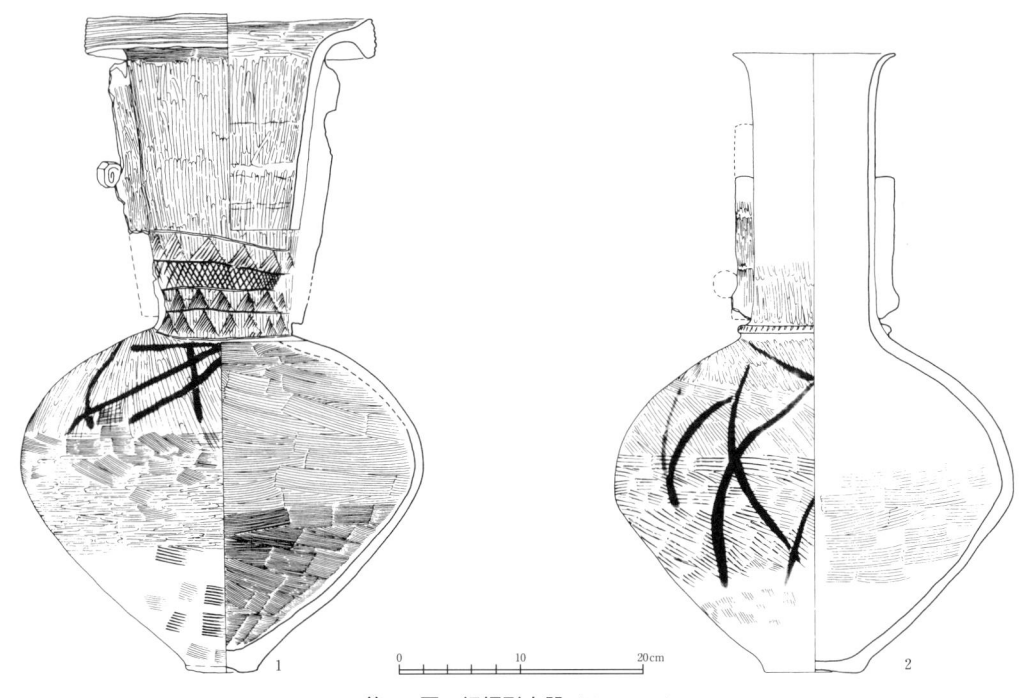

第101図　銅鐸形土器（縮尺 1 / 6 ）

第Ⅲ章　土器論

1　時期的検討

　銅鐸形土器と共伴土器の所属時期を検討する。北陸南西部において、中・小型の長頸壺は比較的多くみられるが、大型広口長頸壺となると出土数は限られてくる。県内ではほとんど出土例を知らないため、ここでは石川県の資料を取り上げる。まず、白山市竹松遺跡1号土坑出土の広口長頸壺があげられる。垂下した口縁部端面には竹管による刺突文、頸部には突帯と刺突文を施し、内外面にはハケ調整、胴部下半部外面には縦方向のミガキ調整が施される（第102図8）[2]。共伴した有段口縁擬凹線文甕（甕A）から法仏1式前後、弥生後期前半に位置づけられる。次に、羽咋市吉崎・次場遺跡Ⅰ-3号溝出土の広口長頸壺があげられる（第102図7）[3]。頸部は大きく開いて発達し、口縁部は有段口縁を呈する。竹松遺跡のものに比べ、頸部の開き具合、突帯と刺突文をもつ点で共通している。溝からは弥生後期の土器が大量に出土するが、中・小型長頸壺、有段口縁擬凹線文甕、受口状口縁甕などは後期前半に特徴的なものである。そのため、2点の広口長頸壺は弥生後期前半に限定できるだろう。

　他地域ではどうだろうか。河内では、準大型品の広口長頸壺は、河内Ⅴ-0様式に出現する（第102図1・2）。前様相をたどれず、播磨や摂津で盛行した第Ⅳ様式の垂下口縁をもつ大型壺と長頸壺との合体であり、出現期のやや大振りの伝統をひくものは、Ⅴ-1様式以降に出現するという[4]。また大和では、Ⅴ-1様式に頸部の大きく発達した大型品の例があり、長頸壺の初源的なものとされた（第102図3・4）[5]。以上の点から、準大型品の広口長頸壺は、畿内で長頸壺の

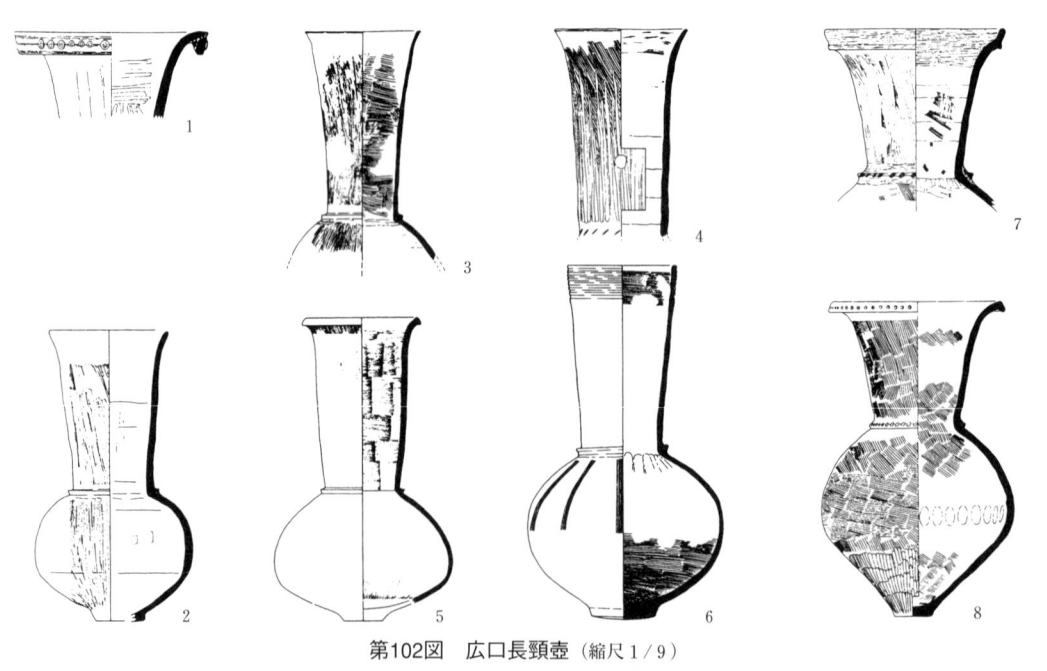

第102図　広口長頸壺（縮尺1/9）

1. 亀井遺跡SD2302（河内Ⅴ-0）、2. 亀井遺跡Ⅱ-SX03（河内Ⅴ-1）、3. 唐古・鍵遺跡第13次SD05（大和Ⅴ-1）、4. 唐古・鍵遺跡第20次SK104（大和Ⅴ-2）、5. 芝生遺跡（摂津Ⅴ-2）、6. 芝谷遺跡12号住居（摂津Ⅴ-0）、7. 吉崎・次場遺跡Ⅰ-3号溝、8. 竹松遺跡1号土坑

出現するⅤ様式以降が前提としてあり、河内の第Ⅵ様式に長頸壺の退潮にともない広口壺が盛行することと、大和Ⅴ－1・2様式に大型長頸壺が存在することから、第Ⅴ様式のなかでも前半期に位置づけられる。ただ、河内の第Ⅵ様式に一般的な器種ではなく、装飾性を保ちつつ残存することも指摘されたため、若干下る可能性も考えておきたい。

次に、土坑1の共伴土器をみてみる。時期比定の可能な資料には、内傾口縁の擬凹線文甕（壺？）があげられる（第104図4）。こうした甕は北陸南西部に主体的であり、大野盆地1・2期（瓯谷1・2式）に限定できる[6]。また受口状口縁甕の4点は、形態と内外面ハケ調整が顕著なことから、大野盆地1・2期、弥生後期前葉の可能性が高い。ただ本地では、弥生後期を通して近江系（美濃系？）土器が一定量存在するため、時期の限定は難しいかもしれない。他の共伴資料も参考にすると、広口壺（第104図6・17）は、近江のⅤ－3様式、河内のⅥ－1様式の土器に酷似するため、弥生後期中頃まで時期は下がるかもしれない。これらを総合すると、銅鐸形土器を含めた土坑1の出土土器は、弥生後期前葉から中葉にかけての時期に位置づけておきたい。

2　銅鐸との比較

福井県で発見された銅鐸は、若狭では遠敷郡若狭町向山銅鐸（扁平鈕式・Ⅲ－2式）、三方郡美浜町南伊夜山銅鐸（扁平鈕式・Ⅲ－2式）、三方郡若狭町向笠銅鐸（突線鈕式・Ⅳ－2式）、越前では坂井市井向2号銅鐸（菱環鈕式・Ⅰ－2式）、同市井向1号銅鐸（外縁付鈕式・Ⅱ－1式）、同市米ヶ脇銅鐸（外縁付鈕式・Ⅱ－1式）、鯖江市新横江町新銅鐸（突線鈕式・Ⅳ－2式）、坂井市高柳・下安田遺跡の銅鐸片（Ⅲ式以降）の7例がある[7]。これらの銅鐸のなかには、近畿西部から東部瀬戸内で製作されたものが存在するという[8]。銅鐸生産に関しては、坂井市下屋敷遺跡SD001において銅鐸の鋳型未製品とされる石製品が出土し、弥生中期中葉の土器と共伴した[9]。未製品の大きさから菱環鈕式と考えられている。

また近年では、越前市瓜生助（うりゅうすけ）遺跡の竪穴住居跡から、北陸2例目となる小銅鐸が出土しており、

第103図　福井県の突線鈕式銅鐸（縮尺1/10）［1.新銅鐸、2.向笠銅鐸　注（7）ｂ文献より転載］

第Ⅲ章　土　器　論

古墳早期に位置づけられる[10]。小銅鐸は他に、石川県金沢市藤江B遺跡でも確認されている[11]。なお、石川県羽咋市吉崎・次場遺跡で鋳型未製品の存在などから、銅鐸生産が推測されているが、それを確実視する工房跡などの発見には至っていない[12]。さらに、銅鐸関連遺物には銅鐸形土製品がある。石川県では小松市八日市地方遺跡、吉崎・次場遺跡、富山県では小矢部市埴生南遺跡、新潟県では上越市裏山遺跡、同市吹上遺跡などで確認されている[13]。

　以上が銅鐸・銅鐸関係遺物の事例である。銅鐸の製作年代の特定は難しいが、銅鐸形土器が製作された弥生後期前半といえば、突線鈕式銅鐸の時代である。土坑1出土土器をみると、全体的に白っぽい胎土であることから、大野盆地で製作されたに違いなく、突線鈕式銅鐸の見聞者が、間接的情報のなかで製作している可能性は高い。

　それでは、銅鐸形土器は、どの銅鐸がモデルとなっているのか。弥生後期にあって、近畿式と三遠式の銅鐸は分布を二分していた。福井県では2つの分布が重なるように、近畿に近い若狭の向笠銅鐸は近畿式、東海に近い越前の新銅鐸は三遠式の分布圏に組み込まれていた（第103図）[14]。そもそも大野盆地は、福井県と岐阜県をつなぐ中間地に位置している。土器も東海の影響が強いため、銅鐸形土器は三遠式銅鐸との関連性が想定できる。新銅鐸が三遠式の原初的形態とされることも傍証となる[15]。しかし、そうともいえない。両者の銅鐸の特徴をあげると、三遠式は横帯と縦帯の中央に突線を設け、横突線が鰭にまで伸び、飾耳が発達しないのに比べ、近畿式は袈裟襷文帯の輪郭の突線化をはかり、双頭渦文の飾耳を顕著に用いる。銅鐸と銅鐸形土器を直接比較することが許されれば、銅鐸形土器の鰭部分にまで区画帯が及ばない施文と、渦状の表現にみる飾耳の強調の状況からすれば、むしろ近畿式との共通性が多いように思う。しかも近年の研究によると、新銅鐸は東海の特徴を有せず、瀬戸内東部・近畿西部で製作された銅鐸をモデルとしているため、近畿北部を通じた瀬戸内との関係が強いという[16]。また、土坑1出土の近江系受口状口縁甕、畿内に盛行する広口長頸壺の例との酷似例、吉崎・次場遺跡の長頸壺といった畿内系土器の受容例などを考えても、畿内との強い関係性がうかがえる。弥生後期前葉の瓶谷・猫橋式において、近江系の受口状口縁甕が大量に流入することもその証左となるだろう。

3　土坑1出土土器の組成とその意味

　中丁遺跡Ⅰ区土坑1では、26個体の土器が一括廃棄されており、銅鐸形広口長頸壺をはじめ、広口壺、広口短頸壺、擬凹線文壺、受口状口縁甕、くの字状口縁甕などバラエティーに富んでいる。組成をみると、銅鐸形土器2点、受口状口縁甕大小2点2組、くの字状口縁甕2点、頸部筒状壺2点2組、広口壺2点、短頸広口壺2点、その他に擬凹線文甕（壺？）と口縁部刻文甕（壺？）各1点というように、同系統・系列の壺・甕各1・2点ずつが2組確認できた（第104図）。各銅鐸形土器に対応する2つのセット関係を見出すことができる。これを対観念ととらえるならば、銅鐸の概念に酷似している。寺沢薫によると、複数埋納銅鐸の43例中の25例が2口セット、さらに8例が2で割れる偶数例、残る10例の奇数例も3例を除けば、すべて武器形青銅器をともなうという。銅鐸は2個一対で使用されたり、武器形青銅器とセットで使用されることが少なか

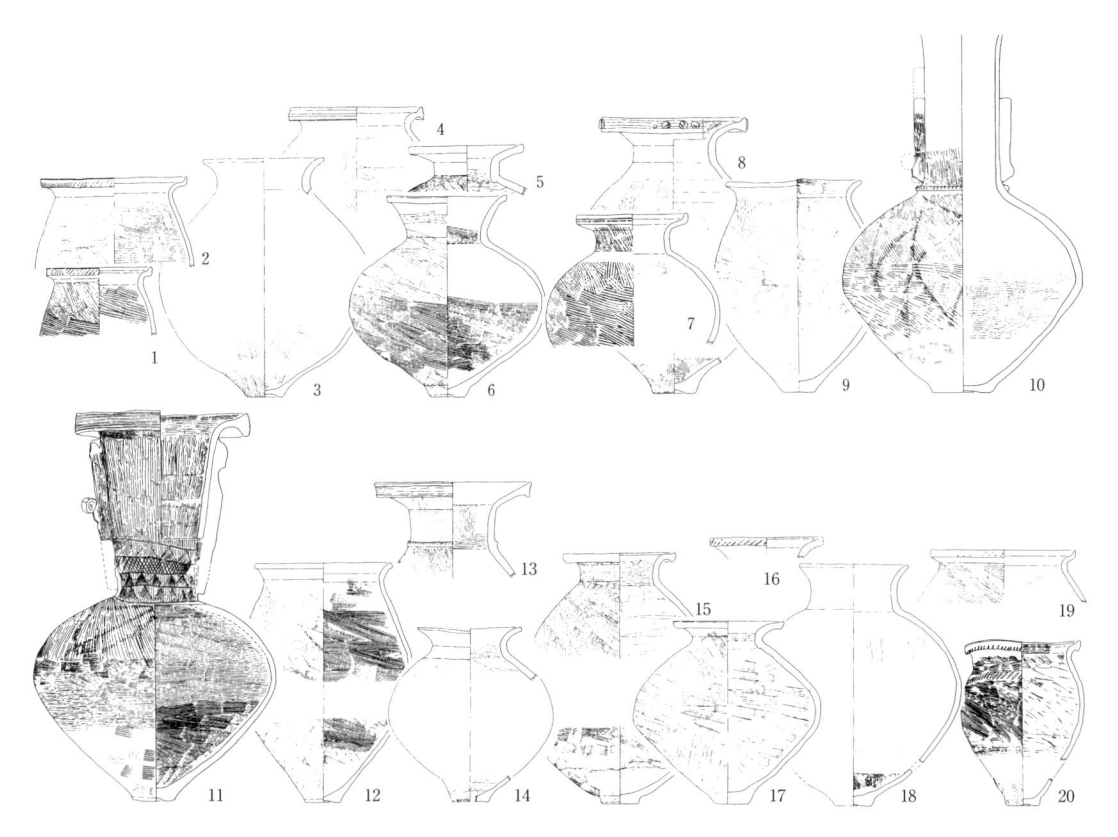

第104図　中丁遺跡Ⅰ区土坑1出土土器（縮尺1/10）

らずあったという[17]。また、銅鐸は表裏で文様構成が異なったり、埋納時に鰭を立てて両面を重視するように扱うことから、銅鐸の二面性についても言及されている。実際、銅鐸形土器も両面に施文が認められるため、銅鐸のもつ二面性を踏襲している。

4 使用形態と廃棄

　大型広口長頸壺の胴部には、編み籠痕が部分的に残存する。編み籠が巻かれた部分には、土器本来の白っぽい色調がそのまま残り、編み籠以外の部分には、黒色物が付着した痕跡が認められる。土器に巻いたままの状態で、ある程度の期間保管していたため、編み籠の周りが部分的に黒く変化したのだろう。編み籠で包むということは、銅鐸形土器を地上に置いたのではなく、吊した状態での使用あるいは保管が推測できる。どのような状態で吊したのかは分からないが、鳥取県西伯郡淀江町稲吉遺跡出土の壺が参考となる（第105図）[18]。大型壺の頸部には線刻画が書かれており、高床倉庫の左側に、樹木の左右の枝に吊り下がる紡錘形の物体が確認できる。先端の垂線は舌の表現、または銅鐸を上下からみた鰭の表現である可能性が高く、2個一対の銅鐸という見方がある[19]。銅鐸が吊して使用されていたならば、編み籠痕の残存した銅鐸形土器も吊すことが前提であり、さらに2個体存在するという点でも、銅鐸の本来のもつ意味を忠実に再現してい

247

第Ⅲ章　土器論

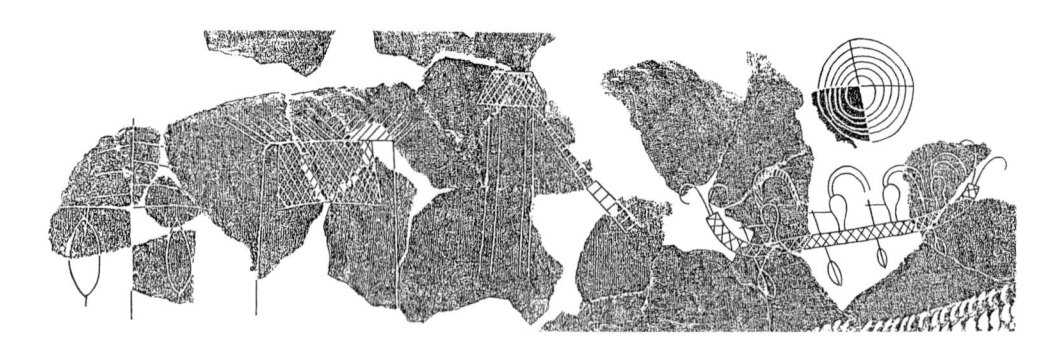

第105図　鳥取県稲吉遺跡出土壺（縮尺1/5）

ることが分かる。

　では、銅鐸形土器には何が収められていたのか。春成秀爾によると、飾られた壺のなかに種籾を保管したことが指摘された[20]。銅鐸形土器は、貯蔵具としての壺と銅鐸のモチーフが結合しているため、壺の保管・保存機能と銅鐸の祭祀的な意味あいを併せもつと考えている。推測の域は出ないが、秋の収穫後に銅鐸形土器のなかに種籾を入れ、建物のなかで大事に保管され、次年の春まで稲霊をつなぎとめ、播種の際には水田を望む大木に吊されて、水田の稲霊を悪霊・邪気から守護する役割を担っていたと考えたい[21]。

　最後に、銅鐸形土器の廃棄について触れる。銅鐸形土器を含めた土坑１の土器群は、粉々に意図的に破砕されて破片も揃わないことから、廃棄前に他の場所で破砕し、土坑内に一括して廃棄されたと考えられる。土器は大野盆地特有の白っぽい胎土で、しかも搬入品は認められない。銅鐸形土器には、一定の保管期間が考えられるが、それ以外の壺に編み籠痕はなく、甕には使用された形跡をみることができるため、比較的短期間で廃棄された可能性が高い。先にみたように、銅鐸形土器は弥生後期でも前葉に近い特徴であり、他の土器のなかに後期前葉でも中葉に近い時期を含むことから、銅鐸形土器の一定の使用期間が想定できる。機能を終えた銅鐸形土器は、最終的な祭祀によって破砕・廃棄されたため、一括資料のなかに時期差を含むものが共伴したのかもしれない。

おわりに

　銅鐸形土器について多面的に検討した。結果として銅鐸形土器は、銅鐸の形状と施文を模すること、２個一対の対観念と表裏の二面性が認められること、破砕されて一括廃棄されたことから、銅鐸の機能を忠実に反映させた祭器といえるだろう。しかも、器面に広がる黒色物から、一回限りで終わらないある程度の使用期間が想定でき、編み籠痕から種籾を大事に保管する道具として吊されて使用した可能性を説いた。銅鐸をもたない中丁遺跡の人々は、銅鐸に強い憧憬を抱き、銅鐸形土器に銅鐸と同じような稲霊を悪霊・邪気から守護する役割を担う作用を期待していたのかもしれない。

注
（1）福井県教育庁埋蔵文化財調査センター『中丁遺跡』2003年。
（2）松任市教育委員会『松任市竹松遺跡』1997年。
（3）石川県立埋蔵文化財センター『吉崎・次場遺跡』1988年。
（4）寺沢薫・森井貞雄「河内地域」『弥生土器の様式と編年 近畿編Ⅰ』木耳社　1989年。
（5）藤田三郎・松本洋明「大和地域」『弥生土器の様式と編年 近畿編Ⅰ』木耳社　1989年。
（6）堀大介「大野盆地における古墳成立期の土器編年」前掲注（1）文献。
（7）a．福井県『福井県史 資料編13 考古─本文編─』1986年、b．同『福井県史 資料編13 考古─図版編─』1986年、c．美浜町教育委員会『美浜町歴史シンポジウム記録集1　美浜出土銅鐸が語る─銅鐸と生きた人々の暮らし─』2004年。
（8）森本幹彦「北陸の弥生首長と瀬戸内」『北陸の玉と鉄 弥生王権の光と影』大阪府立弥生文化博物館　2005年。
（9）福井県教育庁埋蔵文化財センター『下屋敷遺跡 堀江十楽遺跡』1988年。
（10）瓜生助遺跡は平成15・16年度、武生市教育委員会が発掘調査を実施した。報告書作成中のため刊行されていない。越前市教育委員会文化課の齋藤秀一氏のご教示によると、小銅鐸は竪穴住居跡（SI6）の土坑（SK12）の覆土から出土し、遺構にともなうかどうかは疑わしいという。遺構からは風巻式の台付壺などが出土したため、竪穴住居の廃絶時期は古墳早期と考えられる。齋藤秀一「瓜生助遺跡」『第18回福井県発掘調査報告会資料─平成14年度に発掘調査された遺跡─』福井県教育庁埋蔵文化財調査センター　2003年。
（11）石川県立埋蔵文化財センター「藤江Ｂ遺跡」『年報』第17号　1996年。
（12）林大智「羽咋市吉崎・次場遺跡出土の土製鋳型外枠について」『石川県埋蔵文化財情報』第3号　石川県埋蔵文化財センター　2000年。
（13）a．小松市教育委員会『八日市地方遺跡Ⅰ─小松駅東土地区画整理事業に係る埋蔵文化財発掘調査報告書─』2003年、b．石川県立埋蔵文化財センター『吉崎・次場遺跡 県営ほ場整備事業に係る埋蔵文化財発掘調査報告書第1分冊 資料編（1）』1987年、c．上越市教育委員会『吹上遺跡 主要地方道上越新井線関係発掘調査報告書Ⅰ』2006年、d．笹沢浩「吹上遺跡と玉作り」『上越市史 通史編1』上越市　2004年。
（14）廣嶋一良「2 弥生時代 1 概説」前掲注（7）a文献。
（15）廣嶋一良「66 新遺跡」前掲注（7）a文献。
（16）難波洋三「畿内周縁部にみる青銅器」前掲注（7）c文献、前掲注（8）文献。
（17）寺沢薫「弥生時代の青銅器とそのマツリ」『考古学その見方と解釈（上）』筑摩書房　1991年。
（18）佐々木謙「鳥取県淀江町出土弥生式土器の原始絵画」『考古学雑誌』第67巻第1号　日本考古学会　1981年。
（19）春成秀爾「銅鐸のまつり」『国立歴史民俗博物館研究報告』第12集　国立歴史民俗博物館　1987年。
（20）春成秀爾「銅鐸の時代」『国立歴史民俗博物館研究報告』第1集　国立歴史民俗博物館　1982年。
（21）前掲注（19）・（20）文献。

補論2　装飾器台の成立

はじめに

　北陸における装飾器台の研究は、石川県金沢市南新保D遺跡の出土例に対する考察が嚆矢となる[1]。その後、宮本哲郎は装飾器台の集成を進め、形態・出自・分布・系譜などひと通りの見解を提示した[2]。これらの成果によると、装飾性の高さから装飾器台と呼ばれ、祖型は大型器台と壺（または鉢）の結合の点から結合器台ともいわれる。北陸では、北加賀以西に分布する限定的なあり方を示し、遺跡・遺構における全体比率は1～2％を占めるに過ぎない。弥生後期の確実な共伴例は明確でなく、定型化は月影式の時期に進むため、北陸南西部の古墳早期を代表とする特別な祭器と考えられる。私は以前に、北陸南西部における古墳成立期の土器編年を再構築した際に、宮本の成果にもとづいて装飾器台の分類をおこない、古墳早期初頭に出現する可能性を指摘した[3]。しかし成立事情や系譜の問題、成立の経緯や背景までは論じきれなかった。本稿では、これまで集成した装飾器台の資料をもとに、とくに成立に関する諸問題について検討する。

1　分類と類例

　福井県・石川県出土の装飾器台は総数336点を数える。宮本によると、受部の横長→竪長、口縁部の短→長への変化、脚部の矮小化という変化が指摘されたことから[4]、上部構造の残存する55点を分類の対象とした。受部径（X軸）と口縁部の伸び率（Y軸）の相関関係を割り出し、ドットの集中部をグルーピングすることで1～6類に分類した[5]。共伴資料との検討によって、横長形態の1類から縦長形態の6類にむかって変化することが明らかとなった。1～4類は風巻（月影）式、5・6類は後続する長泉寺（白江）1・2式にほぼ共伴していた。なかでも1類の所属時期については課題が残った。共伴資料の少ないため、成立時期は風巻1式にまで遡るかどうかが争点となる。

　石川県では、白山市一塚18・21・22

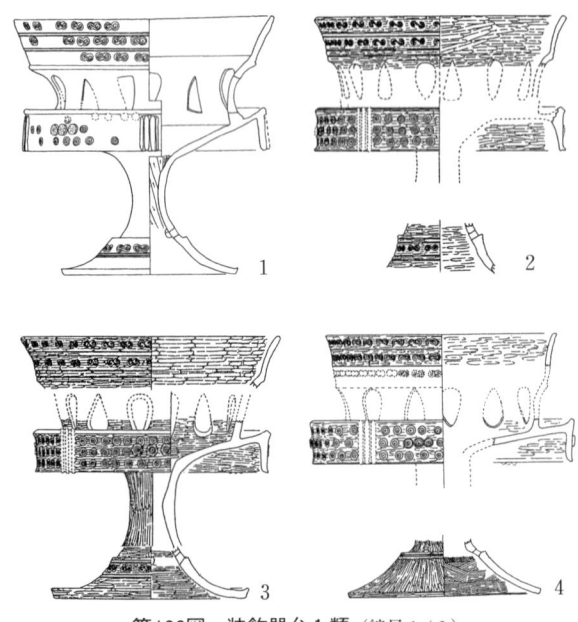

第106図　装飾器台1類（縮尺1/6）
1．三尾野15号墓、2．一塚18号墓、3．一塚21号墓、4．一塚22号墓

号墓において1類が数点出土しており、共伴資料から月影2式（風巻2式）に位置づけられる[6]。同じ月影2式に比定できる白山市宮永市カイリョウ遺跡1号住居では2類が確認できる。そのため、少なくとも月影2式の段階には1・2類は共伴している[7]。他に、石川県内の基準資料をみても、月影1式にともなう装飾器台1類は確認されず、月影2式の事例しか知らない。型式学的に1類は月影1式に遡っても、実際の資料のなかでは共伴しないのが現状である。それは後ほど触れるが、涙滴形透かし孔をもつ典型的な装飾器台は、福井県の丹生が発生の地と考えているため、石川県では月影1式の基準資料に存在しないのは当然かもしれない。

実際、典型的な装飾器台1類の出土例は限られており、福井県福井市三尾野15号墓[8]、先にみた一塚21号墓のものがあげられる（第106図）。両遺跡を比較すると、涙滴形透かし孔を施し、形態・規格・文様・施文の点で非常に酷似している。とくに、口縁帯部の直線文間にS字スタンプ文を配置し、涙滴形透かし孔をもつだけでなく、垂下帯部分には連続した円形スタンプ文を3段にわたって施し、縦方向の棒状浮文3条とその中間に円形浮文を揃えて3つを配置する。脚部には直線文とS字スタンプ文を施す。三尾野15号墓は装飾器台のみの出土であるため、時期の特定は難しいが、一塚21号墓は他の共伴土器から月影2式に位置づけられる。こうした地域を越えた2つの装飾器台の共通性を探れば、創出地や系譜もおのずと明らかとなるだろう。

2　構造と発生

両者の関係を結論づける前に、装飾器台の構造について検討する。装飾器台は、基本的に異なる系統の器台同士の結合と考えている。そのため、従来の「鉢＋器台」説、「壺＋器台」説などはとらない。具体的にいえば、有段口縁をもつ鼓形の器台（器台A）と、口縁部が垂下する器台（器台B）の結合原理である。いわば、鼓形器台の中位に垂下する口縁部を付属させ、透かし孔を施すことが想定できる[9]。器台Aについては、山陰の影響下のもと成立した鼓形の形態をとり、小羽山式・法仏式に多い器種で、北陸でも越前・加賀において顕著に認められる（第107図1）。一方、器台Bについては、口縁部の拡張が下方に伸び、弥生後期以来、南越の遺跡において一定量存在している。形態の類似性

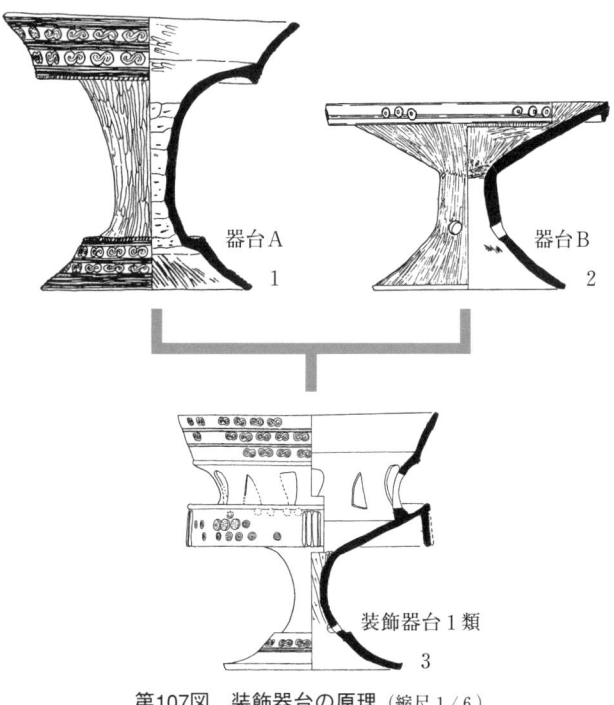

第107図　装飾器台の原理（縮尺1/6）
1.小羽山14号墓、2.西山3号墓、3.三尾野15号墓

第Ⅲ章　土　器　論

から、滋賀・東海の影響下で成立した器台であることも付け加えておく。他には、福井県鯖江市西山1号墓（小羽山3式の基準資料）では、3個セットの円形浮文をもつ器台や、垂下口縁の器台Bがあげられる（第107図2）。これは、三尾野・一塚の装飾器台1類にみる円形浮文の施文状況と酷似している[10]。また、福井県大野市右近次郎西川遺跡では、器台に3条の棒状浮文のセットをもつ例が確認できる[11]。したがって、器台Bの分布はたんに越前に集中するだけでなく、装飾器台1類のなかに南越・大野に多い器台の要素を含むことは、装飾器台の結合原理を考える上で留意しなくてはならない。

　では、涙滴形透かし孔をもつ典型的な装飾器台は、どこで生み出されたのか。漠然と生まれたのではなく、必ず創出された地が存在するだろう。それは、両系統の器台の分布が重なる場所を想定する。大野盆地では近年、古墳早期の集落跡の発掘調査が進むが、器台Aの出土例が少なく、装飾器台も3点に過ぎず、その発生地としては考えにくい[12]。そうなると、三尾野15号墓の例が示すように、南越の北部に位置する丹生が、その候補地として浮上する。本地は先に触れたように、両系統の器台の分布が重なっており、初期の装飾器台1類の発生条件を具備しているからである。

3　波及の背景

　別の視点から考えてみる。共通した1類の装飾器台をもつ2つの墳丘墓を比較してみる（第108図）。三尾野15号墓は一部の周溝が残る小規模な墳丘墓であるのに比べ、一塚21号墓は墳長27×26mをはかる四隅突出形墳丘墓である。こうした違いにもかかわらず、一塚と三尾野の装飾器台1類は、先に触れたように地域を越えて酷似する。一塚墳墓群において同様な装飾器台は18・21・22号墓と限定されるし、他遺跡・他地域では今のところ類例を知らない。福井県においても、このタイプの装飾器台は三尾野15号墓の例しか知らない。要するに、発掘調査事例の少ない丹生では、数点しか類例が確認されていないが、比較的調査の進む石川県では一塚墳墓群のみの発見となっており、しかも一部の墓で採用されたことは示唆的である。

　古川登は、小羽山30号墓を最初として、北陸型四隅突出形墳丘墓が加賀・越中へと波及し、その過程のなかで突出部が発達し、一塚21号墓は越前の影響下で成立したと明言している[13]。弥生後期中葉（小羽山式前半）に、丹生で成立した四隅突出形墳丘墓が、古墳早期になって政治的な関係から北加賀へと波及するならば、墳形だけでなく、それにともなう祭式も併せて波及した可能性が高い。しかも三尾野15号墓では、小規模な墳丘墓で採用されていることから、丹生一帯に装飾器台を用いた埋葬儀礼が普及していたとも考えられる。いずれにしても、両地域の政治的なつながりが前提となり、丹生で創出された装飾器台が北加賀側に導入された可能性が高い。

4　独自性と普及

　装飾器台の丹生発生説を説いたが、1類でも三尾野・一塚タイプに適用できるのであって、一

補論 2　装飾器台の成立

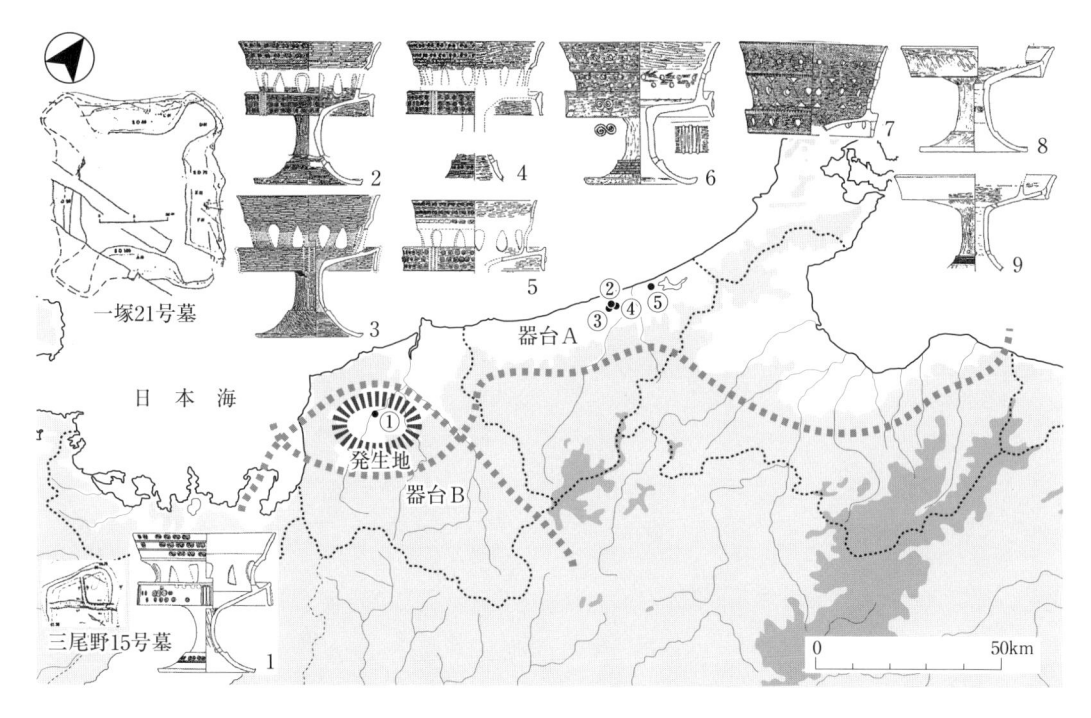

第108図　装飾器台の成立　墳丘図（縮尺1/1,100）土器（縮尺1/11）
①三尾野15号墓、②一塚墳墓群、③竹松遺跡、④横江古屋敷遺跡、⑤近岡遺跡
1．三尾野15号墓、2・3．一塚21号墓、4．一塚18号墓、5．一塚22号墓、6．竹松遺跡、7．横江古屋敷遺跡SD501、8・9．近岡遺跡大溝

元的な発生に固執しているわけではない。それ以外の1類をみると、点数は少ないが、形態はバラエティーに富む（第109図）。たとえば、竹松遺跡のものは多孔透かしをもち、棒状浮文・S字状浮文などを施すため、三尾野のものに比べると明らかに異なる[14]。また、横江古屋敷遺跡SD501出土のものの上部構造をみると、透かし孔の形態や数の点で同様に異なる。さらに、近岡遺跡大溝と竹松遺跡の下部構造だけに着目すれば、口縁端部を上下方向に拡張させており、三尾野・一塚タイプとはやはり異なる[15]。おそらく下部構造は、もともと在地に特有の器台であり、北陸特有の有段口縁器台と融合を果たしたのであろう。

つまり、初期の装飾器台は独特の形態と多様な透かし孔のあ

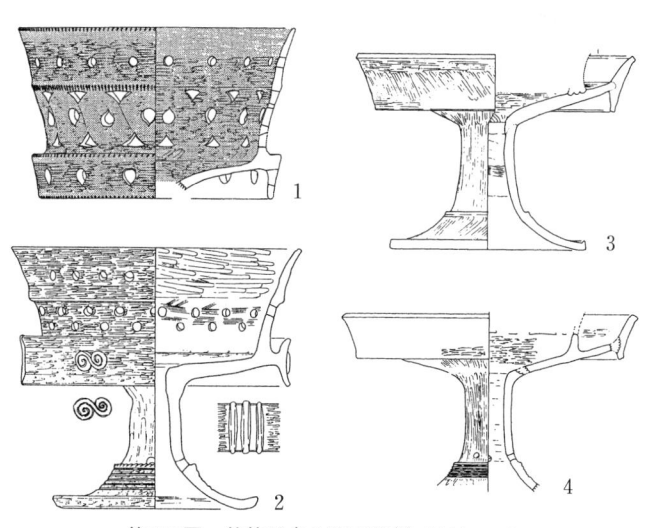

第109図　装飾器台1類の類例（縮尺1/6）
1．横江古屋敷遺跡SD501、2．竹松遺跡、3・4．近岡遺跡大溝

第Ⅲ章　土器論

り方から、在地特有の器台と北陸通有の有段口縁の器台が融合して成立した可能性が高い。各地域で独自性を有する装飾器台の創出は、その当時、重要な意味をもっていたのであろう。しかも墳丘墓出土資料に目立つことから、当初は埋葬儀礼に先行して導入されたと考えられる。その後、バラエティーに富む装飾器台は、典型的な涙滴形透かし孔のタイプに淘汰されていく。古墳早期後半になると、福井県では塚越墳丘墓や原目山墳墓群などの墳丘墓だけでなく、風巻上小島遺跡・西谷遺跡・長屋遺跡・林遺跡・糞置遺跡・見田京遺跡・光源寺遺跡などの集落でも出土するため、日常レベルまでの普及が考えられる[16]。その後、古墳前期の東海系土器波及によって、それまでの独自性の強い土器様式は崩壊の一途をたどるが、装飾器台も5・6類と小型化して残存するが、古墳前期中葉には完全に消滅してしまう。

おわりに

装飾器台は弥生後期にない特殊な祭器であり、古墳早期に新たに創出された器種として注目できる。成立期には墓にともなう事例が目立つため、当初は埋葬儀礼などの祭祀に使用されたと考えられる。古墳早期後半になると、数自体少ないなか、墓だけでなく集落の住居・溝などでも確認できる。これは、日常レベルの祭祀にまで及んだ結果ととらえられる。装飾器台の構造は、基本的に異系統器台同士の結合ととらえており、その発生地は2つの系統の器台をもつ南越の地だと考えた。南越のなかでも丹生は、弥生後期中葉以来、小羽山30号墓、塚越墳丘墓などの大型墳丘墓が集中する地域であり、新たな祭器として装飾器台が生み出された素地を有している。北加賀に領域支配を拡大した地域政権は、それまでの山陰志向を脱却して、コシがコシらしさを強調するための道具として用い、政治権力者層がより強固な支配体制を強化するための一種のイデオロギー装置として考案したとも考えられる。

これは、古墳時代早期という新時代の到来が背景にある。石川県では遺跡の分布状況から、弥生後期以来継続する集落が衰退して、新たに出現する集落が増加する傾向が認められるため、拠点的集落の解体と小規模集落の増加現象ととらえられる。福井県においてその証明は難しいが、弥生後期の拠点的集落とされる甑谷在田遺跡B地点では、古墳早期以降の土器はほとんど出土しない。また、古墳早期以降に出現する遺跡は多く、南江守大槙遺跡、光源寺遺跡といった新興集落の展開があげられる。これらを考え合わせると、福井県でも同様な現象が想定できる[17]。こうした集落の再編成をはじめとした社会的変革は、土器様式をも大きく変えることとなり、装飾器台という新たな祭器を創出し、風巻式甕という軽量化した薄甕をつくりあげる。こうして、コシ政権は古墳早期に最も成熟した独自の世界を形成していくことになる。

注
（1）栃木英道・宮本哲郎「（4）装飾性を帯びた器台形土器（いわゆる装飾器台）について」『金沢市南新保D遺跡』金沢市・金沢市教育委員会　1981年。
（2）宮本哲郎「装飾器台等の展開―これまでの検討から―」『シンポジウム「月影式」土器について』

報告編　石川考古学研究会　1986年。
（3）堀大介「古墳成立期の土器編年―北陸南西部を中心に―」『朝日山』朝日町教育委員会　2002年。
（4）前掲注（1）文献。
（5）前掲注（3）文献。
（6）松任市教育委員会『旭遺跡群Ⅰ～Ⅲ』1995年。
（7）松任市教育委員会『松任市宮永市カイリョウ遺跡　宮永市カキノキバタケ遺跡』1996年。
（8）福井市教育委員会『福井市三尾野古墳群』1993年。
（9）堀大介「北陸南西部における古墳成立期の様相」『考古学に学ぶⅡ』同志社大学考古学シリーズⅧ　同志社大学考古学シリーズ刊行会　2003年。器台Aの事例として、弥生後期後葉の器台をあげるべきだが、良好な資料が南越には少ない。そこで、ここでは時期が少し遡るが、小羽山14号墓で出土した弥生後期中葉の有段口縁器台をあげた。実際、弥生後期後葉の器台は有段部が大きく発達し、拡張とともにスタンプ文などの施文が多く入るのが特徴である。
（10）鯖江市教育委員会『西山古墳群』1987年。
（11）福井県教育庁埋蔵文化財調査センター『右近次郎西川遺跡』2002年。
（12）大野盆地の装飾器台は、右近次郎西川遺跡4 T85号溝（前掲注（11）文献）、下黒谷遺跡G区2号溝下層・G区包含層（福井県教育庁埋蔵文化財調査センター『下黒谷遺跡』1998年）で確認されている。
（13）古川登「北陸型四隅突出型墳丘墓について」『大境』第16号　富山考古学会　1994年。
（14）石川県立埋蔵文化財センター『松任市竹松遺跡群』1992年。
（15）a. 石川県立埋蔵文化財センター『近岡遺跡』1986年、b. 松任市教育委員会『松任市横江古屋敷遺跡Ⅱ』1995年。
（16）a. 福井県教育庁埋蔵文化財調査センター『袖高林古墳群』1999年、b. 三国町教育委員会『西谷遺跡発掘調査概要』1979年、c. 福井県教育庁埋蔵文化財調査センター『長屋遺跡』1986年、d. 大塚初重「福井市林遺跡の調査」『考古学集刊』第3巻第2号　東京考古学会　1965年、e. 福井県教育委員会『東大寺領　糞置荘（図録編）』1976年、f. 今立町教育委員会『見田京遺跡発掘調査報告』1988年、g. 福井県教育庁埋蔵文化財調査センター『光源寺遺跡』1994年。
（17）a. 清水町教育委員会『甑谷』2000年、b. 福井県教育庁埋蔵文化財調査センター『南江守大槙遺跡』1994年。

第Ⅳ章　国家形成史論

第1節　コシ政権の誕生

はじめに

　本稿では、古墳成立期におけるコシ（越）という地域政権の形成史を、北部九州をはじめ周辺地域のなかで位置づけながら、考古学的手法にもとづいて時系列で概観する。これまで提示した古墳成立期の土器編年と併行関係、時代区分や暦年代といった年代観を前提して、北陸における高地性集落と墳丘墓・古墳などの墓制、祭式土器や外来系土器受容などの事実関係を踏まえた上で、多面的でかつ総合的に論じていく[1]。国家の領域構造や階級社会の考え方は、寺沢薫の理論にもとづき、地域政権の成立とは「国の連合」の段階ととらえる[2]。対象時期は、北陸で高地性集落が出現して凹線文系土器の波及する弥生中期後葉から、東海系土器の波及とともに古墳が出現する古墳前期前葉までとし、地域政権の胎動期から崩壊・再編期まで都合6つの段階を設定して、3つに大別して概要を述べる。

1　形成史Ⅰ

（1）萌芽期（弥生中期後葉期）

　前漢王朝による紀元前108年以降の四郡設置は、大陸に近い北部九州の諸国に衝撃をもたらし、緊張状態の発生と内部統合化によって階級社会を生みだし、須玖岡本遺跡D地点甕棺墓、三雲南小路遺跡1・2号墓の被葬者にみる本格的な王の誕生、奴・伊都といった強固な国家の形成へと導いた。鉄器・青銅器といった副葬品の内容から、北部九州の諸国の圧倒的な優位性が認められる。こうした加速する国家形成に対して、瀬戸内・大阪湾沿岸を中心に生じた軍事的緊張が抗争につながり、爆発的に増加する高地性集落や環濠集落といった防御性集落の盛行へとむかう[3]。これは西日本一帯で起こった一種の対立構造であり、広い意味での二極化の図式を呈する。
　このような流れのなか、北陸では高地性集落が出現した。と同時に、弥生中期中葉の櫛描文で飾られた独自性の強い土器様式は、西方からの凹線文系土器の波及とともに崩壊する。両者には強い相関関係がうかがえる。点的な分布の高地性集落は、大地域に対して一遺跡の存在であり、拠点的集落に対して衛星的な位置づけとなる。けっして集落全体が移動する大規模なものではない。その立地は、近畿への主要道の入口部、陸上・海上ルートの拠点などの交通要所であり、大

地域のなかでも単体で存在する。当該期では、縦横につながるネットワークを形成せず、大地域内が網羅できる監視機能を有したものといえる。

　高地性集落出現の根本原因としては、北部九州からの直接的な影響というより、瀬戸内・畿内・近江、日本海を通じた二次的な社会的緊張のなかでとらえる。しかし、凹線文系土器にみる地域間交流、分銅形土製品や絵画土器などの西方遺物の流入と精神文化の受容、東方地域に点在する舶載品の数々が一連の流れにのることは、外的なものを取捨選択したというより、積極的な在地側の意志にもとづいた進取的なイメージをともなう。併せて北陸では、従来の主要な拠点的集落が解体して新たな環濠集落が出現するため、高地性集落の動態も考えると、従来の枠組みを突き破る社会的な緊張と内部抗争が起こったと推測する。

　では、政治権力者は出現していないのか。福井県では福井市糞置遺跡、同市中角遺跡、坂井市下屋敷遺跡、敦賀市吉河遺跡のように、墳長10m規模の墳丘墓が集落の一角に密集して造営される[4]。副葬品の内容の分かる例は少ないが、基本的に弥生中期中葉と変わらず、管玉・勾玉といった玉類中心の組成である。石川県や富山県の墳丘墓を含めても同様である。しかし、越前では特殊な墳丘墓が出現した。鯖江市亀山２号墓と福井市太田山２号墓は墳長20m規模を有し、集落を仰ぎ見る丘陵の隔絶された場所に位置する。低地に群集する墳丘墓と比べても明らかに異質な存在であり、越前の早熟性が際立つ[5]。

　太田山２号墓の被葬者については、他と隔絶した個人墓であることと大量の玉類を副葬することから、相応の領域支配を有する政治権力者だと考えられる。また、亀山１号墓の埋葬施設から石剣片が出土したため、戦死者の埋葬を考えて集団から選別された英雄的人物であったとの指摘もある[6]。当該期の動乱のなかで、たとえば水の利権争いをはじめとした大地域（クニ）同士が統合されていく過程で起こった内部抗争の結果だととらえているが、そのなかでも太田山２号墓の被葬者は、突発的に現れた大地域（クニ）ないし大地域群（国）に影響力を及ぼす特異な人物であったと考えている。

　弥生中期中葉の段階では、拠点的集落を中心とした均質的な政治的まとまりをクニと考えている。そして、凹線文土器の波及する中期後葉には、その枠組みが突き破られた可能性が高く、それを統括する人物を想定したい。私は、太田山のような被葬者に国（大地域群）の範囲に影響力を及ぼす政治権力者の姿をみている。これは、北部九州とそれ以東地域との対立構造が根本原因であり、その東方の北陸は国家形成の二次的な流れのなかでとらえられる。地域政権としては、大地域内での内部抗争と大地域間の統合の結果、広域的な政治的・社会的なまとまりが形成されつつある段階として「萌芽期」に位置づけられる。

（２）生成期（弥生後期前葉期）

　弥生後期の開始は１世紀前葉頃、後漢王朝の成立期と軌を一にする。継続的に中国と関係を有することで、北部九州の国々は国家体制を強化した。こうした西方からの波動は、以東地域に極度の社会的緊張をもたらす。高地性集落は東へと面的に移動し、近畿では大和を除く多くの地域で、環濠集落の衰退と大規模な高地性集落の出現といった社会変動をもたらす。その影響によっ

て大和では、拠点集落の防御化と高地性集落のネットワーク化が進む[7]。畿内・瀬戸内からの波動は、連動して近江内部に社会的緊張をうながし、近江系土器が周辺地域へと拡散する。東海では、滋賀県湖南の影響下で八王子古宮式といった新たな後期土器様式が成立する。

　日本海沿岸においても、西方からの衝撃によって山陰・丹後の土器様式が、東部日本海沿岸地域への波及にともない土器の等質化をもたらし、北陸南西部の甕谷式・猫橋式を生み出す。つまり、西方からの衝撃が東へ東へと連動することで後期土器が成立し、社会構造を劇的に変化させた新たな後期社会が幕を開けた。ほぼ同時期に古い一群の銅鐸が大量に埋納を完了したことも、同様な社会背景があったと考えられる[8]。この埋納の時期と前後して盛んとなる日本海沿岸の交流は、北部九州というフィルターを通して山陰・丹後に流入した鉄器[9]や、点的な分布を示す貨泉、中国鏡片などの舶載品を同時にもたらした。

　このような背景のなかで、北陸南西部では近江系土器のあり方に特徴があった。山陰・丹後色の強い均質的な土器様相のなか、近江系土器は大地域でいえば足羽・吉田・坂南・坂北・大聖寺・江沼・能美に少なく、周辺の今立・武生・丹生・石川・加賀に集中するように、ある範囲に流入しないことを重視すれば、それを排除できるだけの規制がおそらく働いていたのだろう。これらは近江系を排除できた北越と南加賀という２つの大地域群（国）の範囲に相当し、政治権力者の人的結合による均質的な政治体ととらえる。それは現状で、圧倒的規模を有する墳丘墓が発見されていないという理由からである[10]。

　近江系土器の動態とともに、福井県の北越と南越との境では、Ａ類型の線的な高地性集落が出現した。北西から南東方向にかけて、小羽山遺跡→片山鳥越遺跡→清水山遺跡→三尾野遺跡が展開し、主要河川沿いの丘陵上に立地する場合が多く、隣り合う集落同士を見渡すことができる。こうした線的なネットワークは、国家の防衛システムの要素を強く感じさせる。何かの目的のために一時的に形成され、しかも意図的に配置された結果といえよう。これを積極的に評価すれば、南方からの外圧に対する一種の監視のための防衛ラインととれ、防御的な性格より情報通信・伝達機能が考えられる。その経営主体は、後の小羽山30号墓の被葬者を生んだ丹生の地にあった可能性が高い。

　こうした状況を勘案すると、この時点で政治的なまとまりが形成されたという確証はないが、少なくとも小羽山30号墓出現以前にその素地ができていたと考えられる。高地性集落出現の根本要因は、東アジアの国際関係のなかで奴国・伊都国の優位性がもたらした東方全体の緊張状態の余波としてとらえ、山陰・丹後地域への土器の志向性、南方からの外的圧力と近江系土器の排除は、北陸内部における北越と南加賀という２つの大地域群、国（大地域群）のまとまりととれるかもしれない。その意味で、コシ政権の「生成期」に位置づけられる。広域に及ぶ政治権力者の出現と地域政権の成立は、次の段階を待たなければならない。

2　形成史Ⅱ

（1）成立期（弥生後期中葉期）

　弥生後期中葉の開始は、57年の奴国による後漢朝貢という衝撃的な事件で幕が開けた。これは列島初の地域政権（ツクシ政権）樹立を報告する儀礼行為ととらえる。東アジアの国際情勢のなかで、後漢王朝の設定する政治秩序に位置づけられたことは、列島の東方地域に極度の社会的緊張を生んだと考えられる。これによって、列島の主要地域に弥生後期中葉の土器様式を生み出す契機となり、半世紀の間にイヅモ・キビ・ヤマト・コシ・ヲハリなどの地域政権が次々に誕生していく。瀬戸内・四国では武器形青銅器、近畿周辺では近畿式銅鐸、東海周辺では三遠式銅鐸を生み出し、山陰では四隅突出形墳丘墓を媒体とした墳墓祭祀、吉備では特殊壺や特殊器台を用いた独自の墳墓祭祀の成立をうながした[11]。

　他地域との関係のなかで、北陸南西部では丹生を拠点とした小羽山30号墓の被葬者が登場する。後期前葉に形成された広範な土器様式圏の南端にあたり、近江色の強い土器様式圏との境界線上に位置することは、小羽山の政治権力者による南方対策の功績と考え、丹生山地東麓の日本海に近い地理的条件は、西部日本海沿岸地域との対外交渉を意識したあらわれでもある。北陸最古の四隅突出形墳丘墓である点は、その相関をより強固にする。その人物の政治的・社会的影響の及ぶ範囲は、南越・北越・南加賀を想定したい。それは、当該期の大型墳丘墓が1基のみである現状と、小羽山式・法仏式の広範な土器様式圏を考えたからである。

　本地域は他地域との関係のなかで、国同士の連合的結合と地域政権を代表する政治権力者の創出が急務となったのであろう。均衡を保っていた等質的な状況のなかで、北越と南越の統合を果たし、南方対策で功績をあげた丹生の勢力が優位に立ち、盟主として小羽山の被葬者が選ばれたと想像する。丹生が優位性をもつ最大の理由は、山陰に誕生した地域政権（イヅモ政権）の権威によったからに違いない。それは墳丘形態が四隅突出形であること、大量の精製土器が山陰・丹後志向である点、埋葬儀礼の共通点でしか証明できないが、在来の伝統的な墓制は、山陰における政治権力者のシンボルともいえる外来の四隅突出形墳丘墓と融合を果たし、新たな墳墓祭祀を用いることで、はじめて自らの権威を誇示したのであろう。

　したがって、小羽山の被葬者の登場をもって北陸最初の地域政権、コシ政権の誕生ととらえている。ただ、動乱期において対抗意識から起こった急務のことであり、けっして武力による支配と安定した政治体制を確立しておらず、北陸内部での山陰という権威によった自発的服従と緩い支配であったのだろう[12]。いずれにせよ、地域政権の誕生は衝撃的な事件となり、北陸南西部より以東地域に与える影響は大きく、婦負を中心とした政治的なまとまりを形成する直接的な契機となった。北陸南西部における南越・北越・南加賀という3つの国の連合を構成し、広域に影響力を及ぼす政治権力者の登場という明確な形としてあらわれた点で、コシ政権の「成立期」に位置づけられる。

（2）発展期（弥生後期後葉期）

　倭国王帥升等による後漢朝貢（107年）の頃を、弥生後期後葉の開始期ととらえる。列島の主要地域に誕生した政治権力者達は、墳墓祭祀に象徴するように、独自のイデオロギー装置を用いて支配体制を強化する。2世紀初頭に成立した倭国は、これらの人物の人的結合にもとづく列島規模の萌芽的な国家形態をとり、王権は帥升という個人に体現された可能性が高い。107年の後漢朝貢は、その意味で倭国誕生の承認を得るための儀礼行為ととらえる。その盟主たるツクシ政権は、後漢王朝の皇帝の権威によって権力を発動し、広範な領域支配がはじめて可能となったが、一個人の資質に左右される王権であるため、その政治体制は不安定であったといえよう。

　弥生後期後葉といえば、北部九州の下大隈式、山陰の的場式、吉備の鬼川市Ⅲ式、丹後の古天王式、東海の山中Ⅱ式、畿内（河内）のⅥ様式、北陸の小羽山・法仏式後半など、地域独自の土器様式を完成させていく時期でもある[13]。なかでも、東海の山中様式の展開を例にあげると、濃尾平野の低地部を発信源とした山中様式が、周辺地域に影響を与えはじめ、東の東三河・西遠江に伊場式土器を成立させ、さらには菊川様式にまで及び、山中式後期の影響を示す遺物とされる三遠式銅鐸の分布と重なり合う。赤塚次郎は、その時期から新たに環濠を掘削する遺跡が広範囲にみられる現象を、山中様式の普遍化にともなう葛藤とした[14]。

　この現象をもとに、北陸をとらえ直すと、山陰・丹後を志向する越前の小羽山様式は、丹生あるいは吉田を発信源とすると、ほどなくして大聖寺・江沼・能美・石川・加賀・河北において法仏式を成立させ、北陸北東部の土器様式に影響を与えた。その震源地は越前にあり、波動が東へと伝わっていく過程を想定する。西側からの一方的な波及というより、北陸南西部より以東地域が小羽山様式を積極的に志向することで、等質化をはかったというイメージである。この普遍化が、北陸北東部の国家形成に拍車をかけたのかもしれない。広範な高地性集落の分布状況は、小羽山様式の普遍化による葛藤という現象に置き換えることも可能であり、北陸内部における統合化が進んだ結果だといえよう。

　このような状況を生んだのは、吉田の南春日山1号墓の被葬者の登場が大きい。規模の点から広域に影響を及ぼす政治権力者であり、その影響力の範囲は南越・北越・南加賀に及んでいた可能性は高い。小羽山式・法仏式は、形態が山陰のものと酷似するが、S字スタンプ文などの装飾性が加わった点で、独自性をもつ規格化された土器様式であった[15]。近江系土器の減少は、外的圧力が弱まったことと同時に内部統合の強化を示唆し、山陰志向の様式を確立させたことは、外来の積極的受容と内部消化を意味する。また、丹生から吉田へ移動した大型墳丘墓は、政治拠点の移動を意味しており、その原因は西側の東方対策が原因と考えられる。

　高地性集落の出現は、列島規模の社会的な緊張が根底にあり、他地域との競合のなかで国家体制を強化していく過程で生じたと考えられる。とくに南西部の場合は、環濠などの防御的設備、焼失住居、武器などの戦争の痕跡は認められない。そのため、国家主導の防御・監視・通信手段のシステムとし、その要因は内部抗争によって生じたと考える。なお、国境付近に位置したものは、北東部との抗争によって生じた可能性が高い。北東部の場合も国家主導のシステムととらえ

第Ⅳ章　国家形成史論

るが、西側の地域政権の登場によって内部統合の意識が芽生え、政治権力者の出現過程において内部抗争で生じたもの、対外的な抗争から生じるといった要因が考えられる。

　西側のコシ政権が国家形成を進めるなかで、北東部でも新たな地域政権が誕生したと考えている。当地域の領域構造については検討していないため断定できないが、婦負を中心とした政治的まとまりが形成されたとみる。それは富崎3号墓の被葬者の登場にあらわれている。墳丘形態をみると、同じ四隅突出形でありながら、主丘部は西側が長方形プラン、東側が正方形プランといった独自性を有している。だが、最初に地域政権を形成した点、単純な墳丘規模の比較からすると、西側に優位性はあったと思う。国境付近に高地性集落が目立つことから、北陸を二分する東西の対立構造へと発展している。両者間の戦争は想定していないが、互いに緊張関係であったと考えられる。

　次に問題となるのが、北東部における四隅突出形墳丘墓導入の経緯である。これまで西側の地域政権では、山陰からの権威づけとして利用した節はあった。東側では内部統合にむけて地域間抗争はあったと思うが、大型墳丘墓の造営までには至っていなかった。そこで盟主的な存在となったのが、墳丘墓に四隅突出形を採用した婦負であった。西側と同様な図式を考えるならば、婦負が等質的な存在の北東部を纏めていくにあたり、外的な権威によったと考えられる。それが西側の後ろ盾なのか、山陰からの権威なのかは分からない。ただ、主丘部が正方形プランの点、土器様式が西側からの二次的影響下で成立した点などから、独自性を主張しつつも対立を意識したことは確かである。

　当該期は、東西コシの二極化がはじまった段階といえよう。と同時に、西側における南方からの外圧の緩みと東方対策は、政治拠点に移動をもたらした。大型の四隅突出形墳丘墓にみる二代目の地域政権の代表者としての政治権力者の誕生、防衛・監視システムとして機能する高地性集落の存在、山陰志向の土器様式の確立の点から、コシ政権の「発展期」に位置づけられる。また、北東部においても大型墳丘墓が誕生した点で、東側のコシ政権の成立期ともいえる。東側のコシ政権は山陰直結というより、西側のコシ政権の権威によったのかもしれない。他の主要地域でも同様に地域政権の樹立が進むことになるが、岡山県楯築墳丘墓、島根県西谷3号墓などに被葬された人物も時期的に同列ととらえる[16]。

3　形成史Ⅲ

（1）成熟期（古墳早期）

　古墳早期の開始は2世紀中頃、後漢王朝の衰退期に位置づけられる。後漢王朝の後ろ盾を失いつつあった王権と奈良盆地に成立した王都とは無関係でない。新たな王権の誕生は、従来の後期弥生社会の崩壊と社会の再編成をもたらした。大和では、弥生後期の拠点の集落の解体とともに、奈良盆地東南部に纏向遺跡が出現する[17]。別の視点では、小池香津江が奈良盆地東南部を中心に庄内式甕の典型品が同心円状に広がることから、盆地内でも先進的な卓越した集団の存在を想定しているし[18]、山田隆一は、各地の遺跡群の動態から流通拠点としての機能をもつ集落が西

第1節　コシ政権の誕生

日本各地で成立し、纒向遺跡を核とするネットワークが形成した状況を考えた[19]。

　東海では、山中式後期から廻間Ⅰ式初頭にかけて、弥生中期以来の拠点的集落が解体し、それと呼応して小規模な集落が爆発的に増加する現象を、より集約度の高い整然とした政治的・都市的な空域が濃尾平野にも生み出されていたという赤塚次郎の指摘につながる[20]。実際に、愛知県一宮市八王子遺跡では、大型建物長方形区画と井泉遺構とそれに付属する方形区画掘立柱建物群といった都市的な性格を帯びた集落が発見されており、赤塚の指摘は現実味を帯びてきた[21]。纒向都市は全国からの搬入土器の豊富さから、各国、部族国家の枠組みを越えた社会統合を促進するセンター的役割をおそらく担っており、東海の都市的な存在もそのネットワークのなかに位置づけられる。

　こういった各地域における都市化の波は、北陸でも起こったと考えている。それは、前提として畿内の庄内0～2式と東海の廻間Ⅰ式、北陸南西部の風巻式・月影式の開始が土器様式の併行関係上、ほぼ同時期であり、畿内の庄内式甕、東海のS字甕の軽量化した薄甕創出という流れのなかで、風巻・月影式甕が生まれた背景を考えたからである[22]。北陸南西部の集落内容や分布状況を検討しても、従来の拠点的集落と衛星的集落のネットワークは崩壊し、小規模集落が爆発的に増加した現象ととることができる。これは都市的集落の成立といった一極集中化によるもので、周辺地域が再編成されて小規模化したという解釈を可能にする。

　コシ政権の政治拠点は不明だが、候補地として丹生を考えている。それは装飾器台の創出地とともに、風巻式甕という薄甕の発生地の可能性があること、番城谷山5号墓や塚越墳丘墓といった大型墳丘墓の存在と、より高位の墓制として長方形プランを採用した点からである。場所の必然性は纒向都市に近い地理的条件があり、その要因には東方対策に一応の解決をみたためか。列島規模の都市化の波と各地域間の競合のなかで、コシ政権も社会的な再編が進んだのだろう。そして、丹生は地域間交流を可能にするための政治的・社会経済的なセンターとして機能し、他地域との恒常的な接触・交渉をおこないながら内部統合をはかったと考える。

　では、西側のコシ政権の領域支配はどこまで及んだのか。弥生後期からの国（大地域群）の集合体に加えて、手取川を越えた石川・加賀・河北（大地域群でいう北加賀）にまで及んだ可能性が高い。それは、石川の一塚21号墓にみる四隅突出形墳丘墓受容の点からである。肥大化した四隅の突出部、丹生と同系にあたる装飾器台の採用は、山陰直結というより西側の影響であることの蓋然性を高める。しかし、西側からの一方的な強制力をともなうものではなく、墳形の共有と新たな祭器の導入は、北加賀を治める政治権力者が自らの地域を治めるにあたり、西側の権威を利用したとも考えられる。それは西側の政権に参画したことを意味しており、それを選択した在地側の主体性に注目したい。

　こうして北加賀がコシ政権の傘下に入ることで、東西の対立構造がより顕著になったといえよう。そして東西の顕在化は、西側の装飾器台、東側の装飾台付壺という祭式土器の図式を生んだと考えるが、墓の墳丘規模と大型鉄製武器副葬の点などから、東側に対して西側の優位性は変わらなかったと思う。ただ、四隅突出形墳丘墓というだけで山陰との関係を軽率に結び付けることもできず、北陸南西部の土器が山陰志向を示さないからといって相互間交流が途絶したともいえ

ない。当該期の副葬品に北部九州製や舶載品が含まれることは[23]、土器などの生活様式、日常レベルの交流・志向性と別次元の人同士の交流・交渉へと変化したためであろう。

　古墳早期後半期になると、東西のコシ政権はさらに独自性を強める。西側のコシ政権は、自らの領域に閉鎖的に存在したのではなく、他地域あるいは他国と積極的に接触・交渉をおこなっていく。それは、大型墳丘墓における大型鉄製武器の副葬にあらわれており、外来によらない自国の権威を武器という威信財によって主張したと考えられる。地域間交流のレベルや権威・権力構造のあり方は、時代によって変化している。逆に、東側のコシ政権が四隅突出形墳丘墓を造り続けた理由は、四隅突出形墳丘墓に代わる権威の象徴、威信財たる舶載品や大型鉄製武器が、物理的に入手困難であったからかもしれない。

　また、北陸南西部における古墳早期の土器は閉鎖的といわれていたが、近年では外に発信した土器であったことが分かっている[24]。たしかに、外からの搬入土器が少ない点で閉鎖的といえるが、北陸系土器は滋賀県北部などの近隣だけでなく、三重県の海岸部、瀬戸内海沿岸の遺跡、畿内の纒向遺跡にも拡散し、とくに北陸北東部の土器は長野県北部、福島県、群馬県などの関東北部にも流入する。その点では外に対して開放的といわざるを得ない。これらの現象は、東海の廻間Ⅰ式が周辺地域に影響を及ぼした状況と酷似している[25]。

　高地性集落をみると、福井県では弥生後期から継続する場合が多いが、石川県では比高100m前後の見張り・監視機能を有する高地性集落が出現し、富山県では波紋のように各地に拡散する。これらの分布状況から、基本的に国家主導の防衛・通信機能を有したシステムと考える。南西部の要所に限られる状況、東西の国境付近に集中する点、北東部に拡散する状況は、東西コシの対立構造を読み取るが、東側に対して西側に優位性があったとしても、従属関係かどうかは判断できない。ただ、北東部に多い原因は東側のシステムか、あるいは内部統合による抗争の結果ととらえるが、西側の優位性という不均等な力関係で生じた極度の緊張状態が根底にあっただろう。

　日常土器・墳丘墓の形態などに象徴されるように、山陰という外来志向を目指すことで、コシ政権は国家の形成を進め、政治権力の移譲などによって政治体制の安定を保持してきた。しかし、古墳早期になると完全にその図式は崩れ、東西コシに分裂する。西側は装飾器台を用いた新たな埋葬儀礼を生みだし、日常祭祀レベルにまで普及させることで内部強化をはかった。とくに薄甕の創出、より高位の墓制としての長方形プランの大型墳丘墓の造営、大型鉄製武器の副葬、防衛システムの構築などは、整備された国家としての姿が浮かぶ。土器相によって南越・北越・南加賀・北加賀の4つの国の連合の領域と人的結合が明確化し、北陸の独自性が最も表出した段階と考えれば、コシ政権の「成熟期」に位置づけられる。

（2）崩壊・再編期（古墳前期前葉）

　纒向都市を中心とした初期王権は、西日本一帯の地域政権の政治権力者達による王権の独占が進み、均衡していた地域政権のバランスがしだいに崩れていく。それが古墳時代早期から前期への移行期であり、中国における三国時代の到来、3世紀前葉と軌を一にする。土器様式は畿内・庄内3式期、東海・廻間Ⅱ式期の開始に位置づけられ[26]、当該期は赤塚次郎がいう東海系の第1

次拡散期に相当する。東日本への拡散はすでに知られているが[27]、北陸もその波のなかに巻き込まれる。東海系をはじめとした外来系土器の波及は、北陸の伝統的な在地土器に完全な崩壊をもたらし、新たな東海色の強い土器様式が成立する。いわゆる長泉寺・白江式の時代である[28]。

なぜ、独自性は崩壊したのか。東海系土器の波及は、前方後円墳を媒体とした西日本一帯の初期王権の形成に対する、東日本一帯に生じた極度の緊張から広い範囲で起こった対抗策だと考える。それが契機となり、東日本で独自性を保持してきた国々は、西側に対する東側という列島を二分した大きな社会的な枠組のなかに包括された。従来の伝統的な土器様式を放棄し、前方後方墳という墓制や祭式土器までもが東海志向にむかうことは、社会変革の大画期であり、西側に対する結束を意味したに違いない。列島を二分するより国家レベルの対立構造ということができよう。弥生中期に北部九州と以東地域、北陸内部の西側に対抗する東側という図式と同様である。

また古墳早期には、圧倒的な規模の墳丘墓を築いていたが、当該期には墳長20m規模の小型前方後方墳を造営するにとどまる。東日本を中心に造営された前方後方墳は、ヤマトを中心とした初期王権の前方後円墳体制に対する対抗策としておく。西側の王権は公孫氏との交流によって得た画文帯神獣鏡を中心に、従来にない強固な政治的まとまりを形成したが[29]、東側にはそれに対抗できるだけの政治体制があったとは現状では考えられない。いわば、求心力なきまとまりとでもしておきたい[30]。いずれにせよ、東西二極化と小型古墳拡散の状況は、国家レベルにおける中心地と周辺地というモデルを反映したとも考えられる。

一方、北陸では防御性集落の東移にしたがい、高地性集落が古墳前期前葉まで残存したことは指摘された[31]。だが、福井県の高地性集落の事例をみると、交通の要所に関しては最後まで残ったイメージである。高地性集落の廃絶は、従来の初期王権とコシ政権との抗争の終結を直接的な原因と考えていない。鎗噛山遺跡は前期前葉でもその機能を有するし、新潟県横山遺跡の埋没した環濠からは、東海系土器が出土したため[32]、時期的にいえば東海系の波及時期と重なっている。高地性集落は、東日本の対抗勢力が政治的なまとまりを形成していく内部統合の過程のなかで生じたと考えている。その根本原因には、初期王権に対する極度の社会的緊張が根底にあったと思う。

コシ政権は、従来の社会システムが崩れた点で「崩壊期」にあたり、新たな国家の枠組みに包摂された点で「再編期」に位置づけられる。古墳前期前葉の土器をみると、東海色の強い段階からしだいに畿内・山陰色が強くなっていく。それと同時に、北陸では前方部の短い前方後円墳が点的に造営される。越前の花野谷1号墳（長泉寺3式）→加賀の分校カン山1号墳（白江3式）→能登の宿東山1号墳（古府クルビ2式）という時期的変遷をたどるように、東移にするにしたがい時期が新しくなる傾向が認められる[33]。それこそ部分的にではあるが、初期王権の領域支配のなかにしだいに包摂されていったことを意味するかもしれない。

4　結　論

　前漢・後漢王朝と続く遠交策で冊封関係を結んだ北部九州の国々は、他地域に先だって国家形成を進め、列島のなかでも盟主的な存在へと押し上がった。こうした国家形成の衝撃は東へと広範に伝わり、北部九州に対する畿内・瀬戸内を中心とした以東地域は、その警戒と社会的緊張から国家形成への意識が芽生え、各地域の国家形成と国家間の統合を促進させた。両者の対立構造は、防御性集落の面的な分布がそれを示している。そして57年には、奴国王の後漢朝貢事件が象徴するように、列島初のツクシ地域政権が誕生する。これを契機として、弥生後期中葉以降、各地域独自のベクトルで内部統合が進み、地域政権が次々と誕生していった。

　後期後葉になると、列島の主要地域では、地域政権の誕生とともに広域に影響力を及ぼす政治権力者が登場する。彼らの人的なつながりが、ツクシ政権を盟主とした倭国と王権の誕生と考えている。107年の倭国王帥升による後漢朝貢は、一種の儀礼行為ととらえる。これは東アジアの国際状況で生じた一時的なまとまりであり、萌芽的な国家形態となる。以後の纒向都市を中心とする初期王権の確立へむかって着実な一歩となった。古墳早期は王権の強化期にあたる。各地域政権も社会の再編化が促進され、主要地域では政治的・社会経済的な拠点が出現し、これらを結ぶ新たなネットワークが確立する。古墳前期には、西日本の地域政権による王権の独占が進み、列島を二分するもうひとつの王権が誕生していく。

　このような流れで北陸を位置づけると、北部九州の二次的な社会的緊張によって内部統合が進んだ結果、弥生後期中葉以降に国の連合化を果たし、北陸最初の地域政権となるコシ政権が成立する。南西部に中心をもつコシ政権は、初代、次代の政治権力者が次々と登場したが、山陰に誕生していたイズモ政権の権威にもとづく支配であった。後期末には西側の政権樹立の影響から北東部でも地域政権が成立し、西側の権威が背景にあったことを推測した。ここに明確な形で東西コシの対立構造がはじまったといえよう。古墳早期になると、山陰の影響から脱した新たな地域政権が確立されたが、古墳前期前葉には最終的にコシの独自性は崩壊し、東海を中心とした東日本一帯の列島規模の政治的まとまりのなかに包摂された。

　国家形成に至る根本原因は、東アジアの国際情勢と常に関連があるように思う。石母田正は、倭王権と国家形成を考える際に、東アジアにおける国際関係の重要性を看過できないと先見的に指摘した[34]。国際的契機によって、国内体制の変革と再編成がなされ、国家の形成に関しては、大勢力とそれに対抗する別の勢力が誕生する対立構造、ひとつの勢力に対して、同様な規模の勢力が誕生する競合現象、中心地と周辺地という社会モデルなどの法則性がうかがえる。これらは北陸内部でのミクロレベル、列島規模の国家にまで及ぶマクロレベルにとどまらず、さまざまなケースで適用可能な現象であろう。

　こうした国際的な契機は時代区分論とも関連しており、日本における社会的な大画期は、大陸・半島などの事件と連動すると考えている。たとえば、弥生後期は１世紀前葉の後漢の成立（25年）、後期中葉は１世紀中頃（57年）の奴国による後漢朝貢事件、後期後葉は２世紀初頭（107

第1節　コシ政権の誕生

年）の倭国王帥升による後漢朝貢事件と関係したと考える。また、後漢王朝の衰退にともなう大陸・半島の動乱は、古墳早期における纒向都市の成立と初期王権による内部強化の時期と連動し、3世紀前葉の三国時代の到来は、列島を東西に二分する古墳前期の開始と軌を一にするように、大陸・半島の出来事が少なからず、国家形成に影響を及ぼしたと私は考えている。

注

（1）土器編年と他地域との併行関係については、a. 堀大介「古墳成立期の土器編年─北陸南西部を中心に─」『朝日山』朝日町教育委員会　2002年、b. 同「古墳成立期の土器編年に関する基礎的研究」『越前町文化財調査報告書Ⅰ』越前町教育委員会　2006年、に詳しい。本稿は、c. 同「コシ政権の誕生」『古代学研究』第166・167号　古代学研究会　2004年、に概観した。

（2）a. 寺沢薫「青銅器の副葬と王墓の形成─北九州と近畿にみる階級形成の特質（Ⅰ）」『古代学研究』第121号　古代学研究会　1990年、b. 同『日本の歴史 第02巻 王権誕生』講談社　2000年。

（3）a. 森岡秀人「弥生時代抗争の東方波及─高地性集落の動態を中心に─」『考古学研究』第42巻第4号　考古学研究会　1996年、b. 寺沢薫「第Ⅴ章 総論 第2節 弥生時代後期低丘陵性集落の位置づけと高地性集落論」『三井岡原遺跡─弥生時代後期低丘陵性集落の調査─』奈良県立橿原考古学研究所　2003年。

（4）a. 福井県教育委員会『東大寺領 糞置荘（図録編）』1976年、b. 福井県教育庁埋蔵文化財調査センター『下屋敷遺跡 堀江十楽遺跡』1988年、c. 同『吉河遺跡』1983年、d. 同『吉河遺跡発掘調査概報』1986年。

（5）a. 鯖江市教育委員会『鯖江市西大井古墳群』1973年、b. 福井県教育委員会『太田山古墳群』1976年。

（6）古川登「日本海域における弥生集団墓の様相」『月刊考古学ジャーナル』No. 484　ニュー・サイエンス社　2002年。

（7）森岡秀人「邪馬台国時代前後の近畿」『邪馬台国を知る事典』東京堂出版　1999年。

（8）寺沢薫「銅鐸埋納論（上・下）」『古代文化』第44巻第5・6号　古代学協会　1992年。

（9）a. 村上恭通「日本海沿岸地域における鉄の消費形態について─弥生時代後期を中心として─」『古代文化』第53巻第4号　古代学協会　2001年、b. 同「日本海沿岸地域における弥生時代鉄器の普及─山陰地方を中心に─」『日韓合同鉄器文化シンポジウム 日本海（東海）がつなぐ鉄の文化』鉄器文化研究会・鳥取県教育委員会　2003年。

（10）近年の発掘調査によって、福井県鯖江市王山墳墓群において弥生中期末から後期初頭の大型墳丘墓（王山40号墓）が発見されている。a. 深川義之「王山古墳群（第3次調査）」『第21回福井県発掘調査報告会資料─平成17年度に発掘調査された遺跡─』福井県教育庁埋蔵文化財調査センター　2006年。本墓は、23.5×21mをはかる長方形の墳丘墓で、全周する周溝をもつ。王山古墳群中最大の規模で、王山丘陵の最高所に立地する。周溝底部からは、弥生中期末～後期初頭の高杯脚部1点、壺などが出土したため、造営時期は当該期と考えられる。規模・立地の点からも、広域に影響力を有する政治権力者の墓と呼ぶに相応しい内容である。また、近隣の西山公園遺跡では、有鈎銅釧9点が偶然出土したが、埋葬施設にともなうものとされた。b. 斎藤優「西山公園出土の銅釧」『福井県鯖江市王山・長泉寺山古墳群』福井県教育委員会　1966年。詳細は不明であるが、副葬品の内容から小羽山30号墓以前の政治権力者である可能性が高い。これらの発見は、弥生中期末から後期前葉にかけて政治権力の中心が南越北部にあったことの証左ととらえる。

（11）a. 寺沢薫「弥生時代の青銅器とそのマツリ」『考古学とその見方と解釈 上』筑摩書房　1991年、b.

第Ⅳ章　国家形成史論

　　　同「首長霊観念の創出と前方後円墳の祭祀の本質―日本的王権の原像―」『古代王権の誕生Ⅰ　東アジア編』角川書店　2003年。
(12)　朝尾直弘「問題の所在」『日本社会史　第3巻　権威と支配』岩波書店　1987年。小羽山30号墓の成立背景を究明するにあたり、朝尾直弘の見解を援用したい。朝尾は、王の政治的支配の背後には、社会の大部分の人々の心性を拘束する権威が必ず存在したとし、誰もが認める権威によってこそ、権力は安定した支配を維持することができ、暴力による強制的な服従だけでは、支配を永続させることができないため、多くの人が権力を認め、その支配に強制させることなく従う気持ち、自発的服従があったことを指摘する。
(13)　前掲注（1）a 文献。
(14)　赤塚次郎「前方後方墳の定着―東海系文化の波及と葛藤―」『考古学研究』第43巻第2号　考古学研究会　1996年。
(15)　栃木英道「第5章　考察　第2節　スタンプ文について」『吉竹遺跡』石川県立埋蔵文化財センター　1987年。
(16)　a. 近藤義郎『楯築弥生墳丘墓の研究』楯築刊行会　1992年、b. 田中義昭編『山陰地方における弥生時代墳丘墓の研究』島根大学法文学部　1992年。
(17)　寺沢薫「纒向遺跡と初期ヤマト政権」『橿原考古学研究所論集』第6　吉川弘文館　1984年。
(18)　小池香津江「古墳出現期・大和の地域構造に関する予察」『文化財学論集』文化財学論集刊行会　1994年。
(19)　山田隆一「古墳時代初頭前後の中河内地域」『弥生文化博物館研究報告』第3集　大阪府立弥生文化博物館　1994年。
(20)　前掲注（14）文献。
(21)　愛知県埋蔵文化財センター『八王子遺跡』2002年。
(22)　前掲注（1）c 文献。
(23)　林大智・佐々木勝「北陸南西部地域における弥生時代の鉄製品」『石川県考古資料調査・集成事業報告書 補遺編』石川考古学研究会　2001年。
(24)　a. 比田井克仁「南関東出土の北陸系土器について―弥生～古墳時代―」『古代』第83号　早稲田大学考古学会　1987年、b. 前島卓「北陸系土器の動向」『長野県考古学会誌―古墳時代特集号―』69・70号　長野県考古学会　1993年、c. 川村浩司「関東南部における北陸系土器の様相について」『庄内式土器研究Ⅵ』庄内式土器研究会　1994年、d. 友廣哲也「群馬県の北陸土器と古墳時代集落の展開」『古代』第102号　早稲田大学考古学会　1996年、e. 原田幹「東海出土の北陸系土器―古墳初頭前後における広域土器交流の一様相」『考古学フォーラム10』考古学フォーラム　1998年。
(25)　前掲注（14）文献。
(26)　前掲注（1）a 文献。
(27)　a. 赤塚次郎「Ⅴ　考察」『廻間遺跡』愛知県埋蔵文化財センター　1990年、b. 同「東海系のトレース―3・4世紀の伊勢湾沿岸地域―」『古代文化』第44巻第6号　古代学協会　1992年。
(28)　前掲注（1）a 文献。
(29)　岡村秀典「卑弥呼の鏡」『邪馬台国の時代』木耳社　1990年。
(30)　大村直「東国における古墳の出現」『考古学研究会40周年記念論集　展望考古学』考古学研究会　1995年。
(31)　日本考古学協会新潟大会実行委員会『シンポジウム　東日本における古墳出現過程の再検討』1993年。
(32)　小林隆幸・広井造「横山遺跡」『長岡市史 資料編1』長岡市　1992年。

（33）堀大介「北陸南西部における古墳成立期の様相」『考古学に学ぶⅡ』同志社大学考古学シリーズⅧ　同志社大学考古学シリーズ刊行会　2003年。
（34）石母田正「第1章 国家成立史における国際的契機」『日本の古代国家』日本歴史叢書　岩波書店　1971年。

第2節　国家から地域政権へ　―北陸を舞台として―

はじめに

　弥生時代の北陸に広域的な政治体が存在するという見解はあった。甘粕健によると、弥生後期の越前から越中にかけて独自の祭式土器をともなう大型の方形台状墓が発達し、汎北陸的土器様式が確立する動きは、吉備・出雲の首長墓祭祀に対比される儀礼が生み出され、北陸諸地域の首長が外圧に対抗して結束を強めた「越連合体」の形成の結果とした。その背景には、畿内勢力との敵対によって鉄などの戦略物資の供給を断たれた北陸勢力が、もうひとつの供給者である出雲勢力への依存度を強め、出雲連合のシンボルと考えられる四隅突出墓を模した台状墓が、加賀・越中に現れるのも北陸の首長の立場表明だと解釈した[1]。

　これに対して、古川登は北陸の四隅突出形墳丘墓を検討し、加賀・越中で採用されたのは、軍事的緊張の終息後、越前の勢力との同盟関係・連合体に参加したことを考えた。越前の勢力主導による四隅配布論であり、その横の結び付きである同盟関係・連合体を「越勢力」とした。越後に残る防御的集落は東北勢力との対立ではなく、越勢力との対立であるとした[2]。また、前田清彦は山陰対北陸という地域相互の交流ではなく、山陰首長連合から北陸の一地域首長に墳形が与えられたと考えた。それは、単発的な朝貢にも似た交渉と位置づけ、四隅突出形墳丘墓の造営は山陰より北陸側の首長にとって重要であるとした[3]。

　甘粕の見解は、弥生後期の北陸に連合体が形成されていた点を重視するが、畿内勢力との敵対による鉄資源の欠如という説明は、近年の北陸における多数の鉄器の発見例をみれば首肯しがたい[4]。また、越前主導による段階的な波及説は、富山県で発見された弥生後期末の四隅突出形墳丘墓の存在によって崩れるだろうし[5]、山陰からの朝貢にも似た墳形の配布説は、北陸南西部における土器流入の閉鎖的なあり方をみれば、考古学的に証明は難しいという[6]。さらに、高地性集落の消長と四隅突出形墳丘墓の出現に因果関係はなく、東西北陸の対立構造を加味すると理解しやすい部分はある。

　私は、北陸南西部における古墳成立期の土器編年を再構築し、土器と高地性集落と墳丘墓の様相を主軸としてコシ政権の形成史について検討した[7]。とくに、弥生後期中葉（小羽山様式）を成立期としてとらえ、小羽山30号墓の出現に画期を求めた。コシ政権とは、地形・地理的条件に制約された地域的な枠組みを破る政治体を意識したが、地域政権の定義を明確におこなわなかった点、弥生中期からの連続性を検討できなかった点で不透明さが残った。本節では用語の整理をおこない、これまでの自説の総括として、国家の成立と地域政権の形成について概観し、北陸という一地域のモデルケースを提示する。

1　用語の整理

　地域政権とは何だろうか。一言でいえば、小共同体の集合体である小国家が、政治的な統合を果たして列島規模の王国へと躍進するまでに成立する、クニや国が政治的あるいは人的結合によって100～250km圏という社会的圏域を有する政治権力である。何をもって地域政権段階とするかは難しいが、国家の定義に大きく左右される問題である。それは、日本における国家の成立時期にも関係し、都出比呂志が七五三論争と表現したように、定義次第で成立年代に幅が生じている[8]。成立時期に関して、誤解を恐れずにいえば、マルクス・エンゲルスなどの古典学説にもとづく共通の目線があったようだ。

　では、国家とは何か。滝村隆一によれば、国家（広義の国家）と国家権力（狭義の国家）という2つの国家像が浮き彫りになるという[9]。この理論を適用した寺沢薫は、国家の発生を弥生前期末から中期初めまでに遡らせて考えた[10]。だが、弥生のクニを国家段階とする見解は、すでに指摘されていた。塩沢君夫は、マルクスのアジア的生産様式の理論分析にもとづき、日本の古代専制国家について言及し、北部九州の奴国などを小国家と位置づけた[11]。その後、宇野隆夫はエンゲルスが国家の第一条件として領域的支配を先にあげたことを卓見とし、弥生時代のクニまでも小国家と呼んだ[12]。

　宇野はヤマト王権が誕生すれば、地域的な王権もあり得るとし、塩沢は小共同体、小国家、地方国家、大和国家という段階的なあり方を描き出した。また寺沢は、部族的国家同士の征服と統合を繰り返しながら、広義の国家として規模や支配権力を拡大、強化する一方、狭義の国家として第三権力を徐々に整備していくという。そして、歴史的国家の次なるステップが王国段階であり、王権の誕生とする。なかでも、弥生時代の領域構造と共同体の重層的な階級構造に関する理論を提示し、北部九州、近畿などの地域によって異なる階級社会を描く。このように弥生時代に国家の成立を求める見解は、少数派として存在する。

　私は、これらの見解を支持するが、川西宏幸が言及した2つの異なる圏域の概念を加える[13]。川西は、日本の弥生後期後半に関東各地で抽出される主要な土器様式圏（常陸の十王台式・上稲吉式）、C・レンフリューの初期国家単位（EMS）の範囲、F・ピトリーによるエジプトのノモス（州）の距離の平均21mile（33.6km）などの例をあげ、40km圏が文明度の違いを越えて普遍的に存在することを指摘した。これは人間の一日当たりの歩行能力によって制限されたヒューマン・サイズの隔たりであり、基本的な圏域として定着的な農耕社会の成立以降、動力を使った移動手段が発達するまで存在し続けたという。

　また、川西は200km圏を指摘した。日本列島では北部九州、瀬戸内の東西、近畿、東海の東西が連環状にそれぞれ独自の土器様式圏を弥生後期に形成しており、150～250kmの広がりを擁する点、瀬戸内中部の平形銅剣や三遠式銅鐸の主要な分布域、近畿式銅鐸や広形銅矛の分布域をあげた。中国では良渚文化の遺跡分布、黄河流域の龍山文化期における集落群の最大領域、二里頭文化期の土器の広がる例などをあげた。200km圏は40km圏同様、気候風土や農法や主要農産物や文

明度の違いを越えて認められるため、これもヒューマン・サイズの圏域なのだという。

　以上の見解を参考として、寺沢薫の理論[14]にもとづき、①2〜5km圏＝小地域、②10〜15km圏＝大地域（クニ）、③40〜50km圏＝大地域群（国）、④100〜250km圏＝国の連合（地域政権）、⑤王国（王権）の5つに設定する。①の小地域は、各水系や地形的な条件によって区画された拠点的集落を中心とした衛星的な集落のまとまり、農業生産の手段を共有する共同体の最小単位であり、現在の村落単位と重なる。②の大地域は、3〜5つ程の小地域が集合したものであり、弥生時代の水系ごとの自然的なまとまりが、律令制以来の郡の範囲と重なり合う領域である。クニと呼び、階級的人物をオウとする。

　③の大地域群は、3〜5つ程の大地域が集合した地域的制約の強い地域区分であり、小さな平野や盆地規模の旧国単位の領域である。その領域には影響力を有する政治権力者（「王」的な人物）を想定する。④の国の連合は、いくつかの国が結集し、広域の領域支配がなされた範囲を想定する。広域に影響力を及ぼす政治権力者（「王のなかの王」的な人物）が存在し、その政治権力を「地域政権」とする。⑤に関しては第3節に譲るが、④の地域政権が何らかの形で結合し、列島規模の領域支配を有する政治体と考えている。寺沢のいう王国であり、中国史書に度々出てくる倭国が該当するだろう。階級的人物は王のなかの王を超えた、第三権力を有する政治権力者（「大王」的な人物）となる。

　圏域は、①から⑤にむかって歴史的進展をたどるが、圏域自体は拡大あるいは解消することを示しておらず、重層的に併存し得る基礎的な単位として機能する。ここで考えを整理すれば、本書における国家とは②のクニの段階、地域政権とは④の国の連合の段階とする。地域政権の政治拠点は単核か多核かはともかく、階級的な政治権力者としての存在が条件にあり、一定の領域支配を有することが前提としてある。しかし、領域支配を考古学的に証明することは難しい。どうしても状況証拠的な論となってしまうが、特殊土器の広がり、等質的な土器様式の範囲、外来系土器受容の偏差などにひとつの論拠を求めたい。

2　事例の検討

　北陸におけるクニの成立は弥生中期中葉[15]に遡る。北陸南西部に定着した櫛描文系土器は、独自の発達をとげて北東部に及び、東西に長い土器様式圏を形成する。その主体は越前の下屋敷遺跡、加賀の八日市地方遺跡、能登の吉崎・次場遺跡などの拠点的集落がになう。集落の環濠化と集住化、規模の点から、大地域のなかで唯一かつ突出した存在であり、交通の要所に位置する点に特徴がある。遠隔地より搬入された外来系土器は広域的な交流を示し、等質的な土器の広がりは潟間のリレー方式交通の発達による。拠点的集落では玉器、木器、石器、青銅器などの手工業生産の分業体制（すべて完備ではない）を確立させ、大量の未製品出土は自給自足にとどまらず、周辺集落への供給を意味する。とくに特産的な玉類は、交換品として他地域に流通した可能性は高い。墓をみても、墳丘墓の被葬者は無区画墓に比べると、墳丘や区画を有する点で優位性はうかがえる。副葬品の内容にこそ差は認められないが、巨大な環濠で画された墳丘墓の被葬者

第 2 節　国家から地域政権へ

にオウの姿をみたい。こうした状況は拠点的集落主導型のクニの段階に位置づけられよう。

　弥生中期後葉の凹線文系土器の波及により、櫛描文系土器様式は崩壊しはじめる。従来の拠点的集落は衰退し、新たな環濠集落が周辺に拡散する一方で、越前の盆山遺跡、能登の杉谷チャノバタケ遺跡のように、高地性集落が点的に分布する。それは、北部九州の国家形成にともなう列島規模の社会的緊張が根底にある。北陸の高地性集落には実際的な戦争や抗争の痕跡が認められないため、戦争に対する備えや監視機能にとどまる。また福井県では、集落から隔絶した丘陵上に独立した方形墳丘墓が出現する。太田山2号墓は管玉を大量に副葬する厚遇の単次葬で、被葬者は地域集団から隔絶した人物（政治権力者）であろう。この時期の墓の埋葬施設からは欠損した石鏃や石剣片が出土するため、遠隔や近接戦闘による戦死者は存在する。さらに、土器の流入だけでなく、分銅形土製品などにみる西方の精神文化の受容は、従来の社会的価値観をも崩壊させる。これらは北部九州を発信した瀬戸内・近畿からの二次的な影響下で進む。こうした状況をみれば、より統合化した国の条件を備えるが、領域の点で証明は難しい。

　弥生後期になると、鉄器などをめぐる日本海を通じた地域間交流がさかんになり、土器の点では北陸南西部を含めた西部日本海沿岸地域の独自の文化圏が形成される。それは地域政権にむけての胎動を意味する。北陸では山陰・丹後地域の擬凹線文系土器と酷似する一方で、近江系土器の流入が顕著となり、南方からの侵入を拒絶するように、近江系の受容されない約80kmの大地域のまとまりが形成される。それは丹生、足羽、吉田、坂南、坂北、大聖寺、江沼、能美のクニを合わせた範囲となり、広域に及ぶ政治体が形成された可能性が高い[16]。南方からの圧力（日本海沿岸への鉄資源の依存のためか）に対して、丹生北部から足羽南部にかけて東西南北に横断する高地性集落は線的な分布を示し、外部に対する監視用の施設として機能するとともに、軍事的な防衛体制を確立させる。それまで同列に近い政治レベルのなかにあって、丹生の盟主的な人物は、南方対策の軍事的指揮権を託されたことで、北陸最初の地域政権を生み出す直接的な要因となったのだろう。ただ、後期前葉の大型墳丘墓は発見されていないため、その政治体制までは言及できない。

　西暦57年、奴国王の後漢朝貢事件が起こる。ツクシ政権が後漢王朝の朝貢体制のなかに身を置くことは、倭国内に極度の社会的緊張をもたらし、各地に地域政権の形成をうながす。北陸でも政治権力者の選出が急務となる。それが丹生北部の小羽山30号墓の被葬者である。墳形が四隅突出形で山陰の埋葬儀礼と酷似する点は、イヅモ政権との政治的つながりを示し、外的権威にもとづく権力の発動という支配原理が生まれる。また、単次葬で葺石をもたない点は、従来の墓制の伝統を有し、次世代に大型墳丘墓が継続しない状況は、個人の能力と資質に秀でたカリスマ的人物としての姿が浮かぶ。これは緩い紐帯で結ばれた外的国家体制を示す[17]。丹生北部に誕生したのは、後期前葉に軍事的役割をにない、対外交渉役としての功績が大きかったためだろう。小羽山の人物は、北部九州製の鉄製短剣という武器副葬の初例であること、他に類をみない厚葬のあり方から、広域に影響力を及ぼす政治権力者と考えられ、司祭者的性格のなかに軍事指揮者としての一面がうかがえる。こうした地域政権の誕生により、小羽山様式が創出され、北東部の土器様式に影響力を及ぼす契機となる。

第Ⅳ章　国家形成史論

　小羽山の人物の死後、地域政権の代表者が再び推戴される。それが後期後葉に位置づけられる吉田東部の南春日山１号墓の被葬者である。墳形が四隅突出形である点、50m近くの巨大な墳丘を有する点以外に知り得る情報は少ない。南春日山の人物は墳形の踏襲から、イヅモ政権との政治的なつながりを一層強化し、従来の政治体制と対外政策を引き継いだものと考える。他に類のない圧倒的な墳丘規模から、広域に影響力を有する政治権力者である可能性が高く、キビ政権の楯築墳丘墓やイヅモ政権の西谷３号墓にみる墳丘の巨大化と被葬者の厚葬化と関係する。高地性集落は領域内の交通要所に拡散し、全体の監視施設として機能する。ただ、イヅモ政権の呪縛から脱しない点では、外的国家体制にとどまる。大型墳丘墓は丹生北部と吉田東部の２か所に集中するが、同時併存しない点は、政権内に複数の命令系統があったのではなく、政治拠点とともに権力者に体現される権力の一元化を意味する。また、二代にわたる政治権力者誕生の衝撃は、富山県の婦負の政治権力者（富崎３号墓の被葬者）の登場をうながし、北陸に東西の対立構造を生み出すが、東側に対する西側の優位性という状況は変わらない。

　古墳早期には北陸独自の土器様式圏が成立し、北陸南西部を中心に展開する。土器様相をみても山陰や丹後などの土器様式を採用せず、独自性を有する点に政治レベルの飛躍が認められる。地域政権の命題は内部に対する支配体制を強化し、外的権威依存型の支配体制からの脱却にある。墓は四隅突出形墳丘墓を採用せず長方形に統一し、多くの大型鉄製武器の保有は司祭者的性格に加えて軍事指揮者としての性格をみる。内政面の強化は対外交渉に効力を発揮し、より遠隔地の高級品（舶載品など）の獲得が可能となる。また、イデオロギー支配の装置を生み出し、装飾器台を用いる埋葬儀礼の統一化をはかる。早期前半の装飾器台は限定的なあり方（墓）を示すが、後半には南西部に拡散し、日常レベルの集落内祭祀にまで及ぶ。それは宗教的な政策に近い。土器にみる東西の地域色の顕在化とともに、監視用の施設としての高地性集落は両者の結節点に集中する。こうした状況は、内政や治安といった内政面を重視する内的国家体制への移行ととらえる。そして直接的な領域支配は、一塚21号墓の出現を重視すれば手取川を越えた北加賀にまで及ぶ。

3　結　論

　弥生中期中葉は、遠隔地との交換・交易を重視した拠点的集落型のクニを形成するが、大地域の殻は基本的に破らず、東西に長い地形・地理的特徴から、社会的なあり方は連関する数珠繋ぎという表現がふさわしい。中期後葉には、北部九州の国家形成にともなう列島規模の社会的な緊張によって糸は切られ、内部統合と共同体間の序列化が進み、クニから国への躍進とともに政治権力者が登場する。後期前葉には、国の領域を突き破る地域政権の胎動がみてとれ、後期中葉には、軍事的役割をになった丹生から政治権力者が登場する。北部九州と周辺諸国という対立構造のなか、北陸という一地域社会においても地域政権が誕生する。

　弥生後期後葉になると、政治体制は次世代に継承されるが、後期中葉同様、外的権威を重視する外的国家体制にとどまる。二代続く政治権力者誕生の衝撃は、北陸内部の序列化と格差を促進

第2節　国家から地域政権へ

し、北東部の婦負に政治権力者を生み出すとともに、東西コシの対立構造へと発展する。古墳早期には、政治権力者が軍事的指揮者としての性格を強め、治安維持と宗教政策をはかる内政重視のあり方は、従来の外的国家体制を強化するとともに、内的国家体制への移行を意味する。概括すれば、弥生中期中葉から後期にかけてクニ→国→国の連合という歴史的な進展をたどり、古墳早期には支配体制の強化のために、内的国家体制への移行という流れになる。

　古墳前期になると、列島を二分する王権の対立構造が生まれ、北陸では外来系土器の波及によって独自性は崩壊し、東海を中心に誕生する新たな王権の渦に飲み込まれる。古墳前期の社会状況については第3節に譲る。こうして一地域を通史的にみると、国家の成立や政権の形成論は、東アジア的な視点が必要であり、北部九州を発信源とする他地域との競合という概念でとらえると理解しやすい。北陸では対馬海流の影響や潟などの地形・地理的な特徴から、つねに西方を意識した独特の国家形成が行われたようである。これを北陸型といえるかについては、今後他地域と比較検討することで答えを出していきたい。

注

（1）a. 甘粕健「みちのくを目指して　日本海ルートにおける東日本の古墳出現期にいたる政治過程の予察」『シンポジウム　東日本における古墳出現過程の再検討』日本考古学協会新潟大会実行委員会　1993年、b. 甘粕健・春日真実『東日本の古墳の出現』山川出版社　1994年。

（2）古川登「北陸型四隅突出型墳丘墓について」『大境』第16号　富山考古学会　1994年。

（3）前田清彦「四隅突出型墳丘墓と北陸弥生墓制」『旭遺跡群Ⅲ』松任市教育委員会　1995年。

（4）a. 佐々木勝・林大智「北陸地域における弥生時代鉄製品の様相」『月刊考古学ジャーナル』No.467　ニュー・サイエンス社　2000年、b. 林大智・佐々木勝「第6章 特論　第2節　北陸南西部における弥生時代の鉄製品」『石川県考古資料調査・集成事業　補遺編』石川考古学研究会　2001年。

（5）婦中町教育委員会『千坊山遺跡群試掘調査報告書』2002年。

（6）古川登「北陸地方の四隅突出型墳丘墓、その造営意味について」『芸備』第25集　芸備友の会　1996年。

（7）土器編年と他地域との併行関係については、a. 堀大介「古墳成立期の土器編年―北陸南西部を中心に―」『朝日山』朝日町教育委員会　2002年、b. 同「古墳成立期の土器編年に関する基礎的研究」『越前町文化財調査報告書Ⅰ』越前町教育委員会　2006年、に詳しい。コシ政権の形成については、c. 同「コシ政権の誕生」『古代学研究』第166・167号　古代学研究会　2004年、に概観した。

（8）都出比呂志「日本古代の国家形成論序説―前方後円墳体制の提唱」『日本史研究』第343号　日本史研究会　1991年、などにおいて、日本における国家の形成に関する研究史が詳しく検討されている。

（9）a. 滝村隆一『マルクス主義国家論』三一書房　1971年、b. 同『国家の本質と起源』勁草書房　1981年、c. 同『国家論大綱　第1巻上』勁草書房　2003年。国家とは社会全体が法的規範によって組織化され、総括された一大政治的権力、また内外危難から社会全体を維持・遵守するために社会を挙げて構成された統一的で独立的な組織体、さらに社会のために社会を挙げて構成された組織体という意味で政治的組織であり、国家権力とは社会の国家的構成と組織化を直接指揮し主導する公的権力で社会の国家としての総括と組織化を直接担掌する国家組織のなかの指揮中枢［指導部］にほかならないとする。いわば、国家とは国家という政治的権力［組織］を意味し、国家

権力とは社会の国家としての組織的構成を指揮し主導する特殊な政治的権力［組織］であり、国家権力が国家のなかの実質的意味での最高権力として君臨しているところに、一般の社会的権力との根本的な相違を示したことが大きいとする。また、国家の歴史的形成はその指揮中枢を構成するはずの国家権力の歴史的生成に先行すると結論づけている。

(10) 寺沢薫『日本の歴史 第02巻 王権誕生』講談社 2000年。広義の国家とは、他と区別される地域的小世界を形成する共同体そのものが、いかなる手段をとろうが、征服によって支配と抑圧を達成するために、外部にむけて政治的な権力を共同の意思と幻想として発動するような国家をいう。これに対して狭義の国家とはマルクス・エンゲルスの古典的な視点で、共同体のなかに経済的な支配や被搾取の階級が生まれ、この２つの階級の不断の階級闘争によって社会が崩壊してしまわないように、第三の権力としての国家権力が生まれるという。

(11) a. 塩沢君夫『古代専制国家の構造』御茶の水書房 1958年、b. 同『アジア的生産様式論』御茶の水書房 1970年。原始的共同体社会の崩壊のなかから生まれた最初の階級社会が、古代アジア的生産様式の社会であり、その典型的形態は古代アジア的専制国家であるとする。アジア的形態の共同体を基礎として成立する最初の国家は、共同体による他の共同体の支配という形態の小国家である。小国家においては、支配共同体も被支配共同体も、その共同体関係がこわされておらず、支配共同体は被支配共同体を破壊することなく、被支配共同体の首長を通して、主に貢納関係によって余剰労働を収奪するという。数個の小共同体を支配する程度の小君主の政治的支配圏でも、法制的に整備されていなくても、アジア的生産様式であり、国家なのだという。

(12) 宇野隆夫『律令社会の考古学的研究 北陸を舞台として』桂書房 1991年。宇野は、論理的に領域（的）支配が公権力の行為の一環としたが、加えて軍事再編成権、外交権をもつものを条件としてあげ、戦争と外交をおこなった弥生の小国家が国家であることを強調した。

(13) 川西宏幸「都市の発生」『東アジアと日本の考古学 Ⅴ 集落と都市』同成社 2003年。

(14) 前掲注（10）文献。

(15) 時代区分を土器から概観すれば、櫛描文系の出現以降をⅡ様式、独自の櫛描文の成立以降をⅢ様式、凹線文系の出現以降をⅣ様式、擬凹線文系の出現以降をⅤ様式とし、風巻式・月影式は庄内式併行期とする。弥生中期の３区分はⅡ様式が前葉、Ⅲ様式が中葉、Ⅳ様式が後葉、後期の３区分は２小様式ずつで前葉、中葉、後葉とする。風巻式・月影式は古墳早期とするが、長泉寺１〜３式・白江式は古墳前期に含める。暦年代の詳細は前掲注（７）文献と、堀大介「越前・加賀地域」『古式土師器の年代学』大阪府文化財センター 2006年、による。

(16) ここで想定した政治体の領域は、近江系土器受容という基準によって設定したため、敦賀などの大地域は排除した。しかし敦賀の場合は港湾的性格から北陸系土器が主体のなか、外来系土器の存在が多いのは当然であるため、コシの領域に含めることも視野に入れれば、約110kmに及ぶ領域が設定できる。

(17) 前掲注（９）文献。国家・国家権力の形成と歴史的行程について、〈外的国家〉と〈内的国家〉概念の重要性を指摘する。〈外的国家〉体制（外的政治秩序）は、（外政）活動として戦時的公的権力としての軍事指揮者による共同体［社会］の軍事組織形態をとり、〈内的国家〉体制（内的政治秩序）とは、（内政）活動として共同体［社会］の内部的な不和・対立を強力に抑え込むものである。国家・国家権力の歴史的形成過程として、前者は後者に先行するとした。

第3節　倭国の成立と展開

はじめに

　倭国と王権は、いつ成立したのか。倭国を狭義の国家[1]に読み替えると、その成立を古墳時代前期とみる考古学者は多いし、成熟度に解釈の差こそあれ、3世紀にその姿をみる文献学者も少なくない[2]。また、1980年代後半以降の暦年代の見直しによって、古墳時代早期（弥生時代終末期）の開始が3世紀初頭に遡り、『魏志』倭人伝の卑弥呼や邪馬台国の時代と接近してきた経緯がある。王権に関しては、卑弥呼の共立という特殊事情にその誕生を認めるとともに、考古学的には定型化した前方後円墳の展開と埋葬儀礼の共通性にその強弱をみる。現在では、その成立を3世紀に求めることに対して異論は少なくなっているだろう。

　しかし本稿は、従来の見解と異なる2世紀初頭説を主張するものである。論文執筆の契機は、暦年代の再検討と二人の見解に触発されたことが大きい。長山泰孝は、日本古代国家論の多くが、マルクス主義の影響下で発展した国家の姿を適用させた結果だとし、王権と統一国家に関する方法論的な問題点を指摘した[3]。西嶋定生は、中国史書の厳密な史料批判の結果から、倭国の出現と倭国王の登場は2世紀初頭であり、従来の考古学や文献史学の見解と大きく異なるとした[4]。二人の問題提起に妥当性を認めれば、その成立を遡って考えることができ、私の提示する暦年代観にもとづけば、2世紀初頭に限定することも可能である。

　本稿では、これまでの研究をもとに、倭国と倭国王及び国家や王権などの用語整理をおこない、以前に私が提示した北陸南西部の土器編年と近隣地域との併行関係、そこから割り出した暦年代観を前提条件として、倭国の成立と展開について検討する。とくに、日本列島の主要地域における古墳成立期（弥生後期後葉〜古墳前期前葉）の考古学的な事象を押さえ、1世紀から3世紀にかけての中国史書の記述[5]との融合を試み、東アジアの動向と社会状況を念頭に置いて考える。

1　用語の整理

（1）倭国と倭国王

　中国側は、いつから倭人社会に倭国の存在を認めたのか。「建武中元二（57）年、倭の奴国、奉貢朝賀す。使人自ら大夫と称する。倭国の極南界なり。光武、賜うに印綬を以てす」（『後漢書』倭伝）の記事をみると、倭には倭国という政治体は存在せず[6]、「漢委奴国王」の印文を考えても、奴国とは地域的に限定された政治領域を示しているに過ぎない。その領域に関して、狭域か広域かの議論は古くからある[7]。国王という破格の待遇と、弥生中後期における甕棺と王墓のあり方、青銅器生産と青銅器の分布[8]を考慮すれば、奴国は博多湾沿岸にとどまらず、北部九州を包括した広域に及ぶ政治的結合体であり、後漢朝賀は列島初の地域政権の誕生を報告する儀礼

行為ととらえる。

　倭国の初見は、西嶋定生によると「安帝の永初元（107）年、倭国王帥升等、生口百六十人を献じ、請見を願う」（『後漢書』倭伝）の記事からだという(9)。これだけでは、倭国の領域を特定することは難しいが、倭国王の存在と「帥升等」の複数表現や「生口」の数の多さを考えると、倭の諸国が政治的結合体としてひとつの国家形態をとった最初だと考えている。倭国の政治拠点は伊都国にあり、その領域は北部九州内にとどまるという見解が大半である。しかし、57年時点における奴国の政治領域が北部九州全体を包括するならば、107年時点における倭国の政治領域は、それを凌駕する列島規模と推定できるだろう。

　また『魏志』倭人伝によると、倭国の記載は3か所で確認できる。倭国とは、魏からみて倭人の住む地域およびその社会を漠然と総称する意味を含むが、卑弥呼に統属する諸国を中心とした政治的結合体なのだという(10)。その王権について言及すれば、「その国、本また男子を以て王となし、住まること七、八十年。倭国乱れ、相攻伐すること歴年。乃ち共に一女子を立てて王となす」（『魏志』倭人伝）の記事は、倭国乱れる以前に男王が7、80年にわたって代々王位に就いていたことになる(11)。西嶋も強調するように、倭国という国家と倭国王という個人に体現された王権が、2世紀初頭に成立しただけでなく、倭国乱れるまで男王による支配が継続していた可能性が高い。

　なお、考古学の立場から興味深い見解がある。漢鏡から弥生社会を描く岡村秀典は、日本列島出土の漢鏡5期（後1世紀後半）の計200面近い鏡が、製作からあまり時間をおかずに流入し、その地で伝世したとするなら、九州とそれ以東地域とではほぼ均衡した数となり、その分布する北部九州から北陸・東海に及ぶ広い地域が、倭国の範囲であるとした(12)。そのうえ、列島内の地域間交流の拡大とともに、北部九州に加えて畿内がしだいに中核的な位置を占めるように成長してきた過程が、漢鏡の分布から読み取れるとし、従来と違った倭国像が描き出せるとした。こうした見解を含めても、2世紀初頭に成立した倭国とは、列島規模の支配領域を有する国家のイメージをもっている。

（2）国家と国家権力

　国家とは何か。倭国を理解するには国家の定義が重要である。滝村隆一の国家論で抽象化すると、国家には国家と国家権力という2つの概念が存在するという(13)。日本古代国家論には、国家としての政治権力組織をもとに定義する立場、国家権力としての組織の構成を指揮し主導する、特殊な政治権力組織をもとに定義する立場がある。前者に立てば、弥生時代の国家説につながり、後者に立てば、律令制導入に求める7世紀説、国造制の成立とみる6世紀説、倭の五王の時代とする5世紀説、前方後円墳出現期の3世紀中頃〜後半説、纒向遺跡の成立を強調する3世紀初頭説につながる(14)。どのレベルから国家あるいは国家権力と呼ぶかによって、成立時期に差が生じることは確かである。

　また、3世紀以降に国家の成立をみる研究者は、各分野で厳密な資料検討にもとづき、さまざまな理論依拠によって独自の国家論を展開してきた。寺沢薫の言葉を借りれば、こうした考えの

根底には、列島規模に拡大しつつある倭国あるいは日本国という一定の広さをもった領域や、人民を支配するための国家権力と国家機関、つまり諸々の制度と社会的な装置がどれだけ完備されているかという共通の目線があった[15]。狭義の国家としての国家内部の政治的機構や社会的なシステムの充実度が指標になっていたため、研究者によってどの段階を国家と呼ぶかの目線が変わるのは当然であろう。本稿における倭国とは、後者の国家権力をイメージしている。

（3）王　権

　王権とは何か。私は、王権を地域政権の歴史的階梯の次段階としてとらえている[16]。大平聡によれば、王権とは狭義には特別な人格としての王個人に集約された権力そのものを指すが、いかなる王といえども、ア・プリオリに王だったわけではなく、当時の社会がもとめた支配者として、その時代に特有の政治的矛盾を解決するための存在だとする。いわば、支配者階級の結集核たる王に体現（代表）される政治的権力・機能の総体としての王権というとらえ方である。それは、王への支配階級の結集のしかた、そこに形成される階級内部の秩序、それを土台としておこなわれる支配などによって規制され、社会構成や統治機構の展開に連動して内容を変化させていった[17]。
　山尾幸久によると、王の求心機能と区別して、権力の体制としての王権という場合、王の臣僚として結束した特定集団が王への従属者群の支配を分掌し、王の秩序の根拠とした種族の序列的統合の中心核を目ざす権力の組織体と定義する[18]。また文化人類学では、王権とは実体的あるいは象徴的な血のつながりによる世代を超えた連続性をもつのも特徴としたが、典型例は世襲による王位継承を意味する。しかし、王権が血のつながりのない簒奪者に奪われた場合にも、王家の落胤の主張、王族とくに先王の妃や娘などとの通婚などによって、先王との擬制的なつながりが主張される例をみることができる[19]。
　王権の成立に関していえば、長山泰孝の指摘が重要である[20]。長山は、王権に対して一定領域の統一がなされたとしても、その実現の度合いは国家形成の段階によって異なるとした。王権によって初期の段階においては統一されたといっても、その統一を保障する現実的な機構なり強力なりはほとんど存在せず、統一はたんに観念的なものにすぎぬ場合、統一がいかに観念的であろうと、王が一定領域における統一性を肉体において具現するものとして存在し、それをまた人びとが承認している場合も考え、そこに存在する統一性は国家であり、王が現実には小領域を支配しているにすぎないからといって、国家的統一の存在を否定すべきではないという。私は、倭国王を介した人的結合と列島規模の領域支配がなされれば、倭国に王権が誕生したとみなす考えである[21]。

2　前提作業

（1）土器編年と時代区分

　倭国と王権の成立を考える際には、中国史書の記述と考古学的な相対年代との整合が必要であり、新しい時代区分と暦年代との対応が重要だと考えている。私は以前に、北陸南西部における

第Ⅳ章　国家形成史論

古墳成立期（弥生後期〜古墳前期）の土器編年を再構築し、他地域との併行関係について検討した[22]。編年の方法は様式論にもとづき、土器分類は典型的な器種や形式を扱い、一括資料による同時性と型式変化の方向性を検討して様式設定の根拠とした。都合18に設定した小様式は、1様式がもつ時間幅の均質性を意識した編年であり、大・小形式の消長と出現を根拠に4つの大画期を設定した。

北陸南西部における様式上の画期は、近隣地域との併行関係を検討した結果、東海・畿内・丹後・山陰を巻き込んだ列島規模に及ぶと考えている。とくに弥生後期の開始は、西部日本海沿岸地域における擬凹線文系土器の拡散と関係し、弥生時代の終焉と新たな様式の成立は、古墳時代前期への胎動期を「早期」（庄内式併行期）としてとらえた。そして古墳前期は、北陸南西部の白江式・長泉寺式、東海の廻間Ⅱ式、畿内の庄内3式、丹後の浅後谷Ⅰ式中相、山陰の大木式の成立期にあたり、畿内や東海などの一地域政権を代表する土器様式が、列島規模に拡散して各地域に影響力をもつとともに、前方後円墳や前方後方墳を造営する現象と連動すると考えた。

（2）暦年代論

暦年代観についても、自分の見解を述べたことがある[23]。弥生後期から古墳前期までの土器編年（計18様式）、古墳時代中期から飛鳥時代までの土器編年（計16型式）で算出された、合計34の様式と型式を前提としており、弥生後期の開始を1世紀第1四半期に食い込む20年を上限として、平城宮Ⅰがはじまる8世紀、700年を下限として定点を設定する。とすれば、都合680年間という数値が割り出され、暦年代の比定は、それを34の数で按分する方法をとっている。途中に補助的な定点は設けず、機械的に割り振ると、1様式・型式20年という年代がはじき出される計算である。

結果として、弥生後期は6小様式から20〜140の120年間、古墳早期は4小様式から140年〜220年の約80年間、古墳前期は8小様式から220〜380年の160年間、古墳中期は5小様式から380〜480年の100年間、古墳後期以降は11小様式から480〜700年の220年間という数字が提示できた。これらは便宜上に設定した年代だが、考古学と自然科学的方法による検証にも耐え得ることができる。これらに妥当性を認めれば、古墳時代早期の開始期とする140年は、定説化した3世紀初頭より60年ばかり古く[24]、古墳時代前期の開始期とする220年は、3世紀中葉より20〜30年ほど遡る結果となる。

（3）暦年代と東アジア情勢

倭国の関連記事と対比させてみる。奴国王による後漢朝貢の時期（57年）は、弥生後期を6小様式に細分した場合の3番目の小様式である弥生後期中葉（60年）の開始期に相当し、倭国王帥升による後漢朝貢の時期（107年）は、5番目の小様式である弥生後期後葉（100年）の開始期に近い。『後漢書』にみる桓・霊の間（146〜189年）は、古墳早期前半期（140〜180年）に相当し、倭国乱れる時期を限定した『梁書』東夷伝の光和中（179〜184年）は、古墳早期後半の開始期（180年）と卑弥呼の共立時期（184年頃）に接近する。古墳早期後半（180〜220年）は、帯方郡設

置の時期（204年）を含んでいる。

　また、魏・呉・蜀の三国鼎立の時期（220年）は古墳前期の開始期（220年）に一致し、東アジア規模で起こった大きな時代の潮流と関係する。卑弥呼が親魏倭王の称号を得る時期（239年）は、3小様式に分けた古墳前期前葉の1と2番目の様式間（240年）にあたり、布留0式甕の拡散期や箸墓古墳の築造時期に近接してくる。石母田正が、倭の国家形成に東アジアの国際的な契機を重視したように[25]、東アジア情勢と倭国内の状況と考古学的な時代区分が合致する現象が起きている。次項では、これらの年代観を重視して、100年から266年までを都合7段階に区切り、倭国の形成史について概要を述べる。

3　倭国の形成史

（1）第1段階（弥生後期後葉）100〜140年［帥升の王権］

　ツクシ政権の後漢朝貢事件の衝撃によって、列島の主要地域に弥生後期中葉の土器様式を生み出す契機となり、半世紀の間にイヅモ・キビ・ヤマト・コシ・ヲハリなどの地域政権が次々に誕生していく。後期後葉には山陰の西谷3号墓、瀬戸内の楯築墳丘墓、丹後の大風呂南墳丘墓、北陸の南春日山1号墓、東海の瑞龍寺山山頂墳丘墓などの墳丘墓が造営されるように、「国の連合」の政治権力者達は、地域独自の権力を誇示しはじめる[26]。107年に成立した倭国は、これらの人物の人的結合にもとづく国家形態をとり、王権は帥升という一個人に体現された可能性が高い。「等」の表現と「生口」の多さは連合的なあり方を示し、帥升自身は「世々王あるも」（『魏志』倭人伝）の記事から、伊都国に存在したのだろう[27]。107年の後漢朝貢は、倭国誕生の承認を得るための儀礼行為ととらえる。その盟主たるツクシ政権は、後漢王朝の皇帝の権威によって権力を発動し、人的結合による広範な領域支配がはじめて可能となったが、その政治体制は、帥升に体現された不安定な王権であるため、外的国家段階にとどまっている。帥升死後の倭国王は不明だが、墳丘墓の規模と時期的な問題から、楯築墳丘墓の被葬者を候補とする。後期末に政治拠点が中部瀬戸内に移り、キビ政権の政治権力者が倭国王に就いた可能性も視野に入れて考える。

（2）第2段階（古墳早期前半）140〜177年［男王の王権］

　古墳早期の開始期は、「桓・霊の間、倭国大いに乱れ、更々相攻伐し、歴年王なし」（『後漢書』倭伝）の記事のように、後漢王朝の衰退は倭国乱れの時期に重なり、東アジア全体の社会状況と連動している。倭国は107年に国家としての体をなしたが、後漢王朝の政治基盤は緩み、荒廃と衰退がはじまったため、その権威のもとで機能する王権はバランスを保てなくなる。これが弥生時代終焉の最大原因であり、古墳時代開始の図式でもある。倭国と王権は政治体制の変換と再編化が迫られ、王権は新たな道を模索するしかなかった。倭国の首都機能を有する纒向王都の建設[28]によって、東国経営の拠点や倭国の政治・社会・経済的な中枢がヤマトの地に移動し、それとともに関東から北部九州に至る河川・海上と陸上交通の整備と物流ネットワークの発達によって王都への流通経路が確立する[29]。主要地域では、弥生土器が終焉をむかえ、古式土師器という

独自性の強い新たな土器様式が成立する。これらは、外交問題に直面した倭国が、国家再編を意図して生み出した政策のひとつであり、内政重視の内的国家への模索段階に位置づけられる。

（3）第3段階（古墳早期中頃）178～184年［混迷する王権］

古墳早期中頃には、倭国と王権は混迷期をむかえる。「漢の霊帝光和中、倭国乱れ」（『梁書』東夷伝）は、倭国が乱れる時期を限定した記事であるが、光和（178～184）年間は、「その国、本また男子を以て王となし、住まること七、八十年。倭国乱れ、相攻伐すること歴年」（『魏志』倭人伝）の記事ともうまく符合する。倭国の政治体制が崩れることは、各地域政権の勢力拡大と同義にとらえる。古墳時代が幕開けて40年ほど経過すると、各地域政権は、約100～250kmに及ぶ社会的な圏域を確立させる。纒向王都をはじめ各地に広がる都市化の波をうけて、主要地域では畿内の庄内式甕、東海のS字状口縁台付甕、北陸南西部の月影式甕といった軽量化した薄甕が発生する[30]。また、各地域政権は青銅器祭祀の放棄後、鏡や祭式土器などを用いたイデオロギー装置を発明し、政権内の法と宗教の整備を進めていく。なかでも日本海沿岸地域では、素環頭大刀などの舶載品が大型墳丘墓などに副葬されるため、独自の入手ルートを確立させている[31]。しかし、こうした地域政権の伸展は、王権のゆらぎの裏返しでもある。古墳の観点からいえば、列島最古と考えられる纒向石塚古墳には、倭国乱れる以前の纒向王都に誕生した最初の倭国王が埋葬されたのかもしれない[32]。

（4）第4段階（古墳早期後半）184～220年［卑弥呼の第1次王権］

「倭国乱れ、相攻伐すること歴年。乃ち共に一女子を立てて王となす。名づけて卑弥呼という」（『魏志』倭人伝）の記事から、卑弥呼の即位によって「倭国乱れ」は終息したことが分かる。「共立」に諸説はあるが、邪馬台国や他の諸国が、卑弥呼の宗教的資質をもって倭国王に承認したという[33]。卑弥呼は「鬼道に事え能く衆を惑わす」（『魏志』倭人伝）から、道教的要素を取り入れた新タイプのシャーマンで、従来の王権を継承して倭国を宗教的な力で結び付けたのであろう。「婢千人」は、女性最高司祭者の祭祀に参加する女神官群あるいは宮廷巫女団なのだという[34]。「王　大人　下戸　生口　奴婢」の「差序」、「法」、「租賦」・「邸閣」・「国国の市」・「有無を交易」、「宮室・楼観・城柵、厳かに設け、常に人有り、兵を持して守衛す」、「一大率」・「大倭」（以上『魏志』倭人伝）などの記事は、完備された国家としての姿が浮かぶ。また対外交渉には、使節や情報と物が速やかに流れる幹線ルートと安全な中継地が必要となる。庄内式土器の定着する港湾的性格を有する遺跡は、瀬戸内圏の安定度の高い海路の確保と広域的な商業活動の基盤づくりの状況を示しており、帯方郡にむかう安定した航路が開かれていたのだろう[35]。

（5）第5段階（古墳前期前葉1）220～238年［卑弥呼の第2次王権］

古墳前期の幕開けは、倭国における王権の分裂期ととらえている。「その南に狗奴国あり、男子を王となす。その官に狗古智卑狗あり。女王に属せず」（『魏志』倭人伝）の記事では、倭王卑弥呼に対抗する狗奴国が存在している。「男王卑弥弓呼（卑弓弥呼か）」を擁する狗奴国は「素よ

り和せず」から、正始八（247）年の争い以前に不和の状態にあり、倭国における2つの王権を読みとることができる。土器でいえば、畿内系土器の西方波及と東海系土器の東方波及という二大潮流が存在し、墓制でいえば、西日本を中心とした纒向型前方後円墳と、東日本を中心とした前方後方墳が展開する現象が認められる。これは、倭国を二分する政治的な対立構造を示しており[36]、卑弥呼を中心とした女王（姫御子）の王権と狗奴国を中心とした男王（彦御子）の王権との二極化ともとれる[37]。「女王が都する」邪馬台国には纒向王都が存在し、狗奴国には東海のどこかにそれに相当する遺跡が存在するのだろう。狗奴国については小国を想像してしまうが、東海・北陸・関東・中部高地を含めた広域に及ぶ政治的結合体を想定している。卑弥呼即位当初、狗奴国は倭国の構成国であり、かつて融和的な関係を有していたが、何らかの事情（王位継承問題や王権内部の不和など）によって問題が生じ、卑弥呼王権に対抗したと推測する。

（6）第6段階（古墳前期前葉2）239～247年［卑弥呼の第3次王権］

古墳前期前葉は、卑弥呼王権の強化期ととらえる。『魏志』倭人伝には、景初三（239）年六月、卑弥呼が魏王朝に使いを遣わして朝貢し、同年12月、皇帝から「親魏倭王と為し、金印紫綬を仮」され、「銅鏡百枚」などを受け取った。その前年に、公孫氏政権は魏王朝によって滅ぼされているため、倭国にとって大陸からの脅威を避ける意味での儀礼行為ととらえられる。銅鏡百枚の比定は難しいが、日本で出土した青龍三（235）年銘方格規矩四神鏡から赤烏七（244）年銘対置式神獣鏡までの紀年鏡12面は、対魏交渉年とうまく符合するため、実年に即した様式の鏡とみてよい[38]。魏王朝との国交が開かれた頃、纒向王都では従来の庄内式から脱した布留0式が成立し、卑弥呼王権を代表する土器様式として象徴的な存在となる。一方、列島規模に及ぶ布留0式土器の拡散現象は、畿内を中心とした舶載鏡の分布状況も含めて、卑弥呼王権の政治的・祭祀的伸張の実存姿勢として把握できる[39]。卑弥呼王権は、魏王朝の後ろ盾を得ることで狗奴国との戦いを優位に進め、鏡を媒介とした祭祀行為に新たなイデオロギーを見出し、自らの王権を強化していったのだろう。

（7）第7段階（古墳前期前葉3）247～266年［壹与の王権］

卑弥呼死後の王権は大きな変革期をむかえる。『魏志』倭人伝によると、狗奴国との交戦中、卑弥呼は死をむかえる。再び男王を立てるが、国中が服従せず、千余人が誅殺されたと記す。その後、卑弥呼の宗女で13歳の「壹与（台与か）」が倭王となり、「国中」が遂に定まったとある。卑弥呼が有した能力の継承が期待されての即位である。しかし、これは卑弥呼以来の宗教的で個人的資質に依存する王権から脱しないことを示している。こうした壹与の王権が安定をみるには、国家規模の新たなイデオロギー装置が必要となる。そこで考案されたのが、倭国王の墓であるとともに最大の記念物たる定型化した大型前方後円墳である。箸墓古墳が纒向王都に出現した最初と考えるが、墳丘形態から埋葬施設・副葬品にいたる統一化・画一化と、墳形や規模による身分秩序にもとづく政治体制の構築が目的であった[40]。壹与の王権は、それまでの外的権威に加えて、国家が内部崩壊しない体制を保持していくための装置を創出し、内的国家にむけての整備がはじ

まる。そして倭国は前方後円墳の時代に突入することになる。

4　結　論

　最後に私見をまとめる。従来の暦年代観を見直せば、地域政権の政治権力者達による人的結合の連合倭国（「国の連合」の連合）と倭国王帥升に体現された王権が、弥生後期後葉の2世紀初頭に成立した可能性が高い。従来の説からいえば、その成立は100年以上遡る理解となる。弥生時代は2世紀中頃に終焉をむかえ、古墳早期になっても男王の系譜は依然として続く。後漢王朝の後ろ盾を失いつつあった倭国王は、王都機能の中枢を北部九州から中部瀬戸内あるいは奈良盆地に移すなどして、独自の政策による国家体制の整備を進め、王権の維持と強化に努める。

　2世紀後葉には地域政権の力が強くなり、後漢王朝の衰退とともに倭国王の権力も弱体化し、最終的に倭国内乱へと発展する。それが倭国の内部分裂となって現れるが、卑弥呼の即位によって崩壊をまぬがれる。宗教的で個人的な資質にもとづく卑弥呼の王権は、独自の政治組織や法、イデオロギー装置を駆使して倭国の内部統合をはかる。しかし、3世紀前葉になると、西日本の地域政権の政治権力者による王権の独占が進み、再び内部分裂が起こる。狗奴国をはじめとした北陸や東国との間に不和が生じて均衡が崩れ、西側の姫御子と東側の彦御子に表徴される2つの王権が形成される。倭国の二極化が古墳時代前期の開始を告げる。

　ヤマト・キビを中心とした王権は、親魏倭王の称号によって魏王朝の後ろ盾を得たが、ヲハリを中心とした王権は、呉王朝と何らかの政治的つながりを有し[41]、中国の三国鼎立の影響が倭国の二国並立へと発展した可能性が高い。卑弥呼の死後に再び男王が立つが、倭国内はおさまらず、卑弥呼の宗女壹与が即位する。二代続く女王の支配は、王権の崩壊を防ぐために特殊な状況を保持している。こうした個人的な資質に左右される王権は、以後の政治体制を安定させるための新たなイデオロギー装置が必要となる。それが定型化した前方後円墳の創出と埋葬儀礼の共有にあり、倭国は本格的な内的国家段階に入っていくのである。

　　注
（1）寺沢薫『日本の歴史 第02巻 王権誕生』講談社　2000年。寺沢は、滝村理論（滝村隆一『マルクス主義国家論』三一書房　1971年、同『国家の本質と起源』勁草書房　1981年）などにもとづき、国家の定義をおこなった。
（2）7世紀説は原秀三郎・鬼頭清明、6世紀説は吉田晶・原島礼二・山尾幸久・門脇禎二、5世紀説は藤間生太・井上光貞・直木孝次郎・岸俊男など文献史学者が多い。3世紀中頃〜後半説や3世紀初頭説は、都出比呂志や寺沢薫などの考古学者が目立つ。
（3）長山泰孝「国家形成史の一視角」『大阪大学教養部研究集録』人文・社会科学第31輯　1983年。
（4）西嶋定生「「倭国」出現の時期と東アジア」『アジアのなかの日本史Ⅱ　外交と戦争』東京大学出版会　1992年。ここでは重要と考える見解をそのまま抜粋する。―「倭国」連合が2世紀初頭に出現したとする考察の結論は、現在における日本国家形成史の理解とはかなり大きく相違するものであろう。しかしそれにもかかわらず、このような卑見を述べたのは、『魏志』倭人伝・『後漢書』倭伝の関係記事の内容は、これに文献批判的処理を加えても、なおこのように「倭国」の出現を

2世紀初頭とするものであると考えられるからである。上記の卑見は文献に依存する限りでそのように考えられた結果であり、この結論が一般の通説と相違するとか、あるいは考古学的所見の現状と一致しない、などということは、この段階では問題とすべきではないと考える。卑見にたいする批判は、まずそれを導くこととなった文献理解が正しかったかどうか、ということの批判から始められるべきであり、文献の扱いとか、あるいは文献解釈の仕方が正しいか正しくないか、そして正しくないならば、それはどの点で正しくない、その正しい解釈はこれこれの理由でこうである、ということを指摘してほしいと思う。従来の所説からの批判や、考古学的所見からの批判は、そのあとで十二分に忌憚なく行っていただきたいと思う。—

（5）中国史書に関する書き下し文は、石原道博編訳『新訂魏志倭人伝他三篇—中国正史日本伝（1）—』岩波書店 1951年、による。

（6）前掲注（4）文献によると、「倭国の極南界」の一句は、范曄が『後漢書』倭伝を撰文するにあり、『魏志』倭人伝を参考にして作られた文章だという。したがって、57年の時点で「倭国」が存在していたことを示すものではない。

（7）a. 井上光貞『日本国家の起源』岩波新書 1960年。井上は、奴国連合の政治領域について研究史をまとめており、それぞれの国は独立して王をもち、相寄って連合をつくっていた状況を北部九州の連合奴国ととらえている。b. 原田大六『日本古墳文化—奴国の環境』東京大学出版会 1954年。原田は、奴国王は甕棺の分布区域内である北部九州に君臨し、青銅器分布区域の国王と豪語していたかもしれないとし、考古学的に見た奴国の領域を示している。

（8）a. 小田富士雄・田村圓澄監修『奴国の首都 須玖岡本遺跡 奴国から邪馬台国へ』春日市教育委員会 吉川弘文館 1994年、b. 下條信行「青銅器文化と北部九州」『新版 古代の日本 3 九州・沖縄』角川書店 1991年、c. 同「北部九州弥生中期の「国」家間構造と立岩遺跡」『児嶋隆人先生喜寿記念論文集 古文化論叢』児嶋隆人先生喜寿記念事業会 1991年、d. 高倉洋彰「弥生時代における国・王とその構造」『九州文化史研究所紀要』第37号 九州文化史研究所 1992年。

（9）北宋版の『通典』に「倭面土国王帥升等」、『翰苑』に「倭面上国王帥升等」と記されることから、「囲（面）土国」とみる伊都国説や、その発音から末廬国説がこれまで提起されていた。しかし近年では、西嶋定生が指摘するように『後漢書』の記載どおりに史料解釈するという考えが強くなっている（前掲注（4）文献による）。倭国王説を採用すれば、中国が倭国に倭国王という統合した形態の国王を認証していたことになり、面土国などを中心とする連合体説は採用できなくなる。そうなると、倭国という用語の最初の記載であり、この段階で倭国王帥升等という政治的王が確認できる。

（10）吉田晶『卑弥呼の時代』新日本新書476 新日本出版社 1995年。

（11）前掲注（4）文献。

（12）岡村秀典『三角縁神獣鏡の時代』吉川弘文館 1999年。

（13）滝村隆一『国家論大綱 第1巻 上』勁草書房 2003年。

（14）弥生時代の国家論については、堀大介「国家から地域政権へ—北陸を舞台として—」『考古学に学ぶⅢ』同志社大学考古学シリーズⅨ 同志社大学考古学シリーズ刊行会 2007年、で詳しく触れた。

（15）前掲注（1）文献。

（16）前掲注（14）文献。地域政権とは、小共同体の集合体である小国家が、政治的な統合を果たして列島規模の王国へと躍進するまでに成立する、クニや国が政治的あるいは人的結合によって100～250km圏という社会的領域を有する政治権力とした。寺沢薫の理論に基づき、①2～5km圏＝小地域、②10～15km圏＝大地域（クニ）、③40～50km圏＝大地域群（国）、④100～250km圏＝国の連合

（地域政権）、⑤王国（王権）の５つの領域に設定した。いわゆる国家とは、②のクニの段階、政権とは④の国の連合の段階と考えた。

(17) 大平聡「日本古代王権継承試論」『歴史評論』429号　歴史科学協議会　1986年。
(18) 山尾幸久『古代王権の原像 東アジア史上の古墳時代』学生社　2003年。
(19) 杉本良男「政体と王」『文化人類学』有斐閣　1991年。
(20) 前掲注（３）文献。
(21) 地域政権の「王のなかの王」的な人物による一定の領域を支配した政治権力は、国家権力に昇格しなかったのか、という疑問がある。地域政権段階では王族の存在こそあれ、大型墳丘墓の移動の状況から安定した政治基盤というものは確立していないと考える。したがって、地域政権は広義の王権に適応しても、狭義の王権とはならない。つまり、王権とは倭国を代表する最高権力者である「大王」的な人物による国家権力で、地域政権より高位レベルの国家権力（第三権力）、狭義の国家を指す場合とする。
(22) a. 堀大介「古墳成立期の土器編年―北陸南西部を中心に―」『朝日山』朝日町教育委員会　2002年、b. 同「古墳成立期の土器編年に関する基礎的研究」『越前町文化財調査報告書Ⅰ』越前町教育委員会　2006年。
(23) a. 堀大介「凡例」・「風巻神山４号墳出土土器の検討」『風巻神山古墳群』清水町教育委員会　2003年、b. 同「越前・加賀地域」『古式土師器の年代学』大阪府文化財センター　2006年。
(24) 赤塚次郎「尾張地域の事例報告」『第44回名大祭考古学研究集会　ＡＭＳ^{14}Ｃ年代測定法による尾張・三河の古墳出現期の年代―現状と課題を中心に―』名古屋大学大学院文学研究科考古学研究室　2003年。赤塚はＡＭＳ法の結果を紹介し、廻間Ⅰ式期の年代について100年前後という数値が共通して認められるとし、古墳早期を２世紀後半、前期を３世紀前葉にまで遡らせて考えている。私が以前から提示していた見解に近づいている。
(25) 石母田正「第１章 国家成立史における国際的契機」『日本の古代国家』日本歴史叢書　岩波書店　1971年。
(26) a. 近藤義郎『楯築弥生墳丘墓の研究』楯築刊行会　1992年、b. 田中義昭編『山陰地方における弥生時代墳丘墓の研究』島根大学法文学部　1992年、c. 赤塚次郎「瑞龍寺山山頂墳と山中様式」『弥生文化博物館研究報告』第１集　大阪府立弥生文化博物館　1992年。
(27) 倭国王帥升は伊都国王に比定するが、その墓となると特定は難しい。平原１号墓がその候補になるが、その造営時期については弥生後期説、古墳早期（終末期）説、古墳前期説などがある。伊都国の研究については、柳田康雄『伊都国を掘る―邪馬台国に至る弥生王墓の考古学』大和書房　2000年、に詳しい。私は、弥生後期後葉から古墳早期前半までの造営時期を考えている。
(28) a. 石野博信・関川尚功編『纒向』桜井市教育委員会　1976年、b. 寺沢薫「纒向遺跡と初期ヤマト政権」『橿原考古学研究所論集』第６　吉川弘文館　1984年。
(29) 山田隆一「古墳時代初頭前後の中河内地域」『弥生文化博物館研究報告』第３集　大阪府立弥生文化博物館　1994年。
(30) a. 赤塚次郎「Ⅴ 考察」『廻間遺跡』愛知県埋蔵文化財センター　1990年、b. 同「東海系のトレース―３・４世紀の伊勢湾沿岸地域―」『古代文化』第44巻第６号　古代学協会　1992年。
(31) 堀大介「コシ政権の誕生」『古代学研究』第166・167号　古代学研究会　2004年。
(32) 前掲注（28）文献、a. 久野邦雄・寺沢薫「纒向遺跡発掘調査概報」『奈良県遺跡調査概報1976年度』橿原考古学研究所　1977年、b. 橋本輝彦「纒向遺跡の発生期古墳出土の土器について」『庄内式土器研究XIV』庄内式土器研究会　1997年、c. 石野博信「奈良県纒向石塚古墳、墳丘盛土内の土器群に対する評価―寺沢氏の批判に答える―」『古代学研究』第150号　古代学研究会　2000年。纒向

石塚古墳の年代については諸説がある。墳丘内に纒向1式新（寺沢編年の庄内1式）段階までの土師器しか含まれないことを考慮すれば、古く考えることができるし、周溝の土器を参考にすれば、庄内3～布留0式におさまり、新しく考えることもできる。直弧文の系譜と墳丘内に庄内2式に下る土器が含まれないことを重視して、古墳早期中頃（寺沢編年の庄内2式前後）に考えている。

(33) 前掲注（10）文献、山尾幸久『新版・魏志倭人伝』講談社　1986年。山尾は、「共立」とは、中国人から見て、嫡長子相承の王位継承秩序に反したり、またそこに何ほどかの混乱があったような場合に使われており、卑弥呼の宗女（近親の女性）の場合は「立」としかないことに注目して、それまでの国王とは系統を異にする新王だとする認識があったとする。「王として擁立した」、「王に推戴した」とでも意訳すべきだとした。

(34) 前掲注（33）文献。

(35) 森岡秀人「土師器の移動　1　西日本」『古墳時代の研究　6　土師器と須恵器』雄山閣　1991年。

(36) a. 寺沢薫「纒向型前方後円墳の築造」『考古学と技術』同志社大学考古学シリーズⅣ　同志社大学考古学シリーズ刊行会　1988年、前掲注（30）b文献、b. 赤塚次郎「前方後方墳の定着―東海系文化の波及と葛藤―」『考古学研究』第43巻第2号　考古学研究会　1996年。

(37) 狗奴国を東海と想定する見解については、考古学の立場では赤塚次郎の数多くの成果がある。赤塚次郎「男王、卑弥呼と素より和せず―狗奴国はどこか」『三国志がみた倭人たち―魏志倭人伝の考古学』山川出版社　2001年。

(38) 森岡秀人「年代論と邪馬台国論争」『古代史の論点　4　権力と国家と戦争』小学館　1998年。

(39) 前掲注（1）文献、寺沢薫「布留0式土器拡散論」『考古学と地域文化』同志社大学考古学シリーズⅢ　同志社大学考古学シリーズ刊行会　1987年。

(40) 都出比呂志「日本古代の国家形成論序説―前方後円墳体制の提唱―」『日本史研究』343号　日本史研究会　1991年。

(41) 古墳前期前葉には、西日本において東海系土器が出土する遺跡が点在するし、東日本においても畿内系土器が点的に入り込む。卑弥弓呼王権と卑弥呼王権の関係が、列島を二分するといった単純な領域支配では説明できないことを示している。それこそ、モザイク状の人的結合による領域支配といえるかもしれない。なかでも、東海系土器が出土する佐賀平野は、卑弥弓呼王権が呉王朝と何らかの交渉を持つために、東シナ海を渡航する際の拠点としたとは考えられないだろうか。今後は、東日本出土の呉鏡や紀年鏡の問題も含めて、卑弥弓呼王権と呉王朝との政治的関係の析出という視点で検討していく必要があるだろう。

終　章

　本書では、北陸という一地域政権の形成史を通して、ひとつの国家形成のモデルを提示し、日本列島あるいは東アジア社会のなかで位置づけた。本書で新しいのは、詳細な土器編年をもとに、集落・墓制・祭祀などの考古学的な諸要素を、時系列でかつ総合的に解釈した点にある。第Ⅰ章では、年代論に関する基礎研究として、本書での時間軸を構築した。第Ⅱ章では、墳丘墓・古墳と高地性集落に関する事例研究をおこなった。第Ⅲ章では、祭式土器の変遷や古墳前期の外来系土器受容、銅鐸形土器や装飾器台など、土器に関する見解について検討した。第Ⅳ章では、これらの事例研究をもとに、北陸における国家形成史を抽象化し、王権の定義と東アジアの視野から倭国の成立と展開について論じた。

　各章の結論については、以下で詳細に述べる。

第Ⅰ章　年　代　論

　第1節では、北陸南西部における古墳成立期の土器編年を構築し、他地域との併行関係を割り出し、そこから生じた大・小の画期をもとに時代区分をおこなった。本地では、猫橋式→法仏式→月影式→白江式→古府クルビ式→高畠式の土器様式の序列が確立していたが、研究者によって区分や一括資料の所属に違いがあった。そこで、研究史を整理して問題点を指摘し、従来の様式論を核に独自の方法を採用して編年構築をおこなった。均質的な編年を意識したために、分類の数値化によって客観性を高め、諸方法で各型式の方向性を検証した。結果、弥生後期から古墳前期までを18の小様式に区分し、4つの大画期と2つの小画期を見出した。また、外来系土器を参考に併行関係を検討すると、これらの画期は、東海・畿内・山陰・丹後などの近隣地域においても認められた。こうした広範に及ぶ大画期を重視して、弥生後期・古墳早期・古墳前期として新たな内容の時代区分を設定した。とくに、弥生時代から古墳時代に至る過渡期を、古墳時代の胎動期ととらえる立場から、古墳時代早期とした点が新しい。過渡期といえど短期間ではなく、一定期間の時期幅を想定した。東海系・畿内系土器の列島拡散現象の画期を重視して古墳前期とした点が、従来の見解と大きく異なる。

　第2節では、第1節の土器編年をもとに暦年代の再検討をおこなった。研究史を整理した結果、年代の定点を決めて、その間を土器編年の型式・様式数で按分する機械的な方法を採用した。時代・時期によって異なる時間幅を想定せず、すべての様式・型式に対して均質な時間幅（約20年）を与えることを前提とした。併せて、考古学・自然科学的方法による暦年代参考資料との整合性も併せて検討した。結果、弥生後期は1世紀前葉（20年）を基点として、2世紀中葉頃（140年）に終焉をむかえ、庄内式併行期の古墳早期は3世紀前葉（220年）までの約80年間を想定した。古墳前期の始まりは3世紀前葉（220年）ととらえ、4世紀後葉（380年）の古墳中期は、須恵器

終　章

の出現期（380年）とほぼ同時期ととらえ、5世紀末葉（480年）まで続くことを考えた。従来と大きく異なる点は、弥生後期の終焉と古墳早期の始まりにあり、定説化した3世紀初頭説から約60年遡上する結果となった。これらの画期は、後漢王朝の成立、奴国王の後漢朝貢、後漢王朝の衰退期、魏・呉・蜀の三国鼎立、朝鮮半島の民族移動、帯方郡の滅亡と関係し、中国・朝鮮で起きた大事件が、日本列島の時代画期と符合する結果となった。

　補論では、大野盆地における古墳成立期の土器編年を新しく構築した。本地の土器編年はこれまで提示されておらず、様相が不明な地域であった。東海の影響の強いことから型式を抽出することが難しい点、近年増加する資料も一括性の乏しい点が原因にあった。推定の部分もあったが、第1節で提示した土器編年をもとに、弥生後期から古墳中期前葉までを都合13期に設定した。大野盆地は、周囲を山に画された盆地地形と東海に近い地理的条件から、独特の様式圏を形成したことが判明した。また、大野盆地に白っぽい色調の特徴な土器を大野盆地系と認定し、それを介した土器同士のつながりを追った結果、美濃・飛騨、手取川沿いの遺跡と関係性が指摘でき、大野盆地を介した南北の地域間交流が明らかとなった。

第Ⅱ章　墓制論・集落論

　第1節は、北陸における主要な墳丘墓の時期と内容を再検討し、政治権力者の様相およびコシ政権の政治体制について予察した。これまで混乱していた墳丘墓の時期と内容を見直し、領域構造の理論をもとに階級的な位置づけをおこなった。小羽山30号墓の被葬者を、北陸最初の地域政権の政治権力者ととらえ、弥生後期中葉から古墳早期末に至るまで、越前では丹生と吉田の2か所で、政治権力の移譲がなさたことを推測した。なかでも弥生後期の四隅突出形墳丘墓から古墳早期の長方形墳丘墓の変化は、コシ政権の成熟度を反映していた。これらの影響下で、越中の婦負において政治権力者が出現し、以後に婦負の3か所で権力を移譲しながら政治権力者を輩出していく。こうした一連の動向は東西北陸の対立構造を示す。これらが結集した広域に及ぶ政治体を、コシ政権の実態ととらえた。

　第2節では、北陸における前期古墳の時期的な変遷を追った。古墳出土土器の時期を見直すなかで、従来古府クルビ式とされた古墳の多くを白江式に位置づけし直し、従来白江式とされた古墳も、白江式の3区分のなかに確実に位置づけた。従来の土器編年と併行関係上、古墳の時期が下げられる傾向にあったが、北陸における前方後方墳・前方後円墳の出現は、畿内の庄内3式から布留0式併行期にかけてであり、全国的な動向のなかで同様にとらえられた。また、前方部をもつ古墳の形態に着目すると、形態差にみる時期的変遷だけでなく、墳形による地域性が浮き彫りとなった。北陸では、外来系土器の波及とともに前方後方墳が出現した後、畿内・山陰系土器の波及とともに前方後円墳が導入される図式はあったが、古墳形態の類似性と20年単位の時期変遷を明らかにしたことで、大枠の図式のなかにも複雑な社会状況をとらえた。

　第3節では、北陸における高地性集落の時期的変遷とその社会背景について論じた。これまで福井県は、高地性集落の全国集成表の空白地帯に相当したが、近年の調査進展と墳丘墓・古墳下層資料の再検討により、比高約20m以上を基準とする17か所をあげた。高地性集落は西方からの

凹線文系土器の波及とともに中期後葉に出現し、北部九州とその以東地域における極度の社会的緊張の影響下でとらえた。弥生後期前葉には、地域政権形成の胎動期のなかで生まれ、監視・通信を目的とする線的ネットワークを形成した。後期中頃以降の高地性集落は、コシに誕生した地域政権の勢力伸張に関係しており、加賀・越中に集中する現象は、東西コシの対立構造の所産ととらえた。従来は、東移とともに高地性集落が残存し、初期ヤマト王権の政治的な軋轢のなかで理解されてきたが、越前では古墳前期まで残存する遺跡があることと時期的な問題から、その原因を東海化による葛藤ととらえ直した。

第Ⅲ章　土器論

　第1節は、北陸南西部における墳丘墓・古墳出土の祭式土器の検討である。弥生後期の祭式土器は、高杯・甕・壺・鉢・器台などバラエティーに富み、弥生後期中葉の小羽山30号墓以降、セット関係が整備され、埋葬施設上面への大量廃棄が認められる。古墳早期になると、北陸南西部独自の祭器である装飾器台が創出されると、それらを主体とした祭祀へと変化する。古墳前期の幕開けとともに、祭式土器は北陸の伝統を残しながらも、東海一色に変化していく。従来のバラエティーに富む器種から、壺主体で高杯・小型器台などの祭祀用の限定された器種へと変わるが、列島を二分する汎列島的な国家形成の流れのなかでとらえられる。古墳前期前葉の北陸は東日本との関係性が強い。

　第2節は、古墳前期前葉に北陸で盛行する東海系土器を集成した。分析の結果、遺跡・地域・立地によって流入・受容状況が異なり、中型高杯・小型高杯などの斉一性を有する器種と、S字甕・くの字（台付）甕、パレス系壺などの地域性を有する器種が存在した。高杯や小型器台などが先行して転換する現象は、東日本一帯を巻き込んだ極度の社会的緊張状態を想定した。外来系器種の受容は一方的な強制というより、在地側の意図的な選択性と在地側の強い主体性が感じ取れる。受容差は志向性の差ととらえたため、すべてが人の移動といえない状況を考えた。また、東海系土器は陸上・海上交通の拠点となる遺跡で多く、とくに海上に近い遺跡は潟の周辺に展開しており、潟間のネットワークを通じた交流の結果だと考えた。

　第3節は、第2節を受けて、外来系土器受容の観点から集落の性格を類型化した。土器受容で地域性をもつことは、地域独自の流通形態の確立を意味しており、対外交渉や物流などの外部接触に関して、管理・規制をおこなっていた可能性を指摘した。ひとつの大地域のなかでも、海上・河川交通の要所に位置する港湾的集落（A類型）、大地域を主導した盟主的存在の集落（B類型）、在来の土器様式を保持した保守的な集落（C類型）といった集落の存在を抽出でき、これらが絡み合って機能していた。また、外来系土器にみる在地の選択性と主体性を有した点で、北陸の独自性と自立性は保持されていた。古墳前期前葉の東海化の現象には、東海を中心とする東日本に誕生した王権と関係があり、コシ政権は列島規模の国家体制のなかに包摂されたことを主要因として考えた。そもそもの根本原因は、西日本に誕生した初期王権への対抗策であり、古墳前期に起こった列島規模の社会的な緊張状態が前提としてあった。

　補論1では、福井県大野市中丁遺跡出土の銅鐸形土器について検討した。銅鐸形土器は、銅鐸

の形状と施文を模すること、銅鐸形土器自体の表裏の二面性、2個一対の対観念が認められること、破砕されて土坑に一括廃棄されたことから、銅鐸の機能を忠実に反映させた祭器と考えた。しかも土器の器面に広がる黒色物から、一回限りで終わらないある程度の使用期間が想定できた。また、器面に残る編み籠の痕跡から、種籾を大事に保管する道具として、しかも吊して使用された可能性を説いた。福井県は銅鐸分布圏の東限であるが、大野盆地では発見されていない。推測の域は出ないが、銅鐸に強い憧憬を抱いた人々が、銅鐸を模した祭器を土器で製作し、稲霊を悪霊・邪気から守護するという銅鐸と同じ効能を期待した。

補論2では、装飾器台の成立に関する新しい見解を提示した。装飾器台の原理について従来の説と異なり、系統の異なる2つの器台同士の結合ととらえた。装飾器台は漠然と創出されたのではなく、支配する側の政治的・宗教的な意図があった。山陰からの脱却をはかったコシ政権の政治権力者達が、より強固な領域支配を可能にするための一種のイデオロギー装置として考案した。それは一種の宗教政策に近い。その発生地は、装飾器台に隠された2つの要素を分析した結果、南越の地が妥当だと判断した。南越の丹生といえば弥生後期中葉以来、大型墳丘墓の集中する地域であり、新たな祭器が生み出された素地を有していたからである。装飾器台は創出以後、埋葬儀礼で採用されたが、古墳早期後半には越前・加賀に広まり、日常レベルの祭祀行為にまで及んだ。涙滴形透かし孔をもつ典型的な装飾器台は、古墳早期を代表する祭器としてその地位を確立した。

第Ⅳ章　国家形成史論

第1節では、弥生後期から古墳前期前葉までを対象とし、北陸というひとつの地域に着目して政治権力の歴史を、時系列で総合的に論じた点が新しい。地域政権樹立の観点からいえば、弥生後期中葉の北陸にはひとつの画期が存在した。北部九州と以東地域の国家形成が進み、その二次的な社会的緊張によって内部統合が進んだ。弥生後期前葉にはその胎動がみてとれ、弥生後期中葉には国の連合化を果たし、北陸最初の地域政権が成立した。コシ政権では政治権力者が次々と登場したが、イヅモ政権の権威にもとづく支配であった。弥生後期末には西側の政権樹立の影響から北東部でも政治権力者が登場し、東西コシの対立構造が顕在化した。古墳早期になると、山陰の影響から脱した独自の政治体制を確立するが、古墳前期の幕開けとともに大きな王権の波に飲み込まれ、最終的にコシ政権は解体を迫られ、東海を中心とした東日本一帯の列島規模の政治体のなかに包摂された。

第2節では、第1節で論じた地域政権の形成史を、寺沢薫の理論をもとに抽象化した。領域支配という概念を加えて、地域政権という概念を新たに提唱した。地域政権とは、小共同体の集合体である小国家が、政治的な統合を果たして列島規模の王国へと躍進するまでに成立する、クニや国が政治的あるいは人的結合によって100～250kmの社会的圏域を有する政治権力と理解した。地域政権の前段階には小国家の段階（クニ）を想定し、環濠集落の展開と北陸独自の櫛描文土器を形成する弥生中期中葉にその成立をみた。弥生中期後葉には、凹線文系土器の盛行と高地性集落の出現や環濠集落の拡散など、クニ同士の政治的結合が生じた結果、次の国家段階（国）へと

躍進した。次の段階には国同士の連合化が後期前葉にはじまり、後期中葉には小羽山30号墓の被葬者の登場によって地域政権（国の連合）の段階へと飛躍した。

　第3節では、倭国の成立と展開について東アジア情勢と絡めて時系列で論じた。新しい視点は、用語整理によって王権の概念を広くとらえたこと、新しい暦年代にもとづいて倭国の形成史を再構築したことにある。結果、倭国と王権の成立は従来の3世紀中頃～後半説をとらず、100年以上遡る弥生後期後葉の2世紀初頭説を主張した。中国史書にみる倭国王帥升に体現された王権とみて、地域政権の政治権力者達による人的結合の連合倭国（「国の連合」の連合）ととらえ、列島規模の広域を想定した。古墳早期の動向は、帯方郡設置という歴史的契機に発するのではなく、2世紀中頃にはじまる後漢王朝の衰退とともに倭国内の政治機構に変更が迫られた結果と考えた。また古墳前期は、西日本の畿内系土器と前方後円墳、東日本の東海系土器と前方後方墳の拡散にみるように、ヤマト・キビを中心とした西側の王権（卑弥呼王権）と、ヲハリを中心とした東側の王権（卑弥弓呼王権）という列島を二分する王権形成を意味した。倭国の二極化は、3世紀前葉の中国における三国鼎立の時期と軌を一にしており、西側は魏王朝の後ろ盾を得たが、東側は呉王朝と何らかの政治的つながりを有し、中国の分裂の影響が倭国の二国並立へと発展した可能性を指摘した。

あとがきにかえて

　本書は、2008年3月に同志社大学大学院文学研究科に提出した学位請求論文であり、これまで発表してきた論文に補訂・加筆などを施し、新たに執筆した論文を加えて一書としたものである。最後に、本書に収録した原著論文を提示することで、あとがきにかえたい。

第Ⅰ章　年　代　論
第1節　古墳成立期の土器編年―北陸南西部を中心に―
　　原著名：「古墳成立期の土器編年―北陸南西部を中心に―」（『朝日山』朝日町教育委員会2002年12月）、「古墳成立期の土器編年に関する基礎的研究」（『越前町文化財調査報告書Ⅰ』越前町教育委員会　2006年3月）、「越前・加賀」（『古式土師器の年代学』大阪府文化財センター2006年3月）を加筆・修正した。
第2節　暦年代の再検討
　　原著名：「凡例」・「風巻神山4号墳出土土器の検討」（『風巻神山古墳群』清水町教育委員会、2003年3月）で示していた見解を体系的にまとめ、新たに書き直した。
補　論　古墳成立期の土器編年 ―大野盆地を中心に―
　　原著名：「大野盆地における古墳成立期の土器編年」（『中丁遺跡』福井県教育庁埋蔵文化財調査センター　2003年3月）を加筆・修正した。
第Ⅱ章　墓制論・集落論
第1節　北陸における墳丘墓の特質
　　原著名：「コシ政権の誕生」（『古代学研究』第166・167号　古代学研究会　2004年9月・12月）の第Ⅲ章・第Ⅴ章をもとに書き直した。
第2節　北陸における古墳の出現
　　原著名：「北陸における古墳の出現」（『古代学研究』第180号　古代学研究会　2008年11月）。
第3節　高地性集落の歴史的展開
　　原著名：「コシ政権の誕生」（『古代学研究』第166・167号　古代学研究会　2004年9月・12月）の第Ⅱ章をもとに書き直した。
第Ⅲ章　土　器　論
第1節　墓出土祭式土器の検討
　　原著名：「風巻神山4号墳出土土器の検討」（『風巻神山古墳群』清水町教育委員会　2003年3月）、「風巻式の時代」（『庄内式土器研究ⅩⅩⅥ』庄内式土器研究会　2003年8月）をもとに書き直した。
第2節　東海系土器受容の斉一性と地域性

原著名：「東海系土器の受容とその地域性―古墳時代初頭前後の北陸西部―」(『第9回春日井シンポジウム資料集』第9回春日井シンポジウム実行委員会　2001年11月）を加筆・修正した。

第3節　外来系土器受容の歴史的背景

原著名：「3世紀の越の外来系土器」(『ふたかみ邪馬台国シンポジウム4　シンポジウム邪馬台国時代の大和と越　資料集』香芝市教育委員会　香芝市二上山博物館　2004年7月）を加筆・修正した。

補論1　銅鐸形土器考

原著名：「銅鐸形土器について」(『中丁遺跡』福井県教育庁埋蔵文化財調査センター　2003年3月）を加筆・修正した。

補論2　装飾器台の成立

原著名：「風巻式の時代」(『庄内式土器研究XXVI』庄内式土器研究会　2003年8月）を加筆・修正した。

第Ⅳ章　国家形成史論

第1節　コシ政権の誕生

原著名：「コシ政権の誕生」(『古代学研究』第166・167号　古代学研究会　2004年9月・12月）の第Ⅳ章・第Ⅴ章を加筆・修正した。

第2節　国家から地域政権へ―北陸を舞台として―

原著名：「国家から地域政権へ―北陸を舞台として」(『考古学に学ぶⅢ』同志社大学考古学シリーズⅨ　同志社大学考古学シリーズ刊行会　2007年7月）を加筆・修正した。

第3節　倭国の成立と展開

原著名：「倭国の成立と展開」(菅谷文則編『王権と武器と信仰』同成社　2008年2月）を加筆・修正した。

本書をまとめるにあたり、同志社大学学部生時代からご教授いただいた森浩一先生、大学院在籍中から学位請求論文提出までご指導いただいた松藤和人先生、学部生中から発掘調査や研究などでご指導いただいた寺沢薫氏には、とくに感謝の意を表したい。

また、本書の完成には、多くの方々のご協力とご指導があった。この機会に深甚な感謝の意を表したいと思う。

おわりに、本書を世に送り出していただいた雄山閣と、本書の編集にご尽力された編集部の羽佐田真一氏にひと言お礼を申し述べたい。

用 語 索 引

ア 行

浅後谷Ⅰ式　82～84, 92, 280
浅後谷Ⅱ式　82, 84
飛鳥Ⅰ　110, 122
飛鳥寺下層資料　122
飛鳥編年　110, 112
異体字銘帯鏡　113, 114
イヅモ（政権）　1, 2, 260, 266, 273, 274, 281
伊都国　157, 259, 278, 281, 285, 286
壹与の王権　283, 284
受口状口縁甕　9, 29, 34, 68, 88, 117, 136, 138, 139, 141, 187, 188, 195, 196, 205, 207～209, 214, 226, 44～246
薄甕　76, 254, 263, 264, 282
宇田（様）式　76
漆町3群　8, 76, 78
漆町4群　8, 76, 78
漆町5群　8, 11, 71, 72, 76, 78, 82, 166, 168, 180
漆町6群　8, 11, 71, 72, 75, 78, 82, 166, 168, 180
漆町7群　9, 12, 46, 73, 76, 78, 82, 166, 180
漆町8群　9, 12, 50, 73, 76, 78, 82, 166, 180
漆町9群　9, 12, 50, 73, 76, 78, 166, 180
漆町10群　9, 12, 53, 73, 180
漆町11群　9, 12, 73

漆町遺跡白江・ネンブツドウ7号溝（下層・上層）資料　46, 72, 78
S字状口縁台付甕（S字甕）　76, 77, 88, 200, 224～226, 228, 230～233, 235, 238, 263, 282, 291
S字甕A類　77, 88, 224, 225, 230
S字甕B類　77, 88, 224, 225, 228, 230
S字甕C類　88, 224, 225, 228, 230
S字甕D類　76, 225
S字甕α類　224, 226, 230
S字甕β類　226, 228,
S字スタンプ文　31, 34, 208, 251, 261
王権　1, 5, 6, 163, 240, 241, 261, 262, 264～266, 271, 272, 275, 277～279, 281～284, 286, 289, 291～293
王国　163, 271, 272, 285, 286, 292
凹線文系土器　9, 146, 187, 191, 193, 194, 257, 258, 273, 276, 291, 292
大型鉄製武器　3, 152, 161, 200, 263, 264, 274
大型墳丘墓　141, 145, 156～158, 160, 161, 198, 200, 201, 207, 254, 260～264, 267, 273, 274, 282, 292
大木式　85, 86, 92, 280
大田南式　82, 84
大野池46型式　111, 126
大庭寺窯式　111, 125
大山式　82～84, 89
日佐原式　104
小羽山（様）式　28, 77, 78, 81, 83,

89, 110, 112, 135, 152, 157, 190, 200, 241, 251, 252, 260, 261, 270, 273
小羽山1式　31, 73, 78, 84, 86, 139
小羽山2式　33, 73, 78, 84, 86, 139, 149, 150, 157, 190, 196, 208
小羽山3式　34, 73, 77, 78, 84, 86, 139, 149, 150, 208, 209, 252
小羽山4式　34, 73, 78, 84, 86, 139, 149, 150, 190, 208, 209
帯金具　120

カ 行

外的国家体制　273～276
外来化　71, 173, 194, 236, 238, 239 ～241
外来系土器　3～5, 8, 11, 12, 42, 46, 71, 73, 75, 91, 173, 232, 236, 239, 240～242, 257, 265, 272, 275, 276, 289～291
鍵尾式　85, 86
風巻式　28, 42, 78, 81～84, 89, 90, 92, 117, 135, 141, 157, 173, 190, 200, 249, 250, 254, 263, 276
風巻1式　37, 73, 81, 84, 86, 116, 140, 148, 210, 250
風巻2式　39, 73, 81, 83, 84, 86, 140, 148, 151, 190, 200, 251
風巻3式　39, 73, 81, 83, 84, 86, 140, 148, 151, 157, 161, 200, 211, 212
風巻4式　41, 73, 81, 83, 84, 86, 140, 141, 152, 157, 200, 213

用 語 索 引

貨泉　103, 105, 107, 108, 109, 110, 114, 129, 259

加速器質量分析法（AMS法）　3, 101, 125

画文帯（同行式）神獣鏡　104, 105, 117, 177, 265

擬凹線文系土器　89, 92, 195, 196, 273, 276, 280

『魏志』倭人伝　277, 278, 281〜285

木田式　29, 78, 84, 86, 89, 135, 140

木田1式　50, 73, 81, 84, 120, 177

木田2式　53, 73, 81, 84

木田3式　68, 82, 84

北谷式　82, 84

キビ（政権）　1, 2, 260, 274, 281, 284, 293

狭義の国家　271, 276, 277, 279, 286

拠点的集落　160, 187, 188, 191, 200, 228, 254, 257, 258, 262, 263, 272〜274

霧ヶ鼻式　82, 84

虺龍文鏡　113〜115

近畿式（銅鐸）　246, 260, 271

狗奴国　282〜284, 287

国　156, 157, 160, 163, 193, 201, 258〜260, 263〜266, 271〜275, 285, 292

国の連合（体）　163, 257, 260, 264, 266, 272, 275, 284〜286, 292, 293

九重式　86

くの字状口縁甕　19, 22, 42, 44, 46, 53, 123, 138, 141, 207, 217, 246

くの字状口縁（台付）甕　76, 208, 224〜226, 228, 230〜233, 238, 239, 291

KⅢb式甕棺　113, 115

KⅢc式甕棺　113, 115

KⅣa式甕棺　103, 113

KⅣb式甕棺　114

KⅣc式甕棺　114

KⅣ+式甕棺　103, 113

ケノ（政権）　1, 2

考古地磁気測定法　101, 123, 126

高地性集落　2, 4, 5, 101, 103, 165, 184〜188, 191, 193〜202, 206, 208, 257〜259, 261, 262, 264, 265, 270, 273, 274, 289〜291, 292

蝙蝠座鈕（「長宜子孫」銘）連弧文鏡　116

小型器台　11, 12, 19, 42, 44, 46, 50, 53, 79, 80, 84, 88, 168, 176, 179, 214, 216, 217, 220, 224, 225, 228, 230, 233, 236, 238, 239, 291

小型精製器種　50, 53, 68, 73, 90, 165, 168, 176

小型高杯　136, 153, 176, 208, 209, 212, 216〜220, 224〜226, 228, 230, 231, 238, 239, 291

越　1, 6, 145, 184, 202, 257, 270

甑谷式　28, 77, 78, 81, 89, 110, 112, 135, 187, 188, 190, 195, 246, 259

甑谷1式　29, 73, 81, 83, 84, 85, 86, 138, 207, 245

甑谷2式　29, 73, 83, 84, 86, 113, 139, 188, 208, 245

コシ政権　157, 158, 240, 241, 254, 257, 259, 260, 262〜266, 270, 275, 290〜292

越連合　184, 202, 270

小谷式　85

国家　5, 6, 200, 240, 241, 257〜259, 261, 264〜266, 270〜272, 275〜279, 281〜283, 285, 286

古天王式　82〜84, 89, 261

古府クルビ式　8, 9, 11, 12, 29, 71, 73, 75, 77, 78, 82, 84, 86, 91, 140, 166, 168, 170〜172, 179, 182, 233, 289

古府クルビ1式　46, 73, 77, 81, 166, 170, 173, 175, 216, 217

古府クルビ2式　50, 73, 81, 88, 166, 170, 176, 265

古墳（時代）早期　3, 4, 5, 89〜92, 102, 104, 105, 107, 112, 115, 116, 123, 126, 127, 135, 140, 141, 146〜148, 150〜158, 160〜162, 187, 188, 190, 193, 198, 200〜202, 207, 210〜213, 218, 219, 233, 240, 241, 245, 249, 250, 252, 254, 262, 264〜267, 274〜277, 280〜282, 284, 286, 287, 289〜293

サ　行

祭式土器　4, 5, 83, 90, 92, 116, 117, 149, 151, 165, 173, 179, 200, 207〜221, 230, 240, 257, 263, 265, 270, 282, 289, 291

西念・南新保遺跡B-1区T-1資料　70

西念・南新保遺跡J区4号墓A溝資料　29, 68

西念・南新保遺跡K区2・3号住居資料　29, 68

桜田・示野中遺跡SB10資料　32, 70

桜田・示野中遺跡SK70資料　34, 70

桜馬場式　103, 104, 113

三遠式（銅鐸）　246, 260, 261, 271

三角縁神獣鏡　119, 120, 132, 177,

用 語 索 引

179
志向性　1，5，207，231，233，238，
　241，242，259，264，291
四乳羽状獣文地雷文鏡　113
下大隈式　112，261
斜縁二神二獣鏡　119，221
重圏文彩画鏡　113
小国家　1，5，271，276，285，292
四葉座鈕(「長宜子孫」銘)連弧文鏡
　114，115，119
小銅鐸　245，249
庄内0式　78～81，88，90，263
庄内1式　78～81，88～90，104，
　117，125，175，176，263，286
庄内2式　78～81，88，90，104，117，
　125，177，263，287
庄内3式　78～81，85，88～92，116，
　117，119，125，127，173，220，221，
　265，280，287，290
庄内式甕　80，85，91，125，200，226，
　262，263，282
「上方作」系浮彫式獣帯鏡　119
初期王権　2，86，127，240，241，
　264～267，291
白江式　8，9，11，12，28，71，72～
　75，77，78，81，82，84，86，89，91，
　92，116，117，123，124，140，166，
　168，170，171，180，233，242，265，
　276，280，289
白江1式　42，71～73，75，81，84，
　116，127，165，166，168，170～173，
　179，214，216，221，250
白江2式　44，72，73，81，84，86，
　123，166，168，170～172，174，175，
　201，216～218，250
白江3式　44，71～73，81，84，86，
　123，166，168，170～172，175，179，
　214，216，217，265

辛亥年銘鉄剣　121，122
神人龍虎画像鏡　119，174
人的結合　259，261，264，271，279，
　281，285，287，292，293
神明山式　82，84
帥升　103，115，261，266，267，278，
　280，281，284～286，293
帥升の王権　281，284，293
陶器山15型式　111，121，122，126
陶器山85号窯式　112
斉一性　4，13，141，165，224，226，
　228，230，232，236，238，291
星雲文鏡　113
生口　278，281，282
政治権力者　1～3，5，141，146，
　156～158，160，161，197～201，
　240，241，254，258～264，266，267，
　272～275，281，284，286，290，292，
　293
世襲制　157，160
線的な高地性集落　194，196，198，
　259，273
前方後円墳　1，2，4，5，89，91，
　125，157，165，168～170，172，173，
　175～179，182，188，214，220，221，
　231，240，265，277，278，280，283，
　284，290，293
前方後方墳　4，5，91，155，165，
　168，169，172～179，181，187，201，
　207，214，216，217～221，230，231，
　236，240，265，280，283，290，293
装飾器台　4，5，13，18，19，23，26，
　28，29，37，39，41，42，44，46，71～
　73，77，83，110，140，148，151，153，
　200，201，206，207，210～213，216，
　218～221，236，250～255，263，
　264，274，289，291，292
装飾台付壺　154，200，201，263

双頭龍文鏡　116，119
草葉文鏡　113
素環頭大刀　282
素環頭鉄剣　148，152，161，200
素環頭鉄刀　151，161，200
素環頭刀子　116，153

タ　行

第1次高地性集落　193，205
第2次高地性集落　194，205
大東式　85，86
高蔵10型式　122
高蔵23型式　121
高蔵43型式　122
高蔵46型式　121
高蔵47型式　121
高蔵48型式　111
高蔵73型式　111，121，122，125
高蔵208型式　111，121，126
高蔵209型式　110，121
高蔵216型式　121
高蔵217型式　110，111
高蔵寺10号窯式　112
高蔵寺23号窯式　111
高蔵寺43号窯式　112，126
高蔵寺46号窯式　112
高蔵寺47号窯式　111
高蔵寺48号窯式　111，112
高蔵寺73号窯式　111，121，126
高蔵寺208号窯式　111
高蔵寺209号窯式　112，126
高蔵寺216号窯式　111
高蔵寺217号窯式　111，112，126
高畠式　9，11，12，29，50，73，75，
　78，84，86，89，91，140，166，168，
　179，289
高畠1式　50，73，81，84，120，165，

299

用 語 索 引

166, 170, 171, 177, 182, 183
高畠2式　53, 73, 81, 84
高畠3式　68, 73, 82, 84
高三潴式　112
立岩式　103, 108, 113
男王の王権　278, 281, 283, 284
地域性　4, 29, 46, 71, 92, 135, 179, 195, 196, 219, 224～226, 230, 232, 233, 236, 238, 241, 290, 291
地域政権　1, 2, 5, 6, 197, 198, 201, 207, 241, 254, 257～262, 264, 266, 270～274, 277, 279～282, 284～286, 289～293
近岡ナカシマ遺跡2号溝上層資料　19, 72, 77
中型高杯　208, 216, 218, 219, 224, 225, 228, 230, 231, 291
中国の三国鼎立　104, 127, 281, 284, 290, 293
長泉寺式　77, 78, 81, 89, 91, 92, 117, 135, 190, 242, 265, 280
長泉寺1式　28, 42, 73, 77, 78, 81, 84, 86, 116, 117, 127, 140, 141, 173, 214, 221, 250, 276
長泉寺2式　28, 44, 73, 78, 81, 84, 86, 116, 117, 140, 174, 190, 214, 250, 276
長泉寺3式　28, 44, 78, 81, 84, 86, 116, 140, 175, 214, 265, 276
長泉寺4式　29, 46, 73, 77, 78, 81, 84, 86, 140, 175
長泉寺5式　29, 50, 73, 77, 78, 81, 84, 86, 140, 176
塚崎Ⅱ式　10, 184
塚崎遺跡第21号竪穴資料　10, 11, 70
月影式　8～12, 23, 28, 42, 70～73, 75, 76, 78, 8～84, 86, 89, 90, 92,

117, 123, 153, 154, 160, 168, 173, 184, 200, 233, 250, 263, 276, 282, 289
月影1式　37, 70, 71, 81, 84, 86, 116, 123, 140, 154, 155, 160, 251
月影2式　39, 81, 83, 84, 86, 123, 140, 153, 154, 160, 210, 251
月影3式　39, 71, 72, 81, 83, 84, 86, 140, 155, 160
月影4式　41, 72, 81, 83, 84, 86, 140, 154, 160
月影Ⅰ式　8, 12, 71, 75, 78
月影Ⅱ式　8, 12, 19, 71, 75, 78, 180
ツクシ（政権）　1, 2, 260, 261, 266, 273, 281
手焙形土器　79, 117, 214, 220, 221
低丘陵上集落　185
東海化　4, 231, 236, 239, 240, 291
東海系加飾壺　117, 166, 173, 214, 216, 220, 231
東海系高杯　12, 117, 166, 175, 176, 220, 221
東海系土器　4, 71, 73, 75, 76, 83, 84, 86, 88, 89, 140, 173, 179, 207, 217, 224～226, 228, 230～234, 236, 238, 240, 254, 257, 265, 283, 287, 291, 293
東海系土器第1次拡散（期）　75, 77, 78, 84, 88, 225, 240
東海系土器第2次拡散（期）　75, 77, 78
銅鐸　5, 81, 243, 245, 246～248, 259, 291～293
銅鐸形土器　5, 81, 243～248, 289, 291, 292

ナ　行

内的国家体制　274～276
内彎壺　76, 88, 224, 225
中村ゴウデン遺跡8号住居資料　34, 70
中村ゴウデン遺跡A－15G資料　37, 70
奴国　105, 195, 260, 266, 271, 273, 277, 278, 285
奴国王　102, 127, 266, 277, 280, 285, 290
西谷式　82～84, 89
二重口縁壺　19, 46, 79, 80, 84, 85, 117, 165, 166, 168, 173, 175～177, 179, 180, 181, 214, 216, 219～221, 223, 231
猫橋式　8～10, 12, 28, 68, 70, 77, 78, 81, 82, 84, 89, 110, 112, 113, 205, 246, 259, 289
猫橋1式　29, 70, 83, 84, 85, 86, 138
猫橋2式　29, 68, 70, 83, 84, 86, 113, 139
猫橋Ⅰ式　9
猫橋Ⅱ式　9, 10
熱ルミネッセンス法　101, 123
年輪年代測定法　3, 39, 101, 103, 107, 109, 123～126, 133

ハ　行

舶載三角縁神獣鏡　119, 120
箱形木棺　147, 149～153, 175, 176, 182
廻間（様）式　76, 88
廻間Ⅰ式　76～78, 88, 90, 117, 122,

123, 127, 140, 220, 221, 225, 263, 264, 286
廻間Ⅱ式　75〜78, 85, 88, 89, 91, 92, 117, 122, 123, 127, 136, 140, 173〜175, 220, 221, 225, 240, 265, 280
廻間Ⅲ式　75〜78, 88, 122, 123, 141, 175〜177, 225
八王子古宮式　76, 77, 78, 89, 112, 205, 259
八王子古宮Ⅰ式　76, 77, 122
八王子古宮Ⅱ式　76, 77, 113, 122, 123
刃関双孔鉄短剣　149, 161, 197
パレス系壺　19, 46, 50, 77, 117, 140, 141, 165, 166, 175, 214, 216, 217, 219, 224〜226, 228, 230〜232, 238, 239, 291
パレス系壺α類　224, 226, 228, 230, 232
パレス系壺β類　224, 228, 230
パレス系壺γ類　224
瓢壺　76, 88, 117, 220, 224, 225, 239
卑弥呼　277, 278, 280〜284, 287
卑弥弓呼王権　287, 293
卑弥呼の第1次王権　282
卑弥呼の第2次王権　282
卑弥呼の第3次王権　283
部族(的)国家　193, 263, 271
踏み返し鏡　104, 105, 116, 119, 131
布留0式　78〜81, 85, 86, 88, 91, 92, 105, 107, 115〜117, 119, 123〜125, 168, 174, 175, 220, 281, 283, 287, 290
布留1式　78〜81, 85, 88, 91, 92, 104

布留2式　78〜81, 85
布留3式　79, 81, 82, 85
布留式甕　12, 23, 44, 71, 81, 84, 88, 91, 140, 141, 168, 214
墳丘墓(大型墳丘墓)　2〜5, 33, 139, 141, 145〜154, 156〜158, 160〜162, 168, 171, 173, 180, 185, 187, 188, 191, 197, 198, 200, 201, 207〜213, 252, 254, 257〜265, 267, 270, 272〜274, 281, 282, 289〜292
平城宮編年　110
方格規矩四神鏡　102, 113, 114, 115, 119, 175, 176, 283
仿古鏡　105, 116, 119, 132
放射性炭素年代測定法　101, 123, 125
仿製三角縁神獣鏡　119, 120
法仏式　8〜12, 28, 68, 70, 77, 81〜84, 89, 110, 112, 184, 200, 251, 260, 261, 289
法仏1式　31, 70, 78, 84, 86, 139, 206, 244
法仏2式　33, 70, 78, 84, 86, 139
法仏3式　34, 70, 78, 84, 86, 139
法仏4式　34, 70, 71, 78, 84, 86, 139, 154, 160
法仏Ⅰ式　8〜10, 12
法仏Ⅱ式　8〜12, 71, 78
北部九州後期0様式　112, 113, 115
北部九州後期1様式　112, 113, 115
北部九州後期2様式　103, 112, 113, 115
北部九州後期3様式　112〜115
北部九州後期4様式　112, 114, 115

北部九州後期5様式　112, 114, 115
北部九州後期6様式　112, 114, 115
北部九州後期7様式　112, 115
戊辰年銘大刀　121

マ 行

纒向王都　281〜283
纒向型前方後円墳　91, 168, 170, 172, 173, 175, 176, 283
纒向都市　127, 157, 263, 264, 266, 267
松河戸(様)式　76
松河戸Ⅰ式　77, 78, 122, 123, 141, 177
松河戸Ⅱ式　77, 122, 123
的場式　85, 86, 261
三坂神社式　82〜84
三津式　104, 114
無量寺B遺跡溝状遺構資料　34, 70
木芯鉄板張輪鐙　120
模倣鏡　104, 119

ヤ 行

山中(様)式　76, 77, 112, 114, 136, 205, 230, 261, 263
邪馬台国　184, 277, 282, 283, 285
ヤマト(政権・王権)　1, 2, 86, 91, 184, 265
山中Ⅰ式　76〜79, 113, 114, 122, 123, 139
山中Ⅱ式　76〜79, 122, 123, 139, 261
有文高杯　224〜226, 228, 230〜

301

232, 239
有文壺　224〜226, 230, 239
四隅突出形墳丘墓　2, 3, 5, 39, 84, 145, 146, 149, 153, 155, 160, 197, 199〜201, 207, 218, 252, 260, 262〜264, 270, 274, 290

ラ　行

流雲文縁細線式獣帯鏡　114
領域支配　5, 258, 261, 263, 265, 272, 274, 279, 281, 287, 292
輪番制　157
涙滴形透かし孔　5, 39, 41, 83, 251, 252, 254, 292
暦年代　3, 5, 101〜109, 112, 115, 117, 120〜123, 126, 127, 184, 195, 257, 276, 277, 279, 280, 284, 289, 293
連弧文異体字銘帯鏡　113

ワ　行

倭国　1〜3, 5, 261, 266, 272, 273, 277〜286, 289, 293
倭国王　103, 115, 261, 266, 267, 277〜286, 293
倭国大乱　101, 103, 184, 203
倭国の二国並立　284, 293
ヲハリ(政権)　1, 2, 260, 281, 284, 293

遺跡名索引

ア 行

青谷上寺地遺跡　108
旭小学校遺跡　50
飛鳥寺　122
足羽山山頂古墳　2, 177, 178
麻生田1号墳　172, 182
安保山遺跡　68, 188, 191, 195
安保山1号墳　173, 176
安保山2号墳　173, 175
安保山4号墓　208
雨の宮1号墳　171, 177, 179
荒木遺跡　12, 42
伊井遺跡　42, 50, 77
飯氏遺跡　114
井江葭遺跡　190, 198
池上曽根遺跡　101, 103, 109
石塚2号墳　168, 170, 175, 217
一塚2号墳　231
一塚3号墳　168, 169, 170, 175, 216, 230
一塚4号墳　169, 170, 173, 174, 216, 219, 230
一塚21号墓　210, 211, 218, 251, 252, 263, 274
一塚22号墓　210, 211, 218
一塚イチノツカ遺跡　227
一塚オオミナクチ遺跡　29, 31, 68
稲場塚古墳　173, 177
稲吉遺跡　247
稲荷山古墳　121, 122
犬山遺跡　135, 139, 141
井原鑓溝遺跡　102, 108, 114

今市遺跡　42
今城塚古墳　126
岩内山古墳群　229
岩内山12号墳　231
岩戸山古墳　122
上野遺跡　195
上ノ井出遺跡　80
宇気塚越1号墳　166, 172, 175, 230
右近次郎西川遺跡　39, 135, 139, 140, 252
宇治市街遺跡　125
内和田4号墓　83
内和田5号墓　83
畝田遺跡　44
畝田・寺中遺跡　46, 50, 77
裏山遺跡　246
瓜生助遺跡　245, 249
瓜破遺跡　108
漆町遺跡　8, 12, 19, 22, 46, 50, 53, 68, 72, 78, 180, 228
江田船山古墳　121
扇台遺跡　227
王山古墳群　229
王山1号墓　29, 161, 207
王山3号墓　34, 77, 209, 218, 230
王塚古墳　170, 177
大木権現山1号墳　85
大久保1号墳　172
大久保2号墳　172
大倉山遺跡　202
大沢遺跡　202
太田茶臼山古墳　126
大田南2号墳　84

大田南5号墳　84, 117, 119
太田山古墳群　229
太田山1号墓　150
太田山2号墓　150, 156, 161, 258, 273
太田山3号墳　42, 77, 231
大槻古墳群　229
大槻11号墳　166, 168, 170, 175, 217, 220, 231
大友西遺跡　39, 123
大長野A遺跡　229
大庭寺窯跡　122, 125
大平遺跡　202
大平城遺跡　202
大風呂南墳丘墓　281
大味上遺跡　39, 46, 50, 230
大味地区遺跡群　141
大海西山遺跡　199
大藪遺跡　109, 125
荻市遺跡　228, 229
沖町遺跡　53
御経塚オッソ遺跡　34
御経塚シンデン1号墳　170, 216, 219, 220, 230
御経塚シンデン11号墳　166, 220
御経塚シンデン14号墳　168, 171, 216
御経塚ツカダ遺跡　39, 42, 44, 73, 81, 226, 239
日佐原遺跡　115
押野西遺跡　44, 46
尾高城址　85
乙坂神玉遺跡　188
尾永見遺跡　136, 138

遺跡名索引

小羽山遺跡　29, 68, 188, 191, 194, 195, 204
小羽山墳墓群　12, 28, 31, 73, 145, 157
小羽山1号墳　29, 50
小羽山14号墓　31, 32, 255
小羽山16号墓　33, 139
小羽山17号墓　31
小羽山24号墓　82
小羽山25号墓　53
小羽山26号墓　53, 145, 148, 156, 161, 208, 218
小羽山30号墓　33, 139, 145, 148, 156, 157, 161, 196〜198, 200, 207〜209, 218, 259, 260, 267, 268, 270, 273, 290, 291, 293

カ　行

貝蔵遺跡　77
鏡坂1号墓　154, 160, 200
鏡坂2号墓　154, 160, 200
垣吉遺跡群　229
垣吉B22号墳　170, 217, 231
風巻上小島遺跡　229, 254
鹿首モリガフチ遺跡　228, 229
鍛冶町遺跡　155, 160
春日山遺跡　194
片山鳥越遺跡　188, 191, 194, 259
片山鳥越5号墓　147, 210
角谷遺跡　229, 230
鎌田若宮3号墳　83, 84
上莇生田遺跡　44, 230
上荒屋遺跡　19, 22, 46, 77, 226, 239
上川去遺跡　188, 195
上新庄ニシウラ遺跡　44
上兵庫遺跡　34, 141

神谷内12号墳　166, 168, 172, 175, 216
亀井遺跡　108
亀山1号墓　147, 258
亀山2号墓　147, 258
萱振遺跡　80
唐古・鍵遺跡　81
川田ソウ山1号墳　171
河田山3号墳　169
上町マンダラ1号墳　169
上町マンダラ2号墳　217
木田遺跡　29, 53, 68, 188
北安江遺跡　72, 78
京ヶ山・惣山遺跡　194
行者塚古墳　121
糞置遺跡　39, 42, 188, 230, 254, 258
口背湖遺跡　229
熊野本遺跡　194
茱山崎遺跡　39, 73
倉垣遺跡　228, 229
倉部出戸遺跡　19, 34, 42, 142
黒田古墳　117, 119, 220
見田京遺跡　34, 230, 254
光源寺遺跡　229, 230, 254
神門古墳群　220
神門3号墳　220, 221
神門4号墳　220, 221
神門5号墳　220, 221
弘法山古墳　117, 119, 220, 221
郡川古墳　121
国分尼塚古墳群　229
国分尼塚1号墳　166, 170, 176, 231
国分尼塚2号墳　170
甑谷在田遺跡　12, 28, 29, 44, 46, 68, 188, 195, 254
小菅波4号墳　166, 168, 170, 214,

219, 220, 231
小田中おばたけ遺跡　228
小田中亀塚古墳　171, 176
小田中親王塚古墳　172, 176, 177, 182
小松古墳　117, 119, 220, 221
巨摩廃寺遺跡　108

サ　行

西念・南新保遺跡　9, 29, 42, 68, 70, 196
坂田寺跡　80
桜田・示野中遺跡　32, 34, 70
桜谷1号墳　170
桜馬場遺跡　102, 108, 113
雀居遺跡　124
左坂G12号墳　83
左坂G13号墳　83
笹原遺跡　115
佐野A遺跡　224, 229
狭山池　126
志賀公園遺跡　76
七観古墳　120
七野1号墓　153, 200
寺中B遺跡　42, 232, 239
芝ヶ原12号墳　117, 119, 220
清水山遺跡　188, 191, 194, 195, 259
清水山2号墳　188
持明寺遺跡　188
下糸生脇遺跡　229
下馬場遺跡　202
下鈎遺跡　124
下屋敷遺跡　245, 258, 272
下安原遺跡　44, 226, 239
下安原海岸遺跡　227
杓子谷遺跡　34, 190, 198

遺跡名索引

周処墓　120
宿東山1号墳　166, 172, 176, 231, 265
宿東山2号墳　231
宿向山遺跡　228, 229
菖蒲谷A遺跡　190, 198
菖蒲谷B遺跡　190
菖蒲塚古墳　173, 179
成仏・木原町遺跡　229
白江梯川遺跡　46, 228
白米山北古墳　83
白鳥城遺跡　200, 202
新池遺跡　126
新開1号墳　120
新保本町西遺跡　22, 44, 46, 50
新保本町東遺跡　44
新山古墳　120
吸坂丸山遺跡　198
吸坂丸山1・2号墳　231
瑞龍寺山山頂墳丘墓　114
杉谷4号墳　145, 168, 175, 217
杉谷A2・3号墓　200
杉谷チャノバタケ遺跡　193, 199, 235, 273
杉町遺跡　224, 229, 230
須玖岡本遺跡　113, 257
千木野1・3・6号墳　231
関谷1号墳　173, 178
千田遺跡　34, 39, 42, 46, 50, 71
千代デジロ遺跡　228, 229
千坊山遺跡　155, 160
相川新遺跡　227
袖高林1号墓　41, 161, 213, 219
袖高林4号墓　54
曽祢C遺跡　228, 229
杣脇古墳群　53
曽万布遺跡　224, 229, 230

タ 行

高尾城遺跡　202
高蔵遺跡　114
高座遺跡　39
高津尾遺跡　114, 115
高塚遺跡　108
高橋セボネ遺跡　34, 37, 141, 142
高畠遺跡　12, 50
高部30号墳　117, 119, 221
高部32号墳　117, 119, 221
高峯遺跡　194
高柳2号墓　201
高柳・下安田遺跡　245
滝ヶ峯遺跡　113
竹松遺跡　54
竹松C遺跡　37
立岩堀田遺跡　113
楯築墳丘墓　262, 274, 281
田名遺跡　235
田中遺跡　188, 195
田中A遺跡　50, 226
近岡ナカシマ遺跡　19, 72, 77, 78
茶谷山遺跡　187, 191
茶ノ木ノ本遺跡　114
長泉寺遺跡　12, 28, 29, 37, 42, 44, 46, 50, 53, 73, 77, 230, 232
勅使塚古墳　168, 170, 176, 177
塚越墳丘墓　148, 156, 157, 161, 200, 254, 263
塚崎遺跡　10, 199, 202
塚崎遺跡第21号竪穴　11, 37, 70
月影遺跡　11, 39
津堂城山古墳　120
剣大谷遺跡　190, 191
手繰ヶ城山古墳　2
天神山城遺跡　202
戸板山1号墳　44, 231
戸板山古墳群　229
徳前C遺跡　228, 229
栃川遺跡　187, 191, 273
栃川古墳群　147
富崎遺跡　154
富崎1号墓　145, 154, 160, 200
富崎2号墓　154, 160, 200
富崎3号墓　154, 155, 160, 198, 262, 274
富崎千里9号墳　218, 219, 221
戸水C1号墳　169, 230
戸水C11号墳　169, 170, 216, 219, 230
戸水C16号墳　171, 216, 231
戸水ホコダ遺跡　227

ナ 行

中遺跡　187, 230
中出勝負峠8号墳　219
中奥・長竹遺跡　34, 37
長瀬高浜遺跡　84
中相川遺跡　34
中角遺跡　37, 44, 210, 258
中角古墳群　235
中角1号墳　171, 173, 214
永町ガマノマガリ遺跡　44
中村ゴウデン遺跡　34, 37, 70
長持山古墳　121
長屋遺跡　39, 254
長屋王邸跡　110
中丁遺跡　5, 81, 135, 138, 141, 243, 246, 248, 291
奈良崎遺跡　202
西大井古墳群　147
西金屋京平遺跡　202
西上免遺跡　220

西谷3号墓　85, 262, 274, 281
西谷遺跡　22, 39, 41, 42, 44, 77, 190, 230, 232, 254
西隼上がり遺跡　126
西山古墳群　229
西山1号墓　34, 139, 208, 209, 218, 230, 252
額新町遺跡　44, 46, 226, 239
額谷ドウシンダ遺跡　37
額見町西遺跡　229
猫橋遺跡　9, 29, 68, 196
乃木山墳丘墓　152, 156〜158, 161, 200, 213

ハ　行

萩原1号墓　104, 117
廻間遺跡　76, 77, 90
箸墓古墳　80, 91, 177, 178, 281, 283
八王子遺跡　76, 90, 236
鉢伏茶臼山遺跡　199, 202
八幡山遺跡　172, 202
花野谷1号墳　168, 172, 175, 176, 214, 265
埴生南遺跡　246
馬場山遺跡　116
浜相川遺跡　227
浜竹松遺跡　227
林遺跡　12, 254
林・藤島遺跡　229
原古賀遺跡　113
原田1号石棺墓　116
原目山墳墓群　145, 157, 254
原目山1号墓　39, 150, 156〜158, 161, 200, 211, 213, 218
原目山2号墓　150, 156〜158, 161, 200, 211, 219

原目山3号墓　212
原目山5号墓　212
原ノ辻遺跡　115
番城谷山5号墓　147
東小室ボガヤチ遺跡　235
東相川B・C遺跡　227
東相川D遺跡　50
東古市縄手遺跡　141
斐太遺跡　202
馮素弗墓　120, 121
平面梯川遺跡　19, 29, 31〜33
平原遺跡　114
平原1号墓　286
吹上遺跡　246
藤江B遺跡　246
藤江C遺跡　227
藤江C1号墳　170, 231
藤原宮　80, 110
二口かみあれた遺跡　123, 228
二口町遺跡　31
二口六丁遺跡　227
二塚遺跡　113, 114
二ツ屋遺跡　11, 12
船尾西遺跡　80
分校カン山1号墳　166, 168, 172, 175, 176, 214, 265
平城宮　80, 88, 107, 110〜112, 125, 280
別所遺跡　188
宝満尾遺跡　113
ホケノ山古墳　117, 125, 220
保内三王山4号墳　172
保内三王山11号墳　172, 177, 182
盆山遺跡　187, 191, 273

マ　行

舞崎遺跡　187, 191

前田山遺跡　116
纏向遺跡　79, 80, 81, 88, 90, 91, 200, 262〜264, 278
纏向古墳群　125
纏向石塚古墳　125, 133, 182
纏向勝山古墳　81, 133
松岡古墳群　152
松尾谷遺跡　187, 191
松河戸遺跡　76
末寺山5号墳　171
末寺山6号墳　172
松添遺跡　114
松寺遺跡　42, 46, 77, 239
松梨遺跡　229
満願寺遺跡　202
箕谷2号墳　121
三尾野15号墓　37, 73, 251, 252
御笠地区遺跡　116
みくに保育所内遺跡　115
三雲遺跡　116
三雲南小路遺跡　102, 113, 257
水白モンショ遺跡　228, 229
美園遺跡　89
三津永田遺跡　114
三ツ禿8号墓　37
南江守大槇遺跡　39, 254
南春日山墳丘墓群　152, 157
南春日山1号墓　151, 152, 156〜158, 198, 209, 261, 274, 281
南講武草田遺跡　85
南新保C1号墳　216, 220
南新保三枚田遺跡　227
南新保D遺跡　77, 226, 232, 250
南吉田葛山遺跡　229
宮永市カイリョウ遺跡　39, 251
宮永市カキノキバタケ遺跡　32
宮永坊の森遺跡　19, 44
宮原遺跡　115

室宮山古墳　121
向野塚古墳　155, 166, 168, 170,
　　175, 217
村国山古墳群　229, 230
無量寺B遺跡　34, 70, 235
免田一本松遺跡　228, 229

ヤ 行

矢木ヒガシウラ遺跡　227
八里向山C1号墳　169, 170, 216
谷内16号墳　166, 173, 177
谷内ブンガヤチ遺跡　235
柳田布尾山古墳　170, 177, 178,
　　200, 202
八幡遺跡　50, 202
矢部遺跡　80, 104
山ヶ鼻4号墓　33, 136, 139, 230
山ヶ鼻古墳群　136, 229
山田寺　122
山中遺跡　76
山畑遺跡　202
山谷古墳　179
鑓噛山遺跡　190, 193, 198, 201,
　　265
八日市地方遺跡　246, 272
横江古屋敷遺跡　19, 22, 34, 37,
　　253
横山遺跡　265
吉河遺跡　187, 258
吉崎・次場遺跡　113, 228, 232,
　　244, 246, 272
吉田経塚山1号墓　153, 200
米子城址　85

ラ 行

洛陽焼溝漢墓　102

寮1号墳　190
寮A遺跡　190
寮遺跡　190, 193, 198, 201
六治古塚　155, 160
六条山遺跡　79
六呂瀬山1号墳　2

ワ 行

和田神明遺跡　39, 68, 188
和田防町遺跡　229
和邇小野遺跡　194

人名索引

ア 行

青木勘時　79
青木元邦　12
赤澤德明　12, 73, 82
赤塚次郎　75〜78, 86, 88, 90, 122,
　　127, 169, 171, 225, 240, 261, 263,
　　264, 265, 286
秋山浩三　103, 109
甘粕健　184, 270
石野博信　125, 185
石母田正　127, 266, 281
岩崎卓也　157
岩崎直也　124
岩永省三　7
上野祥史　117
エンゲルス(Friedrich Engels)
　　271, 276
大賀克彦　112, 119〜121
大塚初重　12
岡崎敬　102
岡村秀典　102, 113, 115〜117, 119,
　　120, 157, 278
小野忠凞　184, 185

カ 行

門脇禎二　1, 2, 284
河合忍　194
川西宏幸　126, 271
木田清　9, 11, 68, 196
北野博司　171
木下正史　80

久々忠義　73
楠正勝　9, 10, 71, 82
小池香津江　262
小西昌志　71
小林行雄　7
小山田宏一　103, 104, 106, 108

サ 行

酒井龍一　90
佐原真　103
塩沢君夫　271, 276
謝世平　108, 109
白石太一郎　105, 120〜122, 127
杉原荘介　102
関川尚功　80, 104

タ 行

戴志強　108, 109
高倉洋彰　108, 109, 127
高橋浩二　75, 170
滝村隆一　271, 275, 278
田嶋明人　8, 11, 12, 71, 72, 78, 82,
　　180, 202
田中清美　109
田中琢　1
田辺昭三　103, 111, 121, 122
都出比呂志　1, 7, 89, 121, 185,
　　196, 271, 284
寺沢薫　7, 78〜80, 86, 88, 89, 102
　　〜109, 112〜116, 119, 125, 145,
　　156, 163, 184, 185, 193〜195, 205,
　　238, 246, 257, 271, 272, 278, 284

〜286, 292
栃木英道　10 中川寧　84, 85

ナ 行

中村浩　121
長山泰孝　6, 277, 279
楢崎彰一　122
西川宏　157
西嶋定生　277, 278, 284, 285
野々口(高野)陽子　82

ハ 行

橋口達也　7, 102, 105, 106, 113
橋本澄夫　8, 9, 12, 184, 185
橋本輝彦　125
浜岡賢太郎　8, 11
早野浩二　76
原口正三　121
原田幹　77, 233
ピトリー(Flinders Petrie)　271
福永伸哉　119, 120
藤田三郎　79
藤田富士夫　145
古川登　145, 146, 149, 153, 154,
　　156, 204, 252, 270

マ 行

前田清彦　145, 153, 270
前田義人　185
麻柄一志　184, 185
町田章　121

松本洋明　79

松山智弘　85

マルクス（Karl Heinrich Marx）
　　271, 276

溝口孝司　7, 158, 239

御嶽貞義　146, 147

南久和　9〜11, 82

宮本哲郎　250

森井貞雄　79

森岡秀人　7, 103, 104, 106, 109,
　　110, 184, 193〜195, 203, 238, 242

森貞次郎　122

森本幹彦　147

森本六爾　184

ヤ　行

安英樹　11, 71, 236

谷内尾晋司　8〜10, 12, 74, 82

柳田康雄　102

山尾幸久　2, 279, 284, 287

山田邦和　111

山田隆一　262

吉岡康暢　8〜11, 184, 203

吉田晶　157, 284

米田敏幸　79, 105

ラ　行

レンフリュー（Andrew Colin
　　Renfrew）271

著者紹介
堀　大介（ほり　だいすけ）
1973年　福井県鯖江市生まれ
2006年　同志社大学大学院文学研究科博士課程後期退学
2008年　同志社大学　博士（文化史学）
現　在　越前町教育委員会文化スポーツ室学芸員
主要著書、論文
　「井戸の成立とその背景」『古代学研究』第146号、1999年
　「中国における井戸の成立と展開」『文化学年報』第48輯、1999年
　「東海系土器の受容とその地域性」『東海学が歴史を変える　弥生から伊勢平氏まで』五月書房、2002年
　「低山から高山へ―古代白山信仰の成立―」『東海学と日本文化』五月書房、2003年
　「泰澄がみた風景」『第20回国民文化祭・ふくい2005 シンポジウム　山と地域文化を考える資料集』第20回国民文化祭越前町実行委員会、2005年
　『朝日山古墳群・佐々生窯跡・大谷寺遺跡』越前町教育委員会、2005年
　「倭国の成立と展開」『王権と武器と信仰』同成社、2008年
　ほか

2009年5月30日　初版発行　　　　　　　　　　《検印省略》

地域政権の考古学的研究
―古墳成立期の北陸を舞台として―

著　者　堀　大介
発行者　宮田哲男
発行所　株式会社 雄山閣
　　　　〒102-0071　東京都千代田区富士見2-6-9
　　　　ＴＥＬ　03-3262-3231(代)／ＦＡＸ　03-3262-6938
　　　　ＵＲＬ　http://www.yuzankaku.co.jp
　　　　e-mail　info@yuzankaku.co.jp
　　　　振　替　00130-5-1685
印　刷　東洋経済印刷株式会社
製　本　協栄製本株式会社

© Daisuke Hori　　　　　　　　　　　　　Printed in Japan 2009
ISBN978-4-639-02092-9 C3021